BÖHM: MARIA MONTESSORI

WÜRZBURGER ARBEITEN
ZUR ERZIEHUNGSWISSENSCHAFT

Herausgegeben von Prof. Dr. Albert Reble

MARIA MONTESSORI

Hintergrund und Prinzipien ihres pädagogischen Denkens

von

Winfried Böhm

2., unveränderte Auflage

1991

VERLAG JULIUS KLINKHARDT · BAD HEILBRUNN / OBB.

Die Deutsche Bibliothek – CIP-Einheitsaufnahme

Böhm, Winfried:
Maria Montessori : Hintergrund und Prinzipien ihres pädagogischen Denkens / von Winfried Böhm. - 2., unveränd. Aufl. - Bad Heilbrunn/Obb. : Klinkhardt, 1991
(Würzburger Arbeiten zur Erziehungswissenschaft)
ISBN 3-7815-0015-2

Gesamtherstellung: WB-Druck GmbH & Co. Buchproduktions-KG, Rieden
Printed in Germany 1991
ISBN 3-7815-0015-2

INHALT

A CHARAKTER UND THEMEN DER DISKUSSION UM MARIA MONTESSORI

I. Begründung und Einordnung der eigenen Fragestellung

Die Montessori-Pädagogik hat seit den 50er Jahren im internationalen Raum beträchtlich an Boden gewonnen. Das gilt sowohl für die organisierte Montessori-Bewegung, die in mehreren Ländern neue Sektionen gründen und über die ganze Welt verbreitet neue Montessori-Erziehungseinrichtungen vom frühkindlichen Alter bis zum Hochschuleintritt aufbauen konnte, als auch für die „unorthodoxe", d.h. die allgemeine Beschäftigung mit Maria Montessoris reformpädagogischem Beitrag und die theoretische Auseinandersetzung mit ihm.

Diese Montessori-„Renaissance" hat sich auch in einem Anschwellen der Literatur zu fast unüberschaubarer Fülle niedergeschlagen.

Liegt auch bis heute das Gesamtwerk Montessoris noch in keiner Sprache geschlossen vor, so hat sich in den letzten Jahren die Basis der Primärliteratur doch sehr verbreitert. Einmal wurden in Montessori-Zeitschriften frühere Aufsätze und Vorträge erneut zugänglich gemacht - hier sind besonders die in Rom erscheinende „Vita dell'Infanzia" und die „Communications" der Association Montessori Internationale zu nennen -, zum anderen wurde eine Reihe bislang unveröffentlichter Beiträge, vornehmlich Vorträge aus Ausbildungskursen für Montessori-Lehrer, publiziert, und schließlich erschienen schon Ende der 40er Jahre in Indien vier Bücher, die ebenfalls aus Kursvorträgen Montessoris hervorgegangen sind (1).

Zahlreiche Übersetzungen und Neuausgaben haben in den einzelnen Ländern die Verständnisgrundlage für Montessoris pädagogisches Werk beträchtlich erweitert. So wurden beispielsweise Montessoris religionspädagogische Schriften aus den 20er Jahren 1964 zum ersten Mal in deutscher Sprache vorgelegt. Montessoris wichtige Schrift „La formazione dell'uomo" und ihr Buch „De l'enfant à l'adodescent" wurden 1966 erstmals in deutscher Übersetzung gedruckt (2).

Auf dem Sektor der Sekundärliteratur ist mit dem steigenden Interesse für Montessori die Zahl der Veröffentlichungen ebenfalls bedeutend angestiegen. Dabei entstanden neben einer Vielzahl darstellend-berichtender Arbeiten von sehr verschieden hohem Niveau immer mehr Veröffentlichungen - insbesondere auch Hochschulschriften (3) -, die sich um eine klärende Durchdringung der Montessori-Pädagogik bemühen.

Trotz der fast erdrückenden Fülle von Publikationen weist die Montessori-Literatur nach wie vor Lücken auf, und die kritische Auseinandersetzung mit dem Werk der italienischen Pädagogin ist noch nicht zu einem befriedigenden Konsensus, geschweige denn zu einem endgültigen Abschluß gelangt.

So hat Röhrs erst kürzlich darauf hingewiesen, daß das pädagogische Werk Montessoris „auch heute noch nicht in seinen Grundbestrebungen voll erschlossen ist" (4). Scheuerls Ansicht, daß „die Diskussion um die Montessori-Methode seit Jahrzehnten im wesentlichen abgeschlossen" (5) sei, steht ziemlich allein da; sie ist wohl damit zu erklären, daß Scheuerl nur den Teilaspekt des Spiels im Auge hat.

Wenn Röhrs darauf hinweist, daß gerade über Montessoris „Grundbestrebungen" noch Unklarheit herrscht, dann trifft er zweifellos einen entscheidenden Punkt. Die Auseinandersetzung über die Pädagogik Maria Montessoris zeigt wie kaum eine andere Diskussion um das Werk eines Pädagogen ein solches Auseinanderklaffen der Urteile und eine solche Spannweite gegensätzlicher Meinungen und Deutungen, daß man nur schwerlich die Unsicherheit verkennen kann, die weithin über die eigentliche und durchtragende Grundintention des pädagogischen Denkens Maria Montessoris geherrscht hat und offenbar zum Teil noch besteht.

Wo immer das Bewußtsein dieser Unsicherheit aufkam, hat man ihre Ursache nur selten auf der Seite der Autoren und in dem unzureichenden Stand der Nachforschungen gesehen, sondern sehr häufig die Schuld für die mangelnde Klarheit und für die vermeintliche „Mehrdeutigkeit" der Schriften und Aussagen Montessori selbst zugeschoben (6). Dabei hat man immer wieder geglaubt feststellen zu müssen, das Fehlen einer philosophischen Bildung habe Montessori daran gehindert, ihre Gedanken in eine überzeugende Einheit zu bringen und ihr pädagogisches Anliegen systematisch darzustellen und zu erläutern.

So richtig es aber ist, daß Montessori nichts weniger als eine Philosophin war, und so wahr sie keine philosophische Pädagogik darbieten wollte, so muß doch der Vorwurf, sie sei eine schlechte Theoretikerin gewesen und habe ihre Aussagen nur in unklare Begriffe und „in unbeholfene theoretische Formeln zu kleiden" (7) vermocht, zunächst Verwunderung erregen, wenn er gegen eine Frau erhoben wird, die sich als qualifizierte Naturwissenschaftlerin ausgewiesen hatte und mehrere Jahre hindurch - ausgerechnet sogar in den Jahren, in denen sie ihr pädagogisches Werk in den Grundzügen schuf - ein akademisches Lehramt innehatte.

Zweifellos trifft es zu, daß sich Montessori sehr häufig zu Exaltationen hinreißen ließ, besonders dort, wo sie das mangelnde Verständnis des Erwachsenen für das Kind brandmarkte und wo sie die messianische Sendung des Kindes verkündete; prüft man aber die Herkunft des oben genannten Vorwurfs genauer, dann stellt man fest, daß er oft gerade von jenen Autoren mit besonderem Nachdruck erhoben wird, die Montessoris Werk einem ganz bestimmten Vorverständnis gemäß auszulegen versuchen, sei dieses weltanschaulich, religiös oder politisch bestimmt. Vielfach verschieben diese Autoren den Akzent dann noch weiter und nennen die „schlechte Theoretikerin" eine gute und überzeugende Praktikerin, so daß konsequentermassen der Schwerpunkt der Interpretation von Maria Montessoris pädagogischem Denken sich auf die Deutung der Montessori-Praxis verlagern müßte.

Ganz abgesehen von der grundsätzlichen Bedenklichkeit einer solchen Verschiebung, auf die gleich noch näher hingewiesen wird, muß auch dieser Vorschlag zunächst verwundern, wenn man weiß, daß Montessori persönlich stets nur indirekt auf die Gestaltung der praktischen „Montessori-Erziehung" eingewirkt hat und daß sie selbst im ersten Kinderhaus von San Lorenzo nur zeitweise zugegen war; und auch das war nur bis 1910 der Fall. Was die Montessori-Schulpraxis betrifft, so war ihre Schöpferin niemals selbst als Lehrerin tätig; die Montessori-Praxis der weiterführenden Schulen hat sich, wenn auch gemäß ihren Richtlinien, weitgehend ohne ihre Mitwirkung entwickelt.

Einen anderen Grund für die Unsicherheit und Uneinheitlichkeit der Montessori-Interpretation hat man mit Recht darin gesehen, daß viele Stellungnahmen sich auf eine viel zu enge literarische Basis stützten.

Dieser Mangel lag einmal darin begründet, daß lange Zeit nur einzelne Schriften Montessoris, und diese häufig in mangelhaften oder unvollständigen Übersetzungen, zugänglich waren. Leider muß aber zum anderen gesagt werden, daß auch die jeweils verfügbare Literatur nur von ganz wenigen Autoren voll herangezogen worden ist. Von welch schmaler Literaturkenntnis aus in der Montessori-Diskussion bis in die jüngste Zeit vereinzelt noch operiert wird, läßt sich beispielhaft an einem Aufsatz von 1961 zeigen: Beck stützt sich in seiner Erwiderung auf die Montessori-Kritik Kilpatricks (von 1915!) allein auf „Il Metodo" und läßt die übrige Primärliteratur unbeachtet (8).

Hier läßt sich auch auf die Dissertation von Krombach aus dem Jahre 1965 hinweisen; Krombach bezieht in ihren Vergleich der Montessori-Pädagogik mit der „normalen Lern- und Förderungsschule" allein zwei Schriften der italienischen Pädagogin ein, und zwar „Das Kind in der Familie" und „Kinder sind anders" (9).

Neben den beiden bisher genannten Gründen für die Inkongruenz der verschiedenen Montessori-Deutungen und für die Unsicherheit in der rechten Einschätzung ihres pädagogischen Werkes wird man einen nicht zu unterschätzenden Grund weiterhin in den Ansätzen und Methoden sehen müssen, auf die sich Befürwortung und Kritik bezogen haben. Zieht man die Montessori-Literatur von der methodischen Seite her in Betracht, so zeigt sich, daß die Montessori-Diskussion als Ganzes dem systematischen Gesichtspunkt, d.h. dem inneren Zusammenhang der montessorischen Gedanken, ungleich mehr Augenmerk zugewandt hat als einer historisch-kritischen Analyse ihrer Abkunft und ihrer Entfaltung. Die Frage nach den Wurzeln des pädagogischen Denkens Maria Montessoris wurde bisher kaum näher untersucht, wo man sie aufgriff, begnügte man sich meistens mit oberflächlichen Auskünften und relativ globalen Feststellungen.

Hier liegt in der Tat ein sehr wunder Punkt der Montessori-Literatur vor.

Wenn mit Nachdruck auf diesen wunden Punkt hingewiesen wird, so darf das freilich nicht in der Weise mißverstanden werden, als sollte hier die systematische Untersuchung der Pädagogik Maria Montessoris irgendwie abgewertet oder ihre Berechtigung in Zweifel gezogen werden. Was hier kritisch angemerkt wird, ist allein die Tatsache, daß diese systematischen Nachforschungen häufig ohne Einbeziehung des Hintergrundes angestellt wurden. Den biographischen und geistesgeschichtlichen Hintergrund mit zu berücksichtigen, ist aber aus mehreren Gründen, die noch zu nennen sein werden, gerade im Falle Montessoris von besonderer Bedeutsamkeit.

Dieses Vernachlässigen einer eingehenden historischen Analyse läßt umso mehr erstaunen, als die Forderung nach historischer Untersuchung der Verwurzelung des pädagogischen Denkens Montessoris schon früh erhoben und dann immer wieder neu gestellt worden ist.

Schon der Bericht des Londoner Board of Education von 1912 enthielt den Rat, die Beziehungen der Ideen Montessoris zu denen der Methode Seguins einer genauen Analyse zu unterziehen, um auf diese Weise zu einem besseren Verständnis des Wollens Montessoris zu gelangen (10). Später hat Muchow (11) darauf hingewiesen, wie wichtig es für ein Erfassen der spezifischen Eigenart Montessoris ist, die Genese ihrer Gedanken und die Entstehung ihrer Methode zu kennen, und Lück hat hervorgehoben, daß die Prinzipien und der Ausbau der Methode so eng mit ihrem Ursprung und ihrer Entwicklung verwachsen sind, „daß sie nur daraus ganz verstanden werden können" (12). Gegenüber den Ansätzen, Montessoris schwankende Begrifflichkeit in ein System zu bringen, hat dann Mc Callister betont, daß es wohl ertragreicher und für eine gesicherte Montessori-Interpretation grundlegender sei, die historische Entwicklung ihres Denkens darzustellen, als zu versuchen, ihre Grundideen in eine hierarchische Ordnung zu bringen (13).

Diese wohlbegründeten Anregungen zur Einbeziehung von detaillierten historischen Nachforschungen haben jedoch die Montessori-Diskussion nicht tief genug beeinflußt.

So hat das sporadische Loten nach historischen Abhängigkeiten Montessoris sich weitgehend darauf beschränkt, historische Parallelen zu ermitteln, ohne unmittelbare Berührungspunkte fixieren und echte Gedankenlinien zurückverfolgen zu können.

Die deutsche Diskussion der zwanziger Jahre hat für mehrere montessorische Gedanken solche historischen Vorwegnahmen ausfindig gemacht und u.a. auf Bacon, Rousseau, Tolstoi, Spencer, Laotse und Leibniz verwiesen (14).

Schon vorher wollte Holmes die Wurzel von Montessoris Gedanken der Selbsterziehung in der altindischen Philosophie entdeckt haben und hatte als weitere historische Vorstufen Platon, Horaz, die Renaissance und Shakespeare genannt (15). Auch Arbeiten, die sich ausdrücklich der Aufhellung der Grundlagen der Montessori-Pädagogik zuwenden, greifen oft vage in die Geschichte der Pädagogik zurück, ohne wirklicher Vorgänger Montessoris habhaft zu werden. So geht Tenenhaus (16) weit hinter Montessori zurück, was die Geschichte der Kleinkindererziehung betrifft, läßt aber den realen geistesgeschichtlichen Hintergrund Montessoris ebenso außer acht wie ihre Lehrer und die von ihr zitierten Autoren.

Ähnlich verfährt Gintsberger (17), wenn er in den historischen Rahmen zwar Comenius, Rousseau, Basedow, Wolke, Pestalozzi und Fröbel einbezieht, dagegen für den geistigen Horizont Montessoris kein Augenmerk übrig hat.

Rongione (18) und Calò (19) haben Montessoris Rede von der inneren Wahrheit und dem inneren Lehrer mit der Illuminationslehre Augustins zusammengebracht, ohne zu fragen, ob diese Aussage Montessoris philosophisch gemeint ist oder überhaupt so gemeint sein kann.

Brummes Einordnung Montessoris in den Rahmen einer „positivistisch-thomistischen Weltanschauung" und in das „Bündnis des Kapitals mit der katholischen Kirche" ist vom marxistischen Standpunkt her diktiert und dementsprechend zu werten (20).

Wenn man die Deutlichkeit der Aussagen Montessoris aber so oft in Zweifel zog und mittels systematischer Interpretationen zu einem so breiten Spektrum der verschiedensten Auslegungen kam, dann hätte es doch erst recht naheliegen müssen, neben dem systematischen auch andere Faktoren für die Beurteilung Montessoris mit heranzuziehen.

Das ist zwar - wie schon oben angedeutet wurde - hinsichtlich der Montessori-Praxis geschehen, in der schon bald ein Korrigens der „schwachen Theorie" gesehen wurde. Es scheint aber, als habe man sich hier auf eine nicht ganz ungefährliche Basis begeben, denn sieht man die Praxis als entscheidendes Korrigens der Theorie an, gerät man leicht in die Gefahr eines circulus vitiosus.

Spricht man nämlich (unter hermeneutischer Rücksicht) der Praxis eine korrigierende Funktion gegenüber der Theorie zu, begibt man sich zu einem guten Teil jener Kriterien, nach denen eine bestimmte pädagogische Praxis überhaupt Montessori-Praxis und eine richtige Montessori-Praxis genannt werden kann, und man vergrössert unter Umständen das Durcheinander der Meinungen ungemein, wenn man einräumt, mit jeder wie immer gestalteten „Montessori-Praxis" die Theorie zu „berichtigen" (21).

Obwohl sich in Italien stärkere Ansätze zu einer geschichtlichen Sicht Montessoris herausgebildet haben (22), steht eine Untersuchung, die ihren Schwerpunkt auf die Verflochtenheit des montessorischen Erziehungsentwurfs mit der kulturellen Gesamtlage der Zeit legt, d.h., die ihr Verständnis des pädagogischen Denkens Maria Montessoris auf die Einbeziehung des philosophisch-geistesgeschichtlichen und pädagogisch-sozialen Hintergrundes stützt, bislang noch aus. Auch die Berücksichtigung des individuellen Faktors, d.h. der biographisch-psychologischen Besonderheiten und Abwandlungen dieses Denkens hinsichtlich der Auswahl und Verknüpfung der Probleme und der spezifischen „Ausschleifung der Lösungsbegriffe" (Windelband) ist bisher nur gelegentlich und ansatzweise erfolgt.

Dabei scheint es, daß bei einer Pädagogin, die ihre erzieherische Arbeit mit den denkbar geringsten erziehungsgeschichtlichen Kenntnissen und einer äußerst schmalen Vertrautheit mit pädagogischen Problemen angegangen ist, die Einbeziehung ihres persönlichen Werdeganges, ihrer wissenschaftlichen Ausbildung und ihres geistesgeschichtlichen Umkreises sich besonders fruchtbar erweisen und neue und für das Verständnis ihres pädagogischen Denkens aufschlußreiche Gesichtspunkte hervorholen könnte.

Die Betrachtung Montessoris unter der Rücksicht der Abkunft ihrer pädagogischen Gedanken könnte so möglicherweise nicht nur bestehende Lücken in der Literatur schließen, sondern auch dem Verständnis der „unklaren und unsicheren Begriffe" Montessoris dienen.

Nachdem sich herausgestellt hat, daß die Montessori-Literatur die Freilegung der Wurzeln des pädagogischen Denkens Maria Montessoris stark vernachlässigt hat, und nachdem sich vermuten ließ, daß dieses Außerachtlassen eingehender historischer Untersuchungen zu einem guten Teil mit daran Schuld trägt, daß sich bisher noch kein endgültiger Konsensus in der Einschätzung des pädagogischen Werkes der „Dottoressa" ergeben hat, soll es in der vorliegenden Arbeit darum gehen, vor dem biographischen und geistesgeschichtlichen Hintergrund der wissenschaftlichen Orientierung Montessoris und deren Einfluß auf die Prinzipien ihres pädagogischen Denkens nachzuspüren. Diese Beleuchtung soll vor allem das eigentümliche Erziehungsverständnis Montessoris, d.h. ihre spezifische Auffassung der wissenschaftlichen Pädagogik ins Licht rücken und die durchgängige Grundrichtung ihres pädagogischen Denkens deutlich machen.

Aufgabe und Ziel der Arbeit stellen sich also so dar:

Ausgehend davon, daß der Ansatzpunkt des pädagogischen Denkens Montessoris nicht erst 1907 in San Lorenzo liegt, und vorausgesetzt, daß sich dieses Denken auf einen einheitlichen Grund zurückführen läßt, soll versucht werden, über die Aufhellung des Hintergrundes diese einheitliche Grundrichtung ihrer Pädagogik sichtbar werden zu lassen

Damit will diese Arbeit einen Beitrag mehr leisten zu einer gesicherten Auslegung und Einordnung der Montessori-Pädagogik, von der aus erst eine begründete Wertung Montessoris möglich ist. Diese kritische Wertung ist ein Schritt, den diese Untersuchung zwar vorbereiten und erleichtern möchte, nicht aber selbst gehen will.

Für diese Aufgabenstellung ist die textinterpretierende Methode, von der die Montessori-Literatur in letzter Zeit viel Gebrauch gemacht und auf deren Ungenügen für die Montessori-Interpretation zuletzt Sebastian mit Nachdruck hingewiesen hat (23), nicht geeignet. Ebensowenig brauchbar scheint aber auch das von Sebastian selbst geltend gemachte Verfahren, sowohl hinter die Montessori-Praxis als auch hinter die schriftlichen Aussagen Montessoris zurückzugehen, um *„die pädagogische Intuition"* (24), d.h. das, „was Montessoris schöpferischer Einfall war, der sie zu ihrem *pädagogischen Handeln* veranlaßte" (25), ans Licht zu heben. Denn wo man weder Montessoris biographische und geistesgeschichtliche Vorbereitung noch ihre wissenschaftlichen Studien und ihre Arbeit mit den Schwachsinnigen als Boden ihrer späteren pädagogischen Wirksamkeit berücksichtigt, gerät man allzu leicht in die Gefahr „bodenlosen" Konstruierens und Spekulierens (26).

Die Möglichkeit, die Montessori-Praxis in ihrer Unmittelbarkeit als den hermeneutischen Schlüssel für das Werk der „Dottoressa" anzunehmen, wurde oben bereits abgewiesen. So bietet sich bei der vorliegenden Fragestellung die historisch-kritische Methode als die gegebene an.

Dabei soll folgendermaßen verfahren werden: Zunächst wird es notwendig sein, die Montessori-Literatur mit wenigen Strichen in ihren wichtigsten Punkten zu kennzeichnen.

Dazu ist es nicht notwendig, einen ausführlichen Literaturbericht vorzulegen. Das langatmige Aufreihen der Vielzahl disparater Gesichtspunkte, die in der Montessori-Literatur häufig fast wörtlich wiederholt, oft in wenig abgewandelten Variationen wieder aufgenommen und in verschiedenen Imitationen neu durchgespielt werden, würde den Fortgang der eigenen Nachforschungen eher belasten als vom Ballast fremder Meinungen befreien.

Um eine tragfähige Grundlage für die nachfolgenden Recherchen und Ergebnisse zu bauen, genügt es, in aller Knappheit einige charakteristische Züge der Montessori-Literatur herauszustellen und ihre thematischen Schwerpunkte zu markieren, ohne sich in eine detaillierte Besprechung einzelner Arbeiten zu verlieren. Auf diese Weise wird auch der Gefahr gewehrt, daß schließlich ein Montessori-Bild entworfen wird, das sich von den bisherigen nur durch eine neue Akzentuierung bestimmter Seiten abhebt und der Reihe bereits aufgestellter Deutungen quasi monologisch anfügt.

Als nächster Schritt wird der biographische Hintergrund des pädagogischen Denkens Montessoris auszuleuchten sein. Dabei soll es einmal darum gehen, aus der biographischen Übersicht jene Aspekte herauszuheben, die - nicht im Sinne von „Beweisen", wohl aber als aufschlußreiche „Illustration" - dem Verständnis Montessoris dienlich sein können, zum anderen darum, vom Biographischen her Hinweise auf Ausgangspunkte von Montessoris pädagogischer Arbeit zu gewinnen.

Der Umkreis dieser Ausgangspunkte soll dann in einem weiteren Schritt in seinen allgemeinen Zusammenhängen erhellt werden. Dabei wird jeweils aufzunehmen sein, was allgemein die Zeitlage bestimmte, und ebenso, was jeweils die Diskussion im fachlichen Kreise beherrschte. Wo sich von diesen epochalen Tendenzen oder vom unmittelbar fachlichen Bezug her deutliche Abhängigkeiten Montessoris ergeben, wird dies ebenso präzis zu kennzeichnen sein wie jene Gleichläufigkeiten, bei denen sich sichere Schlüsse nicht ziehen lassen.

Als entscheidende Frage wird sich dann die nach dem Charakter und nach dem Grad der Beeinflussung Montessoris durch die verschiedenen Tendenzen stellen lassen. Dabei wird es besonders wichtig sein, die einzelnen Einflüsse gegeneinander abzuwägen, um so entscheiden zu können, welchen Abhängigkeiten das größte Gewicht zukommt.

In einem zweiten, umfangmäßig natürlich viel geringeren Teil sollen dann die Grundprinzipien des pädagogischen Denkens Maria Montessoris vor diesem Hintergrund betrachtet werden. Dabei wird sich diese Betrachtung bewußt auf die Grundprinzipien beschränken und spezielle Fragen weithin ausklammern.

Entsprechend dem Ausgangspunkt der Arbeit, dem Streit um Montessori, soll am Ende versucht werden, eine neue Erklärung für das eigenartige Phänomen dieses Streites zu geben. Diese Erklärung soll zugleich das Fazit dieser Arbeit ziehen.

Zielsetzung und Verfahren machen es notwendig, die Arbeit auf eine sehr breite literarische Grundlage zu stellen. Die von Schulz zu Recht erhobene Forderung, „sich auf möglichst umfassende Unterlagen zu gründen" (27), wurde von uns so ernst genommen, daß diese Untersuchung für sich beanspruchen darf, die vorliegende internationale Primärliteratur bisher am vollständigsten einbezogen zu haben. Das gilt besonders für die frühen Schriften und Vorträge und für die „Pädagogische Anthropologie", wobei dieses Werk sowohl im italienischen Original wie in der mehr verbreiteten englischen Übersetzung herangezogen wurde. Die einzelnen Übersetzungen der anderen Publikationen wurden, soweit der italienische Originaltext vorliegt, mit diesem verglichen (28). Neben der deutschen und italienischen Literatur wurden Schriften Montessoris in englischer, französischer (29), niederländischer, spanischer und tschechischer (30) Sprache herangeholt.

Auf Grund von eigenen Nachforschungen und dank mehrerer in der neuesten Zeit erschienenen bibliographischen Beiträge ergab sich eine so große Ausweitung des Materials, daß es geraten schien, dieser Untersuchung eine internationale Montessori-Bibliographie beizufügen. Die Vorbemerkungen zu dieser Bibliographie geben im einzelnen Auskunft über den Stand der bisherigen bibliographischen Ermittlungen zur Montessori-Pädagogik und über Umfang und Grenzen der eigenen Arbeit.

Außer den gedruckten Schriften stand eine Reihe von ungedrucktem Material zur Verfügung, über das im einzelnen die Seiten 246 f. der Bibliographie Auskunft geben.) Die Vorträge des 1946 in London gehaltenen Ausbildungskurses für Montessori-Lehrer waren im englischen Text (im Besitz der AMI in Amsterdam) zugänglich; die private deutsche Übersetzung davon stellte Frau Professor Helming freundlicherweise bereit (31).

Aus der Sekundärliteratur wurde vor allem die deutsche und englische in grosser Breite benutzt. Darüber hinaus wurde eine entsprechende Auswahl in den Sprachen Flämisch, Französisch, Italienisch, Niederländisch, Schwedisch, Spanisch und Tschechisch hinzugenommen. Über den Umfang der berücksichtigten Sekundärliteratur unterrichtet der Teil II der Bibliographie im einzelnen.

Außer dieser Literatur liegt der Arbeit eine angemessene Kenntnis der Montessori-Praxis zugrunde, die auf zum Teil längeren Hospitationen in Kinderhäusern, Montessori-Schulen und einem Montessori-Lyzeum in Frankfurt, Berlin, Leiden, Oegstgeest und Amsterdam beruht.

Darüber hinaus stützt sich diese Untersuchung auf eine Reihe von Gesprächen und den schriftlichen Verkehr mit mehreren engen Mitarbeitern und persönlichen Schülern Montessoris (32).

Nicht zugänglich blieb leider die umfangreiche Privatbibliothek Maria Montessoris. Mit Ausnahme des auf S. 246 f. der Bibliographie genannten Materials konnte auch der Nachlaß Montessoris nicht vollständig eingesehen werden. Das ist umso bedauerlicher, als sich gerade an Hand der von Montessori selbst benutzten Literatur und noch mehr aus ihren persönlichen Aufzeichnungen und aus ihrem Briefverkehr weitere Aufschlüsse gewinnen lassen dürften, die die Thesen und Ergebnisse dieser Untersuchung sowohl stützen als auch erweitern könnten.

So reicht trotz unserer ausgiebigen Grundlage an gewissen untergeordneten Punkten das Material nicht aus, um alle Einzelheiten genügend zu belegen. Auf einem Gebiet, wo sich sehr viel voreingenommenes Urteilen und ungesichertes Meinen angehäuft hat, scheint es unbedingt notwendig, diese Stellen durch den Gebrauch des conjunctivus dubitativus überall zu kennzeichnen.

II. Der Streit um Montessori

Wenn es in diesem Abschnitt darum gehen soll, die Montessori-Literatur kurz zu charakterisieren, dann muß als Leitmotiv dieser Überschau der Streit um Montessori deutlich heraustreten. Denn dieses einzigartige Phänomen stellt unzweifelhaft das hervorstechende Merkmal der gesamten Montessori-Diskussion dar.

Zwar könnte man auch versuchen, die Diskussion nach bestimmten Phasen der Montessori-Rezeption aufzugliedern. Dabei würde man aber zu einem so vielfältig verschränkten Gefüge von Linien kommen, daß es fraglich würde, ob in diesem Fall von echten Phasen überhaupt noch die Rede sein kann. Denn nicht nur, daß diese „Phasen" im Ländervergleich nicht gleichläufig, sondern stark versetzt auftreten, bringt es die in vielschichtiger Weise ideologisch gefärbte Auseinandersetzung mit sich, daß Befürwortung und Ablehnung sich ständig überschneiden.

Von einem wirklich durchgreifenden Wandel des Montessori-Verständnisses läßt sich im internationalen Raum wohl nur in einer Hinsicht sprechen.

Auf Grund der alleinigen Kenntnis des „Metodo" und bisweilen noch des „Handbuchs" hatte man beinahe allerorten Montessoris Beitrag nur als eine Reform der frühkindlichen Erziehung angesehen. Diese Ansicht verstärkte sich überall dort, wo man die Montessori-Methode als Gegenpart zur Methode Fröbels oder zu jener der Schwestern Agazzi auffaßte. Aber auch dort, wo als entscheidender Gesichtspunkt Montessoris Beitrag zur Reform der Elementarschule aufgegriffen wurde, betrachtete man diesen als eine neue Methode des Lese-, Schreib- und Rechenunterrichts neben anderen und äußerte dementsprechend Kritik oder Zustimmung; das gilt insbesonders für die USA (33).

Dieses engere Verständnis Montessoris hat sich überall allmählich erweitert. Dazu trug einmal die Ausdehnung der Montessori-Pädagogik über den Rahmen von Kinderhaus und Grundschule hinaus bei; daneben erfolgte eine Weiterentwicklung und Ergänzung der praktischen Montessori-Arbeit, die nicht nur von Montessori selbst geleistet wurde, sondern gemäß den von ihr aufgestellten Prinzipien von verschiedenen Seiten ausging; schließlich verlagerte sich der Schwerpunkt der Montessori-Interpretation zunehmend von methodischen Einzelfragen auf die Prinzipien dieses pädagogischen Entwurfs. Diese neue Akzentuierung aber brachte es mit sich, daß der Gedanke der Montessori-Methode als Methode gegenüber einem weiteren Verständnis der Montessori-Pädagogik als eines umfassenden pädagogischen Reformkonzepts zurücktrat. Heute wird nur noch selten verkannt, daß es Montessori um eine Erneuerung und Umgestaltung der gesamten Erziehung von Grund auf ging, auch wenn sie zeitlebens die frühkindliche Entwicklungsphase als die wichtigste angesehen und ihre durchtragenden Prinzipien gerade im Hinblick auf diese Periode dargelegt hat.

Eine gewisse, wenngleich uneinheitliche Phasenhaftigkeit läßt sich unter Umständen noch hinsichtlich der religiösen Deutung Montessoris ausmachen. Zunächst wurde die Montessori-Pädagogik in den einzelnen Ländern von verschiedenen Gruppen propagiert: in Deutschland von Sozialisten, in Frankreich von den Theosophen, in Holland von Liberalen, in Österreich von der Kongregation der Weißen Franziskanerinnen; dann folgte überall eine Phase katholischen Montessoriverständnisses, die sich in ihrer Ausbreitung von Italien aus über Holland (1920), Deutschland (1929) und die Tschechoslowakei (1940) verfolgen läßt; nur in Österreich nahmen zur gleichen Zeit die Sozialisten Montessori für sich in Beschlag.

Schließlich wurde die christliche Montessori-Interpretation fast überall wieder durchbrochen, und nur gewisse Kreise halten an einer starr konfessionellen Deutung fest, ohne daß freilich auch sie die überkonfessionelle Ausrichtung Montessoris gänzlich in Abrede stellen können.

Wenn hier der Streit um Montessori als das Kennzeichnende hervorgehoben wird, dann geschieht es auch deshalb, weil auf diese Weise die noch offenen Fragen besonders deutlich sichtbar werden. Dadurch soll aber keineswegs unberechtigterweise verdeckt werden, daß es in gewissen Fragen durchaus zu einem Konsensus gekommen ist. Zu diesem Konsensus gehört es u.a., daß man bei Montessori einerseits einen naturwissenschaftlichen Ausgang anzunehmen hat, daß man aber daneben ein religiöses Grundmotiv nicht übersehen darf. Hinsichtlich der Gestaltung der frühkindlichen Aktivität findet man auch bei ihren Verfechtern das Eingeständnis, daß Montessori dieses Problem einseitig nach dem Intellektuellen hin gelöst hat, während die Phantasie, das Schöpferische und das Musische bei ihr zu wenig berücksichtigt werden.

„Maria Montessori ist eine stark umstrittene Persönlichkeit: überschwenglich gepriesen von den einen, verworfen von den anderen; in beiden Fällen - wir sagen es sofort - in übertriebenem Ausmaß" (34).

Dieser Aussage Perettis, die sich vorwiegend auf die italienische Montessori-Literatur bezieht, lassen sich fast gleichlautende Befunde aus anderen Ländern anfügen. So trifft „The American Montessori Society Bulletin" 1960 die Feststellung: „In the context of American education, there is probably no educator deserving of the name ‚more misunderstood and less understood' than Maria Montessori" (35). Für den deutschen Sprachraum meint Grete Schmaus ähnlich: „Montessori wurde sehr oft und sehr stark mißverstanden, und dies nicht etwa nur von ihren Gegnern, sondern auch von vielen Anhängern" (36).

Wer immer sich mit der Montessori-Literatur befaßt, wird sich tatsächlich binnen kurzem in einem engmaschigen Netz einander widerstreitender Thesen und Meinungen gefangen finden, deren Ärgernis umso beklemmender ist, als sie sich durchweg als auf Zitate aus der Primärliteratur gestützt ausweisen, auch dort, wo sie sich gegenseitig relativieren oder aufheben.

Sachfremde Parteilichkeit, weltanschauliche Voreingenommenheit und vorschnelle Verallgemeinerungen bestimmen das Bild der Montessori-Diskussion ebenso wie gegenseitige Ignoranz, mangelnde Informiertheit und subjektivistische Ausdeutungen. Leidenschaftliche Parteinahme oder vernichtende Kritik scheint oft die einzige Alternative zu sein (37); vermittelnde Stimmen nehmen sich als wohltuende Besonderheiten angenehm aus.

Es gehört weiter zu den Merkmalen dieses Bildes, daß einander widerstreitende weltanschauliche Gruppen oft gleichzeitig Montessori auf ihre Seite schlagen, und es verleiht ihm beinahe groteske Züge, wenn Anhänger ein und derselben Gruppierung hier Montessori von derselben weltanschaulichen Position aus auf ihren Schild erheben, von der aus sie sie dort energisch bekämpfen.

Diesen Streit um Montessori, der sich wie ein roter Faden durch die Literatur zieht und der das einzig Gleichbleibende in dem Gespräch über ihr Werk zu sein scheint, hat Schulz-Benesch in einer gründlichen Arbeit thematisch werden lassen (38); er hat an Hand der drei gegen Montessori häufig erhobenen Vorwürfe des Naturalismus, des Intellektualismus und des Individualismus einen Ausschnitt aus der bunt schillernden Vielheit der Ansichten und Deutungen eingefangen.

Ein Ergebnis der Analyse Schulz-Beneschs liegt zweifellos darin, daß sich die drei von ihm näher untersuchten Vorwürfe so pauschal nicht halten lassen. Darüber hinaus dürfte seine Arbeit gezeigt haben, daß der Pädagogik Maria Montessoris mit dem festen Einordnungsschema eines bestimmten -ismus kaum beizukommen ist.

So sehr diese Erkenntnis einer Versachlichung und Differenzierung der Montessori-Diskussion dienen kann, konnte es Schulz-Benesch nicht gelingen, den Montessori-Streit ein für allemal beizulegen; dies wohl allein schon deshalb nicht, weil die von ihm selbst beigesteuerte religiös-konfessionelle Montessori-Deutung einen - bei Montessori ohne Zweifel vorhandenen - Aspekt herauslöst und zur Grundlage einer Interpretation des Gesamtwerkes macht.

So nimmt es nicht wunder, daß Maria Sebastian erst kürzlich die Montessori-Literatur neuerdings als einen „fast undurchdringlich erscheinenden Dschungel der Meinungen" (39) gekennzeichnet hat, in dem das Zurechtfinden schwerfällt und dessen Lichtung noch nicht abzusehen ist.

Ohne sich in diesem „Dschungel" zu verirren, ist es erforderlich, diesen Streit an einem in Schnellverfahren angelegten Querschnitt zu veranschaulichen. Dabei soll deutlich werden, daß das Phänomen dieses Streites einmal das bezeichnende Charakteristikum der Montessori-Literatur ist, daß diese Uneinigkeit zum anderen über rund fünfzig Jahre fast unvermindert bis heute andauert und daß dieses ärgerliche Faktum darum den sachlich geforderten Ausgangspunkt für eine Durchleuchtung der Sekundärliteratur darstellt.

Der Streit um Montessori setzt bald ein, nachdem ihre pädagogische Methode in das Licht der Öffentlichkeit getreten ist. Zwar erobert sie zunächst in einem beispiellosen Sturmlauf eine Legion begeisterter Anhänger und eifriger Befürworter rund um den Erdball, schon bald aber melden sich kritische Stimmen, und das leidenschaftliche Für und Wider hebt an.

Der rasche Erfolg und die weltweite Verbreitung ihrer Methode ziehen Montessori den Mißmut jener Pädagogen zu, die sich in ihrem Reformwillen von einer Ärztin nicht überflügelt sehen wollen. Dieses Mißfallen äußert sich am schärfsten in der polemischen Schrift von Peeters „Het Montessori-Verschijnsel tot zijn ware afmetingen teruggebracht" (40), in der es sich der Verfasser zum Ziele setzt, „für eine sichere Dosis Chinin zu sorgen, um so nach Möglichkeit dem Ausbrechen des Montessori-Fiebers zuvorzukommen, und dort, wo es schon ausgebrochen ist, seine gefährlichen Folgen zu bekämpfen" (41).

Unsachliche Gesichtspunkte spielen von Anfang an eine verunklärende Rolle. Es genügt hier, zwei besonders extreme Beispiele anzuführen, um das Törichte solcher „Argumente" aufzuweisen.

Eine nationale Tendenz wider die Ausländerei in der Pädagogik wendet sich in Deutschland gegen die Anmaßung einer italienischen Ärztin, der deutschen Pädagogik, und ausgerechnet der deutschen Kleinkinderziehung Belehrungen geben zu wollen. Trüper versteigt sich sogar so weit, Montessori als eine an einen Italiener verheiratete Berlinerin auszugeben, um dann „gegenüber diesen italienischen Treuebrechern und Krämerseelen deutsches Geisteseigentum für den Germanismus zu reklamieren" (42).

In den USA fällt die blühende Montessori-Bewegung nach ihrem spektakulären Erfolg auf der Weltausstellung 1915 in San Franzisko rasch zusammen (43); Montessoris Schülerin Helen Parkhurst führt diesen Niedergang weniger auf irgendwelche sachlichen Argumente als auf die Entdeckung puritanischer Kreise zurück, daß es sich bei dem Begleiter Montessoris auf ihrer Amerikareise um ihren leiblichen Sohn gehandelt hat (44).

Der Unsachlichkeit der Gegner Montessoris entsprechen auf seiten vieler Befürworter ebenso sachfremde Argumentationen. Das Herausgreifen und Ideologisieren einzelner Gedanken seitens weltanschaulicher oder politischer Gruppen zieht Montessoris Werk in den Strudel außerpädagogischer Auseinandersetzungen.

Montessoris Betonung der Freiheit in der Erziehung gewinnt ihr die Sympathie politisch linksgerichteter und liberaler Kreise vor allem in Deutschland, Frankreich und Holland (45). Ihre Emphase für die Kommunisierung der Familie trägt ihr die Anhängerschaft der Kommunisten ein, so daß Lenin 1912 auf einem Kongreß in der Schweiz eine Resolution fassen läßt, nach der jedes Kind das Recht haben soll, nach der Methode Montessori erzogen zu werden (46). Montessoris Rede von dem

Durchbrechen katholischer Vorurteile läßt sie des Beifalls antiklerikaler und „fortschrittlicher" Kreise in Deutschland und Italien gewiß sein (46a).

Diese Okkupation Montessoris und ihrer pädagogischen Gedanken durch bestimmte weltanschauliche Gruppen bringt ihr einerseits den Vorteil unerwarteter Propaganda und unvermuteter Ausbreitung ihrer Ideen, sie versperrt ihr aber andererseits in der Regel den Zugang zu den weltanschaulichen bzw. politischen Gegnern der jeweils für sie kämpfenden Gruppe. Und es bedarf oft eines politischen Umsturzes oder einer überzeugenden Apologieschrift, ehe sich weltanschauliche Gegner zu einer Anhängerschaft für Montessori „bekehren" lassen.

Für Deutschland läßt sich das gut zeigen.

Bis 1928 wurde die Montessori-Bewegung hierzulande ganz überwiegend von freigeistigen, sozialistischen und kommunistischen Kreisen getragen (47). Sellmann führt die großzügige Förderung der Montessori-Pädagogik in Thüringen und ihre Ausdehnung auf das Schulalter zurück auf das Wirken einer kommunistischen Regierung (48). Auch die Zeitschrift des Bundes Entschiedener Schulreformer war in den 20er Jahren ein wirkungsvolles Forum für die Montessori-Verbreitung.

Mit der Schrift Schrötelers „Die Montessori-Methode und die deutschen Katholiken" ändert sich das Bild 1929 fast schlagartig. Schröteler legt die Vereinbarkeit der Montessori-Methode mit der Lehre der katholischen Kirche dar und weist Montessori als gläubige Katholikin aus. Daraufhin treten Montessoris frühere Förderer ab und räumen das Feld für katholische Frauenvereine und andere Organisationen, die bis dahin Montessori mit Reserve gegenübergestanden waren, nun aber die Verbreitung ihrer Pädagogik zu ihrer eigenen Sache machen.

Der Streit um die Herkunft der Methode

Häufig verbunden mit weltanschaulichen Gesichtspunkten, in zunehmendem Maße aber auch frei von solchen Verschränkungen, treten sachliche Diskussionsmomente zutage. Einer der ersten Punkte, an dem die Auseinandersetzung sich sammelt, ist die Frage nach der Originalität des montessorischen Beitrages und im Anschluß daran das sogenannte Problem der Übertragung.

In Deutschland sind es zunächst vor allem Trüper, Kirmsse und der Italiener Saffiotti, die jede Originalität Montessoris bestreiten. Trüper meint, nur Uneingeweihte könnten die Italienerin als große Reformerin preisen, wer sich aber in der deutschen psychologischen und pädagogischen Literatur auskennt, dem könne Montessori „wenig Neues" bieten (49). Ähnlich äußert Kirmsse, „daß ihren Ideen die Priorität abgeht" (50). Saffiotti meint damit übereinstimmend, es gäbe keine originelle Montessori-Methode (51). In Italien stellt Zanzi die Frage nach der Originalität der sogenannten Montessori-Methode und beantwortet sie mit einem eindeutigen: „Non esiste!" (52).

Boschetti-Alberti sieht in den Prinzipien Montessoris nichts anderes als die ewigen Prinzipien der Pädagogik, die Montessori nur in schöner und angenehmer Weise klar und genial verwirklicht habe (53), daß sie aber die großen Pädagogen, die ihr vorangegangen sind, gekannt hat, verneint Gunning wiederum ziemlich eindeutig (54).

Lightner Witmer, der in den USA dem Vorwurf, das montessorische Sinnesmaterial sei von Seguin und Bourneville übernommen, entgegentritt, bringt vor, das Neue bei Montessori liege in der Kombination der einzelnen Elemente dieses Materials. Und bei Witmer findet sich auch bereits ein Gedanke, der in der angelsächsischen Literatur lange Zeit immer wieder auftaucht: das Neue an Montessori sei, daß sie pädagogische Forderungen und Anregungen, die oft und vielerorts als Möglichkeiten angedeutet worden waren, als erste in die Wirklichkeit umgesetzt hat (55).

Auffallend ähnlich äußert sich dann Meumann, der an der Montessori-Methode nicht viel Neues entdecken kann, das wenige Neue aber in der Kombination zahlreicher, längst zum kindlichen Anschauungsunterricht gehörender Kunstgriffe und Einzelmaßnahmen und in der Umsetzung dieses Systems in die Praxis sieht (56). Dieser Gedanke kehrt dann ähnlich wieder bei Muchow (57).

Neigen in der Diskussion der Frage der Originalität die Anhänger Fröbels dazu, alles Wertvolle in der Montessori-Pädagogik auf ihren Meister zurückzuführen (58), so vertreten die Verfechter Montessoris bald im Gegenzug die These von ihrer historischen Unabhängigkeit. So redet Gerhards ernsthaft von „*voller* historischer Selbständigkeit" (59) Montessoris und spricht Behn davon, daß Maria Montessori ihr Werk „mit traumwandlerischer Sicherheit des Instinkts" (60) hingestellt habe. Diese These hält sich seitdem hartnäckig; zuletzt hat sie Sebastian wieder aufgenommen und sich dafür stark gemacht, daß Montessori „eigentlich keine Vorläufer hatte", ausgenommen die Ärzte Itard und Seguin (61).

Während im angelsächsischen Raum zwei größere Arbeiten (62) erscheinen, die die historische Abkunft der tragenden Prinzipien der Montessori-Pädagogik nachzuweisen suchen und dabei Parallelen zu Pereira, Itard, Seguin, Bourneville, Condillac, Locke und Rousseau aufdecken, ohne daß sie allerdings echte Entwicklungslinien aufzuzeigen vermöchten, prüft die deutsche Diskussion dieser Frage in den zwanziger Jahren besonders die Herkunft des didaktischen Materials und fördert einige interessante Einzelheiten zutage.

Zunächst ermittelt Karstädt, daß einige von Montessoris Beschäftigungsmitteln schon vor Montessori in Rom als Testmaterial zur Feststellung von „Hilfsschulkindern" Verwendung finden (63). Mühlbacher geht einem von Stefan von Máday gegebenen Hinweis auf ein Buch von Fougeray und Couëtoux aus dem Jahre 1896 nach (64) und findet darin die meisten der späteren Montessori-Materialien bereits abgebildet. Douwes schließlich berichtet, daß der Gebrauch der meisten Stücke des didaktischen Materials Montessoris in holländischen Schwachsinnigenanstalten älter ist als Montessori selbst (65).

Je mehr aber die Herkunft des Montessori-Materials von der Schwachsinnigenerziehung nachgewiesen wird, desto mehr schält sich das Problem der Übertragung heraus, d.h. die Frage, ob Montessori einfach Methoden aus der Schwachsinnigenerziehung auf die Erziehung des normalen Kindes übertragen habe und ob ein solches Verfahren legitim genannt werden könne. Dabei wird dieses Problem in Deutschland auffallend häufiger diskutiert als andernorts; bei uns aber sehen nur wenige Autoren Montessoris Ausgang von der Erziehung Anormaler als problemlos an.

Prüfer erblickt in der Tatsache, daß Montessori sich auf Grund des Erfolges ihrer Methoden bei anormalen Kindern dazu verstieg, eine „Erneuerung der ganzen geistigen Bildung des Menschengeschlechts" (66) leisten zu wollen, den fragwürdigsten Punkt ihrer gesamten Reformbemühungen. Nach seiner Meinung liegt hier bei Montessori ein fundamentaler Fehler vor, der „weder ihr noch ihren Anhängern zum Bewußtsein gekommen" (67) ist, denn was für die Erziehung Anormaler notwendig sein mag, ist keineswegs ausreichend für die gesamte Erziehung normaler Kinder. Prüfer stellt gegenüber Montessori fest: „Die Aufgabe der Pädagogik für normale Kinder beginnt ungefähr dort, wo die Pädagogik für Anormale bereits aufhört" (68).

Spranger macht als Wortführer der „Übertragungsthese" den Einfluß der Nervenärzte Itard und Seguin dafür haftbar, daß Montessori wie jene ihr Augenmerk auf die Entwicklung und Förderung der Intelligenz zurückgebliebener und schwachsinniger Kinder gelegt und das Schwergewicht auch nach der Übertragung ihrer Methode auf normale Kinder einseitig auf der Pflege der Intelligenz belassen hat (69).

Martha Muchow führt Montessoris Prinzip der Übung der einzelnen Organe und Funktionen zurück auf ihre therapeutische Arbeit in der Schwachsinnigenerziehung und sieht - ähnlich wie Hessen (70) - darin die Ursache für ihre einseitige Organisation der frühkindlichen Aktivität als Vorübung des psycho-physiologischen Organismus und damit für ihr Verkennen des freien Spiels und das Verfehlen der Einbildungskraft als ganzheitlichen Bezugs (71).

Theodor Litt hat den Grund, „weshalb in der Montessori-Methode das Prinzip der freien Selbstentfaltung zu den relativ vollkommensten Erfolgen gelangt", darin gesehen, daß diese Erziehung „sich auf die Ausbildung rein organischer Funktionen, insbesondere die Schulung der *Sinne*, konzentriert" (72).

In jüngster Zeit war es Brumme, die die Tendenz des Montessori-Materials zur Entwicklung mechanischer Fähigkeiten und Fertigkeiten und zur Qualifizierung der einzelnen Sinne und ihrer Funktion auf diese Abkunft des Materials zurückgeführt und als Grund für das Vernachlässigen wesentlicher Seiten der kindlichen Persönlichkeit in der Montessori-Pädagogik angeführt hat (73).

Galdikaitė meint, Montessori habe den kolossalen Unterschied zwischen der Erziehung der Normalen und der Irrenerziehung nicht gesehen und darin liege der Grundfehler ihrer Methode, die darum eher eine Dressur denn wahre Erziehung sei (74).

Während Wilker als einer der wenigen Autoren den Ausgang Montessoris von der Erziehung Zurückgebliebener positiv sieht und ihre Berücksichtigung des Gefühls- und des Muskelsinns, ihr Beachten der natürlichen Energien des Kindes und ihrer freien Entwicklung und ihre Wertschätzung der Sinneserziehung und des Lernens durch eigene Erfahrungen auf diese Herkunft zurückführt (75), schreibt Coppius, Montessori betrachte das normale Kind „nicht ohne Voreingenommenheit, sondern in erster Linie als einen Gegensatz zum schwachsinnigen Kinde" (76), und beantwortet Douwes die Frage, ob Montessori das normale Kind überhaupt kennt, mit einem klaren: „Nein, sie kennt es nicht" (77).

Dieser Ansicht entgegen steht die These vom Ausgang Montessoris vom normalen Kind, die vor allem von jener großen Zahl von Autoren vertreten wird, die Montessoris pädagogisches Denken erst mit dem berühmten Kinderhaus-Erlebnis von 1907 einsetzen lassen. Frei von pädagogischen Vorurteilen und unbeirrt von bestimmten pädagogischen Sichtgewohnheiten sei es Montessori möglich gewesen, im Kinderhaus von San Lorenzo das eigentlich normale Kind, d. h. „die Existenz einer verborgenen Natur" (78) im Kinde zu entdecken. Von unerschütterlichem Glauben an diesen „bisher unbekannten Teil in der Seele des Kindes" (79) getragen, habe Montessori, ausgehend von der Entdeckung dieser Enthüllung des normalen Kindes im ersten Kinderhaus in Rom, aus der Beobachtung dieses Kindes und aus *„der Unmittelbarkeit der Erfahrung"* (80) mit ihm als „eine völlig konsequente Arbeit" (81) ihre Methode „vom Kind her unmittelbar" (82) geschaffen. Nach dieser Ansicht war es nicht die schon irgendwie konzipierte Methode, die die Gestalt des ersten Kinderhauses wenigstens mitbestimmte, sondern es war jene erste Casa dei bambini in der Via dei Marsi Nr. 53 in Rom, die die Methode Montessori hervorbrachte (83).

Je fester aber die Entdeckung von San Lorenzo als eigentlicher Ausgangspunkt der Montessori-Pädagogik angesehen wurde, umso weiter trat die Frage nach ihrer historischen Verwurzelung zurück, so daß schließlich die ganze Methode „gleichsam fix und fertig - wie Athene dem Haupte des Zeus - dem Geist der Dottoressa entsprungen schien" (84).

Freiheit oder Zwang

Eng mit der Auseinandersetzung um das didaktische Material verknüpft ist auch die Diskussion über Montessoris Begriff der Freiheit und über die Stellung der Lehrerin innerhalb der Methode.

Die Kritik am Freiheitsbegriff Montessoris entzündet sich vor allem an der Eindeutigkeit des didaktischen Materials, d.h. an der Eingleisigkeit der zugelassenen Beschäftigung mit didaktischen Gegenständen, die wesentlich mehr Betätigungsweisen, und zwar durchaus sehr sinnvolle, zulassen würden (85). Während die Einschränkung der individuellen Freiheit durch das Interesse der Gemeinschaft im allgemeinen hingenommen wird, sehen die Kritiker in der genau festgelegten Verwendbarkeit der einzelnen Materialien einen Zwang, der mit Montessoris Ideal der freien Erziehung nicht nur nicht vereinbar sei, sondern sogar sein genaues Gegenteil bedeute.

Diese Einengung der Freiheit „durch die Gesamtorganisation der Beschäftigungsmöglichkeiten und durch die Zwangsläufigkeit der Zielsetzung" (86) der einzelnen Materialien wird vor allem von deutschen Psychologen scharf angegriffen; sie werden in dieser Kritik kräftig unterstützt von den Fröbelianern, die in der Eindeutigkeit des Materials eine ungebührliche Beschneidung der frei-schöpferischen Aktivität des Kindes sehen. Vor allem spricht Spranger in diesem Zusammenhang von bloßer „Scheinfreiheit" (87) und findet Silbermann nur „eine äußerliche und utilitaristische Form der Freiheit" (88) vor.

Amerikanische Kritiker aus der Nähe Deweys sehen ähnlich bei Montessori weniger die Gefahr der Ausartung ihres Freiheitsideals in Anarchie als die zu großer Strenge und Genauigkeit. Ob der Starrheit des Materials werfen diese Autoren der Montessori-Methode vor, sie verfahre genau wie die alte Schule, indem sie nämlich wie jene den Lehrer zum alleinigen Richter darüber bestelle, was das Kind tun darf, und lediglich den Spielraum der erlaubten Tätigkeiten über den früheren engen Rahmen hinaus erweitere. Das Wesen der Freiheit sehen diese Kritiker in der schöpferischen Selbsttätigkeit: „Freedom apart from self - expression is a contradiction of terms" (89), formuliert Montessoris schärfster und nachhaltigster Kritiker in den USA und bezeichnet die Methode wegen ihres formalen Charakters, ihrer Lebensferne und ihres geringen Anknüpfens an soziale Interessen und Probleme als fünfzig Jahre hinter der gegenwärtigen Erziehungswissenschaft herhinkend und deshalb besonderer Beachtung nicht wert (90).

Gegen diese Beurteilung Montessoris allein oder ganz vorwiegend vom didaktischen Material her haben sich viele Gegenstimmen erhoben. Sie haben es als einen schweren Irrtum bezeichnet, das ganze Erziehungssystem Montessoris mit dem didaktischen Material gleichzusetzen (91), ohne daß es aber bislang gelungen wäre, die dem Material wirklich zukommende Stellung genau abzustecken.

Um das weite Auseinandertriften der Ansichten bei der Beurteilung des Materials allein unter der Rücksicht von Freiheit und Zwang wenigstens anzudeuten, genügt es, auf eine der gegen die Starrheit des Materials gerichteten Kritik genau entgegengesetzte Deutung hinzuweisen.

Nach Helene Helming ist es gerade „die klare Bestimmtheit des Materials", die dem Kinde erst echte Freiheit vermittelt (92), während ein Material ohne diese Eindeutigkeit nur Anlaß zu anomer, willkürlicher Betätigung böte. Eine ähnliche Einschätzung erfährt das Material bei jenen Autoren, die das Konzentrationsphänomen als den Mittelpunkt der Montessori-Methode ansehen und den montessorischen Konzentrationsbegriff im Sinne eines dialektischen Bildungsbegriffs auslegen: Nur das in seinem „Aufforderungs - und Aufgabencharakter" genau eingegrenzte und festgelegte Material kann danach das befreiende Sichfinden in der Hingabe an die Wirklichkeitsaufgabe vermitteln (93).

Neben der vom didaktischen Material her bedingten Einengung des ursprünglich postulierten Freiheitsideals wird eine ähnliche Verkürzung der Freiheit in der Rolle gesehen, welche die Nachahmung innerhalb der Montessori-Methode spielt.

Für die ruhige und reibungslose Arbeitsatmosphäre des Kinderhauses wird von nicht wenigen Autoren der Aufforderungscharakter des Lehrmaterials geringer veranschlagt als die bloße Nachahmung der Lehrerin und der Kameraden (94).

Besonders Hansen hat die Ansicht vertreten, daß sozialpsychologische Faktoren für die Beschäftigung des Kindes mit dem Material wenigstens ebenso ausschlaggebend sind wie die Beschaffenheit des Materials selbst (95), und zwar meint Hansen eine doppelte Nachahmung auf seiten des Kindes. Einmal ahmt es die von der Lehrerin vorgemachten Materialübungen nach, weil ihm der freie Umgang mit dem Material durch die Einweisung in seinen Gebrauch von vornherein untersagt ist und weil es weiß, daß es der Lehrerin zu Gefallen ist, wenn es diese bestimmten Übungen ausführt, zum anderen schaut es den älteren und fortgeschrittenen Kameraden ab, was diese arbeiten, und versucht, es ihnen gleichzutun. Diese sozialpsychologische Situation aber sei so eindringlich und ein Sichlösen des Kindes aus ihr so wenig möglich, daß von Freiheit weniger die Rede sein könne denn von Suggestion (96) und geistiger Überwältigung in einer Zwangssituation.

Eine Bestätigung dieser Ansicht scheinen Berichte aus der Praxis zu erbringen, die von einer Art chaotischer Initiationsphase Kunde geben, die in einem neuen Kinderhaus oder in einer neugebildeten Montessori-Gruppe regelmäßig Platz greift, ehe sich die geordnete Arbeitsatmosphäre einspielt.

Künkel geht so weit zu sagen, Montessoris ganze Freiheitstheorie könne durch eine Theorie der Nachahmung ersetzt werden, ohne daß dadurch die Praxis ihr Fundament verliert (97).

Die Stellung des Lehrers in der Montessori-Erziehung

Im Zusammenhang der Einordnung des Materials und der Nachahmung steht die Auseinandersetzung um die dem Lehrer zugedachte Rolle. Daß die besondere Stellung des Montessori-Lehrers die Montessori-Erziehung von anderen Methoden unterscheidet, wird in der Literatur vielfach betont, ohne daß letztlich Einhelligkeit über diese Sonderstellung des Lehrers bestünde. Es lassen sich vor allem drei Thesen voneinander abheben.

Die erste sieht den Lehrer als passiven Beobachter der kindlichen Entwicklung, dessen Aufgabe im wesentlichen darin besteht, die Hemmnisse dieser Entwicklung beiseite zu räumen und dem Kinde die nötigen Hilfsmittel zur Verfügung zu stellen, im übrigen aber als wissenschaftlicher Beobachter untätig zu werden und geduldig und vertrauensvoll auf die Manifestation der natürlichen Phänomene im Kinde zu warten (98).

Diese These wird vertreten, 1. wo das didaktische Material als zentraler Faktor der Methode angesehen, 2. wo das Kinderhaus als wissenschaftlicher Versuch im Sinne einer experimentellen Pädagogik aufgefaßt und 3. wo Montessoris Erziehungsbegriff als Ausfaltung eines immanenten Bauplans verstanden wird. Im ersten Fall tritt der Lehrer notwendig an die zweite Stelle, und seine Rolle beschränkt sich auf „freundliche Aufsicht und kluge Auswahl und Bereitstellung des didaktischen Materials" (99), auf die Einweisung in den richtigen Gebrauch der einzelnen Materialien und seine Überwachung. Im zweiten Fall hat sich der Lehrer erst recht zurückzuhalten, um das wissenschaftliche Experiment nicht zu stören. Im dritten Fall erscheint er schließlich als der „Außenseiter" (100), der gar keine andere Wahl hat, als sich den Gesetzen des kindlichen Bauplans zu fügen und sich ihnen unterzuordnen (101).

Die zweite These sieht den Lehrer als (nicht mißbaren) Teil der Umgebung des Kindes. Er ist einerseits notwendig als Bindeglied zwischen Kind und Material, d.h. um die inneren Energien und Interessen des Kindes „wachzurufen" (102) und auf das Material zu lenken. Als „Gegenstand" der Nachahmung des Kindes wird er andererseits sowohl im Hinblick auf den lernenden Umgang mit dem Material (103) als auch als Muster für das Verhalten untereinander (104) zu einem wichtigen Erziehungsmittel.

Eine dritte These schließlich sieht die relative Bedeutungslosigkeit des Lehrers gegenüber dem Material nur als scheinbar und vorläufig an und glaubt, daß die Teilhabe des Montessori-Lehrers an der Entwicklung der Zöglinge als „ein echter Ich-Du-Bezug im Sinne Bubers" (105) verstanden werden muß.

Der Begriff der wissenschaftlichen Pädagogik

Obwohl Maria Montessori von allem Anfang an mit dem Anspruch auftritt, an Stelle einer bisher in Vorurteilen und philosophischen Lehren befangenen Pädagogik eine wissenschaftliche Pädagogik im Sinne einer positiven Wissenschaft aufzurichten, ist die klärende Auseinandersetzung um Montessoris Begriff der wissenschaftlichen Pädagogik nicht sehr intensiv betrieben und nicht weit genug geführt worden.

Da die Ausbreitung der Montessori-Pädagogik mit der Blüte der experimentellen Psychologie zusammenfiel und da sich diese als exakte Wissenschaft darstellte, kam es früh zu einer Gleichsetzung von Montessoris Begriff der wissenschaftlichen Pädagogik mit der Experimentalpädagogik bzw. der experimentellen Psychologie und häufig zur Auffassung des Kinderhauses als des Experimentierfeldes dieser Wissenschaft, d.h. des pädagogischen Laboratoriums (106), in dem die pädagogischen Probleme aus dem Dunkel philosophischer Spekulationen in das Licht eines auf Tatsachenforschung und Beobachtung beruhenden Experiments geführt werden sollten.

Das geht deutlich hervor aus der Kritik an Montessoris Wissenschaftsbegriff. Diese bemängelt vor allem solche Nachlässigkeiten, die vom Standpunkt der experimentellen Pädagogik und der experimentellen Psychologie aus in der Tat als Unterlassungen erscheinen müssen, so z. B., Montessori habe versäumt, die notwendigen

Kriterien zur Nachprüfung ihrer Experimente anzugeben (107), oder sie habe es unterlassen, ihre Versuche und Experimente ausführlich darzustellen und ihre Anordnung zu beschreiben (108). Weder gebe sie die Validität ihrer Versuchsergebnisse an, noch erhalte man von ihr Anleitungen für weitere Versuche. Auch hinsichtlich der Methode sei ihre Arbeit wissenschaftlichem Anspruch nicht gewachsen, denn nirgends gebe sie klar Ausgangspunkt und Ziel, nirgendwo exakt Fragestellung und Antwort bekannt. Fynne sieht darum in der sogenannten experimentellen Arbeit Montessoris nichts weiter als ein nach trial und error durchgeprobtes Material und eine Methode, die weder von Hypothesen und Gesetzen geleitet war, noch zu solchen führen konnte (109).

Die Kritik an Montessoris Anspruch einer wissenschaftlichen Pädagogik von seiten der experimentellen Wissenschaft ergab so, daß die Schöpferin der Case dei bambini einen Wissenschaftsbegriff in deren Sinne entweder weit verfehlt oder gar nicht gemeint hat (110). Auch die Auffassung vom Kinderhaus als pädagogischem Laboratorium verfiel, und schon Muchow schränkte Montessoris Experiment ein auf die Erarbeitung der Methode durch Montessori selbst.

Löste man sich allmählich von der zuerst vorschnell vollzogenen Gleichsetzung, so kam es danach doch nicht zu nennenswerten Bemühungen, den eigentlich gemeinten Begriff einer pädagogischen Wissenschaft bei Montessori zu klären. Daß sie den wissenschaftlichen Standpunkt aber bis zum Schluß für sich beansprucht hat, wird nur von wenigen verkannt.

Der Montessori-Fröbel-Streit

Solange sich die Diskussion der Montessori-Pädagogik vor allem als einer Reform der vorschulischen Erziehung zuwandte, konnte es gar nicht ausbleiben, daß die Gedanken Montessoris im Vergleich mit der Fröbelschen Methode gesehen wurden; denn die Erörterungen der mit den Problemen der Kleinkinderziehung vertrauten Autoren gingen ja durchweg von einer lebendigen Kenntnis Fröbels aus (111).

In dieser häufig sehr scharf geführten Auseinandersetzung wird von Anfang an gegenüber der idealistisch-symbolischen Weltsicht Fröbels der Positivismus und Intellektualismus Montessoris quasi antithetisch herausgestellt. Gegenüber Fröbels umfassendem Begriff der Menschenerziehung wird - so zieht es sich wie ein roter Faden durch den Fröbel-Montessori-Streit - Montessori die Auflösung der ganzheitlichen Sicht des Kindes vorgeworfen. Während Fröbels Gaben das Kind in seiner Welt als Ganzes ansprechen und fördern wollen, stehe bei Montessori die Übung bloßer Teilfunktionen „an gekünsteltem, leblosen Material" (112). Damit zusammenhängend wird häufig ein unüberbrückbarer Gegensatz zwischen Fröbel und Montessori hinsichtlich der Einschätzung von Spiel und Arbeit gesehen (113). Zu der Verschärfung dieses Gegensatzes tragen sowohl „Fröbelianer" wie „Montessorianer" bei: die einen, indem sie in betonter Abwehrhaltung das Moment des Spiels bei Fröbel übermäßig stark hervorheben, die anderen, indem sie den Arbeitsbegriff Montessoris vielfach einseitig auslegen und überbetonen.

Schröteler hat mit Recht schwere Bedenken dagegen geäußert, Montessori ausschließlich von der Gegenüberstellung zu Fröbel her zu beurteilen. Für die Kennzeichnung eines großen Teils der Montessori-Fröbel-Literatur hat Schröteler sehr treffend bemerkt: „Dabei wird der dialektische Prozeß der These und Antithese manchmal im Interesse reiner Typenbildung so weit vorangetrieben, daß er sich vom realen Leben, hier dem Fröbels wie M.s (sic!), unendlich entfernt. Das kann aber nicht der Weg sein, reale Erziehungsvorgänge und Methoden zu kritisieren" (114).

In Deutschland, wo manche kritischen Beobachter gelegentlich die Gefahr eines formalistischen Erstarrens des Kindergartens und einer bedenklichen Annäherung an die Lernschule zu sehen glaubten (115), spielt neben diesem von einem schwarzweiß zeichnenden Entweder-Oder bestimmten Streit ein anderer Gesichtspunkt in mehrfacher Hinsicht eine wichtige Rolle: der Gedanke einer Synthese zwischen beiden Erziehungsmethoden.

Schon die erste deutsche Stimme zu Montessori überhaupt, Lotte Weigerts Hospitationsbericht aus Rom (116), referiert das in Rom Gesehene unter der Rücksicht einer Einfügung und Bereicherung in den Kindergarten. Freilich handelt es sich hier, wie auch bei den meisten anderen Ansätzen vor 1920 - sofern bei Montessori die Möglichkeit eines positiven Beitrags nicht a-priori geleugnet wird (117) - um eine Synthese im Sinne eines bloßen Ergänzens, Bereicherns und Ineinanderführens der neuen Anregungen und Materialien in den überkommenen Kindergarten. Es ist die Tendenz der Veröffentlichungen von Pappenheim (118), Goldbaum (119) und Coppius (120), auch noch der Stellungnahme von Boeckers (121), daß das Montessori-Material aufgenommen, aber in das Fröbel-Material ergänzend eingeordnet werden müsse.

Als bei der Reichsschulkonferenz 1920 im Sitzungssaal des Ausschusses für das vorschulpflichtige Alter nur die Montessori-Lehrmittel ausgestellt waren (122), kam es zu einer ganz sinnenfälligen Herausforderung der Fröbelianer, als deren Folge die erste Linie einer vorwiegend von der Praxis her geforderten unkritischen Synthese zurückgedrängt wurde von einem deutlichen Ruf: „Fröbel oder Montessori".

Das Bedürfnis nach einer Einordnung der Montessori-Materialien wird von hier aus polemisch abgelehnt, weil von Montessori nichts Neues zu gewinnen sei, vielmehr Fröbel „alle modernen Erziehungsprobleme ... schon eingehend durchdacht und behandelt" habe (123). Auch der Begriff der Selbsttätigkeit sei von Montessori weniger tief erfaßt worden als von Fröbel und deshalb könne von Montessori keine Erweiterung erwartet werden (124).

Den systematischen Übergang in die zweite Phase innerhalb der Diskussion unter dem Leitmotiv der Synthese leistet die Schrift von Hecker und Muchow, in der die Auseinandersetzung auf der theoretischen Ebene gehalten und dort die Gleichwertigkeit beider Theorien postuliert, die Synthese aber weiterhin in die Praxis verlegt wird (125). Die Synthese soll vollzogen werden zwischen Fröbels an sich tieferem Begriff der Kleinkindpädagogik und Montessoris Gesichtspunkt der psycho-physiologischen Übung der einzelnen Organe.

Von einer eigentlichen Synthese läßt sich bei Hessen sprechen, der gegenüber den „praktischen Synthetikern" im Sinne einer Ergänzung in seinem eigenen dialektischen Spielbegriff, den er bereits seit 1919 in Vorlesungen zu entwickeln begonnen hatte, eine Weiterführung von Fröbel und Montessori über beide hinaus erblickt (126). Während Fröbel den philosophischen Aspekt des Spielproblems aufgegriffen und eine Philosophie des Spiels entwickelt habe, sei es Montessoris Verdienst, die biologische Seite des Spiels hervorgehoben und den Aspekt der Vorbereitung auf die spätere Arbeit gebührend berücksichtigt zu haben. Ein umfassender Spielbegriff müsse sowohl den Spielbegriff Fröbels wie den Montessoris in sich aufheben.

Der Ansatz Hessens, der den Höhepunkt der Diskussion hinsichtlich des Problems der Synthese bedeutete, fand den Widerspruch Klostermanns, die jede Bemühung um eine Synthese von vornherein als überflüssig bezeichnete, weil die umfassend anthropologische, d.h. die menschenbildende Spieltheorie Fröbels die lebensvorbereitende Tendenz bereits enthalte, mit anderen Worten, weil die Ziele Montessoris bei Fröbel als dem „absoluten" Spiel- und Beschäftigungssystem bereits impliziert sind (127).

Diese Stimme Klostermanns ist zugleich Ausdruck einer Auseinandersetzung, die die Fröbel-Montessori-Diskussion innerhalb der Fröbelanhänger selbst darüber auslöste, welches der „echte Fröbel" sei. Dabei ging es vor allem um eine Unterscheidung des „mechanischen Fröbelismus" von der echten Tradition Fröbels, wie sie Schrader-Breymann weitertrug. Auf die Tatsache dieser Diskussion ist hier nur hinzuweisen; sie näher darzustellen, gehört nicht in den Rahmen dieser Arbeit.

Der Fröbel-Montessori-Streit hat trotz der hier gekennzeichneten Bemühungen um eine Synthese dem echten Verständnis Montessoris im deutschen Sprachraum sehr im Wege gestanden. Röhrs meint sogar, daß „die vermeintliche Gegensätzlichkeit" zu Fröbel dieses Verständnis auch heute noch vielfach erschwert (128).

Das innere Verhältnis der Montessori-Pädagogik zur Religion und das Problem der religiösen Erziehung

In der Frage nach Montessoris Stellung zur Religion und zur religiösen Erziehung prallen Meinung und Gegenmeinung besonders hart aufeinander.

Der These von Schulz, die Montessori-Pädagogik sei von Grund auf eine „paedagogia naturaliter christiana" (129), d.h. sie sei „von innen heraus christlich" (130) und die religiöse Erziehung sei „von Anfang an ein Ziel, wenn nicht *das* Ziel, Maria Montessori's" (131) gewesen, steht die Ansicht Tomašeks gegenüber, Montessori habe zuerst einen durchaus naturalistischen Standpunkt eingenommen und sei erst „im Laufe der Zeit" zu einem positiven Verhältnis gegenüber den religiösen Werten gekommen (132); ähnlich will Brumme Montessoris Beschäftigung mit religiösen bzw. religionspädagogischen Fragen auf eine bestimmte Phase ihrer Entwicklung beschränkt wissen (133) und nimmt Sellmann eine erst spätere Annäherung Montessoris an die katholische Lehre an (134).

Dagegen meint Schüle, Montessori sei schon immer gläubige Katholikin gewesen, aber erst mit zunehmendem Alter sei bei ihr das christliche Element bestimmender hervorgetreten (135).

Neben af Malmborgs Gesichtspunkt, wonach die Montessorischule „in ihrer ganzen Anlage" den Begriff praktischen Christentums verwirklicht (136), steht Bucks Auffassung, daß die christliche Ausdeutung als nachträgliche Hinzugabe „hinweggedacht werden kann, ohne daß Montessoris Werk eine wesentliche Veränderung erleidet" (137).

Jeder konfessionellen Interpretation Montessoris tritt Jordan mit der Versicherung entgegen, die Pädagogik Montessoris sei ganz gewiß nicht an ein bestimmtes Dogma gebunden (138).

Während Hessen die religiösen Übungen der Kinder in den Kinderhäusern nur „als das gerade Gegenteil einer wahren religiösen Erziehung, ja als eine Lästerung des Religiösen vorkommen" (139), Sellmann sie „von abergläubischer Mystik und von sehr äußerlichen Kirchenbräuchen" zeugen sieht (140) und Sebastian die Ansicht vertritt, Montessori habe in ihrer religiösen Erziehung das Wesen der Kirche verfehlt (141), setzt sich Schulz dafür ein, „daß die innere Affinität ihrer gesamten Pädagogik zur katholischen Lehre und zum Leben der katholischen Kirche ... nicht zu übersehen sei" (142). Schließlich bekundet Standing die Überzeugung, „that the Method itself finds its completion only in the religious preparation of children" (143).

In der Frage nach Montessoris Verhältnis zur Religion stehen sich also drei Positionen gegenüber.

Die erste hält daran fest, Montessoris Verhältnis zu religiösen Fragen stehe ganz im Schatten ihres naturwissenschaftlichen und sozialreformerischen Ansatzes; ihre Beziehung zur religiösen Frage sei akzidentell und deshalb wegzudenken.

Die zweite These nimmt ein naturalistisch-positivistisches Anfangsstadium an und glaubt an eine schrittweise Annäherung Montessoris an die Religion und an die Beschäftigung mit dem Problem der religiösen Erziehung in einer bestimmten Phase ihrer Entwicklung.

Vom dritten Standpunkt aus wird die Montessori-Pädagogik als eine genuin christliche bzw. katholische Erziehungslehre angesehen, die ihre Vollendung in der religiösen Erziehung erfährt. Ihr wahrer Charakter sei allerdings von manchen erst später gesehen worden.

Das Problem der sozialen Erziehung

Kaum minder gegensätzliche Standpunkte sind bei der Beurteilung von Montessoris Beitrag zur sozialen Erziehung eingenommen worden. Während Muchow im Kinderhaus nur ein „Beieinander von für sich arbeitenden, auf dem Wege gymnastischer Übungen sich ausbildender Individuen, die nur die Einrichtung des Kinderhauses und die Hilfe der Lehrerin gleichzeitig nutznießen"(144), sieht, meint Kolbábek, daß diese Einzelarbeit nicht nur nicht isoliere, sondern im Gegenteil die Kinder erst recht „zum Kontakt mit den Nächsten" führe (145). Hatte auch W. Stern die Montessoriklasse als „ein loses und relativ gleichgültiges Beieinanderleben individualistisch eingestellter Kinder in Gegenwart einer Lehrerin, die bewußt vermeidet, soziale Führerin zu sein" (146), angesehen, so vertrat Buytendijk die Ansicht, das Montessorikind sei nirgendwo isoliert, sondern befinde sich „in einer kleinen, wirklich menschlichen Gesellschaft. Die ideale Wirklichkeit dieser Gesellschaft ist die Einheit und der Zusammenhang, die Ehrfurcht und die Liebe" (147). Gegenüber den Kritikern Montessoris hat Godefroy mit Nachdruck die Ansicht vertreten, die Montessoriklasse sei „une unité sociale en miniature" (148).

Schulz hat in seiner eingehenden Untersuchung vor allem auf die sozialerzieherische Wirkung der sogenannten Übungen des praktischen Lebens hingewiesen.

Sieht man von vereinzelten kritiklosen Stellungnahmen strenger Montessorianer ab, dann läßt sich eine allgemeine Tendenz in der Diskussion dieser Frage dahingehend bestimmen, daß Montessori wohl eine Reihe von Maßnahmen einbezieht, die der indirekten sozialen Erziehung dienen, dagegen scheint es häufig, als habe Montessori das Problem der sozialen Erziehung als eigenständige Aufgabe nicht voll erkannt.

Die Montessori-Kritik des italienischen Idealismus

Eine ziemlich einheitliche kritische Richtung nimmt der italienische Idealismus gegenüber Montessori ein.

In einem Aufsatz von 1921 versucht Spirito „den fundamentalen Irrtum" der Montessori-Methode aufzudecken (149).

Spirito sieht diesen Grundfehler Montessoris in den falschen Begriffen der Freiheit und der Selbsterziehung und macht dafür ihre mangelnde philosophische und pädagogische Bildung und ihr Befangensein im Naturalismus verantwortlich.

Die Montessori-Methode ist nach Spirito ganz auf Freiheit gegründet. Dieser Freiheitsbegriff ist aber rein negativ bestimmt als Fehlen von Gesetzen und Vorschriften. Ganz ähnlich meint auch der Begriff der Autoeducazione lediglich das Absentsein eines Erziehers.

Beide Begriffe sind deshalb pädagogisch unzulänglich, denn weder schließt wirkliche Freiheit das Gesetz aus noch wirkliche Selbsterziehung den Erzieher, ja diese setzt ihn geradezu voraus (150). Eine Selbsterziehung aber, die den Erzieher ausschließen will, ist eine rein naturalistisch verstandene Selbsterziehung und als solche utopisch. Eine solche utopische Selbsterziehung aber zielt Montessori insofern an, als sie die Aufgabe des Lehrers als eine passive bestimmt und an seine Stelle das didaktische Material rückt.

Das zweite falsche Prinzip der Montessori-Methode erblickt Spirito in dem Versuch, jede Lernanstrengung des Schülers auszuschalten. Dem liegt nach Spirito nicht der wahre Begriff des Lernens als geistigen Erwerbs zugrunde, sondern Montessori fasse Lernen als die freie Entwicklung eines natürlichen Organismus auf, so daß Lernen ein mechanisches Ergebnis von natürlichen Kräften wird (151). Dadurch aber wird das wahre geistige Leben erstickt, und Spirito sieht in der Tatsache, daß in der Montessori-Methode das Kind ohne Anstrengung und ohne klares Bewußtsein des Zieles zum Schreiben kommt, die geistige Bankrotterklärung der Methode und den Beweis, daß ihr jeder pädagogische Wert abgeht (152).

Ein Jahr später äußert sich Lombardo-Radice über Montessori (153), und es geht ihm dabei um eine deutliche Gegenüberstellung der Montessori-Methode mit der Erziehungslehre des neuen italienischen Idealismus. Diese Gegenüberstellung ergibt unüberbrückbare Gegensätze, die Lombardo-Radice jedoch nicht hindern,die wertvollen Gedanken Montessoris anzuerkennen. Heben sich für den Idealismus der Gentile-Schule im Akt des reinen Selbstbewußtseins die traditionellen Distinktionen zwischen Lehrer und Schüler, Kind und Erwachsenem, Unterricht und Erziehung, Schule und Leben, Gegenstand des Unterrichts und Unterrichtsverfahren als verschiedene Aspekte und Momente des einen Werdens des Geistes auf, so steht auf der Seite Montessoris eine eigene Methode, eine besondere Entwicklungsumgebung und eine Schule mit einer Vielheit nebeneinander arbeitender kindlicher Individuen, die keine unmittelbare Beeinflussung vom Erwachsenen erhalten, weil dessen Geist von dem des Kindes unterschieden und als sich im Zustand des Kampfes mit ihm befindend verstanden wird.

Um die wertvollen Gedanken Montessoris von ihren Irrtümern besser abheben zu können, unterscheidet Lombardo-Radice zwei Montessoris, und der springende Punkt dieser Differenzierung ist für ihn die Frage des Montessorianismus, d.h. des Dogmatismus (154).

Die erste Montessori ist für ihn die Montessori des vom französischen Positivismus diktierten didaktischen Materials, die das Wachsen des Geistes mit der Ernährung vergleicht und das Bild einer Lehrerin entwirft, die den Kindern didaktische Drogen von unfehlbarer Wirksamkeit verabreicht (155).

Daneben steht als zweite Montessori jene, die den höchsten Protest erhoben hat gegen die Unterdrückung des Kindes durch den Erwachsenen, die das Kind überall in sein Recht setzen und ihm helfen will, selbständig zu werden und zu arbeiten. Ist die erste Montessori des didaktischen Apparats die des dogmatischen Montessorianismus, so ist die zweite die des Idealismus und des italienischen Geistes. In seinen „Orientamenti pedagogici" ist es das Grundanliegen Lombardo-Radices zu zeigen, daß der italienischen Pädagogik von Vico über Capponi bis zu Croce und Gentile abstrakter Methodismus stets fremd war, und er spricht dort von „il nostre Aporti" und „le nostre Agazzi", von der Schöpferin des Kinderhauses und des didaktischen Materials aber nur von „la Montessori".

Diese von Spirito vorbereitete und von Lombardo-Radice vollzogene Unterscheidung von zwei Montessoris ist für die italienische Montessori-Literatur bis heute bestimmend geworden, sei es, daß diese Differenzierung sich akzentuiert in die Gegenüberstellung von Montessori-Geist und Montessori-Methode, in die Abhebung einer positivistisch-naturalistischen von einer idealistischen Montessori (156), in das Nebeneinander einer Montessori der Wissenschaft und einer des Mystizismus (157) oder einer der Wissenschaft und einer der Religion (158).

Die Diskussion um die Einheit des Werkes Montessoris

Mit der Unterscheidung zweier Montessoris ist die entscheidende Frage in dem ganzen Streit um Montessori angeschnitten: die nach der Einheit ihres pädagogischen Werkes.

Wo weltanschauliche Vorurteile und ideologische Voreingenommenheit den Streit um Montessori beherrschten und wo Montessori für die eigene Position beschlagnahmt oder aus weltanschaulicher Gegnerschaft abgelehnt werden sollte, genügte es, die je entsprechenden Züge ihres Werkes aufzunehmen und zu übersteigern, ohne sie in eine umfassende Gesamtschau des Werkes einzubeziehen. Die Frage nach der Einheit von Montessoris Werk kam unter dieser Rücksicht nicht auf.

Ebensowenig konnte der Fröbel-Montessori-Streit dieser Frage besonders förderlich sein.

In der neueren Montessori-Diskussion aber ist die Frage nach der Einheit des Werkes stets gegenwärtig. Es lassen sich hier vor allem vier Positionen voneinander abheben.

Die eine hält an der Einheit des pädagogischen Denkens Montessoris fest und baut darauf eine einheitlich-geschlossene Interpretation auf. Die zweite Position stellt innere Widersprüchlichkeiten fest, sieht diese aber als Äußerungen einer phasenhaften Entwicklung Montessoris an. Die dritte Ansicht unterscheidet zwischen (wenigstens) zwei „Montessoris" und sucht nach Gründen dafür, daß Montessori die divergenten Elemente ihres Denkens nicht zu vermitteln gewußt hat. Schließlich unterscheidet auch die vierte Auffassung zwischen zwei Montessoris, sieht aber als wesentlich und zeitlos bedeutsam nur eine davon an.

1. Die erste Position ist typisch für die deutsche Montessori-Diskussion der letzten Jahre. Zwei markante Beispiele stellen die Arbeiten von Fischer-Buck und van Veen-Bosse dar.

Fischer-Buck sieht zunächst einen dreifachen Ansatz bei Montessori, läßt aber den religiösen und den sozialistisch-sozialreformerischen zurücktreten gegenüber dem naturalistisch-positivistischen Aspekt, um dann auf ihm eine einheitliche Montessori-Interpretation aufzubauen. Auch van Veen-Bosse nimmt in ihrer Arbeit zunächst die von der Sekundärliteratur herausgearbeiteten Menschenbilder, ein biologisch-naturwissenschaftliches und ein aufklärerisch-soziales, typisierend auf, setzt dann aber ihren eigenen religiös-anthropologischen Gesichtspunkt nicht relativ zu diesen, sondern faßt ihn auf Grund der von ihr getroffenen Voraussetzung eines einheitlichen und harmonischen Menschenbildes absolut und liefert mittels der textinterpretierenden Methode eine Deutung der Montessori-Pädagogik als eines relativ geschlossenen Systems. Was dabei von Montessoris Gedanken nicht in das von ihr konstruierte System paßt - wie z.B. die „Antropologia pedagogica" -, schiebt sie als „Aussage außerhalb des pädagogischen Systems" (159) beiseite.

2. Für die zweite Position kann Ersilia Liguori genannt werden. Liguori wehrt sich dagegen, nur eine Seite Montessoris herauszugreifen und zur Grundlage einer Gesamtinterpretation zu machen. Sie leugnet die Einheit des Werkes nicht, sieht ihr aber zunächst das Faktum innerer Widersprüchlichkeiten entgegenstehen. Diese scheinbare Uneinheitlichkeit löst sie dadurch auf, daß sie die einzelnen Gegensätze verschiedenen Entwicklungsphasen zuordnet. So spricht sie von der positivistischen Montessori der ersten Ausgabe des „Metodo" und der vorausgegangenen Schriften, von der idealistischen Montessori der „Autoeducazione" und der dritten Auflage des „Metodo", von einer katholischen Montessori unter dem Einfluß der Erfahrungen in Spanien und von einer humanistisch-pazifistischen Montessori der Nachkriegszeit, die sich in Büchern und Reden für die Sache des Friedens verwendet (160).

3. In der dritten These spielt die größte Rolle die Unterscheidung von Montessori-Geist bzw. Montessori-Prinzipien auf der einen und der Montessori-Methode, d.h. des Materials und der Lehrmittel auf der anderen Seite.

Diese Abhebung tritt schon früh auf, z. B., wenn Holmes 1912 zwischen dem grundlegenden Prinzip der Selbsterziehung und der zufälligen Ausformung dieses Prinzips in der Gestalt des Montessori-Materials unterscheidet (161) und Boyd 1914 ähnlich die lebendigen Prinzipien Montessoris von ihrer Verfestigung in dem bestimmten didaktischen Apparat absetzt (162). Ganz entsprechend differenziert Luzuriaga zwischen Montessoris Grundideen und ihrem partikulären Niederschlag in einem begrenzten Material und einer festgelegten Erziehungsmethode (163). Hierher gehört schließlich auch die Gegenüberstellung zweier Montessoris, wie sie die Kritik der Gentile-Schule getroffen hat.

Zur Erklärung für ein Auseinanderfallen ihres Werkes in das quasi zweier Montessori wird von der Literatur immer wieder die fehlende philosophische Durchdringung ihrer pädagogischen Gedanken angeführt, die allein das einigende Band zwischen den verschiedenen Gesichtspunkten hätte schaffen können (164). Die

Gründe für diesen Mangel werden sowohl in der geistigen Lage der Zeit als auch in der Person Montessoris selbst gesucht.

Peretti meint, ihrem ganzen Lebensgefühl habe es näher gestanden, bestimmte Wahrheiten zu „leben", statt sie systematisch darzustellen; ihr Engagement für die soziale Frage habe nicht Beschreibungen und Deutungen, sondern Veränderungen verlangt (165); ihre positivistische Bildung schließlich habe sie so eng auf die experimentell auszumachende Seite des Menschen festgelegt und so stark gegen die „philosophischen Vorurteile" und „Meinungen" - wie sie nach positivistischer Ansicht die Pädagogik bis dahin bestimmt haben - ausgerichtet, daß sie die Notwendigkeit philosophischer Reflexion gar nicht sah, ja nicht sehen konnte (166).

4. Die vierte These geht dann davon aus, daß die eine Montessori der Sinneserziehung, des übersteigerten Intellektualismus und der einseitig psycho-physiologischen Ausrichtung jene des positivistischen und sensualistischen Denkens ist und in dem Maße ihre Aktualität und ihre Bedeutung verloren hat, in dem die Grenzen dieses Denkens durchschaut worden sind. Dagegen ist jene Montessori des Kampfes für die Befreiung des Kindes, für seinen Eigenwert und seine Rechte in der Erwachsenengesellschaft, jene der Verkündigung der Idee des Kindes und jene, die die Welt mit den Augen des Kindes zu sehen gelehrt hat (167), die eigentliche und unvergängliche Montessori.

Um die Montessori-Bewegung und die Montessori-Methode in ihrem praktischen Erfolg, in ihrer Verbreitung und in ihrem ideellen Wert zu begreifen, erscheint es deshalb notwendig, darauf zu verzichten, sie in dem geschlossenen Grundriß einer Theorie zu bestimmen (168). Denn die wahre Montessori ist nicht die Vertreterin einer bestimmten pädagogischen Lehre, eines Systems oder einer Technik, sondern die Verkünderin einer neuen „Lebensorientierung" (169) und einer unvergänglichen Botschaft. Darin allein sieht Volpicelli die wahre Bedeutung Montessoris (170).

Je mehr man aber die „materielle" Montessori zugunsten der „ideellen" Montessori unterschlägt, desto mehr erhebt sich die Frage, ob diese These nicht - ähnlich der ersten der hier referierten - bedenklich in die Gefahr gerät, die einheitliche Beurteilung Montessoris auf Kosten eines Teils der Montessori-Pädagogik zu suchen.

So glatt die Trennung von zwei Montessoris das Problem ihrer Einordnung zu lösen scheint, so deutlich steht ihr der Hinweis von Montessori selbst auf die Einheit ihres Werkes entgegen: in dem Vorwort zur indischen Ausgabe des überarbeiteten „Metodo" schreibt sie vier Jahre vor ihrem Tod, daß ihr Werk zwar parallel mit der Wissenschaft in den Jahren seit seiner Entstehung große Fortschritte gemacht hat, „but our principles have only been confirmed" (171).

III. Einzelne weiterführende Gesichtspunkte

Dieser kurze Aufriß einiger wesentlicher Punkte der Montessori-Diskussion hat das Bild eines nach wie vor ungelösten Streites gezeigt. Zwar haben sich die Wogen an einigen Stellen geglättet, in anderen Punkten stehen sich die Fronten unvermindert scharf gegenüber.

a) Das Fröbel-Montessori-Problem trat in dem Maße in den Hintergrund, als man davon abgehen mußte, die Montessori-Methode nur als eine Reform des Kindergartens anzusehen.

Der Fröbel-Montessori-Streit wurde in Deutschland nach 1945 ausdrücklich nur von wenigen Autoren wieder aufgenommen, ohne daß dabei wesentlich neue Gesichtspunkte zutage gefördert wurden (172). Wienecke hat in einem Aufsatz zu dieser Frage den Akzent gerade darauf gelegt, die Gleichheiten und Ähnlichkeiten zwischen Fröbel und Montessori herauszuarbeiten (173). Daneben stehen noch einige zum Montessori-Fröbel-Problem selbst wenig ergiebige Mitteilungen über Versuche nach Art der praktischen Synthese, wie sie die frühe Phase der Montessori-Fröbel-Auseinandersetzung bestimmt hat.

In Schweden, wo in den zwanziger Jahren und später in „Barnträdgården", der Zeitschrift des schwedischen Fröbelverbandes, sehr heftig um Fröbel und Montessori gefochten wurde, gibt es keine vergleichbare Diskussion mehr (174). In Italien, wo dem deutschen Fröbel-Montessori-Streit zeitlich und thematisch ein Streit Montessori oder Agazzi in etwa parallel lief, kann eine solche Auseinandersetzung heute kaum mehr angetroffen werden.

Etwas vergröbert läßt sich eine allgemeine Tendenz in dieser Frage dahingehend ausmachen, daß man weder die fröbelsche noch die montessorische Methode als einen den heutigen Anforderungen der vorschulischen Erziehung vollkommen gerecht werdenden Entwurf ansieht. Über den Beitrag aber, den Montessori zu einer zeitgemäßen Lösung des Problems der Vorschulerziehung liefern kann, scheint weniger Einhelligkeit zu bestehen als über den Fröbels.

Das gilt auch hinsichtlich der gegenwärtigen Diskussion über das Problem einer „basalen Bildungsförderung" (175) im allgemeinen und über die Frage des Frühlesens im besonderen, die in Deutschland vor allem von Correll und Lückert angeregt worden ist. In dieser Diskussion wurde bislang kaum Bezug auf Maria Montessori genommen, obwohl die italienische Pädagogin bereits vor über einem halben Jahrhundert vieles von dem praktiziert hat, was in dieser Diskussion erörtert wird. Hildegard Hetzer hat sehr pointiert darauf hingewiesen, daß der Beweis, daß Kinder schon im Vorschulalter lesen lernen wollen und lernen können, nicht erst von Doman, Lückert und Correll erbracht werden mußte; „Montessori hat ihn schon längst geliefert" (176).

b) Je stärker sich die Montessori-Diskussion von der Kindergartenebene auf den schulischen Bereich verlagert hat, desto mehr haben sich naturgemäß schulorganisatorische und didaktisch-methodische Fragen in den Vordergrund geschoben; sei es, daß man das von Montessori vorgezeichnete Bild der Schule als Muster für eine von einem bestimmten Geist geprägte Schule diskutiert (177), oder daß man Montessoris Einsicht in die Struktur des Lernprozesses als das heute Entscheidende herausstellt (178), oder daß man Montessoris Anregungen zu speziellen Fachdidaktiken in Betracht zieht (179).

Wie interessant und fruchtbar diese Fragestellungen immer sein mögen, für eine Interpretation Montessoris sind sie nicht der geeignete Zugang.

Denn so notwendig und sachlich richtig die Ausdehnung der Montessori-Diskussion über den vorschulischen Bereich hinaus war und ist - schließlich wurde Montessori selbst in ihrem Widerspruch dagegen nicht müde, daß man ihre Pädagogik als eine Methode der Kindererziehung neben anderen ansah-, so sehr hat die Beschäftigung mit schulorganisatorischen und didaktischen Einzelfragen an die Stelle der Gefahr einer unfruchtbaren Beschneidung von Montessoris Werk die andere Gefahr gerückt, daß das eigentliche allgemeinere Grundanliegen ihres pädagogischen Gesamtentwurfs darüber übersehen wird.

Dem universalen und allgemeingültigen Anspruch ihres Entwurfs war das Ansinnen zuinnerst fremd, eine Schule aus einem bestimmten Geist heraus zu entwickeln, es sei denn aus dem Geiste der Wissenschaft. Daß Montessori Fragen der Lernpsychologie für zweitrangig ansah, geht aus ihrem eigenwilligen Verhältnis zur New Education Fellowship deutlich hervor. Montessori lehnte es mehrfach ab, die von ihr gegründete Erziehungsbewegung in den internationalen Zusammenschluß der Reformpädagogen einzugliedern, weil sie davon überzeugt war - ob zu Recht oder nicht, steht hier nicht zur Debatte -, daß das Hauptanliegen der NEF darin bestand, den kindlichen Lernvorgang zu studieren, ihn zu unterstützen und zu erleichtern. Ihre eigene Fragestellung dagegen zielte weit weniger auf das Lernpsychologische und Unterrichtsmethodische, als vor allem auf ein umfassendes Studium des (kindlichen) Menschen und auf eine allgemeine Hilfe für das Leben um einer besseren Menschheit willen. Diese Einstellung gegenüber der NEF war für Montessori mit ausschlaggebend für die Gründung einer selbständigen internationalen Montessori-Gesellschaft im Jahre 1929.

Was Montessoris Beitrag zu fachdidaktischen Fragen betrifft, so hat ihr Sohn und geistiger Erbe gegenüber der Tendenz, diese Fragen in den Vordergrund zu spielen, mehrfach darauf hingewiesen, daß „Dr. Montessori was not interested in teaching children any particular subject" (180) und daß das einzelne Schulfach für sie immer nur ein sehr sekundärer Punkt (181) gewesen ist, während das Problem der gesunden und natürlichen Entwicklung des Menschen (182) und „das Phänomen der Normalisierung der Kinder durch Tätigsein" für sie stets das Zentrale war (183). Ähnlich hat Standing, ein intimer Kenner und autorisierter Interpret der Pädagogik Montessoris, betont, daß „im Mittelpunkt von Maria Montessoris Interesse nicht bloßes Lernen, sondern die *Entwicklung* stand" (184). Und nicht minder deutlich hat Montessoris Enkel hervorgehoben: "Maria Montessori did not in the first place aim at teaching something to children, but at helping them in their spontaneous urge to grow up and thereby to learn" (185).

c) In der neueren deutschen Montessori-Literatur steht stärker als anderswo und besonders in jüngster Zeit der Begriff der Konzentration im Zentrum der Interpretation, und es scheint, als könne eine Montessori-Auslegung nur von hier ihren Ausgang nehmen. Ohne Zweifel besteht zu Recht Konsensus darüber, daß der Konzentrationsbegriff im pädagogischen Denken Montessoris eine wichtige Stelle einnimmt. Nicht selten aber wird die Explikation dieses Begriffes von einem ganz bestimmten Vorverständnis dessen, was Konzentration meint, angegangen und, wenn sich dieses Modell dann am Montessori-Konzentrationsphänomen verifizieren läßt, hier der Schlüssel für eine Interpretation des Gesamtwerkes angesetzt. Dagegen ist man auch hier der Frage bislang kaum nachgegangen, wie Montessori selbst zur Formulierung dieses Begriffes gekommen ist, d.h. welche Elemente in diesen Begriff Montessoris eingegangen sind.

Geht man freilich davon aus, daß die sogenannte Entdeckung des Konzentrationsphänomens im Kinderhaus von San Lorenzo der Ausgangspunkt des pädagogischen Denkens Montessoris überhaupt gewesen ist, dann enthebt man sich weitgehend der Notwendigkeit, diese Frage zu prüfen. Man gerät dafür aber in den Engpaß, erklären zu müssen, wie Montessori etwas experimentell herausfinden konnte, von dem sie nichts ahnte und auf das hin sie nicht im geringsten vorbereitet war, d.h. wie sie ihre Erfahrungen gleichsam ins Blaue hinein gemacht haben soll und woher ihr ihre Fragestellungen zugeflossen sind, wenn nicht aus dem, was sie an pädagogischem Wissen besaß. Man setzt sich darüber hinaus auch in Widerspruch zu Montessori selbst, die zwar häufig das Erlebnis der ersten Casa dei bambini als ein für ihre pädagogische Arbeit entscheidendes Faktum bezeichnet hat, die aber den Ansatzpunkt ihres pädagogischen Denkens selbst viel früher sieht, nämlich bereits in ihrer Tätigkeit auf medizinischem Gebiet (186).

Es ist hier der Ort, ein von Standing berichtetes längeres Zitat ausführlich wiederzugeben: „Es wäre ein großer Irrtum, anzunehmen, die bloße Beobachtung von Kindern hätte uns zu der kühnen Idee geführt, im Kinde eine verborgene Natur zu vermuten, und aus dieser Intuition sei dann der Gedanke einer neuen Schule und Erziehungsmethode hervorgewachsen. Es ist unmöglich, etwas zu beobachten, von dem man nicht (sic!) weiß, und unmöglich konnte jemand aus einer vagen Ahnung heraus auf den Gedanken kommen, das Kind habe zwei Naturen, und sagen: ‚Jetzt will ich versuchen, das experimentell zu beweisen' " (187).

d) Wenn man das eigentliche pädagogische Werk Montessoris erst mit San Lorenzo beginnen läßt, dann kann man den frühen Schriften Montessoris allerdings eine sehr geringe Bedeutung zumessen und sie unter Umständen für eine Interpretation Montessoris außer aller Acht lassen. Das ist bisher fast regelmäßig geschehen. Nur ganz wenige Arbeiten beziehen die ersten Aufsätze - soweit sie zugänglich sind -, die „Antropologia pedagogica" zusammen mit den vorhandenen Vorlesungsnachschriften von 1905 und 1906 (188) und die Zusammenfassung der von Montessori 1900 an der Scuola Magistrale Ortofrenica gehaltenen Vorlesungen

(189) ein. Mazzetti hat sich als erster ausführlicher mit dem „Riassunto" befaßt (190); die Pädagogische Anthropologie hat dagegen bislang bei weitem nicht die Beachtung gefunden, die ihr innerhalb des pädagogischen Werkes Montessoris zukommt. Die „Antropologia pedagogica" als zum pädagogischen System nicht gehörig auszuklammern, dürfte jedoch schon darum fragwürdig sein, weil Montessori dieses Lehrbuch erst 1910 veröffentlicht hat, also drei Jahre nach dem Beginn ihrer Arbeit in San Lorenzo und ein Jahr nach dem Erscheinen des „Metodo". Da Montessori ihre akademische Lehrtätigkeit damals bereits aufgegeben hatte, könnte diese Veröffentlichung sogar als ein Hinweis auf den Hintergrund ihrer pädagogischen Arbeit gemeint gewesen sein.

Die „Antropologia pedagogica" ist aber nicht nur deshalb wichtig, weil sie Montessoris eigene wissenschaftliche Zurüstung und die Vorbereitung auf ihre pädagogische Tätigkeit erhellen kann, sondern weil sie das pädagogische Denken der Dottoressa bereits in nuce zu enthalten scheint (191).

e) Die Vernachlässigung der frühen Schriften Montessoris im allgemeinen und die der „Pädagogischen Anthropologie" im besonderen trägt große Schuld daran, daß es bislang nicht zu einer befriedigenden Klärung dessen gekommen ist, was Montessoris „wissenschaftlicher Begriff" der Pädagogik meint; denn ganz offenbar reichen die Wurzeln dieses Begriffes auf jeden Fall vor das Kinderhauserlebnis von 1907 zurück.

Da der wissenschaftliche Anspruch von Anfang an besteht und dann ein durchgängiger Grundanspruch Montessoris bleibt, erscheint die Frage nach ihrem wissenschaftlichen Begriff der Pädagogik als eine echte Schlüsselfrage. An der Beantwortung dieser Frage hängt jedenfalls mehr oder weniger eng eine ganze Reihe weiterer Fragen, die durchaus ebenso ungeklärt sind. So herrscht nach wie vor weitgehend Ungewißheit darüber, ob man Montessori überhaupt als die Vertreterin einer wissenschaftlichen Pädagogik betrachten kann, oder ob sie als zwar von pädagogischem Eros beseelte, im übrigen aber als erziehungswissenschaftlich sehr laienhafte mütterliche oder sozialreformerische Anwältin des Kindes zu gelten hat, oder ob man in ihr beides, die Wissenschaftlerin und die leidenschaftliche Kämpferin für das Kind erblicken muß. Mit dieser Frage verknüpft ist auch jene nach den Motiven ihres pädagogischen Enthusiasmus. Schließlich ist es mit auf die Unsicherheit in der Frage nach dem Quellgrund ihres pädagogischen Denkens zurückzuführen, daß sich in der Literatur so verschiedene Montessori-Interpretationen wie eine positivistisch-naturalistische, eine idealistisch-spiritualistische (192), eine religiöse und religiös-existenzphilosophische neben jener der Unterscheidung zweier Montessoris entgegenstehen.

Wenn aber der wissenschaftliche Anspruch der Grund ist, auf dem das Werk Montessoris steht, dann kann von der Klärung dieser Frage mit Fug und Recht eine möglicherweise nicht unerhebliche Hilfe für die Lösung der scheinbar unaufhebbaren Aporie der Zweideutigkeit, Unklarheit und Widersprüchlichkeit der Aussagen Montessoris erwartet werden. Denn wäre es nicht denkbar, daß manche

Aussagen Montessoris nur deswegen zweideutig, unklar und widersprüchlich vorkommen, weil es noch nicht gelungen ist, sie auf ihren gemeinsamen Grund zurückzuführen? Und könnte man nicht annehmen, daß die von vielen Autoren gerügte Zweideutigkeit Montessoris auch daher rührt, daß jene Interpreten diese Aussagen wohl auf einen gemeinsamen Punkt, nicht aber auf den Montessoris beziehen?

Freilich kann eine andere mögliche Ursache für diese Unklarheiten nicht von vornherein ausgeschlossen werden. Eine solche Ursache könnte auch darin bestehen, daß Montessori die Anregungen und Beeinflussungen, die sie von verschiedenen Seiten her erfahren hat, nicht gegeneinander auszuponderieren vermochte, sei es, daß diese selbst so gegensätzlichen Ursprungs waren, daß sie sich einer Versöhnung widersetzten oder Montessori der Wille oder die Möglichkeit fehlte, eine solche Einschmelzung vorzunehmen, oder sei es, daß diese Einflüsse zu verschiedenen Zeitpunkten eintraten und von daher zu phasenhaften Beeinflussungen führten, oder sei es schließlich, daß sie jeweils nur auf bestimmte Themen einwirkten, dort Montessoris Einstellung bestimmten und dadurch die Einheitlichkeit ihres Werkes fragwürdig erscheinen ließen.

f) Geht man in diesem Punkt von dem Ertrag der Sekundärliteratur aus und sucht sich dort Rat über die Beeinflussungen Montessoris, wird man vor allem auf folgende Elemente stoßen:

Die Beschäftigung Montessoris mit dem Werk der Nervenärzte Itard und Seguin (193) wird von zahlreichen Autoren als wichtig hervorgehoben. Über das Vorliegen dieser Beziehung herrscht in der Tat völlige Einigkeit; schließlich hat Montessori selbst darüber kaum Zweifel gelassen. Das heißt jedoch keineswegs, daß man sich auch über Art und Reichweite dieser Beziehung genügend Auskunft einholen könnte. In den allermeisten Fällen begnügen sich auch hier die Autoren mit sehr allgemeinen Feststellungen, ohne nähere Nachforschungen anzustellen. So heißt es beispielsweise zu dieser Frage in der Dissertation von Tenenhaus: „Montessori ist von diesen beiden Ärzten so nachhaltig beeinflußt worden, daß man sagen kann, daß sie ihnen einen großen Teil ihrer Methode verdankt" (194).

Als ein weiteres bedeutsames Moment hat die Literatur auf Montessoris Abhängigkeit vom Positivismus hingewiesen. Auch in dieser Hinsicht ist man über die mehr oder weniger pauschale Feststellung der Tatsache und über das Herausgreifen sehr allgemeiner Punkte selten hinausgegangen; jedenfalls läßt sich sagen, daß Montessoris Verhältnis zum Positivismus unter der Rücksicht der Genese ihres pädagogischen Denkens noch nicht zum Gegenstand eingehender Untersuchung gemacht worden ist.

In der Frage des dritten Elements, der religiösen Grundhaltung Montessoris, herrscht nach wie vor jenes gegensätzliche Bild, wie es oben mit wenigen Strichen skizziert worden ist. Es genügt hier, auf so gegensätzliche Urteile hinzuweisen, wie die von Buck und Weinstock auf der einen Seite und die von Helming, Schulz und van Veen-Bosse auf der anderen.

Zwar hat Schulz durch persönliche Recherchen bei Verwandten und Mitarbeitern Montessoris in diese Frage einiges Licht zu bringen versucht; da er sich aber ganz überwiegend auf Montessoris Konfessionalität beschränkt hat, hat er den allgemeineren Religionsbegriff Montessoris nicht in den Griff bekommen.

Was den von Hessen an erster Stelle genannten Ausgangspunkt, das Ideal der freien Erziehung (195), betrifft, so herrscht über die Wurzeln dieses Ideals bei Montessori im nämlichen Maße Unsicherheit, als die Momente ihres Freiheitsbegriffes noch ungeklärt sind.

Um schließlich Montessoris soziale Gesinnung zu nennen, so wird diese kaum in Zweifel gezogen; über ihre Herkunft und die Bedeutung für ihre Pädagogik aber liegen keine detaillierten und verbindlichen Angaben vor.

Dieses wenig befriedigende Ergebnis läßt den Versuch unerläßlich erscheinen, an Hand der verfügbaren biographischen Quellen nach möglicherweise bisher unbeachteten Ansatzpunkten von Beeinflussung und Anregung Ausschau zu halten, um so quasi von außen die Punkte anzuvisieren, an denen sich eine nähere Untersuchung von innen her anzusetzen lohnt.

B DER BIOGRAPHISCHE HINTERGRUND DES PÄDAGOGISCHEN DENKENS MARIA MONTESSORIS

Ein biographischer Teil scheint in dieser Arbeit vor allem aus zwei Gründen gefordert zu sein: Einmal hat sich oben herausgestellt, daß die Literatur den individuellen Faktor bei der Interpretation Montessoris nicht genügend berücksichtigt hat, so daß hier ein echtes Nachholbedürfnis vorliegt. Zum anderen haben intime Kenner Montessoris und ihrer Pädagogik immer wieder darauf hingewiesen, daß bei ihr ein sehr enger Bezug zwischen Leben und Werk besteht (1). Zwar finden sich in den meisten Monographien biographische Kapitel oder Überblicke; sie haben dort jedoch häufiger nur den Charakter informativer Illustration und werden nicht auf die hier angezielten Aspekte hin ausgewertet.

Wie schon oben deutlich ausgesprochen wurde, ist das Biographische bei unserer Untersuchung nicht Selbstzweck, sondern es soll dem Fortgang der weiteren Überlegungen dienen und zur Beantwortung der aufgeworfenen Fragen beitragen. Deshalb kann der Sinn dieses Kapitels nicht darin liegen, einen möglichst abgerundeten biographischen Abriß zu entwerfen. Freilich soll diese Überschau ein möglichst unverzerrtes Bild geben; dennoch müssen vor allem jene Züge deutlich herausgehoben werden, die für die Ausgangspunkte Montessoris wichtig sind und ihre Pädagogik nachhaltig bestimmt haben.

Da dieser biographische Beitrag außerdem einige vom Biographischen her gegebene Momente an Montessoris pädagogischem Denken besonders beleuchten soll, ergibt sich eine zweite Einengung, und zwar auf mehrere „anekdotenhaft" anmutende Einzelheiten in Montessoris Leben, die dafür besonders charakteristisch erscheinen.

Zu diesem Zweck wird vor allem auf Quellen zurückgegriffen, die zum Teil bisher nicht ausgeschöpft worden sind, die aber gerade wichtige „Mosaiksteinchen" für das Lebensbild Montessoris bereitstellen. Hier sind besonders kleinere Beiträge und Mitteilungen aus dem engen Vertrautenkreis Montessoris gemeint, die an solchen erhellenden Details besonders reich sind.

Maria Montessori wurde am 31.8.1870 in dem kleinen Chiaravalle bei Ancona geboren. Italien stand damals wenige Tage vor dem politischen Abschluß des Risorgimento, jener Epoche der nationalen Erhebung und Einigung, die achtzig Jahre hindurch alle Kräfte der Nation gebunden hatte.

Auch Marias Vater gehörte zu den Freiheitskämpfern und hatte sich einige höhere Auszeichnungen erworben. Die Mutter, Renilde Stoppani, war die Nichte eines bekannten Abtes und Naturphilosophen und als Gegenpol zum Vater eine ausgesprochen gütige und häusliche Frau, die natürlichen Liebreiz mit tiefer Religiosität vereinte. Maria soll nicht nur äußerlich, sondern auch nach Charakter und Temperament der Mutter sehr ähnlich gewesen sein (2).

Als Maria vier Jahre alt war, übersiedelte die Familie nach Rom (3). Dort verbrachte die Kleine eine zwar einsame und ziemlich abgeschlossene, aber wohl nicht harte Kindheit (4). Sie war durchaus kein „enfant prodige", und einzelne Berichte wollen von besonderer Strenge ihres Vaters wissen.

Früh schon legten die Eltern Wert auf die Pflege von Marias *sozialer Gesinnung*. Täglich hatte sie an einer Strickarbeit für Arme zu schaffen (5), einem buckligen Nachbarmädchen war sie eine rücksichtsvolle Spielkameradin (6). Im Umgang mit den Spielgefährten zeigte sie bald eine *ausgesprochene Führernatur*; meistens war sie es, die Beschäftigungen auswählte oder neue erdachte (7).

Über die Schulzeit liegen wenige Angaben vor. Einem Bericht ihres Sohnes zufolge war sie in ihren ersten Schuljahren „die schlechteste Schülerin der Klasse" (8). Erst mit zehn Jahren vollzog sich mit ihr eine starke Veränderung. Maria wurde enorm fleißig, zeigte ein lebhaftes religiöses Interesse und beruhigte während einer schweren Krankheit ihre besorgten Eltern mit der altklugen Versicherung, sie könne ganz gewiß jetzt noch nicht sterben, denn sie habe noch *eine große Mission* zu erfüllen.

Hat man Montessoris gesamten Lebenslauf vor Augen, dann scheint sich in dieser Bemerkung schon jenes tiefe Sendungsbewußtsein anzuzeigen, das zeitlebens ein prägender Zug der Persönlichkeit Montessoris war.

Maria Jervolino spricht davon, daß Montessori stets glaubte, eine ganz bestimmte Mission zu besitzen (9). Aus diesem Glauben schöpfte Montessori mit die Kraft für ihre fünfzigjährige unermüdliche Lehr- und Vortragstätigkeit. Aus diesem missionarischen Geist rührte zum Teil auch die Nonchalance her, mit der sie später ihre Kritiker und Gegner weitgehend ignorierte oder überging.

Auch auf einen anderen Zug an der Persönlichkeit Montessoris scheint schon in diesem Alter ein bemerkenswertes Ereignis hinzuweisen. Nach ihrer um das zehnte Lebensjahr herum vollzogenen „Wandlung" avancierte Maria bald zur Klassenbesten, und als sie einige Zeit später einmal ins Theater mitgenommen wurde, hatte sie heimlich ihr Mathematik-Schulbuch bei sich, um während der Aufführung daraus zu lernen (10).

Was hier als Äußerung kindlicher Eigenwilligkeit erscheint, war stets bezeichnend für die Dottoressa. Zeitlebens hat Montessori die intellektuelle Seite des Menschen gegenüber der musischen sehr vorgezogen.

Sie hatte persönlich kaum Zugang zur Musik. Daß sie nicht gern und nicht gut zeichnete, hat sie mehrfach ausgesprochen. Wenn Montessori an einer Stelle Umgang mit dem Musischen fand, dann bestenfalls in der Literatur; aber auch in der Lektüre dürften die wissenschaftlichen Studien wenig Raum für Schöngeistiges gelassen haben.

Aus mehreren vereinzelten Angaben läßt sich entnehmen, daß Montessori auf Grund eines tief verwurzelten Gefühls für die persönliche Würde des Menschen die äußerlichen Schulsitten ihrer Zeit schon als Kind innerlich ablehnte oder wenigstens von ihnen nicht angerührt wurde. Als sie einmal bei einer öffentlichen Prüfung den zweiten Preis errungen hatte, erhielt sie durch ein Versehen der Kommission die für den dritten Platz bestimmte Medaille umgehängt. Bald wurde der Fehler bemerkt, und die Lehrer drängten darauf, ihn zu korrigieren. Da mußten sie mit Bestürzung feststellen, daß die Kleine ihren Preis überhaupt nicht beachtet und bereits beiseite gelegt hatte (11). Ein andermal war eine Mitschülerin sehr traurig, weil sie nicht versetzt worden war. Maria konnte dafür kein Verständnis aufbringen, denn ihr schien eine Klasse genauso gut wie die andere, und das sagte sie auch zu dem Mädchen (12).

Die Eltern hatten für ihre einzige Tochter den Beruf der Lehrerin vorgesehen, die einzige höhere Laufbahn, die einem Mädchen damals offenstand. Die Eindrücke, die Montessori als Schülerin von der Schule erhalten hatte, hatten ihr offenbar jede Tätigkeit dort verleidet, denn nach ihren eigenen Worten empfand Maria gerade für die pädagogische Laufbahn „not the slightest attraction" (13).

Marias stärkste Begabung lag auf dem Gebiet der Mathematik (14), und so bildete sich allmählich der ganz ungewöhnliche Wunsch heraus, Ingenieurin zu werden (15). Dazu war es notwendig, daß sie eines der istituti tecnici besuchte; diese aber waren bis dahin den Jungen vorbehalten.

Trotz anfänglicher Mißbilligung seitens der Eltern trat sie in eine solche Schule über. Bald wandte sich Marias Neigung von der Mathematik auf die Biologie: dieser Wissenschaft galt dann zeitlebens Montessoris lebhaftes Interesse. Etwas später faßte die Schülerin den Entschluß, Ärztin zu werden. Dieser Beruf zog sie einmal an, weil er mit dem Studium des Menschen verbunden war, und zum anderen, weil er ihrem Grundbedürfnis nach sozialer Wirksamkeit entsprach. Montessori wählte die ärztliche Laufbahn vor allem deshalb, weil sie im Arzt „den Missionar eines hohen Werkes christlicher Caritas" (16) sah.

Um als Mädchen die Zulassung zum Medizinstudium zu erhalten, suchte sie den Dekan der medizinischen Fakultät, den berühmten Chirurgen Guido Bacelli, der später ihr Lehrer wurde, persönlich auf, führte mit ihm eine „piacévole conversazione" und verabschiedete sich mit der Versicherung: „Eccellenza, studierò medicina!" (17). Durch ihr beherztes Auftreten und dank einer Reihe von Gesuchen und Briefen erreichte sie wenig später die Erlaubnis zur Einschreibung in der medizinischen Fakultät.

Muß man diesen Erfolg Montessoris neben ihrer hartnäckigen Beharrlichkeit vor allem ihrer ungewöhnlichen Selbstsicherheit und Selbstgewißheit gutschreiben, so zeigte sich diese charakteristische Seite ihrer Persönlichkeit noch deutlicher im Verlaufe ihres Studiums.

Obwohl die junge Studentin zunächst bei ihren Lehrern wie bei ihren Kommilitonen einen denkbar schweren Stand hatte, - auch ihr Vater hatte sich von dem Berufswunsch seiner Tochter distanziert und nahm keinen Anteil an ihrem Studium-, setzte sie sich über Spott und Schikanen hinweg und erkämpfte sich allmählich die Anerkennung ihrer Mitstudenten und ihrer akademischen Lehrer.

Trotz dieser Anerkennung blieb sie während ihres ganzen Studiums ziemlich isoliert. Hier machte sie wohl die für ihr späteres Denken entscheidende Erfahrung, daß der Mensch sich nur durch *selbständige und unbeirrbare Arbeit* bewähren kann, und daß er sich alles durch zuchtvolle Arbeit erwerben muß, ohne sich von Spiel oder Wunschträumen ablenken zu lassen.

Der Arbeitsgedanke blieb jedenfalls für Montessori stets der bestimmende Gedanke ihres persönlichen Lebens und formte entscheidend ihre pädagogische Konzeption mit. Noch aus ihrem hohen Alter wird folgender Ausspruch Montessoris berichtet: „Arbeit ist notwendig. Es darf nichts anderes sein als eine Passion. Der Mensch ist nur glücklich, wenn er etwas leistet" (18).

Für die erzieherische Bedeutung des Spiels hat Montessori niemals die rechte Sicht gefunden. Daß das Spiel in der bisherigen Erziehung eine so hohe Einschätzung gefunden hat, erklärt sie sich dadurch, daß es bislang die einzige Erziehungsform überhaupt war, in der die spontanen Kräfte des Kindes einigermaßen zu ihrem Recht kommen konnten.

Ihr Studium finanzierte Montessori durch Privat- und Nachhilfestunden. Dadurch verschaffte sie sich neben der von außen aufgezwungenen Selbständigkeit schon bald den Status einer gewissen Unabhängigkeit. Dieses Erlebnis von Selbständigkeit und Unabhängigkeit war später mitentscheidend, und zwar nicht nur für ihre pädagogischen Ansichten über die Sekundarstufe und den Hochschulbereich, sondern die Forderung nach Unabhängigkeit des Kindes und Schülers bildete für sie stets eine pädagogische Grundforderung.

Bereits während ihres Studiums nahm Montessori rege an der italienischen Frauenbewegung teil und wurde „a leading Feminist" (19). Bei allem Engagement für die Frauenemanzipation übernahm Montessori jedoch nie das maskuline Gebahren und die unfrauliche Kleidung, die vielen Emanzipierten einen so wenig attraktiven Zug verlieh, sondern kleidete sich stets elegant, verlor nie ihren „ausgesprochen weiblichen Charme" (20) und blieb immer „woman in the full sense of the word" (21).

Beim Internationalen Frauenkongreß 1896 in Berlin war Montessori als Delegierte der Associazione femminile di Roma zugegen und hielt eine vielbeachtete Rede gegen die Unterdrückung und Ausbeutung der Frau im allgemeinen und der Arbeiterin im besonderen (22). Drei Jahre später sprach sie bei einem ähnlichen Kongreß in London; sie gab dort einen so realistischen und aufrüttelnden Bericht über die Kinderarbeit in den sizilianischen Bergwerken, daß sich - wie berichtet wird - die „eleganten Zuhörerinnen wohl zum ersten Male ihres Putzes schämten" (23).

Montessori schloß sich einer von Queen Victoria geförderten Bewegung gegen die Kinderarbeit an und wurde von der Königin in persönlicher Audienz empfangen. Bei Gelegenheit dieses Kongresses machte sie die Bekanntschaft einer ihr in vielem verwandten Frau, der Theosophin Annie Besant, und aus dieser Bekanntschaft wurde später eine dauerhafte Freundschaft. Nach ihrer Rückkehr nach Italien arbeitete Montessori bei der Übersetzung der ersten theosophischen Schriften ins Italienische mit und half dem Eindringen der neuen Theosophie in Italien dadurch nach, daß sie eine englische Dame, die ihre Patientin war, in die römische Gesellschaft einführte (24). Auch die erste Loge der Theosophischen Gesellschaft in Italien soll Montessori in ihrem Hause beherbergt haben (25).

1896 hatte Montessori ihr Medizinstudium abgeschlossen und mit einer neuropathologischen Arbeit als erste Italienerin den Doktorgrad in Medizin und Chirurgie erworben. Als sie sich danach um eine Assistentenstelle bewarb, tat sie es unter einem Decknamen, und sie erhielt die Stelle zugesprochen, ehe bekannt wurde, daß es sich bei dem hervorragend beurteilten Kandidaten um eine Ärztin handelte (26). Sie wurde für zwei Jahre Assistentin an der Psychiatrischen Klinik der Universität Rom und hatte ihren Dienst vor allem in der Kinderabteilung zu versehen.

Dort kam sie rasch in Berührung mit der in vollem Schwung stehenden thyreoiden Organotherapie und der Erforschung der Schilddrüsenfunktionen in ihrem Einfluß auf die Geisteskrankheiten; man unternahm damals zahlreiche Versuche in der Behandlung geistig zurückgebliebener Kinder mit Schilddrüsenpräparaten.

Eine der Aufgaben Montessoris als medizinische Assistentin bestand darin, in den städtischen Irrenanstalten geeignete Patienten für die Universitätsklinik auszuwählen (27). Bei ihren Besuchen in der Irrenanstalt erregten die dort untergebrachten zurückgebliebenen Kinder mehr und mehr ihre Aufmerksamkeit.

Ähnlich wie ihrem Landsmann Don Bosco, dem als Vierundzwanzigjährigem beim Besuch der Gefängnisse Turins das Los der jugendlichen Verbrecher so naheging und der an Ort und Stelle den Gedanken faßte, daß ein großer Teil von ihnen hätte gerettet werden können, wenn man rechtzeitig oder überhaupt für sie gesorgt hätte, gewann Montessori angesichts der wie Stallvieh gehaltenen Kinder die Überzeugung, daß ihnen geholfen werden könnte und geholfen werden müßte, und zwar nicht nur mit medizinischen Heilmitteln.

Diese armen Geschöpfe waren in einem Raum eingesperrt, der außer Sitzbänken keine weiteren Möbel noch irgendwelche Spielsachen enthielt (28). Die Wärterin verwünschte die Kleinen ob ihrer Schmutzigkeit und ihrer unanständigen Spielereien, die darin bestanden, daß sie das ihnen vorgesetzte Brot nicht aufaßen, sondern aus den Resten Kügelchen formten und damit auf dem Boden spielten. Montessori erkannte spontan, daß es eine erste und vielleicht entscheidende Hilfe für die Kinder sein müßte, wenn man ihnen Gegenstände zur Betätigung anböte, sie aus der lähmenden Atmosphäre der gefängnishaften Unterdrückung befreite und ihnen eine freundlichere und ermunternde Umgebung schüfe.

Montessori betrachtete die Hilfe für diese Wesen zunächst viel mehr von der sozialen als von der pädagogischen Seite. Sie legte ihnen einige Aufgaben vor und sah, daß ihre Intelligenz viel höher war als angenommen; sie sah in ihren Augen das

Licht der Freude über die getane kleine Arbeit und erkannte, daß es sich nicht um tierähnliche, abgestumpfte Geschöpfe handelte, sondern um unglückliche, vernachlässigte Kinder. Von dieser Zeit ab gebrauchte Montessori das Bild von der kleinen Flamme, die sie in diesen Kindern zu pflegen und für deren langsames Wachsen sie zu sorgen hatte.

Dieses Bild, dessen sie sich auch später oft bediente, drückt bereits sehr schön die pädagogische Grundauffassung Montessoris aus, daß es in der Erziehung vor allem darum geht, die im Kind vorhandenen Kräfte zu pflegen und ihnen zur Entfaltung zu verhelfen. Der Ursprung dieses Bildes in Montessoris Beschäftigung mit den armen Kindern der römischen Asyle deutet darauf hin, daß sich diese Grundauffassung schon in dieser Zeit herausgebildet hatte, mithin schon vor ihrer „eigentlichen" erzieherischen Arbeit ihr Denken und Tun entscheidend bestimmte.

Auf einem Gang durch den Park des Pincio hatte die junge Ärztin eine Begegnung, die ihre Überzeugung vom ungenährten und verkümmerten Tätigkeitsdrang der Kinder verstärkte. Am Wegrand stand eine ärmlich gekleidete Bettlerin und hielt sie um eine Gabe an, während ihr etwa zweijähriges Kind am Boden saß und so sehr in das Spiel mit einem bunten Papierstreifen vertieft war, daß es sie gar nicht bemerkte; dabei lag auf seinem Gesicht der Ausdruck glücklicher Selbstvergessenheit (29).

Der Eindruck, den das Elend der Kinder in den Asylen bei Montessori hinterließ, haftete so tief, daß sie sich nicht mehr davon befreien konnte. Sie ging nun daran, nach Mitteln zu suchen, mit denen sie diesen Kindern beistehen könnte;dabei stieß sie auf die damals fast vergessenen Bücher der französischen Arztpädagogen Itard und Seguin. Um die Methode Seguins in der Praxis kennenzulernen, unternahm sie eine ausgedehnte Studienreise, in deren Verlauf sie sich besonders eingehend in London und Paris über die dort angewandten Methoden der Schwachsinnigenerziehung orientierte. Besonders im Institut Bournevilles hatte sie Gelegenheit, sich mit den Materialien Seguins vertraut zu machen und die Gegenstände kennenzulernen, deren man sich damals für die Messung psychischer Reaktionen bediente. Daneben suchte sie auch Auskunft zu erhalten über die Erziehung Zurückgebliebener in anderen Ländern und pflegte dieserhalb besonders Kontakte nach Österreich und Deutschland. Nach einer Mitteilung Trüpers unterhielt Montessori in Deutschland Beziehungen vor allem zu Binswanger in Jena; derselben Quelle zufolge soll sie die Sophienhöhe persönlich besucht haben (30).

Für Montessoris leidenschaftlichen Einsatz für das Kind sind außer der erschütternden Begegnung mit den „lieben Idioten" (31) nach Schulz und nach anderen Autoren „persönliche Erlebnisse und leidvolle Erfahrungen" (32) mitentscheidend gewesen. Näherer Aufschluß darüber ist aber gegenwärtig kaum zu gewinnen, da die wenigen Eingeweihten über die persönliche Sphäre Montessoris respektvolles Schweigen bewahren. Lediglich Anna Maccheroni, eine besonders vertraute Freundin Montessoris, berichtet, daß Montessori auf ihrem Pult stets das skeleton eines menschlichen Embryos stehen hatte (33). Sie bemerkt dazu, daß sie sich des

Gefühls nicht entledigen konnte, in Montessoris Leben sei ein schmerzliches Geheimnis verborgen. Maccheroni gibt dazu erläuternd den Kommentar eines bedeutenden katholischen Priesters wieder, dem gegenüber sie ihre Vermutung von einem Geheimnis ausgesprochen hatte: „If this were so, she has, for the love of one child, done good to all the children of the world" (34).

Diese Erinnerung Maccheronis bezieht sich auf die Zeit um 1900. Inzwischen hatte die junge Ärztin in Pädagogenkreisen Furore gemacht. Nach ihrer Rückkehr aus London und Paris war sie nämlich daran gegangen, die von Seguin entwickelte Methode durchzuprobieren; dabei war sie zu beachtlichem Erfolg gekommen. Denn als sie nach knapp zwei Jahren unermüdlicher Arbeit einige ihrer für hoffnungslos angesehenen Geschöpfe an einer regulären Volksschulprüfung teilnehmen ließ, erreichten diese ein ebenso gutes Ergebnis wie die normalen Schüler; im Kalligraphischen und im Rechtschreiben waren sie jenen sogar überlegen.

Das Erstaunen der Schulpädagogen war groß, und einige redeten sogar von einem Wunder. Montessori konterte und sprach ihrerseits von einer verwunderlichen „Leistung", die die Schule tagtäglich vollbrächte, indem sie normale Kinder in ihrer natürlichen Entwicklung so sehr hemme, daß sie von hoffnungslos Zurückgebliebenen eingeholt und sogar übertroffen werden können (35).

Mehr und mehr interessierte sich Montessori nun für die Schule ganz allgemein, und da ihr ihre Forschungen auf dem Gebiete der Hygiene die Stellung eines Schulgesundheitsbeamten eingetragen hatten (36), mußte sie sich auch berufsmäßig damit befassen. Daneben beschäftigte sich Montessori von der medizinischen Frage her und aus ihrer von Grund auf sozialen Gesinnung heraus mit dem Problem des Verbrechens. Bereits auf dem Nationalen Medizinischen Kongreß 1897 in Turin setzte sie sich leidenschaftlich für Maßnahmen zur Bekämpfung des Verbrechens ein und stellte die schwere Verantwortung der Gesellschaft im allgemeinen und der Ärzteschaft im besonderen für dieses Problem heraus, indem sie als einen der Gründe für dieses Phänomen das Fehlen einer angemessenen Sorge und Hilfe für jene Kinder bezeichnete, die psychisch anormal bzw. zurückgeblieben und von daher potentielle Verbrecher sind (37).

Trotz der Lehrerfolge, die sie bei den Kindern der Psychiatrischen Klinik mit dem Seguinschen Material erzielt hatte, galt Montessoris Augenmerk nicht der Unterrichtung, sondern ganz überwiegend der Erziehung, näherhin der Entfaltung der sittlichen Kräfte.

In einem Vortrag von 1902 bezeichnete sie die moralische Erziehung unmißverständlich als die ihr am wichtigsten erscheinende Frage (38).

Ihre häufigen Schulbesuche hatten Montessori gelehrt, daß auf die zurückgebliebenen und imbezilen Kinder, die mit besonderen Methoden durchaus voranzubringen waren, in der gewöhnlichen Schule mit den gegenwärtigen Methoden verlorene Mühe verwendet wurde. Statt charakterliche Förderung zu erfahren, wurden sie durch Strafen niedergehalten und zu wahren Märtyrern der Schule gemacht.

Zu dieser unterdrückten Geschöpfe Anwalt und zugleich zur Klägerin gegen die bestehende Schule hatte sich Montessori schon 1898 gemacht, als sie auf dem bedeutungsvollen Pädagogischen Kongreß in Turin (39) zum ersten Male das Forum der großen pädagogischen Öffentlichkeit betrat. Am dritten Tage dieses Kongresses sollte gerade ein Vortrag von Prof. Ildebrando Bencivenni über die erziehende Schule gehalten werden, als mitten in die Versammlung der rund 3000 Pädagogen die Nachricht von der Ermordung der österreichischen Kaiserin durch einen jungen Italiener platzte. Die Presse blieb an dem ganzen Tage dem Kongreß demonstrativ fern, worauf sich unter den Lehrern ein Tumult darüber erhob, daß man ihnen die Schuld an einem Verbrechen anlastete, für das sie nicht die leiseste Verantwortung fühlten (40).

Nach Bencivennis glänzendem Vortrag über die Reform der Erziehungsmethoden in den Schulen meldete sich Montessori, die als Ärztin an diesem Kongreß als eine Fremde teilnahm, zu Wort und hielt unter deutlicher Anspielung auf den jüngsten Regentenmord den Kongreßteilnehmern vor, die Redner hätten sich bis jetzt ausschließlich mit den normalen Kindern befaßt, sie als Ärztin wolle sich der Anormalen annehmen, und zwar der degenerierten Kinder, der Imbezilen und der Verwahrlosten, jener also, die vor allem solcher ruchlosen Verbrechen fähig sind, die in der gewöhnlichen Schule Mal für Mal vergebens eine Klasse wiederholen, die Zucht und Disziplin gefährden und schließlich aus der Schule entlassen werden, „ohne daß sie in irgendeiner Weise von ihr verändert worden sind" (41). Diese bedauernswerten Geschöpfe seien dazu verurteilt, nach dem Verlassen der Schule, die ihnen keinerlei Förderung angedeihen ließ, Irrenanstalten, Bordelle und Zuchthäuser zu füllen; dabei wären diese Kinder durchweg erziehlicher Beeinflussung zugänglich, wenn man sich dafür nur besonderer Methoden bediente: „Für die Erziehung dieser Unglücklichen die gewöhnlichen Methoden zu verwenden, das ist eine nutzlose Vergeudung von Zeit und Mühe" (42).

Montessoris Eintreten für die behinderten Kinder, insbesondere der von ihr eingebrachte Resolutionsentwurf, wonach es die dringende Pflicht des Staates und der Gesellschaft sei, Sonderklassen oder Sonderschulen für diese Kinder und für die besonders schweren Fälle eigene medizinisch-pädagogische Institute zu schaffen, für die Ausbildung der Lehrer in der Diagnose und Behandlung kindlicher Degenerationserscheinungen zu sorgen und einen Universitätskursus über die Anormalenerziehung für die Pädagogikdozenten der Scuole normali einzurichten, fanden ein lebhaftes Echo bei Medizinern und Pädagogen. Montessori schien eine reife Frucht vom Baume geschüttelt zu haben (43), denn der Gedanke, für die Behandlung gewisser Krankheiten pädagogische Mittel mit heranzuziehen, lag in der Zeit und wurde von Ärzten und Lehrern gleicherweise vertreten.

Montessori wurde unmittelbar nach dem Turiner Kongreß von Unterrichtsminister Bacelli damit beauftragt, vor den Lehrern in Rom eine Reihe von Vorträgen über die Erziehung anormaler Kinder zu halten und in die speziellen Erziehungsmethoden einzuführen (44).

Aus diesen Vorträgen ging bald die Scuola Magistrale Ortofrenica hervor, eine Ausbildungsstätte für Sonderschullehrer, zu deren Leiterin Montessori für die Jahre 1898-1900 bestellt wurde (45). Die einzelnen Lehrfächer an dieser Schule waren eng an die Medizin angelehnt; die Aufgabe Montessoris war „the teaching, or rather the development, of a special pedagogy for defective children, along the lines previously laid down by Itard and Séguin" (46).

Die „Grundlinie" Seguins aber bestand in der Anwendung der Physiologie auf die Erziehung. In die angeschlossene Ausbildungsschule wurden Kinder aufgenommen, die wegen aussichtslosen Versagens aus den Volksschulen Roms ausgeschieden worden waren; durch eine philanthropische Einrichtung wurde es ermöglicht, auch Kinder aus den örtlichen Irrenasylen hinzuzuziehen (47).

Neben ihrer Tätigkeit an der Scuola Magistrale Ortofrenica führte Montessori ihre ärztliche Privatpraxis in Rom außerordentlich erfolgreich weiter. Bald gesellten sich neue Aufgaben hinzu. Auf Grund ihrer hygienischen Forschungen wurde ihr ein Lehrauftrag für Hygiene (Schulhygiene) am Istituto Superiore di Magistero Femminile, der Frauenhochschule Roms, zuteil. So hatte sie sich noch intensiver mit der Schule zu befassen, und dies von einer Seite, von wo aus die damalige Schule der Ärztin und Hygienikerin ein besonders trostloses und reformbedürftiges Bild bieten mußte, sah sie doch auch hier die Kinder - in eine enge Bank gepreßt und zur Passivität verurteilt - unterdrückt und gedämpft und ohne Nahrung für ihre nach Entwicklung drängenden Kräfte, also in ganz ähnlich bedauernswerter Lage, wie sie ihre lieben Idioten im Irrenhaus vorgefunden hatte.

Die Kinder in der Schule erschienen Montessori - und hier spielt sie deutlich auf den von ihr hochgeschätzten Insektenforscher Fabre an - „wie Schmetterlinge, die man auf Nadeln aufgespießt hat" (48).

Zu der Stellung einer Dozentin für Schulhygiene gehörte die Verpflichtung, an Prüfungskommissionen zur Abnahme pädagogischer Examina, insbesondere von Promotionen, teilzunehmen. Montessori berichtet davon, daß sie im Laufe dieser Jahre u.a. mehr als 500 pädagogische Dissertationen zu lesen, an ihrer Diskussion teilzunehmen und jedes Jahr weit über hundert pädagogischen Prüfungen beizuwohnen hatte (49). Über diese Beschäftigung sagt Montessori: „I was not in the least attracted by those studies" (50). Das ist sicher einmal damit zu erklären, daß diese Studien für sie eine durchaus unerwünschte Mehrbelastung bedeuteten, zum anderen aber auch damit, daß sie aus ihnen keinen zählbaren Gewinn für ihre eigene sozial- und heilpädagogische Arbeit ziehen konnte. Dabei hatte Montessori durchaus den Wunsch, sich in allgemeine pädagogische Fragen einzuarbeiten.

Denn einmal hatte ihr das Studium der Berichte Itards über die Erziehung des sogenannten Wildkindes vom Aveyron die Überzeugung von der grundlegenden Bedeutung der Erziehung für die Entwicklung des Menschen vermittelt, zum anderen hatte sie von Seguin die Ansicht übernommen, daß die Methoden der Schwachsinnigenerziehung geeignet seien, auf die gesamte Erziehung angewandt zu werden, und dadurch eine wirksame Erneuerung und Verbesserung der Schule herbeiführen könnten; und schließlich hatten die unwürdigen Schulverhältnisse und der unnatürliche Zustand der Schulkinder Montessori nicht nur den Plan für eine Verbesserung der Gesundheitsfürsorge und für eine bessere hygienische Überwachung fassen lassen, sondern auch ihren leidenschaftlichen Einsatz für eine wirksamere pädagogische Betreuung der Kinder geweckt. Als erste Schritte dazu sah sie auf Grund ihrer bisherigen Erfahrungen ein Freisetzen der Kinder von der Abhängigkeit anderer und eine Wiederherstellung bzw. eine Neueinsetzung ihrer Menschenwürde an (51).

Für die Lösung dieser Probleme erblickte Montessori in den Schriften Itards und Seguins zwar wertvolle Hilfen, erkannte aber diese Basis durchaus als zu eng an. Wo aber sollte sie sich pädagogischen Rats erholen, wenn das, was sie an Anregungen von seiten der akademischen Pädagogik zu erwarten hatte, so unbefriedigend, dürftig und wirkungslos war?

Montessori suchte nach einem neuen Quellgrund pädagogischer Erneuerung und fand ihn in einer Wissenschaft, die damals besonders in Italien in Blüte stand und die sowohl ihrer medizinischen Ausbildung als auch ihrem persönlichen Interesse am Studium des Menschen entgegenkam, nämlich der Anthropologie. Obwohl Montessori inzwischen eine erfolgreiche Ärztin, Dozentin an der Frauenhochschule und Leiterin einer pädagogischen Ausbildungsstätte geworden war, kehrte sie noch einmal als Schülerin an die Universität zurück und vertiefte sich in anthropologische Studien, für die ihr unmittelbarer Lehrer Giuseppe Sergi und zwei andere bedeutende italienische Vertreter dieser Wissenschaft, Achille De Giovanni und Cesare Lombroso, richtungweisend wurden.

Giuseppe Sergi hatte 1876 an der Universität Rom das erste Institut für experimentelle Psychologie gegründet (52) und seine Forschungsarbeit immer stärker auf das Problem einer Erneuerung der Schule und der Erziehung gelenkt. Dabei wurde seine Arbeit vornehmlich von zwei Gedanken bestimmt, die ihm von seinem positivistischen Standpunkt her zuflossen: einmal erwartete er die einzig mögliche Erneuerung der Erziehung von der methodischen Erforschung des Zöglings unter Anleitung der pädagogischen Anthropologie und der Experimentalpsychologie (53), zum anderen sah er in den allgemeingültigen Naturgesetzen, die das Studium des Menschen herausfinden sollte, den Hebel für die Lenkung und Beschleunigung des allgemeinen Fortschritts der Menschheit.

Mit Sergi teilte Montessori von vornherein die Geringschätzung der zeitgenössischen Pädagogik, von ihm erwartete sie jene wissenschaftliche Ausrüstung, deren sie für die Konkretisierung ihrer Mission bedurfte.

Sergi lenkte Montessoris Interesse erneut auf die Schule und regte sie zu einer Reihe anthropometrischer, anthropologischer und soziologischer Untersuchungen an. Dabei richtete sich nach ihrer eigenen Aussage das Augenmerk wieder auf die Schattenseiten der Schule: „Ich untersuchte die Mängel der Schule und der praktischen Anwendung der Pädagogik. Ich studierte die Krankheitserscheinungen der Erziehungsmethoden und beschäftigte mich als Vertreter der Hygiene auch mit den schlechten Lebensumständen und deren Einfluß auf die Schüler" (54).

Auf Grund mehrerer Veröffentlichungen aus dem Überschneidungsfeld von anthropologischen, soziologischen und pädagogischen Fragen und einer ethnologischen Arbeit über die Frau in Latium erwarb sich Montessori dank der Befürwortung Sergis und Lombrosos die Stellung einer freien Professorin für Pädagogische Anthropologie an der Universität Rom, eine Aufgabe, die sie von 1904 - 1908 innehatte. Im Mittelpunkt ihrer Vorlesungen stand von Anfang an der Gedanke der Erneuerung von Schule und Erziehung, und ihre anthropologischen Forschungen erfolgten durchweg auf dieses Ziel hin.

In ihrer anthropologischen Arbeit fand Montessori die wissenschaftliche Basis für ihre pädagogischen Pläne, und bei ihrem bereitwilligen Einsatz für soziale Probleme war es nur eine Frage der Zeit, wann Montessori danach trachten würde, ihre nunmehr wissenschaftlich fundierten pädagogischen Erkenntnisse in die erzieherische Praxis der Schule umzusetzen.

Eine solche Gelegenheit bot sich 1906 mehr zufällig, allerdings nicht im Bereich der Schule, sondern in einer ganz neuartigen Beaufsichtigung und Beschäftigung von Kindern im vorschulischen Alter. Auch darauf war Montessori nicht unvorbereitet, denn ihr Lehrer Sergi hatte auf Grund des Gedankens, daß die Erziehung von der frühesten Kindheit an beginnen muß, sich besonders kritisch mit der vorschulischen Erziehung und im Detail mit der Fröbelschen Methode befaßt, diese wegen ihres Symbolismus als schädlich und unheilvoll (55) gebrandmarkt und die Aufmerksamkeit seiner Schülerin Montessori speziell auf die Probleme der frühkindlichen Erziehung gelenkt.

Die Gelegenheit zur praktischen Arbeit mit normalen Kindern bot sich in dem römischen Elendsviertel San Lorenzo und wurde Montessori durch eine Baugesellschaft angetragen.

In den achtziger Jahren war Rom als die neue Hauptstadt Italiens Ziel eines ungeheuer starken Bevölkerungszustroms gewesen. Da die Stadt selbst die Tausende von Neuankömmlingen nicht aufnehmen konnte, mußten sie an der Peripherie der Stadt ihren Unterschlupf suchen. Das Viertel von San Lorenzo war in den Jahren 1884 bis 1888 in einer Periode fieberhafter Bautätigkeit entstanden, und die Häuser dieser Gegend waren ohne große Rücksicht auf hygienische und moralische Vorschriften bedenkenlos und übereilt aus dem Boden gestampft worden nach dem einzigen Grundsatz, die Bauplätze optimal auszunutzen und soviel Leute wie möglich unterzubringen (56).

Eine plötzliche Baukrise hatte den Stadtteil unvollendet gelassen, und in den engen, ungesunden Gebäuden drängte sich die allerärmste Bevölkerung der Stadt zusammen (57). Not, Laster, Krankheit und Verbrechen bestimmten fortan das Bild von San Lorenzo (58).

1906 setzte eine großangelegte Kampagne zur Beseitigung der römischen slums ein (59); in San Lorenzo kaufte das Istituto Romano dei Beni Stabili eine Reihe der ungesunden und finsteren Gebäude auf und baute sie in freundliche und moderne Mietshäuser um. Edoardo Talamo, den Direktor dieser Gesellschaft, leitete der Gedanke, daß die neuen Bauten den Mietern nicht nur ein hygienisch einwandfreies Wohnen verschaffen, sondern darüber hinaus als Mittel für die moralische und soziale Erziehung der Bewohner dienen könnten. Durch die *Bereitstellung einer geordneten Umgebung* und durch die Übertragung der Verantwortung für diese Ordnung auf die Hausgemeinschaft hoffte er, diesen erziehlichen Einfluß auszuüben (60).

Dieser Ansatz Talamos steht in auffälliger Affinität zu dem für Montessoris Pädagogik so zentralen Prinzip der vorbereiteten und geordneten Umgebung. Ist aber dieser Grundgedanke Talamos vor allem vom Sozialen her motiviert, so kommt bei Montessori zu diesem Gesichtspunkt noch eine anthropologische Begründung hinzu, auf die erst später einzugehen ist (61).

Da in diesen Häusern ausschließlich Arbeiterfamilien wohnten, von denen auch die Frauen ganztägig zur Arbeit gingen, sah der Plan Talamos die Sozialisierung der hausfraulichen und mütterlichen Aufgaben durch spezielle „servizi collettivi" innerhalb der einzelnen Gebäude vor; dazu gehörten u.a. ein Bad, eine Waschanstalt, ein Krankenzimmer, ein Verbandsraum, ein Nähsaal, eine Hausküche und ein Aufenthaltsraum für die schulpflichtigen Kinder.

Das Kinderhaus entstand in diesem Rahmen als ein Glied dieses großen sozialen Unternehmens. Es hatte sich nämlich bald gezeigt, daß die ohne elterliche Aufsicht den ganzen Tag herumstreunenden vorschulpflichtigen Kinder die kleinen Vandalen des Viertels wurden, die bei schönem Wetter lärmend die Straßen bevölkerten und bei schlechter Witterung in den Höfen und auf den Treppen der Gebäude herumschwärmten und ihre Langeweile in allerlei willkürlichen oder ungewollten Beschmutzungen oder Beschädigungen sichtbar machten. Da man einsah, daß es nicht genügte, die Mittel für ein geordnetes Leben der Erwachsenen bereitzustellen, sondern daß auch für die sich selbst überlassenen Kinder gesorgt werden mußte, ging Talamo daran, im Hause der Erwachsenen als eine weitere kollektive Einrichtung einen Raum für die Beaufsichtigung und Beschäftigung der Kleinen zu schaffen, wofür Olga Lodi, eine Freundin Montessoris, später den Namen „Casa dei bambini" vorschlug (62). Dabei hoffte Talamo mit gutem Grund, daß der bei den Erwachsenen erfolgreich erprobte Weg einer Erziehung zur Ordnung durch Bereitstellung einer geordneten Umgebung auch bei den Kindern zum Ziel führen würde, und gleichzeitig konnte er mit der Übertragung der Aufsicht über die Kinder auf eine Hausbewohnerin einen weiteren Schritt zur Sozialisierung der mütterlichen Funktionen verbuchen. Wie bei den anderen sozialen Einrichtungen wurde auch hier die Mitarbeit der Eltern mit herangezogen und es ihnen zur Auflage gemacht, die Kinder sauber in die Casa dei bambini zu schicken und die Arbeit der Leiterin zu unterstützen (63).

Die Verantwortung für diese neue Einrichtung gedachte Talamo auf drei Ämter zu verteilen: eine Leiterin (direttive), einen Arzt (medico) und eine Aufsichtsperson (custode).

Für die erste Mustereinrichtung dieser Art in der Via dei Marsi 53 suchte die Baugesellschaft eine passende Leiterin, die sowohl in der Lage war, eine geeignete Umgebung für die frühkindliche Beschäftigung zu gestalten, als auch die hygienische und ärztliche Betreuung der Kinder zu übernehmen.

Ein Frauenkomitee, an das sich Talamo um Vorschläge gewandt hatte, bat Montessori, die Einrichtung und Überwachung dieses ersten Kinderhauses zu übernehmen. Montessori sagte zu, und am 6. Januar 1907 wurde die erste Casa dei bambini in San Lorenzo feierlich eröffnet.

Die Aufgabe, die Montessori übernommen hatte, war nicht klar umrissen, sie lag aber „mehr auf sozialem und hygienischem Gebiet" (64). Keineswegs gehörte es zu ihr, die Kinder etwas zu lehren oder sie auf die Schule vorzubereiten. Der Raum wurde dementsprechend nicht als Schulsaal eingerichtet, sondern nur mit einer ausreichenden Zahl von Tischen und Stühlen ausgestattet. Als Aufsichtspersonen standen Montessori zuerst die Tochter des Pförtners, später zudem eine arbeitslose Arbeiterin zur Verfügung. Montessori selbst oblag die ärztliche und allgemeine Überwachung des neuen Versuches.

Montessoris Interesse war zunächst vornehmlich wissenschaftlich-diagnostischer Art. Sie griff auf die schon bei der Arbeit mit den Kindern der Psychiatrischen Klinik und der Ortofrenischen Schule gebrauchten Materialien Seguins zurück und zog noch einige diagnostische Materialien aus der experimentellen Psychologie hinzu. Mittels dieser Gegenstände wollte sie „mit einiger wissenschaftlicher Genauigkeit bestimmen ..., in welchen verschiedenen Lebensperioden anormale und normale Kinder dieselben Reaktionen zeigten, um so eine Beziehung zwischen dem geistigen Niveau der zurückgebliebenen und der gewöhnlichen Kinder festzustellen" (65).

Dieser diagnostische Ausgangspunkt ließ Montessori die Spielsachen, die den Kindern von reichen Damen geschenkt worden waren, relativ nebensächlich erscheinen und rückte von vornherein das „Material" in den Mittelpunkt. Dabei dürfte es mehr eine Verlegenheitslösung gewesen sein, daß Montessori die zur Auslösung und Messung psychischer Reaktionen vorgesehenen Materialien den drei- bis siebenjährigen Kindern - eigentlich zweckentfremdet - als Beschäftigungsmittel vorlegte. Sie führte ihre Mitarbeiterin in den genauen Gebrauch der einzelnen Gegenstände ein und wies sie an, den Kindern den exakten Umgang mit ihnen vorzumachen. Dann wurden die Materialien den Kindern zur freien Betätigung überlassen.

Dabei ergab sich jene berühmte „Entdeckung" von San Lorenzo, auf die hin Montessori die ganze Zeit ihre Arbeit ausgerichtet und auf die sie im stillen seit langem gehofft hatte.

Es zeigte sich nämlich, daß die Kinder längere Zeit bei den einzelnen Materialien verweilten, mit ihnen „arbeiteten" und mehrmals nacheinander die gleichen Tätigkeiten wiederholten. In mehreren Schriften hat Montessori die tiefe Konzentration eines Mädchens beschrieben, das 42 mal eine Übung mit den Einsatzzylindern wiederholte, ohne sich von der Umgebung ablenken zu lassen. Von einem anderen Kind berichtet Montessori, es habe in Konzentration versunken auf den Glocken 200 mal die Tonleiter wiederholt, 100 mal von unten nach oben und 100 mal von oben nach unten (66).

Das geschah zur gleichen Zeit, als William James in Vorlesungen in London die Unstetigkeit der kindlichen Aufmerksamkeit als ein pädagogisch schwerwiegendes Hindernis kennzeichnete und die Lösung des Erziehungsproblems schlechthin in dem erfolgreichen Versuch erblickte, die Aufmerksamkeit des Kindes zu sammeln und zu fixieren (67).

Montessori stand nicht an, ihre Entdeckung für einen entscheidenden Schritt zu dieser Lösung anzusehen. Die Unstetigkeit der Aufmerksamkeit der Schwachsinnigen galt als das Verharren auf einer kindlichen Entwicklungsstufe. Wie aber, wenn das Kind auf dieser Stufe einer tieferen Konzentration fähig war als der Erwachsene? Die eigentliche Schwierigkeit des Lehrers in der Schule, wie sie Montessori bei ihren Hospitationen kennengelernt hatte, bestand darin, die Aufmerksamkeit des Schülers immer neu aufzureizen und zu gewinnen. Wie aber, wenn das Kind von sich aus aufmerksamer und viel intensiver bei der Sache war, als es der Lehrer je dazu bringen konnte? In der „alten" Schule hatte der Lehrer für Disziplin und Ordnung zu sorgen, obwohl die Kinder in Passivität und Unterdrükkung gehalten wurden. Wie aber, wenn sich nun Disziplin und Ordnung, gepaart mit Fröhlichkeit wie von selbst aus der freien Arbeit der Kinder ergaben? Montessori sah es so: Was bei den Schwachsinnigen verschüttet war und was bei den Schulkindern die niederdrückende Atmosphäre zurückdämmte, das brach aus diesen Kindern nun mächtig hervor: die gesunden und natürlichen Kräfte des werdenden Menschen.

Diese Entdeckung des „neuen" und - wie Montessori bald sagt - des „wahren Kindes", bedeutete für sie geradezu eine existentielle Erschütterung. In einem dem theosophischen Weltverständnis verwandten Denkschrift legt Montessori ihre Entdeckung als die Enthüllung göttlicher Kräfte im Kinde aus und gerät in diesem Zuge in eine im fruchtbaren Sinne religiöse Krise, in deren Verlauf sie - wie Schulz und Standing versichern - ernsthaft erwägt, einen religiösen Orden zur Promulgation dieses „göttlichen Kindes" zu gründen.

Der positive Einfluß, den diese Kinder auf die Erwachsenen des San-Lorenzo-Viertels ausübten - Bianchi spricht in diesem Zusammenhang von einem echten „sapore dell'apostolato" -, war bald so groß, daß Montessori wirklich den Gedanken fassen konnte, das Kind sei ein echter Heiland in den Nöten und Schwierigkeiten der Erwachsenenwelt. Diese Idee des Kindes als eines Messias, die Montessoris pädagogisches Denken von nun an quasi leitmotivisch durchzieht, mußte sich dabei zwangsläufig noch verstärken, wenn die bald zahllosen Besucher die verwandelten Kinder Montessoris betrachteten „like the beginning of a new world, of a new life" (68).

Dieses "Wunder der neuen Kinder" war in der Tat das schier Unfaßbare. Die vor kurzem noch schreiend und tobend Straßen und Häuser bevölkernden Kinder arbeiteten nun freiwillig und ruhig in einem gemeinsamen Raum, nahmen Rücksicht aufeinander und befolgten gehorsam die Weisungen der Leiterin. Die römische Presse verbreitete bald ausführliche Berichte über die soziale Einrichtung der Baugesellschaft und über das Mirakel der Kinder von San Lorenzo. Bald schon kamen die ersten Neugierigen und Interessierten, um die verwandelten „Montessori-Kinder" zu sehen. Von den Eltern der Kinder wurde Montessori glühend verehrt, weil sie nicht fassen konnten, daß ihrer Kinder wegen so viele hochgestellte Persönlichkeiten, unter ihnen sogar die Königinmutter, in das Elendsviertel jenseits des Tiber kamen. Talamo glaubte zunächst, die Besucher kämen des Werks seiner Gesellschaft wegen; als er jedoch erkannte, daß der Besucherstrom dem Kinderhaus galt, verbot er Montessori, für ihre eigene Sache Propaganda zu machen, und untersagte ihr schließlich, weiterhin in den Gebäuden des Instituts zu arbeiten (69). So kam es, daß seit 1910 kein Kinderhaus mehr unter der persönlichen Leitung Montessoris stand.

Ehe Montessori aber ihr pädagogisches Versuchsfeld in San Lorenzo räumte, waren bereits weitere Kinderhäuser entstanden, von denen zwei besonderer Erwähnung bedürfen: das eine im Kreuzgang des Klosters der Franziskanerinnen in der Via Giusti in Rom, das andere in einem Proletarierwohnblock der sozialistischen Società Umanitaria in Mailand (70). In das Kinderhaus bei den Franziskanerinnen wurden die kleinen Waisen des Erdbebens von Messina aufgenommen, für die die Königinmutter die persönliche Patenschaft übernommen hatte. Das erste Kinderhaus in Mailand übertrug Montessori Anna Maria Maccheroni, einem Fräulein aus dem Kreis jener jungen Damen, die in ergebener Gefolgschaft ihr Leben den neuen Idealen weihten, „as nuns do who enter a Religious Order" (71).

Sie nannten Montessori anhänglich „mammolina" und waren vor allem ehemalige Hörerinnen Montessoris.

Zu den ersten, die an Montessoris Arbeit regen Anteil nahmen, gehörte die Familie Franchetti. Alice Franchetti, die junge und gebildete Frau eines angesehenen und wohlhabenden Senators, griff mit sicherem Spürsinn alle Ansätze der beginnenden reformpädagogischen Bewegung auf, um sie in ihrer „Scuola di Preparazione alla Vita pratica" bei Città di Castello zum Wohle der Kinder ihrer Landarbeiter auszuwerten.

Die Franchettis wurden zu den ersten und nicht geringsten Förderern von Montessoris pädagogischem Versuch; ihnen hatte Montessori zu einem guten Teil ihre rasche Popularität zu verdanken.

Die Franchettis arrangierten bereits 1909 auf ihrem Landgut La Montesca einen Kurs, bei dem Montessori Gelegenheit erhielt, über ihre inzwischen formulierte Methode der Casa dei bambini zu referieren (72). In einem dieser Vorträge machte Montessori kein Hehl daraus, daß sie sich viele Anregungen aus der Reformschule Alice Franchettis entliehen hat. Besonders hinsichtlich des Punktes der künstlerischen Handarbeit, des Bauens und Töpferns tat Montessori nicht viel mehr, „als die Methode der La Montesca in jeder Einzelheit zu erläutern" (73).

Im selben Jahr schrieb Montessori ihr erstes Buch über ihren pädagogischen Versuch der Casa dei bambini, für dessen Druck Baron Franchetti persönlich sorgte.

Dem Kurs in Città di Castello folgten bald weitere. Zwei fanden im Konvent der Franziskanerinnen in der Via Giusti statt. Sie standen unter dem Patronat Margheritas von Savoyen und unter dem Mäzenat einer Gruppe vornehmer Römerinnen. Zwei weitere Kurse gab Montessori auf Wunsch der Stadtverwaltung in Rom. Die Kurse riefen ein immer größeres Echo hervor, und im Januar 1913 hielt Montessori in ihrem großzügigen Appartement in der Via Principessa Clotilde ihren ersten Internationalen Montessori-Kurs ab, zu dem sich bereits über hundert Ausländer eingefunden hatten und zu dessen wichtigsten Teilnehmern u.a. Helen Parkhurst aus den USA und die Damen Villuendas und Pujol aus Barcelona gehörten.

Der zweite internationale Kurs wurde bereits ein Jahr später im Castel San Angelo gehalten; auch hier hatte sich eine Jüngerschaft aus der ganzen Welt eingefunden. Besonders zahlreich war der Zustrom aus dem angelsächsischen Raum, wo die von Alice Franchetti betriebene Veröffentlichung und Verbreitung des Buches von Montessori große Werbekraft ausübte. Die Tradition dieser Kurse riß später nicht mehr ab; sie bildeten für die nächsten Jahrzehnte den Schwerpunkt der Arbeit Montessoris.

Durch vielseitige Gönnerschaft unterstützt und von mehreren Seiten dazu angeregt, ging Montessori in einem privaten Versuch daran, zusammen mit einigen Mitarbeiterinnen die Linien ihrer Methode in die ersten Elementarklassen hineinzuziehen (74). Wie sie selbst betont, handelte es sich um ein gemeinsames Werk, bei dem nachträglich nicht mehr genau auszumachen sei, welches der Beitrag jeder einzelnen Mitarbeiterin gewesen ist. Lediglich die Ausarbeitung des Teils über die Grammatik und die sprachliche Bildung schreibt sie ganz Anna Fedeli, den über die musikalische Erziehung ganz Anna Maccheroni zu (75).

Bereits während der ersten Kurse wurde das eigenartige Phänomen sichtbar, daß alle, die mit der neuen Methode in Berührung kamen - waren es Katholiken, Protestanten, Hindus, Theosophen oder Buddhisten, Sozialisten, Kommunisten, Aristrokraten oder wer immer - in ihr die praktische Verwirklichung ihrer eigenen Ideale sahen. Montessoris Sohn berichtet, was die Grundtendenz der Aussagen ihrer Anhänger war: „After all you belong to us. Because no one unless he were of our community would have been capable of doing what you have done, for this and this and this in your method is but this and this and this in our ideal (or religion) according to the person who speakes" (76).

Mit den internationalen Kursen und mit der Arbeit an der Ausdehnung der Methode auf die ersten Elementarklassen hatte Montessori alle anderen Betätigungen aufgegeben und sich ganz auf die pädagogische Arbeit beschränkt.

So interessant es wäre, die Ausbreitung und Wirksamkeit der Montessori-Pädagogik einschließlich der Tätigkeit der später gegründeten Montessori-Gesellschaft in den einzelnen Ländern zu verfolgen und ihrem wechselvollen Schicksal nachzugehen, so sehr würde dieses Unterfangen den Rahmen dieser biographischen Orientierung sprengen.

Es genügt, nur mehr die wichtigsten Stationen von Montessoris pädagogischer Tätigkeit anzuzeigen.

Hier ist an erster Stelle Montessoris Arbeit in Barcelona zu nennen. Dort hatte ein katholischer Geistlicher, P. Casulleras, ein Missionar vom Hl. Vinzenz von Paul, zunächst *ganz unabhängig von Montessori* den Gedanken gefaßt, Kinderhäuser „im Schatten der Kirche" zu gründen, weil er die Kleinen in engster Verbindung mit der Kirche religiös erziehen wollte (77). 1910 kam ihm zufällig Montessoris Buch in die Hand, und er fand in ihrer Methode, kleine Kinder selbsttätig, in einer vorbereiteten Umgebung und mittels eines bestimmten Materials zu erziehen, genau den richtigen Weg, seine eigenen Pläne von einer liturgischen Erziehung zu verwirklichen. Er ließ die Methode unverzüglich in allen Waisenhäusern der Balearen, in denen Vinzentinerinnen tätig waren, einführen. Einem gelehrten Priester der Madernidad in Barcelona gegenüber sprach er von der Ähnlichkeit der Montessori-Methode mit seinen eigenen Vorstellungen von der religiösen Erziehung. In einer persönlichen Aussprache mit Montessori wurde beschlossen, „ihre Prinzipien mit der religiösen Erziehung zu verbinden" (78).

1915 sprach Anna Maccheroni in einem Vortrag vor dem katalanischen Liturgischen Kongreß auf dem Montserrat über die Möglichkeit, schon dreijährige Kinder in die Liturgie einzuführen (79). Danach wurde der Versuch, die Montessori-Methode für die religiöse Erziehung fruchtbar zu machen, zu einer offiziellen Angelegenheit kirchlicher Stellen.

Montessori selbst hielt sich während des Krieges gern in Spanien auf, einmal, weil Spanien eines der wenigen Länder war, das durch den Krieg eher Aufschwung als Schaden nahm, und zum anderen, weil es als friedliches Land für die Arbeit der Dottoressa ein sicherer Hafen und als neutraler Staat der geeignete Ausgangspunkt für ihre weltweite Ausstrahlung war.

Vor allem in der Zeit ihrer Tätigkeit in Barcelona und der Zusammenarbeit mit P.Casulleras entstanden die religionspädagogischen Schriften Montessoris. Als durch eine sozialistische Regierung in Spanien der nun stark vom Religionspäd - agogischen her geprägten Arbeit Montessoris ein gewaltsames Ende gesetzt worden war, entfaltete Montessori ihre Aktivität besonders im angelsächsischen Raum; mit dem Verlassen Barcelonas verlor ihre Arbeit die konfessionell-religionspädagogische Ausrichtung.

In diese Jahre fallen mehrere entscheidende Kontakte mit bedeutenden Zeitgenossen, in denen Montessori einerseits versuchte, ihren Ideen neue Verbreitung zu verschaffen, andererseits selbst weiteren Rat in der von ihr geforderten theoretischen Begründung ihrer pädagogischen Arbeit suchte. Wichtig erscheinen aus der

Vielzahl vor allem der Aufenthalt Weihnachten 1919 bei Henri Bergson in Paris (80) und mehrere Beziehungen zu Percy Nunn in London.

In den zwanziger Jahren hält sich Montessori wieder in Italien auf, obwohl die Montessori-Pädagogik in ihrem Heimatland keineswegs mehr in der erhofften Blüte steht (81). Einen unerwarteten Aufschwung nimmt die Bewegung, als es Montessori auf Grund eines persönlichen Gesprächs mit Mussolini gelingt, die faschistische Ablehnung ihrer Pädagogik zu brechen und den Duce als Ehrenvorsitzenden der Montessori-Gesellschaft zu gewinnen. Konnte der Diktator zwar in Montessoris allgemeiner Konzeption die pädagogischen Grundgedanken von Arbeit und Disziplin, die das Leben der faschistischen Jugendorganisation Balilla entscheidend bestimmten, wiederfinden, so dürfte dieser Umschwung doch überwiegend auf Montessoris persönliche Ausstrahlung zurückzuführen sein (82).

Nachdem Mussolini immer stärker in die Abhängigkeit Hitlers geriet, ließ sein Wohlwollen rasch nach. Montessori soll ein Angebot der Nationalsozialisten abgelehnt haben, bei der Gestaltung der völkischen Kindererziehung mitzuarbeiten; jedenfalls wurden bald in Berlin und Wien ihre Bücher und sie selbst in effigie verbrannt (83).

Montessori kehrte nach Katalonien zurück, wo sie erneut eine große Wirksamkeit entfaltete, bis der Bürgerkrieg 1936 sie auch hier wieder vertrieb (84). Sie floh nach London, ehe sie dann in Holland ihren ständigen Wohnsitz nahm.

Montessoris Arbeit der dreißiger Jahre steht unter dem Eindruck der vielfältigen Unsicherheiten, Zerstörungen und Vertreibungen. Ihr Leitmotiv ist die Erziehung zum Frieden. 1932 schreibt sie für das Bureau international d'Education in Genf einen Aufsatz, in dem sie eine Wissenschaft des Friedens fordert. 1936 spricht sie auf dem Europäischen Friedenskongreß in Brüssel. Den Internationalen Montessori-Kongreß in Kopenhagen 1937 stellt sie unter das Leitwort „Educate per la pace". Die Bedeutung der Erziehung für die Verwirklichung des Friedens stellt sie in drei Vorträgen in der Internationale School voor Wijsbegeerte in Amersfort heraus, und 1939 richtet sie vor der World Fellowship of Faiths in London einen leidenschaftlichen Appell an die Erzieher, ihre Arbeit als Dienst am Frieden aufzufassen.

Den Zweiten Weltkrieg über befindet sich Montessori mit ihrem Sohn in Indien. Kurz vor Ausbruch des Krieges reist sie auf Einladung Dr. Arundales und der Theosophischen Gesellschaft nach Adyar, wo sie innerhalb des großen Kunst- und Erziehungszentrums Kalakshetra in ihre Methode einführen soll, die nach wie vor von den theosophischen Kreisen hochgeschätzt wurde.

Montessori und ihr Sohn bauten dann dort nicht nur eine große Montessori-Schule (85) und eine bedeutende Lehrerbildungsstätte, das Arundale Training Centre for Teachers, auf, dessen Codirektorin Montessori 1947 wurde; sie trieben darüber hinaus ihre pädagogische Arbeit weit in das Land hinein und erfuhren selbst wertvolle Anregungen aus der neuen Umgebung.

In dem geistigen Klima Indiens und in der theosophischen Umwelt akzentuierte sich Montessoris pädagogischer Horizont nach der kosmischen Sicht des Menschen hin. Die Erziehungsaufgabe erscheint ihr als die Mitwirkung zur Herbeiführung der kosmischen Harmonie. Religiöse Fragen haben nicht mehr die konfessionelle Enge, in die sie unter dem Einfluß in Barcelona geraten waren. Allgemeinste Gesetzlichkeiten stehen im Vordergrund:

Die Erziehung der menschlichen Kräfte, die Erziehung eines neuen Menschen für eine neue Welt, der Mensch in der kosmischen Entwicklung, kosmische Erziehung sind die Themen ihrer Arbeit in Indien und nach ihrer Rückkehr 1949 nach Europa.

Das Leben Montessoris endete am 6. Mai 1952 in Noordwijk aan Zee. Wie wenig gebrochen Montessoris pädagogischer Eifer und ihre Bereitschaft zu helfen waren, geht daraus hervor, daß sie noch an ihrem Todestage den Besuch eines hohen Beamten aus Ghana erwartete, der sie und ihren Sohn für die Ausbildung von Lehrern gewinnen wollte (86).

Zusammenfassung

Was hat dieser knapp bemessene biographische Teil an Hinweisen erbracht?

a) Hinsichtlich der Aspekte von Montessoris Persönlichkeit, die Einfluß auf ihr Denken gewonnen haben, haben sich vor allem drei als wichtig erwiesen. Da ist einmal ein schon früh erkennbares ausgeprägtes *Selbstbewußtsein*, das sich später vor allem in dem Verhältnis Montessoris zu ihren Kritikern äußert. Daß Montessori so überaus selten kritische Einwände aufgenommen und sich mit ihnen auseinandergesetzt hat, und daß sie von dem Streit um ihr Werk anscheinend völlig unberührt geblieben ist, gründet zu einem guten Teil in dem unerschütterlichen Glauben an ihre persönliche *Mission*. Standing berichtet einen bezeichnenden Ausspruch Montessoris. Auf die Frage, warum sie Kritik nicht erwidere, soll sie geantwortet haben: „Wenn ich eine Leiter hinaufsteige, und ein Hund will mich in den Knöchel beißen, dann bleibt mir nur zweierlei übrig - nach ihm treten oder höher hinaufsteigen. Ich steige lieber höher hinauf" (87).

Man darf diese Äußerung Montessoris nicht nur als Zeichen hoher persönlicher Selbstgewißheit ansehen; sie wird zu einem Teil verständlich, wenn man Montessoris „dornenreichen Weg" (Standing) als Schülerin und Studentin mitbedenkt, auf dem sie sich unerschütterlich entgegen Kritik und Widerständen an ihr Ziel vorkämpfen mußte und aus dem sie „mit einer Zähigkeit der Willenskraft und des Charakters, mit der von jeher alle standhaften Pioniere belohnt werden" (88), hervorgegangen ist.

Auf diesem Wege zeigte sich der zweite Aspekt, und zwar Montessoris „Erfahrung", daß das Vorankommen des Menschen allein auf *Fleiß*, *Arbeit* und *intellektueller Anstrengung* beruht. Das Erleben echten Miteinanders war Montessori sowohl in der Schule als auch auf der Universität weitgehend verwehrt. Hier ist zweifellos mit ein Grund dafür zu sehen, daß Montessori in ihrer Pädagogik die verschiedenen Formen des Miteinanderumgehens und des gemeinsamen Erlebens gegenüber dem ungestörten und konzentrierten Nebeneinanderarbeiten selbständiger Individuen zu gering einschätzt.

Ein dritter Aspekt gehört zwar nur indirekt zu Montessoris Persönlichkeit, er bestimmt aber ihre Einschätzung des Kindes so entscheidend, daß er für sie beinahe zu einer „existentiellen Kategorie" geworden ist: der Glaube an das Kind als sozialen Messias, als Heiland in den Bedrängnissen und Ausweglosigkeiten der Erwachsenenwelt.

b) Für die Suche nach den Ausgangspunkten des pädagogischen Denkens Montessoris hat sich folgendes ergeben.

In Montessoris Kindheit - das hat sich per negationem gezeigt - und in ihrer Schulzeit bis zu ihrer Berufswahl finden sich keine Ansätze für ihren pädagogischen Enthusiasmus. Ihre Kindheit kann auf Grund des vorliegenden Materials als durchaus normal bezeichnet werden; um irgendwelche traumatischen und determinierenden Kindheitserlebnisse für ihren leidenschaftlichen Einsatz für das Kind verantwortlich zu machen, fehlt uns jeder Anhaltspunkt. Für die Schulzeit bis zur Berufswahl gilt, daß sich auch hier keine ernst zu nehmenden Antriebe für ihre pädagogische Tätigkeit antreffen lassen.

Als mitbestimmend für Montessoris Emphase für das Kind dürften aber jene persönlichen „leidvollen Erlebnisse" um ein Kind anzusehen sein, an deren Faktizität wohl kaum zu zweifeln ist, über die aber im Augenblick keine detallierten Informationen zu gewinnen sind. In diesem Punkte könnte die Eröffnung des Nachlasses nähere Aufschlüsse gewähren.

Dagegen läßt sich Montessoris soziale Gesinnung weit zurückverfolgen. Helfen als das durchtragende Motto ihres Lebens (89) bestimmt die Wahl des ärztlichen Berufs. Ein schon früh gefühltes soziales Missionsbewußtsein macht Montessori zur „Vorkämpferin gegen soziale Vorurteile" (90) und wird der Motor ihres persönlichen Engagements in der Frauenfrage, im Kampf gegen die Auswüchse der Kinderarbeit und im selbstlosen Einsatz für die allgemeine Verbesserung des Loses der Kinder. Die Begegnung mit den unwürdig eingesperrten „Minderwertigen" in den Irrenasylen Roms wird ein nachhaltiger Appell an ihre soziale Sensibilität. Die erste und richtungsweisende Berührung mit dem Erziehungsproblem erlangt Montessori über die Frage der Rehabilitierung anormaler Kinder. Die Schule lernt sie kennen als Ärztin und Hygienikerin.

Gleichzeitig gewinnt sie von der zeitgenössischen Pädagogik die Überzeugung, daß sie durch und durch einer Reform, und zwar einer Reform im Sinne einer kopernikanischen Wende, bedürfe. Da sie die Pädagogik dieser Umkehr von sich aus für unfähig erachtet, sucht sie die wissenschaftliche Basis für diese Erneuerung anderswo und findet sie in den anthropologischen Ansätzen des italienischen Positivismus.

Damit ergeben sich vom Biographischen her drei Grundmotive:

1. Montessoris Interesse an pädagogischen Fragen wird genau auf dem Gebiet der Medizin geweckt (91) und wendet sich erst später, und zwar unter dem richtunggebenden Einfluß des dritten Motivs, auf das pädagogische Terrain.

2. Der Motor ihrer ärztlichen Tätigkeit und ihres späteren pädagogischen Einsatzes, eine von Grund auf soziale Gesinnung, ist der zweite Antriebsfaktor Montessoris.

3. Als drittes Motiv hat sich der wissenschaftliche Grundanspruch herausgestellt, der von Anfang an das Werk Montessoris bestimmt und bis zuletzt als Legitimation ihrer Arbeit gilt.

Diesen drei Motiven entsprechen drei Felder, an denen das pädagogische Denken Montessoris ansetzt.

1. Die Beschäftigung mit dem Problem der „Rettungspädagogik" führt Montessori an das Werk der beiden französischen Ärzte Itard und Seguin heran; der gemeinsame medizinische Grundgesichtspunkt stiftet dabei die besondere Affinität der Fragestellungen und Lösungsgedanken.

2. Die soziale Grundstimmung öffnet einmal Montessoris Wachheit für die anstehenden sozialen Probleme und wird für die Frau, die den leidenschaftlichen Kampf für die Unterdrückten auf ihr Panier geschrieben hat, zum ausschlaggebenden Aspekt, unter dem sie die bestehende Schule und die überkommene Erziehung betrachtet und kritisiert.

3. Dem wissenschaftlichen Grundanliegen ihres Denkens trägt sie in dem geistigen Klima des positivistischen Szientismus der Jahrhundertwende Rechnung, indem sie ihr Werk auf die Arbeit vor allem dreier italienischer Anthropologen stützt.

Somit hat die biographische Überschau drei Punkte aufgewiesen, denen näher nachzugehen lohnenswert erscheint.

Es wird also in dem Folgenden darauf ankommen, Montessoris dreifache Ausrichtung durch Medizin, soziale Gesinnung und anthropologische Wissenschaft deutlich zu machen und jeweils den drei damit verbundenen Einflußbereichen, d.h. 1. dem Werk Itards und Seguins, 2. der Kritik der alten Schule und 3. dem wissenschaftlichen Rahmen der positivistischen Anthropologie nachzugehen, und zwar allein unter der Rücksicht, inwiefern diese drei Bereiche den pädagogischen Gesichtskreis Montessoris geformt und vorbestimmt haben.

Es ist leicht einsichtig, daß eine strikte Scheidung dieser drei Bereiche nicht durchzuführen ist, sondern daß sie nur als Brennpunkteeines einheitlichen Ganzen zu verstehen sind. Denn so wie die drei vom Biographischen her deutlich gemachten Grundmotive eng ineinander verschränkt sind, lassen sich auch die drei Ansatzfelder nicht starr in ein chronologisches Nacheinander oder ein getrenntes Nebeneinander pressen.

So wird beispielsweise Montessoris Kritik der alten Schule zwar ganz überwiegend von der sozialen Grundhaltung her angetrieben und deshalb legitimerweise unter dieser Rücksicht auf sie hingewiesen, sie erhält aber außerdem Impulse sowohl von der Schulkritik Seguins als auch aus den pädagogischen Schriften Sergis. Dieser Sachverhalt bringt es mit sich, daß Überschneidungen, mehrfache Querverweise und unter Umständen Wiederholungen in der Darstellung in Kauf genommen werden müssen, soll das Bild nicht um einer schematischen Gliederung willen vergröbert und vereinfacht werden.

C AUSGANGSPUNKTE DES PÄDAGOGISCHEN DENKENS MARIA MONTESSORIS IM ZUSAMMENHANG EPOCHALER TENDENZEN

I. Der medizinische Gedankenkomplex

Wenn Montessori über die medizinische Arbeit zur Pädagogik gekommen ist, so liegt es nahe, zunächst ganz allgemein zu überlegen, mit welchen Fragerichtungen und Problemstellungen Montessori von diesem Ausgangspunkt her an die Pädagogik herangegangen ist bzw. herangegangen sein muß.

Hier läßt sich ohne Zögern zuerst die Feststellung treffen, daß vom medizinischen Gesichtspunkt aus die inhaltliche Seite des Erziehungsproblems totaliter im Hintergrund bleibt; Fragen der Lehrstoffe und der Stoffauswahl sind von dieser Blickrichtung her von vornherein sekundärer oder gar tertiärer Art; sie werden allenfalls thematisch im Zusammenhang mit dem Überbürdungsproblem oder dem Problem der Ermüdung.

In dem vom Medizinischen her gezogenen Horizont steht das Körperliche im Vordergrund; der geistige Bereich rückt nur unter hygienischer Rücksicht in den Blick und wird unter dem Aspekt der geistigen, sittlichen oder moralischen Hygiene in die Debatte einbezogen.

Steht der körperliche Bereich im Vordergrund, dann sind es vor allem zwei Problemkreise, denen besondere Beachtung geschenkt wird: die Erziehung der Sinne und die Erziehung der Bewegungen. Windelband hat verschiedentlich darauf aufmerksam gemacht, daß es vorwiegend Ärzte waren, die die pädagogischen Implikationen der sensualistischen Lehre Lockes aufgegriffen und in die pädagogische Praxis weitergetragen haben. Die Erziehung, d.h. die Koordinierung und Konzentration der Bewegungen bildet vom medizinischen Gesichtspunkt her eine Hauptfrage von der Geburt an.

Während der inhaltliche Faktor der Erziehung, d.h. die Frage der Unterrichtung und der Kulturvermittlung, von medizinischer Sicht aus ganz im Hintergrund bleibt, stellt von dieser Seite her die Frage der Entwicklung, genauer der gesunden, natürlichen oder normalen Entwicklung, das eigentliche Thema dar. Entwicklung aber ist wie Gesundheit etwas, das man nicht einfach weitergeben kann. Ebensowenig wie ein Gesunder, den man neben einen Kranken stellt, diesem seine Gesundheit zu übertragen vermag, kann die Entwicklung von einem anderen geleistet werden; Wachsen und Sich-entwickeln bleibt die unvertretbar ureigene „Arbeit“ des Individuums.

So wie der Arzt im allgemeinen nur Mittel anzubieten in der Lage ist, die von außen helfen können, daß der Patient seine Gesundheit erhält oder zurückgewinnt, und wie er ebenso nur gesundheitsgefährdende Einflüsse ausschalten kann, kann der Erzieher nicht mehr tun, als die Hemmnisse und Gefährdungsmomente für eine normale Entwicklung beiseite zu räumen und von außen her die notwendigen Mittel für eine gesunde und normale Entwicklung bereitzustellen (1).

So wie es das Prinzip der Hygiene ist, ganz der vis medicatrix naturae zu vertrauen, so muß sich - von dieser Sicht aus - die Erziehung auf die natürlichen Entwicklungsgesetze des Menschen stützen und allein ihnen zur notwendigen Auswirkung zu verhelfen trachten.

Die Berührungspunkte zwischen medizinischen und pädagogischen Fragen sind naturgemäß dort besonders eng, wo sich das menschliche Leben fast ausschließlich auf das Biologische beschränkt; das ist der Fall in der frühesten Kindheit und beim Idioten. Die Erziehung des Kleinstkindes und die Behandlung der Anormalen sind diejenigen pädagogischen Bereiche, die medizinischer Auskünfte am wenigsten entbehren können und deshalb ihrerseits für den Arzt einen unmittelbaren Zugang zur Pädagogik stiften.

Während die Kleinstkinderziehung ein Thema ist, dem Montessori später immer nähere Aufmerksamkeit zugewandt hat, waren es zurückgebliebene Kinder, mit denen sie am Ausgang ihrer pädagogischen Tätigkeit in Berührung kam.

Weder beim Neugeborenen noch beim Idioten ist irgendeine Belehrung oder Unterrichtung möglich. In beiden Fällen steht das Körperliche, d.h. die Erziehung der Sinne und der Bewegungen voran.

In der Sinneserziehung geht es darum, den Zögling in geordneten Kontakt mit der Umwelt zu bringen. Für das geistig behinderte Kind, für das Konzentrationsunfähigkeit und Interessenarmut kennzeichnend sind, muß zunächst eine Umgebung geschaffen werden, die störende sinnliche Eindrücke fernhält und ihm den Schritt von der Stufe der unwillkürlichen Aufmerksamkeit zu der der willkürlichen ermöglicht.

Da die Aufmerksamkeit des Geistesschwachen fast ganz sinnenbezogen ist (2), kann sein Interesse nur über Sinnenreize gewonnen und er nur auf diesem Wege zu einem „Stabilhalten der Aufmerksamkeit" (3) geführt werden.

Um das Erreichen von Koordination und Konzentration geht es auch in der Bewegungserziehung, und zwar sowohl beim Neugeborenen, dessen Bewegungen unkontrolliert und ziellos sind, weil sie noch von subkortinalen Zentren abhängen, als auch dort, wo „die eigentlich unbewegliche oder unlenkbare, Idiot genannte Masse" (4) zur willkürlichen Steuerung der eigenen Motorik gebracht werden soll. Die „Erziehung" der Motorik spielt bei der Erziehung des Anormalen eine hervorragende Rolle. Die Verbesserung und partielle Normalisierung der gestörten Bewegungsfunktionen bedeutet hinsichtlich des bestehenden Entwicklungsrückstandes den ersten und wichtigen Schritt zu einer Harmonisierung des Gesamtverhaltens (5). Die rechte Entwicklung der Motorik ist bei behinderten Kindern darüber hinaus insofern wichtig, als sie diesen infolge häufiger Fehlleistungen entmutigten Geschöpfen durch eine Verbesserung der eigenen Leistungsmöglichkeiten, gekoppelt mit einer Steigerung des Selbstvertrauens, zu Leistungen befähigt, die ihnen die Anerkennung ihrer Umgebung eintragen und sie aus ihrer sozialen Isolierung befreien.

Die Erziehung zur Koordination und zur Konzentration ist für die Erziehung des Geistesschwachen (und vom medizinischen Erziehungsverständnis her allgemein)so zentral, und zwar sowohl unter sensorialer als auch unter motorischer Rücksicht, daß es unter dem entwicklungsbestimmten Aspekt dieses Denkens geradezu als das eigentliche Ziel der Erziehung überhaupt erscheinen kann, die fluktuierende und reizabhängige Aufmerksamkeit in eine Fixierung des Bewußtseins auf bestimmte Teilinhalte, d.h. in eine sachlich bestimmte Konzentration umzuwandeln und die willentliche Steuerung der Dränge, Triebe und Vorstellungsabläufe herbeizuführen.

Soweit von der medizinischen Sicht her didaktisch-methodische Fragen in die Debatte geworfen werden, handelt es sich durchweg um eine Kritik der scholastizistischen Unterrichtsverfahren. In der Tat muß, wenn Sinnes- und Bewegungsschulung im Mittelpunkt stehen, aller „sprechende" Unterricht als überflüssiges, weil nutzloses Reden erscheinen. Dagegen hat der Unterricht als „sachbezogener Arbeitsunterricht" (Zindel) von konkret hantierbaren Gegenständen auszugehen; dieses Material ermöglicht eine grundlegende „Gymnastik der Sinnesorgane" (Descoeudres) und vermittelt dem Schüler durch Gewöhnung und Übung eine wachsende Herrschaft über die (vorbereitete und eingegrenzte) Umgebung und über sich selbst.

An die Stelle des Wortunterrichts tritt die Gewöhnung an bestimmte Arbeiten und die Herausbildung fester Gewohnheiten. Eine wichtige Voraussetzung ist das Festhalten an einer genau umschriebenen Ordnung in der Umgebung: Jeder Gegenstand muß seinen ganz bestimmten Platz in der Umwelt des Zöglings haben; nach seinem Gebrauch muß er dorthin zurückgebracht werden (6). Denn die äußere Ordnung soll dazu beitragen, an die Stelle des Chaos die innere Ordnung des gestörten kindlichen Geistes zu rücken.

Da der Debile zu voller Selbstkontrolle nicht fähig ist, spielt die Einspannung in eine vorgeprägte Lernatmosphäre einer Klassengemeinschaft eine große Rolle; der Schüler wird nämlich von ihr „nicht nur umgeben, sondern er kann geradezu in sie hineingenommen werden" (7). In dieser Arbeitsatmosphäre entfalten auch konzentrationsbegünstigende, emotionale Faktoren ihre Bedeutung auf Grund der Tatsache, „daß ein *innerlich ergriffenes* Kind die Aufmerksamkeit nicht aufrecht erhalten muß, sondern selber *gehalten wird*" (8).

Die Erziehung der Geistesschwachen muß von ganz konkreten Alltagssituationen ausgehen und darf zunächst die Besorgung der nähesten Angelegenheiten nicht überschreiten. Dabei ist, soll das grundlegende Ziel der Konzentration erreicht werden, neben der Einengung des Blickfeldes auf einen bestimmten Blickpunkt jeweils die Analyse jeder Aufgabe und jeder intellektuellen Operation in ihre einzelnen Elemente notwendig. Nur die Auseinandersetzung mit kleinen Teilschritten bei kurzen, möglichst selbst gewählten Pausen kann den Geistesschwachen ohne zu starke Ermüdung und ohne Leistungsabfall voranbringen.

Da es einen Typus des Geistesschwachen schlechthin nicht gibt, muß der Erzieher die Erziehungssituation jedes einzelnen debilen Kindes immer neu ausmachen. Dieser Grundsatz der Schwachsinnigenerziehung bringt das Prinzip der Individualität, das bereits vom Medizinischen her aufgetaucht war, von neuem ins Spiel und betont es nachdrücklich.

Diese denkbar knappe Vorüberlegung zeigt, daß der medizinische Ausgangspunkt und die Schwerpunktverlagerung auf das Problem der Schwachsinnigenerziehung durchaus dazu angetan waren, den Gesichtskreis Montessoris in einer ganz bestimmten Weise festzulegen.

Der Leitbegriff des vom Medizinischen vorbestimmten pädagogischen Denkens ist der Begriff der Gesundheit, bzw. der gesunden Entwicklung, der Leitbegriff der Anormalenerziehung der verwandte Begriff der Normalisation.

Erziehung muß sich unter dieser Rücksicht also verstehen als Dienst an der Gesundheit bzw. an der gesunden Entwicklung des Zöglings und an seiner Normalisierung. Mit diesem vorbestimmten Gesichtskreis begegnete Montessori dem Werk der beiden französischen Arztpädagogen Itard und Seguin. Die junge Ärztin schöpfte daraus vielschichtige Anregungen, die sich sowohl auf die Methodik der Schwachsinnigenerziehung bis in einzelne Details hinein erstreckten als auch allgemeinere Gedanken umfaßten, die geeignet waren, Montessoris engen pädagogischen Horizont auszufüllen und nach einer Richtung hin zu erweitern.

Obwohl Montessori nur Itard und Seguin anführt und nur diese beiden Autoren gekannt haben dürfte, ziehen Fynne und Boyd die Linie dieses Einflusses zurück bis auf Jacob Rodriguez PEREIRA (1715-1780), den Seguin als den ersten Taubstummenerzieher Frankreichs bezeichnet und von dem sowohl Itard als auch Seguin ausgegangen sind.

Es war das Anliegen dieses großen Rivalen des Abbé de l'Epée, dessen auf Gestik und Handzeichen beruhender Methode eine *wissenschaftliche* Methode der Taubstummenerziehung entgegenzustellen, wissenschaftlich insofern, als sie unmittelbar auf jene Wissenschaften gegründet sein sollte, die vom menschlichen Organismus handeln, d.h. vor allem Anatomie und Physiologie. Dabei ließ sich Pereira von dem damaligen Standardwerk, dem Surdus loquens Ammans, leiten, dessen Methode der künstlichen Artikulation auf der genauen anatomischen Kenntnis der Sprechwerkzeuge beruhte.

Pereira ging davon aus, daß sich die Sprechwerkzeuge des Taubstummen ohne weiteres in die zur Hervorbringung eines bestimmten Lautes notwendige Stellung bringen ließen; wenn der Lehrer dann den Schüler durch Zeichen oder durch sein Beispiel zum Ausblasen der Luft brachte, ließ er den Taubstummen diesen vorgeformten Laut erzeugen. Außerdem ließ Pereira den Schüler die je nach Laut verschiedenen Vibrationen des Kehlkopfes abfühlen und versuchte dadurch, den

Schüler über den Tastsinn „hören" zu lassen. Das Sprechenlernen vollzog sich einfach als Umkehrung dieses Schrittes und bestand darin, den Schüler durch Betasten des eigenen Kehlkopfes zur Erzeugung bestimmter Vibrationen zu bringen; diese nämlich konnte er nicht hervorbringen, ohne zugleich den entsprechenden Laut auszustoßen.

Die nachwirkenden Entdeckungen Pereiras, zu dessen aufmerksam interessierten Hospitanten seiner Pariser Taubstummenschule neben Buffon, Lecat und Diderot auch sein Nachbar Jean Jaques Rousseau gehörte, bestanden einmal in der Erkenntnis der Fundamentalität des Tastsinns und seiner Anwendung bei der Aufnahme, Deutung und Produktion vokaler Vibrationen, zum anderen in der Berücksichtigung des Gesichtssinns und der Auswertung der Nachahmung; schließlich trug Pereira die schon auf Juan Pablo Bonnet zurückgehende Tradition des beweglichen Alphabets weiter: wenn nämlich der Schüler einen Laut hervorzubringen gelernt hatte, wurden ihm der entsprechende Buchstabe gegeben und das betreffende Handzeichen vorgemacht und dann durch beständige Übung die vier Elemente, d.h. Stellung der Sprechwerkzeuge und Vibration, Laut, Buchstabe und Handzeichen zu einer unlösbaren Einheit assoziiert.

Aus der Arbeit Pereiras hat Seguin vor allem sechs Konsequenzen gezogen: Als erstes Erträgnis stellte er fest, daß die Sinne und jeder einzelne von ihnen einer besonderen physiologischen Schulung fähig sind und durch eine solche Schulung ihr ursprüngliches Vermögen unbegrenzt intellektualisiert werden kann. Zweitens sah Seguin von Pereira den Beweis erbracht, daß ein Sinn „als Mittler der Auffassung und intellektuellen Kultur an Stelle eines anderen gesetzt werden" (9) kann. Drittens hielt es Seguin durch Pereiras Arbeit für erwiesen, daß die Funktion jedweden Sinnes durch physiologische Übung verstärkt und dadurch zugleich die Erwerbung eines anderen vorbereitet werden kann. Als weitere Konsequenzen nannte Seguin: „4. Unsere abstraktesten Ideen sind Vergleiche und Generalisierungen dessen, was unser Geist mittels unserer Sinne wahrgenommen hat. 5. Die Rezeptionsweise ausbilden heißt Nahrung für den Geist vorbereiten. 6. Empfindungen sind intellektuelle Funktionen, die durch äußere Mittel umgeformt werden, ebenso wie Urteil, Einbildung etc. durch innere Veranlassungen" (10).

Doch ehe Seguin auf diesen Schlüssen seine physiologische Erziehungsmethode aufbaute, hatte Itard einen weiteren Beitrag zu ihrer Ausformung vorgelegt. Wenn Itard auch keine systematische Abhandlung über die Erziehung der Idioten geschrieben und keine Schule für diesen Zweck gegründet hat, wurden die beiden Berichte über seinen Erziehungsversuch an dem Wildkind vom Aveyron doch Marksteine in der Geschichte der Abnormenerziehung und durch den späteren Einfluß auf Alice Descoeudres, Ovide Decroly und Maria Montessori wichtige Dokumente für die Geschichte der Reformpädagogik. Seguin bezeichnet seinen Vorgänger mit Recht als den ersten, „der einen Idioten mit einem naturwissenschaftlichen Ziel und mit physiologischen Mitteln erzog" (11), und Pritchard sieht in

Itards Unternehmen den ersten wissenschaftlichen Versuch der Erziehung eines Kindes von beschränkter Intelligenz (12).

Jean Marc Gaspard ITARD (1774-1838) war medizinischer Autodidakt; dennoch veröffentlichte er eine ganze Reihe bedeutender medizinischer Arbeiten, u.a. über Wassersucht, über Hygiene, über das Stottern, über die intermittierenden Fieber und über die Spracherziehung. In die Geschichte der Medizin ist Itard als der Begründer der Oto-Rhino-Laryngologie eingegangen. Mit fünfundzwanzig Jahren war Itard auf Empfehlung des Abbé Siccard zum Chefarzt der Taubstummenanstalt in Paris ernannt worden.

Was für die Heilerziehung bedeutsam wurde, war, daß Itard entgegen damals gültiger Lehrmeinung die Taubheit nicht auf eine Lähmung des Gehörnervs zurückführte, sondern mit Hilfe eines von ihm erfundenen Audiometers nachweisen konnte, daß die Taubheit nur in ganz wenigen Fällen total ist. Damit trat er der herrschenden Überzeugung von der Unheilbarkeit der Taubheit entgegen und versuchte selbst, den Taubstummen mittels der oralen Methode der Demutisation, d.h. des Ablesens von den Lippen und des mündlichen Ausdrucks, das Sprechen zu lehren.

Die eigentliche Bedeutung Itards aber liegt in der Beobachtung, Erziehung und Beschreibung Victors, eines in den Wäldern des Aveyron gefundenen Wildkindes, das in das Pariser Taubstummeninstitut gebracht wurde und dessen Erziehung Itard übernahm. Pinel, der berühmteste Psychiater der Zeit, hatte das Wildkind als Idioten mit fraglicher Prognose diagnostiziert. Itard pflichtete dem Urteil Pinels nicht bei, sondern stellte eine eigene Diagnose, vermutlich auf dementia a separatione. Jedenfalls hielt er es für wahrscheinlich, Victor weiter als einen Idioten bringen zu können, wenn es ihm nur gelänge, den Knaben die durch die kulturelle und gesellschaftliche Isolierung versäumten Erfahrungen nachholen zu lassen. Itard war nämlich fest davon überzeugt, daß „die Erfahrung der einzige in Betracht zu ziehende Faktor bei der Erziehung ist" (13).

Zugleich teilte er die Überzeugung Lockes und Condillacs von dem überragenden Einfluß der Sinnestätigkeit auf die Bildung und Entwicklung der Gedanken (14). Dementsprechend formulierte Itard seine Erziehungsabsichten folgendermaßen: Zuerst wollte er Victor mit der menschlichen Gesellschaft in Kontakt bringen, indem er ihm das Leben darin angenehmer und anziehender gestaltete, d.h. mit anderen Worten, ihm eine passende Umgebung vorbereitete, dann seine Sinne einzeln wecken und schärfen, sein Gedankenleben durch die Schaffung neuer Bedürfnisse bereichern, um dadurch den Lehrstoff erweitern zu können und schließlich Victor zum Gebrauch der Sprache anzuleiten (15).

Außerdem reizte ihn die Erforschung dieses Wildkindes, einmal, weil die bisherigen wissenschaftlichen Bemühungen - sowohl die einer „mit Vorurteilen beladenen Philosophie" als auch die einer in mechanistischer Doktrin befangenen Medizin (16) - bei den bis dahin gefundenen Wildkindern erfolglos geblieben waren, zum anderen, weil Itard der Überzeugung war, durch seine Arbeit könnte „die bisher nie berechnete Summe von Kenntnissen und Gedanken bestimmt werden, die der Mensch seiner Erziehung verdankt" (17).

Nachdem Itard ca. 1802 die Fragwürdigkeit seiner Eingangsdiagnose eingesehen hatte, änderte er seinen Erziehungsplan und stellte ihn mehr auf die Erziehung eines Idioten um. Dieser zweite Plan sah drei klar unterschiedene Bereiche vor: 1. die Entwicklung der Sinne, 2. die Entwicklung der intellektuellen Fähigkeiten und 3. die Entwicklung der affektiven Fähigkeiten.

Zu Beginn seines zweiten Berichts von 1806 weist Itard voller Stolz auf seinen Erfolg hin, Victors Aufmerksamkeit mittels Sinnesübungen zu sammeln, und erwähnt, daß eine wissenschaftliche Prüfungskommission, die Victor vor seiner Aufnahme bei Itard zu begutachten hatte, es nicht erreicht habe, „auch nur einen Moment die Aufmerksamkeit des Kindes zu gewinnen" (18).

1) Die Erziehung der Sinne

Bei der Erziehung des Gehörsinns, den Itard als besonders wichtig für die Entwicklung der intellektuellen Fähigkeiten erachtete, wandte er zwei methodische Schritte an, an denen er später regelmäßig festhielt und die Montessori nachher übernommen hat: einmal die Isolierung des einzelnen Sinnes und zum anderen das Prinzip, von sensoriellen Eindrücken sehr großer Verschiedenheit zu immer kleineren Unterschieden überzugehen.

Um Victor überhaupt zum Zuhören zu bringen, wurden ihm die Augen verbunden. Bei der Unterscheidung von akustischen Reizen wurde mit dem Erkennen von Glockenton und Trommelschlag begonnen, dann zu ähnlichen und verschiedenen Tönen des Stimmorgans und der Sprache übergegangen, und zuletzt wurden die verschiedenen Töne der menschlichen Sprache abzuschätzen versucht und das Begreifen der Vokale angebahnt.

An die Erziehung des Gesichtssinns war das Erlernen der Buchstaben geknüpft; Wie aus dem ersten Bericht Itards hervorgeht, war Victor bald in der Lage, Metallbuchstaben in einer bestimmten Ordnung aufzureihen. Nach einigen Monaten schon konnte er einzelne Wörter „lesen". Dieses „Lesen" war jedoch rein anschauend und blieb ohne Sinnverständnis und ohne sprachlichen Ausdruck.

Wenn auch die Ausbildung des Gesichtssinns bei Victor nicht über dieses Niveau hinauskam, bleibt als wichtiger Punkt festzuhalten, daß nach der Itardschen Methode dieses Lesenlernen ständig mit manueller Tätigkeit gekoppelt war, ein Verfahren, auf das Montessori später großen Wert gelegt hat.

Die Erziehung des Tastsinns begann Itard mit Übungen im Vergleichen und Unterscheiden von Gegenständen. Die Empfindungsfähigkeit von Victors Hand, die bei seinem Eintreffen und während der ersten Zeit in Paris so wenig entfaltet war, daß Victor wiederholt Kartoffeln mit der bloßen Hand aus dem kochenden Wasser nahm, und deren Funktion auf das einfache Greifen von Gegenständen beschränkt war, suchte Itard zu steigern, indem er Victor Übungen im Unterscheiden von Wärme und Kälte, Rauheit und Glätte an Hand ausgewählter Materialien ausführen ließ.

Eine dieser Übungen war folgende: Itard legte auf den Boden eines durchsichtigen Gefäßes gekochte heiße und einige rohe kalte Kastanien ungefähr gleicher Größe. Victors eine Hand ließ er durch die handbreite Öffnung des Gefäßes stecken, die andere offen auf seinem Knie ruhen. Itard legte nun abwechselnd eine kalte oder eine warme Kastanie auf Victors freie Hand und ließ ihn die entsprechende aus dem Gefäß herausnehmen, was Victor ohne Schwierigkeiten gelang.

Neben Übungen im Unterscheiden der Temperatur, in denen Victor rasche Fortschritte machte, gestalteten sich Übungen im Unterscheiden von Körperformen schwieriger.

Mit Unterscheidungsübungen zwischen Eicheln und Kastanien hatte Itard zunächst keinen Erfolg. So ging er dazu über, seinen Schüler zuerst Dinge von sehr verschiedener Form betasten zu lassen, wie z.B. Backstein und Kastanie, Geldstück und Schlüssel. Erst als Victor diese Unterscheidungen gelangen, schritt Itard zu einander ähnlicheren Gegenständen weiter, wie z.B. Apfel, Nuß und Kieselstein. Nachdem Victor danach auch die Unterscheidungen zwischen Eicheln und Kastanien leicht und wie im Spiel ausführen konnte, führte ihn sein Lehrer noch einen Schritt weiter und ließ ihn sich am Unterscheiden metallener Buchstaben, auch solcher, die einander sehr ähnlich sind wie B und R, I und J, C und G, versuchen.

Damit hatte sich auf einem neuen Übungsfeld der schon vorher erkannte methodische Grundsatz der sensorialen Erziehung bestätigt, nämlich ausgehend von sehr verschiedenen Gegenständen das Unterscheiden einander immer ähnlicherer Dinge zu üben. Dieser Grundsatz stellte später ein wichtiges Element der Sinneserziehung Montessoris dar.

Eine andere wichtige Feststellung Itards ist im Zusammenhang mit der Erziehung des taktilen Sinnes zu erwähnen. Itard machte die Beobachtung, daß eine Bereitschaft zur Aufmerksamkeit und also zu einer Vorstufe der Konzentration bei seinem Schüler nur sichtbar wurde, wenn er Gegenstände mit Hilfe der Hand und des Getasts zu unterscheiden hatte (19). Dieser Hinweis auf den innigen Zusammenhang von manueller Betätigung und Konzentration taucht bei Itard nur als gelegentliche Randbemerkung auf; trotzdem scheint gerade diese Beobachtung später für Montessori richtungweisend geworden zu sein.

Zur Erziehung des Geruchsinns konnte die Zivilisation bei dem Wildkind Victor nicht viel beitragen. Da Itard diesen Sinn mehr im Hinblick auf die Ernährung als bezüglich der Entwicklung der intellektuellen Fähigkeiten betrachtete, schenkte er ihm in seinem Erziehungsplan keine weitere Beachtung.

Auch den Geschmacksinn entwickelte Itard nicht systematisch, sondern begnügte sich damit, Victor Geschmack an vielen neuen Getränken und Gerichten finden zu lassen.

Itard zieht das Fazit aus seinen Bemühungen um die sinnliche Erziehung seines Schülers folgendermaßen: „Alle (Sinne), mit Ausnahme des Gehörs, traten über ihre bisherige lange Gewohnheit hinaus, öffneten sich neuen Wahrnehmungen und trugen in die Seele des jungen Wilden eine Menge bis dahin unbekannter Gedanken" (20).

2) Die Entwicklung der intellektuellen Fähigkeiten

Auf Grund seines vom Sensualismus mitbestimmten Standpunktes war für Itard die Entwicklung der Sinnesfunktionen nicht eine bloße Vorübung für das Einsetzen der intellektuellen Fähigkeiten, sondern bildete selbst den ersten Schritt in den intellektuellen Bereich. Gleich zu Beginn seines zweiten Berichtes weist er den Adressaten seines Rapports auf die innigen Zusammenhänge zwischen sensuellen und intellektuellen Tätigkeiten hin: „Denn solcher Art, Monseigneur, ist der innerste Zusammenhang, der den physischen mit dem geistigen Menschen verbindet, daß sich alles an den Grenzen, durch welche sich diese beiden Funktionsordnungen berühren, vermischt, wenn ihre gegenseitigen Gebiete auch sehr verschieden scheinen und es in der Tat auch sind; ihre Entwicklung ist gleichzeitig und ihr Einfluß wechselseitig" (21).

Die sensuellen Wahrnehmungs- und Unterscheidungsübungen bildeten so zugleich Übungen für Aufmerksamkeit, Urteilsfähigkeit und Gedächtnis. Deshalb konnte Itard sagen: „alles wendete sich an den Verstand; alles stellte sich in das Spiel der Möglichkeiten der Intelligenz und bereitete sie vor für das große Werk der Verbindung von Begriffen".

Itard erreichte es nicht, Victor die Verbindung von Wort und Gegenstand so weit zu vermitteln, daß er das Wort als Ausdruck für ein Bedürfnis zu gebrauchen wußte. Itard suchte den Fehler bei sich selbst und sah den Grund für das Mißlingen darin, daß er beim Lehren der Schriftzeichen als erster Beispiele des Ausdrucks von Ideen „nicht jene äußerste Einfachheit angewendet hatte, die den Anfang meiner anderen Erziehungsmittel kennzeichnete und die den Erfolg sicherstellte" (22). Hier stieß Itard auf einen Grundsatz, der später für Montessori große Bedeutung gewann, den der Analyse in kleinste Elemente.

Trotz des geringen Erfolges, der ihr im Falle Victors beschieden war, verdient die Leselern-Methode Itards eine kurze Betrachtung. Itard ging so vor, daß er einige Gegenstände des täglichen Gebrauchs (Messer, Feder, Schlüssel, Schachtel usw.) auf die Büchergestelle verteilte. Unter jedes Ding legte er eine Karte mit dem entsprechenden Wort. Nachdem er sich vergewissert hatte, daß sein Schüler die Zuordnung von Gegenstand und Wortkarte erfaßt hatte und in der Lage war, nach Vertauschen der Schriftkarten die Gegenstände entsprechend umzustellen, schaffte er alle Dinge in eine Ecke des Zimmers und nahm die Karten mit sich in eine andere. Victors Aufgabe war es dann, den zu jeder ihm vorgelegten Karte gehörigen Gegenstand herüberzuholen. Wenn auch hier durch den Zustand Victors den Bemühungen Itards Grenzen gesetzt blieben, so hatte er doch eigene methodische Schritte des Lesenlernens gefunden und die späteren Montessori-Befehle hier bereits vorweggenommen.

Gelang Itard auch nicht, was Montessori später erreichte, nämlich den Kindern ganze Sätze als Handlungsaufträge vorzulegen, so hob er Victors Fähigkeiten doch so weit an, daß es jenem mit fortschreitender Übung gelang, gleichzeitig den „Befehl" zum Herbeiholen von drei oder vier Gegenständen aufzunehmen und auszuführen, wobei er sich sogar selbst überprüfte, indem er mit den Gegenständen in Händen die Liste des Lehrers überschaute, ehe er ihm die Gegenstände aushändigte.

Galt Itards Sinneserziehung zunächst vornehmlich der Wahrnehmung von Unterschieden, so stellte sich bald heraus, daß er Victor auch zu lehren hatte, die Gegenstände nach ihrer Übereinstimmung zu betrachten. Victor zeigte sich nämlich nicht in der Lage, ein anderes Buch als solches zu erkennen als jenes eine Exemplar, das er dem Wort Buch zuzuordnen gelernt hatte (23). So stieß Itard auf die Notwendigkeit, seine „Methode der unmerklichen Steigerung" (24) stärker auf die Betrachtung von Ähnlichkeit und Übereinstimmung auszudehnen.

Als Victor gewisse Fortschritte im Erkennen von Ähnlichkeiten gemacht hatte brachte er eines Tages nach dem Befehl, ein Messer zu holen, ein Rasiermesser. Gemäß seiner Grundüberzeugung, daß alles Lernen durch Erfahrung geschehe, gab sich Itard fürs erste mit dem Rasiermesser zufrieden, um bei der anschließenden Vesperpause zum Zerschneiden seines Brotes das Rasiermesser zu reichen. Wegen der geringen Festigkeit der Klinge gelang es Victor nicht, das Brot zu teilen. Um diese Erfahrung Victors zu vertiefen, führte Itard seinem Schüler den richtigen Gebrauch des Rasiermessers vor. Um sich zu vergewissern, daß sein Zögling nun das Rasiermesser vom Tafelmesser zu unterscheiden wußte, deutete er nochmals auf das Wort „Messer", und Victor zeigte sofort auf das Messer, mit dem er das Brot hatte zerschneiden können. Zuletzt bezeichnete Itard mit dem Finger das Rasiermesser; Victor konnte nun auf keines der vorhandenen Worte hinweisen, weil er den Namen Rasiermesser noch nicht kannte. Damit hatte Itard nach der ersten Stufe der Assoziation zwei Stufen der Vergewisserung bzw. der Festigung hinzugefügt und damit einen methodischen Dreischritt vollzogen, der später von Seguin ausgebaut wurde und schließlich als die sogenannte Drei-Stufen-Lektion in die Pädagogik Montessoris eingegangen ist.

Von dem Lehren der Wörter für Gegenstände ging Itard weiter zu den Adjektiven und führte Victor damit in den Vorhof der Abstraktion. Nachdem er Victor sich vom Größenunterschied zweier Bücher hatte überzeugen lassen, legte er zwei Karten, mit den Wörtern „groß" und „klein" auf die entsprechenden Bücher. Victor erfaßte die Worte schnell und konnte auch bei zwei verschiedenen Nägeln die Aufgabe des Zuordnens der Karten leicht lösen.

Auf diese später von Montessori übernommene Weise lehrte Itard seinen Zögling die Bezeichnungen der verschiedenen Körpereigenschaften, der Farben, des Gewichts, des Widerstandes usw.

Auf ähnliche Art verfuhr Itard mit dem Lehren des Verbs. Während er mit einem Gegenstand verschiedene Tätigkeiten deutlich ausführte, schrieb er das sie bezeichnende Verb im Infinitiv an die Wandtafel. Victor hatte dann die bezeichneten Tätigkeiten mit einem anderen Gegenstand auszuführen, während Itard mit dem Finger auf die betreffenden Verben deutete.

Die Notwendigkeit einer graduellen Erziehungsmethode zeigte sich Itard wohl am deutlichsten bei den Versuchen, Victor zur Beherrschung des Schreibens zu führen. Ausgehend von der Überzeugung, daß das Schreiben eine reine Übung der Nachahmung sei (25), versuchte Itard zunächst, Victors ganz passive Nachahmungsfähigkeit zu wecken und schrittweise zu entfalten. Sein Vorgehen schildert er sehr anschaulich: „Um diesen Plan auszuführen, ging ich so vor: ich ließ Victor Handlungen besonders sinnfälliger Nachahmung ausführen, wie, die Arme heben, einen Fuß vorsetzen, gleichzeitig mit mir sich erheben und setzen, eine Hand öffnen, sie schließen und mit seinen Fingern eine Menge von zuerst einfachen, dann kombinierten Bewegungen wiederholen, die ich ihm vormachte. Ich legte darauf in seine und meine Hand ein langes zugespitztes Stäbchen, das ich ihn wie eine Schreibfeder halten ließ, in zweifacher Absicht, nämlich seinen Fingern mehr Kraft und Sicherheit zu geben, durch die Schwierigkeit, das Gleichgewicht dieser Pseudo-Feder zu halten. Außerdem wollte ich ihm die kleinsten Bewegungen des Stäbchens sichtbar und damit für die Nachahmung geeignet machen" (26).

In dieser ausführlich wiedergegebenen Stelle Itards sind bereits die Grundlagen der Schreiblernmethode Montessoris enthalten, und besonders deutlich läßt sich hier bereits die Vorwegnahme von Montessoris Prinzip der indirekten Vorbereitung des physiologischen Schreibvorgangs erkennen.

3) Die Entwicklung der affektiven Fähigkeiten

Bedenkt man, daß Victor in seiner moralischen Verfassung wie ein Kind in den ersten Lebenstagen war, da er in der Einsamkeit der Wälder keinerlei Gefühle von Zärtlichkeit, Zuneigung, Dankbarkeit oder Güte erfahren hatte und da ihn zudem das wilde Leben abgehärtet und gefühllos gegenüber den Bequemlichkeiten des zivilisierten Lebens gemacht hatte, wird deutlich, welch großen Weg Victor in der Entwicklung der affektiven Fähigkeiten zurückzulegen hatte. Es war für seinen Lehrer nicht anders möglich, Victors Gefühlsleben überhaupt anzusprechen, als „sich zu seinen Neigungen herabzulassen und ihn auf seine Weise glücklich zu machen. Ich hielt mich getreulich an diesen Gedanken als der wichtigsten Indikation in der moralischen Behandlung dieses Kindes" (27).

Die Erfolge Itards bei der Weckung der affektiven Fähigkeiten seines Zöglings waren offenbar trotzdem gering, denn diese kamen nur langsam aus ihrer dumpfen Passivität heraus und blieben auch dann fast vollständig von einem tiefen Egoismus bestimmt. Auch wenn man den Zustand Victors voll berücksichtigt, muß man wohl Lutz recht geben, der den sehr geringen Erfolg Itards auf diesem Gebiet auch seinen ganz intellektualistischen Erziehungsvorstellungen anlastet (28).

Es genügt hier, darauf hinzuweisen, daß Montessori von Itards Vorgehen bei der moralischen Erziehung seines Schülers im ganzen kaum beeinflußt worden ist.

Eine wichtige Erfahrung Itards bleibt dagegen noch zu erwähnen, nämlich die der Erfolglosigkeit von Strafen in der Erziehung seines Zöglings. Entweder verstand Victor die Strafen seines Lehrers überhaupt nicht und faßte sie ganz entwaffnend als Spaß auf, oder aber Itard verschärfte die Strafmaßnahme, und an die Stelle ausgelassener Fröhlichkeit trat bei Victor die Furcht, die den Fortgang der Übungen nicht minder beeinträchtigte als jene. Aufschlußreich ist auch ein anderes von Itard berichtetes Beispiel. Da Hunger anfänglich das einzige Bedürfnis Victors war, befriedigte er es durch das unbefangene Nehmen der seinem Geschmack gerade entsprechenden Nahrungsmittel. Als Itard sich entschloß, seinen Zögling das „Stehlen" durch Strafen abzugewöhnen, erreichte er lediglich, daß Victor von dort ab mit List stahl, was er bis dahin offen genommen hatte (29).

Will man das Fazit aus Itards pädagogischem Versuch in einem einzigen Satz zusammenfassen, so kann man eine der Konsequenzen zitieren, die Itard selbst aus seinen Beobachtungen gezogen hat. Dort hält er dies für eine wichtige Erkenntnis aus seiner pädagogischen Arbeit an dem Wildkind Victor, „daß beim gegenwärtigen Stand unseres physiologischen Wissens der Weg des Unterrichts sich erhellen kann und soll durch die Leuchte der modernen Medizin, die von allen Naturwissenschaften am mächtigsten zur Vervollkommnung der menschlichen Species beitragen kann, indem sie die organischen und intellektuellen Anomalien des Individums (sic!) beurteilt und von da aus bestimmt, was die Erziehung diesen gegenüber bewirken soll und was die Gesellschaft erwarten darf" (30).

Was sich also von Itard her neben einer Reihe von Einzelanregungen, auf die schon im Text jeweils hingewiesen worden ist, festhalten läßt, das ist die Erhebung der *Medizin* zur wissenschaftlichen Grundlage der Pädagogik und die Ausrichtung der Erziehung auf die Vervollkommnung der menschlichen Species durch *Normalisierung* der physiologischen und geistigen Anomalien des Individuums.

Hier setzt Itards großer Schüler Seguin ein, wenn er in den Berichten über die Erziehung des Wildkindes vom Aveyron die erste Grundlegung einer Methode der physiologischen Erziehung erblickt. Während nämlich Itard nach Aufgabe der Erziehung Victors es damit bewenden ließ gezeigt zu haben, daß Idiotie nicht völlige Unerziehbarkeit bedeutete, und fortan seine Methode nicht weiterentwickelte, ging Seguin den von seinem Lehrmeister gebahnten Weg entschieden weiter und machte es sich zur Aufgabe, die physiologische Erziehungsmethode auszubauen (31).

Edouard SEGUIN (1812-1880) hatte sich schon während seiner medizinischen Ausbildung intensiv mit dem Problem der Behandlung und Erziehung von Idioten befaßt (32). Das Ziel seiner späteren ärztlichen Tätigkeit sah er schon bald darin, die körperlichen und geistigen Gebrechen der Anormalen zu heilen und diese armen Geschöpfe als mehr oder weniger nützliche Glieder der Gesellschaft einzufügen. Gegenüber Itard, der zuerst ganz unbeabsichtigt einen Idioten erzogen hatte, richtete sich Seguin also von vornherein auf deren Erziehung.

Den Anregungen seiner Vorgänger Pereira und Itard folgend, unternahm Seguin bereits 1837 den Versuch der Erziehung eines idiotischen Kindes (33); ein Gutachten von 1839 bescheinigt ihm, daß er mittels der Methode Itards seinen Zögling innerhalb von achtzehn Monaten zum Gebrauch seiner Sinne, zur Selbstbeherrschung und zum Sprechen, Schreiben und Rechnen geführt hatte (34). 1839 gründete Seguin in Paris seine erste Schule für Idioten. Nachdem er dort in praktischer Arbeit seine Methode durchprobiert und ausgeformt hatte, legte er 1846, in dem gleichen Jahre also, in dem Guggenbühl (35) und Saegert (36) ihre grundlegenden Bücher über die Idiotenerziehung herausgaben und „den Beweis der Bildungsfähigkeit aus der Physiologie" zu führen versuchten (37), sein umfangreiches Werk „Traitement moral, hygiéne et éducation des idiots et des autres enfants arriéres" vor, das bald in vielen Ländern zum Standardwerk der Schwachsinnigenerziehung wurde (38) und mancherorts noch heute einen hervorragenden Rang auf diesem Gebiet einnimmt (39).

Man kann Seguins Werk nicht gerecht werden, wenn man nicht einen ganz entscheidenden Antriebsfaktor seiner ärztlichen und heilpädagogischen Tätigkeit vorweg berücksichtigt: die Beeinflussung durch die Schule des Saint-Simonismus. Seguin hatte sich in Paris zusammen mit Victor Hugo und anderen jungen Intellektuellen der Bruderschaft der Saint-Simonisten angeschlossen; diese Gemeinschaft hatte es sich zur Aufgabe gemacht, die philosophischen Ideen und das soziale Evangelium ihres Meisters weiterzutragen und für ihre Verwirklichung alle zur Verfügung stehenden Kräfte einzusetzen.

Saint-Simons Lehre wurde von der jungen geistigen Elite seiner Anhänger - und so auch von Seguin - sowohl als Religion, als auch als sozialreformerisches Programm und als „Lebensphilosophie" aufgenommen: als Religion insofern, als es galt, die starr dogmatische Theologie durch ein soziales Christentum der Tat abzulösen (40), als „Lebensphilosophie" in der Hinsicht, daß die im „Nouveau Christianisme" von 1825 aufgestellte christliche Grundforderung der uneingeschränkten Nächstenliebe die Basis für eine neue Gesellschaft sein sollte, und schließlich als sozialreformerisches Programm dergestalt, daß das erste Ziel des sozialen Lebens die Verbesserung des physischen, intellektuellen und moralischen Loses der Ärmsten und der Massen zu sein habe.

Seguin sah das Problem der Idiotenerziehung mit den Augen des Saint-Simonisten, d.h. mit den Augen des christlichen Sozialreformers, aber auch mit den Augen der positiven Philosophie. Von daher gewann er die Überzeugung, daß der Geist des Idioten aus den Fesseln unvollständiger physischer Organe befreit werden müßte, und zwar durch eine ganz und gar physiologische Erziehung.

Der Idiot war nämlich für Seguin „ein Mensch wie wir, aber in eine unvollkommene Hülle eingeschlossen" (41). Das erste Kennzeichen der Idiotie war deshalb Immobilität. Diese geht - so lautet Seguins weitere Erklärung der Idiotie - einher mit dem „negativen Willen", der jede Anregung von außen und jedes innere Handlungsmotiv neutralisiert (42).

Stetigkeit, Wille und Kraft sind daher „die wirklich der Idiotie am meisten entgegengesetzten Eigenschaften" (43).

Unter dem negativen Willen bzw. der negativen Immobilität versteht Seguin sowohl die vollständige Aufhebung der Relationsbewegungen, d.h. die eigentliche Bewegungsunfähigkeit aus Trägheit, Unvermögen und Nicht-Wollen, als auch den partiellen Bewegungsverlust, d.h. die Unbeweglichkeit für den eigenen Willen. Die motorische Funktion mag bestehen, aber da ihr die Steuerung durch den Willen fehlt, geht sie in „mehr oder minder unsichere, mechanische, spasmodische oder automatische Bewegungen" (44) über.

Wie sich das Erziehungsproblem unter dieser Rücksicht für Seguin stellt, verlangt es als ersten Schritt zu seiner Lösung die Beseitigung des *Chaos* der ungeordneten und unwillkürlichen Bewegungen, und zwar mit Hilfe von didaktischen Mitteln, die nachher geordnete Bewegungen und die positive Immobilität, d.h. die willkürliche Unbeweglichkeit ermöglichen. Dementsprechend bezeichnet Seguin als den ersten Zweck seiner pädagogischen Bemühungen „die Intellekualisierung der Muskeln" (45).

Die positive oder aktive, d.h. vom Willen gesteuerte Immobilität spielt für Seguin eine ganz entscheidende Rolle, weil nach seiner Überzeugung sich jede Bewegung auf die Unbeweglichkeit stützen muß. Um also zu einer koordinierten, willkürlich gesteuerten Bewegung zu gelangen, ist es notwendig, zuerst die *Konzentration* der Aktivität auf die positive, d.h. willkürliche Unbeweglichkeit zu erreichen, um daraus „die Harmonie und Verwendbarkeit der folgenden Bewegungen" (46) hervorgehen zu lassen. Die Übung der aktiven Immobilität, d.h. vollkommen beherrschter Stille und Ruhe, muß nach Seguin jeder Bewegungsübung vorausgehen und als Übergang oder Erholung zwischen den einzelnen motorischen Übungen stehen.

Neben der Beseitigung der Anomalien der Muskelfunktionen läuft die Beseitigung der vollständigen oder teilweisen Unfähigkeit der Sinne, Empfinden zu perzipieren, einher. Diese geht über in die systematische Schulung jedes einzelnen Sinnes mit dem Ziel, ihn als Funktion zu üben und zu einer Fähigkeit zu erheben (47).

Ist auch Seguins Ziel „nicht so sehr das Lehren eines oder des anderen Dinges als vielmehr die Förderung einer jeden Funktion und deren Erhebung auf die höchste Stufe einer intellektuellen Kraft" (48), so hat dieser bedeutende Arzt auch für die Unterrichtung der Idioten viel getan.

Dazu ist als zweiter Faktor für das Verständnis Seguins sein empiristisch-sensualistischer Erkenntnisstandpunkt zu nennen. Erkenntnis und Lernen sind für Seguin weitgehend eingeschränkt auf Sinneserfahrung. Zwar gibt es für Seguin auch die innere Erfahrung des Geistes von seiner eigenen Tätigkeit; diese besteht aber nur darin, die einzelnen Sinneserfahrungen zu assoziieren und zu Ideen zu kombinieren.

Seguin unterscheidet in seiner erkenntnistheoretischen Grundlegung zwischen Begriff (notion) und Idee (idea). Den ersten Unterschied zwischen Begriff und Idee sieht Seguin darin, daß der Begriff die physischen Eigenschaften der Dinge meint, die Idee ihre Relationen. Danach erwirbt das Kind angesichts eines ihm unbekannten Gegenstandes mittels seiner Sinne den Begriff des Gegenstandes durch Wahrnehmung seiner Gestalt, seiner Ausdehnung, seines Geschmacks, seiner Festigkeit, seines Gewichts usw., nicht aber die Idee; diese gewinnt es aus der Einsicht in die wirklichen oder möglichen Relationen dieses Gegenstandes. Seguin erläutert diese Unterscheidung an Hand des Schlüssels: kann das Kind einen Schlüssel von anderen Gegenständen abheben, dann hat es seinen Begriff; seine Idee besitzt es erst, wenn es die Beziehung von Schlüssel und Schloß kennt.

Wenn das Kind den Begriff des Gegenstandes erfaßt hat, ist es in der Lage, diesen von anderen zu unterscheiden; die Idee erlaubt ihm, ihn auch zu benutzen, und es wird es tun, wenn es will.

Diesen Standpunkt bezieht Seguin zurück auf die Lehren Lockes und Condillacs. Hatten Locke und Condillac aber trotz ihrer sensualistischen Psychologie und Gnoseologie das Probelm einer Erziehung der Sinne unbeachtet lassen können, weil sie sich in ihren philosophischen Aussagen auf den Erwachsenen bezogen und bei ihm die ausgebildete Form der Sinnestätigkeit als gegeben voraussetzen konnten, so brachte es diese Position für Seguin - wie schon für seinen Vorgänger Itard - angesichts der zu erziehenden Idioten mit sich, zuerst für eine ausreichende Erziehung der Sinne sorgen zu müssen, d.h. diese in die Lage zu bringen, genaue und geordnete Perzeptionen vorzunehmen.

Für Seguin handelt es sich also bei der Erziehung der Sinne seiner Schüler darum, die tätige Erfahrung als Quelle aller Erkanntnis zu üben und den rezipierenden Fähigkeiten des Zöglings größtmögliche Genauigkeit zu geben.

In der Steigerung der Genauigkeit der Sinneswahrnehmungen liegt für Seguin zudem ein noch umfassenderer Gewinn: eine Steigerung der Lebenssicherheit und -gewißheit. Den Irrtum führt Seguin nämlich nicht auf falsche Schlüsse des Intellekts zurück, sondern auf falsche Prämissen, d. h. auf unrichtige oder ungenaue Sinnesperzeptionen: „Was schlecht gesehen wird, wird falsch beurteilt, und unsere Zukunft ist nur zu oft der Preis, den wir für den Irrtum unserer Sinne bezahlen" (49).

Wenn auch Seguins pädagogisches Bemühen fast ausschließlich Idioten gegolten hat, so hat er deren Erziehung keineswegs als eine von der allgemeinen Erziehung prinzipiell geschiedene Sache angesehen. Im Gegenteil, ihr Ziel ist das gleiche wie das der normalen Erziehung, und ihre Methode sollte eigentlich nur die Anwendung der Methode der allgemeinen Erziehung auf den besonderen Fall des Idioten sein (50).

Unter diesem Aspekt gelangt Seguin allerdings zu einer harten Kritik der zeitgenössischen Schule und Erziehung, indem er nämlich feststellen muß, daß die normale Erziehung und der gebräuchliche Schulunterricht nicht nur für Idioten vollkommen ungeeignet und unbrauchbar sind, sondern nicht einmal den Bedürfnissen des normalen Kindes entsprechen.

Was Seguin an der Erziehung seiner Zeit (1846) bemängelt, ist vor allem die undifferenzierte Nivellierung aller Schüler: ohne Rücksicht auf ihre verschiedene körperliche Leistungsfähigkeit und ihre unterschiedlichen intellektuellen Dispositionen und ungeachtet ihrer psychischen und physischen Bedürfnisse sperre man Tausende von Kindern tagtäglich ein und verabreiche ihnen unterschiedslos mehrere Rationen intellektueller Massenkost. Die einzige Fähigkeit, die dabei geübt wird, ist das Gedächtnis, während die Sinnesorgane und das Muskelsystem mehr und mehr „unterernährt" bleiben (51). Anstatt das Kind handeln und seine eigenen Erfahrungen machen zu lassen, zwingt man es, passiv und unbeweglich vor einem Lehrer zu sitzen, der dauernd handelt und spricht, wo das Kind selbst handeln und sprechen möchte.

Zu einer Zeit, da die strenge Autorität des Lehrers als unverrückbarer Eckstein der Pädagogik angesehen wurde, geißelte Seguin jede Form der Unterdrückung des Kindes, weil diese einmal die eine Natur des Menschen spaltet und überall „das exogene Element des Dualismus" (52) erzeugt und zum anderen allenthalben Widerstand und Abwehrreaktionen hervorruft. Eines der frühesten und schädlichsten Hindernisse für die kindliche Entwicklung sieht Seguin in dem Verbot, seine Hände zu gebrauchen und mit ihrer Hilfe die Umgebung zu erobern. Was aber dem mechanischen Gedächtnis übergeben wird, ohne daß es durch tätige Erfahrung und durch Vergleichung gelernt wird, das kann nach Seguin niemals eine richtige und vollständige Idee vermitteln, sondern „nur einen trockenen Begriff mit einem Namen" (53).

Den schlimmsten Mangel der zeitgenössischen Erziehung erblickt der scharfsinnige und seiner Zeit vorausschauende Diagnostiker in ihrem Versagen hinsichtlich der moralischen Erziehung. Er sieht es als ein hoffnungsloses Unterfangen an, Sittlichkeit durch fromme Bücher oder moralisierende Erzählungen vermitteln zu wollen, und setzt sich dafür ein, daß sittliches Verhalten nur innerhalb des menschlichen Zusammenlebens in der Schule, in der Freizeit, in der Familie und auf dem Spielplatz erworben werden kann. Mit dieser Forderung nach einer lebensvollen Grundlage der sittlichen Erziehung stellt sich Seguin in die Nähe Owens und Pestalozzis; noch stärker an Pestalozzi erinnert seine Mahnung, daß moralische Belehrung nur dann wirksam werden kann, wenn das Zusammenleben der Kinder bereits für sittliche Grunderfahrungen gesorgt hat.

Diese kritische Sichtung der Erziehung seiner Zeit ergab sich für Seguin bei seiner Suche nach einer geeigneten Methode der erziehlichen Behandlung der Idioten. Dabei weitete sich diese Betrachtung immer mehr aus, so daß Seguin schließlich zu einer Kritik der gesamten Erziehung kam. So nimmt es nicht wunder, daß die Methode der physiologischen Erziehung, die Seguin im Gegenzug gegen die intellektualisierende und moralisierende Erziehung seiner Zeit entwickelte, zwar in erster Linie als Hilfe für die Idioten gedacht war, aber schon von Anfang an nicht auf sie beschränkt blieb.

Wohl blieb das Tätigkeitsfeld Seguins zeitlebens im Rahmen der Idiotenerziehung; desungeachtet war er davon überzeugt, durch die naturwissenschaftlich begründete Methode der physiologischen Erziehung eine neue Grundlage für die Erziehung des Menschen geschaffen und die „Mittel zur Erhebung der Menschheit" (55) bereitgestellt zu haben, Erhebung der Menschheit insofern, als sie auf eine neue Menschheit in einer harmonisch sozialisierten Gesellschaft gerichtet war, in der das Recht des einen die Pflicht aller und die Pflicht des einen das Recht aller sein muß, mit anderen Worten eine Gesellschaft, die von dem moralischen Grundsatz des Altruismus bzw. der uneingeschränkten Nächstenliebe bestimmt ist (54). Die Gewißheit schöpfte Seguin aus der Tatsache, daß seine Methode eine naturwissenschaftliche, d. h. „die der Natur eigene Methode, um Menschen zu erziehen, ist" (56).

Gegenüber einer Erziehung, die ganz auf dem Gedanken des in-ducere beruht, stellt Seguin eine Methode, die sich von dem Grundgedanken des e-ducare leiten läßt, und bestimmt sie dementsprechend als das Ensemble der Mittel für die harmonische und wirkungsvolle (efficiently) Entwicklung der physischen, intellektuellen und moralischen Fähigkeiten des Menschen. Die Mittel sind nicht allein die Methode, auch nicht die Prinzipien, sondern das Zusammenwirken beider macht die ganze Methode der physiologischen Erziehung aus.

Um physiologisch zu sein, muß sich diese Methode ausrichten an der gesunden Entwicklung des Lebens und dem richtigen Gebrauch der menschlichen Funktionen. Obwohl der Mensch eine unteilbare Einheit ist, hat die Erziehung ihn theoretisch zu zerlegen in die drei Grundbereiche der Aktivität, der Intelligenz und des Wollens, worunter Seguin die versittlichte Spontaneität versteht. In dieser Reihenfolge sollte die Erziehung den natürlichen Entwicklungsgang des Menschen nachgehen, denn der Mensch bewegt sich und fühlt, ehe er weiß, und er weiß eher, denn daß er das Bewußtsein von der sittlichen Relevanz seiner Akte und seiner Ideen besitzt.

Richtet sich die Erziehung in der ersten Periode auf die menschliche Aktivität, so hat sie zwei Bereiche zu umfassen: den der Bewegung und den der Sinne. a) Die Steigerung der Leistung der Muskeln und ihre Erziehung sind für Seguin zwei verschiedene Dinge. Die Erziehung der Muskeln heißt für ihn, sie zu intellektualisieren, oder anders ausgedrückt: sie von physiologischen Funktionen zu Fähigkeiten zu erheben, die sich der Herrschaft des Willens unterstellen können. b) Die Aufgabe und Zielsetzung der Sinneserziehung ergibt sich aus Seguins erkenntnistheoretischem Standpunkt und wurde oben bereits erwähnt.

Zum Verständnis der großen Bedeutung, die Seguin der Bewegungs- und Sinnesschulung zumißt, ist es notwendig, seine Unterscheidung von Zentrum und Peripherie zu kennen (57).

Seguin hatte schon bei der Diagnose der Idiotie zwischen einem central brain und verschiedenen local brains unterschieden und das eine als Zentrum (centre), die anderen als Peripherie (periphery) bezeichnet. Auf Grund dieser Unterscheidung hatte er gegen die traditionelle Ansicht, wonach die Idiotie das „Privileg" und „Monopol" des Kopfes sei - Seguin nannte diese medizinische Ansicht „Kephalismus" -, von einer idiotischen Hand und von einem idiotischen Auge gesprochen und damit zum Ausdruck gebracht, daß das normale Funktionieren des central brain von dem normalen Funktionieren der local brains abhängig und eine Therapie des Zentrums nur über die Peripherie möglich ist.

Diese „Hypothese der psycho-physiologischen Dezentralisation" (58) hatte sich medizinisch bewährt, indem Seguin mit ihrer Hilfe die Lösung einiger für die „kephalistische Theorie" unlösbarer Probleme bewerkstelligen konnte. Ihre pädagogische Konsequenz bestand in der These, daß eine direkte Beeinflussung des Zentrums nicht nur unnatürlich und wirkungslos, sondern unter Umständen sogar krankheitsfördernd sein muß. Sie bestand weiter darin, daß eine pädagogische Einwirkung auf das Zentrum, soll sie auf natürliche, normale und gesunde Weise erfolgen, nur über die Peripherie, d.h. nur über die Erziehung und Beeinflussung der Sensibilität und der Motilität möglich ist.

Die erste (oben angeführte) Unterscheidung zwischen Begriff und Idee ergänzt Seguin später durch einen zweiten Gesichtspunkt, der darin besteht, daß der Begriff eine passive oder perzeptive Operation, die Idee dagegen eine aktive Operation darstellt. Da die Sinne bis zu einem gewissen Grade von außen zum Perzipieren gezwungen werden können, können Begriffe jemandem von außen auferlegt werden; das gilt hingegen grundsätzlich nicht für Ideen, denn der Verstand läßt sich nicht von außen zur Arbeit nötigen.

Wenn wohl Sensationen vermittelt, nicht aber Ideen übertragen werden können, dann muß die Erziehung jedes Kindes umgestaltet werden. Denn dann kann es nicht mehr ihre Aufgabe sein, wie bisher zu lehren und zu versuchen, Ideen und sittliche Grundsätze vom Lehrer auf den Schüler „umzufüllen", als vielmehr ein Material bereitzustellen, an dem der Schüler selbst die notwendigen Sensationen anstellen kann, um daraus die entsprechenden Ideen bilden zu können.

Unter der Rücksicht von Zentrum und Peripherie heißt das: die Erziehung kann ihr Geschäft nicht erledigen durch direkt an das Zentrum gewandtes Lehren, Reden und Erklären, sondern allein auf dem Wege der „peripherischen Belehrung", d.h. durch bereitgestellte Mittel, an denen der Schüler selbsttätig die notwendigen Erfahrungen macht. Unter der Rücksicht von Begriff und Idee heißt das: Die Erziehung verschwendet sinnlos Kraft, wenn sie sich abmüht, die Ideen des Zöglings direkt zu beeinflussen oder ihm neue einzupflanzen; will sie Einfluß auf seine Ideen nehmen, dann kann sie es nur über die Lenkung der Sinneswahrnehmungen.

Das unterrichtliche Prinzip des Vergleichens (Gegensatz und Ähnlichkeit), auf das Itard in seiner Erziehungspraxis gestoßen war, erfährt bei Seguin seine theoretische Durchdringung. Da die Idee durch Erfassen von Relationen gebildet wird, ist es das erzieherische Bemühen, das Kind zum Vergleichen zu bringen, weil es im Vollzug des Vergleichens schon zu verschiedenen Perzeptionen genötigt wird.

Seguin fordert, daß das Kind alle seine Erfahrungen in der Weise des Vergleichs machen sollte (59).

Denn das Prinzip, das zuletzt zwei Glieder nötigt, zu einer Idee zu werden, erscheint Seguin als das physiologische Prinzip der Erziehung schlechthin, und wenn sich die ganze Erziehung nach diesem einen Prinzip richtet, dann sieht Seguin die Gewähr gegeben, daß diese Erziehung physiologisch, das aber heißt „die der Natur eigene Methode, um Menschen zu erziehen, ist" (60).

Der Prozeß notion-idea genügt aber bei Seguin nicht für die Begründung des Erziehungsvorgangs, er stellt nur die eine Hälfte dar. Um den Seguinschen „Erziehungsbogen" zu vervollständigen, muß als drittes Glied die Verwirklichung der Idee im Leben (realisation in life) hinzukommen. Der Übergang dazu erfolgt von der Versammlung der Ideen aus, wenn dort aus der Vergleichung einfacher Ideen zusammengesetzte und aus deren Vergleichung allgemeine Ideen (general ideas) hervorgehen, wie zum Beispiel die der Ordnung, und „tatsächlich die Mutter von Handlungen werden" (61).

Allgemeine Ideen können aber nur dann die Mutter von Handlungen werden, wenn die Bewegungen vorher koordiniert wurden, d.h. wenn sie „gelernt" haben, dem Impuls der Idee zu folgen. Hier wird von einer weiteren Seite her deutlich, weshalb für Seguin Sinneserziehung und Erziehung der Motilität die ersten und grundlegenden Schritte seines ganzen Systems sind.

„Dieser doppelte Strom" - einmal der zentripetale von der *peripherischen* Perzeption über die Bildung des Begriffs zur *zentralen* Verknüpfung von Begriffen und der Vergleichung von Ideen, zum anderen der zentrifugale von der allgemeinen Idee als Mutter der Handlungen zu den peripherischen Bewegungsmuskeln - „bildet einen funktionellen Kreis, der nicht unterbrochen werden kann, ohne zerstört zu werden" (62).

Eine Besserung des idiotischen Zustandes nur durch Behandlung einer Hälfte dieses Stromes ist nicht möglich; denn diese Besserung würde ja gerade durch den Vorgang versucht, der den Patienten zu einem Idioten machte, wenn er es nicht schon wäre, nämlich der Spaltung dieses unlösbaren Kreises. Auf die Erziehung angewandt heißt das abermals: eine Erziehung, die nur eine Seite dieses doppelten Stromes berücksichtigt, ist nicht physiologisch und damit nicht natürlich, sondern schädlich und verderblich.

In der *alten* Erziehung, d.h. in der Erziehung, wie sie Seguin vorfand, standen die intellektuelle Schulung und die Sinnes- und Bewegungserziehung nicht nur unvermittelt nebeneinander, sondern standen sich antagonistisch gegenüber. Deshalb mußte Seguin diese Erziehung einer heftigen Kritik unterziehen und ihr seine *neue,* die physiologische Erziehungsmethode entgegensetzen: „Die als Begriff wahrgenommene Empfindung, der zu einer Idee befruchtete, selbst zum Leben verwirklichte Begriff, das ist die endlose Schraube unseres Unterrichts und mittels Unterrichtes unserer Einwirkung auf die Idiotie" (63).

Um Seguins Erziehungsverständnis zusammenzufassen, bietet sich ein ausführliches Zitat an, in dem der Begriff der Idiotie unter der Rücksicht des doppelten Stromes zwischen Zentrum und Peripherie noch einmal expliziert wird: „Ob Bilder von empfänglichen Sinnen zu einem Gehirn geschickt werden, das sie nicht registrieren, vergleichen oder klassifizieren kann, oder ob zentrifugale Wünsche durch ein abgestorbenes oder totenähnliches Übertragungs- und Kontaktsystem nicht verwirklicht werden können, in beiden Fällen, so entgegengesetzt sie auch sind, ist das Resultat dasselbe: Isolierung, Unfähigkeit. So können empfängliche Sinne und gut entwickelte Muskeln, wenn der Willen keine Gewalt über sie hat, nichts anderes fühlen, resp. nichts anderes tun, als wenn sie gelähmt wären, und sie lassen das Kind mit allen Werkzeugen zur Fähigkeit mit Ausnahme der zentralen unfähig. Und ebenso wird ein aktives Gehirn, das wichtiger Mittel zur Kommunikation mit der Welt oder der Mittel der sensorischen Analyse beraubt ist, oberflächliche Idiotie erzeugen, ob nun die Isolierung von allgemeiner Paralyse oder von dem Verluste nur eines oder mehrerer Sinne herrührt" (64). Schließlich läßt sich der gleiche Sachverhalt noch enger komprimieren. Montessori hat die Methode Seguins treffend auf die knappe Formel gebracht: „from the education of the senses to concepts; from concepts to general ideas; from general ideas to morality. This is the educational method of Seguin" (65). Und diese Formel ist für Montessori wegweisend gewesen, als sie an der Scuola Magistrale Ortofrenica daranging, ihre eigene Methode für die Erziehung der behinderten Kinder zu entwickeln (66).

Um neben diesen Grundgedanken der Pädagogik Seguins eine Reihe von Einzelgesichtspunkten in ihrem Einfluß auf Montessori nicht zu übergehen, ist es notwendig, deren einige in der gebotenen Kürze mehr oder weniger additiv aufzuzählen.

Dazu gehört einmal Seguins Geringschätzung des Spiels, das er nur dann erlauben will, wenn es unmittelbar dem Lernen oder der Vermehrung moralischer Eigenschaften dient, im übrigen aber ausgeschaltet haben möchte, weil es nicht zur systematischen Erwerbung vorgesehener Perzeptionen führt (67). Ebenso lehnt er die freie Phantasie nach der Regel ab: „weder Gedanken noch Bilder ohne vorhergegangene Perzeption" (68). Seguin schränkt die Funktion der Einbildungskraft auf die „Vergleichung zwischen wahren Sensationen" (69) ein und erläutert seine Auffassung am Beispiel Homers und Miltons (70), die beide die vor ihrer Erblindung aufgenommenen Sinneswahrnehmungen verknüpften und in so großartigen Bildern wiedergaben. Neben dem Gedächtnis, das Vergangenheit und Zukunft in der Gegenwart eines einzelnen Individuums verbindet, kommt der Einbildungskraft die Aufgabe zu, das Individuum „mit dem ganzen Geschlecht und allen Zeiten" zu verbinden (71), ein Gedanke, der später bei Montessori im Zusammenhang mit ihrem Begriff der „cosmic education" ähnlich wiederkehrt.

Kennzeichnend für Seguins Einschätzung des musischen Bereichs ist eine ganz pragmatische Einordnung der Musik. Die Musik wird in seinen Erziehungsplan aufgenommen, weil sie durch die Gruppierung ihrer Vibrationen verschiedene Einflüsse auf den Idioten auszuüben vermag: So kann sie einmal „ein moralisches Beruhigungsmittel par excellence" (72) sein, ein andermal alle Fibern des unbeweglichen Kindes zum Zittern bringen, das sich dann in den Beginn einer Handlung umwandeln läßt. Zu diesem Zweck ließ Seguin das Kind sich an die Klavierrückwand lehnen, damit es die Vibrationen mit dem ganzen Körper aufnahm. Diese dem Bildungssinn der Musik nicht gerecht werdende Auffassung kehrt bei der amusischen Ärztin Montessori in ähnlicher Form wieder.

Auch das Zeichnen findet bei Seguin vor allem nur deshalb Berücksichtigung, weil es eine Reihe von Übungen zur Anwendung der Muskelkontraktilität enthält; dadurch dient es als Vorbereitung auf das Schreiben durch Üben gerader und krummer Linien und ihrer Kombinierung, so daß das Kind früher zum Schreiben der Buchstabenzeichen kommt, als es sie lesen kann.

Für den reibungslosen Fortgang des Selbstunterrichts an Hand vorbereiteter Materialien sind für Seguin genau wie später für Montessori zwei Faktoren ausschlaggebend. Jeden neuen Fortschritt soll das Kind im Einzelunterricht tun, und es ist ihm dafür der Vorteil der Konzentration zu gewähren; um den Fortschritt dann durch Übung und Weiterarbeit zu befestigen, soll man es in einen Strom von Kindern einordnen, die die gleichen Übungen tun, damit Wetteifer und Nachahmung ihre Wirksamkeit entfalten können. Der Unterricht ist für Seguin ein beständiger Wechsel zwischen individuell gegebenen Lektionen und der von Wetteifer und Nachahmung angetriebenen Arbeit in einer Gruppe, wobei allerdings Gruppe bei Seguin genausowenig wie bei Montessori als Arbeitsgruppe im Sinne eines gemeinsamen Arbeitsvorhabens zu verstehen ist, sondern vielmehr als Versammlung mehrerer für sich arbeitender, d.h. lernender oder übender Kinder. Dabei schätzt Seguin - und Montessori tut es ähnlich - gleicherweise die objektive Nachahmung, d.h. „die korrekte und schnelle Wiederholung von Handlungen, welche die Beziehungen oder die durch die Sinne wahrnehmbaren Eigentümlichkeiten von Gegenständen betreffen" (73), wie die persönliche Nachahmung, die sowohl die Nachahmung des Lehrers durch das Kind als auch die gegenseitige Nachahmung der Kinder umfaßt.

Ein besonderer Fall der Nachahmung des Lehrers besteht in der individuellen Lektion, bei der der Lehrer so wenig Worte als möglich gebrauchen, stattdessen aber dem Kinde den Gebrauch des betreffenden Materials deutlich und langsam vormachen soll, damit das Kind diese Übung dann beliebig oft wiederholen kann. Dieses freie Wiederholen der einzelnen Materialübungen ist für Seguins Verfahren typisch. Montessori übernahm diesen Grundsatz Seguins; er wurde später die Bedingung der Möglichkeit für das Eintreten des sogenannten „Montessori-Phänomens".

Die gegenseitige Nachahmung der Kinder ist für Seguin deshalb besonders wichtig, weil er den Unterricht des Lehrers aufs äußerste einschränken will, wohingegen sich die Schüler allmählich immer mehr als Lehrer und Schüler gegenübertreten und sich gegenseitig unterrichten sollen, d.h. den richtigen Gebrauch der Materialien einander vormachen oder voneinander abschauen sollen (74).

Montessori geht in dieser Hinsicht durchaus mit Seguin einig, wenn sie immer wieder die Ansicht vertritt, die Kinder seien sich gegenseitig bessere Lehrer und vermöchten einander mehr zu helfen, als es die Lehrer je tun könnten.

Neben der Nachahmung spielt in dem System Seguins ein weiteres wichtiges Antriebsmittel der kindlichen Aktivität und Lernwilligkeit eine Rolle: es ist der Ansporn, den Erfolgserlebnisse dem Kinde vermitteln. Deshalb sollen alle Übungen leicht sein; größere Aufgaben müssen in kleine und kleinste Schritte zerlegt werden, damit dem Kinde nie eine Arbeit zu schwer wird. Nie soll der Lehrer die Fehler des Kindes in einer Weise tadeln, die es entmutigen würde und ihm den Eifer raubte, den ihm die kleinste Befriedigung schenkt.

Der allgemeinere Gedanke, daß die kindliche Aktivität und Lernwilligkeit durch Freude und durch Erfolgserlebnisse entscheidend gefördert wird, wird von Montessori schon in der „Pädagogischen Anthropologie" nachdrücklich vertreten. Das Prinzip der Analyse in kleinste Schritte bestimmt die Gestaltung des Montessori-Materials von Anfang an. Die Fehlerkontrolle will auch Montessori nicht vom Lehrer ausgeübt wissen, sondern nach Möglichkeit in das Material verlegt sehen.

Zusammenfassung:

Was bereits die knappe Vorüberlegung über den medizinischen Ausgangspunkt Montessoris gezeigt hatte, hat die Betrachtung der für Montessori entscheidenden pädagogischen Gedanken und Ratschläge der Ärzte Itard und Seguin im einzelnen bestätigt.

Für den Taubstummenlehrer Itard und für den Idiotenerzieher Seguin stehen naturgemäß körperliche Fragen und die Erziehung von Sinnen und Bewegung im Vordergrund.

Während bei Itard der philosophische Hintergrund seines pädagogischen Versuches nur gelegentlich sichtbar wird, tritt bei Seguin die philosophische Reflexion stärker in den Vordergrund. Der empiristisch-sensualistische Standpunkt und eine im Zusammenhang mit der Diagnose der Idiotie entwickelte Unterscheidung zwischen Zentrum und Peripherie führen ihn zu einer energischen Kritik der alten Schule. An Stelle der alten Wortschule seiner Zeit, deren Methoden sich direkt an das Zentrum wandten, fordert Seguin eine Erziehung des Zentrums über die Peripherie, d.h. eine Erziehung mittels der Sinne und Bewegungen. Statt Belehrungen durch Worte, die der Taubstumme ohnehin nicht hört und die beim Idioten ohne Wirkung bleiben, fordern Pereira, Itard und Seguin einen Unterricht durch Sachen, und statt eines viele Worte machenden Lehrers sehen alle drei die Nachahmung als den geeigneten Antriebsfaktor des Unterrichts an. Itard und Seguin erblicken einen ersten Schritt der Erziehung in der Bereitstellung einer vorbereiteten Umgebung.

Die Koordinierung der Bewegungen durch Konzentration auf bestimmte Übungen bzw. Tätigkeiten betrachten beide als beweiskräftiges Zeichen dafür, daß der Erziehungsvorgang in der richtigen Bahn verläuft.

Während Itard sich von der Erfolglosigkeit von Strafen bei Victor überzeugen muß, kennt Seguin als Erziehungsmittel vor allem Anerkennung und Ermutigung. Sieht Itard die Medizin als die geeignete wissenschaftliche Grundlage der Pädagogik an, so gewinnt Seguin die Gewißheit der Allgemeingültigkeit seiner physiologischen Methode aus der Tatsache, daß sie die der Natur eigene Methode der Menschenerziehung darstellt. Sowohl Itard als auch Seguin äußern die Überzeugung, daß ihre Methode wünschenswerterweise zur Grundlage der allgemeinen Erziehung gemacht werden sollte, um zu einer Höherführung des menschlichen Individuums und zu einem Fortschritt der ganzen Menschheit beizutragen.

Geht es Itard um die Befreiung des idiotischen Kindes aus seiner unverschuldeten Isolierung, so fordert Seguin die Befreiung des Kindes aus den Fesseln einer unnatürlichen Schule durch die Einführung der physiologischen Erziehungsmethode als der natürlichen und allgemeingültigen Erziehungsweise.

Der pädagogische Versuch Itards und noch mehr das pädagogische Werk Seguins sind von dem Antriebsfaktor eines sozialreformerischen Eros nicht zu lösen. Seguin hat ausdrücklich darauf hingewiesen, daß er den entscheidenden Ansporn von einer Reformbewegung her erhalten hat, für die - wie der Saint-Simonsche Begriff des sozialen Christentums deutlich aussagt - religiöse, soziale und pädagogische Momente weitgehend zusammenfielen, oder anders gesagt: für die die soziale Wirksamkeit das ausschlaggebende Kriterium für die Religion und für die pädagogische Gesinnung bedeutete.

Es handelt sich um eine ähnliche Geisteshaltung, wie sie im biographischen Abriß über Montessori aufgeschienen ist, als die Rede davon war, daß für Montessoris Wahl des Arztberufes eine innere Berufung zu einer christlich-sozialen Reform entscheidend gewesen ist. Tatsächlich besteht auch in dieser Hinsicht eine auffallende geistige Nähe Montessoris zu dem Werk Itards und Seguins, die es nahelegt, nunmehr dem zweiten Ausgangspunkt von Montessoris pädagogischem Denken, dem sozialen Fragenkreis, nachzugehen.

Wenn es Montessoris Lebensmotto war zu helfen und wenn sie sich von Grund auf dazu berufen fühlte, für die Befreiung der Unterdrückten zu streiten, dann ist vor allem die Lage des Kindes, wie Montessori sie antraf, zu beleuchten, um zu sehen, welche Ansatzpunkte sie für Montessoris sozialreformerische Mission bot.

II. Der soziale Fragenkreis

Der Freiheitsbegriff spielt im Italien des 19.Jahrhunderts eine ganz hervorragende Rolle. Er bestimmt nicht nur das politische Denken und Handeln jener Epoche, Borghi sieht in ihm auch das zentrale Thema der Pädagogik des Risorgimento (75).

Das ist zweifellos richtig, insoweit das pädagogische Denken jener Zeit gleichgerichtet mit dem politischen Denken die Umgestaltung der italienischen Gesellschaft in eine freie und mündige Nation anstrebt; ganz entsprechend hatten Cuoco und Romagnosi schon zu Beginn der Bewegung die Aufgabe des Erziehers dahingehend bestimmt, die Aktuierung der Freiheit des Menschen in einem freien Staat zu betreiben. Das Bild ändert sich aber, wenn man fragt, in welchem Ausmaß diese „Freiheitspädagogik" sich tatsächlich in der Schulwirklichkeit und in der erzieherischen Praxis ausgewirkt hat. Stellt man die Frage so, dann zeigt sich, daß die freiheitsbestimmte Pädagogik des Risorgimento viel stärker ein theoretisches Postulat denn eine des praktische Schul- und Erziehungsleben wirklich bestimmende Kraft gewesen ist.

Das wird zu einem guten Teil verständlich, wenn man bedenkt, daß die Aufgabe der freiheitlichen Organisation der Erziehung zwar gesehen und betont wurde, ihre praktische Verwirklichung aber auf die Zeit nach Erreichen des alles bestimmenden großen Zieles der nationalen Befreiung und Einigung verschoben wurde, weil die allem übergeordnete politische Aufgabe alle Kräfte auf sich zog und die Frage des Kindes nicht gegen sich aufkommen ließ.

Aber auch nach 1870 zeigte die italienische Schule noch immer ein wenig freiheitlich-reformiertes Aussehen, sondern trug nach wie vor den Charakter der Schule des 19. Jahrhunderts, wie er in fast allen Kulturstaaten Anlaß zum kritischen Ansturm der Reformpädagogik bot. Die Stellung des Kindes im Italien vor der Jahrhundertwende war geeignet, Montessoris starke soziale Gesinnung wachzurufen und ihren Einsatz für seine Befreiung herauszufordern. Das geistige Klima der Zeit war dazu angetan, für diesen Kampf den geeigneten Nährboden abzugeben.

1. Im biographischen Teil ist bereits Montessoris Engagement im Kampf um die Emanzipation der Frau deutlich hervorgetreten. Diese soziale Bewegung war ein Kampf gegen Vorurteile und Konventionen; sie war ein Kampf für die Anerkennung der Frau als eines sozial gleichberechtigten Wesens, ein Kampf für die Frau, die die eine Hälfte der menschlichen Gesellschaft bildete und dennoch als die Ausgeschlossene der Gesellschaft galt (76).

Die härtesten Verfechter der gegen die Frau gerichteten alten Ordnung waren die klerikalen Kreise Italiens, nach Meinung vieler Frauenkämpferinnen dieselben, die sich dem Fortschritt der ganzen italienischen Gesellschaft widersetzten (77). So nahm die italienische Frauenbewegung einen betont antiklerikalen Charakter an, dem sich auch Montessori zunächst nicht entziehen konnte, wie ihre Berliner Rede von 1896 gezeigt hat, in der sie sich gegen die katholischen Vorurteile wandte.

Neben dem Antiklerikalismus war ein weiteres hervorstechendes Merkmal der italienischen Frauenbewegung ihre Abneigung gegenüber der Philosophie. Nicht nur erschien den Emanzipierten die Philosophie als die Trägerin der Tradition, sondern sie sahen in ihr einen Luxus, der sich mit dem sozialreformerischen Kampfgeist nicht vereinbaren ließ (78). Auch von diesem Zug der italienischen Frauenbewegung scheint Montessori nicht unbeeinflußt geblieben zu sein. Montessoris Abneigung gegenüber der Philosophie und die damit verbundene Tendenz, philosophische Probleme möglichst auszuklammern, bleibt allerdings nicht auf die Phase ihrer Mitarbeit in der Frauenbewegung beschränkt, sondern kennzeichnet eine durchgängige Eigenart ihres Denkens.

Der Kampf der Emanzipierten richtete sich vor allem gegen das Vorurteil von der „missione domestica" der Frau, an dem das ganze Risorgimento hindurch festgehalten worden war, auch wenn einige Frauen als tapfere Mitstreiterinnen ihrer Männer - wie z.B. Anita Garibaldi - an die Öffentlichkeit getreten waren. Jenes Vorurteil wollte die Frau nach Wiederherstellung normaler Verhältnisse ganz auf den engen Wirkkreis des Familienlebens einschränken.

Dieses Wollen stand aber in eigenartigem Widerspruch zur Realität der Frauenarbeit in Italien - schon 1881 hatte die Frau in der Textilindustrie den Mann fast völlig verdrängt -, und es waren immer mehr die sozialen Probleme der Arbeiterinnen, mit denen sich die Frauenkämpferinnen zu befassen hatten: Unter der Losung „gleicher Lohn für gleiche Leistung" forderten sie die gleichberechtigte Anerkennung ihrer Arbeit, kämpften sie gegen Ausbeutung und hohe Arbeitszeiten und für angemessene Bezahlung.

Immer stärker aber spielten in diesem Kampf pädagogische Fragen eine Rolle. 1880 hatte Morelli die Forderung nach einer gründlichen Bildung der Frauen erhoben, die ihnen einen Einblick in die Ergebnisse der Wissenschaften geben sollte, so daß sie selbst zu einem besseren Verständnis der Wirklichkeit und zu einer Weltanschauung gelangen und diese auch an die kommende Generation weitergeben könnten, damit jene „in höherem Masse (sic) den edeln Zielen einer neuen Zeit" zu entsprechen in die Lage kämen (79).

Notwendigerweise trat in der italienischen Frauenbewegung das Kind mehr und mehr in den Vordergrund des politischen und sozialen Programms. Das Problem, wie die Lage des Kindes verbessert werden konnte, war nämlich so eng mit der moralischen, geistigen und wirtschaftlichen Befreiung der Frau verknüpft, „daß beide unmöglich zu trennen" (80) waren.

Dabei stand der Gedanke im Vordergrund, daß die Frauen mit allen Kräften dagegen vorgehen müßten, daß das Kind weiterhin so behandelt würde, wie sie den Männern vorwarfen, von ihnen behandelt worden zu sein (81).

In der Tat ließen sich die Denkkategorien der Frauenkämpferinnen fast unverändert auf den Kampf für das Kind übertragen. Als hervorstechende Parallele zu den eigenen Problemen bot sich der Kampf gegen „das erste Wort der kapitalistischen Anwendung der Maschinerie" (82), gegen Kinderarbeit und Kinderausbeutung, gegen den „Raubbau an der nachrückenden Generation" (83) und gegen die rücksichtslose körperliche und geistige Schädigung dieser hilflosen Geschöpfe.

Besonders in den Zink- und Schwefelminen Siziliens und in den Marmorbergwerken und Pozzolangruben des Landes war die Lage der kindlichen Arbeiter himmelschreiend (84).

Die überall im Lande gegründeten Frauenvereine protestierten gegen diese Mißstände und übernahmen selbst soziale Aufgaben zum Wohle des Kindes. Sie arbeiteten an der Gründung und Verwaltung von Waisenhäusern, Kinderasylen und sogenannten „Patronati Scolastici", die sich vor allem dem Problem der Schulspeisung widmeten, mit, sie gründeten Kolonien für genesende Kinder und veranstalteten regelrechte Aufklärungsfeldzüge durch Vorträge über die Mutterschaft, über die Gesundheitspflege der Frau und des Kindes und über die Besserung und Rehabilitation verwahrloster und verbrecherischer Kinder.

Immer mehr wandten sich Frauenkämpferinnen den Problemen der vorschulischen Erziehung und der Schule zu, in der die Lage des Kindes kaum weniger als anderswo von Unterdrückung und Mißachtung seiner Würde gekennzeichnet war.

Der italienische Name für kleine Kinder war damals „mocciosi", „Rotznasen", weil ihnen immer die Nase lief und sie keine Taschentücher bei sich hatten. Mußte das Kind die Nase geputzt bekommen, hob die Mutter ihren langen Unterrock und quetschte die Nase des Kindes meistens so fest, daß die Kinder oft schon wegrannten, wenn die Mutter in ihre Nähe kam. Wenn Erwachsene Kinder sahen, empfingen sie sie meist mit der Begrüßungsformel: „O, bist du schmutzig und stinkst".

Andere das Kind verletzende, aber allgemein verbreitete Angewohnheiten der Erwachsenen waren die, daß man das Kind in die Backe zwickte, wenn man mit ihm redete, oder es auf das Gesäß klopfte, wenn man es begrüßte. Eine üble Sitte der Erwachsenen gegenüber dem Kinde bestand darin, daß sie es bei jeder Gelegenheit küßten, und jeder Straßenbettler oder Landstreicher, dem das Kind ein Almosen zusteckte, bedankte sich dafür mit einem Kuß (85).

In den vorschulischen Erziehungseinrichtungen, ob in den Asylen oder in den Kindergärten, entsprach das wirkliche Bild weit weniger dem Geiste Aportis oder Fröbels als den Methoden und der äußeren Erscheinung der Lernschule (86). Wie in dieser standen autoritärer Drill, geistloses Memorieren und ermüdende intellektuelle Beschäftigungen statt Spiele und frei gewählter Beschäftigungen stark im Vordergrund (87). Besondere Klagen wurden darüber geführt, daß in vielen Kindergärten die Kinder bereits zum Schreiben und Lesen gezwungen wurden, und zwar auf ganz mechanische Weise, die ihre Aufmerksamkeit und ihr Gedächtnis überforderte (88).

Die Schulen boten schon vom Äußeren her ein höchst unerfreuliches Bild. Nicht nur, daß sich die kleinen Landschulen „mit gesundheitsgefährlichen, polizeiwidrigen Räumen begnügen" (89) mußten, auch aus römischen Stadtschulen wird berichtet, daß ihnen „mephitische Dünste" entströmten, weil die sanitären Einrichtungen fehlten. Ein Schullokal wird als „wahres Mäusenest" beschrieben, und über einige Schulhäuser der Stadt wird geklagt, weil sie nur schmutzige, lichtlose Höfe besaßen (90). Dabei galten die Verhältnisse in Rom als durchaus gut im Verhältnis zum übrigen Land, und es genügt für die Kennzeichnung der süditalienischen Zustände, darauf hinzuweisen, daß dort 1909 noch immer Schulen in Ställen untergebracht waren (91). „Niedrige, schmutzige, schlecht gelüftete Räume, nicht selten ehemalige Ställe, mangelhafte Fußböden, schadhafte Dächer, kein Waschraum und keine Latrinen, so lautet es von vielen Orten her" (92).

Nicht viel besser als um das äußere Aussehen der Schulen stand es um die körperliche Fürsorge für die Kinder. Da der Unterricht in der Regel von 9 - 12 und von 14 - 16 Uhr erteilt wurde, mußten viele Kinder die Mittagspause auf der Straße und ohne warmes Mittagessen zubringen, entweder weil Vater und Mutter in Lohnarbeit standen oder aber weil sie die Kosten für eine warme Mittagsmahlzeit nicht bestreiten konnten.

Eine von Credaro 1900 in Pavia durchgeführte Untersuchung ergab, daß von 2503 Kindern nur 25 zum warmen Mittagessen heimgingen und immerhin 251 ohne jegliche Nahrung blieben. Untersuchungen in Bologna, Pisa und Padua kamen zu gleichen Ergebnissen (93).

Das Äußere der Klassenzimmer in den italienischen Schulen bot alles andere als einen ermutigenden Anblick. Die dominierende Farbe war schwarz. Schwarz waren die schweren, engen Bänke, schwarz waren die Wände bis zu der Höhe, die die Kinder erreichen konnten, schwarz war auch die Kleidung der Schüler, damit sie nicht wegen einiger Tintenflecke gewechselt werden mußte. Die Fenster waren möglichst über Sichthöhe des Kindes, damit die Außenwelt die Aufmerksamkeit nicht vom Lehrer ablenken konnte. Die aus der militärischen Zeit des Risorgimento überkommene Idee, die Kinder abzuhärten, führte dazu, daß viele Schulen auch im Winter nicht geheizt wurden. Außer diesem Abhärtungsgedanken stand dahinter auch die alte These, daß künstliche Wärme die Unsittlichkeit fördere (94).

Die Schüler saßen in enge Bänke eingeklemmt und waren zur körperlichen und geistigen Passivität verurteilt. Passivität, Hörigkeit, Stillsitzen und Schüchternheit galten als Zeichen von Wohlerzogenheit, Beweglichkeit und Unruhe als Merkmale unverkennbarer Verderbtheit. Diese Art moralischer Beurteilung des Schülers veranlaßte Montessori auf einem Ärztekongreß zu der bissigen Bemerkung, sie habe das Zentrum des moralischen Sinnes entdeckt: es liege im Gesäß, denn wenn man in der Schule ruhig sitzen kann, dann sei man gut. In der Montessori-Bewegung wurde danach lange Zeit dieser Körperteil als der „moral sense" bezeichnet.

Körperliche Strafen spielten in der italienischen Schule eine geringere Rolle als in anderen Ländern. Der italienischen Mentalität entsprach es mehr, den Wetteifer der Schüler durch Belohnungen anzustacheln. Diese Belohnungen wurden in öffentlichen Feierstunden vergeben, und häufig fanden diese Preisverteilungen vor großem Publikum und einer erlauchten Korona illustrer Gäste statt. Nicht selten kam es vor, daß einige Schüler „mehr Lorbeeren nach Hause trugen, als genug sein würde, die unsterblichen Poeten eines Säculum zu krönen" (95). In Rom wurde alljährlich ein stattliches Register herausgebracht, das die Namen aller im betreffenden Schuljahr prämiierten Schüler bekanntgab (96).

Während auf der einen Seite der Analphabetismus ein erschreckendes Ausmaß zeigte, wurde in den Schulen die intellektuelle Bildung einseitig übertrieben und in den höheren Schulen der altsprachliche Unterricht zum Schaden jeder zeitgemäßen Bildung überdehnt. Dahinter stand noch die Tendenz des Risorgimento, die Würde der Italianität durch den Bezug auf die römische Vergangenheit aufzuwerten. Der naturwissenschaftliche Stoff bot „kaum das Wissen zu Zeiten eines Plinius" und reihte sich nach dem Urteil Haufes damit würdig an die Seite der mathematischen Leistungen (97).

Die Art, in der die alten Sprachen behandelt wurden, ist besonders kennzeichnend. Dem Bericht Haufes zufolge wurden aus den Klassikern wenige Kapitel ausgewählt und auf mechanische Weise dem Gedächtnis eingeprägt. Die Hauptarbeit des Religionsunterrichts bestand darin, den Schüler jährlich rund ein Dutzend Katechismusstücke und andere Merktexte in lateinischer Sprache auswendig lernen zu lassen (98).

Das Memorieren führte auch in den anderen Fächern dazu, daß die Schüler allenthalben „das jammervolle Bild eines schwächlichen, bald vergessenen Wissens darboten" (99).

So erstaunt es nicht, daß die Überbürdungsfrage in Italien eine große Rolle spielte und Unterrichtsminister Martini 1893 eindringlich vor der intellektuellen Überanstrengung der Schuljugend warnte und die Situation der italienischen Schule mit dem Satz kennzeichnete: „In unseren Schulen wird zu viel aufgenommen und zu wenig verdaut" (100).

Zum Problem der Überbürdung gesellte sich das der Ermüdung. Zu dieser Frage wurden in Italien eine Reihe von Arbeiten veröffentlicht, deren bekannteste, die von Mosso, den Standpunkt vertrat, daß es ein physiologischer Irrtum sei, eine Erholung des intellektuell überforderten Schülers durch eingeschobene Turnstunden erreichen zu wollen, denn jede Ermüdung sei unter normalen Verhältnissen eine nervöse, so daß geistige wie körperliche Arbeit das Zentralnervensystem auf gleiche Weise erschöpfe und es zu beiden Tätigkeiten unbrauchbar mache (101).

2. Neben der Frauenbewegung war auch der gegen Ende des Jahrhunderts aufkommende *Sozialismus* eine Bewegung, die sich in ihrem Verlauf mit der sozialen Frage des Kindes befaßte.

Der geistige Boden, den der Sozialismus in Italien antraf, war so beschaffen, daß vor allem die Jugend und die geistige Führungsschicht des Landes sich dem Schwung der Bewegung nicht entziehen konnten.

Das italienische Leben war nach 1870 geprägt von tiefer Ernüchterung und Kleinmütigkeit. Die Erringung der politischen Einheit der Nation konnte nicht darüber hinwegtäuschen, daß das von Mazzini und anderen Vorkämpfern aufgestellte Ideal der geistigen und sittlichen Einheit nicht erreicht worden war. Außenpolitische und sozialpolitische Mißerfolge der jungen Republik hatten den Höhenflug des nationalen Denkens des Risorgimento in die Tiefe von nationalen Minderwertigkeitsgefühlen und Unzufriedenheit gerissen (102).

Dadurch konnte der Sozialismus als geistige Bewegung in Italien stärker als anderswo gerade in den akademischen und gebildeten Schichten Fuß fassen. Seine Führung lag bald in den Händen von Hochschullehrern (z.B. Arturo Labriola) und Advokaten: Von den 32 der im Jahre 1900 in die Kammer einzeihenden sozialistischen Abgeordneten waren 9 Universitätsdozenten, und 1907 gehörten rund 60 Hochschullehrer der sozialistischen Partei an, neben einer noch größeren Zahl von sogenannten „simpatizzanti" (103).

Nach dem verläßlichen Urteil Croces strebten fast alle hervorragenden Köpfe der jungen Generation zum Sozialismus und galt es „als sicheres Zeichen von Inferiorität", wenn man sich seinen Idealen verschloß, ihnen gegenüber gleichgültig blieb oder sie gar ablehnte (104).

Diese sozialistische Bewegung war im Hinblick auf die Pädagogik der Nährboden, auf dem eine immer stärkere kulturkritische Tendenz gedieh, die sich zunehmend auf eine Kritik der bestehenden Gesellschaft, ihrer Ungerechtigkeiten und Klassenunterschiede zuspitzte und - ins Positive gewandt - der Erziehung als vorrangige Aufgabe die sittliche und soziale Erziehung des Volkes zuwies. Was die Pädagogik des Risorgimento nicht geleistet hatte, die Befreiung des Individuums und die Bildung der sozialen Persönlichkeit und der neuen Gesellschaft, das wurde nun in zwingendem Maße von der Erziehung und der Schule erwartet.

Will man Montessoris Stellung zur sozialistischen Bewegung kennzeichnen, so wird man sagen müssen, daß sich die junge Akademikerin von der Bewegung auf das stärkste angesprochen fühlte. Ihre Emphase für die Kommunisierung der Familie, ihr Eintreten für die Sozialisierung des Hauses und ihr Kampf für die Befreiung des Kindes sind nicht von dem Hintergrund der sozialistischen Bewegung zu trennen. Ihre Verkündigung des neuen Menschen und der neuen Gesellschaft trägt auch Züge, die an die sozialistische Verheißung einer neuen Gesellschaftsordnung erinnern (105).

Gleichwohl dürfte man Montessori nicht gerecht werden, würde man sie als Sozialistin oder gar als Kommunistin abstempeln. Bei aller Affinität zum Programm der sozialistischen Bewegung und bei aller kämpferischen Einstellung, die man Montessori nicht absprechen kann, ist ihr Werk doch stärker sozial als sozialistisch geprägt, sozialistisch allenfalls im Sinne des Begriffs bei Saint-Simon. Auch wenn Montessori eng mit der sozialistischen L'Umanitaria in Mailand zusammenarbeitete, wurde sie selbst nicht Mitglied der Partei. Der Grund dafür ist neben äußeren Ursachen (106) wohl vor allem darin zu sehen, daß für Montessori die pädagogische Fragestellung die soziale in ihrem Rang übertraf, auch wenn sie für Montessori stark vom Sozialen und Sozialreformerischen her bestimmt ist und es gelegentlich so scheint, als werde die pädagogische Frage nur um der sozialen Programmatik und um des sozial-reformerischen Zieles willen aufgeworfen.

Auch Montessoris spätere Programme für die Verteidigung und Befreiung des Kindes sprechen von einer ins Politische gewandten sozialen Einstellung, die Montessori immer wieder in die Nähe der sozialistischen Bewegung brachte. Als sie in S.Diego (Kalifornien) die Gründung einer dem Roten Kreuz vergleichbaren Einrichtung zum Schutze der Kinder, das „White Cross: la Croce Bianca dei bambini" (107) plante, wandte sie sich an den Direktor der sozialistischen Società Umanitaria in Mailand und ersuchte ihn, diese Einrichtung in Italien zu propagieren und zu organisieren (108).

Als Montessori Ende der dreißiger Jahre von Laren aus die Gründung der „Social Party of the Child" betrieb, forderte sie in dem Parteiprogramm die Anerkennung des Kindes als vollberechtigten Staatsbürger und verlangte (in Punkt I A), daß eigene Abgeordnete in die Parlamente delegiert würden, die in allen legislativen Beratungen die Rechte des Kindes zu vertreten hätten (109). Punkt I B dieses Programms enthielt die Forderung nach Errichtung eines eigenen Ministeriums des Kindes (Ministry of the Child), dessen Aufgabe es sein sollte, die praktischen Folgerungen, die sich aus der Anerkennung der Rechte des Kindes ergeben, zu verwirklichen und alle bestehenden Bemühungen um die Sicherung des Lebens und der Entwicklung des Kindes zu koordinieren.

Spätestens diese weltweiten Pläne zur Verteidigung des Kindes und für die Anerkennung seiner Rechte als Bürger haben das soziale Grundmotiv Montessoris deutlich hervorgehoben, ein Grundmotiv, das von gut orientierten Autoren mit vollem Recht als ein dominierendes Thema ihres Denkens und ihrer Arbeit herausgestellt und als unmißbares Element für das Verständnis Montessoris bezeichnet worden ist (110).

Wenn Montessori die Schule ihrer Zeit kritisch untersucht, dann wird diese Kritik vornehmlich von diesem sozialen Motiv ihres Denkens her angeregt.

Dieser Angriff Montessoris zielt zunächst auf das äußerliche Bild der Schule. Hier erscheint der Dottoressa die Schulbank als das nach außen sichtbare Zeichen des Geistes, der die bisherige Schule beherrscht: als Zeichen der Unterdrückung des Kindes. Dabei hat diese Unterdrückung für Montessori mehrere Aspekte.

Die „orthopedic machines" (111), an die die Kinder den ganzen langen Schultag gekettet sind, stellen nur eine Seite dieser Unterdrückung dar, nämlich die des Tätigkeits- und Arbeitsdranges der Kinder. Dabei erscheint es Montessori - genau wie vorher Seguin - besonders schwerwiegend, daß gerade die Hand als Werkzeug der Intelligenz (112) sich nicht betätigen darf. Aber nicht nur, daß die Schule die körperlichen Bewegungsbedürfnisse des Kindes niederhält, wirkt sie dadurch, daß sie das Kind ständig zur Passivität zwingt, sogar gesundheitsschädlich. Das weist Montessori durch anthropometrische Untersuchungen nach, bei denen sie ermittelt, daß gerade die fleißigsten und besten Schüler den geringsten Brustumfang haben und damit zur Tuberkulose am meisten prädisponiert sind (113).

Eine noch ärgere Unterdrückung des Kindes erblickt Montessori in der willkürlichen und ungerechten Art, in der die Schüler von ihren Lehrern beurteilt und eingestuft werden.

Zunächst arbeitet sie in einer eingehenden Untersuchung über die Kriterien, nach denen die Schülerbeurteilung in den römischen Elementarschulen durchgeführt wird, heraus, daß den Lehrern ein wissenschaftlicher Maßstab dafür fehlt (114).

Dieses Urteil bleibt - so meint sie - dem guten oder dem bösen Willen des Lehrers überlassen. Dabei stellt Montessori fest, daß als die intelligentesten Schüler jene angesehen wurden, die am besten in der Lage waren „to recite dogmatic truths from memory". Und sie fügt generalisierend hinzu: „As a general rule that pupil is considered the most intelligent who best succeeds in echoing his teacher and in modeling his own personality as closely as possible upon that of his preceptor" (115). Darin aber erkennt Montessori eine folgenschwere Überformung des Kindes, durch die seine wahren spontanen Kräfte erstickt und ausgelöscht werden.

In einer anderen Untersuchung zum Problem der Schülerbeurteilung weist Montessori nachdrücklich darauf hin, wie ungerecht diese gegenüber dem Schüler verfährt. Die Nachforschungen, die sie an 34 von den Lehrern als die Intelligentesten und 36 als die am wenigsten intelligent bezeichneten Schülern ihrer Klasse durchführt, ergeben, daß Belohnung und Strafe in den meisten Fällen nicht persönliche Verdienste bzw. Verfehlungen des Schülers treffen, sondern eigentlich seiner sozialen Herkunft gelten (116).

In der „Pädagogischen Anthropologie" heißt es: „When the educator praised the one and punished the other, he was sanctioning the necessary effects of causes that were unknown to him".

Und an der gleichen Stelle schreibt Montessori weiter: „The instinctive malefactor is not to blame, the blame should rest rather upon his parents who gave him a bad heredity; but these parents were in their turn victims of the social causes of degeneration. The same thing may be said if a pathological cause comes up for consideration in relation, for instance, to certain anomalies of character" (117).

Eigene Nachforschungen Montessoris in Elementarschulen Roms hatten ergeben, daß bei Schülern, die die Prüfungen glänzend bestanden, diejenigen absolut überwogen, die in den besten sozialen und biologischen Umweltbedingungen lebten, während das Gegenteil für jene galt, die von den Prüfungen ausgeschlossen blieben (118).

Eine weitere Form der Unterdrückung des Kindes sieht Montessori in der Mißachtung seines individuellen Rhythmus und seiner persönlichen Lernbedürfnisse; ein unumstößlicher Lehrplan und ein vom Lehrer gewissenhaft durchgeführter Stundenplan tun das ihre, um jede Arbeitsfreude und Lernlust des Kindes im Keime zu zerstören. Ja, die Schule kennt - so meint Montessori - die Individualität des Kindes überhaupt nicht, und sie kann sie gar nicht kennen. Denn solange das Kind nur von außen gezwungen wird, bestimmte Tätigkeiten auszuführen, kann es von sich selbst nichts enthüllen, außer jener einzigen Fähigkeit, dem Zwang der Umgebung zu entsprechen (119).

Den grundlegenden Irrtum der alten Schule sieht Montessori darin, daß sie von der Unterscheidung zweier verschiedener Wesen ausgegangen ist und dem einen, dem Erwachsenen, die Aufgabe zugesprochen hat, das Kind zu formen, während sie vom Kinde verlangt hat, sich bedingungslos zu fügen und nachzufolgen. Damit ist das Kind der einzige noch vergessene Bürger geblieben, und hinsichtlich der Anerkennung seiner Rechte befindet sich - so formuliert Montessori 1915 überspitzt - die Menschheit noch auf der Stufe von Kannibalen und Piraten (120). Die alte Schule als der Ort, wo sich das völlig entrechtete Kind und ein allmächtiger Lehrer begegnen, stellt für Montessori eine asoziale Umgebung par excellence dar. Denn höchstens im Leben der Soldaten - wie Montessori später (1920) einräumt (121) - herrscht noch ein vergleichbares Verhältnis, daß Menschen schweigend nebeneinander sitzen und einer Person zuhören, die dauernd spricht.

In dem letzten von ihr selbst edierten Buch hat Montessori die soziale Stellung des Kindes in der Schule, wie sie sie kennenlernte, rückschauend wohl am prononciertesten gezeichnet: „Eingeschlossen in kahle Zellen, auf hölzernen Bänken sitzend unter der Gewalt eines Zwingherrn, der es sogar zwang, zu denken, so wie er wollte, zu lernen, was er wollte, zu tun, was er wollte ... Zusammengepfercht, allerlei ansteckenden Krankheiten ausgesetzt, leidend unter Kälte, so lebte das Kind in diesen Konzentrationslagern" (122).

So sieht Montessori die Lage des Kindes in der alten Erziehung ab ovo als eine genuin soziale Frage an. Die Lösung dieser Frage erwartet sie nicht von einem „Klassenkampf", denn einen solchen zu führen, ist das Kind zu schwach. Die Lösung der sozialen Frage des Kindes stellt sie als eine unaufschiebbare Aufgabe des Erwachsenen dar. Einen ganz entscheidenden Beitrag dazu soll die neue wissenschaftliche Pädagogik leisten, und in der „Pädagogischen Anthropologie" bestimmt sie diesen Beitrag programmatisch: „It is not the school bench, but the *method* that needs reforming; it is not the ligaments of the spinal column, but *human life in evolution* that we ought to respect, and *lead toward the attainment of perfection!"* (123).

III. Der wissenschaftliche Rahmen

„The Montessori System is scientific education".

Dieser wie ein Fanfarenstoß wirkende apodiktische Satz steht zu Beginn von Montessoris Buch „What You Should Know About Your Child" (124), und er drückt einen Grundanspruch aus, der sich durch Montessoris Werk vom Anfang bis zum Schluß wie ein roter Faden zieht, diesen nämlich, gegenüber der alten, in Vorurteilen und Spekulationen befangenen Pädagogik eine neue und wissenschaftliche Pädagogik errichten zu wollen bzw. errichtet zu haben.

Dieser Grundanspruch Montessoris ist nicht zu verstehen, wenn man ihn nicht zurückbezieht auf die geistige Umbruchsituation und den fortschrittlichen Szientismus der Zeit, in der er geboren wurde und aus dem er seine nähere Bestimmung erfahren hat.

Darüber hinaus scheint es notwendig, den allgemeinen geistesgeschichtlichen Rahmen der Zeit zu kennzeichnen, innerhalb dessen sich Montessoris wissenschaftlicher Begriff der Pädagogik artikuliert hat. Nur wenn man diesen Rahmen mit beachtet, läßt sich verstehen, warum Montessori gerade zu ihrem speziellen und in mehrfacher Hinsicht eingeschränkten Wissenschaftsbegriff der Pädagogik kam.

Das italienische pädagogische Denken der ersten Hälfte des 19. Jahrhunderts war wie das gesamte geistige Leben des Landes weithin katholisch bestimmt worden. Auch nationale Pädagogen wie Mazzini, die nicht ausdrücklich von diesem Boden ausgingen, konnten sich seinem umfassenden Einfluß nicht entziehen. In dieser Einbettung nahm das pädagogische Denken der Zeit eine ausgesprochen philosophisch-theologische Richtung (125).

Obwohl diese Zeit ein Erwachen des pädagogischen Interesses mit sich brachte, das sich u.a. in der Errichtung von Volksschulen, Kindergärten und Industrieschulen, in der Gründung pädagogischer Zeitschriften und in der Kontaktnahme mit dem transalpinen Erziehungsdenken niederschlug, blieb die Erziehungstheorie des Risorgimento stets relativ weit von der Erziehungspraxis entfernt. Das hatte seinen Grund sowohl in der Nähe dieser Pädagogik zum Katholizismus als auch in ihrer Abhängigkeit von der Philosophie, denn dadurch ging das eigentliche wissenschaftliche Streben vornehmlich auf die *theoretische* Betrachtung der Pädagogik in ihrer Einheit mit moralischen, philosophischen und religiösen Fragen. Auch wo das Interesse an didaktischen Fragen wach wurde, wie z.B. bei Rosmini-Serbati, blieb es eingefaßt in den Rahmen einer philosophischen Erziehungslehre (126).

Diese philosophische und spekulative Pädagogik hat Montessori vor allem vor Augen, wenn sie gegen die „alte Erziehung" zu Felde zieht und ihr vorwirft, sie sei „dogmatisch" verfahren und habe sich darauf beschränkt, bloße Kultur- und Wissensübertragung zu sein.

Um 1860 begann sich das Bild des geistigen Lebens in Italien entscheidend zu wandeln. Wie andernorts drang der Positivismus in alle Kulturbereiche ein. Gegenüber anderen Ländern war aber der Ansturm der neuen Denkrichtung in

Italien von besonderem Schwung. Mehrere spezifische Eigenheiten trugen zu diesem raschen Eindringen und zu der begeisterten Aufnahme der Bewegung bei.

a) Italien war das Land, in dem es im eigentlichen Sinne keine Aufklärung gegeben hatte (127). Die politische und die weltanschauliche Konstellation der Halbinsel hatten die aufklärerischen Gedanken nicht wie anderswo Boden gewinnen lassen, so daß keine ausreichende Kenntnis des aufklärerischen Denkens bestand. Noch viel weniger aber hatte eine gehörige Auseinandersetzung mit ihm stattgefunden. Diesen „Nachholbedarf" suchte man nun also mittels des Positivismus, des legitimen Kindes der Aufklärung, zu befriedigen.

b) Die politische Lage Italiens hatte bis zur Erreichung der nationalen Einheit des Landes das geistige Leben stark vom übrigen Europa abgekapselt. Als sich die politischen Grenzen öffneten, kam auch der Prozeß des geistigen Austausches rasch in Bewegung, einerseits, weil besonders von Frankreich her das neue Denken sich schnell ausbreitete, und andererseits, weil sich die Jugend Italiens geradezu hungrig gegenüber den neuen, ihr bislang verschlossenen Gedanken zeigte (128).

c) Ein dritter spezifischer Gesichtspunkt wird schließlich von Croce darin gesehen, daß die katholische Orthodoxie in der zweiten Jahrhunderthälfte im geistigen Leben des Landes mehr und mehr an Kredit verlor und nicht in der Lage war, „den lebendigen und führenden Kreisen der Nation eine Weltanschauung zu geben" (129), so daß sie selbst mit für die allgemeine Zuwendung zum Strom des positivistischen Denkens verantwortlich wurde. Aber nicht nur, daß der Katholizismus den Ansturm des Positivismus nicht aufzuhalten vermochte, wurde jener in dem schwelenden Gegensatz von Staat und Kirche sogar ausdrücklich als Waffe gegen den Einfluß des Klerikalismus ergriffen.

Hinter diesen drei Punkten stand freilich auch in Italien die durch den Fortschritt der Naturwissenschaften gestützte Forderung nach Ablösung der spekulativen Philosophie und ihrer apriorischen Methode zugunsten der positiven Wissenschaft und ihrer aposteriorischen Methode (130). Aber auch hinsichtlich dieses Gesichtspunkts ergaben sich in Italien besondere Akzentuierungen insofern, als der Hegelianismus und der Idealismus Rosminis und Giobertis als Geistesrichtung weitgehend mit der politischen Bewegung des Risorgimento ineinsgesetzt worden waren, so daß sich die politische Ernüchterung und Enttäuschung auch auf die Philosophie auslud.

Diese Situation muß man kennen, um zu begreifen, daß sich innerhalb weniger Jahre in Italien eine ganz gewaltige Umstrukturierung vollzogen hat, die dazu führte, daß der Positivismus binnen kurzem „fast unangefochten" (131) das gesamte Kulturleben des Landes beherrschte, und daß in allen Bereichen des geistigen Lebens der Verzicht auf systematische Geschlossenheit der Erkenntnis in Kauf genommen wurde, und zwar um der von der positiven Wissenschaft gegebenen Verheißung von Fortschritt und Neuordnung willen; dabei konnte der Fortschrittsoptimismus des Positivismus unmittelbar an den Fortschrittsgedanken des Risorgimento anknüpfen, der als Ideal und als Aufgabe bestehen geblieben war, auch als der Schwung jener Bewegung verebbte. So kam es, daß das Wort Philosophie in Mißkredit kam und nicht selten zum Gegenstand des Spottes erniedrigt wurde (132).

Es liegt nahe, daß mit der Diskreditierung der Philosophie auch die philosophische Pädagogik erschüttert wurde. Es ist ebenso verständlich, daß mit dem Ansteigen des Antiklerikalismus die Preisgabe der religiös begründeten Pädagogik Hand in Hand ging, und es ist schließlich nur folgerichtig, daß auch die moralische Einordnung der Pädagogik von der positivistischen Moral neu in Angriff genommen wurde. Wenn die Metaphysik als ein Aggregat von Philosophen geschaffener künstlicher Idealgebilde angesehen wurde, dann konnte die philosophische Pädagogik nicht länger Daseinsrecht beanspruchen, sondern war vielmehr so schnell wie möglich von diesen „Phantasmata" zu reinigen. Was die religiöse Einordnung der pädagogischen Fragestellung betrifft, so ist der Positivismus von einer strikten Scheidung zwischen Religion und Wissenschaft gekennzeichnet. Wenn aber die Religion zu einem „rein subjectiven Gefühle des Menschen" (133) erklärt und als ein vom wissenschaftlichen vollkommen heterogener Bereich angesehen wurde, dann mußte die Einordnung der pädagogischen Frage in die reiligiöse in dem Maße als antiquiert und unhaltbar erscheinen, in dem man eine wissenschaftliche Pädagogik zu schaffen beabsichtigte (134). Wenn die positive Wissenschaft eine weltimmanente Moral vertrat, dann ergab sich auch für die Pädagogik eine ganz bestimmte Ausrichtung, nämlich die auf eine ausgesprochen soziale Moral, als deren höchste Tugenden Uneigennützigkeit und Altruismus zu gelten hatten.

Sieht man die alte dreifache Einbettung der pädagogischen Fragestellung unter der Rücksicht des Comteschen Dreistadiengesetzes, so bot die Pädagogik den Anblick der „Unmündigkeit", und es schien an der Zeit, sie daraus zu befreien und in ein Stadium überzuführen, in dem es möglich wäre, „alle Erscheinungen als notwendige Folgen unabänderlicher Naturgesetze zu betrachten" (135). Das aber hieß, die Erziehung von ihrer theologischen, metaphysischen und literarischen Grundlage zu lösen und sie als eine positive, dem Geist der Epoche und den Erfordernissen der modernen Zivilisation angepaßte Wissenschaft zu etablieren.

Montessoris Ablehnung der Philosophie als Basis der Pädagogik hat hier neben der von der Frauenbewegung her überkommenen Abneigung eine weitere Wurzel. Die Spannung zwischen Religion und positiver Wissenschaft wird auch bei Montessori akut; sie muß weiter unten eigens untersucht werden. Was schließlich die moralische Erziehung betrifft, so erblickt Montessori gerade in diesem Punkt das schlimmste Versagen der alten Erziehung, einmal, weil sie sich fast ausschließlich auf moralische Belehrung beschränkt hatte, zum anderen, weil sie eine betont individuelle Moral vertreten hatte. Dagegen stellt sich Montessori durchaus hinter das positivistische Postulat des Altruismus als höchster Tugend.

Der Gedanke nun, der die wissenschaftliche Basis für diese neue „positive" (136) Pädagogik abzugeben in der Lage zu sein schien, war der in der zweiten Hälfte des Jahrhunderts nahezu alle Wissensbereiche erobernde *Evolutionsgedanke*. Mit seiner

Hilfe schien es möglich, die Erziehungsvorgänge in die allgemeine Naturkausalität einzuordnen und das pädagogische Denken auf einen Schlag sowohl aus den metaphysischen und theologischen Vorurteilen zu befreien, als auch die Erziehung kraft dieser allgemeingültigen wissenschaftlichen Grundlage zum Motor des evolutiven Fortschritts selbst zu machen.

Es waren vor allem diese drei Gesichtspunkte, die den Evolutionsgedanken von Anfang an für die Pädagogik bedeutungsvoll erscheinen ließen; einmal als erziehungswissenschaftliches Instrument, das zu neuen und ergebnisträchtigen Studien führen und eine neue Sicht des Kindes vermitteln könnte, zweitens als Mittel, das das pädagogische Denken aus der Befangenheit des Dogmatismus herausführen sollte, und schließlich als Quelle neuer, dem allgemeinen Fortschritt durch Höherführung des Menschen dienender erzieherischer Wirksamkeit.

Das bedeutete gegenüber der alten Pädagogik in der Tat eine radikale Umkehr, und mit Recht sprach der italienische Positivismus von einer neuen pädagogischen Theorie und einer neuen Erziehung, die er zu schaffen sich anschickte.

Diese programmatische Forderung gehört als bestimmendes Moment bereits von dem Augenblick an zu Montessori, in dem sie sich zum ersten Mal mit der pädagogischen Frage befaßt. Sowohl ihr Studium der Schwachsinnigenerziehung als auch ihre anthropologischen Nachforschungen standen von Anfang an unter dem Leitgedanken einer radikalen Reform der bisherigen Erziehung und Schule. Sie sollten eine neue Sicht des Kindes ebenso ermöglichen, wie sie die Pädagogik als positive Wissenschaft fundieren sollten; daß in dieser wissenschaftlichen Pädagogik ein Instrument für den Fortschritt der ganzen Menschheit zu sehen wäre, hatte Montessori nicht erst bei Sergi und Lombroso zu hören, sondern bereits bei Itard und Seguin erfahren.

Die erste Kritik an der alten Erziehung setzte der Positivismus dort an, wo Erziehung bisher als mehr oder weniger mechanische Übertragung von dogmatischen Wahrheiten und Kenntnissen verstanden worden war. An die Stelle eines Verständnisses der Erziehung als Vermittlung von Kultur und Wissen rückte nun der Gedanke der Entfaltung der eigenen Kräfte des Zöglings gemäß den immanenten Entwicklungsgesetzlichkeiten. Entfaltung der eigenen Kräfte aber ist notwendig Selbstaktivität des Zöglings. In der Tat kommt es unter dieser Rücksicht zur Formulierung des Erziehungsbegriffs als Selbsterziehung, und Spirito sieht in dieser Hinsicht in Montessoris Begriff der „Autoeducazione" die vollkommene Ausformung des positivistischen Erziehungsbegriffs (137).

In dem positivistischen Gedanken der Autoeducazione steckt noch ein anderer Gesichtspunkt. So wie im Horizont des Evolutionsgedankens das Prinzip der Materie Aktivität ist und der Mensch nicht so sehr unter der Rücksicht seines Seins, sondern unter der seines Werdens gesehen wird, so wird der Mensch, d.h. alles, was der Mensch ist, als das Ergebnis einer ungeheuren Arbeit, die zum Großteil unbewußt geleistet wird, d.h. als das Ergebnis der Arbeit der Entwicklung und der Metamorphosen angesehen. Für die psycho-physiologische Frage nach dem Verhältnis von Funktion und Organ heißt das: der italienische Positivismus spricht nicht von einem Organ, dem die wesenseigene Funktion folgt, nachdem jenes aufgebaut worden ist, sondern es ist die Rede von einer einheitlichen dynamischen Kraft (unico dinamismo), die durch ihre Aktivierung Funktionen und Organ aufbaut. So kann Montessori davon sprechen, daß das Kind den Erwachsenen aufbaut, daß das Kind der Baumeister des Menschen ist, und zwar insofern, als es handelt und „arbeitet".

Wenn das Verständnis der Erziehung als Übermittlung von Kultur abgewiesen wird, dann bringt diese Ablehnung auch eine Zurückweisung aller katechisierenden Unterrichtsverfahren mit sich. An die Stelle des Wortes und eines Worte machenden Lehrers tritt die Sache selbst und ihre unmittelbare Erfahrung. Der Weg, die Sachen selbst zu erfahren, führt aber über die Sinne. So fordert die positivistische Pädagogik die unterrichts-methodische Verwendung des Experiments und der Erfahrung unter Beteiligung aller Sinne und die größtmögliche Ausschaltung der Belehrung durch Worte. Die Voraussetzung für den fruchtbaren Umgang mit den Sachen und für ihre genaue Perzeption sind aber gut ausgebildete Sinne auf seiten des Schülers.

Hier tritt die Parallele zur Erkenntnislehre Seguins deutlich hervor. Beide fließen aus der gleichen Quelle, und wenn Ardigò, der führende Systematiker des italienischen Positivismus, alle psychischen Akte als Sensationen oder Erinnerungen an Sensationen bezeichnet, die ganz von Form, Qualität und Tätigkeitsweise der Sinnesorgane abhängen (138), dann ergibt sich von hier aus die gleiche Forderung wie bei Seguin, daß die Erziehung mit der Erziehung der Sinne zu beginnen habe.

Sofern von einer Vermittlung abstrakter Gedanken die Rede sein soll, müssen diese an einen sinnlichen Koeffizienten gebunden sein, das heißt als „materialisierte Abstraktionen" in einem vorgeformten Material „zur Verfügung stehen". Wenn es gelänge, ein System von didaktischen Materialien zu schaffen, dessen Durcharbeitung immer weitergehende Einsichten vermittelte, dann könnte in dem Maße der Vollständigkeit dieses Systems der Lehrer als „Lehrer" und das Wort als Belehrungsmittel ausgeschaltet und die Verwirklichung des positivistischen Ideals einer Erziehung durch die Sachen so weit als möglich vorangetrieben werden. Nur wenn eine Erziehung durch die Sachen verwirklicht worden ist, d. h. wenn die „Erziehungsmittel supranaturaler Ordnung" (Siciliani) aus der Erziehung verbannt sind, kann die Erziehung den Entwicklungsstand der Naturwissenschaft erreichen, und erst dann kann von einer natürlichen Erziehung und von natürlichen Erziehungsmethoden die Rede sein, während - und hier wird sowohl die antikirchliche Wendung als auch der Stadiengedanke wieder deutlich - der theokratische Charakter der alten kirchlichen Pädagogik, die es abzulösen gilt, keine natürliche und spontane Entwicklung und Entfaltung der menschlichen Kräfte zuließ, vielmehr - wie allen voran Siciliani vertritt - das psychische Leben des Menschen unterdrückte (139).

Je mehr aber die Erziehung von den Sachen selbst ausgehen soll, werden musische Bereiche für die Erziehung zweitrangig; die Phantasie und das freie Spiel geraten sogar in den Verdacht, die richtige Perzeption der Wirklichkeit zu gefährden. Wird die Phantasie aber zu „einer schmarotzenden Kraft, deren Nachteile oft nicht wieder gutzumachen sind" (140), dann wird sie zur Wurzel krankhafter Wirklichkeitsanpassungen und muß aus der Erziehung ausgeschlossen werden. Das heißt nicht, daß die Einbildungskraft im Positivismus keine Rolle spielt. Sie hat aber nur dort ihre Berechtigung, wo sie von der Wirklichkeit ausgeht, d.h. wo sie Wahrnehmungen verknüpft und kombiniert.

Auf das geringe Verständnis Montessoris für das Musische wurde schon im biographischen Teil hingewiesen; die Abwertung der Phantasie und des freien Spiels zeigt sich deutlich bei Itard und bei Seguin; diese Einschätzung wird von hier aus weiter vertieft. Montessoris Begriff der Einbildungskraft deckt sich im wesentlichen mit dem hier skizzierten. In dem einschlägigen Kapitel der „Selbsttätigen Erziehung" sieht Montessori die Methode der positiven Wissenschaft geradezu darin, „das Wirkliche zu sammeln und dann die eigene Einbildungskraft darüber zu erheben" (141).

Diese Einordnung der Einbildungskraft entspricht durchaus der positivistischen Auffassung; sie deckt sich ganz augenscheinlich mit Comtes Begriff der Einbildungskraft, wenn er „das Eigentümliche der Methode der positiven Philosophie in der Unterordnung der Einbildungskraft unter die Beobachtung" (142) sieht.

Da der Ethik des radikalen Positivismus ein transzendenter Gesetzgeber und Richter fremd ist, stellt sie sich gegen die christliche Moral und bezeichnet sie als heteronom und utilitaristisch. Der Gedanke der Rettung der eigenen Seele erscheint ihr sogar ausgesprochen egoistisch und deshalb jeder positiven Moral zuwider. Denn für den Positivismus bestimmt sich die Moral ganz als Altruismus und die moralische Haltung als das Vermögen der Anpassung.

Auch hier ist die Parallele zu Montessori offenkundig. Der sozialerzieherische Gedanke des Kinderhauses als einer „natürlichen Gesellschaft der Kohäsion", wie Montessori in einem Vortrag von 1946 das Zusammensein der Kinder charakterisiert, beruht auf dem Prinzip gegenseitiger Rücksichtnahme und altruistischer Hilfsbereitschaft. Boeckers sieht ob dieser Grundlegung in Montessoris Casa dei bambini das Idealbild der positivistisch-sozialistischen Gesellschaft verkörpert: „eine genossenschaftliche Vereinigung, in der jedes Individuum seine Lebensbefriedigung findet, indem es sich der Arbeit für das Ganze einreiht" (143).

In einem Aufsatz von 1932, in dem Montessori ihren Begriff der Moral erläutert, stellt sie sich durchaus ganz in die Nähe der positivistischen Ethik, wenn sie mit moralischer Haltung nicht das Gefüge sittlicher Prinzipien und ihre Verwirklichung meint, sondern darunter die Aktivierung des Anpassungsvermögens versteht (144).

In der Ethik Ardigòs ist kein Raum für den freien Willen. Dagegen wird gesprochen von Spontaneität und Autonomie, aber nur in dem Sinne, daß der Mensch gemäß seiner besonderen psycho-physischen Struktur auf die äußeren Reize auf besondere Weise reagiert, oder in der Hinsicht, daß es die spontane und autonome Grundkraft des Menschen ist, die sein Handeln antreibt. Der Begriff der

Pflicht - obligatorietà - spielt dagegen eine wichtige Rolle; er wird zurückgeführt auf die psycho-physiologische Impulsivkraft der Idee - impulsività psico-fisiologica dell'idea -. Dabei kommt nach Ardigò den aus der Assoziation von Sensationen entstandenen Ideen eine gewisse, das Handeln bestimmende Kraft zu. Diese Impulsivkraft der Ideen läßt sich verstärken durch die Ausbildung von Gewohnheiten. Der Gedanke des Bildens von Gewohnheiten spielt deshalb in der sittlichen Erziehung der italienischen Positivisten eine große Rolle, freilich nicht das Ausbilden von Gewohnheiten schlechthin, sondern von guten und vollkommenen Gewohnheiten. Gute und vollkommene Gewohnheiten aber sind solche des Altruismus. Ebenso wie die Gesellschaft es ist, die den von Natur aus egoistischen Menschen zu einem moralischen Wesen macht, so geschieht auch die Erziehung zum Altruismus durch die Gesellschaft, und zwar in der Schule, in der der Geist der Brüderlichkeit eingepflanzt und die Beseitigung der sozialen Unterschiede vollzogen wird.

Ist von der positivistischen Ethik des Altruismus die Rede, dann ist in diesem Zusammenhang noch auf ein in der monistischen Gleichsetzung von Mensch und Natur enthaltenes Moment hinzuweisen, das darin besteht, daß der Mensch als ein Produkt der Natur eingebunden ist in die kosmische Gesetzlichkeit der Gesamtnatur. Der positivistische Humanismus weitet sich dadurch aus zu kosmischer Dimension. Für die Erziehung bedeutet das, daß ein „Eingleisen" des Menschen, besser: aller Menschen, in die allumfassende Gesetzlichkeit neben dem verheißenen Fortschritt einer Höherführung der Menschheit zugleich beitragen wird zur Erreichung einer kosmischen Harmonie und Ordnung und im zwischenmenschlichen Bereich zur Gewinnung weltweiten Verständnisses und Friedens.

Dieser Gesichtspunkt ist wohl erst in einer späteren Phase bei Montessori immer bestimmender geworden und am stärksten in der theosophischen Umgebung des Indien-Aufenthaltes hervorgetreten, umso wichtiger erscheint es gerade deshalb, mit Nachdruck zu vermerken, daß auch dieser Gedanke nicht erst später hinzugekommen ist, sondern bereits in dem grundlegenden wissenschaftlichen Rahmen von Montessoris pädagogischem Ansatz gegeben war.

De Dominicis hat in seiner Kritik der alten Erziehung es als deren Krebsübel bezeichnet, daß sie in allen Fragen zu abstrakt vorging, daß sie auf einer abstrakten Psychologie aufbaute und deshalb auch den educandus abstrakt faßte, d.h. seine individuelle Entwicklung und seine Beeinflussung durch die Umwelt vernachlässigte (145).

Denn wenn der Positivismus auch die allgemeine Naturgesetzlichkeit in den Vordergrund rückte, so bedeutete das nicht, daß von ihm das Individuum nicht stets als das konkrete Individuum gesehen wurde. Das gilt umso mehr für jene Denker des italienischen Positivismus, die von der Medizin herkamen oder deren Arbeitsgebiet mit der Medizin im Zusammenhang stand (146).

Wenn im biographischen Kapitel die Rede davon war, daß Montessori sich bei der wissenschaftlichen Grundlegung ihrer neuen Pädagogik bei den Anthropologen des italienischen Positivismus Rat geholt hat, so trifft dies vor allem zu auf

Cesare Lombroso, einen Pionier auf dem Gebiete der Kriminalanthropologie, und auf Giuseppe Sergi, in dem Montessori den Begründer der Pädagogischen Anthropologie sieht. Sergi war es, der Montessori anregte, sich dieser Wissenschaft hinzugeben und ihre Lehrtätigkeit dem Fortschritt der Schule zu widmen (147).

Lombroso war in Italien der erste, der die naturwissenschaftliche Methode auf das Gebiet der anthropologischen Forschung übertrug. So wie die moderne Medizin im Gegensatz zur alten die Krankheit nicht mehr losgelöst vom kranken Individuum betrachtete, so führte Lombroso in die Kriminalanthropologie das Studium des Verbrechers ein; seine physiologisch-pathologischen Verbrecherkarten enthielten Angaben über die Sensibilität des einzelnen Verbrechers, über seine Fassungskraft für Ideen, über seinen sozialen und moralischen Standard, über seine Handschrift und über seine schriftlichen Äußerungen. Die somatische Untersuchung der Verbrecher führte Lombroso zu dem Ergebnis, daß der Kriminelle stets *Anomalien* der Form zeigt, oder besser, morphologische *Abweichungen* verbunden mit Degenerationserscheinungen, d.h. daß er deutlich verschieden ist vom *normalen* Individuum. So gelangte Lombroso zur Klassifizierung einer Reihe von verschiedenen Verbrechertypen, deren gemeinsamen biopathologischen Grund er in der Erscheinung der Degeneration bzw. der *Deviation* (deviazione) erblickte.

Ähnlich wie in Frankreich Morel suchte Lombroso die Ursache für die Abweichung des Verbrechers von der Norm vor allem in den soziologischen Verhältnissen, d.h. in der sozialen *Umgebung* des betreffenden Individuums. Daneben bezog er ein ganzes Spektrum von natürlichen, kulturellen und individuellen Einflüssen auf die Genese des Verbrechers mit ein; dieses umfaßte u.a. meterologische und klimatische neben rassischen und ethnologischen Einflüssen, außerdem kulturelle (Erziehung, Religion) und - wie gesagt - soziale (darunter als einen ganz besonders wesentlichen den Antagonismus der Gesellschaftsklassen).

Je mehr aber der Verbrecher hinsichtlich der Genese des Verbrechens durch äußere Faktoren betrachtet wird, desto mehr erscheint er als das Werk seiner Umgebung. Ist aber der Verbrecher durch die Umgebung geworden, was er ist, dann ergeben sich aus diesem Standpunkt nicht nur für das Strafrecht, sondern auch und vor allem für die Erziehung wichtige Konsequenzen.

In dem Maße, wie der individuelle Verbrecher von der Verantwortung für seine Taten entlastet wird, fällt diese zurück auf die Gesellschaft. Damit läßt sie ein Bewußtsein von der Mitschuld all derer erwachen, die diese degenerierenden Umweltverhältnisse tolerieren oder gar gutheißen. Was für Lombroso daraus folgt, ist die Notwendigkeit einer sozialen Reform der Menschheit. Diese Reform besteht aus zwei Seiten, einmal der Umgestaltung der sozialen und kulturellen Umgebung und zum anderen der Heilung der Abnormalitäten der Menschheit und der Sorge um ihre geistige Gesundheit, d.h. um ihre normale Entwicklung.

Es entspricht weitgehend dieser Sicht Lombrosos, wenn Montessori in den Erziehern die Inauguratoren einer Epoche geistiger Gesundheit sieht (148) und sie als „the true physicians and nurses of this new cure" (149) bezeichnet.

Daß es sich bei dieser Auffassung von der erziehlichen Aufgabe nicht nur um eine zufällige Übereinstimmung mit Lombrosos Sicht des Erziehers handelt, sondern hier eine durchgängige Bestimmung des pädagogischen Auftrags gemeint ist, wird durch einen Hinweis auf eine ganz späte Schrift Montessoris deutlich. Noch 1949 meint sie dort, die Erzieher müßten in dem „weltweiten Hospital Pfleger werden" (150), und zwar Therapeuten der seelischen Leiden und der anormalen seelischen Erscheinungen der Menschheit.

Da eine radikale Ausmerzung der degenerierenden Ursachen nicht möglich ist, weil die Gesellschaft sich nur schrittweise vervollkommnet, kommt die größere Bedeutung der Umformung des Menschen zu. Die Weise aber, den neuen Menschen zu bilden, heißt Erziehung. Soll die Erziehung aber den neuen Menschen und eine neue Gesellschaft hervorbringen, dann darf sie nicht länger Hörige und Dienerin der gegenwärtigen Gesellschaft sein, sondern muß - geleitet von dem Bild des Menschen in seiner Normalität, d.h. des normalen Menschen - die Befreiung des Menschen aus den Fesseln der sozialen Unterdrückung und Verderbnis betreiben und das Bewußtsein der sich erhebenden Generation auf eine höhere Stufe als die gegenwärtige richten, um beizutragen zur Herbeiführung einer „Epoche der Versöhnung und der Solidarität, in der es keine Begrenzungen der menschlichen Verbrüderung mehr geben wird" (151).

Das Leitbild des normalen Menschen, das das Denken Lombrosos und anderer italienischer Anthropologen der Zeit zentral bestimmt (152), geht zurück auf die Theorie des „homme moyen" Quételets. Der Sozialstatistiker Quételet hatte, ausgehend von dem von Laplace und Poisson entwickelten Erkenntnisprinzip der „großen Zahl", die Ansicht vertreten, daß sich das Gesamt der menschlichen Lebensgestaltung mittels wahrscheinlichkeits-theoretischer Quotienten als naturgesetzlicher Ablauf darstellen lasse. Sein in großem Umfang gesammeltes anthropometrisches Material hatte ihn zur Darstellung der epochemachenden Figur des homme moyen geführt, einem Idealtypus, der das positivistisch-anthropologische Denken seiner Zeit genauso nachhaltig beeinflußte, wie er nachher so entscheidend auf das Denken Montessoris gewirkt hat, daß sie den Begriff des uomo medio im Schlußkapitel ihrer Antropologia Pedagogica zum Grundbegriff der Pädagogischen Anthropologie erhoben hat (153).

Bei der Figur des homme moyen handelt es sich bei Quételet um den „Durchschnittsmenschen", d.h. um den durch Ermittlung der Durchschnittswerte aus einer repräsentativen Vielzahl anthropologischer Einzeldaten konstruierten Typus, der nach äußerer Erscheinung, sozialbiologischen Lebensäußerungen, Intelligenz und moralischem Verhalten die „mittlere Gestalt" des Menschen schlechthin darstellt. Dieser Typus wäre von bloß statistischem Interesse, handelte es sich dabei um ein rein fiktives Rechenergebnis und hätte Quételet ihn nicht für die reale Erscheinung des wirklichen Menschen genommen, „um die sich die Abweichungen der statistisch erfaßten Eigenschaften gewissermaßen wie ungenaue Meßfälle gruppieren" (154). So aber ist der homme moyen für Quételet der Inbegriff von Schönheit, geistiger Höhe und sittlicher Vollkommenheit. Als solcher aber wohnt ihm pädagogische Relevanz inne; und für die Pädagogik geht es unter der Rücksicht dieser Figur darum, Abweichungen von der Normalität zu verhindern bzw. zu korrigieren und den Zögling auf die idealen Werte dieser Normalität einzugleisen.

Im Hinblick auf Montessori kann der Begriff der Eingleisung deshalb gebraucht werden, weil sie den quételetschen Begriff des mittleren Menschen als „vollkommen entwickelten Menschen" (155) auffaßt, von dem alle wirklich existierenden Menschen in größerem oder geringerem Maße abweichen. Wird aber von Montessori als Kriterium für das Erreichen der Norm dieses Idealtypus die Vollkommenheit der Entwicklung angesehen, dann bedeuten alle Abweichungen von der Normalität Deviationen von einer biologischen Tendenz.

Dabei sind Lombroso und Montessori genauso wie Quételet weit davon entfernt, den mittleren bzw. vollkommen entwickelten Menschen als abstrakte Figur anzusehen (156). Auch für Montessori ist der uomo medio der prinzipiell erreichbare Inbegriff von Stattlichkeit und Schönheit, und sie verweist auf die von Viola dargestellte Übereinstimmung der Körperproportionen des mittleren Menschen mit dem griechischen Schönheitsideal (157) und schließt sich seiner Schlußfolgerung an, daß der nach den normalen Gesetzen entwickelte Mensch eine ausnehmend ästhetische Gestalt erreicht. Daß die Griechen diesem Schönheitsideal epochale Gestalt geben konnten, erklärt sich für Montessori daraus, daß sie zu beobachten vermochten und das Wahre, d.h. das Normale, als das Schöne aufzufassen wußten. Was aber ist das Wahre, wie es die Normalität verkörpert? Montessori bezeichnet es als den „Triumph des Lebens" (158). Ist es aber eine biologische Tendenz, ist es der Triumph der Natur, die zur Normalität führt bzw. der die Normalität darstellt, dann ist in der Tat der vollkommen entwickelte Mensch, d.h. jener, der sich gemäß den natürlichen Gesetzen entwickelt hat, ohne von ihnen abzuweichen, die inkorporierte Hoffnung auf eine harmonische Welt und auf eine bessere Menschheit, denn „die mittleren Menschen verkörpern das Schöne, das Wahre und das Gute" (159). Was aber sind die Mittel, die den Fortschritt der Menschheit zur Normalität bewerkstelligen? Montessori nennt übereinstimmend mit Lombroso dieses: den engen Zusammenschluß aller Menschen, d.h. die Schaffung eines wirklichen sozialen Organismus, und sie fügt als zweites hinzu: die Befreiung jedes Individuums aus der Angst um die Verteidigung seines Lebens. Aus der daraus erwachsenden allumfassenden „Friedensherrschaft" sieht Montessori die Möglichkeit der Entwicklung aller Kräfte des Lebens, den „Triumph der Entwicklung des Lebens" (160) auf Grund einer allgemeinen biologischen Freiheit hervorgehen.

In dieser Auffassung hängt das Individuum stark ab von seiner sozialen Umgebung. Deshalb - und hier kehrt der Gedanke wieder zurück zum Ausgangspunkt bei Lombroso - hat der Erzieher sein Hauptaugenmerk darauf zu richten, ob die Schule und die dort üblichen Erziehungsmethoden mit den Zielen des menschlichen Fortschritts übereinstimmen.

Unter dieser Rücksicht wendet sich Giuseppe Sergi der Schule zu. Hatte Lombroso die Verfahren der modernen Anthropologie vor allem auf das Studium der Kriminellen angewandt, so spricht Montessori Sergi das Verdienst zu, die anthropologische Forschung speziell auf die Schule und auf das Studium des Schülers gelenkt zu haben. Sergi sieht es als das größte Übel der Schule seiner Zeit an, daß in ihr an Stelle des individuellen Kindes eine abstrakte Fiktion des Kindes an sich zum Götzen gemacht wird, weil diese Verkehrung dazu führt, daß die Schule die spontanen Äußerungen des Kindes ebenso mißachtet wie seine individuellen Bedürfnisse und stattdessen sich einer Methode bedient, die Sergi schlechtweg als „mariottenismo" bezeichnet (161).

Wie sehr dieser kritische Gesichtspunkt Sergis mit Montessoris kritischer Einstellung zur alten Schule übereinstimmt, ist schon oben deutlich geworden, wo im Zusammenhang mit der sozialen Frage des Kindes darauf hingewiesen wurde, daß Montessori die soziale und biologische Unterdrückung des Kindes gerade auf die Subsumption seiner Individualität und seiner individuellen Bedürfnisse unter eine „abstrakte Fiktion des Kindes an sich" zurückführte.

Das Versäumnis, den einzelnen Schüler in seiner Entwicklung zu führen und zu leiten, treibt nach Sergis Überzeugung die Schule in die einseitige Beschäftigung mit der materiellen Seite, und vor lauter Furcht, ihre Pflicht gegenüber den Lehrplänen und gesetzlichen Vorschriften vernachlässigen zu können, vergißt sie das Wesen, um dessentwillen allein diese Pläne und Anweisungen bestehen. Was sie deshalb ausschließlich zu leisten vermag, ist eine intellektuelle Förderung des Schülers - obwohl sie auch diese auf ungeeignete Weise betreibt -, eine moralische und psychologische Förderung aber kann der Schüler von ihr nicht empfangen (162). Im Gegenteil, statt moralisch weiterzuführen, gefährdet sie sogar die Sittlichkeit (=Altruismus) des Schülers, indem sie ihn in der nivellierten Masse der Klasse untergehen läßt und durch ihre gleichförmig allein Wissen und Gedächtnis ansprechende Methode zum Egoismus und zu gegenseitiger Rivalität treibt.

Montessori sieht als die große Tat ihres Lehrers an, daß er auf dem Gebiete der Erziehung dem lebendigen Individuum zu seinem Recht verholfen und es an die Stelle allgemeiner Prinzipien oder abstrakter philosophischer Ideen zu setzen getrachtet hat.

Das aber erschien Montessori als ein entscheidendes Bemühen, denn wenn das Werk einer Erneuerung der Menschheit gelingen sollte, dann war die Schule der Ort, an dem es ausgetragen werden mußte. Denn was immer zur Emporführung der Menschheit getan werden soll, es würde nur Erfolg haben, wenn es sich auf jenen Teil der Menschheit richtet, der sich im Stadium der Entwicklung befindet, mit anderen Worten: nur in der Periode des Wachstums kann der Mensch wirksam geleitet und folglich in die richtige Bahn zurückgelenkt werden.

Diesen Grundgedanken Sergis teilte Montessori nicht nur mit ihrem Lehrer, er war ebenso bei allen Denkern des fortschrittsgläubigen Positivismus lebendig.

Sergi achtet insbesondere die anthropometrischen Studien sehr hoch, weil sie dazu beitragen, die Kennzeichen von Normalität und Deviation sichtbar zu machen. Maria Montessori teilt zunächst auch hier die Ansicht ihres Lehrers. Darüber hinaus erhebt sie 1905 die Forderung nach Einrichtung „pädagogischer Kliniken", in denen die Erforschung der verschiedenen Deviationsformen betrieben werden soll. Von diesen Kliniken erwartet sie für den Aufbau einer wissenschaftlichen Pädagogik denselben Dienst, den die klinischen Studien der medizinischen Wissenschaft leisten (163).

Anthropometrische Untersuchungen hält Montessori ebenso wie Sergi zunächst für ein wichtiges Bestandteil der Lehrerbildung, weil diese den Lehrer in die Lage versetzen sollen, die Äußerungen des Kindes nach gesicherten Kriterien zu diagnostizieren (164). Dieser Gesichtspunkt reicht aber für die Bildung des Lehrers nicht aus; später fügt Montessori noch den hinzu, der Lehrer müsse darüber hinaus noch von einer tiefen Liebe zum Leben erfüllt werden, damit er sein Amt als „Priester der Natur" verwalten könne (165).

Für Sergi rückt die Pädagogik stark in die Nähe der Hygiene, freilich in einem umfassenden Sinne: als Pflege des normalen Menschen. Dementsprechend hat sie eine dreifache Aufgabe: eine diagnostische, eine therapeutische und eine prophylaktische. Diese dreifache Aufgabe verwirklicht sie, indem sie die Phänomene der Normalität und der Deviation erforscht, Abweichungen vom Weg der Normalität zu korrigieren versucht und schließlich die normale Entwicklungsbahn des Menschen beobachtet und beschirmt.

Dieses vom Medizinischen her geprägte Denkschema, an dem die Ärztin Montessori glänzend geschult war, wurde von Grund auf bestimmend für die Struktur des pädagogischen Denkens Maria Montessoris. Nicht zu Unrecht hat Colli-Grisoni darauf aufmerksam gemacht, daß im Zentrum der Pädagogik Montessoris das therapeutische Problem steht, ja noch präziser, daß ihr Erziehungssystem in Wirklichkeit eine Therapie ist (166), Therapie freilich in einem sehr weiten Sinne als Pflege der positiven Kräfte des Menschen verstanden.

Zusammenfassung

Die Tatsache, daß Montessori für ihre Pädagogik von Anfang an durchgängig den Anspruch der Wissenschaftlichkeit erhoben hat, nötigte dazu, den wissenschaftlichen Rahmen abzustecken, in dem Montessori ihre „wissenschaftliche Pädagogik" entfaltet hat.

Dieser wissenschaftliche Rahmen wird am entscheidendsten geprägt von dem Vorherrschen der positivistischen Weltanschauung. Diese erfuhr auf Grund gewisser historischer Faktoren und infolge bestimmter politischer Umstände in Montessoris Heimatland einen besonderen Schwung und beherrschte innerhalb kurzer Zeit nahezu die gesamte Geistesaristokratie Italiens. Gleichzeitig erlahmte der katholische Einfluß auf das geistige und politische Leben der Nation. Die vom Positivismus ausgehende Diskreditierung der Philosophie führte zu einem entschiedenen Angriff gegen die auf Philosophie und Theologie gegründete Pädagogik. Der dominierende Gedanke der ganzen Epoche, der Evolutionsgedanke, sollte das Fundament einer neuen und wissenschaftlichen Pädagogik abgeben. Vom Gesichtspunkt der Entwicklung her erschien die alte Erziehung einseitig als bloße Wissensübertragung und Kulturvermittlung. Gegen diesen Erziehungsbegriff und gegen die alten katechisierenden Unterrichtsverfahren werden die Forderungen nach Erziehung durch Erfahrung, nach Erziehung der Sinne als Bedingung der Möglichkeit von Erfahrungen und schließlich nach Selbsterziehung des Zöglings gestellt. Diese Forderungen stehen Montessori vor Augen, wenn sie sich in diesem Umkreis der pädagogischen Frage zuwendet.

In der Geringschätzung des musischen Bereichs stimmen Montessoris biographische „Erfahrungen" mit der Ansicht ihrer positivistischen Umgebung überein; die Beschränkung der Einbildungskraft auf die Verknüpfung von Beobachtungen trifft sich genau mit Seguins entsprechender Auffassung.

Die monistische Gleichsetzung von Mensch und Natur, wie sie den Positivismus vielfach kennzeichnet, bedeutet eine Einordnung des Menschen in eine allumfassende kosmische Gesetzlichkeit. Von der Eingleisung aller Menschen auf die vorgezeichnete Bahn ihrer rechten Entwicklung wird eine Höherführung der Menschheit, ein allgemeiner Fortschritt und ein Reich gegenseitigen Verstehens und weltweiten Friedens erwartet. Diese Gedanken erfahren für Montessori eine nähere Bestimmung durch das gründliche Studium der Anthropologie ihrer Zeit und durch Quételets Theorie des mittleren Menschen. Den homme moyen begreift Montessori als den voll und normal, d.h. gemäß seiner biologischen Tendenz entwickelten Menschen.

Da die sozialen Umweltbedingungen des Kindes die volle Entwicklung des Menschen bisher verhindern, erscheinen Montessori alle Menschen als mehr oder weniger weit von ihrer normalen Bahn abgedrängt, das Kind dagegen als Inbegriff potentieller Normalität. Von Sergi wurde mit besonderem Nachdruck der Gedanke vertreten, daß die Erziehung, statt sich an der abstrakten Fiktion eines Kindes an sich zu orientieren, das kindliche Individuum zum Ausgangspunkt nehmen müsse. Dabei muß die Erziehung das Individuum zunächst kennenlernen. Hier liegt der Einordnungsgesichtspunkt für die anthropometrischen Nachforschungen sowohl bei Sergi als auch bei Montessori. Mit Sergi geht Montessori qua Pädagogin über das bloße Diagnostizieren hinaus und gelangt zu einer Sicht der Erziehung als umfassender Hygiene und Kultivation der positiven menschlichen Kräfte. In dieser Sicht kristallisiert sich für Montessori tatsächlich all das an Anregungen und Beeinflussungen, was sie aus dem wissenschaftlichen Umkreis ihrer Zeit erfahren hat, und es erscheint hier der Ort, auf eine besonders prägnante Stelle vorzuverweisen, in der Montessori diese aus dem wissenschaftlichen Rahmen ihres Denkens allgemein und nicht zuletzt von Sergi im besonderen empfangene pädagogische Blickrichtung unverhohlen und unmißverständlich kundgibt: „Das einzige Ziel der Montessorischule ist das Bemühen um psychische Gesundheit und die Möglichkeit, die geistigen Bedürfnisse der menschlichen Seele zu befriedigen" (167).

IV. Weitere Gesichtspunkte

Mit der Theorie des „mittleren Menschen" ist ein in der italienischen anthropologischen Diskussion zentrales und zugleich das für Montessori am stärksten bestimmende Thema angesprochen worden. Daneben gehören in den geistesgeschichtlichen Rahmen, den dieses Kapitel aufhellen soll, noch weitere Einzelgesichtspunkte, die nun in loser Reihenfolge behandelt werden sollen.

1. Hier ist zuerst ein anderer Lehrer Montessoris, Jakob Moleschott (1822-1893), zu erwähnen. Moleschott, bei dem Montessori Physiologie und Anthropologie studierte, gehörte zu den entschiedensten Verfechtern eines radikalen naturwissenschaftlichen Materialismus. Er wandte sich dabei gleichermaßen gegen jede idealistische Naturspekulation wie gegen jedes religiöse Weltverständnis. Nach ihm sind Kraft und Stoff die einzigen und letzten Grundlagen der Wirklichkeit. Unsere Erkenntnis erschöpft sich im Erfassen von Eigenschaften, und Moleschott begründet diesen Satz mit der These: „Alles Sein ist ein Sein durch Eigenschaften. Aber es gibt keine Eigenschaft, die nicht bloß durch ein Verhältnis besteht" (168).

Das Denken faßt Moleschott als rein stoffliche Bewegung. So wie der Magen die Nahrung aufnimmt und verdaut, so nimmt das Gehirn die Sensationen auf und verarbeitet sie. Von hier aus kam Moleschott zu der Ansicht, daß die Menschen durch entsprechende „Ernährung" des Gehirns besser und glücklicher gemacht werden könnten.

Der Einfluß Moleschotts auf Montessori läßt sich in Einzelheiten nicht genau verfolgen; er dürfte aber wohl nicht so entscheidend gewesen sein wie der Quételets, Lombrosos und Sergis. Dennoch läßt sich auf eine gewisse Gleichläufigkeit hinweisen. Der Gedanke, daß unsere Erkenntnis sich auf das Erfassen von Eigenschaften beschränkt, muß Montessoris Verständnis für das didaktische Material Seguins gefördert haben. Dieses Material wollte ja gemäß Seguins These, daß alle Erfahrungen mittels des Vergleichens gemacht werden, nicht so sehr Dinge als vielmehr Eigenschaften der Dinge vermitteln. Der erkenntnistheoretische Grundsatz Moleschotts steht dann auch in eigenartiger Parallelität mit dem Montessori-Material, denn auch hier geht es nicht um die Erkenntnis von Gegenständen, sondern um die Wahrnehmung von Eigenschaften und Verhältnissen. Zwar müßte es zu vage erscheinen, wollte man Montessoris Rede vom Material als „Nahrung" für den kindlichen Geist auf Moleschotts Gedanken zurückführen, daß das Gehirn durch entsprechende „Nahrung" beeinflußt und dadurch der Mensch manipuliert werden kann. Wenn aber Montessori mehrfach auf ihren „verehrten Lehrer Moleschott" hinweist, so darf doch ein gewisser Zusammenhang vermutet werden. Nur andeutungsweise sei in diesem Zusammenhang darauf aufmerksam gemacht, daß auch Montessoris Verständnis der Kulturgüter kaum darüber hinausgegangen ist, sie als Nahrung für den sich entfaltenden Menschengeist anzusehen und zu erörtern.

2. Im Zusammenhang mit der italienischen Frauenbewegung war oben die Rede von einer stark antiklerikalen Tendenz. Wenn in Italien von Antiklerikalismus gesprochen wurde, dann kann darunter nicht ein wie immer geartetes heidnisches Lebensgefühl verstanden werden, sondern es handelte sich um Antiklerikalismus im wörtlichen Sinne. Selbst Giosuè Carducci, einer der entschiedensten Gegner der katholischen Kirche und vielleicht der profilierteste Sprecher der allgemeinen Stimmung, richtete seinen Haß nicht gegen die Religion und den Gottesglauben an sich, sondern verurteilte die Kirche als weltpolitische Institution und beschimpfte den Papst als Verbündeten der Fremdherrschaft.

Die politisch unglückliche Rolle, die das Papsttum innerhalb des nationalen Befreiungskampfes gespielt hatte, hatte zu einer immer breiter werdenden Kluft zwischen Staat und Kirche geführt. Diese Spannung wirkte sich im Bereich der Schule unter anderem so aus, daß der Staat ab 1877 den Religionsunterricht als Pflichtfach abschaffte (169).

Diese Zurückdrängung des Religionsunterrichts aus politischen Gründen fiel zusammen mit dem Eindringen der internationalen moralpädagogischen Bewegung. Diese Bewegung kämpfte für einen religionsneutralen Moralunterricht und traf sich in dieser Forderung mit der positivistischen Ablehnung der Transzendenz und dem Ringen um eine ethische Erneuerung der Menschheit (170). Amicis „Cuore", das als ethisches Lesebuch in allen Schulen des Landes eingeführt wurde und zu Beginn des Jahrhunderts bereits die 300. Auflage erreicht hatte, stellte an die Stelle einer religiösen Moral den Pflichtgedanken und den Begriff der Menschheit als sittliche Norm. Das Buch suchte zu zeigen, daß die Menschheit ihre Existenz und ihren Fortschritt Helden aller Art und Größe verdankt und jede Verbesserung und jeder Fortschritt nur aus der freudigen Hingabe an die Pflicht und an die großen Daseinsziele erwächst.

In dem Maße, in dem die katholische Kirche als bestimmende Macht aus dem öffentlichen Leben Italiens zurücktrat, orientierte sich das geistige Leben des Landes an der Freimaurerei. Die Freimaurerei hatte schon in den Anfängen der Revolution ihren Einfluß geltend gemacht, und schon die süditalienischen Carbonari waren mit ihr in enger Verbindung gewesen und hatten sich unter ihrem Einfluß als Kosmopoliten und Anhänger der Freiheit der ganzen Welt verstanden (171).

Die kurz vor der Jahrhundertwende mächtig aufkommende Theosophie fügte sich mit ihrem pantheistischen Gottesbegriff und ihrer Lehre von den Emanationen und Evolutionen im Weltall sowohl der moralpädagogischen Bewegung als auch dem freimaurerischen Gedanken der Weltverbrüderung organisch an. Einmal machte sie die Einsicht in höhere Weltzusammenhänge abhängig von der Selbsterziehung und dem sittlichen Fortschritt des einzelnen, zum anderen ordnete sie dem kosmischen Entfaltungsprozeß des Absoluten auch den Menschen und die Geschichte unter.

3. Montessoris gutes Vertrautsein mit dem Werk des französischen Insektenforschers Jean-Henri Fabre (1823-1915) erklärte sich einmal daraus, daß sein Hauptwerk, die „Souvenirs entomologiques", damals weit verbreitet war und in hohem Ansehen stand, zum anderen rührt es wohl auch aus der tiefen Verehrung, die Montessori für den Wissenschaftler Fabre empfand. Wenn sie in der „Selbsttätigen Erziehung" das Bild des echten Wissenschaftlers zeichnet, hat sie ganz offenbar diesen Gelehrten vor Augen.

Aus Fabres Werk scheinen zwei Gesichtspunkte für Montessori wichtig geworden zu sein. Einmal hatte Fabre gezeigt, daß man die Lebewesen nur in ihrer spezifischen Umgebung beobachten darf, weil man nur dort alle ihre Lebensäußerungen gewahr werden kann. Das bedeutete für Montessori, daß sie den Schüler nur in einer Umgebung studieren konnte, die ihm Freiheit ließ, damit er alle seine Lebensbedürfnisse äußern könne. Hier liegt eine Wurzel von Montessoris methodischem Freiheitsbegriff, auf den noch näher hingewiesen wird.

Einen anderen wichtigen Faktor scheint Fabres „Weltbild" darzustellen. Dieses Weltbild wurde für Montessori deshalb entscheidend, weil sie in ihm die Möglichkeit einer „Versöhnung" von wissenschaftlicher und religiöser Weltsicht erkannte. Noch bezeichnender wurde dabei die Art, in der Fabre zu dieser Versöhnung gelangte. Fabre kam zu dieser Ineinssicht, indem er die bewußtlos und gesetzmäßig wirkenden Lebens- und Gestaltungskräfte als göttliche Kräfte verstand und in Gott den Stifter der kosmischen Einheit und Harmonie erblickte.

Fabre, der an einer genauen Scheidung von Instinkt und Intelligenz festhielt, sah im Instinkt des Tieres die Intelligenz des Schöpfers und sprach von „einem himmlischen Geometer, dessen Zirkel alles gemessen hat" (172) und der sich des vom Individuum nicht beeinflußbaren Instinkts bedient, um die prästabilierte Harmonie in der Natur aufrecht zu erhalten. So war Fabres Weltbild trotz aller naturwissenschaftlichen Akribie und „Objektivität" ein religiöses, indem er die gesamte Natur als „das sichtbare, offenbare Werk einer Schöpfermacht, deren Wirken unsere Vorstellung nicht zu fassen vermag" (173), auffaßte.

Hier stieß Montessori auf Gedanken, die denen ihres Onkels, Antonio Stoppani, sehr verwandt waren. Dieser Naturphilosoph hatte sein Augenmerk besonders auf die interkosmische Interdependenz der Lebensformen und Arten gerichtet und von einer kosmischen Aufgabe jedes Lebewesens gesprochen, die es im Dienste der kosmischen Harmonie zu erfüllen hat. Montessori kannte das Werk ihres Onkels schon sehr früh. Auf die Anregungen, die sie ihm verdankte, hat sie allerdings erst im „Absorbent Mind" eigens hingewiesen.

4. Innerhalb eines religiösen Weltbildes war auch der Begriff entstanden, der zusammen mit dem Begriff der Erziehung als Normalisation genannt wurde, der Begriff der Deviation.

Der Begriff der Dégénérescence spielte in der Medizin der zweiten Hälfte des

19. Jahrhunderts eine überaus große Rolle (174). Zunächst stammte dieser Begriff aus der zeitgenössischen Ethnologie und bedeutete Abweichung, Änderung, Seitenzweig, Unterrasse. In Morels natürlicher Geschichte der Menschheit, mit der sich Montessori sehr gründlich beschäftigt hat, bedeutete der Begriff etwas völlig Neues; denn nicht mehr medizinische Vorstellungen bestimmten seinen Inhalt, sondern Morels religiöses Weltbild. Darin stellt Morel an den Anfang der Schöpfung Adam, den „type primitif", der als Mensch vor dem Fall die göttliche Ebenbildlichkeit am reinsten verkörperte und die ihm von Gott eingegebenen Elemente seiner Kontinuität in sich trug. Krankheit und Entartung mußten unter dieser Rücksicht erscheinen als Abweichungen von diesem type primitif, also als Anomalien, als Deviationen.

Unter sozialem Gesichtspunkt sah Morel auf den Adaptionskampf des Menschen mit der Umgebung und erblickte in dem Unterliegen des Menschen in diesem Kampfe entscheidende krankhafte Ursachen. Jede Krankheit und jedes vorübergehende Leiden aber stiftet nach Morel nicht nur physiologische Anomalien, sondern stört auch die normalen Beziehungen zwischen dem Geist und seinem Instrument, dem Körper.

Hier lernte Montessori auch einen Gesichtspunkt kennen, der ihr schon von Seguin her vertraut war, daß nämlich ein charakteristisches Moment der Abnormität bzw. der Idiotie in der Inkongruenz von geistiger und körperlicher Aktivität besteht. Und sie legte genau wie Seguin später ihr Augenmerk gerade auf das Problem, diese Inkongruenz zu beseitigen und Geist und Körper des Kindes miteinander zu „harmonisieren", denn in dieser Gleichschaltung sah sie ein entscheidendes Moment der Normalisation des Menschen.

5. In das Kapitel, das die Suche nach den Ausgangspunkten des pädagogischen Denkens Montessoris abschließen soll, gehört auch die Frage, inwieweit Montessori von *pädagogischen* Vorgängern unmittelbar beeinflußt worden ist.

Wenn oben beiläufig gesagt wurde, Montessori habe ihr pädagogisches Werk mit den denkbar geringsten erziehungsgeschichtlichen Kenntnissen begonnen, so kann diese Feststellung hier nur präzisiert werden.

Da sich in ihren Schriften nahezu keine direkten Bezüge zu früheren Pädagogen finden, hat sich Schulz, um verbindliche Auskunft zu erhalten, an den Sohn Maria Montessoris gewandt. Schulz referiert als Mitteilung von Mario Montessori, seine Mutter „habe zum Aufbau ihres Systems nur Séguins und Itards Erfahrungen beachtet, sonst keinerlei Literatur. Man habe sie nachträglich in Beziehung gesetzt zu Fröbel, Herbart, Rousseau, Pestalozzi. Daraufhin erst und auf Einwände habe sie sich mit einigen Pädagogen beschäftigt, jedoch auch dann nur oberflächlich" (175).

Die Aussage, Maria Montessori habe sich auf keine Literatur gestützt, bedarf natürlich der Einschränkung auf die spezifisch pädagogische Literatur. Wo immer sich bei Montessori Zitate von oder Hinweise auf pädagogische Vorläufer finden, sind diese nicht als Quellennachweis anzusehen, sondern von Montessori viel eher als Rückverweise auf mehr oder weniger zufällige Vorwegnahmen ihrer eigenen Gedanken oder als Bestätigung für sie angeführt. Daß Montessori auch die Pädagogik Rousseaus erst später kennengelernt hat, läßt sich mit einiger Bestimmtheit sagen: ein in der „Pedagogical Anthropology" gebrachtes Emile-Zitat stammt offenbar aus zweiter Hand (176). Ein ausführlicheres Pestalozzi-Zitat taucht zum erstenmal 1927 (177) auf; über eine Beschäftigung Montessoris mit Pestalozzi sagt es allerdings nicht viel aus.

Die Kenntnis Fröbels und Herbarts beschränkte sich bei Montessori ganz offenbar auf ihre Praxis. Herbart hat zwar in Italien das pädagogische Denken in einem Deutschland vergleichbaren Ausmaß niemals beeinflußt, er hat aber in den 80er Jahren des vorigen Jahrhunderts doch starken Eingang gefunden (178). Dabei wirkte sich sein Einfluß wie in Deutschland besonders auf der Volksschulstufe aus.

Wenn sich Montessori mit Herbart auseinandersetzt (179), dann zielt ihre Kritik nicht auf seine allgemeinen pädagogischen Grundsätze, sie wendet sich ausschließlich gegen die vier Unterrichtsstufen, und es scheint so, als habe Montessori mehr die Unterrichtspraxis der italienischen „Herbartianer" im Auge und überhaupt nur diese gekannt.

Daß Montessori auch zur Fröbel-Pädagogik nur über die Praxis der italienischen Kindergärten kam, hat ihr von Anfang an ein verzerrtes Bild Fröbels vermittelt; ihre Geringschätzung Fröbels hat hier einen ihrer Gründe.

Der italienische Fröbelkindergarten hatte neben englischen Einflüssen seine Quelle vor allem in der Tätigkeit von Bertha von Marenholtz-Bülow (180). Da diese „Fröbel-Missionarin" aber durch intellektuelle Interpretation der Ideen Fröbels diese starr methodisiert und den „orthodoxen Fröbelianismus" mit heraufgeführt hatte, lernte Montessori in den nach Marenholtz-Bülows Methodenbüchern arbeitenden italienischen Kindergärten eine „petrefakte Fröbelei" (181) kennen, die den spontanen Kräften der Kinder beinahe noch weniger Spielraum ließ, als es die Lernschule der Zeit tat.

Genau wie der Fröbelianismus waren in Italien auch die Erziehungsideen Ferrante Aportis, des Schöpfers der italienischen Kinderasyle, unter der Orientierung an der Lernschule methodisch erstarrt. Wo diese Einrichtungen jener Gefahr entgehen konnten, verfehlten sie vielfach auf andere Weise ihre eigentümliche pädagogische Aufgabe, indem sie auf die Ebene bloßer Bewahranstalten herabsanken.

Das Unbehagen über den Stand der Kleinkinderziehung war in Italien weithin groß, und das Bedürfnis nach einer kindgemäßen Erneuerung der vorschulischen Erziehung wurde stark empfunden (182). Daraus erklärt sich auch weitgehend die rasche und nachhaltige Wirkung der verschiedenen Reformversuche; das gilt für die Schwestern Agazzi und ihr Kinderhaus in Mompiano (183) ebenso, wie für Pizzigonis Versuch in Mailand und für die erste Casa dei Bambini Maria Montessoris.

Es scheint so, als sei Montessori in späteren Jahren zu einer weniger ablehnenden Haltung gegenüber Fröbel gekommen. Trotzdem kann man wohl sagen, daß sie sich um ein echtes Verständnis für die wahren Intentionen und den geistigen Gehalt der Pädagogik Fröbels auch später nicht sehr intensiv bemüht hat.

Wenn in der Literatur mehrfach die These vertreten worden ist, Montessori habe die Kleinkindpädagogik Fröbels unmittelbar aufgenommen und weiterentwickelt, so ist diese Ansicht nach unserer Kenntnis unbegründet und unhaltbar.

Dafür, daß sich Montessori auch später nur „oberflächlich" mit den Werken ihrer pädagogischen Vorgänger vertraut gemacht hat, dürfte folgendes ausschlaggebend gewesen sein: Sie hatte eine pädagogische „Methode" entwickelt und sah ihre Lebensaufgabe darin, diese Pädagogik zum Nutzen der Kinder und zum Wohle der ganzen Menschheit zu verbreiten. Unverkennbar war es auch hier der Gedanke der eigenen Mission, der sie die Notwendigkeit pädagogikgeschichtlicher Orientierung nicht sehen ließ. Zum anderen hatte Montessori ihre Pädagogik in betonter Entgegensetzung zur „alten Erziehung" aufgebaut. Auch von daher konnte es ihr wenig sinnvoll erscheinen, sich mit Werken aus einer Epoche des pädagogischen Denkens zu befassen, die sie längst überholt glaubte.

Hinzu kommt schließlich als weiterer entscheidender Gesichtspunkt, daß ihre ganze pädagogische Denkweise von Grund auf ahistorisch-naturwissenschaftlich strukturiert war und sich infolge ihrer einlinigen Ausrichtung vom Entwicklungsbegriff her nicht auf geschichtliche Zusammenhänge, sondern auf naturwissenschaftlich erfaßbare Gesetzmäßigkeiten wandte.

In einem Zeitungsartikel von 1927 hat Montessori ihr Verhältnis zur Geschichte der Pädagogik sehr prononciert wiedergegeben:

„Genau so, wie heute die Ärzte die Geschichte der Medizin rein als etwas historisch Interessierendes lernen - so werden die Lehrer der Zukunft die bisher geübte Pädagogik, die nur von der Philosophie ausging, einzig unter dem Gesichtspunkt der Vergangenheit zu lernen haben. Die Vorbereitung des kommenden Lehrers muß eine ganz andere werden, sie muß eine rein *biologische* sein, muß sich das Studium des Lebens zur Aufgabe stellen" (184).

Was Montessoris Verhältnis zur übrigen Reformpädagogik betrifft, so ist auch hier trotz aller Gleichläufigkeit kaum eine unmittelbare Beeinflussung festzustellen. Auf Montessoris reserviertes Verhältnis zur NEF wurde oben schon hingewiesen. An der Distanz Montessoris zu den Bestrebungen dieses Weltbundes ändert auch die Tatsache nichts, daß Montessori an mehreren Kongressen der NEF teilgenommen, dort gesprochen und eine enge Freundschaft sie mit mehreren führenden Mitgliedern der NEF, so u.a. mit Elisabeth Rotten, verbunden hat. Für die Abschirmung ihrer Pädagogik gegenüber der NEF waren vor allem zwei Gesichtspunkte maßgebend.

Einmal macht Montessori in den 20er Jahren offenbar eine Phase durch, in der sie besonderen Wert darauf legt, die Eigenständigkeit und Originalität ihrer Methode herauszustellen. Diese Tendenz äußert sich sowohl in einer gegenüber anderen Phasen übermäßig starken Betonung des didaktischen Materials als auch in der Absetzung von anderen und ähnlichen Reformbestrebungen.

Philippi van Reesema, die die Entwicklung der verschiedenen Montessori-Kurse in den 20er Jahren verfolgt hat, stellt diese Wandlung mit aller Deutlichkeit fest. Während bis dahin „das Prinzip der Freiheit der Kinder peinlich festgehalten" (185) worden war, stellte Montessori in den Kursen, die sie 1920 und 1921 in London und Amsterdam hielt, das didkatische Material in den Vordergrund. „Man sollte dem Kind genau alles sagen, was und wie es zu tun hatte, man sollte es lehren, zu leben, zu lehren, mit den Lehrmitteln auf bestimmte Weise zu arbeiten .... Das Spielzeug, freies Zeichnen, Handfertigkeit .... wurde aus den Schulen verbannt und nur die Montessori-Lehrmittel beibehalten, deren Gebrauch in den Kursen von Dr. Montessoris Begleiterinnen (Signorina Macheroni und Miss Pyle) ganz genau beschrieben und festgestellt wurde" (186).

Für die stärkere Betonung des Materials in dieser Phase mag auch noch ein anderer Gesichtspunkt ausschlaggebend gewesen sein. Montessori befaßte sich nun mit religionspädagogischen Fragen. Dabei ging es ihr um eine Anwendung ihrer Methode auf das spezielle Gebiet der katholischen Religionspädagogik oder - wie sie es selbst ausgedrückt hat - darum, daß „everything that the children learn and do in the ordinary Montessori school would be repeated on a higher plane, supernaturalized so to speak" (187). Das sinnenfällig Spezifische ihrer Methode war das didaktische Material. Da sich Montessoris religionspädagogische Arbeit ganz auf die Liturgie konzentrierte, da fernerhin die katholische Liturgie stark das Sinnenfällige und das konkrete Mittun einbezog, erschien gerade das didaktische Material besonders bedeutsam als „natürliche" Vorbereitung für die religionspädagogische Stufe. Damit aber erhielt das didaktische Material von einer neuen Seite her starkes Gewicht.

Die Tendenz, die Eigenständigkeit der Methode hervorzuheben, schlägt sich auch darin nieder, daß Montessori in der dritten italienischen Auflage das „Metodo" von 1926 fast alle Hinweise auf die Anregungen und Förderungen, die mit zur Entstehung dieses Buches geführt hatten, wegläßt. Lombardo-Radice hat diese Auflage einer kritischen Analyse unterzogen und diesen Punkt besonders scharf gebrandmarkt (188).

Darüber hinaus hat Montessori stets daran festgehalten, daß ihr eigener reformpädagogischer Entwurf umfassender und radikaler war, und besonders in den dreißiger Jahren hat sie einen Gedanken immer stärker betont, der zwar schon für die Konzeption von San Lorenzo mitbestimmend gewesen war, dann aber noch deutlicher hervortrat, daß nämlich nicht minder als die Reform der Erziehung der Kinder eine pädagogische Bewußtseinserhellung und Aufrüttelung der Erwachsenen notwendig sei (189).

Der ausschlaggebende Faktor der Unterscheidung zwischen ihr selbst und der übrigen reformpädagogischen Bewegung, man kann sogar sagen der gesamten Erziehungswissenschaft, war für Montessori die Überzeugung, die positiven Kräfte des normalisierten Kindes entdeckt zu haben. Diese nach ihrer Überzeugung für die neue Erziehung fundamentale Entdeckung verglich Montessori mehrfach mit Galvanis Entdeckung der Elektrizität, und wenn sie als weltbekannte Pädagogin in ihrem Alter resignierend feststellt, die „offizielle Welt der Erziehung" habe ihr Werk nicht gebührend zur Kenntnis genommen und gewürdigt (190), dann bezieht sie sich gerade auf die ungenügende Berücksichtigung dieser ihrer „Entdeckung". Hier ist auf Montessoris Schlußansprache bei der IX. Internationalen Montessori-Konferenz in London vom 19.5.1951 hinzuweisen, in der sie in beinahe sokratischen Worten vermächtnishaft davor warnte, nur auf ihren Finger zu schauen und darüber die „große und grandiose Tatsache" zu übersehen, auf die sie zeitlebens unermüdlich hingedeutet hat (191).

Man darf freilich nicht übersehen, daß Montessori in späteren Jahren auch anerkannt hat, was Psychologie und pädagogische Reform dazu beigetragen haben, das „Märtyrertum des Kindes" zu lindern. Sie spricht in diesem Zusammenhang u.a. von der Abschaffung der Körperstrafe, von der Beseitigung der festen Schulbank, von gesunderen und schöneren Schulen. Wenn sie sich dabei aber in den meisten Fällen nur auf recht allgemeine Feststellungen beschränkt hat, so deshalb, weil sie vor dem Hintergrund ihrer „fundamentalen Entdeckung" in beinahe allen diesen Bemühungen nur mehr oder weniger partielle Verbesserungen sehen konnte.

Nur von daher sind die vielfältigen anachronistischen und bisweilen ungerechten Urteile gegenüber der zeitgenössischen Pädagogik zu verstehen. Wenn Montessori so beispielsweise an der Feststellung aus dem Metodo von 1909, die Erziehung habe einen pädagogischen Begriff der Freiheit überhaupt noch nicht verwirklicht, auch in den späteren Auflagen dieses Buches festhält (192) und wenn Montessori hier bei der Behauptung bleibt, die Pädagogik sei noch immer bei ihrem philosophischen *„sfondo"* geblieben, aus dem sie geboren wurde (193), dann ist dieses Beharren eben nur dadurch zu erklären, daß die „offizielle Welt der Erziehung" nicht jenen biologischen Begriff der Entwicklungsfreiheit aktuiert hat, wie er sich aus Montessoris anthropologischer Grundkonzeption bzw. aus ihrer „Entdeckung" der natürlichen und guten Entwicklungskräfte des Kindes als pädagogisch relevanter Grundbegriff ergeben mußte.

Unter der Rücksicht der für Montessori fundamentalen „Entdeckung" wird auch ihre Einstellung zu ihren pädagogischen Vorgängern noch deutlicher. Die spontan tätigen und freiwillig Disziplin haltenden Kinder Pestalozzis erscheinen ihr wie eine Vorankündigung ihrer eigenen Entdeckung, zu der Pestalozzi wohl deshalb noch nicht fähig war, weil ihm der an der positiven Wissenschaft geschulte Blick fehlte. Wenn Montessori aus dem pädagogischen Raum außer den Heilerziehern Itard und Seguin vor allem Tolstoi und Rabindranath Tagore als besonders bedeutende Erzieher anerkannt (194), dann tut sie es einmal, weil sie auch in den arbeitsamen und disziplinierten Kindern von Jasnaja Poliana eine Enthüllung des normalen Kindes vermutet, zum anderen, weil der indische Philosoph auf Grund eines ähnlich festen Glaubens an die positiven kosmisch-geordneten Kräfte des Kindes „das höchstmögliche Wachstum und die Freiheit der Seele zum Zweck unserer Erziehung machen" (195) will.

Montessoris Entdeckung des normalen Menschen und seiner göttlichen Evolutionskräfte bestimmt auch ihr Verhältnis zur Psychologie. In der Zeit ihrer anthropometrischen Studien hat sich Montessori auch mit der zeitgenössischen experimentellen Psychologie befaßt. Diese Beschäftigung erfolgte vor allem als Ergänzung ihrer anthropometrischen Forschungen, sie hat jedoch nie bestimmenden Einfluß auf Montessoris Denken und auf ihre Arbeit gewonnen. In der Literatur wurde lange Zeit dieser Einfluß häufig überschätzt; erst in letzter Zeit haben einige Autoren, z.B. van Veen-Bosse und Buytendijk, mit Recht auf die relativ periphere Bedeutung hingewiesen, die die experimentelle Psychologie für Montessoris Entwicklung eingenommen hat. Obwohl Montessori ihre eigene Pädagogik häufig als auf der Psychologie des Kindes beruhend bezeichnet hat, läßt sich bei Montessori nicht von einem gründlichen Studium der Psychologie ihrer Zeit sprechen. Insbesondere von der Ganzheits- und der Gestaltpsychologie hat sie offenbar kaum Notiz genommen. Wenn Gerhards versucht hat, zwischen Montessoris psychologischer Auffassung und diesen beiden Strömungen Beziehungen herzustellen (196), dann konnte es nur um den Aufweis von Berührungspunkten, nicht aber um echte Abhängigkeiten gehen. Auch von der übrigen Psychologie scheint Montessori nur das aufgenommen zu haben, was ihr zur Stützung ihrer eigenen Theorie der Normalität dienlich schien.

Daß es sich wenigstens bei ihrem Verhältnis zu Freud so verhält, hat Montessori gegenüber Lubienska de Lenval freimütig geäußert. In der Tatsache, daß Freud fast alle psychischen Phänomene auf Ursachen in der Kindheit zurückführt, sah sie ihre eigene These von der großen Wichtigkeit bestätigt, die sie selbst stets der frühkindlichen Erziehung zuwies. Aus Freuds Analyse der Abweichungen und psychischen Barrieren zog sie Gewinn für ihre eigene Interpretation der Genese der Deviationen. Dieser Einfluß von seiten der Psychoanalyse tritt besonders deutlich in „Kinder sind anders" hervor. Was sie allerdings entschieden von Freud und der Psychoanalyse trennte, war deren Reduktion der kindlichen Entwicklung auf die Wirkung der sexual bestimmten Libido (197).

Zur psychologischen Erklärung des Phänomens der Normalität und der normalen Entwicklung holte Montessori sich Rat bei jener psychologischen Richtung, die an einer streng teleologischen Auffassung der Lebenskräfte festhält und die McDougall 1908 mit seiner „Introduction to Social Psychology" als sogenannte „hormic psychology" grundgelegt hatte. Für McDougall sind die Triebkräfte (instincts) des Menschen für die Interpretation und das Verständnis des äußeren Verhaltens von hervorragender Bedeutung. Für die „hormische Psychologie" ist es charakteristisch, daß die verschiedenen Entwicklungsstufen des menschlichen Verhaltens als Ausdrucksvariationen ein und desselben fundamentalen Lebensdranges verstanden werden. Diese Richtung vertritt sogar den Standpunkt, daß der ganze Entwicklungsprozeß überhaupt nicht richtig verstanden werden kann, wenn man ihn nicht als eine Reihe neuer Ausdrucksformen derselben fundamentalen Energie oder eines Zweckes ansieht (198).

Diese Theorie, die vor allem Purcy Nunn, auf den sich Maria Montessori später mehrfach beruft, für die Pädagogik ausgemünzt hat (199), tritt besonders deutlich im „Absorbent Mind" zutage.

Dabei gründet aber Montessori ihre Aussagen nicht auf die Vertreter dieser psychologischen Lehrmeinung, sondern wie fast immer auf ihre eigene „Erfahrung" und ihre eigene „Entdeckung"; die verschiedenen Autoren nennt sie mehr als Zeugen für die Richtigkeit ihrer eigenen Anschauungen.

Montessoris Einschätzung der Psychologie im ganzen ist, abgesehen von diesen partiellen Berührungen, viel skeptischer. Es mutet hier ähnlich fremd wie bei Montessoris Stellungnahme zur pädagogischen Reformbewegung an, daß sie ungeachtet der großen Entfaltung der lern- und entwicklungspsychologischen Forschung in diesem Jahrhundert bis zuletzt hartnäckig bei der Behauptung bleibt, die wissenschaftliche Forschung habe bis dato ein Gebiet unberücksichtigt gelassen: „There is a vacuum in our present scientific knowledge, an unexplored territory, an unknown factor - and this void concerns the process of the formation of the personality". (200). Wenn Montessori bis zuletzt ein wissenschaftliches Studium des Menschen fordert, und wenn es dabei oft so scheinen könnte, als anerkennte sie außer ihren eigenen „Entdeckungen" und „Erfahrungen" keine andere wissenschaftliche Erforschung des Menschen, dann ist auch dieser esoterische Standpunkt Montessoris nur zu verstehen, wenn man das punctum saliens der Unterscheidung ihrer eigenen wissenschaftlichen Nachforschungen und der übrigen psychologischen und pädagogischen Wissenschaft vor Augen hat.

Nach Montessoris fester Überzeugung beruht die psychologische Forschung fast ausschließlich auf der Kenntnis des „deviierten Kindes". Nur eine Erforschung des normalisierten Kindes aber könnte die angemessene Basis für eine neue und wahrhaft evolutive Pädagogik abgeben. Standing gibt diese Grundauffassung Montessoris ganz treffend wieder: „To build up volumes of research and statistics based on the behavior of deviated children will not help us in this new science of the study of man - of normalized man. It is not at all easy for teachers and professors of education to understand (and harder still for them to admit it if they do) that this endless research on behavior of deviated children is as futile as trying to understand the true behavior of a rational being such as man by observing the instinctive behavior of rats in a cage" (201).

Bei Montessoris grundsätzlicher Ablehnung der philosophischen Pädagogik nimmt es nicht wunder, daß die italienische Pädagogin von der zeitgenössischen Philisophie her fast ganz unbeeinflußt blieb. Lediglich von Henri Bergson, mit dem Montessori in persönlichen Beziehungen stand,hat sie den Begriff des élan vital aufgegriffen und an verschiedenen Stellen zur Illustration der hormischen Lebenskraft benutzt. Für die Aussage, Montessori habe sich eingehend mit dem vollen Sinngehalt dieses Begriffes oder mit der Philosophie Bergsons im ganzen näher befaßt, liegen keine Anhaltspunkte vor.

Die zusammenfassende Überschau über diese einzelnen Gesichtspunkte bestätigt, daß für Montessori weder pädagogische Vorgänger noch psychologische oder philosophische Autoren von ausschlaggebendem Einfluß waren. Vielmehr hat man für das pädagogische Denken Maria Montessoris den medizinischen Gedankenkomplex und den Umkreis des positivistisch-wissenschaftlichen Bereichs als entscheidend anzusehen. Dazu gesellen sich mehr am Rade der extrem materialistische Aspekt Moleschotts, die vom Antiklerikalismus der Zeit mitbestimmte Ablehnung der konfessionell-„dogmatisierenden" Religion und schließlich als wichtiger Faktor die in einem weiteren Sinne religiöse Weltsicht des Insektenforschers Fabre und des Anthropologen Morel. Fabres Verständnis der Welt als prästabilierter Harmonie und Morels Bild vom gottebenbildlichen type primitif stehen in diesem Horizont in eigenartiger Affinität zur kosmischen Weltauffassung der Theosophie.

Zusammenfassung:

Die Überschau über die Ausgangspunkte des pädagogischen Denkens Montessoris hat an einzelnen Punkten weit ausgeholt und sich bisweilen anscheinend weit vom unmittelbaren Bezug zu Montessori entfernt. Sie hat dadurch ein mosaikartig anmutendes Bild sehr verschiedener Anregungen und Beeinflussungen ergeben. Zu fragen ist nun, ob diese Vielfältigkeit des Hintergrundes und die Verschiedenheit des Aufgenommenen geeignet waren, den Gesichtskreis Montessoris in einer ganz bestimmten Hinsicht zu formen und vorzubestimmen. Diese Frage wird zu bejahen sein, wenn sich ein einheitlicher Bezug zwischen den einzelnen Momenten zeigen und sich eine bestimmte Richtung ausfindig machen läßt, in die dieser so bestimmte Gesichtskreis den Blick lenken mußte.

Da die Pädagogik der Ärzte Itard und Seguin und das pädagogische Denken der italienischen Positivisten weitgehend gleichen Ursprungs sind, ergeben sich naturgemäß zwischen ihnen sehr enge Berührungen. Diese Nähe ist besonders deutlich in der gemeinsamen *Kritik der alten Schule und der alten Erziehung*. Seguins Ungenügen an einer Pädagogik des „inducere" trifft sich mit der positivistischen Ablehnung einer Pädagogik, die sich allein als Übermittlung der Kultur verstand und in eine mechanische Wissensübertragung übergegangen war. Sowohl Itard und Seguin als auch die italienischen Positivisten lehnen eine Erziehung ab, die sich fast ausschließlich auf das Wort und die Belehrung stützt und nahezu alle kindlichen Kräfte mit Ausnahme des Gedächtnisses vernachlässigt. An die Stelle der katechesierenden Unterrichtsverfahren wollen Itard und Seguin ebenso wie die positivistischen Pädagogen die Sache selbst und ihre unmittelbare Erfahrung gesetzt wissen. In der Kritik einer von philosophischen Ideen und einem Idealbild des Kindes ausgehenden Erziehung sind sich beide Strömungen einig, indem sie die Nivellierung aller Kinder als verderblich zurückweisen und die Berücksichtigung jedes Individuums und seiner eigenen Bedürfnisse und Schwierigkeiten fordern; in dem Verbot, die Hände zu gebrauchen und selbsttätig mit den Gegenständen zu hantieren, wird auf beiden Seiten ein verhängnisvoller Irrtum der alten Erziehung gesehen.

Vom sozialen Gesichtspunkt her tritt die Forderung nach einer *Befreiung des Kindes* aus der Unterdrückung eines tyrannischen Lehrers und einer autoritären Schule auf den Plan. Sie findet den engsten Bundesgenossen in der vom Medizinischen, von der Idiotenerziehung und vom positivistischen Standpunkt her erhobenen Forderung nach *freier und ungehemmter Entwicklung des Kindes;* denn die Befreiung des Kindes aus dem sein spontanes Leben erstickenden Zwang der alten Lernschule scheint vom sozialen Gedanken her nicht minder geboten als von dem anderen Gesichtspunkt, nach dem ein Einschwingen in die normale Entwicklung bzw. in die Normalität von der Befreiung von aller Angst um die Verteidigung seines eigenen Lebensbereichs abhängig ist.

Erschien vom Medizinischen her ganz allgemein die inhaltliche Seite der Erziehung gegenüber dem Gedanken der Entwicklung von sekundärer Natur, so tritt unter der Rücksicht der Befreiung des Kindes und der Errichtung einer auf dem Gedanken des „educere" beruhenden Erziehung der Gedanke der Entfaltung der kindlichen Kräfte in den Vordergrund. Da die Aufgabe der Entfaltung der eigenen Kräfte dem Kinde nicht von einem Lehrer abgenommen werden kann, ebensowenig wie Erfahrungen an den Bildungsgegenständen für das Kind gemacht werden können, gewinnt die Selbstaktivität des Zöglings entscheidend an Bedeutung und verlagert sich der Schwerpunkt deutlich auf die Seite der *Selbsterziehung*. Der Gedanke der „Autoeducazione" wird dabei von zwei Seiten gestützt. Einmal wird er getragen von dem positivistischen Wunsch, den Lehrer als den diktatorischen Repräsentanten der alten Vorurteile und Trugbilder zurückzudrängen (202), zum anderen ergibt er sich notwendig aus der sensualistischen Erziehungslehre, wie sie am deutlichsten an Hand von Seguins „Erziehungsbogen" hervorgetreten ist. Ist aber eine direkte Erziehung des Zentrums nicht möglich, dann verschiebt sich die erzieherische Aufgabe ganz auf *die Bereitstellung einer geeigneten und vorbereiteten Umgebung* an der Peripherie.

Die Einsicht in die Bedeutung der *Umgebung* ergibt sich dabei wieder von mehreren Seiten: Von der Idiotenerziehung her als Forderung, in einer vorbereiteten Umgebung alle störenden Eindrücke zu eliminieren, um mittels isolierter Sinnesreize das Interesse und die Aufmerksamkeit des Zöglings zu gewinnen; von der neuen Medizin her, die nicht mehr die Krankheit an sich betrachtet und behandelt, sondern ihre Aufmerksamkeit auf den Kranken und seine Umgebung richtet; von der Kriminalanthropologie Lombrosos her, in der nicht mehr das Verbrechen als solches, sondern seine Genese, d. h. der Verbrecher in seiner Umwelt, untersucht wird, eine Sicht, deren pädagogische Relevanz deutlich wird, wo der Umgebungsbegriff unter der Rücksicht der Prophylaxe des Verbrechens ins Spiel kommt. Wenn Erziehung als Entfaltung der individuellen Kräfte, d.h. als Entwicklung aufgefaßt wird, die vom Individuum selbst geleistet werden muß, dann geht es um die Bereitstellung äußerer Hilfsmittel und um die Beseitigung der Hemmnisse einer normalen Entwicklung, das aber heißt: *um die Gestaltung einer vorbereiteten Umgebung* (203).

Vom Medizinischen her scheint die Erziehungsaufgabe darin zu bestehen, Sinne und Motorik auszubilden, sie aus dem Chaos des ungeordneten Neben- und Gegeneinanders in den Zustand der *Koordination* und *Konzentration* überzuführen, d.h. - mit Seguins Worten - aus dem dualistischen Nebeneinander mittels der Koordination die Sinne zum richtigen Perzipieren zu bringen und die Motorik der Impulsivkraft der Ideen unterzuordnen, oder - anders ausgedrückt - den Körper dem Geist als Instrument zur Verfügung zu stellen. Die Konzentration erscheint so gesehen als Ziel der Erziehung überhaupt, und zwar sowohl vom Medizinischen als auch von der Idiotenerziehung und vom Positivismus her, wie an dem Hinweis auf Siciliani gezeigt worden ist. Der Eintritt des Konzentrationsphänomens wird in allen Fällen erreicht durch die Einengung des Blickfeldes auf einen bestimmten Blickpunkt (isolierter Sinnesreiz) sowie durch die Betätigung der Hand, und es äußert sich ferner unverkennbar in der oftmaligen Wiederholung der betreffenden Übung oder Beschäftigung.

Je mehr die Sachen und ihre richtige Perzeption im Vordergrund stehen und sowohl für die intellektuelle Erziehung (Bildung der Ideen aus richtigen Perzeptionen) als auch für die moralische Erziehung (Verwirklichung der Ideen) als ausschlaggebend gelten, treten *freies Spiel* und *Phantasie* zurück. Während das freie Spiel als mehr oder weniger nutzlose Betätigung angesehen wird, erscheint die Phantasie u.U. sogar als gefährlich, weil sie die Bindung an die Realität vereitelt und - hier kann auf einen späteren Terminus für einen schon von Lombroso aufgezeigten Sachverhalt vorgegriffen werden - als Fluchterscheinung vor der Wirklichkeit zu einem krankhaften Befund führen kann; vom positivistischen Standpunkt her wird die „Unterordnung der Einbildungskraft unter die Beobachtung" gefordert (204).

Der musische Bereich wird in diesem Umkreis in seinem Bildungssinn häufig verkannt und rein pragmatisch eingeordnet.

Der Gestaltungsvorgang eines *didaktischen Materials* als Ensemble von Bildungsgegenständen in einer vorbereiteten Umgebung ließ sich bei Pereira in den ersten versuchsmäßigen Ansätzen verfolgen, erschien bei Itard im Zustand des Suchens und des Ausbaus und begegnete bei Seguin bereits im Stadium des Systematisierens. Das positivistische pädagogische Denken mit seiner gedoppelten Forderung nach Zurückdrängung der personalen, weil unberechenbaren und unsicheren Erziehung und nach Verwirklichung einer Erziehung durch die Sachen bot für Montessori den geeigneten Boden für die Übernahme der didaktischen Materialien Itards und Seguins.

Wenn hier die Erziehungsgedanken der Ärzte Pereira, Itard und Seguin mit dem pädagogischen Denken des italienischen Positivismus mehrfach in einem Atem genannt wurden, obwohl Pereira, Itard und Seguin nicht über das Feld der Anormalenerziehung hinausgegangen sind, so konnte das geschehen, weil Pereira und Itard wie Seguin darin einig waren, daß ihre in der Anormalenerziehung entwickelten Grundsätze *wissenschaftliche* und damit allgemeingültige Erkenntnisse waren, die darum für die Erziehung aller Menschen galten und deshalb zum Wohle der ganzen Menschheit auf die allgemeine Erziehung angewandt werden mußten. Sowohl Pereira als auch Itard und Seguin erwarteten von einer solchen Übertragung eine Höherführung der Menschheit, eine Beschleunigung des menschlichen Fortschritts und eine Verbesserung und Vervollkommnung des einzelnen Menschen. In dieser Gewißheit stimmten sie mit den Positivisten ebenso überein wie mit dem sozialreformerischen Gedanken an eine neue Menschheit und eine neue Gesellschaft. Der wissenschaftliche Anspruch fand seine Begründung bei Pereira in dem Rekurs auf Anatomie, Physiologie, Biologie und Medizin als den Wissenschaften vom Menschen, bei Itard und Seguin in der durch Versuch und Beobachtung gewonnenen Erziehungsmethode als der der Natur eigenen Methode, Menschen zu erziehen, bei den Positivisten schließlich in dem Basieren auf der naturwissenschaftlichen Beobachtung des individuellen Kindes und auf der Überwindung der alten philosophisch-metaphysischen Pädagogik. Für den Begriff der wissenschaftlichen Pädagogik ergeben sich aus diesem Umkreis drei wichtige Momente: einmal der Rückgriff auf die den Menschen betreffenden Naturwissenschaften, zum anderen der Gedanke der natürlichen Methode und schließlich das antithetische Motiv der Überwindung der alten philosophischen und darum vom positivistischen Standpunkt aus unwissenschaftlichen Pädagogik.

Schließlich spielen in dem Umkreis, in dem sich das pädagogische Denken Montessoris zu artikulieren beginnt, die Begriffe der *Deviation* und der *Normalisation* eine wichtige Rolle. Der Begriff der Deviation als Abweichung vom type primitif bei Morel und als Aberration vom Gang der normalen Entwicklung bei Pädagogen des italienischen Positivismus verlangt nach dem korrespondierenden Begriff der Normalisation. Faßt man den Erziehungsbegriff im Kontext des Begriffspaares von Deviation und Normalisation, dann muß die Erziehungsaufgabe in der Aufhebung und Verhinderung von Deviationen und in der Herbeiführung der Normalisation, d.h. der *Ermöglichung und Unterstützung der normalen Entwicklung des Menschen* gesehen werden. Der Begriff *der Erziehung als Normalisation* nimmt in der Tat alle die Momente auf, die sich als zentrale Gesichtspunkte innerhalb von Montessoris geistigem Horizont ergeben haben: Unter der Rücksicht der Kritik der alten Schule, in der sie die Verkörperung von Fremderziehung und bloßer Kulturvermittlung sieht, die Befreiung des Kindes und die Ermöglichung der Selbsterziehung an Hand eines den kindlichen Bedürfnissen entsprechenden didaktischen Materials in einer vorbereiteten Umgebung sowohl als Befreiung von den durch die „unnormale", weil unnatürliche alte Erziehung hervorgerufenen Deviationen, als auch als Freisetzung des Kindes für seine normale Entwicklung bzw. als Befähigung zur Normalität; denn die Ursache der meisten Deviationen, der morphologischen ebenso wie der intellektuellen und moralischen, liegt in der Unvollkommenheit der Umgebung, die die natürliche Entwicklung des menschlichen Lebens verhindert (205).

Der Deviationsbegriff erfährt eine noch nähere Bestimmung, wenn unter Deviation die mehr oder weniger weite Abweichung von dem „mittleren Menschen" als Inbegriff der Normalität (normalità) verstanden wird, wie er von Quételet entworfen, von Viola auf Grund der späteren Biometrie erneuert und von Montessori als anthropologischer Grundbegriff verstanden worden ist (206).

Dieser mittlere Mensch als Inbegriff der Normalität ist für Montessori (genau wie für Quételet und Viola) keine Abstraktion (207), sondern der neue Mensch, den die neue Erziehung hervorbringen soll und der das Schöne, das Wahre und das Gute in sich verkörpert (208), weil er sich voll, d.h. frei und normal, und ohne in Deviationen gedrängt zu werden, entwickeln konnte: der Mensch als Typus der Natur oder - wie es am Schluß der Vorlesungsnachschriften von 1905-1906 heißt - „der vom Menschen geschaffene Mensch" (209). Dieser Begriff der biologischen Freiheit, oder - mit anderen Worten - der „Triumph der freien und friedlichen Entwicklung des Lebens" (210), bildet für Montessori das eigentliche Fundament der neuen Erziehung.

Von Fabre und Morel her erfuhr Montessori die Deutung dieser Prinzipien in einem umfassend religiösen Weltverständnis. Für diese religiöse Weltsicht war Montessori nicht zuletzt durch die Vertrautheit mit der theosophischen Weltlehre besonders aufgeschlossen; in der religiös-existentiellen Krise nach der „Entdeckung" des normalen Kindes konnte sich dieses religiöse Moment besonders stark entfalten.

Die Frage nach der Einheit und nach der Eindeutigkeit des geistigen Hintergrundes, vor dem das pädagogische Denken Maria Montessoris einsetzt, läßt sich nun durch den Hinweis auf den Begriff der Normalisation beantworten. Unter den Begriff der Erziehung als Normalisation lassen sich die einzelnen Prinzipien der Befreiung des Kindes, der Selbsterziehung, der vorbereiteten Umgebung, des didaktischen Materials und der Konzentration, wie sie sich aus den verschiedenen Anregungen und Beeinflussungen ergeben haben, unterordnen und unter der Rücksicht des Begriffs der biologischen Entwicklungsfreiheit als antithetische Formulierung einer neuen und wissenschaftlichen Erziehung, verstanden als Hilfe für die normale Entwicklung des Menschen, begreifen. In dieser Hinsicht wurde in der Tat der Gesichtskreis, den Montessori zur Pädagogik mitbrachte, ganz entschieden vorbestimmt, und zwar formal auf die Entwicklung einer in betontem Gegensatz zur alten Erziehung gestalteten neuen und wissenschaftlichen Pädagogik, inhaltlich auf das Verständnis der *Erziehung als Normalisation,* d.h. als Hilfe für die normale Entwicklung, als Hilfe für das Leben.

Da es das Ziel vorliegender Arbeit sein soll, das pädagogische Denken Montessoris von seinem Hintergrund her zu erhellen, ist hier, wo es gelungen ist, aus dem engen Geflecht der pädagogisch relevanten Gedanken und Motive einige zentrale Begriffe und eine gemeinsame Grundtendenz herauszuschälen, die Paßhöhe erreicht, von der aus sich eine neuer Ausblick auf die Pädagogik Montessoris eröffnet.

D ERZIEHUNG ALS HILFE ZU LEBEN

Der Begriff der Erziehung als Hilfe für das Leben, genauer gefaßt als Hilfe für die normale Entwicklung, wie er sich als Grundtenor in dem geistigen Hintergrund Maria Montessoris herausgestellt und als bestimmender Aspekt ihres Gesichtskreises ergeben hat, beherrscht in der Tat das pädagogische Denken der „Dottoressa" von Anfang an durchgängig.

Kündigt Montessori in der „Pädagogischen Anthropologie" auf prophetische Weise an: „I foresee, in a radical reform of pedagogic methods, the practical possibility of taking as guiding principles the *individual liberty of the pupil* and *a reverential regard of life*" (1), so bestimmt sie im „Metodo" von 1909 die Erziehung bereits als „die tätige Hilfe, mit der man die normale Entwicklung des Kindeslebens befördert" (2). In 1923 gehaltenen Vorträgen gibt Montessori folgende Bestimmung: „Die Bedürfnisse des Kindes zu beachten und ihnen zu entsprechen, damit sein Leben sich möglichst voll entfalten kann - dies ist das Fundament der neuen Erziehung" (3). In einem 1933 erschienenen Aufsatz schreibt sie: „Erziehung heißt nie gestalten, sondern helfen, erleichtern und nach Möglichkeit schädliche Einflüsse fernhalten" (4). Um die gleiche Zeit weist sie der Erziehung die Aufgabe zu, die gesamte und volle Entwicklung des Kindes zu sichern (5). Wenig später äußert sie 1936 in einem Vortrag: „We have defined education as „an aid to life", and a Montessori school might be defined as a Prepared Environment in which children can live their own lives according to the laws of their development" (6).

In einem (unveröffentlichten) Vortrag von 1946 sagt Montessori: „Erziehung ist Hilfe, die wir dem Leben geben, damit es sich in der Größe seiner Kraft entwickelt" (7). Und im „Absorbent Mind" von 1949 vertritt Montessori schließlich den Standpunkt, „that education is not something which the teacher does, but it is a natural process which develops spontaneously in the human being" (8); ebendort bezeichnet sie als zentralen Punkt der Erziehung die Verteidigung des Lebens (9). In dem von Prakasam edierten Buch „What you should know about your child" heißt es in einem von 1948 stammenden Text: „Thus education is aid to life. It is protection to life. It is help to life according to its own laws of development" (10). Am wohl prägnantesten formuliert, lautet diese Bestimmung: „Dem Leben helfen, das ist das erste fundamentale Prinzip" (11).

Wird Erziehung allgemein als Hilfe für das Leben, näherhin als Hilfe für den Prozeß der Normalisation aufgefaßt, dann hat man sich von vornherein zu verdeutlichen, daß eine solche Erziehungslehre nicht auf eine bestimmte Entwicklungsphase oder eine gewisse Schulstufe beschränkt sein kann, noch mit der Begründung einer neuen Schulform allein gleichgesetzt werden darf (12), denn da „la personnalité humaine est une, à tous les stades de son développement, nous pouvons concevoir un principe d'éducation embrassant tous les stades" (13).

Deshalb hat es Montessori immer wieder abgelehnt, daß von ihrem Werk als von einer bestimmten Erziehungsmethode gesprochen und die Methode jeweils in ihrer Bedeutung für eine gewisse Entwicklungsstufe betrachtet wurde. Stattdessen hat sie gefordert, daß man ihre Pädagogik verstehe als eine allen Lebensaltern zugewandte „Hilfe für die menschliche Person, ihre Unabhängigkeit zu erobern" (14), und sie ansehe als „Mittel, sie (die menschliche Person) von der Unterdrückung durch alte Vorurteile über die Erziehung zu befreien" (15).

Dieser Auffassung Montessoris von der Einheit ihrer Pädagogik und von ihrer Gültigkeit für alle Entwicklungsstufen hat man sich zu vergewissern, ehe man darangeht, die Prinzipien ihrer Pädagogik im Zusammenhang mit ihrem Hintergrund zu betrachten; dadurch nämlich kann man Fragen der Stufigkeit und einzelner Erziehungsabschnitte (Kinderhaus, Schule, höhere Schule) von vornherein zurückstellen und das Augenmerk im Sinne Montessoris statt „der zerstückelten Weisen, die Erziehung zu konzipieren" (16), ganz auf die neue und durchtragende Sicht beschränken, als deren drei Aspekte Montessori nennt: Die Verteidigung des Kindes, die wissenschaftliche Erkenntnis seiner Natur und die gesellschaftliche Verkündigung seiner Rechte.

Diese neue Sicht hebt Montessori im Gegensatz zur alten Pädagogik heraus, und es liegt nahe, diesen „antithetischen" Gesichtspunkt bei der Betrachtung ihres eigenen pädagogischen Denkens nicht außer acht zu lassen. Die beiden Momente dieser wahren *neuen* Erziehung aber sieht Montessori 1. in *„der Entdeckung ....* und .... *in der Befreiung des Kindes"* und 2. *in der Lösung des Problems der Hilfen, die dem Kinde geboten werden müssen* (17).

I. Die anthropologische Grundthese Montessoris

Wenn Montessori die Erziehung als Hilfe für die normale Entwicklung des Lebens bestimmt, dann steht bei ihr von Anfang an dahinter der Gedanke, daß sich die normale Entwicklung des Menschen nach immanenten Gesetzlichkeiten vollzieht.

In einem 1906 auf einem Frauenkongreß in Rom gehaltenen Vortrag vertritt Montessori die Überzeugung, die Erziehung könne das Individuum vervollkommnen und leiten, nicht aber umwandeln; sie fragte, welche Erziehung zum Beispiel einen Imbezilen intelligent, einen Blinden sehend oder einen gewöhnlichen und nützlichen Menschen zu einem moralischen Irren machen könne. Und Montessori fügt ihre anthropologische Grundthese hinzu, daß das menschliche Individuum bereits im Stadium der mikroskopischen Zelle in seiner Personalität determiniert ist (18).

Im gleichen Vortrag macht Montessori vor diesem Hintergrund gegenüber den Anhängern der Religion und ihrem Glauben, daß Gott in der Ewigkeit Schuld und Verdienste der Menschen richten und vergelten werde, den Gedanken geltend, unsere Nachkommenschaft sei das große Buch, in dem für das ewige Leben alle unsere Werke verzeichnet sind (19).

In der „Pädagogischen Anthropologie" bestimmt sie als Aufgabe der wissenschaftlichen Pädagogik, sie habe sich vor allem und über allem mit *normalen* Individuen zu befassen, „in order to protect them in their development under the guidance of biological laws, and to aid each pupil to adapt himself to his social environment, i.e., to direct him to that form of employment which is best suited to his individual temperament and tendencies" (20). In dem gleichen Werk geht Montessori der Frage nach, welche Faktoren die kindliche Entwicklung bestimmen. Dabei kommt sie zu dem Ergebnis, daß „underlying all the rest, as a *potential* cause, is the biological factor which misteriously assigns a certain *predestination* to each individual. The environment may combat, alter, and impede what nature, „had written upon the fertilised ovum"; but we cannot forget that this *scheme,* preestablished by the natural order of life, is the principal factor among them all, the one which determines the „character of the individual" " (21).

Es entspricht der Grundauffassung ihrer „Pädagogischen Anthropologie", wenn Montessori in der „Selbsttätigen Erziehung" schreibt: „Die *Umwelt* ist ohne Zweifel ein *nachgeordneter* Faktor für die Erscheinungen des Lebens; sie hat Einfluß, indem sie fördernd oder hindernd wirken kann, *erzeugend* aber ist sie nicht" (22). Und Montessori fügt sogleich ihre Begründung hinzu: „Die Wurzeln der Entwicklung sowohl der Art als des Individuums *liegen im Innern.* Das Kind wächst nicht, *weil* es ißt, *weil* es atmet, *weil* es in Temperaturverhältnissen lebt, die ihm angemessen sind; es wächst, weil die Lebensenergie in ihm sich entwickelt und in die Erscheinung tritt, weil der fruchtbare Keim, aus dem sein Leben entsproßte, sich ausbildet gemäß der biologischen, durch das Gesetz der Vererbung angegebenen Bestimmung. Das Jugendalter tritt nicht ein, weil das Kind lacht, tanzt, körperliche Übungen betreibt oder gut ernährt wird, sondern weil es diese bestimmte physiologische Stufe erreicht hat. Das Leben tritt in die Erscheinung - das Leben schafft, verleiht: - und wird seinerseits wieder in gewissen Grenzen gehalten und gebunden durch bestimmte Gesetze, die unüberwindlich sind" (23). Wenig später äußert Montessori 1916: „Man könnte den Begriff der *Entwicklungs*freiheit gar nicht fassen, wenn seiner Natur nach das Kind einer *spontanen organischen Entwicklung* nicht fähig wäre, wenn der Trieb nach Entfaltung der verborgenen Kräfte, der Wunsch nach dem Erwerb der nötigen Mittel zur *angeborenen harmonischen Entwicklung* nicht in ihm läge" (24).

Diese Bedürfnisse und Wünsche des Kindes aber erscheinen Montessori im „Handbuch" als „der innere Schrei des Lebens, das sich nach geheimnisvollen Gesetzen zu entfalten wünscht" (25). Dieser Gedanke bestimmt das pädagogische Denken Montessoris so sehr, daß ihr der „Triumph der neuen Erziehung" geradezu darin zu liegen scheint, „den verborgenen Lebensenergien zum Licht und zum Wirken zu verhelfen" (26).

Diese verborgenen Lebensenergien, kraft deren sich der kindliche Mensch aufbaut, wirken ihrerseits nach einem ganz bestimmten Plan, und „this self-making is not accomplished by some vague formula, but following a precise and definite guidance. The guidance of nature enforces its programme and its time-table by a formidable discipline in which health and sickness, life and death play their part" (27). In dem aus Rundfunk- und Kursvorträgen aus den 30er Jahren entstandenen Buch „Kinder sind anders" finden sich drei wichtige Aussagen: Nachdem Montessori das Phänomen der Zellteilung im biologischen Bereich allgemein erörtert hat, formuliert sie:

„Wie jede Keimzelle bereits den Bauplan des ganzen Organismus in sich trägt, ohne daß dieser irgendwie feststellbar wäre, so enthält jedes neugeborene Lebewesen, welcher Gattung immer es angehört, in sich den Bauplan jener psychischen Instinkte und Funktionen, die das Wesen instand setzen sollen, zur Außenwelt in Beziehung zu treten. Das gilt von jedem Wesen, auch vom Insekt" (28). Was „von jedem Wesen" gilt, das gilt analog erst recht vom Menschen, und es käme Montessori geradezu „widersinnig" vor, wollte man annehmen, „daß gerade der Mensch, der sich durch die Großartigkeit seines seelischen Lebens vor allen anderen Geschöpfen unterscheidet und auszeichnet, als einziger keinen Plan seelischer Entwicklung in sich tragen sollte" (29).

Gerade die menschliche Entwicklung vollzieht sich nach einem geheimnisvollen, gleichwohl gesetzmäßigen Ablauf: „In Wirklichkeit trägt das Kind den Schlüssel zu seinem rätselhaften individuellen Dasein von allem Anfang an in sich. Es verfügt über einen inneren Bauplan der Seele und über vorbestimmte Richtlinien für seine Entwicklung. Das alles ist aber zunächst äußerst zart und empfindlich, und ein unzeitgemäßes Eingreifen des Erwachsenen mit seinem Willen und seinen übertriebenen Vorstellungen von der eigenen Machtvollkommenheit kann jenen Bauplan zerstören oder seine Verwirklichung in falsche Bahnen lenken" (30). In einem etwa zur gleichen Zeit entstandenen Aufsatz formuliert Montessori den prägnanten Satz: „Noch ist im kleinsten Kind die Zeichnung des Charakters nicht sichtbar, aber in ihm ruht, wie in der Zelle, die ganze Persönlichkeit" (31).

1942 traf Montessori in einem Beitrag für die Zeitschrift „The Theosophist" eine andere prägnante Aussage über ihre „Bauplanthese". Dort sieht sie das Kind an als „a physical entity with power inherent within itself to construct itself along a special design of nature in a determined time; and he does construct every single part of his body" (33). Und bei derselben Gelegenheit fügt Montessori hinzu: „Nature has given to this new person its laws, and all that takes place is not in our hands" (34). In einem (unveröffentlichten) Vortrag von 1946 sagt Montessori konsequenterweise über die Aufgabe des Erwachsenen: „Dies ist unsere Verantwortlichkeit, nicht die großen Gesetze der Natur zu verderben und die Anstrengung, die in jedem Kinde ist" (35). Den künftigen Montessori-Lehrern ruft sie im selben Vortrag zu: „Ihre Aufgabe muß es sein, dem Leben zu helfen, das seine Kraft hat und das voller Weisheit und Macht ist" (36).

Im „Absorbent Mind" erläutert sie neue Aspekte der Gesetzmäßigkeit der kindlichen Entwicklung: „Alle lebendigen Wesen besitzen die Fähigkeit, in einer vielseitigen und komplizierten Umgebung das zu wählen, und nur das, was notwendig ist, um das Leben zu erhalten" (37). Dabei folgt auch das Kind „einem inneren Führer", und wenn das Kind diesem inneren Führer noch nicht zu folgen vermag, dann ist es noch nicht „das freie Kind, das sich auf den langen und schmalen Weg der Vollkommenheit begibt" (38). „There is - so to speak - in every child a painstaking teacher, so skillful that he obtains identical results in all children in all parts of the world" (39).

In einem (unveröffentlichten) Vortrag von 1950 gibt Montessori eine Zusammenfassung ihrer Grundposition, die zugleich auf die Grundtendenz ihrer daraus entwickelten Pädagogik hinweist: „We are specially concerned with placing the child and man in the centre of life. We must draw on the creative energy demonstrated by the child, and utilise it in moulding man. The object of education should be to cultivate this creative energy in man, as we do with the forces of nature in changing the face of the world" (40).

Die Reihe dieser Zitate, die sich leicht beträchtlich verlängern ließe, zeigt schon in dieser Auswahl, daß sich diese anthropologische Grundposition als durchtragend im ganzen Werk der Dottoressa verfolgen läßt. Tatsächlich ist es diese Grundüberzeugung vom Wesen des Kindes, wonach ihm eine natürliche Lebenskraft inhäriert, die seine Entwicklung nach einem gesetzlichen Plan gestaltet, welche Montessoris pädagogisches Denken von Grund auf durchgängig bestimmt.

In diesem Punkt läßt sich bei Montessori kaum von einem Wandel oder einer Phasenhaftigkeit sprechen. Die Vorstellung von einer in der Kinderseele latent gegebenen „eigenen Persönlichkeit", für die die passende Entwicklungsfreiheit und die entsprechende Umgebung bereitgestellt werden muß, eine Vorstellung, die Langeveld zu Unrecht nur auf Montessoris zweite, mit der „Autoeducazione" einsetzende Periode beschränkt sieht (41), gehört in jedem Augenblick zur Grundlage von Montessoris Werk. Aus ihr ergeben sich tatsächlich die prinzipiellen Momente dieses pädagogischen Denkens.

Das Bauplanmodell Montessoris und das Bild vom Erzieher als Gärtner, das die Naturwissenschaftlerin Montessori allerdings umdeutet in die Metapher vom wissenschaftlich orientierten Landwirt und Kultivator der Naturkräfte, ist nicht neu; im 19. Jahrhundert erfuhr diese Modellvorstellung jedoch durch den Aufschwung der naturwissenschaftlichen Forschung und unter dem Einfluß der positivistischen Philosophie ihre konsequenteste Ausprägung. Die universale Geltung, die gleichzeitig der Entwicklungsbegriff gewann, führte dazu, daß in der Entwicklungslehre zoologische, völkerkundliche, psycho-pathologische und kinderpsychologische Fragen parellel verhandelt wurden (42). Die Begabungslehre der Zeit, die reformpädagogische Bewegung „vom Kinde aus" und ein Teil der Kunsterziehungsbewegung stehen in unverkennbarer Abhängigkeit von einem ganz ähnlich strukturierten Entwicklungsmodell, sei es in der positivistischen Ausformung wie etwa bei Ellen Key und Montessori oder in einer mehr idealistisch-„romantischen" Abwandlung wie bei Berthold Otto.

Bei der Konzeption ihrer Bauplantheorie haben Montessori zweifellos die biologische Entwicklungslehre Naegelis und die Mutationstheorie von de Vries besonders Pate gestanden. Vor allem die These de Vries', daß Umwelteinflüsse nur relativ geringfügige Veränderungen beim Individuum hervorbringen, auf die als Mutationen bezeichneten echten Wandlungen aber nicht einwirken können, scheint Montessori stark beeinflußt zu haben.

Die Bauplantheorie Montessoris steht in ihrer schroffen Form nicht mehr in Einklang mit dem gegenwärtigen anthropologischen Denken. Zwar legt Montessori von ihren ersten anthropologischen Vorlesungen an (43) bis zu ihren Spätwerken stets Nachdruck auf die Unterscheidung von Mensch und Tier in der Hinsicht, daß das Tier ab ovo von festen Leitinstinkten bestimmt wird, während der Mensch sich erst aufbauen muß. In ähnlich scheinender Weise, wie Portmann vom Phänomen des extrauterinen Frühjahrs spricht (44), weist Montessori auf die Bedeutung der Kleinstkindphase hin, in der der geistige Embryo sich im Menschen inkarnieren muß, um das neue Menschenkind für das Leben tauglich zu machen. Gegenüber der starren Fixiertheit des Tieres in seine ihm zugepaßte Umwelt hebt Montessori das Vermögen des Menschen hervor, sich an alle Lebens- und Umweltbedingungen anzupassen. Damit aber trifft sie nur einen Aspekt jener Weltoffenheit, die die neuere Anthropologie als das spezifische Charakteristikum des Menschen herausgestellt hat. Wenn der Mensch nicht wie das Tier Umwelt, sondern Welt hat, so heißt das, daß er „sich vom So-sein der Dinge her bestimmen lassen, also nicht vom Dasein der Dinge her bedrängen lassen" (45) muß, oder anders ausgedrückt, daß ihm und nur ihm allein „die vollausgeprägte konkrete *Ding- und Substanzkategorie"* (46) eigen ist. Diese Bestimmbarkeit des menschlichen Erkennens und Handelns durch das So-sein der Dinge gilt unabhängig davon, ob sie für das Individuum ein biologisches Interesse haben oder nicht (47). Diese Weltoffenheit des Menschen läßt die Vorstellung von einem Aufbau der menschlichen Person nach einem immanenten Bauplan nicht zu, denn die These von der Prävalenz einer inneren Gesetzmäßigkeit führt notwendig zu einer Mediatisierung der Welt, d.h. zu ihrer Abwertung zu bloßen Reizen oder Mitteln, die die natürliche und normale Entwicklung gemäß dem bestimmten Plan fördern oder hemmen können. Vor allem Theodor Litt hat mit Nachdruck darauf hingewiesen, daß der Bezug Mensch und Welt in dieser Auffassung verkürzt und verkannt wird, denn dieses Verhältnis ist ein so fundamentales und inniges, daß hier „Jedes mit Jedem, mittelbar oder unmittelbar, nach Werden und Wesen verklammert" ist (48).

Es muß auffallen, daß Montessori nirgends eine wissenschaftlich überzeugende Begründung ihrer Bauplanthese und ihrer Theorie der normalen Entwicklung gegeben hat. Wo sie sich zur Definition dieser Lebenskraft des philosophischen Terminus des élan vital bedient, tut sie es - wie schon oben gesagt worden ist - ebensowenig in der Absicht, sich der Bergsonschen Lehre anzuschließen, wie dort, wo sie den psychologischen Begriff der Horme aufgreift. Unverkennbar steht allerdings hinter Montessoris anthropologischem Grundkonzept Quételets Theorie des homme moyen, die Montessori durch die Interpretation des mittleren Menschen als vollkommen entwickelten Menschen zu einem für ihre Pädagogik höchst relevanten Begriff umformt. Mit der Ausgestaltung der Theorie der Normalität, d.h. der normalen Entwicklung, ist für Montessori jedoch nur eine Seite des Problems gelöst; die Frage nach Herkunft und Struktur der hormischen Lebenskraft bleibt von der Theorie des normalisierten Menschen her unbeantwortet. Dieser Frage konnte Montessori aber nicht aus dem Wege gehen.

Sie stellte sich ihr unausweichlich bereits in der „Pädagogischen Anthropologie". Dort schließt die Erörterung und lautet die Beantwortung dieser Frage durch Montessori: „At this point it might be asked: Why do we grow? We hide the mechanism of growth under very vague expressions: biological final causes, ontogenetic evolution, heredity. But, if we stop to think, such expressions are not greatly different from those which they have replaced: the divine Purpose, creation.

In other words, a causal explanation is lacking. But positive science refuses to lose itself in the search after final causes, in which case it would become metaphysical philosophy. Nevertheless, it may persue its investigations into the genesis of phenomena, whenever the results of experiments permit it to advance" (49).

Wenn Montessori hier davon Abstand nimmt, der Frage nach einer „ersten Ursache" nachzugehen, weil sie fürchtet, damit auf den Boden jener metaphysischen Philosophie zu geraten, deren Übergreifen auf die Pädagogik sie als Anhängerin der positiven Wissenschaft so energisch zurückweist, dann erscheint diese Lösung zunächst sehr unbefriedigend. Offenbar ist die Beantwortung der Frage andernorts zu suchen.

II. Das religiöse Moment im Denken Maria Montessoris

Ähnlich wie J.-H. Fabre die Welt der Insekten als den von einem himmlichen Geometer ausgemessenen harmonischen Kosmos ansah, erscheinen Montessori die geheimnisvoll wirkenden Wachstumsgesetze als Emanationen eines göttlichen Willens.

Schon in der „Pädagogischen Anthropologie" findet sich eine einschlägige Stelle, in der es heißt: „Because, unquestionably, we are *immoral,* when we disobey the laws of life; for the triumphant rule of life throughout the universe is what constitutes our conception of beauty and goodness and truth - in short, of divinity" (50).

Dieses Zitat überrascht nach der oben wiedergegebenen Stelle, in der Montessori der Erforschung der ersten Ursachen für ihren Versuch, eine „positive" Pädagogik im Sinne der positiven Wissenschaften zu etablieren, abweist. Hier wird neben der wissenschaftlichen Absicht bei Montessori tatsächlich ein anderer wichtiger Gesichtspunkt, das religiöse Moment, sichtbar. Dieses Moment gehört von Anfang an mit zu Montessoris pädagogischem Denken, und zwar schon weit bevor sie sich mit konfessionellen religionspädagogischen Fragen befaßt. Wo sie das später tut, tritt dieses religiöse Moment naturgemäß stärker hervor. So spricht Montessori in der Schrift „Gott und das Kind" von „den göttlichen Weisungen des natürlichen Laufs der Entwicklung" (51), und sie meint ebendort, es sei „Gott, der die Lebewesen geschaffen hat und auch die Entwicklungsgesetze in der Natur dieser Wesen festsetzte". In der gleichen Schrift heißt es: „Wenn man die Gesetze der Entwicklung des Kindes entdeckt, so entdeckt man den Geist und die Weisheit Gottes, der im Kind wirkt" (52). Die Lebensbedürfnisse des Kindes erscheinen Montessori in diesem Horizont als die geoffenbarten Wünsche Gottes. Bis zuletzt bleibt Montessori dabei, daß Gott die „wunderbaren Kräfte" (53) in das Kind eingesenkt hat und durch sie seinen „Willen" kundgibt: „Im Menschen befindet sich eine verborgene Natur und eine verborgene Energie. Das Königreich der Kindheit ist das Königreich des Himmels" (54); deshalb vermag das Kind den Erwachsenen zu helfen, „indem es uns den Weg zum Himmelreich zeigt" (55).

Wenn Montessori die Seguinsche Unterscheidung von Zentrum und Peripherie übernimmt, dann zeigt sich dabei eine deutliche Abweichung. Für Seguin bedeutete diese Hypothese zunächst nicht mehr, als daß weder eine medizinische noch eine pädagogische Einwirkung auf das Zentrum in direkter Form möglich ist. Montessori schließt sich dieser Auffassung voll an. Wie Seguin versteht sie unter Peripherie jene Faktoren, die den Kontakt mit der Umwelt vermitteln, und zwar Sensibilität und Motilität. Das, was beide Zentrum nennen, erscheint aber bei Montessori auf ganz eigenartige Weise ausgelegt als Geheimnis, und die Tätigkeit des Zentrums wird bezeichnet als geheimnisvolles Wirken verborgener Kräfte: „Was im Kinde vor sich geht, das ist das Geheimnis des Kindes, und das müssen wir achten. Hier liegt der Grundsatz unserer Pädagogik, der auf die Menschen, die nicht in unsere *Ideenwelt* eingedrungen sind, immer einen gewissen Eindruck macht. Unsere Auffassung, daß die kindliche Psyche ein Geheimnis sei, das man nicht antasten darf, weil es uns nicht gehört, scheint ihnen ein Hindernis zu sein. Und doch sagen wir, wir wollen lernen, dieses Geheimnis zu achten" (56).

Wenn Montessori in diesem Zusammenhang den Begriff des Geheimnisses so stark in den Vordergrund rückt und ihn dabei in eine bestimmte „Ideenwelt" eingeordnet sieht, wird einmal deutlich, daß es hier um eine mit dem Anspruch der positiven Wissenschaft nur schwer zu vereinbarende Auslegung des „Zentrums" und der dort wirkenden Kräfte geht, und es ergibt sich zum andern die Frage, um welche religiöse „Ideenwelt" es sich bei Montessori handelt.

Der Gedanke der Weltharmonie, das Verständnis der kindlichen Entwicklungskräfte als Ausfluß eines göttlichen Willens und die Rede vom Geheimnis des Kindes scheinen zunächst ganz deutlich auf eine nahe Verwandtschaft mit theosophischem Gedankengut hinzudeuten, gehört es doch wesentlich zur theosophischen Überzeugung, „daß allen individualisierten Erscheinungen eine und dieselbe Wesenheit zugrunde liegt" (57), oder mit anderen Worten, daß das Wesen alles Daseins eines ist, und ist es doch ein erklärtes Ziel der Theosophie, „die verborgenen Geheimnisse der Natur in jeder möglichen Form zu erforschen und die im Menschen schlummernden seelischen und geistigen Kräfte" (58).

Einer vorschnellen Zuordnung Montessoris zur Theosophie steht freilich sofort entgegen, daß Montessori in einer bestimmten Epoche ihrer pädagogischen Tätigkeit sich intensiv mit Fragen der katholischen Religionspädagogik befaßt und sich persönlich zeitlebens als Katholikin bekannt hat.

Diese Spannung zwischen einerseits einer allgemeineren, nach der Theosophie hin verweisenden Religiosität und andererseits einer im engeren Sinne christlichen bzw. konfessionellen Auffassung tritt in allen Schriften, in denen religiöse Probleme zur Sprache kommen, deutlich zutage. Auch die spezifisch religionspädagogischen Schriften bringen auf den ersten Blick keine Klärung dieser Polarität.

Es erscheint daher naheliegend, auch die Frage nach der Struktur des religiösen Grundmotivs Montessoris in dem größeren Rahmen des geistesgeschichtlichen Hintergrundes zu sehen.

Bezieht man diesen größeren Rahmen in die Überlegung mit ein, dann ist zunächst auf den im ganzen betont achristlichen Ansatz der Reformpädagogik allgemein hinzuweisen. Pöggeler hat ganz richtig darauf aufmerksam gemacht, daß nicht überzeugte Christen es waren, die die pädagogische Reform der Jahrhundertwende forderten und einleiteten, „sondern Pädagogen und Philosophen, die mit dem Christentum zutiefst unzufrieden waren, ja mitunter das Christentum als die vermeintliche Ursache aller Unzulänglichkeiten im Bildungswesen anklagten. Kritik der „alten" Schule und Kritik des Christentums waren für die radikalen Reformer stets identisch; das Christentum - gleich welcher Art - erschien ihnen als Hort der Reaktion, als letzte Bastion längst überholter, „unmoderner" Lebensanschauungen" (59). Vor allem vielen sozialistisch orientierten Reformern erschienen Kirche und Konfession gleichbedeutend mit Rückständigkeit, Unfreiheit, Überformung und Unterdrückung. Im Heimatland Montessoris hatte sich diese Entgegensetzung noch verschärft durch jene besonderen politischen Entwicklungen, auf die oben hingewiesen worden ist, und militant antikirchliche Formen angenommen.

Den reformpädagogischen Ansätzen eignet neben der häufig ausdrücklich gegen das Christentum gerichteten, überall aber jenes mit einbeziehenden kultur- und gesellschaftskritischen Grundhaltung ein fast eschatologisches Pathos eines Entwurfs in die Zukunft. Es geht den Reformern durchweg um eine neue Gesellschaft und um einen neuen Menschen, und die Kritik an dem „alten" Menschen impliziert vielfach ein klares „Nein" gegenüber dem Menschenbild der christlichen Anthropologie.

Aber wird auch die christliche Position allerorten in Frage gestellt und häufig zum Gegenstand von Kritik und Ablehnung gemacht, so handelt es sich bei den Reformern doch nicht um ganz und gar areligiöse Ansätze. Religiöse Momente kommen für sie im Gegenteil notwendig ins Spiel, weil es ihnen bei der Grundsätzlichkeit ihres Reformanspruchs durchweg um letzte Lebens- und Sinnfragen geht. Religion und Lebenserneuerung werden - auch das hat Pöggeler herausgehoben- vielfach sogar als Sinnentsprechungen verstanden, freilich nur ganz selten im christlichen Sinne (60).

Das Ringen um die freie, in sich selbst ruhende Persönlichkeit schließt nach der Überzeugung der Reformer nicht Religion an sich aus, sondern widerstreitet nach ihrer Ansicht nur den als zu eng empfundenen Festlegungen und Überformungen, wie sie von der „zur Konfession erstarrten Religion" (Lombroso) ausgehen. „Mit dem neuen Menschen entsteht ein neuer Glaube, bzw. der neue Mensch ist Inhalt dieses Glaubens" (61).

Der Suche nach dieser neuen und allgemeineren Religion kam die neue Theosophie entgegen. Boyd und Rawson haben in ihrer Geschichte der Reformpädagogik die theosophische Weltanschauung als wichtigen und breiten Nährboden der pädagogischen Reform der Jahrhundertwende aufgewiesen. Das gilt vor allem für die von G.S. Arundale und Beatrice Ensor in England gegründete „Theosophical Fraternity in Education", die zunächst ein Sammelbecken für alle jene fortschrittlichen Lehrer sein wollte, „who would take as the basis of their work faith in the spiritual powers latent in every child, powers which if released could create a new world where all might find true happiness" (62).

Auf die Beziehungen, die Montessori zur Theosophie und zu führenden Theosophen hatte, wurde schon im biographischen Teil hingewiesen. Hier muß nun hinzugefügt werden, daß Montessori nicht nur in engen persönlichen und freundschaftlichen Kontakt zu den leitenden Vertretern der Fraternity trat, sondern daß von Anfang an zwischen beiden Seiten auch im pädagogisch-fachlichen Bereich eine enge Kommunikation zustande kam. Die vom „Theosophical Educational Trust", dessen Direktorin gegen Ende des Ersten Weltkriegs Beatrice Ensor wurde, gegründeten Schulen verfuhren auf ihrer ersten Stufe jeweils nach der Methode und nach den Grundsätzen Montessoris (63). Montessori wiederum schätzte das pädagogische und soziale Programm der Fraternity, weil es ihrer eigenen sozialreformerischen Einstellung entsprach, ihren persönlichen religiösen Grundeinstellungen entgegenkam und weitgehend mit dem Religionsbegriff übereinstimmte, den sie bei Lombroso und Seguin kennengelernt und der schon ihre Wahl des Arztberufs beeinflußt hatte.

Montessori konnte sich damals auch als Katholikin mit dem Gedankengut der theosophischen Fraternity identifizieren; denn einmal verbot die katholische Kirche ihren Mitgliedern die Zugehörigkeit zur Theosophie erst durch ihr offizielles Verdikt vom 18.7.1919 (64), zum anderen herrschte, wenngleich die persönliche Glaubensüberzeugung der Gründer und der Leiter der Fraternity streng theosophisch war, in diesem Kreise von Beginn an eine betonte Offenheit für andere

Standpunkte, die die Gesellschaft von sektiererischer Enge bewahrte und verhinderte, daß sie zu einem exklusiven Klub wurde. Die Fraternity folgte damit der Gründerin der Theosophischen Gesellschaft, H.P. Blavatzky, die grundsätzlich erklärt hatte, die Theosophie taste keinen anderen Glauben an, sie wolle vielmehr jedes Glaubens tiefinneres, „esoterisches" Verständnis und die Zelle einer weltumspannenden menschlichen Verbrüderung ohne Unterschied von Rasse, Glaube, Geschlecht, Stand oder Hautfarbe sein (65).

Diese Offenheit und Weite des theosophischen Standpunkts gilt noch mehr für die pädagogischen Anschauungen, die aus dem Umkreis der Theosophie hervorgingen. Boyd und Rawson führen die pädagogischen Prinzipien der Theosophie zurück auf die theosophische Lehre von der Inkarnation: „The doctrine of incarnation is a fundamental tenet for theosophists and from it they deduce their own ideas about education: notably the conviction of an impulse to perfection on the part of the Ego, implying the essential goodness of the child's nature, the vital importness of free, happy conditions for the right development of the individual in his present incarnation, the furthering of the brotherhood of man" (66).

Nun wäre es freilich ebenso kurzschlüssig, aus der Tatsache, daß Montessori die kindliche Selbstwerdung sehr oft als Inkarnation bezeichnet, auf eine Deduktion ihrer Pädagogik von der theosophischen Lehre zu schließen, wie es auf der anderen Seite vordergründig erscheinen müßte, wollte man allein schon wegen der zahlreichen Bibelstellen in Montessoris Schriften ihre Pädagogik als eine von Grund auf christliche Pädagogik ansehen. Einmal stehen diese Bibelstellen bei Montessori nirgends an entscheidenden Stellen der Gedankenentwicklung. Sie dienen Montessori mehr dazu, ihren eigenen Aussagen stärkeren Nachdruck zu verleihen. So sind wohl auch die Bibelzitate in den Werken von Montessoris Lehrer Lombroso zu verstehen. Zum anderen gebrauchen auch die Theosophen reichlich Bibeltexte, um sich als die Erleuchteten beider Testamente zu erweisen.

Es finden sich keine Belege, die die Ansicht eindeutig begründen könnten, Montessori halte an der theosophischen Theorie von der Wiedergeburt fest, andererseits dürfte es aber ebensowenig zu leugnen sein, daß zwischen den pädagogischen Anschauungen der Theosophical Fraternity in Education und Montessoris pädagogischen Grundüberzeugungen eine ins Auge fallende Affinität besteht. Das gilt sowohl hinsichtlich des weltumspannenden Ziels menschlicher Verbrüderung. Es gilt ebenso bezüglich der Grundthese, daß die positiven und entscheidenden Kräfte der kindlichen Entwicklung in seinem Inneren angelegt und - soweit sie nicht durch widrige Einflüsse von außen fehlgeleitet und verformt werden - göttlich und damit notwendig gut sind. Es gilt auch für die große Bedeutung, die Montessori einer freien und glücklichen Umgebung zumißt, in der sich die richtige, d.h. normale Entwicklung des Individuums vollziehen kann. Schließlich gehört hierher auch Montessoris „kosmische Sicht" der Interdependenz aller Naturvorgänge und die sich daraus ergebende kosmische Einordnung der Erziehung.

Läßt sich von der Theosophie her bei Montessori ein sehr *allgemeiner religiöser*

Standpunkt aufhellen, so bleibt doch noch die Frage, wie sich in diesen weitgespannten religiösen Zusammenhang die Tatsache einordnen läßt, daß Montessori in einer bestimmten Epoche ihrer pädagogischen Tätigkeit sich speziell mit katholischen religionspädagogischen Fragen befaßt und dabei wertvolle Anregungen gegeben hat.

Dabei ist zunächst zu bedenken, daß sich die religionspädagogische Arbeit Montessoris örtlich und zeitlich eingrenzen läßt (66a).

Der Anstoß dazu, ihre Methode auf dem Felde der katholischen Religionspädagogik zu erproben, kam von außen; er ging - daran läßt Montessori selbst kaum einen Zweifel - nicht von ihr selbst aus. Liest man ihre eigene Darstellung des religionspädagogischen Versuchs, den sie in Barcelona unternahm, genau, dann heißt es dort nicht, daß die Priester, die ihre Methode für die religiöse Erziehung fruchtbar machen wollten, *erkannten*, daß diese Methode von Grund auf katholisch *war*, sondern an der betreffenden Stelle lautet es, „all diese pädagogischen Grundsätze *schienen* diesen Priestern unmittelbar vom Katholizismus inspiriert *zu sein*" (67).

Was die vor allem in den 20er Jahren entstandenen speziell religionspädagogischen Schriften Montessoris betrifft, so enthalten sie - wie Schulz'Untersuchung ergeben hat - nicht nur keine theologischen Irrtümer, sondern zeugen sogar von einer guten theologischen Orientierung (68). Schulz berichtet aber auch davon, daß sich Montessori in ihrem fünften Lebensjahrzehnt in exerzitienmäßigen Kursen in diese theologischen Grundlagen erst einführen ließ, und einer mir von Herrn Mario Montessori persönlich mitgeteilten Information zufolge handelte es sich bei diesem Studium Montessoris überhaupt erst um ein vertieftes Eindringen in den katholischen Glauben und in die katholischen Kultformen. Wenn das zutrifft, dann würde das nicht weniger bedeuten, als daß Montessori in der vorhergehenden Epoche mit diesen Grundlagen und diesen Liturgieformen noch nicht vertraut war.

Wirft man einen Blick auf das Verhältnis von allgemeiner Methode und religionspädagogischer Arbeit, dann erkennt man recht deutlich, daß es sich bei Montessoris religionspädagogischem Ansatz um die *Anwendung* der allgemeinen Prinzipien ihrer Methode handelt. In „The Discovery of the Child" heißt es an einer einschlägigen Stelle über den Versuch in Barcelona, daß dort „were laid down the first bases of religious education planned *according to my method*" (69). An einer anderen Stelle bezeichnet die Dottoressa ihre Tätigkeit in Barcelona ganz klar als die „Anwendung der Methode, der wir in meinen Kinderhäusern folgten" (70).

Die Denkbewegung Montessoris geht in den religionspädagogischen Schriften tatsächlich von den allgemeinen Prinzipien ihrer Pädagogik zu ihrer Anwendung auf das Feld der religiösen Erziehung; von einer Beeinflussung des pädagogischen Denkens Montessoris von seiten der religionspädagogischen Arbeit her dürfte kaum gesprochen werden können.

In diesem Zusammenhang erscheint noch ein anderer Gesichtspunkt wichtig. Montessoris Religionspädagogik ist „in der Liturgie zentriert" (71). Daß sich Montessori so stark der liturgischen Erziehung zugewandt hat, läßt sich nicht allein vom Biographischen und vom Geschichtlichen her begründen. Montessori selber hat darauf hingewiesen, daß sich ihre Methode überhaupt nur auf die katholische Religionspädagogik im allgemeinen und dort auf die liturgische Erziehung im besonderen anwenden ließ, weil es nur dort möglich ist, „to make the preparation active by means of movements of the body and of objects, that is ‚material'" (72).

Wenn Montessori die liturgische Erziehung als Ziel mehrerer Kinderhausübungen angeschaut hat, so muß dahinter auch dies gesehen werden, daß die religionspädagogische Verwendung für viele im Kinderhaus geleistete Übungen, die vorher mehr oder weniger mechanisch erscheinen mußten, überhaupt erst einen den Kindern einsichtigen Zweck mit sich brachte und sie damit erst dem Prinzip Montessoris entsprechen ließ, wonach jede Arbeit des Kindes ein festes Ziel haben und alle kindlichen Kräfte auf dieses Ziel hin konzentrieren soll. Das gilt z.B. für das Gehen auf dem Strich, für die Übungen des Wassertragens und des Tragens zerbrechlicher und kostbarer Gegenstände und für die Stilleübung. Sie erhalten ihren „Zweck" nun vor allem auch als Vorbereitung auf die Teilnahme an Prozessionen und an der Meßfeier und werden in die liturgische Erziehung ebenso eingeordnet wie beispielsweise auch die Übungen mit den Farbtäfelchen, die jetzt als Vorstufe für die Beschäftigung mit den liturgischen Farben erscheinen. Die liturgische Erziehung muß schon deshalb als Erfüllung der Methode erscheinen, weil - wie Portaluppi meint - die formalen Übungen des Kinderhauses in ihr „die vornehmste Anwendung" (73) finden.

Es mag von hier aus noch einmal bezeichnend erscheinen, daß gerade in der Zeit, in der sich Montessori damit befaßt, die didaktischen Materialien für die liturgische Erziehung auszumünzen, die oben gekennzeichnete Phase einsetzt, in der sie auch im allgemeinen Bereich das Material und seine strenge Verwendung besonders stark betont.

Wenn Montessori in eigenartiger Nähe zu Morels religiös mitgeprägtem Begriff des type primitif davon spricht, das Kind verkörpere „die reine und unverformte menschliche Natur" (74), und wenn sie hierzu entsprechend meint, das Kind habe deshalb eine größere Nähe zu Gott als der Erwachsene, der sich durch seine Deviationen von der gottgewollten Bahn der Entwicklung entfernt hat, dann folgt für Montessori aus dieser Position tatsächlich eine geradezu religiöse Verpflichtung, die „Göttlichkeit" der kindlichen Natur zu promulgieren und für die Integrität des kindlichen Wesens einzutreten.

Von hier aus werden so exaltiert klingende Äußerungen verständlich wie diese, daß sie den Erzieher als Priester der Natur bezeichnet, oder jene, in der sie von der Leiterin des Kinderhauses als von einer Vestalin am heiligen Feuer spricht. Mario Montessori hat ganz deutlich ausgesprochen, daß seine Mutter die Aufgabe, das Kind zu begreifen und die Welt des Kindes vorzubereiten, als eine *„religiöse Pflicht"* (75) aufgefaßt hat, und auch die phantastischen Pläne Montessoris zur Gründung eines religiösen Ordens zur Sicherung und Bewahrung der göttlichen Kräfte des Kindes müssen von hier aus gesehen werden.

Diese *religiöse Pflicht,* die ganz gewiß aus der religiösen Interpretation der evolutiven Kräfte gespeist wird, läßt sich auch noch an andere Gesichtspunkte anknüpfen: Montessoris Glaube an die ureigene Mission mußte eine einmal als persönliche Aufgabe erkannte Verpflichtung mit religiöser Ernsthaftigkeit belegen und einen leidenschaftlichen Einsatz für die betreffenden Belange herausfordern. Die religiöse Färbung ihrer Verpflichtung läßt sich auch im Zusammenhang mit Montessoris sozialer Gesinnung sehen. Dabei kann man noch einmal auf Cesare Lombroso zurückverweisen, der einer Zeitstimmung Ausdruck gab, wenn er den religiösen Gedanken eng mit dem sozialen verband und einer Religion nur insoweit Daseinsrecht zuerkannte, als sie vom Prinzip der Liebe und des lebendigen Altruismus getragen und nicht zu konfessioneller Enge und formalem Kult erstarrt war. Auch von der Sicht des Saint-Simonismus her war die soziale Wirksamkeit geradewegs ein Kriterium für die Rechtmäßigkeit einer Religion.

Wenn die pädagogische Aufgabe Montessori zeitlebens als eine religiöse Verpflichtung erschien, so muß das in einem sehr weiten Sinne gelten und läßt sich nicht auf eine bestimmte Konfession festlegen. Dieser Ansicht steht ein Teil der Montessori-Literatur entgegen, der Montessori als genuin katholische Pädagogin interpretiert und als Kronzeugin einer katholischen Erziehung ansieht.

Bezeichnet man Montessori freilich schon als katholische Pädagogin, weil sie persönlich Mitglied der katholischen Kirche war und weil sie in einer bestimmten Epoche ihrer pädagogischen Arbeit sich intensiv mit religionspädagogischen Fragen befaßt hat, dann erscheint dies wohl gerechtfertigt. Versteht man aber unter einer katholischen Pädagogin eine Erzieherin, deren gesamtes pädagogisches Denken von der katholischen Weltanschauung und vom katholischen Glauben her geprägt ist, dann läßt sich bei Montessori bei sorgsamer Prüfung, Einordnung und Würdigung aller ihrer Äußerungen schwerlich noch von einer genuin katholischen Pädagogin sprechen.

Ganz gewiß werden an keiner Stelle ihres Werkes pädagogische Prinzipien von einer bestimmten katholischen Position her deduziert. Theologische Aussagen und Argumente im engeren Sinne erscheinen nirgendwo konstitutiv für ihr Denken.

Man muß sich auch davor hüten, die von Montessori vielfach gebrauchten auch theologisch relevanten Begriffe als untrügliches Indiz für ihre christliche Grundposition anzusehen. Denn einmal ist die theologische Implikation dieser Begriffe in der italienischen Sprache bei weiten nicht so unmittelbar und so groß wie im Deutschen, zum anderen besitzen diese Begriffe nicht nur im eigentlich christlichen Denken, sondern auch im theosophischen Gedankenkreis ihren zentralen Stellenwert (75a).

Wenn wir nach unserer Untersuchung das religiöse Grundmotiv von Montessoris pädagogischem Denken auf einen weiteren religiösen Standpunkt beziehen und nicht auf eine bestimmte Konfession beschränken wollen, dann soll damit auf keinen Fall bestritten werden, daß sich die Montessori-Pädagogik auch in einer betont katholischen Schule realisieren, ja sogar sehr gut realisieren läßt, auch nicht, daß sie

„zu den katholischen Leitbildern der Reformschule" (76) gerechnet werden kann; wenn aber Krombach (77) die Ansicht vertritt, der größeren Ausbreitung der Montessori-Pädagogik in Deutschland stünde hier eine oft einseitig katholische Montessori-Interpretation im Wege, so sollte nach unserer Überzeugung hier kein Hindernis mehr gesehen werden.

Für die überkonfessionelle Weite der religiösen Grundposition Montessoris dürfte nicht zuletzt die Tatsache sprechen, daß die Montessori-Pädagogik in den verschiedensten religiösen und weltanschaulichen Gedankenkreisen Aufnahme finden kann und gefunden hat, und zwar häufig gerade wegen ihrer religiösen Grundhaltung.

Auf dem Achten Internationalen Montessori-Kongreß 1949 in San Remo hat sich beispielsweise Ceresi nachdrücklich für eine grundsätzliche Affinität der Montessori-Pädagogik zur Lehre der katholischen Kirche ausgesprochen (78), während gleichzeitig Goonesekera den Zusammenhang von Buddhismus und Montessori-Methode betont und die Montessori-Pädagogik als das geeignete Mittel herausgestellt hat, um die Menschen zu guten Buddhisten zu machen (79).

Montessoris Standpunkt scheint in der Tat so weit und umfassend zu sein, daß Stellwag ihn zu Recht als synthetische Verschmelzung von östlicher und westlicher Spiritualität gekennzeichnet hat (80).

Was aber Montessoris Beitrag zur katholischen Religionspädagogik angeht, so gehört seine Darstellung und Würdigung nicht zum Thema dieser Arbeit. Nur so viel soll hier dazu gesagt werden: Montessori hat sich in diesem Punkte ihres Werkes der katechetischen Reformbewegung der Jahrhundertwende angeschlossen, in der es zuerst darum ging, die alte abstrakt-begriffsanalytisch und theoretisch-moralisierend verfahrende Katechese durch Anschaulichkeit zu beleben, und dann darum, Möglichkeiten gläubig-kindlichen Tuns einzubeziehen (81).

Beide Momente fanden in der liturgischen Bewegung eine glückliche Synthese. Die erziehliche Bedeutung dieser Bewegung liegt dort, wo sie schon das Kind aufnehmen wollte in die Heilswirklichkeit des sakramentalen Kultes. Wenn Guardini zu Recht sagt, in der Liturgie gehe es nicht um Wissen, sondern um Wirklichkeit (82), dann ist diese Heilswirklichkeit gemeint und nicht eine vordergründige „Wirklichkeit" liturgischer Farben, Kalender, Zeichen und Bewegungen.

Es ist m.E. in der Literatur zu Recht die Frage gestellt worden, ob Montessoris religionspädagogisches Material nicht zu stark an dieser „äußeren" Wirklichkeit haften bleibt und ob es das Verständnis der Liturgie als Mitleben in Christus voll erreicht. Auch scheint es, als überbetone Montessori die menschenbildende Aufgabe der Liturgie zu stark gegenüber ihrer primären und konstitutiven Aufgabe der Gottesverehrung und des Gottesdienstes (83). Man wird der katholischen Liturgie jedenfalls nicht gerecht, wenn man sie nur als die pädagogische Methode der katholischen Kirche auffaßt. Gerade hinsichtlich dieser Fragen erscheint bei Montessori eine vertiefte Klärung noch wünschenswert.

III. Die Funktion des didaktischen Materials

Aus der These vom immanenten Bauplan ergibt sich ganz zwangsläufig, daß die Bedeutung der Umwelt für die Erziehung des Kindes verkürzt werden muß. Wenn das Kind die Direktiven seiner Entwicklung bzw. seiner „Selbsterziehung" in sich trägt, dann kann der Außenwelt nur eine hemmende oder fördernde Funktion zukommen. Für die pädagogische Arbeit folgt daraus eine eklatante Schwerpunktverlagerung auf die Seite der indirekten Unterrichts- und Erziehungsverfahren.

Die Möglichkeiten direkter pädagogischer Wirksamkeit werden eingeschränkt oder geleugnet, und an ihre Stelle tritt das Prinzip der pädagogisch vorbereiteten Umgebung. Dieses Prinzip ergibt sich für Montessori mit Notwendigkeit aus der Bauplanthese, daneben aber auch von Lombroso, von der sensualistischen Erkenntnislehre und von der Theorie von Zentrum und Peripherie bei Seguin her.

Die Gestaltung einer Umgebung, die der Entwicklung des Kindes angepaßt ist, bezeichnet Montessori denn auch im „Handbuch" als das „große Problem" der Erziehung überhaupt (84).

Die Montessori-Methode ist für eine ganz bestimmte Form der indirekten pädagogischen Einwirkung bekannt: die Verwendung eines didaktischen Materials. Die Konzeption eines didaktischen Materials, die sich auch aus dem positivistischen Erziehungsbegriff ableiten ließ, übernahm Montessori im Anschluß an Itard und Seguin, und es wurde oben an Hand einer Reihe von Vorverweisen bereits aufgezeigt, wie stark dieser Einfluß im einzelnen gewesen ist.

Es wäre allerdings vereinfacht, wollte man sagen, Montessori habe das didaktische Material Itards und Seguins unkritisch und pauschal übernommen. In ihren Vorlesungen an der Scuola Ortofrenica ging es Montessori nach ihrer eigenen Aussage darum, eine besondere Erziehungsmethode für die abnormen Kinder zu entwickeln, und zwar gemäß den Linien, die Seguin gewiesen hatte (85). In einem Vortrag auf dem II. Nationalen Pädagogischen Kongreß 1902 vertritt Montessori zwar die Meinung, die Methode Seguins gehöre zu dem, was in der heutigen Pädagogik am meisten wissenschaftlichem Anspruch genüge (86), aber in dem gleichen Vortrag setzt sich Montessori in einem entscheidenden Punkt von Seguin ab.

Seinen Dreischritt: von der Erziehung der Muskeln und des Nervensystems zur Erziehung der Sinne, von der Erziehung der Sinne zu den Ideen und von den Ideen zur Sittlichkeit, anerkennt Montessori nur in den ersten beiden Stufen, Seguins Theorie der moralischen Erziehung schließt sie sich nicht an. Sie erblickt deren Mangel dort, wo Seguin die sittliche Erziehung unmittelbar an die intellektuelle anschließt. Diesen Standpunkt, den Montessori auf die „alte philosophische Psychologie" (87) Seguins zurückführt, muß man von zwei Seiten her verstehen. Einmal bezieht Montessori Seguin hier offenbar mit ein in die Kritik an der alten Erziehung, bei der ja ein wesentlicher Punkt darin bestand, zu zeigen, daß die einseitig intellektuelle Beeinflussung des Zöglings in moralischer Hinsicht keinen oder nur einen höchst unbefriedigenden Erfolg gebracht hatte. Zweitens sieht Montessori die Sittlichkeit übereinstimmend mit der positivistischen Moral ihrer Zeit zum einen im Altruismus und altruistischen Gewohnheiten, zum anderen in der Anpassung an die Erfordernisse der Umgebung.

Jovine Bertoni hat in einer beachtenswerten Studie Montessoris Begriff der Sittlichkeit zuletzt als „das Ergebnis der Harmonie zwischen individuellem Leben und Umgebung" ausgelegt (88).

Die entsprechende Form der sittlichen Erziehung sah Montessori von hier aus nicht in Beziehung zur intellektuellen Erziehung, vielmehr erblickte sie die Möglichkeit, die Kinder zum Altruismus zu führen vor allem darin, sie in eine Arbeitsatmosphäre zu versetzen, in der es darauf ankam, daß ein Kind auf das andere Rücksicht nimmt, damit es ungestört seine individuelle Arbeit verrichten kann, und daß die Kinder einander uneigennützig beistehen, wo sie gegenseitiger Hilfe bedürfen. Vielleicht liegt in der Scheidung von moralischer und intellektueller Erziehung ein echter Grund dafür vor, daß Montessori die von Pestalozzi im Stanser Brief als dritte und nicht mißbare Stufe der sittlichen Erziehung gekennzeichnete Reflexion über das eigene sittliche Tun scheinbar nicht in ihrer Bedeutung erkannt und deshalb nicht als entscheidenden Faktor aufgenommen hat.

Für die intellektuelle Erziehung greift Montessori auf die Methode und auf das Material Itards und Seguins zurück. Aus ihren Vorlesungen an der Scuola Ortofrenica geht hervor, daß Montessori diese Anregungen in zwei Abschnitte aufteilt: in einen vorbereitenden Teil und in die eigentliche Erziehung. In den ersten Teil, den sie als medizinische Erziehung bezeichnet (89), nimmt Montessori eine Reihe von körperlichen Behandlungsmaßnahmen auf, die Itard angewandt hatte, um Victors Sensibilität zu steigern, seine Sinne zu verfeinern und ihn dadurch tauglich zu machen, die fundamentale Stufe der Erziehung, die Erziehung der Sinne, zu empfangen. Zu diesen Maßnahmen gehören Bäder, Wechselbäder, Abreibungen, Massagen u.ä. (90). Für die Erziehung der Muskeln nennt Montessori das Ziel, den Zögling dazu zu bringen, eine für die Gesellschaft nützliche Arbeit auszuführen (91). Hier ist ein Ansatzpunkt für die Arbeiten des praktischen Lebens, die dann im Kinderhaus eine so große Rolle spielen. Diese Arbeiten, wie Tischdecken und Abräumen, Geschirrputzen, Spülen, Kehren usw. dienen zugleich dem zweiten Faktor der Muskelerziehung: der Koordinierung von Intelligenz und Motorik (92). Hier ist die Nähe zu Seguin unverkennbar, denn für ihn bestand ja gerade in der Diskoordination, d.h. im Chaos, das zwischen Intelligenz und Motorik herrschte, ein entscheidendes Merkmal der Abnormität. Dem Ziel der Koordination dienen darüber hinaus besondere Übungen, so die Übung des fixierten Blicks, Nachahmungsübungen und die sogenannte Stilleübung.

Während Montessori bei der Ausweitung ihrer Methode auf die Erziehung normaler Kinder in den Kinderhäusern von dem ersten Teil ihrer in der Scuola Ortofrenica vertretenen Methode weitgehend absehen konnte, führt sie dort die Übungen zur Koordination fast unverändert ein.

Das trifft auch zu auf die Sinneserziehung, die für Seguin wie für Montessori das

Fundamentstück der intellektuellen Erziehung darstellt. Die Sinneserziehung erfährt bei Montessori eine mehrfache Begründung. Einmal steht dahinter ein pragmatisches Motiv. Montessori ist davon überzeugt, daß sich in der heutigen technisch-industriellen Welt nur ein Mensch bewähren kann, der auf Grund gut geschulter Sinne scharf zu beobachten vermag (93). Das gilt nach Montessori für alle Berufe, offenbar denkt sie selbst am meisten an den „positiven" Wissenschaftler, der von richtigen Beobachtungen ausgeht und auf ihnen mittels der wissenschaftlichen Einbildungskraft weiterbaut. In diesem Zusammenhang steht für Montessori auch ein aufklärerisch-sozialer Aspekt. Der Mensch, dessen ausgebildete Sinne ihm die sichersten und genauesten Perzeptionen vermitteln, kann sich am weitesten aus der geistigen Abhängigkeit anderer befreien und wird mit Gewißheit zu den sichersten Urteilen über die Wirklichkeit gelangen. Neben diesen beiden Gesichtspunkten steht als weiterer Gedanke ein entwicklungspsychologischer Aspekt. Montessori sieht das Kind von drei bis sieben Jahren nicht nur zu besonderer Sinnesschulung befähigt, sondern ihrer vom Stand seiner Entwicklung her sehr bedürftig: „Die Entwicklung der Sinne geht ja der der höheren geistigen Tätigkeit voraus, und das Kind ist im Alter von drei bis sieben Jahren in der Zeit der Bildung seiner Fähigkeiten" (94). Wenn Montessori die Sinneserziehung als die Grundlage der höheren geistigen Tätigkeit ansieht, dann bezieht sie das ausdrücklich auch auf die ästhetische und sittliche Erziehung, in besonderem Maße aber auf die intellektuelle Erziehung (95).

Was die Verwendung des Seguinschen Sinnesmaterials für die intellektuelle Erziehung betrifft, so anerkennt Montessori schon in dem bereits erwähnten Vortrag von 1902, in dem sie sich über die Bedeutung von Seguins Methode für ihr eigenes pädagogisches Denken Rechenschaft gibt, den großen Erfolg, den Seguin damit auf intellektuellem Gebiet erzielt hatte, und zwar hebt Montessori als entscheidend für diesen Erfolg die Tatsache hervor, daß Seguin die Erziehung der Sinne als das Mittel zur Entwicklung von Ideen aufgefaßt hat (96). Ersilia Liguori hat sehr schön herausgearbeitet, wie weit Montessori sich der Erkenntnislehre Seguins anschließt, ohne expressis verbis über diese gnoseologische Grundlage zu reflektieren (97).

Von diesem Hintergrund her unterscheidet Montessori genau wie Seguin zwischen nozione und idea, wobei der Begriff (nozione) auf Grund der sinnlichen Wahrnehmung zustande kommt, die Ideen aber durch Kombination und Verknüpfung von Begriffen. Deshalb muß auch für Montessori die intellektuelle Erziehung mit der Erziehung der Sinne beginnen. Dabei ist es sehr aufschlußreich, daß Montessori die Prinzipien der Seguinschen Sinneserziehung fast unverändert übernimmt.

Zwei untergeordnete Gesichtspunkte sind zunächst die Isolierung des Sinnes und die Isolierung des Anreizes (98). Dazu gehört es z.B., daß bei allen Sinnesübungen möglichst Stille im Raum herrscht. Übungen, die nichts mit der Erziehung des Gesichtssinns zu tun haben, sollen möglichst mit verbundenen Augen ausgeführt werden. Die Materialien sollen jeweils so dargeboten werden, daß sie dem Kind ganz isoliert vor Augen stehen, d.h. kein anderer Gegenstand soll sich auf dem Tisch oder auf dem Teppich befinden, auf dem das Kind seine Übung ausführt.

Der erkenntnistheoretische Hintergrund Montessoris wird auch deutlich, wo sie ausdrücklich Bezug nimmt auf den „Erziehungsbogen" Seguins. Ähnlich wie Seguin es getan hatte, weitet auch Montessori das Reiz-Reaktions-Schema über den Geltungsbereich dieses mechanischen Ablaufs hinaus aus und sieht in ihm den „Hauptschlüssel, der auch die Erscheinungen des komplizierteren Mechanismus der Nerven erschließt" (99).

Das peripherische System der Sinneswahrnehmungen versetzt den Menschen in unmittelbare Verbindung zu seiner Umwelt. Dieses System nimmt eine Vielzahl verschiedener Reize aus der Umwelt auf und leitet sie weiter an die Nervenzentren. Von dort geht die menschliche Tätigkeit aus und äußert sich vermittels der psychomotorischen Organe. „Die Erziehung sollte die Entwicklung der drei Stufen, der zwei peripherischen und der zentralen, leiten und vervollkommnen, oder, da der Vorgang sich hauptsächlich auf die Nervenzentren beschränkt, sollte die Erziehung noch eher den psycho-sensorischen Übungen denselben Wert beilegen wie den psycho-motorischen. Wenn nicht, so *isolieren* wir den Menschen von seiner *Umwelt.* Sollten wir etwa glauben, mit der *intellektuellen Bildung* allein die Erziehung getan zu haben, so werden wir bloße Denker heranziehen, die dazu neigen, außerhalb der Welt zu leben" (100).

Für die Ausbildung der Sinne gibt Montessori im Anschluß an Seguin folgende drei Schritte an: „1. Das Erkennen von Gleichheiten (das „Paaren" ähnlicher Gegegnstände und das Einsetzen fester Körper in passende Öffnungen). 2. Das Erkennen und das Einsetzen fester Körper in passende Öffnungen). 2. Das Erkennen der Gegensätze (das Vorführen von Extremen aus einer Reihe von Gegensätzen). 3. Das Erkennen von Ähnlichkeiten (eine Reihe sehr ähnlicher Gegenstände in stufenweiser Anordnung vorführen)" (101). Als typische Beispiele aus dem Ensemble des Montessori-Materials lassen sich zu diesen drei „Schritten" nennen: ad 1 die drei Sätze von je zehn Einsatzzylindern, die bei dem einen Satz im Durchmesser, beim anderen in Durchmesser und Höhe, beim dritten nur in der Höhe abnehmen und jeweils in die entsprechende Aushöhlung in einem Holz nach Art der Gewichtsbretter von alten Waagen eingesetzt werden müssen; ad 2 ein Material, das aus einem rechteckigen Brett besteht, dessen zwei Hälften mit einem groben Sandpapier und einem glatten Papier bezogen sind, und die das Kind bei verbundenen Augen mit den Fingern zu überfahren hat; ad 3 schließlich läßt sich einmal auf den Satz von 64 Farbtäfelchen hinweisen, bei denen das Kind die zwei jeweils gleichen Täfelchen paaren muß, zum anderen auch auf das „Glockenspiel", das aus zwei Glockenreihen der chromatischen Tonleiter besteht, wobei das Kind durch Anschlagen der einzelnen Glocken die jeweils gleichtönenden einander zuordnen soll (102).

Wie bei Itard und Seguin vermitteln die Sinnesmaterialien Montessoris die Wahrnehmung von Eigenschaften. Bei den genannten Einsatzzylindern geht es beispielsweise darum, den Unterschied in der Ausdehnung zu erfassen, d.h. groß und klein, dick und dünn zu unterscheiden. Zur Vermittlung von Länge und Kürze dient die sogenannte Lange Treppe, zehn je 1 dm längere Stäbe von 1 dm bis 1 m Länge, die vom Kind ihrer Länge nach nebeneinandergelegt werden sollen. Tastübungen an Brettern mit Streifen von verschieden grobem Sandpapier geben Gelegenheit, die verschiedenen Grade von Rauheit bzw. Glätte zu erfahren. Auch die Stilleübung, bei der die Kinder in möglichst vollkommener Unbeweglichkeit auf ihren Plätzen sitzen und auf den leisen Zuruf der Lehrerin hin sich mit so wenig Geräusch wie möglich zu ihr hinbegeben, dient zur Unterscheidung von laut und leise.

Für die Vermittlung der zu den jeweiligen Erfahrungen am Material gehörenden Nomenklatur verfährt Montessori nach der bei Itard angelegten und bei Seguin ausgeprägten sogenannten *Drei-Stufen-Lektion*. Diesem „Unterricht" liegen drei Vorentscheidungen zu Grunde: 1. Der Unterricht soll so kurz wie möglich sein und nur so viel Worte zählen, als unbedingt notwendig sind. 2. Da der Unterricht von einem konkreten und eindeutigen Material ausgeht, kann er sich darauf beschränken, „einen sichtbaren Gegenstand mit seinem Namen und seiner Eigenschaft zu bezeichnen" (103). 3. Dieser Unterricht soll objektiv wirken, d.h. sich wie ein Scheinwerfer allein auf den zu erklärenden Gegenstand richten, „so daß sich die Aufmerksamkeit des Kindes einzig diesem zuwendet und die Person des Lehrers ganz ausscheidet" (104). Die Abkunft dieser Grundsätze aus der Idiotenerziehung ist unverkennbar, ihre Affinität zu dem aufklärerisch-positivistischen Postulat einer Erziehung durch die Sachen bei weitgehender Ausschaltung eines Worte machenden Lehrers nicht minder offenkundig.

Im „Handbuch", wo Montessori die Drei-Stufen-Lektion ausführlich kennzeichnet, macht sie kein Hehl daraus, daß sie dieses Verfahren von Seguin übernommen hat (105).

Die erste Stufe dieser „Lektion" besteht im Benennen des Gegenstandes. Die Lehrerin zeigt dem Kind ein Material, z.B. ein rotes Farbtäfelchen, und sie sagt dabei langsam und deutlich: „Das ist rot, rot, rot". Dann zeigt sie ihm ein blaues Täfelchen und sagt genauso: „Das ist blau, blau, blau". Auf der zweiten Stufe geht es darum, daß das Kind den Gegenstand erkennt. Die Lehrerin bittet das Kind: „Gib mir das rote, gib mir das blaue".

Wenn das Kind diese Probe besteht, wiederholt die Lehrerin dieselbe Bitte mehrmals hintereinander und läßt sich die entsprechenden Gegenstände reichen. Auf der dritten Stufe soll das Kind den Namen des Gegenstandes selbst aussprechen und dadurch zeigen, ob es ihn wirklich „gelernt" hat. Die Lehrerin nimmt ein Täfelchen und fragt das Kind: „Was ist das? ", und das Kind hat zu antworten: „Das ist rot", bzw. „das ist blau".

Mittels dieser individuellen Lektionen, wie sie Montessori nennt, werden auch die Buchstaben gelernt. Dabei verwendet Montessori Buchstaben aus Sandpapier, die auf kleine Holztafeln aufgeklebt sind. Während das Kind diese Buchstaben mit dem Finger nachfährt, nennt ihm die Lehrerin ihre „Namen".

Im „Handbuch" gibt Montessori eine kurze Zusammenfassung des Unterrichts mit der Drei-Stufen-Lektion:

„Mittels dieses Unterrichts lernt das Kind viele Wörter sehr gründlich kennen: groß, klein, dick, dünn, lang, kurz, kalt, lau und die Namen vieler Farben und geometrischer Formen. Diese Wörter beziehen sich nicht auf bestimmte *Gegenstände*, sondern auf geistige Erwerbungen des Kindes. In der Tat wird der Name erst *nach langer Übung* gegeben, bei der das Kind, indem es seine Aufmerksamkeit auf verschiedene Eigenschaften der Gegenstände sammelte, Vergleiche gemacht, Schlüsse gezogen und Urteile gebildet hat, bis es eine Unterscheidungskraft gewann, die es vorher nicht besaß. Kurz, es hat *seine Sinne verfeinert;* seine Beobachtung der Dinge ist eingehend und gründlich gewesen; es ist selbst anders geworden" (106).

Die Schlußbemerkung, das Kind sei selbst anders geworden, bezieht sich offenbar nicht nur auf einen intellektuellen Lernfortschritt; sie weist vielmehr hin auf eine bisher noch nicht genannte, jedoch grundlegende Bestimmung des didaktischen Materials. Um diese zu kennzeichnen, ist es notwendig, auf Montessoris „Entdeckung" von San Lorenzo zurückzugehen.

Oben wurde deutlich gemacht, mit welchem Blickfeld und mit welchem Ziel Montessori ihre Arbeit in San Lorenzo begann. Grundlegend für ihren pädagogischen Horizont waren für sie die Theorie vom mittleren Menschen und der Gedanke einer Erziehung durch die Sachen, näherhin durch ein didaktisches Material. Als Montessori den Kindern des ersten Kinderhauses ihre Materialien vorlegte und sie frei damit „arbeiten" ließ, machte sie eine für sie überraschende Wahrnehmung.

Bei den Zurückgebliebenen in der Scuola Ortofrenica hatte Montessori bereits mit den von Seguin übernommenen Materialien gearbeitet. Dabei hatte sie erreicht, daß diese Kinder damit umgingen und die entsprechenden Erfahrungen an ihnen machten. Diese Schüler ließen aber sogleich von ihrer Tätigkeit ab, wenn die Aufforderung zur Arbeit oder die Ermunterung durch die Lehrerin aussetzte (107). Montessori erzielte bei diesen Schülern durchaus die Arbeitsatmosphäre, wie sie Itard und Seguin gekannt und in ihren Schriften anschaulich dargestellt hatten, und sie war mit diesem Ergebnis durchaus zufrieden. Sie teilte - wie sie selbst mehrfach äußerte - die Auffassung der zeitgenössischen Psychologie von der grundsätzlichen Instabilität der kindlichen Aufmerksamkeit; so nahm es sie nicht wunder, wenn ihre Schüler nach Abschluß einer Materialarbeit sich rasch einer anderen Tätigkeit zuwandten oder in ihre gewöhnliche Untätigkeit zurückfielen.

Etwas ganz anderes geschah nun in San Lorenzo, wo Montessori die gleichen Materialien gesunden Kindern als Beschäftigungsmittel vorlegte. Nicht nur, daß diese Kinder von sich aus mit den Gegenständen zu hantieren begannen, fiel Montessori eines Tages ein etwa dreijähriges Mädchen auf, das tief konzentriert mit den Einsatzzylindern arbeitete. Montessori beobachtete die Kleine und begann die Wiederholungen zu zählen, in denen sie unermüdlich die Holzzylinder aus den Vertiefungen herausschüttete und der Reihe nach wieder an ihren richtigen Platz zurücksteckte. Auch als Montessori das Mädchen mitsamt dem Stühlchen, auf dem es saß, auf einen Tisch hob, ließ es sich nicht bei der Arbeit stören, sondern ergriff schnell den Block, stellte ihn auf die Armlehnen und setzte seine Tätigkeit fort. Selbst der Gesang der Kinder, den Montessori anstimmen ließ, konnte das Kind nicht von seiner konzentrierten Beschäftigung abbringen. Erst nach über vierzig Wiederholungen hörte die Kleine von selbst auf „und blickte glücklich umher, als ob sie von erquickendem Schlaf erwacht wäre" (108).

Montessori hat dieses Ereignis immer wieder neu beschrieben und dabei stets darauf hingewiesen, daß es sich hier um den entscheidenden Punkt ihrer gesamten Pädagogik handelt, von dem jede Darstellung ihrer Methode ausgehen müßte.

Wenn wir uns fragen, in welcher Hinsicht das für Montessori gelten konnte, dann gewinnen wir am ehesten Aufschluß, wenn wir einmal berücksichtigen, daß Montessori vom Phänomen der Polarisation der kindlichen Aufmerksamkeit als von einer Umkehr und von einer Enthüllung spricht, und wenn wir andererseits näher zusehen, worin die Entdeckung von San Lorenzo für Montessori bestand.

In der „Autoeducazione" berichtet sie von dem Kind, an dem sie ihre „Entdeckung" machte, daß es nach seiner konzentrierten Arbeit anfing, „sich vollständig zu verändern, ruhiger, man könnte fast sagen, intelligenter und mittelsamer zu werden; es zeigte außerordentliche innere Eigenschaften, die an die höchsten Seelenphänomene, wie die der Bekehrungen, erinnerten" (109). Nachdem das Phänomen der Polarisation der Aufmerksamkeit Platz gegriffen hatte, „schien alles, was von Unordnung und Unbeständigkeit in der Seele des Kindes existierte, sich in einer inneren Schöpfung zu organisieren, deren überraschende Merkmale sich in jedem einzelnen Kinde wiederholten" (110). In einem Aufsatz von 1941, in dem sich Montessori sehr ausführlich mit ihrer Entdeckung befaßt, sagt sie von den Kindern, bei denen das „Montessori-Phänomen" eingetreten ist: „It seems almost that in their soul a path has been opened for the radiant forces revealing in this fashion the best side of their character. They become then kind to everybody. They give themselves to do in order to be useful to other people and they are full of the desire to be good" (112).

An der gleichen Stelle gibt Montessori ihre eigene Deutung des Phänomens wieder: „I saw a law in what was taking place in those souls, and I understood it; and this law gave me the vision of *solving completely the problem of education*" (113).

Die „Entdeckung" Montessoris ist die Vision des normalisierten, oder wie Montessori auch sagt, des neuen Kindes: In dem Phänomen der Konzentration enthüllt sich das von Deviationen und unnatürlichen Abwehrreaktionen gelöste Kind, das „an Hand" einer einfachen, aber sinnvollen Tätigkeit unter Sammlung aller seiner Kräfte auf die Bahn seiner Normalität zurückgekehrt ist. Wenn Montessori in diesem Zusammenhang von einer Offenbarung spricht, dann geschieht es deshalb, weil nach ihrer Überzeugung das gesunde Kind dem mystischen Menschen gleicht, „von dem es heißt, Gott habe ihn nach seinem Ebenbilde geschaffen" (114).

In der „Autoeducazione" schickt sie dem oben angeführten Abschnitt den apodiktischen Satz voraus: „Die Ordnung des psychischen Lebens setzt mit dem charakteristischen Phänomen der Aufmerksamkeit ein" (115). Setzt man an die Stelle von Ordnung des psychischen Lebens den Begriff der Normalisation und berücksichtigt man, daß dieses Phänomen sich vermittels des didaktischen Materials einstellte, dann läßt sich der Satz formulieren: Die Normalisierung setzt am didaktischen Material ein. Für die Funktion des didaktischen Materials ergibt sich von hier aus ein dreifaches:

Einmal ist es der notwendige Ausgangspunkt für die konzentrierte Arbeit des Kindes, zum anderen - und das hängt damit eng zusammen - stellt es das geeignete Remedium für das „deviierte" Kind dar, das es zur Normalität zurückzuführen vermag. Schließlich - und das ist der allgemeinere Gesichtspunkt - erscheint das Material von hier aus als das notwendige Entfaltungsmittel für das Kind, als die unaufgebbare Nahrung für die Entwicklungsbedürfnisse des Kindes. So kann Montessori sagen: „Das Problem der Erziehung besteht also für uns nicht in der Wahl der Mittel zur Bildung der Persönlichkeit des Kindes und zur Entwicklung seiner einzelnen Charaktereigenschaften, sondern in der Darreichung der geistigen und seelischen Nahrung, deren das Kind bedarf" (116).

Die äußeren Anreize, mit deren Hilfe sich die psychische Entwicklung organisiert, auf experimentellem Wege festgestellt zu haben, das hat Montessori als ihren eigenen experimentellen Beitrag zur Pädagogik angesehen.

Montessori wählte die einzelnen Materialien zuerst nach dem Gesichtspunkt aus, wie sehr sie die Aufmerksamkeit des Kindes wecken und auf sich ziehen konnten. Dabei ging sie von dem Gedanken aus, daß das Phänomen der Polarisation der Aufmerksamkeit der untrügliche Indikator dafür sein müßte, daß der betreffende Gegenstand für das Kind eine entwicklungsgemäße Notwendigkeit darstellt; denn „nur auf diese Dinge richtet sich ihre (der Kinder) Aufmerksamkeit auf natürliche Weise" (117).

Der zweite Auswahlgesichtspunkt bestand darin, daß das Kind bei dem jeweiligen Material verweilte und die entsprechende Übung mehrere Male wiederholte. Daran sollte sich ablesen lassen, daß das Material als peripherischer Gegenstand und die kindliche Aktivität miteinander korrespondierten.

Aus diesen beiden Bestimmungsmerkmalen, die dazu dienen sollten, in dem sogenannten didaktischen Material die absolute Relation von Bedürfnis und Stimulus herzustellen, so wie die Form des Insekts genau mit der Form der Blume übereinstimmt, die es befruchten soll (118), geht hervor, daß das Material als peripherische Spiegelung bzw. als „materielle Spur" der inneren Entwicklung und der Bedürfnisse der kindlichen Seele verstanden wird (119). Da das Material allein „nach den psychischen Äußerungen des Kindes konstruiert" (120) ist, oder anders formuliert, da die Konstruktion des pädagogischen Apparates gemäß den „Spuren der natürlichen physiologischen und psychischen Entwicklung des Kindes" erfolgt ist (121), stellt das Material die „Schiene" dar, auf der sich das Kind in seiner Entwicklung fortbewegt.

Nur von diesem Gesichtspunkt her wird der Rigorismus verständlich, mit dem Montessori immer wieder darauf besteht, daß das Kind mit dem Material nur in der „sachgemäßen" Weise umgeht. Denn ist das Material die Spur der geistigen Entwicklung des Kindes, dann verläßt das Kind diese Spur in dem Augenblick, wo es mit dem Material falsch verfährt. Das Material, das der Normalisation dienen soll, würde dann entgegen seiner Bestimmung das Kind in der Deviation festhalten oder gar in neue Aberrationen treiben.

Unter der Rücksicht von Zentrum und Peripherie stellt das Material den Berührungspunkt zwischen der Seele des Kindes und der äußeren Welt dar (122). Da sich - wie Montessori meint - die geistige Entwicklung des Kindes nicht ohne solche Berührungspunkte vollziehen kann, sondern ohne sie entweder erlahmt oder von ihrer Spur abkommt, kann Montessori das Material als eine Technik wahrer geistiger Hygiene (123) bzw. als „eine Schule für geistige Übungen" (124) bezeichnen.

Der Begriff des didaktischen Materials als peripherische Nahrung für den suchenden Geist, oder anders ausgedrückt, das Material als Entwicklungsmittel beherrscht Montessoris Denken auch dann, wenn sie auf der Ebene des Schulaters vom Erwerb der Kultur handelt. Auch die Kultur erscheint ihr als Nahrung, die das Kind auf der Bahn seiner Entwicklung aufnehmen muß, um sein Ziel, ein vollentwickelter Mensch auf der Höhe der Zivilisation zu werden, erreichen zu können. Das wird einmal deutlich an den beiden von Montessori verfaßten Lehrbüchern, in denen die Mathematik und die Geometrie unter der einen Rücksicht entfaltet und „ausgebreitet" werden, den mathematischen Geist zu nähren und die mathematischen Bedürfnisse des Kindes zu befriedigen (125). Das ergibt sich noch deutlicher, wenn Montessori ausdrücklich erklärt, daß nicht das von Sachproblemen angeregte und von echtem Sachinteresse begleitete Fortschreiten am Lernmaterial das entscheidende ist, sondern allein die vom inneren Wachstums- bzw. Entwicklungsdrang ausgehende Beschäftigung: „Das Problem entsteht nur, wenn es sich um Fehler handelt; es begleitet nicht den normalen Entwicklungsprozeß. Ein von der Neugier, vom Problem selbst angeregtes Interesse wäre n i e das fördernde Interesse, dessen Ursprung in den Bedürfnissen des Lebens selbst liegt, und das deshalb das Wachstum der inneren Persönlichkeit leitet" (126).

Mit dieser Einordnung des didaktischen Materials hängt es zusammen, daß Montessori es streng zurückweist, wenn der Lehrer Fehler des Kindes im Umgang mit dem Material korrigiert; wenn das Kind einen Fehler macht, dann erblickt Montessori darin das Zeichen dafür, daß es noch nicht die Entwicklungsstufe für dieses Material erreicht hat (127).

Ein wichtiges Merkmal des Montessori-Materials besteht darin, daß es die Fehlerkontrolle mehr oder weniger unmittelbar enthält. Am sinnenfälligsten tritt sie bei den sogenannten Einsatzzylindern zutage, wo am Schluß der Übung ein Einsatz übrig bleibt, wenn das Kind nicht richtig verfahren ist. Nicht mehr mechanisch, sondern psychologisch steckt die Fehlerkontrolle z.B. in den Übungen mit den Farbtäfelchen und den Glocken; sie ist schließlich sogar in den Möbeln des Kinderhauses enthalten: die kleinen Stühlchen sind so leicht, daß sie bei der geringsten Unachtsamkeit des Kindes umfallen und es unüberhörbar auf seinen Fehler aufmerksam machen. „Die Stühlchen, die bei einer heftigen Bewegung so leicht hinfallen, das Väschen, das durch Unachtsamkeit entzweiging, ein Fleck auf der hellen Tischplatte oder der Staub, der die blanke Fläche verunziert, all dergleichen kann eine Stimme bedeuten, die mahnend auf eine Nachlässigkeit, einen Fehler hinweist" (128).

Schon in der „Pädagogischen Anthropologie" hatte Montessori davon gesprochen, daß ihre pädagogischen Mittel „eine sich steigernde Serie psychischer Stimuli darstellen, die den Bedürfnissen eines Kindes vollkommen angepaßt sind" (129).

Im „Handbuch" heißt es, die Art des Kindes zu lernen, könne vom Erwachsenen nicht schrittweise geleitet werden, „denn nicht er, sondern die Natur bestimmt hier das richtige Verhalten je nach dem Alter des Kindes" (130).

Ein Vorschreiben der Arbeit und ihrer Reihenfolge sei illegitim, denn das Kind wählt aus, „wie es ihm eben sein Schaffensgeist diktiert" (131).

In der „Autoeducazione" schreibt Montessori: „Die Absicht der Kinder, die bei einem Gegenstand verharren, ist offenbar nicht die, zu „lernen": sie werden dabei festgehalten, durch die Bedürfnisse des inneren Lebens, das sich mit seiner Hilfe organisieren und entfalten soll" (132).

Erfolgt aber die freie Wahl der Betätigungen auf Grund der inneren Bedürfnisse, d.h. auf Grund des geheimnisvollen inneren „Bauplans", dann kann Montessori sagen: „Das Geheimnis des Kindes wird zur Freiheit des Menschen werden" (133). Wenn Montessori im „Absorbent Mind" die freie Wahl des Kindes als „die höchste Aktivität" bezeichnet (134), dann wird hier wieder die anthropologische Grundkonzeption Montessoris sichtbar, die ihr pädagogisches Denken von Grund auf bestimmt und der sich auch das didaktische Material unterordnet, insofern es als Entwicklungsmittel, als peripherische Nahrung für den suchenden kindlichen Geist angesehen wird (135).

Zugleich ergibt sich von hier aus eine nähere Bestimmung von Montessoris Freiheitsbegriff. Im Hinblick auf die „Entdeckung" des normalen Kindes kann es für Montessori Freiheit nur dort geben, wo es um Äußerungen von echten inneren Bedürfnissen des normalisierten Kindes geht, die es zu unterstützen und zu fördern gilt. Nirgendwo bedeutet Freiheit für Montessori, das Kind sich selbst zu überlassen. „Laisser les enfants faire ce qu'ils veulent reviendrait à laisser la fièvre sans soins, l'éruption sans pommade ou le trouble intestinal sans tisane; cela équivaudrait à abandonner le malade à son destin. Il s'agit, bien au contraire, d'une forme de vie toute différente, dont le but essentiel est la conservation de la santé, la guérison de la maladie" (136).

Wenn aber nur jenen Äußerungen freier Raum gewährt werden soll, die von den höheren Energien des Kindes ausgehen, dann muß die Montessori-Lehrerin sehr genau zu unterscheiden wissen zwischen normalen und von der Norm abweichenden Aktivitäten des Kindes. Ihre Aufgabe wird zunächst der diagnostischen Arbeit des

Arztes sehr verwandt. In dieser diagnostischen Tätigkeit der Lehrerin sieht Montessori sogar den „Ausgangspunkt der Erziehung": „If the teacher cannot distinguish mere impulse from the spontaneous energy which wells up from a spirit at rest, her action will bear no fruit . ... It is only when she has acquired this power of discrimination that a teacher can become an observer and guide" (137).

Da alle Äußerungen der kindlichen Entwicklungskräfte auf Grund von Montessoris Voraussetzungen notwendig „gut" sind, d.h. auch altruistisch bestimmt sind, konnte Montessori schon im Handbuch erklären: „Wie bekannt lassen wir den Kindern *Freiheit* bei ihrer Arbeit und bei allem Tun, das nicht störend wirkt, d.h. wir *merzen die Unordnung aus,* die „schlecht" ist, aber gewähren allem, was ordentlich und „gut" ist, die vollständigste Freiheit der Betätigung" (138).

Die Grenze von Montessoris Freiheitsbegriff liegt also einmal dort, wo das Kind nicht abnormen Aktivitäten überlassen werden darf, sondern vom Lehrer auf die richtige Bahn zurückgeleitet werden muß, zum anderen dort, wo man das Kind auch seinen „guten" Kräften nicht völlig hilflos überlassen darf: „On ne peut laisser l'enfant libre d'agir qu'à la condition de l'aider à agir avec les ressources qu'il porte en lui" (139).

Die Erziehung aber scheint unter dieser Rücksicht - und hier tritt Montessoris pädagogische Grundrichtung klar zutage - in der Pflege der positiven Entwicklungskräfte des Kindes zu bestehen. In einem ihrer letzten Vorträge heißt es bei Montessori 1950 dementsprechend: „Das Ziel der Erziehung muß es sein, diese schaffende Energie im Menschen zu kultivieren, genauso wie wir es mit den Naturkräften tun, wenn wir die Erde bebauen" (140).

Wird aber die Erziehung als die „Kultivation" der evolutiven Kräfte des Menschen aufgefaßt, dann ergibt sich für Montessori tatsächlich die Forderung nach einer kopernikanischen Wende der Pädagogik, die ihre Richtung aus der „Entdeckung" des normalen Kindes her gewinnt und deren Programm Montessori so charakterisiert: „Hierin besteht die wahre neue Erziehung: in der Entdeckung zuerst und dann in der Befreiung des Kindes. ... Dann erst erfolgt das zweite Kapitel ...: Das Problem der Hilfen, die dem Kinde gegeben werden" (141).

Wenn aber von der neuen Erziehung als von einer kopernikanischen Wende die Rede ist, dann gelangt Montessori ganz zwangsläufig zu einer sehr scharfen Kritik der alten Erziehung. Es liegt nahe, daß der Angelpunkt dieser Kritik in dem Vorwurf zu suchen sein wird, die alte Erziehung habe das Kind in seiner wirklichen Bedeutung nicht erkannt.

IV. Die Kritik der alten Erziehung

Montessori nannte - darauf wurde oben bereits hingewiesen - als hervorstechendes Charakteristikum der alten Erziehung die Tatsache, daß sie von der Unterscheidung von zwei verschiedenen Persönlichkeiten, der des Erwachsenen und der des Kindes, ausgegangen sei und dem Erwachsenen die Aufgabe zugeteilt habe, das Kind zu formen, dem Kinde aber abverlangt, sich zu fügen und nachzufolgen (142). Damit aber habe sich ein Teil der Menschheit zum Meister und Beherrscher des anderen aufgeworfen und ein schweres Hindernis für die soziale Verständigung und für die gesellschaftliche Harmonie errichtet. Und es kann füglich von der alten Erziehung als von einer Tyrannei gesprochen werden, wenn das Kind von Anfang an gezwungen wird, „to obey a dictator" (143).

Das Verhältnis des Erwachsenen zu dem Kind war und ist für Montessori nicht demokratisch (144), denn - so meint sie - weder wird die Würde des Kindes geachtet, noch gibt es Gesetze für die Rechte des Kindes (145). Wieder und wieder vertritt sie die Ansicht, daß das Kind bisher als Persönlichkeit und als Mitglied der Gesellschaft keine Anerkennung gefunden hat (146).

Dementsprechend hat der Erwachsene seine soziale Umgebung ganz allein nach seinen Bedürfnissen aufgebaut. Diese komplizierte Erwachsenenwelt aber läßt dem Kind keinen ihm gemäßen Lebensraum (147), noch gibt sie ihm die Möglichkeit, sich darin voll einzugliedern. So lebt es als „eine Unbekannte in der Gleichung des Lebens" (148) völlig fremd in der künstlichen Welt der Erwachsenen; da es noch nicht in der Lage ist, an dem sozialen Produktionsprozeß der Erwachsenenwelt teilzunehmen, wird es als Störenfried der geschäftigen Erwachsenen (149) aus ihrem Kreis verbannt „in jenes Exil, in dem der Erwachsene das Kind so lange hält, bis es imstande ist, in der Erwachsenenwelt zu leben, ohne zu stören" (150).

Aber in diesem Exil, der Schule, geht das „Martyrium des Kindes" (151) weiter, denn es kann dort ebensowenig ein freies Leben führen wie innerhalb der Erwachsenenwelt. Auch in der Schule regiert und bestimmt der Erwachsene, und seine ständige Beaufsichtigung, seine fortwährenden Ermahnungen und Befehle ersticken alle aufkeimenden freien Kräfte des Kindes (152). Der Lehrer sieht seine Pflicht gegenüber der Gesellschaft darin, das Kind so bald als möglich an die Erwachsenenwelt anzupassen und seine kindlichen „Launen" auszumerzen (153). So entspinnt sich zwischen Lehrer und Schüler ein Kampf, der nicht nach außen dringt, weil er innerhalb der grauen Mauern geführt wird, die das Klassenzimmer „einfrieden". Dieser ungleiche Kampf bleibt unbeobachtet, weil die Eltern sich nach Montessoris Ansicht nur für den Grad an Wissen und Kultur interessieren, den der Lehrplan für die betreffende Stufe vorsieht, und zufrieden sind, wenn dieser erreicht wird (154).

So wird das Kind in schwere Schulbänke eingeklemmt und unter Androhung von Strafe und Sanktionen gezwungen, mehrere Stunden täglich unbeweglich zu sitzen und einem langweiligen Redner zuzuhören (155). Diese Schulen, die das Kind auf die Dauer langweilen und zur Passivität verurteilen, nennt Montessori „Totenhäuser für den Geist des Menschen" (156).

Auch in der Schule lebt das Kind in einer asozialen Umwelt; denn das soziale Leben besteht nicht darin, daß Menschen nebeneinandersitzen und einer Person zuhören, die dauernd spricht, ebensowenig darin, daß alle das Gleiche tun. So ist es höchstens im Leben der Soldaten (157).

Ein so unsoziales Leben kann keine soziale Erziehung vermitteln; dieses Schulleben läßt keine sozialen Gefühle aufkommen, es erzieht im Gegenteil zu Egoismus und Mißgunst gegenüber den Kameraden (158): Die intelligenteren Kinder dürfen den schwächeren nicht helfen, sondern müssen so tun, als könnten sie auch nicht mehr als die anderen. Da das Klassenniveau mittels des Wetteifers erzielt wird, werden die begabten Kinder eingebildet, die anderen erfüllt von Haß, Neid und Demütigung (159). Diese Form der Erziehung aber verhärtet und isoliert das Individuum. Montessori versteigt sich dazu, diese Erziehung nicht nur als unsozial und unmoralisch zu bezeichnen, sie erachtet sie sogar als kriminell: „An education that represses and restricts the ‚moral I', that sets obstacles and barriers to development and to intelligence, that condems the people to ignorance of human rights is a crime" (160).

Die Erziehung aber - darüber konnte es für die Sozialreformerin Montessori keinen Zweifel geben - darf heute unter keinen Umständen mehr Menschen heranbilden, die als isolierte Individuen zu leben gewohnt sind, sondern muß sie für das soziale Miteinander, für das Aufeinanderangewiesensein in der arbeitsteiligen Gesellschaft und für die weltweite Zusammenarbeit vorbereiten.

Die Unterdrückung des Kindes setzt sich fort in einer Reihe von Vorurteilen, die der Erwachsene ihm gegenüber hegt. Wo ihm das Kind als ein leeres Gefäß erscheint, das darauf wartet, mit seiner Weisheit angefüllt zu werden (161), betrachtet sich der Lehrer nicht nur als sein Herr und Richter, sondern sogar als sein Schöpfer, dem es mit Respekt und Dankbarkeit zu begegnen hat. Das ist überall dort der Fall, wo die Erziehung als eine bloße Übertragung von Kenntnissen aufgefaßt und der Lehrer als der Übermittler (trasmettitore) und das Kind als der Empfänger (ricevatore) angeschaut werden. Dann aber verschieben sich die Maßstäbe der schulischen Moral erneut zuungunsten des Kindes, und es wird als gut angesehen, was dem reibungslosen Ablauf dieses Übertragungsprozesses dient. Dann gilt das Kind als brav und gut, wenn es sich fügt, ruhig sitzt und aufmerksam zuhört. Gut ist dann sein Gehorsam in allen Formen: der Gehorsam des Körpers, d.h. seine Unbeweglichkeit und Stille, der Gehorsam der Intelligenz, d.h. sein getreuliches Folgen allen logischen Schritten des Lehrers, der Gehorsam der Aktivität, d.h. ihr Gebrauch nur in den Grenzen, die der Lehrer zuläßt, der Gehorsam des Willens, d.h. die Verleugnung seines eigenen Willens (162). Montessori wählt ein Bibelwort, um die Lage dieses Kindes zu paraphrasieren: „Nicht ich lebe, sondern der Lehrer lebt in mir" (163).

Ebensowenig wie die Auffüllung mit Kenntnissen das aktive Ich wachzurufen vermag, können von außen kommende Willenseinflüsse zu einer Disziplinierung der Handlung führen, weil sie keine innere Organsiation schaffen können, sondern - und hier ist auf Seguins Begriff des exogenen Dualismus zu verweisen - in eine Spaltung der Individualität hineintreiben (164). Wird die kindliche Individualität aber auf diese Weise zerstört, dann hat die Unterdrückung des Kindes ihre größte Steigerung erfahren.

Solange man sich überhaupt an das Kind als das Objekt der Erziehung und des Unterrichts wendet, so lange bleibt für Montessori die Tyrannei des Stärkeren über den Schwächeren bestehen und die soziale Frage des Kindes unlösbar. Die Lösung dieser Frage besteht für Montessori allein darin, daß der Erwachsene die Illusion aufgibt, er könne den Charakter und den Geist des Kindes formen (165), und die soziale und geistige Gleichberechtigung des Kindes anerkennt. Dann aber darf der Erwachsene nicht mehr die Anpassung des Kindes an seine eigene Welt erzwingen wollen, sondern muß sich als der die Welt Beherrschende dem hilfsbedürftigen Kinde zuwenden und ihm einen Platz schaffen, an dem es nicht nur nicht unterdrückt wird, sondern auch die Mittel findet, deren es zu seiner freien und ungestörten Entwicklung bedarf. Denn darauf kommt ja alles an, daß dem Kind die geeigneten äußeren Mittel zur Verfügung gestellt werden, damit es von „den großen Kräften, die die Natur ihm verliehen hat" (166), Gebrauch machen kann. Nicht darum geht es, dem Kinde stets zu helfen, denn jede Hilfe, deren das Kind nicht bedarf, hemmt seine Entwicklung eher, als daß sie fördert (167), und bringt das Kind in neue Abhängigkeit von dem, der ihm hilft, sondern das ist das Entscheidende bei der Lösung der sozialen Frage des Kindes, daß der Erwachsene das Kind anerkennt und sich statt als sein Schöpfer und Erhalter als der Hüter und Beschützer seines kindlichen Lebens betrachtet. Der kardinale Punkt ist also der: „Der Erwachsene muß sich bekehren, er muß sich erniedrigen, damit beide Lebensalter zur Harmonie kommen können" (168).

V. Die Befreiung des Kindes

Der Kampf zwischen Erwachsenem und Kind

Aus der Kritik der alten Erziehung geht deutlich hervor, daß Montessori in dem Verhältnis zwischen Erwachsenem und Kind ein schwerwiegendes, wenn nicht das Hauptproblem jeder Erziehungsreform erblickt. „Wenn man dieses Problem der sozialen und moralischen Ordnung löst, existieren alle anderen Probleme der Erziehung nicht mehr, weil die Erziehung nichts anderes darstellt als eine einfache Folge der Lösung dieses einen Problems" (169). Das Kernproblem der erzieherischen Reform besteht für Montessori in der Stiftung besserer Beziehungen zwischen den beiden rivalisierenden „Gesellschaftsklassen".

Das Verhältnis von Erwachsenem und Kind aber ist für Montessori mit einer schweren Last von Mißverständnissen beladen, die der Erwachsene angehäuft hat, indem er sich durch eine Reihe verfestigter und allgemein gewordener Vorurteile über das Kind hat blenden lassen (170). Diese Vorurteile und Mißverständnisse haben die Konfliktsituation zwischen Erwachsenem und Kind so sehr zugespitzt, daß Montessori dieses Verhältnis als einen permanenten Kampf (171), ja sogar als Kriegszustand (172) bezeichnet, der nicht durch eine bloße Reform des Unterrichtens beendet, sondern nur durch eine Beseitigung dieser Vorurteile und durch eine „Bekehrung des Erwachsenen" überwunden werden kann.

Bei dem Kampf ziwschen dem Erwachsenen und dem Kind handelt es sich um eine sehr ungleiche Auseinandersetzung, die notwendig in die Unterdrückung des Schwachen durch den Starken ausmündet (173). Dieser Konflikt zeigt außerdem tragische Züge, denn häufig geschieht die Unterdrückung des schwachen Kindes unbewußt und ungewollt. Die Folgen dieser Unterwerfung des Kindes aus Liebe aber, bei der das Kind das unschuldige Opfer von Mißverständnissen wird, sind vielfach noch verhängnisvoller und nachhaltiger.

Da der Aufstand des Kindes gegen diese Unterdrückung Ausdruck seiner unaufgebbaren Lebensbedürfnisse ist, kann das Kind von seiner Seite aus den ewigen Zwiespalt nicht beenden.

Die „Befriedung" geht deshalb vom Erwachsenen aus und besteht meistens darin, daß dieser den Gehorsam des Kindes erzwingt und jenem Schweigen und Untätigkeit gebietet. Dadurch aber werden die stärksten und tiefsten Bedürfnisse des Kindes zurückgedrängt und jene vielfältigen Erscheinungen der Deviation hervorgerufen, die das Verhalten der meisten Kinder bestimmen. Wo sich der Erwachsene den Anschein der Vollkommenheit gibt und mit dem Anspruch unfehlbarer Autorität auftritt, treibt er das Kind in existenzielle Entmutigung, und schließlich hat der lähmende Einfluß dieser Entmutigung - so sieht Montessori das Ergebnis dieser

„Befriedung" - „ein Wesen, das bestimmt war, alle Hindernisse der Welt zu überwinden, dahin gebracht, resigniert in Untätigkeit und Faulheit zu verfallen" (174).

Die Wurzel dieses Kampfes zwischen Erwachsenem und Kind besteht nach Montessori darin, daß bislang die Tatsache nicht erkannt worden ist, daß das Leben des Kindes und das Leben des Erwachsenen „nicht nur vollständig von einander verschieden, sondern vielfach geradezu gegensätzlich" (175) sind. Montessori veranschaulicht dies an ganz augenfälligen Analogien aus dem tierischen Bereich, und zwar an dem Nebeneinander von Raupe und Schmetterling und von Kaulquappe und Frosch, und spricht von einem gedoppelten Leben, dessen einer Teil dazu bestimmt ist, die Lebewesen aufzubauen, während sich der andere auf jene Geschöpfe bezieht, die schon aufgebaut sind und eine spezielle Bestimmung in der äußeren Welt haben (176). In ihrem Buch „La Vita in Cristo" bezieht Montessori denselben Gedanken auf das Leben Christi und unterscheidet auch dort zwei Lebensabschnitte: den der Inkarnation und der Kindheit und den der öffentlichen Wirksamkeit (177). Damit will sie offenbar darauf hinweisen, daß diese Unterscheidung auf einem göttlichen Gesetz beruht und deshalb unabänderlich ist.

Jedes Individuum hat nach Montessori zwei Leben und eine zweifache Mission, die miteinander in Verbindung stehen müssen, und zwar so, daß der zweite Teil aus dem ersten hervorgeht und umso vollkommener ist, je günstiger die Bedingungen waren, in denen der erste sich abgespielt hat (178). Ebenso ist die Menschheit geteilt in zwei Hälften, in die formative Periode des Kindes und in die definitive des Erwachsenen (179); auch hier gehören beide Teile so eng zusammen, daß sich der eine nicht ohne den anderen denken läßt (180), denn die Menschheit kann nicht nur von einer Hälfte des menschlichen Lebens gebildet werden (181).

Während aber im tierischen Bereich die beiden Lebensabschnitte in harmonischer Koexistenz friedlich nebeneinander leben, ist im menschlichen Bereich der unnatürliche Zustand eingetreten, daß der Erwachsene von sich selbst ausgeht und das Kind, das eine ganz andere Lebensform als er besitzt, von seiner eigenen aus beurteilt und, wenn es dieser Lebensform nicht entspricht, es schimpft und bestraft und nicht selten mit Mahnungen und Zwang dahin stößt, daß es ihn nachahmt, ohne zu bedenken, daß er auf diese Weise die Integrität der zarten Entwicklung des Kindes verletzt (182). Je mehr aber der Erwachsene die Existenz der eigenen Lebensform des Kindes verkennt und mißachtet, desto mehr zerstört er „die Harmonie des menschlichen Lebens", die darin besteht, daß der Erwachsene und das Kind einander dienen (183) und einander helfen.

Den entscheidenden Unterschied zwischen den Lebensformen des Kindes und des Erwachsenen sieht Montessori in der verschiedenen Arbeit, die beide zu verrichten haben (184). Etwas überspitzt und einseitig sieht Montessori das Ziel der Arbeit des Erwachsenen in der Umgestaltung der Umgebung: von seiner Intelligenz und von seinem Willen geleitet, wendet er seine Aktivität der Außenwelt zu und wird produktiv. Zu den typischen Gesetzen, die die Arbeitsweise des Erwachsenen kennzeichnen, zählt sie das der Arbeitsteilung, das des rationellen und ökonomischen Einsatzes der Arbeitskraft (185) und das der Kooperation.

Die Arbeit des Kindes erscheint Montessori dagegen als eine ganz andere. Zwar kann das Kind weder die Arbeit eines erwachsenen Handarbeiters noch die des gelehrten Kopfarbeiters verrichten; nichtsdestoweniger leistet es eine große Arbeit. Sie besteht darin, den Menschen aufzubauen, d.h. die Entwicklung vom Neugeborenen zum Erwachsenen zu vollziehen (186). Diese Arbeit steht in mehrfacher Hinsicht im Gegensatz zur Ordnung der Arbeit des Erwachsenen.

Sie vollzieht sich nicht wie die Arbeit des Erwachsenen nach einem von außen vorgeschriebenen Arbeitsplan, sie geschieht weitgehend unbewußt und vollzieht sich nach inneren Gesetzen. Sie ist ein stetiges Tätigsein, ohne zu ermüden. Geht der Anreiz für die Arbeit des Erwachsenen von der Außenwelt aus und zielt sie auf die Erreichung eines äußeren Zweckes, so wird die Wachstumsarbeit des Kindes von den inneren Impulsen angetrieben, und ihr Zweck ist die Tätigkeit an sich, gemäß dem inneren Bedürfnis nach Wachstum und Entwicklung. Vervollkommnet der Erwachsene durch seine Arbeit die äußere Umgebung, so dient die Arbeit des Kindes der Vervollkommnung seines Wesens, und die Umwelt ist nur „das Übungsfeld, auf dem sich das äußere und innere Menschlein tummeln will" (187). Wenn das Kind im Kinderhaus das kleine Messinggeschirr putzt und diese „Übung" mehrere Male wiederholt, obwohl es längst sauber ist, so verfolgt es ein inneres Ziel, den Aufbau seiner Persönlichkeit (188), denn die Arbeit ist bei ihm nur „le prolongement et la reproduction de l'acte qui le fait croître et devenir adulte" (189).

Kann sich der Erwachsene der äußeren Anstrengung seiner Arbeit entziehen, indem er andere für sich arbeiten läßt, so kann das Kind seine Arbeit niemand für sich tun lassen. „Wie Geburt und Tod ist sie von der Natur selbst auferlegt, und jeder Mensch muß sie auch selbst ausführen" (190). Strebt der Erwachsene danach, das Erreichte zu bewahren, so drängt die Dynamik des inneren Lebens das Kind unausgesetzt zu neuen Eroberungen. Vollzieht sich die Arbeit des Kindes, die Erschaffung des Menschen, im Bereich des Natürlichen, so bewegt sich die Arbeit des Erwachsenen in einem Lebensbereich, der über dem Natürlichen liegt: in der Hervorbringung der Kultur (191).

Aus diesem unvermittelten Nebeneinander zweier verschiedener Arbeitsarten leitet Montessori das gegenseitige Mißverstehen und die gegenseitige Abwehr und Verteidigung ab. Denn wenn das Kind an der produktiven Arbeit der Erwachsenen nicht teilnehmen kann, gleichwohl infolge seines inneren Aktivitätsdranges ständig tätig sein muß, wird gerade diese seine Aktivität häufig zum Ärgernis für den Erwachsenen (192). Andererseits wird der Erwachsene zum Hindernis für die Arbeit des Kindes, wenn er diese nicht versteht, wenn er ihr nicht zur Entfaltung verhilft, und wenn er für sie die notwendige Lebensatmosphäre zu schaffen versäumt (193).

Damit wird das eigentliche Problem sichtbar, das Montessori kennzeichnen will, wenn sie so nachdrücklich auf den Kampf zwischen Erwachsenem und Kind hinweist. Es besteht darin, daß die Welt der Erwachsenen nicht auf das Kind vorbereitet ist und ihm keine eigene „soziale Welt", keinen eigenen freien Raum bereitstellt. Einfacher formuliert heißt das: „Das Kind kann in der komplizierten Welt der Erwachsenen kein ihm gemäßes Leben führen" (194). Da das Kind aber genötigt ist, diese Welt zu verstehen, und danach drängt, in ihr zu leben, bedarf es der Hilfe des Erwachsenen. Erfährt es diese Hilfe nicht, gerät es unausweichlich von der Bahn seiner normalen Entwicklung ab.

Montessori sieht die Lösung des folgenschweren Kampfes zwischen Erwachsenem und Kind wiederum allein darin, daß der Erwachsene seinen egozentrischen Standpunkt gegenüber dem Kind aufgibt, Verständnis für die besondere Aufgabe und für die eigenartigen Bedürfnisse des Kindes aufbringt und sich darum bemüht, dem Kinde bei seiner Arbeit zu helfen.

Aber selbst wenn der Erwachsene umdenkt und sich bekehrt, kann er dem Kinde durch falsche Hilfeleistung weiteren Schaden zufügen. Geht nämlich der Erwachsene in der Hilfe für das Kind zu weit - sei es aus falscher Kenntnis des Kindes, so daß er es für zu schwach hält, sei es aus falscher Güte zu ihm -, setzt er ein neues Hindernis für die kindliche Entwicklung, indem er dessen Handlungsimpulse erstickt (195) und dem kindlichen Geiste verwehrt, sich nach den natürlichen Gesetzen zu entwickeln (196); denn die Entwicklung wird durch jeden Akt unnötiger Hilfe durchkreuzt (197).

Auf dieser Ebene lag der Fehler der alten Erziehung, die glaubte, der Erwachsene könne mit seiner Weisheit und Besorgung dem Kinde in seiner Entwicklung entscheidend helfen und es in seiner Arbeit beim Aufbau des Menschen beeinflussen (198). Eine solche direkte Beeinflussung aber läuft dem Arbeitsauftrag und der Arbeitsweise des Kindes zutiefst zuwider.

Womit der Erwachsene dem Kinde helfen kann, liegt ganz auf der Linie seiner eigenen Aufgabe. Da es ihm obliegt, durch seine Arbeit die Umgebung umzugestalten, fällt ihm diese Aufgabe auch im Hinblick auf die Hilfe für das Kind zu.

Was der Erwachsene für das Kind tun kann, besteht demnach allein darin, ihm die erforderliche Umgebung zu schaffen, die seinen Lebens- und Entwicklungsbedürfnissen entspricht, und die in demselben Maße, in dem sie das Kind vom Kampf gegen Hindernisse und Unterdrückung befreit, ihm auf jeder seiner Entwicklungsstufen die geeigneten Mittel zur Befriedigung seiner Bedürfnisse bereitstellt (199), damit das Kind, das den Menschen aus sich selbst aufzubauen hat und dafür seinen eignen Lehrmeister in sich trägt (200), seine Arbeit ungestört in seiner eigenen „Arbeitswelt" vollbringen kann.

Damit verbunden ist freilich eine Umkehr des Erwachsenen, der den bislang geübten Hochmut und das ängstliche Verantwortungsgefühl gegenüber dem Kind ablegen, statt dessen Achtung vor der Persönlichkeit des Kindes gewinnen und, statt den natürlichen Tätigkeitstrieb des Kindes unterdrücken und beherrschen zu wollen, diesen frei walten lassen muß, und zwar im Vertrauen auf die großen Kräfte, die die Natur dem Kinde verliehen hat (201).

Die Frage des Verhältnisses von Erwachsenem und Kind wird für Montessori so zu einer Frage von Haß oder Liebe. Während ihr die Haltung des Erwachsenen gegenüber dem Kind in der bisherigen Erziehung ganz von Mißtrauen bestimmt erschien, so daß jener mehr auf die Fehler des Kindes sah und darauf, wie er das Kind durch seinen Einfluß bessern könnte, fordert Montessori vom Erwachsenen das Abstreifen dieser pessimistischen und von Furcht und Haß bestimmten Einstellung und die Erneuerung dieser Haltung aus der Liebe heraus, und zwar aus „un amour qui ait foi en sa personnalité et en sa sagesse, d'un amour qui voie, non ses fautes, mais ses vertus, et qui au lieu de l'opprimer, l'encourage et le libère" (202). Die Person aber, die zu allererst aufgerufen ist, diesen Frieden im sozialen Leben zwischen Erwachsenem und Kind herzustellen, ist der Lehrer (203).

Ebenso wie der antithetische Gesichtspunkt der Kritik der alten Schule durch Montessoris ganzes Werk in der Grundtendenz gleichbleibt, so hält sie auch an der Grundsätzlichkeit des gespaltenen Verhältnisses zwischen Erwachsenem und Kind fest. Zwar erkennt Montessori im Laufe der Jahre immer wieder an, daß sich inzwischen viel an der Lage des Kindes verbessert hat, wie z.B. die Abschaffung der festen Schulbank, die Verringerung der körperlichen Strafen und ähnliches. Stets jedoch erblickt Montessori darin nur „partielle Abrüstungen", nicht aber die Beendigung des „Krieges" zwischen Erwachsenem und Kind.

Dieser Krieg läßt sich für Montessori nur beenden, wenn der Erwachsene das Kind als ein von ihm unabhängiges und grundverschiedenes Wesen anerkennt und es aufgibt, dieses Wesen beherrschen und bestimmen zu wollen.

Unter dieser Rücksicht kann man Montessoris jahrzehntelange unermüdliche und oft die Grenzen ihrer eigenen physischen Leistungsfähigkeit erreichende Vortragstätigkeit auch als weltweite Aufklärungsarbeit an den Erwachsenen sehen, die dem besseren Verständnis des Kindes und seiner Befreiung dienen sollte.

Die soziale Befreiung des Kindes

Wird das Kind mit den Augen der Liebe angeschaut, was für Montessori heißt, daß die im Kinde verborgenen „guten" Kräfte als das Entscheidende angesehen werden, und wird das Kind als eine eigenwertige, vom Erwachsenen verschiedene, ihm aber gleichrangige, wenn nicht überlegene Persönlichkeit anerkannt, dann müssen alle Formen sozialer Abwertung und Unterdrückung verschwinden. Hier liegt der Grund dafür, daß sich Montessori über die vielen Äußerlichkeiten mokierte, mit denen der Erwachsene seine Geringschätzung des Kindes zum Ausdruck brachte. Wenn Montessori den kleinen „mocciosi" eine Lektion im Nasenputzen erteilte oder sie lehrte, sich selbst an- und auszukleiden, so konnte sie darin in der Tat einen Dienst an der Anerkennung der Menschwürde des Kindes erblicken.

Die Erfahrung und das Bewußtsein der eigenen Würde aber ist für Montessori die Grundlage für jede Befreiung des Kindes. Die menschliche Würde indes geht aus dem

Gefühl der eigenen Unabhängigkeit hervor (204), die innere und äußere Unabhängigkeit aber wird gewonnen durch die Arbeit.

Wenn der Erwachsene alles für das Kind tun will, dann verhindert er seine soziale Befreiung, weil er ihm die Erprobung und Anwendung seiner Fähigkeiten verwehrt. Auch was er zur sozialen Befreiung des Kindes beitragen kann, besteht nur darin, ihm die Möglichkeit zu geben, in einer seinen Proportionen und seinen Kräften angemessenen Umgebung die Fähigkeit zu erwerben, für sich selbst zu sorgen. Das Kind wird dann seine soziale Freiheit in dem Maße erobern, in dem es sich unabhängig macht von der Hilfe des Erwachsenen. Hier liegt ein Aspekt der Bedeutung vieler Kinderhaus-Materialien (z.B. des Knüpfrahmens), vor allem aber der sogenannten Übungen des praktischen Lebens, durch die das Kind einmal das Bewußtsein von seinen eigenen Fähigkeiten und von dem Vermögen, für sich selbst zu sorgen, gewinnen, zum anderen darüber hinaus die Erfahrung der eigenen Nützlichkeit für andere machen soll. So sieht Montessori bei jedem Kind, das für sich selbst sorgen, das seine Schuhe selbst anziehen und sich selbst an- und auskleiden kann, in seiner Freude und Heiterkeit die Spiegelung der menschlichen Würde (205).

In dem Gefühl, anderen durch vielerlei Mittel helfen zu können, sieht Montessori eine „beinahe religiöse Würde" (206), denn aus der Gewißheit der Nützlichkeit für andere erwächst der Glaube an sich selbst; wie aber der Glaube an Gott den inneren Menschen erhebt, so erhebt der Glaube an sich selbst den sozialen Menschen (207). Soll sich aber der soziale Mensch bilden, dann muß das Kind frei sein zu arbeiten und frei sein, die Erfordernisse des Lebens durch seine eigenen Anstrengungen und seine eigenen Verdienste zu bestehen; das gilt von den elementaren Verrichtungen im Kinderhaus bis zu der Forderung Montessoris, die „höheren Schüler" nach der Pubertät und die Studenten mit der Realität des Lebens insofern in Berührung zu bringen, als sie ihre Ausbildung durch eigene Arbeit verdienen sollen (208).

Zweifellos ist diese Auffassung Montessoris vom Freien als demjenigen, der selbständig ist und der Hilfe anderer nicht bedarf, mitbestimmt von dem Erlebnis der Frauenemanzipation und dem positivistisch-sensualistischen Gedanken des Lernens aus der Erfahrung. Geht es im ersten Fall darum, sich die Freiheit dadurch zu erwerben, daß man sich aus der Bequemlichkeit oder aus dem unverschuldeten Zustand des Versorgtwerdens befreit, sich auf eigene Füße stellt und sich dadurch unabhängig macht, so steckt in dem zweiten Gesichtspunkt der Gedanke, daß sich der Mensch zu befreien hat aus Konventionen und Vorurteilen und aus der Abhängigkeit von der Belehrung durch andere, indem er sich auf die eigene Vernunft und auf die eigene Erfahrung stützt und sich so - mit Bacon gesprochen - dem versklavenden Einfluß der idola fori entzieht. Damit hängt auch Montessoris Bestimmung der Grenzen dieser sozialen Freiheit zusammen, in der sie sich mit Stuart Mills Freiheitsbegriff berührt, wenn sie die Freiheit bis dorthin reichen lassen will, wo sie das Freiheitsrecht der anderen zu beschneiden droht; die Grenze der sozialen

Freiheit des Kindes ist demnach für sie das kollektive Interesse, ihre Form das, was man „gutes Benehmen" nennt.

Die biologische Befreiung des Kindes

Der zweite Aspekt der Befreiung des Kindes ist der biologische, d.h. der Gedanke der biologischen Entwicklungsfreiheit, wie er sich aus Montessoris anthropologischer Grundthese konsequent ergibt.

Die Verknüpfung dieses Gedankens mit dem der sozialen Befreiung erfolgt dort, wo Montessori das Wachsen des Kindes als fortschreitendes Zersprengen von Fesseln bezeichnet, die das Kind in der Abhängigkeit von anderen niederhalten. Die vier wichtigsten Stufen dieser „wachsenden Unabhängigkeit" sieht Montessori in der Geburt, in der Entwöhnung von der Mutterbrust, im Erwerb der Sprache und im Erlernen des Laufens (209).

Da die Antriebe für die kindliche Wachstumsarbeit von innen kommen und die Arbeit des Kindes einem inneren Gesetz folgt, dessen geheimnisvolles Wirken die Erwachsenen „weder stören noch ersticken" (210) dürfen, können die Erwachsenen nur die Erscheinungen erwarten, „von denen wir wissen, daß sie sich nach und nach zeigen werden" (211).

Wie so oft wählt Montessori die biologische Analogie, um den von ihr gemeinten Sachverhalt zu verdeutlichen. Die Zellehre hat nach der Entdeckung des Mikroskops festgestellt, daß sich jedes Lebewesen durch Zellteilung entwickelt. In der ursprünglichen Keimzelle, in der man vorher die Präexistenz der fertigen Form angenommen hatte, läßt sich dergleichen nicht feststellen, außer der eigentümlichen Eigenschaft, daß sie sich enorm schnell in immer neue Hälften teilt, und zwar nach einem vorher bestimmten Plan (212). Da sich von diesem Plan nirgendwo eine materielle Spur antreffen läßt, spricht Montessori von der Keimzelle als von einem „getreuen Diener, der seinen Auftrag auswendig kennt und ihn durchführt, ohne ein Dokument bei sich zu führen, das diesen geheimen Auftrag verraten könnte" (213).

Der Plan, nach dem die Zellen den Aufbau des Lebewesens durchführen, bleibt geheimnisvoll verborgen und läßt sich erst nachträglich aus dem geleisteten Werk, d.h. aus dem in die Welt getretenen reifen Geschöpf rekonstruieren.

Dieses neugeborene Geschöpf ist nicht nur ein materieller Körper, der mit seinen Organen funktioniert, sondern es enthält latent eine Reihe vorher bestimmter seelischer Funktionen, d.h. „den Bauplan jener psychischen Instinkte und Funktionen, die das Wesen instand setzen sollen, zur Außenwelt in Beziehung zu treten" (214) und seine kosmische Aufgabe, d.h. seinen spezifischen Beitrag zur Erhaltung der Welt und ihrer Harmonie zu erfüllen (215).

Die Aufbauarbeit des Menschen, d.h. die „Belebung" des körperlichen Mechanismus durch den Willen, nennt Montessori die Fleischwerdung des Menschen. Unter Fleisch versteht sie dabei das Insgesamt der Bewegungsorgane, d.h. der willkürlichen Muskeln, die darauf warten, vom Willen verfügt zu werden. Dieser Vorgang der Besitzergreifung des Willens von seinen Instrumenten vollzieht sich nach psychischen (216) Richtlinien - das ist der Sinn des Begriffs des geistigen Embryo. Deshalb muß es im Kinde von Anfang an neben dem motorischen Leben (vita motrice) und von ihm unabhängig ein psychisches Leben (vita psichica) geben, das jenem vorangeht und früher da ist als jeder wahrnehmbare Ausdruck seiner. Während beim Tier der Instinkt gleich nach der Geburt die Lenkung der Motorik übernimmt, d.h. der „Animationsprozeß des Fleisches" ganz vom Zwang der Instinkte bestimmt wird, treten beim Menschen die Instinkte bis auf jene, die die Herausbildung der grundlegenden Kennzeichen der Gattung steuern, zurück und lassen die Muskeln frei, damit sie „den Ruf des Willens" empfangen, „um sich sodann im Dienste des menschlichen Geistes zu koordinieren" (217). Der Mensch muß also das Instrument, auf dem die Seele in Erscheinung treten und an dem sie handeln soll, nach seinem festen Bauplan selbst aufbauen, d.h. er muß mit seinem psychischen Ich den ungeheuer komplizierten Bewegungsapparat beleben, damit er ihn seiner Individualität gemäß benutzen kann (218). Der Mensch baut sich selbst auf, um sich zu lenken und sich zu besitzen; darin gründet seine Überlegenheit über das Tier (219).

Unter der Rücksicht des ursprünglichen Dualismus von motorischem und psychischem Leben kennzeichnet Montessori ähnlich wie Seguin den Ausgangspunkt der kindlichen Entwicklung als Chaos; denn das psychische Leben des Kleinkindes und seine Anstrengungen, in Beziehung zur Umwelt zu treten, gehen der motorischen Entwicklung voraus und sind bereits erkennbar, wenn das große motorische System noch nicht funktioniert und die Sprache noch nicht entwickelt ist. Der Aufbau der menschlichen Persönlichkeit erscheint dann als die Überwindung dieses ursprünglichen Nebeneinanders, und zwar durch die Koordinierung der psychischen Aktivität mit der Motorik. Ist der Geist des Menschen bei der Geburt nur anatomisch inkarniert, so besteht der Aufbau der Persönlichkeit in der realen Animation des Fleisches, d.h. in der Übersetzung der geistigen Aktivität in die Muskeln. Deshalb muß das kleine Kind fortwährend tätig sein, um die Einheit von Denken und Handeln aufzubauen (220). Diesem Aufbau dienen praktisch alle Montessori-Übungen, sei es die „Stilleübung" Seguins, die die aktive Immobilität erwerben lassen soll, oder sei es die „Übung der Interpretation der Lektüre" (durch Bewegung), die darüber hinaus die Bewegungen des Kindes schöner und sicherer gestalten und dadurch es selber immer vollkommener werden lassen soll (221).

Diese Aktivität aber kommt von innen, und die nach außen tretenden Bewegungen sind nur die Spiegelung des Ordnungsprozesses des inneren Lebens (222). Diese Aktivität, die inneren Gesetzen folgt, ist die ureigene Aufgabe und Arbeit des Kindes. Ist es aber eine innere Kraft, die das Kind beseelt, die es in der äußeren Umgebung auswählen und die seinen Bedürfnissen entsprechenden Akte ausführen heißt, dann tritt das Problem der Befreiung des Kindes, d.h. die Frage nach dem Spielraum der biologischen Entwicklungsfreiheit notwendig in den Vordergrund. Denn ob sich die innere Ordnung des Kindes gestalten kann, hängt davon ab, ob das Kind die Möglichkeit antrifft, sich in seiner Umgebung der inneren Antriebe gemäß zu betätigen, das aber heißt die Übungen aus freier Wahl auszuführen (223). So kann Montessori sagen: „Für uns ist das geheimnisvolle Innere des Kindes sein eigenstes Geheimnis und wir müssen das Kind führen, indem wir es f r e i lassen - das ist die höchste Freiheit" (224).

Die sensitiven Perioden

Eine der entscheidend vom Erwachsenen abweichenden und deshalb von ihm am schwersten erkenntlichen Besonderheiten des Kindes stellt nach Montessori die Tatsache dar, daß sich die kindliche Entwicklung nicht gleichmäßig linear vollzieht, sondern eine aktive Arbeit darstellt, die bis in ihre kleinsten Details getreu nach periodisch auftretenden Triebkräften verläuft und von diesen insofern geleitet wird, als sie es sind, die den vitalen Antrieb zu bestimmten Aktivitäten aussenden (225).

Die Erkenntnis, daß bestimmte Bedingungen in der Umgebung sich auf sehr unterschiedliche Weise auf ein Individuum auswirken können, wenn sie in verschiedenen Perioden seiner Entwicklung auf es einwirken, hatte in der Biologie Hugo de Vries mit Nachdruck vertreten (226). Dabei hatte er gezeigt, daß das Lebewesen in bestimmten Perioden tatsächlich verschieden ist, und zwar treten in diesen Perioden jeweils bestimmte Sensibilitäten auf, die nur während dieser ganz begrenzten Zeitspannen bestehen, sich dann abschwächen und schließlich ganz verschwinden (227). De Vries hatte diese schöpferischen Entwicklungsabschnitte „sensitive Perioden" genannt.

Montessori überträgt diese biologische Theorie auf den Menschen und nimmt für sich in Anspruch, diese sensitiven Perioden auch in der Entwicklung der Kinder nachgewiesen und erziehlich ausgewertet zu haben (228).

Sie vergleicht die sensitiven Perioden mit einer Suchlampe, die vom Geiste des Kindes ausgeht und bestimmte Dinge in seiner Umgebung mit außerordentlicher Helligkeit und Strahlungskraft beleuchtet. Während dieser Lichtstrahl den betreffenden Ausschnitt aus der Umgebung ins Licht bringt, den übrigen Bereich aber im Dunkeln läßt, ermöglicht er es dem kindlichen Geiste, den beleuchteten Abschnitt mit großer Intensität aufzunehmen oder - wie sich Montessori ausdrückt - zu absorbieren (229). Die innere Empfänglichkeit bestimmt jeweils, was aus dem Insgesamt der Umwelt aufgenommen und was gleichgültig beiseite gelassen wird.

In der Abfolge dieser sensitiven Perioden sieht Montessori „das Meisterwerk der schöpferischen Natur" (230); denn sie verhindert, daß das Kind wahl- und ziellos in der Weite seiner Umgebung herumirrt, und gibt ihm Richtung und Ziel seines Suchens vor. Das von den sensitiven Perioden geführte Kind weiß, wohin es geht, „and proceeds towards it with such forceful impetus that this alone should suffice to show us that he is spurred by a vital need" (231).

Montessori sieht in den Perioden besonderer Sensitivität Bedingungen gegeben, die in anderen Zeiten nicht vorhanden sind. Diese Bedingungen aber machen die Aufnahme der betreffenden Bereiche leicht und lassen das Kind keine Lernschwierigkeiten kennen. „Die Natur schafft diese Bedingungen, und zwar vollkommen" (232), und sie schafft sie so vollkommen, daß das Lernen in diesen Perioden nicht nur schnell und glänzend vonstatten geht, sondern die betreffenden Sachbereiche nur in der korrespondierenden sensitiven Periode vollkommen gelernt werden können. Montessori exemplifiziert dies am Beispiel der Muttersprache. Nur jene Sprache, die das Kind in der sensitiven Periode des Sprachelernens absorbiert, geht ihm so sehr in Fleisch und Blut über, daß es sie nie wieder verlernen kann, und nur die in dieser Periode aufgenommene Sprache kann das Kind ohne Akzent und ohne grammatikalische Unsicherheiten erwerben. Bei jeder später gelernten Sprache dagegen hat das Kind genau wie der Erwachsene mehr oder weniger große Schwierigkeiten zu überwinden, weil die besondere Empfänglichkeit dieser Periode verlorengegangen ist.

Wie stark aber die Antriebskraft der sensitiven Periode auch sein mag, die Empfänglichkeit als solche und der Vorgang des Absorbierens bleiben stets unbewußt. Ebenso unbewußt bleibt es, wenn diese Zentren psychischer Sensitivität verschwinden und von anderen abgelöst werden. Wenn aber die sensitive Periode verstrichen ist, dann hat der Geist für immer die Fähigkeit verloren, den betreffenden Bereich auf die besondere Art des Absorbierens aufzunehmen (233).

Die sensitiven Perioden sind folglich Ausdruck des Aufbauplans der kindlichen Persönlichkeit. Das wachsende Kind muß ihnen folgen und die Möglichkeit haben, sie ungehemmt und voll auszuleben, sonst wird es später schwächer und weniger gut ausgerüstet sein. Standing berichtet ein Bild, in dem Montessori die Folgen des Nichtbeachtens einiger sensitiver Perioden mit einem Strickstrumpf vergleicht, bei dem immer wieder einige Maschen gefallen sind, so daß der Strumpf zwar fertig, aber weniger haltbar geworden ist, als er hätte werden sollen (234). Wird es dem Kinde also verwehrt, seine sensitiven Perioden voll auszunützen, dann wird die genau vorgezeichnete Bahn seiner Entwicklung gestört und das Kind zu Verkürzungen, Haltepunkten und Abweichungen gezwungen, oder anders ausgedrückt, in Deviationen abgedrängt.

Wenn, wie Montessori meint, die sensitiven Perioden der Ausdruck eines von innen her wirkenden Aufbauplans sind, und wenn es sich bei diesem Plan um den originären Plan eines einzelnen Individuums handelt, dann ist es das Kind selbst, das seinen eigenen Studienplan aufstellen muß, nach dem sich seine Erziehung zu richten hat. Wenn das Kind verschiedene Dinge in verschiedenen Altern verstehen kann, und wenn Kinder in verschiedenen Perioden Dinge auf verschiedene Weise aufnehmen, dann geht es nicht darum, das Kind einem Lehrgang zu unterwerfen, der bei den leichtesten Dingen beginnt und zu immer schwierigeren aufsteigt; denn - und dies ist eine der Grundüberzeugungen Montessoris - für das Kind bestimmt nicht die Sache den Schwierigkeitsgrad eines Lerngegenstandes, sondern die Periodizität seiner Sensitivitäten (235).

Für den Erwachsenen aber heißt das wiederum, daß er nicht direkt auf das Kind Einfluß nehmen kann, sondern daß sich seine erzieherische Tätigkeit darauf beschränken muß, dem Kinde die Hemmnisse für ein Ausleben der sensitiven Perioden wegzuräumen und ihm eine Umgebung zu schaffen, in der die vitalen Bedürfnisse des Kindes Nahrung und Befriedigung finden können.

Wenn Montessori den Eintritt der sensitiven Perioden ganz auf das Wirken des inneren Bauplans zurückführt, dann erscheint diese Ansicht heutiger entwicklungspsychologischer Auffassung gegenüber einseitig und unvollständig.

Zwar wird dort das Vorhandensein immanenter Gesetzlichkeiten nicht geleugnet, wo aber im Zusammenhang mit der kindlichen Entwicklung von ihnen die Rede ist, wird diesem Faktor stets im Zusammenwirken mit der Umwelt Rechnung getragen, wobei diese Umwelt mehr ist als bloß ein auslösender Reiz für den inneren Ablauf.

Remplein formuliert dieses korrespondierende Verhältnis von „Bauplan" und Umwelt ganz klar: „Erst in der Begegnung mit der Umwelt werden die potentiell gegebenen Anlagen aktualisiert. ... Anlage und Umwelt gehören unlöslich zusammen, keine ist ohne die andere denkbar. Es gibt keine Entwicklung ohne Anlage, aber es gibt auch keine ohne Umwelt, und jede Theorie, die eine der beiden verabsolutieren wollte, ist einseitig und falsch" (236).

Oerter meint überhaupt, daß „der Nachweis, das Auftreten von Stufen und Phasen im menschlichen Werdegang durch biologische und innerseelische Wachstumsprinzipien zu begründen, nicht geglückt" (237) sei; er spricht zwar auch von inneren Gesetzmäßigkeiten, geht aber in seiner Darstellung gerade davon aus, „daß der Großteil der zu beobachtenden Veränderungen auf das Konto des Umwelteinflusses geht" (238).

Petzelt kritisiert die Vorstellung von einem gesetzmäßig periodischen Entwicklungsablauf noch grundsätzlicher: „Kein psychisches Hintereinander ist in Naturgesetzen faßbar, weil es, genauer gesehen, keines gibt" (239).

Wilhelm Flitner, der die Einseitigkeit des biologischen Standpunkts, demzufolge sich die erzieherischen Phänomene auf das Stützen und Unterstützen der kindlichen Entwicklungsabläufe beschränken müßten, für die Pädagogik deutlich aufgewiesen hat, hält der Auffassung von der immanenten Gesetzlichkeit sehr scharf entgegen, daß die Entwicklung des Menschen anders strukturiert ist und sich in „Entwicklungsstößen, die nicht mehr somatisch, sondern nur geistig und soziologisch begreiflich sind" (240), vollzieht.

Montessoris Theorie der sensitiven Perioden hängt eng zusammen mit ihrer anthropologischen Grundthese und entspricht ihrer verkürzten Auffassung des

Mensch-Welt-Bezugs ebenso wie der Tatsache, daß sie die dialogische Struktur des Ich-Du-Verhältnisses nicht voll zu erfassen vermag.

Wird nämlich die Entwicklung des Kindes und der Wandel seiner Interessenzuwendungen als ganz vorwiegend von inneren Gesetzen abhängig angesehen, dann gerät jenes für das pädagogische Verhältnis schlechthin notwendige Konstitutivum des Objektiv-Sinnhaften in den Hintergrund, das Frischeisen-Köhler als das notwendige Dritte im Meister-Schüler-Verhältnis bezeichnet hat (241) und das in der Sprache der Petzelt-Schule den pädagogischen Bezug überhaupt erst stiftet (242).

Der absorbierende Geist

Von der Art her, wie Montessori das Kind während der sensitiven Perioden aus der Umgebung aufnehmen sieht, gelangt sie zu der Annahme einer von dem Erwachsenen grundverschiedenen Arbeitsweise des kindlichen Geistes.

Am Beispiel der Muttersprache hat Montessori immer wieder diese besondere Struktur des kindlichen Geistes zu erläutern versucht (243). Das Kind nimmt überall auf der Welt in den ersten beiden Lebensjahren die Sprache seiner Umgebung auf, gleichgültig, ob es die einfache Sprache eines primitiven Stammes oder die komplizierte Sprache eines hochkultivierten Volkes ist. Die Weise dieses Aufnehmens ist nicht die des diskursiven Lernens, sondern es nimmt auf, „wie ein trockener Schwamm das Wasser aufsaugt" (244), ohne das Absorbierte je wieder abzugeben.

Der absorbierende Geist des Kindes ist jedoch nicht allein auf die Rezeption der Sprache beschränkt, sondern das Kind nimmt - so meint Montessori - mit ihm auch alle anderen Kulturerscheinungen auf, seien es Religion, Sitte und Brauchtum, Vaterlands- und Heimatliebe und die verschiedenen „Vorurteile" der Gruppe.

Jedes Kind ist nach Montessori mit dieser erstaunlichen Gabe ausgestattet, die es ihm erlaubt, zu lernen, ohne alle die Schwierigkeiten überhaupt zu spüren, mit denen der Erwachsene zu kämpfen hat.

Die Aufgabe des absorbierenden Geistes ist es, alles zu absorbieren, was in der Umgebung vorhanden ist, und aus dieser mehr oder weniger reichen Ernte die individuellen Charakteristika des Menschen aufzubauen, die sich in späteren Jahren enthüllen werden (245).

Montessori beschränkt sich darauf, diesen pausenlosen und unermüdlichen Absorptionsvorgang zu erklären, indem sie den kindlichen Geist erläuternd mit einer Kamera vergleicht, die eine Aufnahme immer genauso scharf zeichnet, ganz gleich, wie viele Personen oder Gegenstände aufgenommen werden, während der Geist des Erwachsenen mehr einem Maler entspricht, für den es sehr wohl einen Unterschied macht, ob er eine oder mehrere Personen oder Gegenstände auf das Bild zu bringen hat (246). Montessori führt den Vergleich weiter und nimmt die photographische Dunkelkammer, in der der Film entwickelt werden muß, als Paradigma für das Unbewußte des Kindes, in dem sich die Vorgänge des absorbierenden Geistes abspielen: „Wir können die Dunkelheit der Dunkelkammer mit dem Unbewußten vergleichen. Dort ereignet sich etwas, so daß Dinge fixiert werden und für immer bleiben. Dies ist der Unterschied zwischen dem Geist des Kindes und dem Geist des Erwachsenen" (247). Die Parallele wird schließlich noch einen Schritt weitergeführt: So wie der Photograph am Negativ nichts mehr ändern kann und alle Abzüge dieser einen Aufnahme das gleiche Bild zeigen werden, so ist das von dem kindlichen Geist Absorbierte für alle Zeit unabänderlich fixiert. Zwar läßt sich das Bild später noch retuschieren, aber Veränderungen in den Umrissen des Dargestellten sind nicht mehr möglich: „In dem geheimnisvollen Unbewußten, in welchem die Grammatik der Sprache genau eingeschrieben ist, ist auch der Aufbau der Welt genau eingeschrieben. Was der Geist aufnimmt, bleibt so in der Persönlichkeit. Der Mensch hat Fleisch, Sprache und Charakter. Es handelt sich um Tieferes als um Anstrengung der Intelligenz. Die Bewußtheit kann das Unbewußte nicht auslöschen" (248).

Diese Einschätzung der unbewußten Vorgänge des absorbierenden Geistes und ihrer determinierenden Wirkung hat Montessori zu einer besonders sorgfältigen Beachtung des Phänomens des unbewußten Lernens führen müssen.

Bereits innerhalb ihres didaktischen Kinderhaus-Materials spielt der Gedanke der indirekten Vorbereitung eine zweifache Rolle: Einmal muß jeder Lernvorgang und jede Übung schon den nächsten Schritt vorbereiten, also eine vorwärtsweisende Tendenz enthalten; zum anderen geschieht jedes bewußte Lernen umso leichter, je besser und fundamentaler es durch unbewußtes Lernen in der Periode des absorbierenden Geistes vorbereitet worden ist.

Dazu läßt sich einmal auf Montessoris Rechenmaterial hinweisen, wo z.B. die Progression der Langen Stangen, der Braunen Treppe und des Rosa Turms eine mathematische Gesetzlichkeit enthält, die das Kind unbewußt aufnimmt und in deren Absorption Montessori eine grundlegende und exakte mathematische Erfahrung sieht, die später, wenn das Bewußte mit diesen Dingen in Berührung kommt, das kindliche Lerninteresse vom Unbewußten her entstehen läßt (249). In ihrem Bemühen, die Potenz des unbewußten Lernens so weit wie nur möglich auszuschöpfen, ging Montessori in immer frühere Altersstufen zurück. In ihrem Londoner Ausbildungskurs von 1946 machte sie u.a. den Vorschlag, die Buchstaben des Alphabets aus einem schwimmenden Material herzustellen und auf dem Badewasser des Kleinkindes schwimmen zu lassen. Um die geschriebene Sprache so früh wie möglich in die Umgebung des Kindes zu bringen, wollte sie außerdem an den Wänden des Kinderzimmers schön geschriebene Wörter angebracht wissen (250).

Hier scheint eine gewisse Parallelität zu ähnlichen Gedanken Fröbels zu bestehen. Fröbel unterscheidet an seinen Gaben neben den Lebens- und Schönheitsformen auch Erkenntnisformen, die die spätere bewußte Erkenntnis ahnungshaft vorwegnehmen lassen.

Während Fröbels Ahnungsbegriff aber von seiner metaphysisch-ganzheitlichen Weltsicht her bestimmt ist, steht bei Montessoris Konzeption das absorbierenden Lernens weniger ihre eigene metaphysisch-religiöse Weltdeutung im Hintergrund, als eine stärker naturwissenschaftliche Auffassung von einer beinahe naturgesetzlich-mechanischen Fixierung der unbewußten „Lerninhalte".

Da der absorbierende Geist unbewußt tätig ist, ist es nicht möglich, auf ihn direkt belehrend einzuwirken. Besteht seine Tätigkeit aber darin, alles aus der Umgebung „aufzusaugen", dann verschiebt sich auch von hier aus gesehen die Aufgabe des Erziehers dahin, dem Kinde eine Umgebung bereitzustellen, in der es alles findet, wessen sein Geist bedarf.

Im Zusammenhang mit Montessoris Konzeption des absorbierenden Geistes scheint sich eine gewisse Unstimmigkeit zu ergeben. Während Montessori den Erwachsenen aus der Erziehung grundsätzlich so weit als möglich ausschalten will, weil sie in ihm eine große Gefahr für die kindliche Entwicklung sieht, scheint er dort, wo es um die Absorption kultureller Bereiche geht, plötzlich einen legitimen Stellenwert, ja sogar eine entscheidende Bedeutung zu gewinnen. Das Absorbieren der Sprache ist beispielsweise für das Kind in der Regel nur vom Erwachsenen her möglich.

Dazu ist zweierlei zu sagen. Einmal liegt, wenn das Kind vom Erwachsenen etwas absorbiert, im allgemeinen auf dessen Seite kein willkürliches Bestreben vor, direkt Einfluß auf das Kind zu gewinnen, so daß die Gefahr der Überformung hier weitgehend abgeschwächt erscheint. Dahinter wird als allgemeinerer Gesichtspunkt deutlich, daß Montessori den gewöhnlichen Umgang zwischen Erwachsenem und Kind für weniger bedenklich ansah als dessen bewußtes Erziehen- und Ändernwollen des Kindes. Zum anderen handelt es sich beim absorbierenden Lernen für Montessori nicht um die Übernahme von personalen Strukturen, sondern sie schaut auf das objektiv genommene „Faktum" Sprache, wobei für sie der Sprache vermittelnde Erwachsene nur der Träger, bzw. das Medium der „Sache" Sprache ist.

An der grundsätzlichen Reserve, die Montessori gegenüber dem Erwachsenen in der Erziehung hegt, macht die Theorie vom unbewußten Lernen keine entscheidenden Abstriche.

VI. Die Selbsterziehung des befreiten Kindes

Die vorbereitete Umgebung

Aus Montessoris Grundkonzeption hat sich oben ergeben, daß die Dottoressa den indirekten Erziehungsmaßnahmen ungleich größere Bedeutung beimessen muß als den direkten. Dadurch erschien ihr das Problem einer vorbereiteten Umgebung als ein Grundproblem ihrer ganzen Pädagogik überhaupt: Die Bedürfnisse des Kindes zu beachten und eine ihnen entsprechende Umwelt zu schaffen, damit sich die Persönlichkeit des Kindes voll und ungestört entfalten kann, das sah Montessori als die Grundlage der neuen Erziehung an (251):

„Quand l'enfant travaille par lui-même, avec indépendance, il entre dans le vrai chemin du progrès. Il se développe. Il doit donc travailler par lui-même, mais il ne le peut sans une aide; abandonne dans un monde d'adultes, cree pour les adultes, il ne peut rien faire. L'enfant est différent de nous, et c'est pourquoi il lui faut un milieu différent; et c'est nous qui devons créer ce milieu pour lui.

Tel est le premier pas, et c'est le fondement de toute notre méthode" (252).

Auf der Tagung der New Education Fellowship 1929 in Helsingborg hat Montessori zur Kennzeichnung ihrer Pädagogik und zur Abhebung von anderen Methoden das Prinzip der vorbereiteten Umgebung als entscheidenden Gesichtspunkt herausgestellt und gesagt, daß die richtige Erziehung grundlegend abhängig ist von der richtigen Umgebung (253).

Die Umgebung ist für Montessori neben der Natur, d.h. neben den naturgesetzlichen Kräften, die sich in dem kindlichen Arbeitsdrang, in den sensitiven Perioden und im absorbierenden Geist ausdrücken, zwar ein nachgeordneter Faktor hinsichtlich des Einflusses auf die kindliche Entwicklung, bezüglich der Erziehung aber entscheidend (254). Denn nur die Korrespondenz von Natur und angemessener Umgebung läßt „das Wunder des kleinen Kindes" (255), d.h. den geordneten und normalen Aufbau seiner Persönlichkeit eintreten, wie schon an Montessoris „Entdeckung" von San Lorenzo deutlich geworden war.

Montessoris Umgebungsbegriff meint nicht eine lehrgutgesättigte, bildende Umgebung, sondern in erster Linie eine enthüllende und offenbarende, „a revealing environment" (256), die geeignet ist, die freie Entfaltung des Aktivitätsdranges und die ungestörten Manifestationen des kindlichen Entwicklungsplans zu ermöglichen und dabei dem suchenden Geist des Kindes die notwendige „peripherische Nahrung" zu geben.

Die Umgebung, die Montessori im Auge hat, ist nicht „plastisch" und formativ wie die „Umgebung" der alten Erziehung, der sich das Kind anzupassen hatte, sondern die neue Umgebung paßt sich ihrerseits dem Kinde an. „En d'autres termes, cette ambiance est libératrice et non formatrice" (257).

Will Montessoris neue Erziehung, daß sich das Kind frei entfalten kann, dann ist der erste Punkt hinsichtlich der Gestaltung der Umgebung die Abschaffung der äußeren Manifestationen der alten Erziehungsauffassung: der Schulbänke und des Katheders. Bezeichnet Montessori die alte Schule als die Schule des Lehrers, weil dort die Umgebung ganz auf ihn ausgerichtet und abgestimmt war, so soll die Umgebung ihres „Hauses der Kinder" und ihrer Schule ganz dem Kinde entsprechen.

Da Montessori die Undiszipliniertheit des Kindes auf die Diskoordination seiner Bewegungen und auf die Unterdrückung seiner Lebensbedürfnisse zurückführt, muß die Umgebung als erstes den Kindern ausreichenden Bewegungsspielraum gewähren, damit sie ihre „muskuläre Disziplin" (258) erwerben können. Die zweite Forderung ergibt sich aus der ersten und betrifft die der dem Kinde angepaßten Proportionalität. Die Gegenstände in dieser Umgebung müssen genau wie die Kleidung des Kindes mit seinen Maßen und körperlichen Kräften in Einklang stehen, denn das Kind soll alles gebrauchen können und muß imstande sein, alle Arbeiten des praktischen Lebens auszuführen (259).

Die Umgebung des Kindes - und das ist der dritte Gesichtspunkt - muß geordnet sein. Nur wenn jeder Gegenstand seinen bestimmten Platz hat, den das Kind bemerkt und sich merkt, kann es sich in dieser Umgebung zurechtfinden. Nur eine geordnete Umgebung kann ihrerseits einen ordnenden Einfluß auf den kindlichen Geist ausüben. Zur Ordnung der Umgebung gehört es, daß sie keine überflüssigen Dinge enthält, die die Orientierung des Kindes verhindern, seine Aufmerksamkeit verwirren und es zu nutzlosen und ziellosen Tätigkeiten verführen würden.

Damit die Gegenstände das Kind zur Betätigung einladen und auffordern, muß die Umgebung viertens schön sein. Trägt das Fehlen überflüssiger Gegenstände bereits zur Schönheit der Umgebung bei, so muß darüber hinaus die Schönheit der Farben und Formen aller Dinge die Aktivität des Kindes wecken. Wird das Kind aber durch die Schönheit der Dinge zur Betätigung angeregt, dann kann - und darum geht es Montessori ja, auf die Führung und den Befehl des Lehrers verzichtet werden.

Die Grundforderung an die Umgebung ist schließlich die der Natürlichkeit. Die Umgebung aber ist für Montessori dann natürlich, wenn sie für die besten Lebensbedingungen sorgt, und die besten Lebensbedingungen bietet jene Umgebung, in der das Kind alles findet, dessen es zu seiner Entwicklung bedarf (260).

Fassen wir diese Gesichtspunkte zusammen, dann läßt sich sagen: Die Natur des Kindes äußert sich in seiner peripherischen Aktivität. Den Bedürfnissen dieser Aktivität zu entsprechen, ist die Aufgabe der Umgebung. Die Gestaltung der Umgebung aber ist das Werk des Erwachsenen. Stellt der Erwachsene dem Kinde eine seinen Bedürfnissen entsprechende Umgebung zur Verfügung, dann treffen sich kindliche

Aktivität und Arbeit des Erwachsenen und treten zueinander in Harmonie. Die Bereitstellung einer geeigneten Umgebung ist somit ein erster Schritt zur Lösung des erzieherischen Grundproblems, dessen Wurzel - dies war der Ausgangspunkt für Montessori - in dem Kampf zwischen Erwachsenem und Kind besteht.

Der neue Lehrer

Wenn die Aufgabe, das Kind direkt zu belehren und in die Kultur einzuführen, zurücktritt, wenn zweitens die Wahl der Beschäftigung und ihrer Dauer und das Tempo des Fortschreitens allein vom Kinde ausgeht, und wenn schließlich die Materialien bereits das Prinzip der Fehlerkontrolle enthalten, dann wird die Stellung des Montessori-Lehrers gegenüber dem Lehrer der alten Schule ganz gewiß eine völlig andere sein. Montessori hat deshalb bis zuletzt daran festgehalten, daß ein gewöhnlicher Lehrer nicht einfach hinzulernen könne, auch Montessori-Lehrer zu sein, sondern dafür einer radikalen Umkehr bedürfe (261).

Wenn Montessori in der „Selbsttätigen Erziehung" von 1909, wo der Gesichtspunkt der Antithese gegenüber der alten Erziehung besonders stark im Vordergrund steht, erklärt, die Lehrerin sei in ihrer Methode durch das Material ersetzt (262), dann hat sie offenbar die autoritäre, „tadelnde und predigende" Lehrerin der alten Schule vor Augen. Die Vorstellung, die Lehrerin sei „in das Material gewandert" (263), ist insoweit richtig und wird von Montessori in der Hinsicht gemeint, daß sich die Unterrichts- und Erziehungsaufgabe ganz entscheidend von der Person des Lehrers auf die Sache umgepolt hat.

Was Montessori von ihrem Lehrer verlangt, ist zunächst eine besondere Art der geistigen Vorbereitung. Sie besteht in kritischer Selbstbesinnung und im Reflektieren auf die eigenen Fehler, die ihm bei der Behandlung der Kinder zum Hindernis werden könnten (264). Da der Montessori-Lehrer keinen unmittelbaren Einfluß auf die Formung des Kindes nehmen darf, sondern seine Arbeit im Vertrauen auf die guten Kräfte des Kindes beginnen muß, hat er allen Stolz und alle Eitelkeit abzulegen. Der Stolz des Montessori-Lehrers soll darin bestehen, daß er dem Kinde die Wege geebnet hat, die es aus eigenem Antrieb gegangen ist.

Die Stellung des Montessori-Lehrers ist, das ergibt sich aus der anthropologischen Grundposition mit Notwendigkeit, nicht die eines bestimmenden und vorschreibenden Leiters, sondern die des hilfsbereiten Dieners (265). Seine erste Pflicht besteht darin, darüber zu wachen, daß die Spuren, die die kindliche Aktivität an der Peripherie zeichnet, nicht verwischt werden und das zarte Flämmchen, das im Innern des Kindes brennt, nicht ausgelöscht wird.

Darf er selbst nicht zum Hindernis für die Entwicklung des Kindes werden, so muß er darüber hinaus seine Sensibilität für die Bedürfnisse des Kindes besonders schärfen und sich darin üben, auch die kleinste Regung der kindlichen Aktivität zu erkennen, und lernen, sie von fehlgeleiteten und abwegigen Äußerungen zu unterscheiden (266). Während er diesen keine Nahrung geben und sie zum Stillstand bringen soll, lautet das Motto bezüglich der normalen Äußerungen des Kindes: „Beobachten und abwarten" (267).

Die Güte des Montessori-Lehrers besteht nicht im Ertragen der Verirrungen des Kindes, sondern in der Suche nach Mitteln, diese Verirrungen zu vermeiden, und in der Schaffung der Möglichkeit, natürlich zu leben (268). In der genauen Unterscheidungsfähigkeit zwischen normalen und abwegigen Äußerungen der kindlichen Aktivität, wie sie in der Montessori-Erziehung unerläßlich ist, liegt der Grund dafür, daß Montessori in der „Selbsttätigen Erziehung" vom Lehrer eine gründliche Ausbildung in der Beobachtung der verschiedenen Lebensvorgänge verlangt.

Im Warten auf den Eintritt der Polarisation der Aufmerksamkeit sind drei Stufen zu unterscheiden. Zuerst ist der Lehrer Hüter und Wächter über die Umgebung und hat dafür zu sorgen, daß das Material immer geordnet, vollständig und in gutem Zustand ist. Auf der zweiten Stufe hat er sich mit den ungeordneten Kindern zu befassen und mit entsprechenden therapeutischen Mitteln zu versuchen, ihre Aufmerksamkeit zu gewinnen. Tritt auf der dritten Stufe das Aufmerksamkeitsphänomen ein, dann hat sich der Lehrer in den Hintergrund zurückzuziehen und das Kind auf der Bahn seiner Entwicklung weiterschreiten zu lassen (269).

Die aktive Aufgabe des Lehrers besteht also darin, die natürlichen Phänomene der kindlichen Aktivität zu beobachten, ihre Abirrungen von der Bahn der normalen Entwicklung zu verfolgen und zu versuchen, das Kind wieder zurückzuführen, indem er ihm Mittel für den Eintritt der Polarisation der Aufmerksamkeit anbietet (270).

Sieht man das Verhältnis des Lehrers zum Schüler in dem größeren Rahmen des Verhältnisses zwischen Erwachsenem und Kind, dann hat sich in der Gestalt des Montessori-Lehrers, wie Montessori sie als Idealtypus entwirft, der Erwachsene aus seiner feindlichen Haltung gegenüber dem Kind gelöst und sich zu seinem Diener gemacht. Das Montessori-Kinderhaus und die Montessori-Schule sind - so gesehen - der Ort, an dem der Kampf zwischen Erwachsenem und Kind zur Ruhe kommt.Damit haben sie - nach Montessoris Überzeugung - einen entscheidenden und bleibenden Beitrag zur Lösung des Grundproblems der Pädagogik geleistet.

Läßt sich auch die Rolle des Montessori-Lehrers durchaus nicht auf die eines völlig tatenlosen Zuschauers reduzieren, und liegt für ihn darin sehr wohl eine aktive Aufgabe, die kindlichen Deviationen zu diagnostizieren, ihre Äußerungen zu unterbinden und therapeutische Hilfsmittel bereitzustellen, so erscheint die Funktion der Erzieherpersönlichkeit für Montessori doch eine sehr eingeschränkte zu sein. Wenn sich die Unterrichts- und Erziehungsaufgabe schwerpunktmäßig ganz auf die Sache verlagert, wenn der Erwachsene im Hinblick auf die alte Erziehung geradezu als Gefahr erscheint und wenn schließlich Lernen und Entwicklung des Kindes inneren Gesetzen folgen, dann wird die Stellung des Erziehers nur ganz konsequent eine untergeordnete. Montessori spricht denn vom Lehrer stets als vom Diener und Beschützer der normalen Entwicklung des Kindes und kennzeichnet seine Stellung sehr eindeutig als „Bindestrich" zwischen Kind und Umgebung (271).

Wird aber der Lehrer nur als „traite d'union" gesehen, und wird auch die Notwendigkeit der personalen Vermittlung der Kultur nicht voll geschaut, dann wird notwendig die Ich-Du-Struktur des Erziehungsverhältnisses verkürzt.

Die Unterscheidung von Du-Welt und Es-Welt, um die sich vor allem Martin Buber bemüht hat, zieht sich durch die gesamte neuere Anthropologie (272). Dabei geht es nicht nur darum, daß die Außenwelt mit anthropologischer Bedeutung geladen, d.h. von Grund auf mitmenschlich bestimmt ist, sondern vor allem darum, zu zeigen, daß der „Mitwelt" von Personen Kriterien anhaften, die der unpersönlichen „Umwelt" des Etwas nicht zukommen.

Dieses spezifisch mitmenschliche Verhältnis wird am treffendsten unter der Kategorie der Gegenseitigkeit gefaßt. Wenn Löwith für diese Gegenseitigkeit den Begriff der Entsprechung verwendet, so kommt darin nicht nur zum Ausdruck, daß sich diese Gegenseitigkeit vor allem im Miteinandersprechen auswirkt, sondern der Terminus meint auch, daß Ich und Du stets aufeinander zuhandeln (273).

Die von Löwith getroffene Unterscheidung von Umwelt und Mitwelt taucht ähnlich bei Jaspers auf, wenn er bloß daseinshafte und existentielle Kommunikation gegenüberstellt und meint, daß sich das Selbstsein des Menschen allein in Kommunikation verwirklicht und zwei nur in gegenseitiger Schöpfung werden (274).

Ähnlich weist Guardini die Vorstellung ab, der Mensch existiere „als geschlossener Wirklichkeitsblock oder selbstgenugsame, sich aus sich selbst heraus entwickelnde Gestalt" (275), und er stellt ihr gegenüber, daß der Mensch nur „zum Entgegenkommenden hinüber existiert" (276). Das heißt in der Sprache Guardinis, daß der Mensch nur in der Form des Dialogs ist (277).

Das Phänomen der Dialogizität hat Martin Buber mit besonderer Intensität herausgearbeitet. Das Entscheidende der Ich-Du-Beziehung gründet für ihn in der besonderen Weise des Sichrichtens auf den Anderen, die dadurch gekennzeichnet ist, daß jener Andere nicht als Es, d.h. als Objekt und Gegenstand zu möglicher Verfügung oder Behandlung angesehen, sondern in seiner du-haften Andersheit angenommen und ernstgenommen wird (278). Die Art, Gegenstände wahrzunehmen, ist das Beobachten; Teil an der Wirklichkeit des Du gewinnt der Mensch im Innewerden der vollen Konkretheit des Mitmenschen (279).

Zwar läßt sich bei Montessori nicht davon reden, sie mache das Kind zum Objekt der Erziehung. Hier liegt ja gerade ein entscheidender Punkt ihrer gesamten Reformabsicht, daß das Kind statt wie bisher als Objekt nunmehr als Subjekt der Erziehung anerkannt werden soll. Hinsichtlich des Verhältnisses von Erzieher und Zögling aber überwiegen bei ihr die objektivierenden Momente des Beobachtens unzweifelhaft. Das liegt darin begründet, daß sie die Entfaltung des Kindes als einen gesetzmäßig, das aber heißt objektiv bestimmten Vorgang betrachtet, den es wissenschaftlich zu beobachten und zu studieren gilt. Auch wenn sie die kindlichen

Direktiven religiös ausdeutet, bleiben sie weiterhin objektive Gesetzmäßigkeiten, die sich zwar im subjektiven Zögling geheimnisvoll auswirken, denen aber qua Gesetzlichkeiten die wissenschaftliche Wahrnehmung und nicht das persönliche Innewerden entspricht.

Vom Problem der Dialogizität des Menschen her ergibt sich hier ein wichtiger Aspekt für das Verständnis von Montessoris Deutung des Verhältnisses von Mensch und Welt und Mensch und Mitmensch. Unter der Rücksicht der Bauplanthese erscheint Montessori die Umgebung im weitesten Sinne als sekundärer Faktor. Die Umwelt wird unter Hinweis auf die von innen kommende Entwicklung des Kindes weitgehend zum entwicklungshemmenden oder -fördernden Material mediatisiert. Nimmt man Montessoris religiöse Auslegung der evolutiven Kräfte hinzu, dann erscheint das Kind als das Werkzeug der Evolution, bzw. als „Handlanger" eines Gottes, „der keine Hände hat" (280) und das Kind kraft der in es eingesenkten göttlichen Weisungen für seine Ziele arbeiten läßt. Für Montessori sind alle Lebewesen „Agenten" des göttlichen Willens, die ihren individuellen Auftrag erfüllen müssen, damit die Harmonie in der Natur gewahrt bleibt. Montessoris Rede von dieser „kosmischen Aufgabe" des Menschen gründet in der Vorstellung von einer prästabilierten Harmonie, in deren Dienst jedes Lebewesen steht und die es erhalten hilft, indem es seinen individuellen, von der Natur vorgezeichneten Auftrag erfüllt.

Wenn hier der Begriff der prästabilierten Harmonie eingeführt wird, so soll damit nicht ein unmittelbarer Zusammenhang zwischen Leibniz und Montessori ausgesagt werden. Denn während Leibniz seine Theorie von der fensterlosen Monade rein metaphysisch begründet, ist für Montessori die vom Biologischen her bestimmte Theorie vom individuellen Bauplan grundlegend. Wo aber Montessori diese Gesetzmäßigkeit als göttlichen Auftrag auffaßt, den das Individuum um seiner eigenen Normalität willen und zugleich im Dienste der kosmischen Harmonie ausführen muß, dort ergibt sich mittelbar doch eine gewisse Parallele zu Leibniz' Gedanken, Gott habe die Vorstellungsabläufe der einzelnen „Monaden" synchronisiert und damit die prästabilierte Harmonie der Welt geschaffen.

Wir haben oben angedeutet, daß Montessori den Gedanken der kosmischen Harmonie möglicherweise von Fabre her gewonnen hat. Es läßt sich darüber hinaus aber auch eine Linie über Antonio Stoppani zurückverfolgen, dessen Werke Montessori kannte, und der in seinen naturphilosophischen Schriften den Gedanken der Interdependenz aller Lebewesen in die Mitte stellte und sich dabei ausdrücklich auf die idealistische Metaphysik stützte.

Da das Kind der ausschlaggebende Faktor der Montessori-Erziehung ist, dem sich alles unterordnet und dem alles zu dienen hat, und da die Wahl der Beschäftigungen und der fortschreitende Studienplan allein von ihm bestimmt werden, ist diese Erziehung in Wirklichkeit Selbsterziehung des Kindes.

Da die vorwärtstreibende Kraft des Kindes aber von innen ausgeht und diese Aktivität eigenen Gesetzen und einem eigenen Aufbauplan folgt, der die äußeren Mittel nur als Stimulantien gebraucht, handelt es sich bei dieser „Erziehung" letztlich um Selbstentfaltung des kindlichen Individuums.

Diese sehr enge Annäherung des Erziehungsbegriffs an den Entwicklungsbegriff hat Montessori in einem 1949 gehaltenen Vortrag veranlaßt, die Tätigkeit des Erziehers nicht mehr als Erziehung im üblichen Sinne zu bezeichnen, sondern dafür den Terminus „Kultivation" (coltivazione) zu gebrauchen (281).

Montessori meint damit die Pflege der von ihr „entdeckten" „normalen Kräfte" des Kindes, und wenn sie von Kultivation spricht, dann geht es ihr um das „Wachstum des idealen Menschen" (282), das aber heißt: um die normale Entwicklung des Menschen.

Es ist in diesem Zusammenhang interessant, wenn Standing berichtet, Montessori habe ihre eigene geschichtliche Stellung nicht unter den Pädagogen gesehen und nicht dort finden wollen, sondern sich unter die biologischen „Entdecker" wie Darwin, Mendel, de Vries und Fabre gezählt (283).

Dafür bestimmend mag wohl ihre eigene „Entdeckung" gewesen sein; jedenfalls erscheint dieses Verständnis ihres eigenen Werkes als einer vorwiegend biologischen Leistung bezeichnend für den wirklich „neuen" Sinn ihrer Erziehung, nämlich Hilfe zu geben für die Entwicklung des normalen Menschen.

Für den Wissenschaftsbegriff Montessoris ergibt sich von hier aus: Wenn die Dottoressa ihre Schulen als Laboratorien für die psychologische Erforschung des Menschen bezeichnet, dann meint sie damit von Anfang an nicht eine experimentelle Forschung, wie man sie gewöhnlich versteht, sondern - und hier spielt Fabres methodischer Freiheitsbegriff herein - „Gelegenheiten, die besonders geeignet sind für die Beobachtung des Kindes" (284), und wir fügen hinzu: Gelegenheiten, die besonders geeignet sind für die Beobachtung und das Studium des „normalisierten" Kindes.

VII. Erziehung als Normalisation

Das Phänomen der Deviation

Die grundlegende Bestimmung des Montessorischen Begriffs der Deviation besteht darin, daß die psychischen Deviationen nicht angeboren sind, sondern stets von außen bewirkt werden (285). Unter Deviation aber versteht Montessori eine Abweichung von der natürlichen Linie des Wachstums (286).

Die Hauptursache aller Deviationen sieht Montessori - das wurde schon oben ausgesprochen - in der Unterdrückung des Kindes durch den Erwachsenen (287). Da das Kind keine Möglichkeit hat, sich gegen diese Unterdrückung zur Wehr zu setzen, verfällt es in jenen Zustand, den die Psychologen eine Verteidigungshaltung nennen: so wird es faul, weil es nicht handeln darf; so lügt es, um sich dem tyrannischen Erwachsenen zu entziehen; so schweift seine Aufmerksamkeit umher, weil ihm keine Gelegenheit zur Konzentration gegeben wird.

Die „Substitution des Erwachsenen" (288) treibt das Kind in eine Spaltung seiner Persönlichkeit und erzeugt das „exogene Element des Dualismus" (Seguin).

Als Manifestationen der Deviation sieht Montessori u.a. Verlogenheit, Schüchternheit, Streitsucht, Gehässigkeit, Stottern, Zerstörungslust, Ungehorsam, Ängste aller Art, Phantasieüberschwang, übermäßige Anhänglichkeit und unstete Aufmerksamkeit an. Auch die Ermüdung ist für Montessori eine Deviationserscheinung; sie tritt ein, wann immer geistige und motorische Tätigkeit auseinandergehen. Deshalb glaubt sie, daß Denken ohne Bewegung ebenso ermüdet wie Bewegung ohne Denken (289).

Montessori erläutert das Phänomen der Deviation an dem instruktiven Bild zweier Eisenbahngeleise, die zuerst nebeneinander herlaufen, sich dann aber durch eine falsche Weichenstellung voneinander trennen. Nicht das ist das Schlimme, daß das eine Geleis vielleicht in einen falschen Bahnhof führt, sondern dies, daß die Fahrt durch Ungewißheit und Dunkel geht und die Gefahr des Entgleisens und des Zusammenstoßes besteht, während auf dem anderen Geleis alle Signale und Lichtzeichen auf freie Fahrt gestanden hätten (290).

Wenn die Deviation in dem Auseinandertreten der verschiedenen Energien des Menschen besteht, die Norm aber in dem harmonischen Zusammenwirken zwischen körperlicher und geistiger Energie, d.h. von Muskeln und Intelligenz und Wille, „so wie die Natur es immer gewollt hat" (291), dann kann die Rückkehr zur Norm nur erfolgen durch die Vereinigung bzw. Wiedervereinigung dieser Kräfte. Diese Vereinigung aber erfolgt nicht anders als durch Konzentration, d.h. durch zielgerichtete Bewegung und Arbeit.

Bei jeder Arbeit, bei der das Kind ein bestimmtes Ziel verfolgt, sieht es Montessori als den entscheidenden Gewinn an, daß körperliche und geistige Energie des Kindes koordiniert und auf das betreffende Ziel hin konzentriert werden.

Wenn die Koordinierung von Muskelaktivität und Intelligenz bzw. Willen zur Normalität führt, dann ist die Organisation der Bewegung nicht ein Vorbereitungsstadium oder eine Stufe innerhalb des Erziehungsprozesses, sondern ein grundlegendes Moment der Erziehung (292) oder, um mit Montessori zu sprechen, der „Kultivation" des Menschen. Hier ist der Punkt, von wo aus der weitere Sinn der sogenannten Übungen des praktischen Lebens deutlich wird. Diese Übungen sind von Montessori nicht nur als Training für das praktische Leben gemeint. Indem sie der Bewegung des Kindes ein bestimmtes und sinnvolles Ziel geben, bieten sie vielmehr ein hervorragendes Terrain, auf dem die harmonische Entwicklung und das ungebrochene Zusammenwirken von Wille und Bewegung erzielt wird (293). Nur so ist es zu verstehen, daß Montessori sagt: „Die Übungen des praktischen Lebens bringen das Kind zuerst zur Normalität" (294). Hier ist auch der Grund dafür zu sehen, daß Montessori den Sport pädagogisch ungleich höher einschätzt als gymnastische Übungen: Während bei diesen nämlich die Bewegung ohne das Denken geübt wird, lenkt jener die Bewegung auf eine einzige genaue Ausrichtung und verschmilzt den Willen mit der Motorik. Aus dem gleichen Grund spricht sich Montessori auch positiv über die eurhythmischen Übungen Dalcrozes aus.

Wenn es zweitens in der Konzentration darum geht, Motorik und Intelligenz zu koordinieren, dann ist die Konzentration stets ein aktiver, d.h. mit Bewegung verbundener Vorgang. „Es ist die manuelle Tätigkeit, mit einem praktischen Ziel, die dazu hilft, eine innere Ordnung zu gewinnen" (295). Da sich aber die Hand an etwas betätigen muß, vollzieht sich der Vorgang der Konzentration stets nur an einem hantierbaren Material. Auch deshalb kann Montessori von der Konzentration des Kindes als von der großen Arbeit sprechen (296).

Der Weg der Konzentration ist für Montessori der Weg der Natur. Sie versucht das zu verdeutlichen an der Entwicklung der Organe: Der vitale Prozeß der Bildung von Organen ist nicht ein graduelles Wachstum. Gestützt auf Child, Coghill und Douglas spricht sie davon, daß die Entwicklung der einzelnen Organe getrennt voneinander verläuft; von Spencer übernimmt sie den Begriff der Nebelflecke und meint damit jene Aktivitätszentren, die nur so lange tätig sind, bis sich das Organ gebildet hat (297). Erst zuletzt, wenn die Bildung der Einzelorgane beendet ist, schließen sie sich zur Einheit eines Lebewesens zusammen.

Da es für Montessori, „nur einen Aufbauplan in der Natur" gibt (298), gilt dieser Plan auch für die Entwicklung des Kindes. So wie im physiologischen Embryo die verschiedenen Organe und Funktionen getrennt voneinander entstehen und erst, wenn sie alle vollständig entwickelt sind, in einem letzten Stadium die Einigung der verschiedenen Organe erfolgt, so bauen sich im geistigen Embryo auf Grund der periodischen Sensibilitäten die verschiedenen Aktivitäten auf und bestehen zunächst „chaotisch" nebeneinander. Der Vorgang, in dem sich die Einigung des Individuums vollzieht, ist der Vorgang der Konzentration, d.h. die Koordinierung aller Aktivitäten auf die große, auf *ein* Ziel gerichtete Arbeit. „Der Mensch wird geboren, wenn seine Seele sich selbst fühlt, sich bindet, sich orientiert, wählt" (299).

Es ist das Bewußtsein seiner selbst, das Bewußtsein der eigenen Individualität, das geboren wird. Dies ist gemeint, wenn Montessori davon spricht, daß in der Konzentration das Kind zu sich selbst kommt.

Der Stufengang der Konzentration, Vorbereitung, Stufe der großen Arbeit und inneres Geschehen, macht das deutlich. Auf der vorbereitenden Stufe ist das Kind noch unsicher in der Wahl der Betätigung, auf der zweiten Stufe hat es diese Wahl getroffen und sich mit allen Kräften auf die selbstgewählte Arbeit bewußt hingeordnet; dadurch treten die inneren Kräfte des Kindes in ein geordnetes und klares Verhältnis (300).

Der Konzentration kommt im Leben des Kindes also eine zweifache Bedeutung zu, eine punktuelle und eine permanente. Einmal wird sie in Betracht gezogen unter der Rücksicht ihres ersten Eintretens. Hier hat sie die Funktion, die Geburt des Kindes als Individuum - Montessori nennt sie auch die zweite Geburt des Kindes - herbeizuführen. Ihre weiterreichende Bedeutung liegt darin, daß die erste Polarisation der Aufmerksamkeit der eigentliche Ausgangspunkt für die spontane und freie Selbsterziehung des Kindes wird (301). War die erste Konzentration gebunden an die erste freie Wahl der Arbeit, so wird die freie Wahl, in der Montessori „die höchste Aktivität" sieht (302), nunmehr ein Habitus des Kindes in seinem Gegenstandsbezug und der Beweis dafür, daß die Entwicklung die Bahn der Normalität eingeschlagen hat.

Normalität und Normalisation

Vollzieht sich der kathartische Vorgang der Normalisation allein durch Arbeit und tritt die Normalität im Phänomen der freien Wahl zutage, dann zeigt sich daran deutlich, daß die Kraft der Normalität eine aktive Kraft darstellt.

Diese hormische Kraft oder - wie Montessori sie andernorts nennt - diese „Energie der Schöpfung" durchwirkt alle Entwicklungsvorgänge von Anfang (303) an: „Jede Einzelheit im Leben des Kindes hat Regeln, geheimnisvolle Gesetze, jede Einzelheit ist wichtig" (303 a), und das Kind gehorcht den Gesetzen, wenn es natürlich ist (304), das aber heißt: wenn es dem Befehl seiner hormischen Antriebe gehorcht.

Die „Horme" wirkt im Kind zunächst unbewußt; sie tritt in der Form des menschlichen Willens in die Sphäre der Bewußtheit, wenn das Kind anfängt, sich zu konzentrieren.

Da die hormische Lebens- und Aufbaukraft kein blinder Impuls ist (305), vielmehr Ausdruck einer unverrückbaren Gesetzlichkeit, gibt es zwar unzählige Formen der Anomalität, aber „nur eine Normalität" (306), d.h. „nur ein natürliches Gesetz der Konstruktion" (307).

Die Normalisierung des Kindes tritt ein, wenn es sich nicht mehr von äußeren Faktoren bestimmen läßt und nicht von außen unterdrückt und unterworfen wird, sondern sich darauf beschränkt, was die Natur es zu tun antreibt (308). Normalisierung der Kinder heißt also, „sie finden zu der Führung durch die Gesetze der Natur zurück" (309).

Folgen die Kinder aber diesen Gesetzen der Natur, die sich in ihren Entwicklungsbedürfnissen kundgeben, dann sind sie physisch und psychisch gesund; alle krankhaften Äußerungen verschwinden, und hinter der Schale des von der Erwachsenenumwelt verformten Kindes tritt seine wahre Natur, tritt „das neue Kind" hervor.

Hier kann Montessoris Verhältnis zur Psychoanalyse den Sachverhalt noch einmal verdeutlichen. Montessori sieht in dem Bemühen der Psychoanalyse den Versuch, den kranken oder deformierten Erwachsenen zu renormalisieren. Ihr eigenes Ziel dagegen ist es, das Kind von Anfang an zu normalisieren und diesen Zustand der Normalität zu erhalten, so daß, wenn einmal die Montessori-Pädagogik allgemein verbreitet wäre, die Psychoanalytiker - und das war Montessoris feste Überzeugung - nichts mehr zu tun hätten.

Das neue Kind

Das Kind, das sich in der Konzentration normalisiert hat, befindet sich auf dem Weg der psychischen Gesundheit. So wie im physiologischen Bereich Gesundheit besteht, wenn alle Organe normal funktionieren, so tritt die psychische Gesundheit, d.h. Normalität, ein, wenn sich in der Konzentration alle Funktionen und Kräfte des Kindes koordinieren.

Die „Erkenntnis" dieses Sachverhaltes, d.h. die Erkenntnis, daß die Ordnung des psychischen Lebens mit dem charakteristischen Phänomen der Aufmerksamkeit einsetzt (310), war die entscheidende „Entdeckung" für Maria Montessori. Sie bildet in der Tat den Knotenpunkt ihres gesamten pädagogischen Denkens; es wurde schon oben darauf hingewiesen, wie sehr Montessori immer wieder betont, daß von diesem Punkte aus jede Darstellung ihrer Pädagogik ausgehen (311) oder, was dasselbe ist, daß zu diesem Punkte jede Interpretation ihres pädagogischen Denkens gelangen müsse.

Die Polarisation der Aufmerksamkeit als der Schlüssel zur wahren Natur des Kindes, d.h. zur Entdeckung jenes neuen, „bekehrten" Kindes, ist für Montessori der Schlüssel zur Lösung *aller* pädagogischen Probleme.

Hatte man das Kind bislang als ein Nichts, als eine Kleinigkeit in der großen Welt der Erwachsenen angesehen (312), so muß es nun, da es als der Baumeister des Menschen erkannt ist, selbst als etwas Großes anerkannt werden.

Diese Größe aber besteht darin, daß das normalisierte Kind der „Inbegriff eines natürlichen Wesens" (313), oder - wie es in der schon oben angeführten Stelle noch stärker heißt - „die reine und unverformte menschliche Natur" (314) darstellt.

Denn ist das Kind normalisiert, dann ist für Montessori das Kind nicht nur ein vollkommenes Individuum, sondern zugleich ein vollkommenes sittliches und gesellschaftliches Wesen (315).

Sind aber alle Menschen normalisiert, dann verschwinden jene Eigenschaften und Tendenzen, die die Spannungen im Zusammenleben der Menschen und Völker hervorrufen. Da das normalisierte Kind ein selbstgenügsames Kind ist und alle aggressiven Triebe abgelegt hat, stellt es den wahren Schlüssel für den Frieden der Menschheit dar.

Kommt das Kind aber unverformt und unverdorben von den Irrtümern und Vorurteilen der Erwachsenenkultur auf diese Welt, dann stellt es nicht nur „eine neue Weltkraft" (316) dar, sondern bringt „neue Energien, deren regenerierender Hauch die stickigen Gase verjagen sollte, die sich von Generation zu Generation jeweils im Laufe eines Menschenlebens voller Irrtümer immer wieder angesammelt haben" (317).

Während der Erwachsene verfestigt und steif ist, birgt das Kind als Inbegriff der menschlichen Potentialität (318) für Montessori alle Möglichkeiten des menschlichen Fortschritts und der Höherführung der Menschheit in sich (319).

Da zwischen dem Kind und Gott noch keine Barriere von angehäuften „Sünden" besteht, kann Montessori das Kind als vollkommenste Schöpfung (320) ansehen und in ihm den Wegweiser auf dem Weg ins Himmelreich erblicken (321).

Das ist der Grund für die emphatische Redeweise Montessoris, wenn sie das Kind als den ewigen Messias bezeichnet, „der immer wieder unter die gefallenen Menschen zurückkehrt, um sie ins Himmelreich zu führen" (322).

Montessori war von Anfang an von der Vision dieses neuen Kindes geblendet. Unter ihrem Einfluß gewann sie die Überzeugung, daß mit dem Eintritt der Normalisation alle Probleme der Erziehung beiseite geräumt würden. Schon 1905 spricht sie von den neuen, guten und starken Individuen, die kraft ihrer Normalität fähig sind, die sozialen Mißstände und kollektiven Ungerechtigkeiten zu überwinden und eine bessere Menschheit herbeizuführen (323).

In der „Pädagogischen Anthropologie" äußert sie, daß soziale und moralische Superiorität das Ergebnis der Entwicklung sind (324); ebendort erwartet sie von der normalen Entwicklung der Individuen bereits ein Reich ewigen Friedens (325). 1934 schreibt sie in einem Aufsatz über die „Grundlagen meiner Pädagogik" den Satz: „Unser Ziel ist die Gesundheit der Psyche; und mit dieser Gesundheit entstehen in jedem normalen Kind soziale Haltung, freiwillige Disziplin, Gehorsam und Willensstärke" (326).

Moralische Förderung des Kindes erwartet Montessori nicht von der Philosophie und nicht von der Diskussion metaphysischer Moralbegriffe, sondern von der Aktivität, kraft deren sich das Kind normalisiert (327). Gehörten für Montessori zu den moralischen Zügen des „alten Kindes" Selbstsucht, Habgier, Trotz, Unwahrhaftigkeit, Ängstlichkeit und eine weitschweifige Phantasie (328), so zeigt ihr das „neue Kind" nicht nur Ordnungsliebe, Wohlwollen gegenüber anderen und Gehorsam gegenüber seinen Eltern (329), sondern es ist Herr über seine Bewegungen, kann ohne Gefahr für sich selbst sorgen und erweist sich als fröhlicher und hilfsbereiter Arbeiter (330). Erscheint aber Montessori das neue Kind als ein friedfertiges, soziales und sittlich höheres Wesen, dann läßt sich - berücksichtigt man auch Montessoris Erfahrungen von San Lorenzo - die Emphase verstehen, mit der Montessori in ihm den Schlüssel zur Lösung aller pädagogischen und Menschheitsprobleme sieht: „Wir müssen also das Kind ehren und es studieren, weil wir in ihm das Geheimnis finden können, um die schwersten Probleme der Menschheit zu lösen, den Schlüssel, um Mysterien zu entdecken, die unter der Last tausendjähriger Mystik begraben sind" (331).

In diesem Glauben an die Allheilkraft der Normalisation hat man - wie schon oben angedeutet - einen ausschlaggebenden Grund dafür zu erkennen, daß Montessori z.B. weder die sittliche Erziehung noch die soziale Erziehung als spezifische pädagogische Aufgaben in den Blick bekommen hat. Zwar kennt sie Maßnahmen, die indirekt die soziale Erziehung des Kindes fördern, die eigentliche Sozialisierung erwartet sie aber quasi automatisch von der Normalisation des Kindes her. Auch für die religiöse Erziehung vertritt Montessori die Ansicht, daß sich die Religion im Leben der Menschheit noch nicht auswirken konnte, weil das in jedem Menschen ruhende religiöse Gefühl unter der Last der Deviationen sich nicht voll entfalten konnte.

Die starke Vernachlässigung der musischen Erziehung, die auch von orthodoxen Montessorianern eingestanden wird, liegt hier ebenfalls indirekt begründet. Da sich die Normalisation mittels zielgerichteter Arbeit einstellt, gewinnt Montessori von hier aus keinen Zugang zur pädagogischen Bedeutsamkeit des musischen Bereichs.

Zusammenfassung

Dem pädagogischen Denken Maria Montessoris, das sich unter dem Einfluß einer Reihe von Anregungen in einem ganz bestimmten Horizont artikuliert, wird von einer anthropologischen Grundauffassung getragen, die dieses Denken durchgängig beherrscht und ihm seine Richtung vorgibt. Diese Grundthese, die sich durch das ganze Werk Montessoris verfolgen läßt, besteht darin, daß die Entwicklung des Kindes von einer inneren Gesetzmäßigkeit diktiert wird und vom Erwachsenen nicht direkt beeinflußt, schon gar nicht - wie es die alte Erziehung wollte - schrittweise gelenkt werden kann. Die Grundthese vom immanenten Bauplan impliziert eine Reihe von pädagogischen Konsequenzen:

Wenn die entscheidenden Wandlungen des Individuums von innen ausgehen, dann kann die Erziehung nur indirekt Einfluß gewinnen, indem sie eine Umgebung vorbereitet, in der der suchende Geist des Kindes Nahrung und die inneren Arbeitsantriebe ein Tätigkeitsfeld für die peripherische Aktivität finden. Wenn auch das „Wunder" des normalisierten Kindes nur eintritt, wo innere Antriebe und Umgebung miteinander korrespondieren, so besitzt die Umwelt für die Entwicklung des Kindes nach Montessori nur sekundäre Bedeutung. Diese weitgreifende Mediatisierung führt Montessori zu einer Verkürzung des Mensch-Welt-Bezuges. In diese Mediatisierung der Umwelt wird auch der Erzieher einbezogen. Dadurch kommt Montessori bei ihren Überlegungen nicht zum vollen Verständnis des Erzieher-Zögling-Verhältnisses als eines echten Ich-Du-Bezuges. Zwar scheint die Montessori-Pädagogik den Erzieher nicht zum bloß tatenlosen Beobachter zu degradieren, dennoch läßt sich sagen, daß bei Montessori die personale Erziehungsbegegnung in ihren Überlegungen kaum eine Rolle spielt.

Dahinter steht auch der sowohl vom Aufklärerisch-Sozialen wie vom Positivismus her gegebene Gesichtspunkt einer Erziehung durch die Sachen. Diesem Gesichtspunkt trägt Montessori vor allem Rechnung durch die Aufnahme eines didaktischen Materials. Dabei sind vor allem zwei Momente entscheidend:

Einmal dient das Material der „peripherischen Belehrung" d. h. es stellt Nahrung und Befriedigung für die kindlichen Entwicklungs- und Lernbedürfnisse dar, und zwar in kindgemäßer Form, so daß das Kind diese „Nahrung" durch sinnliche Wahrnehmung und Bewegung selbsttätig aufnehmen kann.

Zum anderen stellt das didaktische Material nach Montessoris Überzeugung die experimentell ermittelte äußere Spiegelung der inneren Entwicklung dar und dient so als „Schiene", auf der die kindliche Entwicklung verläuft.

Beide Gesichtspunkte, das Material als notwendiges Korrelat für die Äußerungen der kindlichen Entwicklung und als Medium der peripherischen Belehrung, führen zum Begriff der Konzentration. Die Konzentration oder Polarisation der Aufmerksamkeit tritt ein, wenn das Kind sich einer Arbeit mit einem sinnvollen Ziel zuwendet und seine Aktivität unter Betätigung der Hand auf dieses Ziel hin sammelt. Im Hinblick auf die einzelnen, unabhängig voneinander entwickelten Funktionen, insbesondere das chaotische Nebeneinander von Intelligenz und Willen auf der einen Seite und der Motorik auf der anderen, stellt die Konzentration die Koordinierung dieser Kräfte dar. Unter der Rücksicht der peripherischen Belehrung zeigt die Polarisation der Aufmerksamkeit und die Wiederholung der Übung, daß das betreffende Material einem inneren Bedürfnis des Kindes entspricht.

Wenn Montessori das didaktische Material einen Schlüssel nennt, der dazu dient, ein Uhrwerk aufzuziehen (332), das dann seinen normalen und genauen Gang geht, dann hat sie die Konzentration als Habitus des Kindes im Auge. Konzentration als Habitus aber meint, daß die kindliche Entwicklung den Weg der Normalität gefunden hat. Montessoris Konzeption der Normalität zieht weder eine unbegrenzte Freiheit des Kindes, noch ein gänzliches Auslöschen der pädagogischen Aufgabe des Lehrers nach sich.

Die Freiheit des Kindes darf nur dort bestehen, wo es sich um Äußerungen der normalen Entwicklung, um echte Lebens- und Entwicklungsbedürfnisse des Kindes handelt; sie erfährt dort ihre Grenze, wo Deviationen, d.h. Abirrungen vom Gang der Normalität, bestehen oder auftreten. Dort ist es die Aufgabe des Lehrers einzuschreiten; neben dieser negativen Aufgabe hat er den positiven Auftrag, dem Kind die geeigneten Mittel vorzusetzen und anzubieten, die ihm zur Konzentration und damit zur Rückkehr zur Normalität verhelfen können.

Ziel des pädagogischen Bemühens Maria Montessoris ist der neue Mensch, wie er in dem normalisierten „neuen Kind" vorgezeichnet ist. Diese Gestalt des neuen, des „wahren" Kindes ist für Montessori die Verheißung einer besseren Menschheit und des Fortschritts der menschlichen Kultur; als Inbegriff der menschlichen Normalität erscheint ihr das Kind als der ungebrochene Phönix oder - ins Religiöse gewandt - als der ewige Messias: als die Verheißung der Lösung aller Menschheitsprobleme.

Für die Bestimmung des Begriffs der wissenschaftlichen Pädagogik haben sich bei Montessori vor allem vier Gesichtspunkte ergeben.

Erstens weist es Montessori ab - und hier handelt es sich um das „antithetische" Motiv gegenüber der „alten" Erziehung -, die von der „alten" Pädagogik geführte „Sprache eines vagen Idealismus" (333) zu führen. Stattdessen beansprucht sie für sich „Wahrheiten, die sich durch positive Beobachtung des Lebens und der Natur gezeigt haben" (334). Entgegen der alten Erziehung, in der nach Montessoris Sicht „das Wort Erziehung fast immer gleichbedeutend mit Züchtigung und Ziel der Erziehung war, das Kind dem Erwachsenen gefügig zu machen, dem Erwachsenen, der sich an die Stelle der Natur und seine Zwecke und seinen Willen an die Stelle der Gebote des Lebens setzt" (335), stützt sich ihre Pädagogik auf das Studium des Kindes.

Darin besteht der zweite Gesichtspunkt. Wirft Montessori der alten Pädagogik vor, sie sei von der abstrakten Fiktion eines Kindes an sich ausgegangen, so fordert sie die Berücksichtigung der jeweiligen Individualität. Dahinter steht nicht zuletzt Montessoris Begriff der Deviation, der ein individueller Begriff ist und die je verschiedenen Abweichungen eines Kindes von der normalen Bahn seiner Entwicklung meint.

Der dritte Gesichtspunkt kommt ins Spiel, wenn davon die Rede ist, daß das Studium des Kindes vor allem auch dessen normale Lebens- und Entwicklungsbedürfnisse betrifft. Diese können nach Ansicht Montessoris nicht durch Tests und isolierte Experimente ermittelt werden, weil jene einmal nur eine Momentaufnahme geben und zum anderen nur Reaktionen statt der gesuchten spontanen Entwicklungskräfte ans Licht bringen (336), sondern nur durch die Beobachtung des

Kindes in einer seine Bedürfnisse „enthüllenden", natürlichen Umgebung, die den zentralen Aktivitätsantrieben des Kindes freien Spielraum läßt und die notwendigen peripherischen Materialien bereithält.

Wenn Montessori ihr Kinderhaus als Laboratorium bezeichnet, dann tut sie es genau in dem Sinne, in dem Fabre seinen Garten als das eigentliche Laboratorium zur Erforschung der Insekten bezeichnet hat.

Das vierte Moment schließlich faßt die drei anderen mit zusammen und betrifft den Grundgedanken, daß eine Erziehung nur dann wissenschaftlich verfährt, wenn sie auf die Entfaltung der normalen Kräfte des Kindes zielt. Von hier aus kann Montessori Itard und Seguin als Wegbereiter und sich selbst als Vollstreckerin einer „wissenschaftlichen Pädagogik" in ihrem Sinne ansehen. Itard und Seguin konnten bei ihren Zöglingen nicht von außen unterrichten, sondern mußten an ihren inneren Kräften ansetzen und sie zum Motor ihrer Erziehung machen. Montessori aber beansprucht für sich, die Selbstbildungskräfte des Kindes überhaupt erst ganz „entdeckt" und durch ihre Erforschung zur Grundlage jener neuen Pädagogik gemacht zu haben.

Die sensitiven Perioden, der absorbierende Geist und das Phänomen der freien Wahl erscheinen Montessori als gesetzmäßige Momente dieser hormischen Kraft des Kindes.

Aus dem mangelnden Verständnis des Erwachsenen für diese „gesetzlichen Abläufe" resultiert für Montessori ein fortwährender Kampf zwischen ihm und dem Kind. In diesem Kampf sieht Montessori die Quelle für die Unterdrückung des Kindes und eine wichtige Ursache für seine Aberrationen von der vorgezeichneten Bahn seiner normalen Entwicklung. Da der Erwachsene die Umwelt ganz nach seinen Bedürfnissen und Zielen gestaltet hat, erscheint das Kind als ein Fremder in dieser Welt, als ein zweiter Christus - wie Montessori mehrfach exaltiert formuliert hat -, der nicht weiß, wohin er sein Haupt legen soll.

In einer umfassend religiösen Schau versteht Montessori die Aufbaukraft des Kindes als den ihm von Anfang an eingepflanzten göttlichen Willen, der seine Entwicklung leiten und es in die kosmische Ordnung einer prästabilierten Harmonie einfügen soll.

Die religiöse Interpretation des „positiven" Phänomens der kindlichen Selbstentfaltung bringt in Montessoris pädagogisches Denken eine eigenartige Spannung, die sich im ständigen Oszillieren zwischen streng wissenschaftlich-positivistisch klingenden Aussagen und mystisch-religiösen Formulierungen ausdrückt.

Die religiöse Deutung des Phänomens der Normalisation läßt Montessori ihre eigene Mission als eine quasi religiöse Pflicht erscheinen; sie verleiht ihr die Kraft, zeitlebens ungebrochen für die Rechte des Kindes auf ungehinderte und vom Erwachsenen verständig geschätzte Entwicklung einzutreten.

Aus der religiösen Deutung ihrer „Entdeckung" leitet sich auch Montessoris unbeirrbare Überzeugung von der Allgemeingültigkeit ihrer Vision des „geoffenbarten

Kindes" her. In dieser visionären Schau des neuen und „heiligen" Kindes erwartet Montessori von ihm nicht nur die Lösung aller pädagogischen Probleme, sondern auch die Überwindung und Beseitigung aller sozialen, politischen und religiösen Menschheitsprobleme.

Der Begriff der Erziehung als Normalisation rückt die pädagogische Frage für Montessori sehr nahe an das therapeutische Problem heran. Von der wissenschaftlich-medizinischen Sicht her muß sie die Erziehung daher als eine umfassende physische und psychische Hygiene der Menschheit begreifen; von der religiösen Deutung her geht es um die "Heilung" der Menschheit kraft der im Kinde inkarnierten göttlichen Kräfte.

Montessori faßt das Neugeborene als Inbegriff der unversehrten Normalität und der reinen Gottebenbildlichkeit. Deshalb erscheint es ihr von Anfang an schützender Pflege bedürftig und höchster Verehrung wert; deshalb sieht sie im Kinde das Remedium in allen Verirrungen der Erwachsenenwelt und den Wegweiser ins Himmelreich.

E ERGEBNIS UND AUSBLICK

Wir hatten uns vorgenommen, die Grundprinzipien des pädagogischen Denkens Maria Montessoris von ihrem biographischen und geistesgeschichtlichen Hintergrund her aufzudecken und die Grundrichtung ihres Denkens aufzuhellen.

Wir gingen dabei von der Vermutung aus, daß sich das pädagogische Denken der italienischen Ärztin und Anthropologin nicht - wie es sehr häufig dargestellt wird - erst aus ihrer pädagogischen Arbeit in San Lorenzo heraus entwickelt hat, sondern daß seine Ausgangspunkte früher und möglicherweise auf anderen Bereichen als dem unmittelbar pädagogischen anzutreffen sind. Diese Ausgangspunkte galt es aufzusuchen, und zwar im Hinblick auf die Frage, ob die verschiedenen Anregungen, die Montessori empfangen hat, ihren pädagogischen Gesichtskreis entscheidend geformt und ihr pädagogisches Denken durchgängig festgelegt haben.

Im Verlauf unserer Untersuchung hat sich immer deutlicher herausgestellt, daß ein sehr enger Zusammenhang zwischen den Hintergründen und den Prinzipien des pädagogischen Denkens von Maria Montessori besteht.

Wie fast alle Pioniere der pädagogischen Reformbewegung hat Montessori dabei eine Vielzahl von Anregungen und Anstößen aus dem außerpädagogischen Raum aufgenommen. Für Montessori gilt darüber hinaus, daß diese außerpädagogischen Einflüsse gegenüber den anderen Reformern - ausgenommen vielleicht Decroly - ihre genuin pädagogische Orientierung so weit überwiegen, daß wir sagen konnten, sie habe ihre pädagogische Arbeit mit den denkbar geringsten erziehungswissenschaftlichen und erziehungsgeschichtlichen Kenntnissen begonnen. Auf Grund dieser Tatsache ließ sich annehmen, daß Montessoris pädagogischer Gesichtskreis von außen her in einer ganz bestimmten Weise und in einem besonders hohen Grade festgestellt sein würde.

Wenn wir uns zum Abschluß unserer Untersuchungen über diese pädagogische Grundrichtung Montessoris zusammenfassend Klarheit verschaffen und damit das Ergebnis dieser Arbeit festhalten wollen, dann ist es nicht erforderlich, die Vielzahl einzelner Gesichtspunkte zu wiederholen; statt dessen scheint es ergiebiger, in wenigen Strichen diese Richtung aufzuzeichnen und daran anschließend zu prüfen, wie sich von unserer Basis her Phänomen und Themen des Streites um Montessori darstellen, und zu fragen, was sich von hier aus zu diesem eigenartigen Phänomen sagen läßt, das wir zu Eingang als das hervorstechende Merkmal der Montessori-Diskussion bezeichneten.

1. Montessori erfährt die erste entscheidende Ausrichtung ihres pädagogischen Denkens von der Medizin her. Das gilt sowohl für den biographischen Zugang zur

pädagogischen Frage als auch für das sachliche Verständnis des Erziehungsproblems.

Den armseligen Geschöpfen in den römischen Irrenasylen begegnete Montessori mit dem diagnostischen Blick des Arztes; sie sah in diesen Kindern kranke und abnorme Wesen, bei denen es darauf ankam, sie wieder in den Zustand von Gesundheit und Normalität zurückzuversetzen. Aus dieser Sicht gewann die Dottoressa für ihr pädagogisches Denken als erste durchgängige Grundkategorie die Spannung von Abnormität und Normalität. Als sie die Lage des Schulkindes studierte, richtete sich ihr Blick bereits auf die krankhaften und unnatürlichen Umweltbedingungen, unter denen das Kind sich nicht natürlich entfalten konnte, sondern unterdrückt und beherrscht wurde von einem tyrannischen und unverständigen Erwachsenen.

An der Behandlung der Idiotenkinder und der Schulkinder kritisierte Montessori gleichermaßen dies als den schwerwiegendsten Fehler, daß man versäumte, an die inneren Kräfte des Kindes anzuknüpfen, und nicht versuchte, diese zu beleben und fruchtbar zu machen.

Dieser kritischen Sicht Montessoris entsprach Seguins Begriff des Idioten als eines normalen Menschen, der in einer unvollkommenen Hülle gefesselt ist. Gelang es, diesen „inneren Menschen" so zu aktivieren, daß er diese unvollkommene Hülle durchstieß, dann war der entscheidende Schritt zur Befreiung des Idioten aus seiner unverschuldeten Abnormität getan.

2. Die Erziehungsaufgabe bedeutete so gesehen - und das ist der zweite entscheidende Gesichtspunkt -, Hilfe zu leisten zur Entfaltung der inneren Kräfte. Mit der Ansicht, daß sich Erziehung als Hilfe für die Entwicklung zu verstehen hätte und Fragen des Unterrichts und der Lehre sekundärer Natur wären, war Montessori von der allgemein medizinischen Orientierung her bereits vertraut geworden.

Für Montessoris anthropologische Studien spielte die dialektische Spannung von Abnormität und Normalität erneut eine Rolle. Ihre anthropometrischen Nachforschungen dienten dem Ziel, den normalen Menschen zu ermitteln. Von Quételet her, dessen homme moyen nicht nur den physiologisch normalen Menschen meinte, sondern den Gedanken der Normalität auch auf die intellektuelle und moralische Ebene ausdehnte, erfuhr Montessoris pädagogisches Denken eine weitere einschneidende Bestimmung. Unter der Rücksicht des Entwicklungsgedankens verstand Montessori den normalen Menschen als den voll, das heißt gemäß einer biologischen Tendenz entwickelten Menschen. Mit dieser biologischen Tendenz aber meinte Montessori die immanente Gesetzlichkeit eines individuellen Bauplans. Die Spannung von Abnormität und Normalität akzentuierte sich nun in die Spannung von Unterdrückung des Kindes und gesunder Entwicklung. Von hier aus erfuhr Montessoris von Grund auf soziale Gesinnung den entscheidenden Impuls für ihren leidenschaftlichen Kampf für die Anerkennung des Eigenrechtes des Kindes auf seine freie und ungehemmte Entfaltung.

3. Dieser soziale Einsatz wurde Montessori zur religiösen Pflicht, wenn sie - und hier stoßen wir auf den dritten bestimmenden Gesichtspunkt - diese inneren Gesetzmäßigkeiten als Emanationen eines göttlichen Willens auslegte. Von ihrer grundsätzlich optimistisch-harmonistischen Einschätzung des Kindes aus und auf Grund der Deutung des Bauplans als eines von Gott vorgezeichneten Gesetzes versteht Montessori die Welt im Sinne einer prästabilierten Harmonie.

4. Da das Kind (bisher) keine soziale Umwelt besitzt, in der es sich normal entfalten könnte, leiden mehr oder weniger alle Menschen an Deviationen. Der Weg zurück zur Normalität führt nach Montessoris „Erfahrungen“ allein über die Arbeit, bei der alle Einzelfunktionen auf ein sinnvolles Ziel hin konzentriert werden. Dahinter steht - und dies erscheint als das vierte prägende Moment ihres pädagogischen Denkens - Montessoris persönliche Erfahrung der Arbeit, ihre Frontstellung gegenüber der alten Erziehung und schließlich ihre positivistische Ausbildung. Diese drei Faktoren lassen für Montessori nur die Sache und ihre tätige Erfahrung als bildungsträchtig erscheinen.

Das ist Montessoris Begriff der Erziehung als Normalisation bzw. Montessoris wissenschaftlicher Begriff der Pädagogik: eine Erziehung, die sich als *Hilfe* für die normale, d.h. den immanenten kindlichen Aufbau*gesetzen* folgende Entwicklung versteht und ein Entwicklungs*material* bereitstellt, an dem das Kind frei und konzentriert *arbeiten* kann. Aufgabe dieser Erziehung sollte es nach Montessori sein, die kindliche Selbstbildungskraft zu kultivieren und für den Aufbau einer besseren Welt und für die Herausbildung eines neuen Menschen auszumünzen.

Dieser Erziehungsbegriff Montessoris steht in enger Verwandtschaft zur reformpädagogischen Bewegung vom Kinde aus. Wenn Montessori das Kind allein in den Mittelpunkt ihres pädagogischen Denkens stellt, dann vollzieht sie jenen „kopernikanischen Wandel“ der pädagogischen Weltanschauung (1), der für die gesamte Reformpädagogik bezeichnend und für die Pädagogik vom Kinde aus konstitutiv ist.

Diese Bewegung wird getragen von einem tiefen Vertrauen in die guten Kräfte des Kindes, von denen alles Heil erwartet wird. Nur von der Überzeugung her, daß die spontanen Entfaltungskräfte des Kindes nicht blind und ziellos wirken (2), läßt es sich sinnvoll fordern, die Erziehung solle ruhig und langsam „die Natur sich selbst helfen lassen und nur sehen, daß die umgebenden Verhältnisse die Arbeit der Natur unterstützen" (3); nur wenn der Erzieher sich gewiß wähnt, daß sich der Aufbau der kindlichen Persönlichkeit nach geordneten Direktiven vollzieht, kann er „in anbetender Rührung vor diesem Wunder der Schöpfung stehen" (4) und „von der Kindheit nichts fordern, was die Natur der Kinder im wesentlichen nicht selbst fordert" (5). Dieser Glaube an die „Gutheit" der kindlichen Entwicklungstriebkräfte soll den Erzieher davon abhalten, die kindlichen Fehler und Launen zu verurteilen und zu bekämpfen, weil es ihm bedeutet, „daß Fehler nicht versöhnt oder ausgelöscht ..., sondern in einer fortgesetzten Evolution umgewandelt werden können" (6). Dieses Prinzip einer „erweiternden Erziehung" trägt im wesentlichen die pädagogischen Gedanken Ellen Keys; Montessori formuliert es für ihre Pädagogik so: „Man kann nur korrigieren, indem man „erweitert", für die Erweiterung der Personalität Raum und Mittel gibt" (7).

Für die sinnvolle Begründung einer strengen Pädagogik vom Kinde aus genügt der Glaube an die Gutheit der kindlichen Kräfte allein nicht, es gehört dazu die Überzeugung von einer inneren Gesetzmäßigkeit der kindlichen Entwicklung. In dieser Auffassung besteht eine deutliche Gleichläufigkeit zwischen Montessori und dem anderen bedeutenden Vertreter dieser Richtung, Berthold Otto. Ganz ähnlich wie die Dottoressa die Ansicht vertritt, daß die freie Wahl des Kindes von inneren Bedürfnissen bestimmt wird, nennt es Otto seine „theoretische Grundüberzeugung", „daß, wie jedes organische Wesen aus der Welt, die es umgibt, sich das aussucht, was ihm gerade förderlich ist, und das natürlich und instinktiv zurückweist, was ihm schädlich ist, so auch der Kindergeist aus der ihn umgebenden Welt, also aus der Kulturwelt, in die es hineinwächst, sich immer gerade das wahrscheinlicherweise heraussuchen wird, was immer diesem einzelnen Kinde zum Wachstum, zum geistigen Wachstum am besten förderlich sein wird" (8).

Wenn Montessori an der These vom inneren Bauplan des Kindes nachdrücklich festhält, so entspricht es dem sehr, wenn Berthold Otto sagt, das Kind arbeite „mit einer instinktiven Sicherheit, die der Planmäßigkeit eigentlich überlegen ist, auf die Ausgestaltung eines Weltbildes hin" (9). Und es läßt sich dazu noch auf eine andere Stelle bei Berthold Otto hinweisen: „*Uns erscheinen* die Fragen der Kinder zufällig, wie uns ein Regenguß zufällig erscheint oder das Eintreten einer Krankheit. Für das Auge der Wissenschaft aber regelt sich das alles nach ewigen Gesetzen, die uns lange unbekannt und räselhaft sein mögen, an deren schließlicher Auffindung wir aber niemals verzweifeln dürfen" (10).

Genauso wie Montessori von dem „neuen Kind" eine Emporführung der ganzen Menschheit ausgehen sieht, erwartet Otto eine volkhafte Erneuerung durch das „gute Kind". Ähnlich erscheint das Kind als Inbegriff einer besseren Welt in marxistisch-sozialistischer Sicht bei Fritz Karsen.

Lassen sich einerseits deutliche Parallelen zwischen Montessori und anderen Vertretern der Pädagogik vom Kinde aus aufzeigen, was das Vertrauen in die Selbstbildungskraft des Kindes angeht, so treten andererseits die Gegensätze unvermittelt hervor, wenn danach gefragt wird, was jeweils als bildungsträchtig für das Kind angesehen wird.

Ein weites Auseinandertreten zeigt sich dann besonders zwischen Berthold Otto und Maria Montessori. Während für Otto der eigentliche Bildungsträger der Mensch ist, bildet sich für Montessori das Kind an der Sache und ihrer tätigen Erfahrung. Steht in der Berthold-Otto-Schule der Gesamtunterricht mit seinen vielfältigen Möglichkeiten des Gesprächs und des Miteinanders im Vordergrund, so charakterisiert die Montessori-Praxis ein didaktisches Material und das einzelne Kind, das mit ihm arbeitet.

Montessoris Begriff der Erziehung als Normalisation ordnet sich der pädagogischen Bewegung vom Kinde aus bei, indem er den Schwerpunkt der pädagogischen Grundpolarität von Kind und objektiver Kultur extrem nach der Seite des Kindes hin verschiebt. Von den beiden Grundaspekten der pädagogischen Aufgabe, der Förderung der kindlichen Entwicklung und des Dienstes an den objektiven Mächten, wie Schleiermacher sie besonders klar in ihrer dialektischen Bezogenheit herausgestellt hat (11), hat Montessori einseitig den Entwicklungsgesichtspunkt in Betracht gezogen und erörtert.

Im Laufe der Geschichte der Pädagogik hat sich in diesem Spannungsverhältnis immer in traditionsbewußten Epochen eine Verlagerung nach dem objektiven Pol hin eingestellt; die Umbruchsituation um die Jahrhundertwende mit so gewichtigen Bewegungen wie der Kulturkritik und - die für Montessori noch entscheidender wurden - der Frauenemanzipation, der positivistischen Fortschrittsgläubigkeit und der sozialistischen Bewegung war alles andere denn traditionsgebunden. Montessoris „Entwicklungspädagogik" lag ebenso wie ihre energische Forderung nach Freiheit und Selbsttätigkeit des Kindes auf der Linie des zeitgenössischen Denkens.

Von daher ist es wohl zuerst zu erklären, daß ihre Pädagogik in einem so raschen Sturmlauf sich fast über den ganzen Erdball verbreiten konnte. Montessori ist sich dieser Zusammenhänge selbst durchaus bewußt gewesen, wenn sie im hohen Alter rückblickend sagt: „How could I ever have succeeded in promoting the penetration of my work all over the world, had there not been a mysterious factor to help me: a kind of natural interest and a certain expectancy and inner readiness" (12).

Zwar läßt sich innerhalb der weltweiten reformpädagogischen Bewegung von einem „Nebeneinander des Gleichklingenden und -schwingenden" (13) sprechen, gleichwohl divergieren einzelne Unterströmungen oft so weit, daß ein gegenseitiges Verständnis nicht unbedingt selbstverständlich ist. Das läßt sich für Montessori an einigen Beispielen gut veranschaulichen.

Montessoris Postulat einer wissenschaftlichen Pädagogik wird von vielen zeitgenössischen Autoren vorschnell im Sinne der experimentellen Psychologie verstanden, ohne daß man näher danach fragt, was denn Montessoris wissenschaftlicher Begriff der Pädagogik meint. Wir hatten oben Gelegenheit, darauf hinzuweisen, wie peripher der Einfluß der experimentellen Psychologie auf Montessori gewesen ist. Wenn wir eben Montessoris Auffassung von der wissenschaftlichen Pädagogik gekennzeichnet haben, dann ist dabei deutlich geworden, daß sich sowohl Bestimmung als auch Grenzen dieses Begriffes nur von Montessoris geistesgeschichtlichem und biographischem Hintergrund her verstehen lassen.

Die neuidealistische Pädagogik der Gentile-Schule verstand sich durchaus als Sachwalterin der pädagogischen Reform in Italien. Gerade von ihr aus erfuhren aber Montessoris Begriffe der Freiheit und Selbsterziehung eine besonders harte Kritik. Von seinem philosophischen Standpunkt aus verurteilt Spirito Montessoris

Freiheitsbegriff als mechanistische Entfaltungsfreiheit und ihren Begriff der „Autoeducazione" als automatische Selbstentfaltung und meint, daß beide Begriffe höchst ungeeignet sind, ein pädagogisches System zu tragen. Ähnlich scharf kritisiert Lombardo-Radice die Starre des Montessori-Materials. Weder Spirito noch Lambardo-Radice zollen jedoch dabei Montessori so viel Aufmerksamkeit, um diese Begriffe auf Montessoris eigenes Verständnis hin zu befragen und auf den eigentlich „tragfähigen" Punkt ihrer Pädagogik zurückzuführen.

Hieran läßt sich exemplarisch zeigen, wie wenig man Montessoris Aussagen in den Griff bekommt und wie leicht man womöglich voreilig von ihrer unklaren Begrifflichkeit sprechen möchte, wenn man sich nicht die Mühe macht und diese Begriffe von ihrem Hintergrund her zu verstehen trachtet.

Für Montessoris Freiheitsbegriff haben sich von unserer Untersuchung her drei solche Bezüge herausgestellt.

Der erste ist ein methodischer Gesichtspunkt und geht zurück auf Fabre. Ähnlich wie er meinte, daß man die Lebensweise der Insekten nirgend anders studieren könnte als in ihrer natürlichen Umwelt, so vertrat Montessori die Ansicht, die Pädagogik könne den individuellen Schüler nicht anders kennenlernen, als daß sie ihm eine Umgebung schaffte, in der er seine natürlichen Antriebe und Bedürfnisse frei äußern kann; eine solche Umgebung aber stellte die damalige Schule nicht dar.

Das zweite Moment ist der soziale Gedanke der Befreiung des „letzten entrechteten Bürgers", des Kindes, aus dem versklavenden Einfluß des Erwachsenen.

Der dritte Aspekt schließlich ist für Montessori der wichtigste, und zwar der der biologischen Entwicklungsfreiheit. Wenn Montessori äußert: „der wahre Begriff der Freiheit ist in der Tat den Pädagogen noch unbekannt" (14) und auch später noch bei dieser Behauptung bleibt, dann hat sie ganz offenbar diesen Aspekt vor Augen. Tatsächlich ist dieser Freiheitsbegriff Montessoris nur nachzuvollziehen, wenn man Montessoris anthropologische Grundposition vom immanenten Bauplan und ihr Vertrauen in die guten Kräfte des Kindes als Voraussetzung anerkennt, denn nur von dieser Voraussetzung aus läßt sich diese Freiheitskonzeption, wenn überhaupt, pädagogisch rechtfertigen.

Ähnlich steht es mit der Einschätzung der Lehrerpersönlichkeit bei Montessori. Vier widersprüchliche Thesen hatten sich in der Literatur zu dieser Frage herausgestellt. Auch hier gilt, daß man Klarheit und Gewißheit nur gewinnen kann, wenn man sich auf die Grundposition Montessoris zurückbezieht. Von der Bauplanthese her, von der antithetischen Einstellung gegenüber der alten Schule aus und auf Grund der Überzeugung von der großen Bildungsträchtigkeit der Sache nimmt der Lehrer für Montessori notwendig eine sekundäre Stellung ein.

Unter der Rücksicht des Normalitätsbegriffs kommt ihm vor allem eine diagnostische und eine therapeutische Aufgabe zu; anders gesagt: die Aufgabe des Lehrers erscheint bei Montessori in die Nähe der ärztlichen Tätigkeit gerückt und orientiert sich an dem weitgefaßten Leitbild eines Arztes der Menschheit.

Daß Montessori den Erzieher-Zögling-Bezug kaum als dialogisches Verhältnis in den Blick bekommt, wurde oben schon ausgesprochen. Diese Verkürzung gründet darin, daß Montessori den Entwicklungsgedanken und das Teleologisch-Gesetzmäßige ganz allgemein so stark in den Vordergrund ihrer Überlegungen stellt, daß sie für geschichtliche Kategorien nahezu kein Verständnis aufzubringen vermag. Für die grundsätzliche Abhängigkeit des Erwachsenwerdens von der erzieherischen Zuwendung bzw. für das, was Langeveld als das schöpferische Handeln des Erziehers faßt (15), fehlt Montessori der Blick.

In dieser weitgehenden Ungeschichtlichkeit ihres Denkens liegt nicht nur die Beschneidung des Erzieher-Zögling-Verhältnisses und die Verengung des Mensch-Welt-Bezugs begründet, es wäre von hier aus auch die Frage zu stellen, ob Montessori mit diesem „gesetzmäßigen Denken" dem vollen Gehalt der Mensch-Gott-Relation überhaupt gerecht werden kann.

Die Durchleuchtung der kindlichen Lebensgesetze und die Erforschung der „Gesetzmäßigkeit der Schöpfung", in der Montessori einen entscheidenden Schritt zur religiösen Erziehung sieht, scheinen jedenfalls eher zu einem „Gott der Weisen und der Denker" zu führen, als daß sie die Begegnung mit einem personalen Gott vermitteln, von dem allein sich der Mensch existentiell angerufen weiß.

Die Frage nach Montessoris Verhältnis zu Religion und religiöser Erziehung erscheint nach unserer Kenntnis der Zusammenhänge bisher durchaus noch nicht genügend geklärt und weiterer eingehender Erforschung wert.

Von unserer Untersuchung her läßt sich dazu sagen, daß Montessoris pädagogisches Denken durchgängig ein religiöses Moment enthält. Dieses Moment kommt dort ins Spiel, wo Montessori die immanenten Entwicklungsgesetze des Kindes als göttliche Emanationen auslegt. Dieser allgemein religiöse Gesichtspunkt steht in einer gewissen Affinität zur theosophischen Weltinterpretation.

Da diese religiöse Deutung sich durch das ganze Werk Montessoris zieht, läßt sich hinsichtlich des religiösen Grundmotivs bei Montessori nicht von einer Phasenhaftigkeit sprechen.

Anders verhält es sich mit Montessoris Zuwendung zu Fragen der katholischen Religionspädagogik. Diese Beschäftigung läßt sich örtlich und zeitlich eingrenzen und scheint, wie oben ausgeführt wurde, mehr von Montessoris damaliger Umgebung hervorgerufen worden zu sein, als daß sie sich zwingend aus ihrer allgemeinen pädagogischen Entwicklung ergeben hätte.

Bei dieser Zuwendung läuft die Denkbewegung Montessoris auf eine Anwendung ihrer allgemeinen pädagogischen Prinzipien auf den besonderen Bereich der religiösen Erziehung hinaus; das bringt Montessori mehrfach selbst zum Ausdruck.

Es ist aber notwendig, diese beiden religiösen Ansätze bei Montessori gut auseinanderzuhalten, da sie verschiedenen Ursprungs sind und jeder auf einer anderen Motivierung zu beruhen und eine sehr unterschiedliche Bedeutung für Montessori besessen zu haben scheint.

Über die Einschätzung und die verschiedenen Funktionen des didaktischen Materials wurde oben schon gehandelt. Geht man auch hier von Montessoris Grundposition aus, von der aus das Material als Entwicklungsmittel und als Medium für die peripherische Aktivität erscheint, dann dürfte sich bei Montessori hinsichtlich des didaktischen Materials schwerlich von einem dialektischen Bildungsbegriff sprechen lassen.

Wohl geht es in der Pädagogik Montessoris um Sachen, dabei steht jedoch nicht so sehr der Gegenstand oder das Kulturgut an sich in Rede, sondern die Sache als bildungsträchtiges Entfaltungsmittel. Ein dialektischer Bildungsbegriff aber setzte notwendig ein volles und gleichwertiges Mensch-Welt-Verhältnis voraus.

Im Zusammenhang mit dem didaktischen Material müssen wir noch auf einen anderen Streitpunkt der Montessori-Diskussion zurückkommen. Besonders in der Montessori-Fröbel-Auseinandersetzung, aber auch später noch, spielte der Gegensatz von Freiheit und eindeutigem Material eine große Rolle. Beide Elemente erschienen miteinander unvereinbar.

Auch dieser vermeintliche Gegensatz klärt sich auf, wenn er auf Montessoris Grundposition zurückbezogen wird.

Der Begriff der Entwicklungsfreiheit meint die ungestörte und ungehemmte Entfaltung der normalen Kräfte des Kindes; das Material wird von Montessori verstanden als Entwicklungsmittel, das nicht nur anzeigt, ob die kindliche Entwicklung normal verläuft, sondern als „peripherische Spiegelung" die notwendige Schiene darstellt, auf der die kindliche Aktivität weiterlaufen *muß,* weil dieses Material auf den (experimentell ermittelten) allgemeinen Entwicklungsbedürfnissen des Menschen beruht, oder anders ausgedrückt, weil es die „Nahrung" ist, deren das Kind zu seiner Entwicklung notwendig bedarf. In diesem Verständnis Montessoris sind Freiheit und Material nicht nur keine Gegensätze, sondern stellen für sie sogar zwei notwendig korrespondierende Faktoren dar.

In der Diskussion über Montessoris Beitrag zur sozialen Erziehung konnten wir oben wie zu anderen Fragen sehr gegensätzliche Stimmen feststellen. Eine Annäherung der Standpunkte zeigte sich allerdings dahingehend, daß man bei Montessori vorwiegend von einer mehr indirekten Sozialerziehung zu sprechen hat und dort ein volles Aufnehmen des Problems der sozialen Erziehung als spezifische und eigengesetzliche Aufgabe nicht sehen kann.

Suchen wir von unseren Untersuchungen her näheren Aufschluß darüber, dann scheint es, als hätten wir zunächst in Montessoris Schul- und Studienzeit, in der sie mehr die Erfahrung individueller Arbeit als des sozialen Miteinanders und der Begegnung machte, einen mitbestimmenden Faktor für ihren Standpunkt zu sehen.

Darüber hinaus ergeben sich zu dieser Einengung zwei weitere entscheidende Gesichtspunkte. Montessoris biologisch geformter Individualitätsbegriff, wie er im Bauplangedanken zum Ausdruck kommt und es mit sich bringt, daß in Montessoris gesamter Erziehung die indirekten Verfahren dominieren, wirkt sich naturgemäß auch auf ihre sozialerzieherischen Gedanken aus.

Durch die Entdeckung des normalisierten Kindes wird zum anderen das Problem einer spezifischen sozialen Erziehung in dem Maße zurückgedrängt, als Montessori das „normale" Kind als vollkommenes Kind und das heißt auch als vollkommen sozialisiertes Kind ansieht. Hier scheint eine ähnliche Abblendung vorzuliegen, wie wir sie schon für Montessoris Einschätzung des musischen Bereichs zu kennzeichnen hatten.

Ein wichtiger Gesichtspunkt in der internationalen Montessori-Diskussion ist auch die Frage nach der Einheit des pädagogischen Werkes Maria Montessoris. Man wird der Dottoressa nicht gerecht, wenn man in ihr nur die resolute Parteigängerin des Kindes sieht, erst recht nicht, wenn man sie sich als eine liebevolle und gütige Kindergartenerzieherin vorstellt.

Unsere Untersuchung hatte im Hintergrund stets die Frage nach einer einheitlichen Deutung des pädagogischen Denkens Montessoris. Sowohl von ihrem Hintergrund her als auch in dem Gefüge ihrer pädagogischen Prinzipien ließ sich eine einheitliche pädagogische Ausrichtung aufhellen, die sich in ihrem wissenschaftlichen Begriff der Pädagogik niedergeschlagen hat. Die Spannung zwischen Wissenschaft und Religion, die sich am stärksten in dem Nebeneinander von Bauplanthese und religiöser Auslegung zeigt, zerstört die Einheit von Montessoris Denken nicht. Beide Momente gehören wesentlich zu Montessoris Begriffen der Normalität und der Normalisation. Wissenschaft und Religion (in einem weitgefaßten Sinne) bilden das gemeinsame Fundament für Montessoris Vision des normalisierten Kindes. Die Entdeckung und Verkündigung dieses neuen Kindes, in dem Montessori den Schlüssel zur Lösung *aller* pädagogischen Probleme und *aller* Menschheitsfragen sieht, hat die Dottoressa stets als ihre ganz persönliche Sendung und als ihren originären Beitrag zur Geschichte der Pädagogik angeschaut.

Diese utopische Vision des neuen und wahren Kindes erschien nicht nur Montessori selbst als ihr originaler Beitrag, sie stellt auch den Eckstein ihres gesamten pädagogischen Denkens dar. An diese Vision des vollkommen natürlichen, das aber heißt für Montessori zugleich des göttlichen oder messianischen Kindes knüpfte sie die prophetischen Aussagen über eine bessere Welt und eine höhere Menschheit. Man kann etwas pointiert sagen: Mit dem Vertrauen auf die Kraft dieses neuen Kindes und mit dem Glauben an diese Vision selbst steht und fällt die Pädagogik Maria Montessoris.

Es wäre eine reizvolle Aufgabe der weiteren Montessori-Forschung, der Verwirklichung dieser Vision nachzugehen und die Modifikationen herauszuarbeiten, die sie notwendig erfährt, wo sie sich in der praktischen Montessori-Arbeit konkretisiert. Wenn eine solche Analyse des Verhältnisses von Vision und Wirklichkeit allerdings so angelegt würde, als sollte die Theorie durch die Praxis korrigiert werden, so würde die Spannung eher verwischt statt geklärt. Es käme vielmehr darauf an, die Gegensätzlichkeiten in aller Schärfe zu markieren, weil sich von daher die Grenzen von Montessoris theoretischem Entwurf am augenscheinlichsten darlegen ließen.

Eine solche Analyse käme möglicherweise - und es spricht viel für diese Vermutung - zu dem Ergebnis, daß Montessori, obwohl sie immer wieder behauptet, ihre pädagogischen Grundsätze beruhten allein auf ihren praktischen Erfahrungen mit dem Kind und auf seinen Enthüllungen, in Wirklichkeit die Praxis viel weniger zum Prüfstein ihres pädagogischen Reformprogramms gemacht hat, als vielfach angenommen wird.

Das aber hieße, daß Montessori viel stärker „theoretische" Pädagogin als praktische Erzieherin war und die theoretische Deutung und Auslegung ihrer „Erfahrungen" in ihrem Werk eine weit höhere Rangstelle eingenommen hat, als ihr selbst jemals zum Bewußtsein gekommen ist.

Eine Untersuchung dieser Zusammenhänge müßte die Montessori-Praxis in aller Breite berücksichtigen und ihre Entwicklung samt eventueller Wandlungen im internationalen Raum einbeziehen. Das aber würde über den Rahmen dieser Arbeit weit hinausführen. Denn bei der vorliegenden Arbeit ging es um das pädagogische Denken Maria Montessoris und um das Verhältnis seiner Prinzipien zu den größeren Zusammenhängen, in denen es steht.

ANMERKUNGEN

(Vorbemerkung: Die Zahl vor dem Komma weist auf den Titel in der Bibliographie hin; die Zahlen nach dem Komma geben die Seiten an.)

Kapitel A

1 vgl. 217; 222; 225; 226
2 vgl. 281; 282
3 vgl. dazu für den deutschen Sprachraum die Dissertationen von Buck, Gintsberger, Krombach, Oswald, Schulz, Sebastian und van Veen-Bosse
4 Hermann Röhrs: Schule und Bildung im internationalen Gespräch, Frankfurt 1966, 36
5 Hans Scheuerl: Das Spiel, Weinheim [2]1959, 34
6 1366, 95–104
7 1290, 18
8 3108
9 1186
10 1033, 2
11 1142
12 4039, 300
13 2228, 403
14 1243, 17 ff.
15 Edmond Holmes in seinem Vorwort zu: 1055, 18
16 1330
17 1121
18 4580
19 2054, 8
20 1039, 265
21 Wie problematisch in der Tat dieser Standpunkt ist, hat die Auseinandersetzung zwischen Gerhards und Hessen gezeigt, in der sich Gerhards auf eine bestimmte Praxis berief und Hessen ihm entgegenhalten konnte, daß Montessori die entsprechenden Textstellen, auf denen jene Praxis beruhte, in einer Neuausgabe bereits gestrichen hatte. Vgl. 1120 und 1145!
22 Giovanni Calò: Pedagogia degli anormali. Lezioni per la Scuola Magistrale Ortofrenica, Firenze (Universitaria) 1946; siehe auch 1218!
23 1293, 12
24 ebda.
25 1293, 15
26 Bezüglich der Arbeit Sebastians ließe sich jedenfalls leicht zeigen, daß sie sehr viel einem originären schöpferischen Einfall Montessoris zuschreibt, was ganz deutlich nicht von Montessori stammt.

27 1366,9

28 Die einzelnen von mir benutzten Ausgaben und Auflagen sind in der Bibliographie durch einen * hinter der fortlaufenden Nummer gekennzeichnet.

29 Für sehr entgegenkommende Hilfe bei der Beschaffung der überaus verstreuten Literatur habe ich vor allem der Association Montessori Internationale in Amsterdam und der Staatlichen Bibliothek in Bamberg zu danken.

30 Bei der Durchsicht tschechischer Primär- und Sekundärliteratur hat mir H. Herr Generalvikar a. D. Prälat Dr. Wagner (Bamberg) geholfen.

31 Siehe 911b! Nach dieser Übersetzung wird hier zitiert, wobei jeweils die Nummer des Vortrags und die Seitenzahl der maschinenschriftlichen Abschrift angegeben werden.

32 Von diesen sind eigens zu nennen: Frau Rosy Joosten-Chotzen und Herr Dr. Haak (Amsterdam), Herr E. Mortimer Standing +, Frau Präsidentin Rukmini Devi (Tiruvanmiyur), Frau Prof. Helene Helming (Ahaus) und Freifrau Herlint Wolff von den Steinen (Bamberg), die sowohl als Verwandte Alice Franchettis als auch als eine der allerersten deutschen Schülerinnen Montessoris aufschlußreiche Auskünfte geben konnte.
Ganz besonders wertvoll waren mehrere ausgiebige Gespräche mit Herrn Mario Montessori sen. in Amsterdam, bei denen Herr Montessori entgegenkommenderweise über bloße Informationsweitergabe hinausging und sich zu einer kritischen Erörterung der anstehenden Fragen bereitfand.

33 273, 86

34 1263, 5: „Maria Montessori è una personalità assai discussa: esaltata dagli uni, svalutata dagli altri; in entrambi i casi – diciamo subito – esageratamente."
Der besseren Lesbarkeit wegen stehen im Text nur französisch- und englischsprachige Zitate im Original. Zitate aus anderen Sprachen werden im Text deutsch wiedergegeben; der fremdsprachige Wortlaut findet sich in den Anmerkungen.

35 Montessori in America, in: AMSB, vol. 1, N. 1 (May 1960) 1

36 4645, 528

37 3110, 481

38 1366

39 1293, 13

40 1262

41 ebda., 3: „Enkel en alleen wil ik voor een zekere dosis kina zorgen, om zoo mogelijk het uitbreken der Montessorikoorts te voorkomen en, waar ze reeds mocht uitgebroken zijn, haar gevaarlijke gevolgen te bestrijden."

42 4915, 83

43 H. G. Good: A History of Western Education, New York ^{2}1960, 540

44 Martin Mayer: Introduction, in: 267, p.XXV

45 4913, 587

46 Ich stütze mich hier auf eine mir am 13. 6. 1966 in Amsterdam von Herrn Mario Montessori gegebene Information. Standings Angabe in 1315, 58 beruht vermutlich auf der gleichen Quelle.

46a vgl. 301

47 4783, 501

48 4697, 203

49 J. Trüper: Zeitfragen, in: Zeitschr. f. Kinderforschung, 20 (1914–1915) 101

50 39, 118

51 4619
52 5963, 181
53 3199, 185: Boschetti-Alberti sieht das Verdienst Montessoris darin, „di avere chiaramente e genialmente in maniera bella e soave applicati i principi di tutti i grandi pedagogisti."
54 1135, 22
55 5043, 1
56 2246 (²1914), 435
57 1142, 110
58 3949, 17
59 1119, 1 (Hervorhebung von mir)
60 3110, 481
61 1293, 11
62 1036 und 1117
63 vgl. 1243, 57
64 Stefan von Màday: 4073, 1753
Es handelt sich um das Buch:
Manuel pratique des méthodes d'enseignement spéciales aux enfants anormoux (sourd-muets, aveugles, idiots, bégues, etc.). Méthodes, statistique, institutions, législation, etc., par les Drs Hamon du Fougeray et Léonce Couëtoux. Préface du Dr Bourneville, Paris 1896.
Dieses Buch enthält die erwähnten Abbildungen eines Teils des späteren Montessori-Materials auf den Seiten 188–205.
65 3421, 662
66 4499, 21
67 4499, 22
68 ebda.
69 4778, 4
70 1145, 13
71 1142, 74
72 Theodor Litt: Führen oder Wachsenlassen, Stuttgart ⁷1958, 135; Anm. 38
73 1039, 197
74 2128, 98
75 5034, 698 f.
76 3351, 104
77 3421, 659
78 4803, 6: „Il Metodo Montessori è quindi essenzialmente la conseguenza di una grande scoperta (forse la più grande dell'epoca nostra), la scoperta 'dell'esistenza di una natura nascosta' nel bambino."
79 4145, 41
80 1293, 12
81 1366, 108
82 3688, 3
83 2393, 10
84 1315, 59
85 3180, 24
86 2369, 195
87 Eduard Spranger: Vorwort zu 1142, S. XIV
88 4715, 164
89 1181, 27

90 ebda., 67
91 vgl. u. a. 1192, 28
92 3660, 367
93 vgl. 3669, 247 und 4415
94 1142, 116 f.
95 3636, 565
96 4039, 302
97 3949, 184
98 4147, 38
99 12, 303
100 1040, 140 f.
101 2040, 200
102 vgl. O. F. Bollnow: Existenzphilosophie und Pädagogik, Stuttgart 1959, 54 f.
103 1036, 222
104 3949
105 1292, 123
106 3227, 445; auch 2246, 433
107 39, 118 f.
108 1117, 307 ff.
109 1117, 314
110 1016, 6
111 4075, 226
112 4499, 23
113 4576
114 1290, 13
115 Aloys Fischer: Hauptprobleme der Kindergartenreform, in: Zs. f. päd. Psych. u. exp. Päd. 14 (1913) 11-17
116 4999
117 das geschieht am entschiedensten in 4499
118 4436
119 3568
120 3351
121 2034
122 3927, 156
123 4075, 227
124 4778, 5
125 1142, 186
126 3714
127 3928, 399
128 Hermann Röhrs: Schule und Bildung im internationalen Gespräch, Frankfurt 1966, 36
129 4675, 679
130 Heinrich Rombach: Einführung zu 2224, 6
131 3935, 535
132 1334, 61 f.
133 1039
134 4697, 204
135 4670, 160
136 1212, 40: „Montessoriskolan representerar till hela sin uppläggning det man skulle kunna lägga in i begreppet praktisk kristendom."
137 3228, 548

138 3877, 177
139 1145, 57
140 4697, 205; ähnlich: 3898
141 1292, 141
142 1366,157
143 2361, 109
144 1142, 103
145 3935, 530
146 2369, 461
147 2046, 137
148 3563, 21
149 4777
150 ebda., 39; ebenso: 1289, 40
151 4777, 43
152 4777, 39; ebenso: 1289, 40
153 4016
154 Giuseppe Lombardo-Radice: Orientamenti pedagogici, Torino 1931, vol. 2, 200
155 1217, 358
156 1192, 182
157 2054, 6
158 4926, 8
159 1347, 114
160 1192, 160
161 1033, 3
162 1036, 185
163 2227, 11 f.
164 1012, 38
165 1263, 31
166 1263, 92
167 1354, 94
168 2402, 242
169 Nazzareno Padellaro, in: MF, 1 (1932) 248
170 2402, 242
171 221, p. XIV
172 4650 und 4917
173 5028, 251
174 1248, 121 ff.
175 Heinz-Rolf Lückert: Ergebnisse der Begabungs- und Lernforschung, in: Forum. Zeitschrift der Volkshochschulen Bayerns, 7 (1967) H. 2, 10–30
176 Hildegard Hetzer: Das Frühlesen, Hypothesen und ihre Verifizierung, in: Die Sammlung, 8 (1968) 195–209
177 2338
178 1274
179 1059; 1365; 3425; 4358
180 4218, 136
181 4218, 134
182 2258
183 vgl.: Protokoll der Mitgliederversammlung der DMG am Samstag, dem (sic) 3. 12. 1966 um 16.00 Uhr in Frankfurt (Main), in: Das Kind, (1967) N. 1, 7
184 1315, 67

185 4162
186 668, 2
187 1315, 35
188 900
189 103 b
190 1218
191 Dieser Ansicht hat Herr Mario Montessori in einem Gespräch mit mir völlig zugestimmt.
192 Für diese Art der Montessori-Deutung können die Schriften von Hélène Lubienska de Lenval genannt werden.
193 Wir wählen hier und im übrigen auch die amerikanische Schreibweise des Namens, die Seguin nach seiner Emigration in die Vereinigten Staaten übernahm und später beibehielt.
194 1330, 140
195 1145, 7

Kapitel B

1 vgl. 2184, 22: „Tijdgenoten, bij Dr. Montessoris werk betrokken, vinden haar persoonlijkheid in haar arbeid weerspiegeld."
Ganz ähnlich meint Standing, Montessoris Methode sei „einfach das Ergebnis ihres Lebens." (1315, 176)
2 1095, 11
3 4757, 141
4 Die Ansicht von Tenenhaus, daß eine besonders traurige Kindheit Montessori veranlaßt habe, sich der Kleinkindererziehung zuzuwenden, dürfte sich kaum halten lassen.
5 1208, 11
6 5080, 2
7 1302, 22
8 5081, 98
9 3804, 6
10 4162, 13
11 4757, 142
12 1315, 19
13 668, 1
14 2339, 143
15 4804, 4
16 4467, 8: „Ella vedeva, infatti, nel medico il missionario di un'alta opera di carità cristiana."
17 1202, 28
18 4246, 122
19 1235, 1
20 5081, 98
21 1240, 2
22 301
23 Die Kinderarbeit auf dem internationalen Frauen-Kongreß in London, in: Zs. f. Schulgesundheitspflege, 12 (1899) 671

24 4172, 10
25 Ich beziehe mich hier auf ein persönliches Schreiben der Präsidentin der Internationalen Theosophischen Gesellschaft Adyar, Sri Rukmini Devi (Tiruvanmiyur, 30. 11. 1966).
26 4172, 10 f.
27 1117, 215
28 1208, 15
29 1315, 23
30 4915, 82
31 So nannte Montessori diese Kinder in ihrem Tagebuch.
32 2339, 144
33 1208, 3
34 2232, 9
35 1202, 33
36 1235, 2
37 1265, 114
38 686, 4; vgl. dazu auch 403, 21: „La pedologia vuole condurre l'educazione fisica verso lo scopo ultimo al quale armonicamente deve giungere tutto l'insieme dell'educazione: il fine morale."
39 Bei diesem Kongreß stellte Rosa Agazzi ihre Methode zum ersten Male der pädagogischen Öffentlichkeit vor.
40 900, 5
41 ebda.
42 304, 123: „Usare per l'educazione di questi disgraziati i metodi ordinari è uno sprecare inutilmente il tempo e la fatica."
43 120, 29
44 1029, 2
45 Marziola Pignatari, in: OMEP, 19
46 271, 423
47 1117, 216
48 4246, 122
49 668, 1 f.
50 668, 2
51 vgl. 628, 11
52 Marziola Pignatari, aaO, 17
53 1192, 5
54 714, 4
55 4699, 65
56 2393, 10
57 5082, 18
58 4619, 10
59 1208, 16
60 Die Hausordnung sah eine bestimmte jährliche Prämie für die Familiengemeinschaft vor, die ihren Pflichten in Haus und Mieträumen am sorgsamsten nachgekommen war.
61 Auf diesen anthropologischen Gesichtspunkt wird später näher eingegangen werden. Vgl. unten S. 124 ff.
62 Die Bezeichnung „Haus der Kinder" war nicht neu. Die Schwestern Agazzi hatten schon Jahre vorher ihre Einrichtung eine „Casa dei bambini" genannt.

63 734, 16
64 714, 4
65 714, 5
66 132, 481
67 714, 6; vgl. auch 260, 107
68 905, 2
69 Die entsprechenden Briefe Talamos befinden sich im Besitze von Herrn Mario Montessori.
70 2387, 247
71 4172, 14
72 2332
73 1195, 5: „La Montessori in quella parte delle sue lezioni non fece che illustrare il metodo de La Montesca in ogni suo particolare.“
74 1202, 83
75 132, p. XXI. „E difficile riconoscere in un'opera comune quale sia il contributo preciso di ciascuno: e questo esperimento dev'essere considerato come il frutto di una collaborazione pienamente fraterna; dove però la parte della 'grammatica' è in particolar modo dovuto alla signorina Fedeli, squisita cultrice della lingua italiana, e quella musicale alla signorina Maccheroni.“
76 4172, 14
77 266, 15
78 1039, 20
79 4056
80 1220, 11
81 vgl. 5083
82 Über die Begegnungen mit Mussolini liegt mir eine Reihe interessanter Einzelheiten vor, die hier aber nicht aufgenommen werden können.
83 1095, 59
84 4180
85 Diese Schule wird gegenwärtig von über 150 Kindern im Alter von 2 1/2 bis 7 Jahren besucht.
86 5081, 112
87 1315, 84
88 1055, 203
89 vgl. Elisabeth Burchard-Bélaváry: Dr. Maria Montessori, in: Pester Lloyd, 15. 9. 1930, 6
90 1055, 203
91 668, 2: „It was precisely in the field of medicine that I first became interested in pedagogy.“

Kapitel C

1 vgl. Wilhelm Rein: Pädagogik in systematischer Darstellung. Erster Band, Langensalza 1902, 88 f.
2 Heinz Zindel: Probleme der schulischen Bildung und Erziehung des Geistesschwachen, Bern-Stuttgart 1965, 19
3 Paul Moor: Heilpädagogische Psychologie, II, Bern 1958, 264

4 Edward Seguin: Die Idiotie und ihre Behandlung nach physiologischer Methode, Wien 1912, 162;
im folgenden zitiert als: Seguin mit Seitenzahl
5 vgl. Helmut Hünnekens und Ernst Kiphard: Bewegung heilt. Psychomotorische Übungsbehandlung bei entwicklungsrückständigen Kindern, Gütersloh ^{3}1966, 4
6 vgl. Oskar Israel: Die Macht der Gewohnheit in der Erziehung Schwachsinniger, in: Zs. f. Kinderforschung, 20 (1914/15) 25
7 Heinz Zindel, aaO, 88
8 48, 128
9 Seguin 32
10 ebda
11 Seguin 37
12 D.G. Pritchard: Education and the Handicapped 1760–1960, London 1963, 52
13 J.C. Flugel: Probleme und Ergebnisse der Psychologie, Stuttgart o. J., 58
14 Jean Itard: Victor, das Wildkind vom Aveyron, Zürich 1965, 79;
im folgenden zitiert als: Itard mit Seitenzahl
15 Itard 28 f.
16 Itard 18 f.
17 Itard 20
18 Itard 77
19 Itard 88 f.
20 Itard 91
21 Itard 93
22 Itard 95
23 Itard 102
24 Itard 114
25 Itard 110
26 Itard 111
27 Itard 118 f.
28 Jakob Lutz: Nachwort, in: Itard 151
29 Itard 124
30 Itard 72
31 vgl. J. C. Flugel, aaO, 59
32 Biographisches Lexikon der hervorragenden Ärzte aller Zeiten und Völker, hrsg. v. August Hirsch, 5. Bd., Berlin ^{3}1962, 209
33 1117, 132
34 34, 28
35 O. Guggenbühl: Briefe über den Abendberg und die Heilanstalt für Cretinismus, Zürich 1846
36 C. W. Saegert: Über die Heilung des Blödsinns auf intellectuellem Wege. II. Teil: Psychische Anthropologie mit Beispielen, Berlin 1846
37 39, 103
38 In Deutschland blieb der Einfluß Seguins gering. Dafür waren insbesondere religiöse Mißverständnisse maßgebend. Seine deutschen Kritiker hielten ihm vor allem vor, er lasse zugunsten einer einseitigen Intelligenzschulung die unsterbliche Seele des Menschen außer acht und verabsäume die Gemütsbildung des Kindes.
So fand der fromme Guggenbühl in Deutschland ungleich mehr Anerkennung als der naturwissenschaftlich-nüchterne, jedoch alles andere als areligiöse Seguin.
39 vgl. 2081, 541
40 28, 945 f.

41 Seguin 67
42 2228, 406
43 Seguin 102
44 Seguin 61
45 Seguin 91
46 Seguin 95
47 Seguin 120
48 Seguin 147
49 Seguin 150
50 vgl. 1036, 94
51 vgl. 34, 72
52 Seguin 163
53 Seguin 88
54 vgl. 2228, 409
55 Seguin 74 und 118
56 Seguin 116
57 Diese Unterscheidung und ihre pädagogischen Konsequenzen sind zwar bereits in Seguins erkenntnistheoretischem Standpunkt impliziert, es muß hier aber eigens darauf eingegangen werden, weil diese Unterscheidung bei Montessori in der gleichen Terminologie wiederkehrt.
58 34, 61
59 Seguin 164
60 ebda.; vgl. 34, 68
61 Seguin 166
62 Seguin 85; vgl. auch Seguin 166 f.
63 Seguin 166
64 Seguin 85
65 103 c, 424
66 103 c, 423
67 Seguin 188
68 Seguin 159
69 Seguin 158
70 Diese beiden Beispiele wählte später auch Montessori zur Erläuterung ihres Phantasiebegriffs.
71 Seguin 159
72 Seguin 128
73 Seguin 117
74 Seguin 89
75 9, p. XI
76 A. M. Mozzoni: La donna e i suoi rapporti sociali, Milano 1864
77 Franca Pieroni-Bortolotti: Alle origini del movimento femminile in Italia 1848–1892, Torino 1963, 51
78 ebda., 93
79 Ersilia Majno Bronzini: Die Geschichte der Frauenbewegung in Italien, in: Handbuch der Frauenbewegung, hrsg. v. H. Lange und G. Bäumer. I. Teil, Berlin 1901, 418
80 Lino Ferriani: Frauen- und Kinderschutzbewegung in Italien, in: Dokumente des Fortschritts, Nov. 1907, 20
81 1055, 134
82 Karl Marx: Das Kapital. Erster Band, Berlin 1947, 413

83 Robert Alt: Kinderausbeutung und Fabrikschulen in der Frühzeit des industriellen Kapitalismus, Berlin 1958, 14
84 vgl. Zs. f. Schulgesundheitspflege, 8 (1895) 165
85 Ich gebe diese Einzelheiten so detailliert wieder, weil mir der Sohn Maria Montessoris mit Nachdruck versichert hat, daß diese entwürdigenden und geringschätzigen Umgangsformen des Erwachsenen mit dem Kind auf seine Mutter unauslöschlichen Eindruck gemacht haben und ein ausschlaggebender Faktor für ihre Forderung nach Anerkennung der menschlichen Würde des Kindes gewesen sind.
86 12, 301
87 Angelo Celli: Über die Reform der Gymnastik, in: Zs. f. Schulgesundheitspflege, 7 (1894) 140
88 ebda., 140
89 Von den Volksschulen in Rom, in: Zs. f. Schulgesundheitspflege, 19 (1906) 109
90 ebda.
91 Robert Michels: Italien von heute, Zürich 1930, 160
92 P. D. Fischer: Italien und die Italiener am Schlusse des neunzehnten Jahrhunderts, Berlin 1899, 309
93 Paul Martell: Städtische Schulküchen in Italien, in: Zs. f. Schulgesundheitspflege, 27 (1914) 135
94 126, 134
95 Kulturhistorische Stammbücher. II: Stammbuch des Lehrers, Stuttgart o. J., 264
96 P. D. Fischer, aaO, 317
97 Ewald Haufe: Italiens gegenwärtige Bildung, in: Paedagogium, 6 (1884) 378
98 ebda., 380
99 Antonio Carini: Gesundheitspflege in den Schulen, in: Zs. f. Schulgesundheitspflege, 6 (1893) 72
100 Zeitschrift für Schulgesundheitspflege, 6 (1893) 631
101 Angelo Mosso: Die Ermüdung, Leipzig 1892
102 Benedetto Croce: Geschichte Italiens 1871–1915, Berlin 1928, 17
103 Robert Michels, aaO, 165
104 Benedetto Croce, aaO, 150
105 vgl. 107, 20
106 Wie mir Herr Mario Montessori versicherte, war seine Mutter zwar „a socialist for the women" und „a socialist for the child", sie war aber „nicht so sehr begeistert von den Mitgliedern der Bewegung", so daß sie sich zwar ihre Ziele zu eigen machte, selbst aber der organisierten Bewegung nicht beitrat. Diese Einstellung Montessoris bestimmt übrigens nicht nur ihr Verhältnis zum Sozialismus, sondern auch zu anderen politischen und weltanschaulichen Organisationen.
107 Il Metodo Montessori e l'opera della Società Umanitaria, in: 2387, 268
108 2387, 269
109 907
110 3045, 64
111 126, 292
112 126, 313
113 126, 159 und 185 und 293 f.
114 126, 252
115 126, 253
116 vgl. 401
117 126, 359
118 126, 417

119 vgl. 402
120 413, 1126
121 422, 17–22
122 281, 72
123 126, 123
124 260, 1
125 1, 226
126 vgl. Eduard Epple: Antonio Rosmini-Serbati und sein pädagogisches Gedankengut, Bonn 1957
127 Kurt Schilling: Geschichte der Philosophie. 2. Bd., München [2]1953, 55
128 vgl. Lexikon der Weltliteratur im 20. Jahrhundert. Erster Band, Freiburg 1960, Sp. 995
129 Benedetto Croce, aaO, 128
130 Marco Agosti e Vittorio Chizzolini: Magistero. Vol. 4: Positivismo, Spiritualismo, Brescia 1957, 9
131 12, 284
132 Benedetto Croce, aaO, 130
133 84 b, 7
134 Andrea Angiulli: La Filosofia positiva e la Pedagogia, Napoli 1871
135 Auguste Comte: Einleitung in die positive Philosophie. Leipzig 1880, 10
136 Wenn Montessori gelegentlich bemerkt hat, ihre Gedanken seien mehr auf dem Gebiete der Religion als auf dem der akademischen Pädagogik heimisch, so hat sie mit akademischer Pädagogik natürlich nicht die von ihr selbst angestrebte positive pädagogische Wissenschaft gemeint, sondern die oben charakterisierte alte philosophische Pädagogik.
137 73, 17 und 28
138 84 b, 26
139 84 c, 220
140 15, 243
141 162, 234
142 16, 79
143 2034, 79
144 498, 71: „... la virtù utilizzabile è primo di tutto quella dell'adattamento." Dort heißt es auch: „Virtù e l'essere conformi alle necessità che si riferiscono alla nostra particola; e questo ci rende quasi come degli specialisti nel campo morale. Infatti essendo diversi gli ambienti e diverse le forme di lavoro, devono avvenire adattamenti diversi."
145 Giovanni Gentile: Opere XXXII. Le origini della filosofia contemporanea in Italia, II: I Positivisti, Firenze 1957, 40
146 vgl. Marco Agosti e Vittorio Chizzolini, aaO, 80
147 126, p. VIII
148 126, 9
149 ebda.
150 281, 26
151 111, 6: „s'inizia un'epoca di redenzione e di solidarietà, nella quale la fratellanza umana non avrà più limiti."
152 Zum Stand der damaligen anthropometrischen Forschung in Italien und zum Einfluß Quételets vgl. auch:
Antropometria, in: Enciclopedia Italiana, vol. III, Milano 1929, 597–601;

dort heißt es: „Per quanto si riferisce ai caratteri quantitativi, il tema centrale dell'antropometria è nella dottrina queteletiana dell'„uomo medio“.“ (p. 597)

153 1192, 7: „Lo scopo, dunque, che l'Antropologia pedagogica deve proporsi, è, per la Montessori, la conoscenza dell'uomo normale, per poterlo condurre sapientemente verso quel perfezionamento biologico e morale a cui è collegato il progresso dell'umanità.“

154 Handwörterbuch der Sozialwissenschaften. 8. Band, Göttingen 1964, 661

155 126, 454
111, 393: „l'uomo a sviluppo perfetto.“

156 126, 462

157 126, 463; 111, 400 f.

158 126, 464; 111, 402: „...al vero nella normalità, che è trionfo della vita.“

159 126, 476; 111, 411: „Gli uomini medî incarnano dunque il bello, il vero e il bene.“

160 126, 477; 111, 412: „... trionfo dello svolgimento della vita.“

161 4699, 65

162 4699, 67

163 403, 20

164 126, 158

165 120, 9

166 2082, 187: „Ho detto problema terapeutico, poichè effettivamente il suo sistema educativo è terapia.“

167 803, 2

168 zitiert nach 40, 2. Bd., 136

169 Francesco Fulci: Kirche, Staat und Schule in Italien, in: Das freie Wort, 8 (1908) 61–65

170 56, 27

171 Ludo M. Hartmann: Hundert Jahre italienischer Geschichte 1815–1915, München 1916, 51 f.

172 Kurt Guggenheim: Sandkorn für Sandkorn. Die Begegnung mit J.-H. Fabre, Zürich 1959, 168

173 Adolf Portmann: Nachwort zu J.-H. Fabre, Das offenbare Geheimnis, Zürich 1961, 311

174 vgl. W. Leibbrand und A. Wettley: Der Wahnsinn. Geschichte der abendländischen Psychopathologie, Freiburg-München 1961, 524 f.

175 1366 b, 100; diese Aussagen bestätigte Herr Montessori auch in den Gesprächen mit mir.

176 126, 142

177 449, 4

178 Als besonderer Förderer des Herbartianismus in Italien ist vor allem Luigi Credaro zu nennen.

179 vgl. dazu 162, 51 f.

180 Friedrich Schneider: Geltung und Einfluß der deutschen Pädagogik im Ausland, München-Berlin 1943, 126

181 Jo Voß: Geschichte der Berliner Fröbelbewegung, Weimar 1937, 27

182 vgl. 12, 301

183 siehe: 59

184 806

185 4457, 69

186 4457, 70

187 273, 36
188 1195, 1
189 4589, 5
190 281, 36
191 691, 1
192 160, 12
193 Aus dieser polemischen Äußerung ist freilich auch Montessoris Ablehnung gegenüber der idealistischen Pädagogik der Gentile-Schule in Italien herauszuhören.
194 291, 8
195 81, 149; vgl. auch: Alex Aronson: Tagore's Educational Ideals, in: Intern. Zs. f. Erziehungswiss., 7 (1961) 385–390
196 1120, 21
197 Zum Problem Montessori und Freud vgl.: 1199, 107–109
198 J. C. Flugel, aaO, 230
199 siehe: 54
200 253 (^{3}1965) 10 f.
201 2362, 85
202 Der Begriff des Trugbildes wird hier aufgenommen, um auf den Zusammenhang mit der aufklärerischen Idola-Lehre hinzuweisen.
203 900, 18
204 Auguste Comte: Die Soziologie. Die positive Philosophie im Auszug, Leipzig 1933,79
205 111, 407
206 1192, 7
207 126, 462
208 126, 476; 111, 411
209 „l'uomo che è creato dall'uomo."
210 126, 477; 111, 412: „trionfo dello svolgimento della vita libero e pacifico."

Kapitel D

1 126, 24
2 120, 99
3 155, 51
4 523, 250
5 488, 8
6 273, 54
7 911 b, 1. Vortr., 7
8 258 (^{4}1963) 6
9 258 (^{4}1963) 8
10 260, 2
11 281, 29
12 1143 (^{2}1963) 11
13 629, 6 f.
14 281, 16
15 ebda.
16 ebda.

17 244, 154 f. – Die im folgenden Abschnitt zu behandelnde Frage der anthropologischen Grundposition Montessoris ist bei Fischer-Buck breit erörtert, allerdings mit der Gefahr einseitiger Zuspitzung. Vgl. 1040

18 662, 3:
„Un individuo è sostanzialmente determinato nella sua personalità, fino dal concepimento di quella cellula ovo invisibile, microscopica, ma che contiene tutto l'individuo."

19 ebda.

20 126, 341

21 126, 255

22 120, 99 f.

23 120, 100

24 162, 74 f.

25 151, 77

26 165, 7

27 195 (1950) 64

28 244, 30

29 244, 31

30 244, 55 f.; Der Bedeutung dieser Stelle wegen sei hier der italienische Originaltext beigefügt: „Infatti se il bambino porta in se la chiave del suo proprio enigma individuale, se ha un disegno psichico e delle direttive di sviluppo, esse debbono essere potenziali ed estremamente delicate nei tentativi di realizzazione. E allora l'intervento intempestivo dell'individuo adulto, volitivo ed esaltato dal suo illusorio potere, può cancellare quei disegni o deviarne le occulte realizzazioni." (240, [6]1957, 47)

31 326, 269

33 214 ([4]1964) 3

34 ebda., 4

35 911 b, 1. V., 36

36 ebda.

37 651, 1

38 ebda.

39 258 ([4]1963) 4

40 912, 1

41 Martinus J. Langeveld: Studien zur Anthropologie des Kindes, Tübingen 1956, 123

42 vgl. Andreas Flitner (Hrsg.): Wege zur pädagogischen Anthropologie, Heidelberg 1963, 220 f.

43 900, passim

44 60, 79

45 Erich Rothacker: Philosophische Anthropologie, Bonn 1964, 19 f.

46 Max Scheler: Die Stellung des Menschen im Kosmos, Bern [6]1962, 44

47 Arnold Gehlen: Anthropologische Forschung, Hamburg (rde) 1961, 15

48 43, 95

49 126, 151
Der italienische Originaltext dieser Stelle lautet: „Ci si potrebbe domandare: perchè si cresce? Noi nascondiamo il meccanismo della crescenza sotto indicazioni molto vaghe; la finalità biologica, l'evoluzione ontogenetica, l'eredità. Ma a ben riflettere, tali indicazioni non sono molto dissimili da quelle che esse hanno sostituito: l'idea divina, la creazione.

Una spiegazione causale, cioè, manca. Ma la scienza positiva rifugge dallo smarrirsi nelle ricerche delle cause prime, nel qual caso diventerebbe filosofia metafisica. Essa tuttavia può spingere l'indagine sua nella ricerca delle genesi dei fenomeni, ogni qual volta l'esperimento le permetta di progredire." (111, 127)

50 126, 27

51 291, 6

52 ebda. 21

53 335, 36: „... queste forze meravigliose,"

54 911 b, 33. V., 252

55 266, 96

56 521, 39 (Hervorhebung von mir)

57 A. Hübbe-Schleiden: Karma, Berlin 1899, 3

58 Helena Petrowna Blavatzky: Der Schlüssel zur Theosophie, Leipzig 1907, 36. Wenn es auch eine Reihe von Berührungspunkten zwischen Montessori und der Theosophie gibt, so findet sich bei ihr auf den für die Theosophie so zentralen Gedanken des Karma kein unmittelbarer Bezug.

59 Franz Pöggeler: Katholische Erziehung und Schulreform im 20. Jahrhundert, in: Franz Pöggeler (Hrsg.), Das Wagnis der Schule, Freiburg 1963, 91

60 Franz Pöggeler, aaO, 95

61 Erwin Hegel: Vom Rettungshaus zum Kinderdorf, München 1968, 56

62 William Boyd and Wyatt Rawson: The Story of the New Education, London 1965, 67

63 ebda.

64 88, 149

65 W. Boyd and W. Rawson, aaO, 65

66 ebda., 65 f.

66a Auch Helene Helming hat darauf hingewiesen, daß sich Montessoris Beschäftigung mit religionspädagogischen Fragen auf eine Periode „in den mittleren Jahren ihrer pädagogischen Tätigkeit" beschränkt. Vgl. 3672, 109

67 266, 16 (Hervorhebung von mir)

68 1366 a, 110

69 221 ([4]1966) 358 (Hervorhebung von mir);
vgl. 239 ([5]1957) 319: „Fu a Barcelona ..., che vennero poste le prime basi dell'educazione religiosa secondo il mio metodo."

70 266, 19

71 5078 b, 153

72 221, 365

73 4484, 12

74 498, 72: „... siamo convinti che il bambino rappresenta l'umana natura pura e non deformata."

75 4197, 7

75a Hier kann beispielsweise auf die italienischen Begriffe incarnazione und rivelazione hingewiesen werden. Es würde m.E. dem italienischen Originaltext voll entsprechen und darüber hinaus die Gefahr theologischer Mißverständnisse vermeiden helfen, wenn man in der deutschen Übersetzung statt der Begriffe „Inkarnation" und „Offenbarung" die Wörter „Verkörperung" und „Enthüllung" verwendete.

76 Franz Pöggeler, aaO, 111

77 1186

78 2064, 446

79 2136, 326
80 4815
81 83, 151 ff.
82 Romano Guardini: Liturgische Bildung, Rothenfels 1923, 11
83 vgl. Linus Bopp: Liturgische Erziehung, Freiburg 1929, 45
84 165, 19
85 103 b, 551
86 686, 3: „Questo metodo, fondato su molti anni di pratica fatta da un medico alienista, è quanto di più scientifico ci sia oggi nella pedagogia."
87 686, 4
88 3898, 99: „Si può affermare che la vita morale, nella concezione montessoriana perde ogni carattere drammatico. Essa è il risultato dell'armonia fra la vita individuale e l'ambiente."
89 103 c, 424 f.
90 103 c, 425 f.
91 103 c, 431
92 ebda.
93 120, 205 ff.
94 120, 203 und 210
95 120, 208
96 686, 4
97 1192, passim
98 165, 68 f.
99 120, 209
100 120, 209 f.
101 165, 68
102 165, 66
103 165, 70
104 165, 71
105 ebda.
106 165, 73
107 311, 6
108 162, 73
109 ebda.
110 ebda.
112 213 ([5]1965) 21
113 ebda. (Hervorhebung von mir)
114 244, 72
115 162, 72
116 162, 75
117 414, 66
118 414, 71
119 vgl. 162, 86; 291, 17
120 162, 78
121 151, 15
122 1315, 203
123 738, 99
124 185, p. V: „... una palestra de gimnasia mental."
125 185; 186

126 162, 81 (Hervorhebung von mir)
127 151, 41
128 165, 27
129 349, 48
130 165, 18
131 ebda.
132 162, 218
133 521, 42
134 651, 1
135 652, 73
136 645, 8
137 731, 3
138 151, 113
139 255, 33
140 Uittreksel van de lezing gehouden door Dr. Maria Montessori op 11 April 1950, in: 913, I–1
141 244, 155
142 323, 26
143 217 (^{4}1963) 61
144 281, 45
145 281, 71
146 541, 8:
„El niño como personalidad humana, viviente, y como miembro social, no ha sido aún tenido en cuenta."
147 249, 48
148 349, 12
149 219, 1
150 244, 268
151 vgl. 260, 127
152 155, 55
153 498, 74
154 ebda.
155 162, 35; 606, 7
156 911 b, 26. V., 202
157 422
158 332 (^{2}1953) 52
159 722, 4
160 698, 3
161 258 (^{4}1963) 7
162 498, 73
163 ebda.
164 244 (^{7}1964), 134
165 487, 5
166 155, 57
167 165, 3
168 323, 27
169 507, 14 f.
170 349, 11
171 244, 255

172 609, 11
173 249, 23
174 249, 24
175 667, 3
176 477,5
177 235, 74 f.
178 477,5
179 291, 10
180 323, 27
181 214 (^{4}1964), 2
182 667, 4
183 266, 226
184 701, 21
185 812, 712
186 507, 17
187 165, 29
188 911 b, 21. V., 167
189 462, 222
190 151, 4 f.
191 244, 265
192 565, 26
193 479, 146
194 249, 24
195 474, 8
196 249, 24
197 565, 26
198 214 (^{4}1964), 3
199 320, 358
200 349, 12
201 155, 56
202 504, 163
203 321, 111
204 249, 52
205 213 (^{5}1965), 14
206 282, 99
207 ebda.
208 287, 9
209 221 (^{4}1966), 85
210 120, 99
211 ebda.
212 240 (^{6}1957) 18: „un disegno prestabilito."
213 244, 29
214 244, 30
215 240 (^{6}1957), 20
216 Mit dem Begriff des „Psychischen" meint Montessori alle „Merkmale, die nicht im vegetativen Ablauf körperlicher Vorgänge bestehen." (244, 50)
217 244, 54
218 4762, 36
219 474, 11

220 ebda.
221 453, 8 f.
222 475, 19
223 162, 167
224 521, 42
225 219, 10 f.
226 3428, 1
227 811
228 244, 61
229 273, 56
230 518, 152: „... il capolavoro della natura creatrice."
231 563, 83
232 911 b, 9. V., 67
233 911 b, 3. V., 19
234 1315, 132 f.
235 273, 56
236 Heinz Remplein: Die seelische Entwicklung des Menschen im Kindes- und Jugendalter, München [10]1962, 31
237 Rolf Oerter: Moderne Entwicklungspsychologie, Donauwörth 1967, 32 f.
238 ebda., 31 f.
239 Alfred Petzelt: Kindheit-Jugend-Reifezeit, Freiburg [4]1962, 18
240 Wilhelm Flitner: Allgemeine Pädagogik, Stuttgart [10]1965, 31
241 Max Frischeisen-Köhler: Philosophie und Pädagogik, Weinheim [2]1962, 23
242 Marian Heitger: Staat und Kirche im Problem der Bildung, Freiburg 1956, 114
243 539, 1 f.
244 4197, 6
245 1230, 9
246 911 b, 7. V., 52 f.
247 911 b, 7. V., 53
248 911 b, 13. V., 106
249 217 ([5]1965), 42
250 911 b, 16. V., 123 f.
251 694, 3
252 255, 34
253 318, 138
254 244, 155
255 911 b, 9. V., 68
256 320, 335
257 462, 222
258 422, 18
259 451, 118
260 1117, 237 f.
261 217 ([4]1963), 86
262 120, 343
263 4688, 391
264 171
265 260, 4
266 475, 25
267 144 ([2]1921) 127: „Attendere, osservando. Questo è il metodo per l'educatore."

268 249, 79
269 217 (^{4}1963), 89
270 446, 25
271 281, 55
272 vgl. Alfons Otto Schorb: Erzogenes Ich – erziehendes Du, Stuttgart 1958, 74
273 Karl Löwith: Das Individuum in der Rolle des Mitmenschen, München 1928, 55 und 76 ff.
274 Karl Jaspers: Philosophie. Bd. II, Berlin ^{3}1956, 58
275 29, 2
276 ebda.
277 ebda., 111
278 Martin Buber: Dialogisches Leben, Zürich 1947; auch 6
279 Martin Buber, aaO, 144
280 4202; 4203
281 335, 32
282 120, 346
283 4803, 5
284 722, 5
285 3283, 10
286 219, 31
287 317, 109
288 244, 129
289 vgl. 1315, 197
290 219, 31
291 1315, 166
292 501, 323
293 249, 54
294 911 b, 10. V., 77
295 282, 127
296 249, 65; 162, 108 und 111
297 281, 82
298 217 (^{4}1963), 20
299 651, 1
300 249, 69
301 244, 193
302 651, 1
303 911 b, 17. V., 136
303a 911 b, 5. V., 37
304 217 (^{4}1963), 81
305 739, 18
306 911 b, 31. V., 231
307 911 b, 18. V., 140
308 In einer unveröffentlichten Vorlesungsnachschrift Montessoris heißt es: ‚If you bring the mind back to what nature asks him to do, then comes normalisation."
309 281, 49
310 162, 72
311 165, 11
312 214 (^{4}1964), 2
313 244, 267

314 498, 72
315 665, 4
316 258 ([3]1961), 2
317 244 ([7]1964), 9
318 222 ([3]1961), 120
319 227 ([4]1964), 41
320 167, 160
321 266, 96
322 244 ([7]1964), 303
323 403, 23
324 126, 258
325 126, 259
326 349, 36
327 282, 127
328 165, 13
329 332 ([2]1953), 82
330 249, 49
331 617, 568
332 311, 6 f.
333 258 ([3]1961), 91
334 ebda.
335 716, 178
336 465, 571

Kapitel E

1 vgl. Hugo Gaudig, Das Grundprinzip der freien geistigen Arbeit, in: Hugo Gaudig (Hrsg.): Freie geistige Schularbeit in Theorie und Praxis, Breslau 1922, 33
2 vgl. 590
3 Ellen Key: Das Jahrhundert des Kindes, in: Theo Dietrich (Hrsg.): Die pädagogische Bewegung „Vom Kinde aus", Bad Heilbrunn [2]1967, 5
4 Ludwig Gurlitt: Erziehungslehre, Berlin 1909, 65
5 ebda., 67
6 Ellen Key: Das Jahrhundert des Kindes, Berlin [2]1902, 111
7 281, 52
8 Berthold Otto: Ausgewählte pädagogische Schriften. Besorgt von Karl Kreitmeier, Paderborn 1963, 122.Zur Frage Montessori und Berthold Otto und zum Verständnis Montessoris innerhalb des größeren Rahmens der Reformpädagogik vgl. 62, 259 ff.
9 Berthold Otto: Gesamtunterricht, in: Erste Flugschrift des Berthold-Otto-Vereins e. V., Berlin o. J. (1913) 5 f.
10 Berthold Otto: Ratschläge für häuslichen Unterricht, Leipzig [3]1908, 72
11 vgl. Friedrich Schleiermacher: Pädagogische Schriften, hrsg. v. Erich Weniger. Bd. 1, Düsseldorf-München 1957, 34
12 3025, 20
13 Otto Eberhard: Welterziehungsbewegung. Kräfte und Gegenkräfte in der Völkerpädagogik, Berlin 1930, 51
14 120 (1913) 14
15 Martinus J. Langeveld: Einführung in die theoretische Pädagogik, Stuttgart [5]1965, 173

LITERATURVERZEICHNIS

Vorbemerkungen

Eine Montessori-Bibliographie steht vor der immensen Schwierigkeit, eine Fülle von Material zusammentragen zu müssen, das über die ganze Welt verstreut ist. Nur ein kleiner Teil dieses Materials ist in allgemeinen Bibliographien und in pädagogischen Fach-Bibliographien erfaßt.

Bei einer ganzen Reihe von Monographien handelt es sich um Editionen, die von der internationalen oder von nationalen Montessori-Gesellschaften besorgt und vertrieben wurden. Eine sehr große Zahl von Aufsätzen findet sich in den zahlreichen Montessori-Zeitschriften, die entweder von Montessori selbst oder von Montessori-Gesellschaften, Montessori-Arbeitskreisen und Montessori-Stiftungen herausgegeben wurden und heute zum Teil nur noch sehr schwer zugänglich sind. Eine vollständige Sammlung dieser Montessori-Zeitschriften existiert nicht. Auch das Archiv der Association Montessori Internationale ist sehr lückenhaft.

Es liegen bisher folgende bibliographischen Arbeiten zur Montessori-Pädagogik vor:

1. Montessori-Bibliography. Books and Articles Published up to April 1913, in: McClure's Magazine, vol. 41 (July, 1913) 170
2. Literaturverzeichnis, in: Hilde Hecker und Martha Muchow: Friedrich Fröbel und Maria Montessori, Leipzig 1927, 189–198
3. Die Montessori-Pädagogik, in: Die erziehungswissenschaftliche Forschung. Pädagogische Gesamtbibliographie, Heft 17, Erfurt 1932, 3–5
4. Bibliografia (Montessori), in: Ernesto Codignola, Pedagogisti ed Educatori. Enciclopedia Biografica e Bibliografica „Italiana", Serie 38, Milano 1939, 300
5. Übersicht über Werke und Schriften Dr. Maria Montessoris, vorgelegt am 30. März 1954 von der Association Montessori Internationale, in: Maria Montessori, Das Kind in der Familie und andere Vorträge, Stuttgart 1954, 90–92
6. Bibliographie der Montessori-Pädagogik, in: Günter Schulz, Der Streit um Montessori, Freiburg i. Br. 1961, 240–323
7. Dr. Maria Montessori and the Montessori Movement. A General Bibliography of Materials in the English Language, 1909–1961. Compiled by Gilbert E. Donahue, in: Nancy McCormick Rambusch, Learning How To Learn, Baltimore-Dublin 1962, 139–175
8. Massimo Grazzini: Bibliografia Montessori, Brescia 1965. Appendice I: Opere e contributi di Maria Montessori non ancora tradotti in lingua italiana. Appendice II: Opere e contributi di Maria Montessori inediti.
9. Literaturverzeichnis. Beilage zur Zeitschrift für Montessori-Pädagogik, in: Das Kind. Beilage, 1966, Nr. 1
10. Le opere principali di Maria Montessori ed alcune traduzioni dei suoi libri, in: Comitato Italiano dell'OMEP (a cura di Marziola Pignatari), Maria Montessori cittadina del mondo, Roma 1967, 293–298
11. Alcune opere di critica sulla Montessori, in: ebda., 299–305.

Zur allgemeinen Charakterisierung dieser Arbeiten läßt sich im einzelnen kurz sagen:

Die Nr. 1 war nicht greifbar; das dort genannte Material dürfte in Nr. 7 enthalten sein. Die Nr. 2 erfaßt 223 Titel zur Pädagogik Fröbels und Montessoris und insbesondere zum Montessori-Fröbel-Streit. Viele Angaben sind unvollständig, mehrere ungenau. Die Nr. 3 bringt vor allem Zeitschriftenaufsätze; ein Großteil der Anführungen ist unvollständig. Die bibliographischen Angaben Codignolas (Nr. 4) erfassen eine kleine Auswahl italienischer und französischer Primär- und Sekundärliteratur. Die Nr. 5 nennt 39 Titel in- und ausländischer Primärliteratur; die Angaben sind nicht in allen Fällen vollständig. Die bisher umfassendste und genaueste Bibliographie hat Schulz (Nr. 6) 1961 vorgelegt. Der erste Teil seiner verdienstvollen Arbeit enthält 209 Titel Primärliteratur und ist nach Sprachen gegliedert; der zweite Teil führt 1382 Titel Sekundärliteratur in alphabetischer Reihenfolge nach Verfassern geordnet an. Donahues Bibliographie (Nr. 7) beschränkt sich auf englischsprachige Literatur und nennt 511 Nummern Primär- und Sekundärschriften (nicht voneinander getrennt). Die sehr gründliche und sorgfältige Bibliographie Grazzinis (Nr. 8) sammelt nur die italienische Primärliteratur und beschränkt sich auf Hinweise auf einige Übersetzungen und ausländische Editionen. Grazzini erfaßt 191 Titel, nennt (im Anhang I) 9 bisher nicht im Italienischen erschienene Werke und erwähnt (im Anhang II) 7 noch unveröffentlichte Schriften der Dottoressa. Das Literaturverzeichnis (Nr. 9) gibt eine unvollständige Zusammenstellung von 1965 im Buchhandel erhältlichen Büchern Montessoris und eine sehr kleine, von der AMI getroffene Auswahl aus der im Handel befindlichen Sekundärliteratur. Die Nrn. 10 und 11 liefern eine Auswahl an internationaler Primär- und Sekundärliteratur; die Angaben sind nicht immer zuverlässig.

Unsere Bibliographie geht über den Umfang der bisherigen Arbeiten ein großes Stück hinaus. Auch das spezielle Material Donahues und Grazzinis erwies sich als unvollständig und wurde entsprechend ergänzt.

Da die Erweiterung, die unsere Arbeit bringt, nicht unbeträchtlich ist, hätte ein bloßer Nachtrag zu den früheren Bibliographien nicht genügt. Außerdem erscheint es für die weitere Montessori-Forschung dienlicher, wenn das bibliographische Material an einer Stelle übersichtlich gesammelt ist.

Unsere Bibliographie macht sich selbstverständlich die obengenannten Arbeiten zunutze. Außerdem beruht sie auf einer gründlichen Auswertung der üblichen in- und ausländischen bibliographischen Hilfsmittel. Eine sehr wertvolle Ergänzung bedeutete die Einbeziehung des Archivs der Association Montessori Internationale in Amsterdam.

Im Verlauf der ganzen Arbeit war das Prinzip der Autopsie maßgebend. Da die Bibliographie hier zugleich als Literaturverzeichnis für den Textteil steht, wurden die dafür berücksichtigten Titel mit einem * gekennzeichnet.

Die Vollständigkeit unseres Materials dürfte bei den Monographien am größten sein. Hinsichtlich der Zeitschriftenaufsätze gelten die obengenannten Bedenken. Bei den Abschnitten und Kapiteln aus allgemeiner pädagogischer Literatur kann es sich naturgemäß nur um eine Auswahl handeln. Die Sammlung der Zeitungsartikel von Montessori dürfte sehr lückenhaft sein. Bei der Sekundärliteratur wurden Beiträge in Zeitungen nicht aufgenommen.

Die Bibliographie ist folgendermaßen gegliedert:

I. Primärliteratur (chronologisch geordnet)
- 100–291 Monographien
- 300–349 Sammelschriften und Beiträge in Sammelschriften und Kongreßberichten

	400–739	Aufsätze in Zeitschriften
	800–816	Zeitungsartikel
	900–914	Ungedrucktes Material
II.	Sekundärliteratur (alphabetisch nach Verfassern)	
	1000–1364	Monographien
	2000–2418	Beiträge in Sammelschriften und Kongreßberichten sowie wichtige Kapitel und größere Abschnitte in allgemeiner pädagogischer Literatur
	3000–5070	Aufsätze in Zeitschriften
	1365–1366	Nachträge
	2419–2421	Nachträge
	5071–5083	Nachträge
III.	Andere benutzte Literatur	

Abkürzungen

AC	Around the Child. Annual Journal published by The Association of Montessorians. (Calcutta)
AMF	Association Montessori de France. (Paris)
AMI	Association Montessori Internationale. (Amsterdam)
AMSB	The American Montessori Society Bulletin. Published quarterly by the American Montessori Society. (New York)
Atti VIII	La Formazione dell'Uomo nella Ricostruzione mondiale. Atti dell'VIII Congresso Internazionale Montessori, presiduto da Maria Montessori, San Remo 22–29 agosto 1949, Roma 1950
Atti XI	Maria Montessori e il pensiero pedagogico contemporaneo. Atti dell'XI Congresso Internazionale Montessori, Roma 26–27–28 settembre 1957. A cura di Marziola Pignatari, Roma 1959
B	De Boeg. Maandblad van de Bond van Neutraal Bijzondere Scholen. (Groningen)
Bull	The Bulletin. Published by the Montessori Society in England and the Maria Montessori Training Organisation. (London)
Call	The Call of Education. Psycho-Pedagogical Journal. International Organ of the Montessori Movement, edited by Dr. Maria Montessori. (Amsterdam) /vol. 1, 1924; vol. 2, 1925; mehr nicht erschienen/
Comm und C	Communications of the Association Montessori Internationale. (Amsterdam)
Congres X	Xe Congrès Montessori International, Paris, 25–30 mai 1953. Conférences et Démonstrations.
Congres XIII	The Education of Man for a peaceful World Community. Congress Report of the XIIIth International Montessori Congress, Amsterdam-Holland, April 1–4, 1964, Amsterdam 1964
CH	Children's House. A Magazin Devoted to the Child and his Education at Home and in School. (Cincinatti, Ohio)
Dia	Dialogue of the Montessori Teachers Association. (Santa Barbara, California)
DMG	Mitteilungen der Deutschen Montessori-Gesellschaft. (Frankfurt)
DWZ	Das werdende Zeitalter. Zweimonatsschrift des internationalen Arbeitskreises für Erneuerung der Erziehung.

IM	L'Idea Montessori. Organo della Opera Nazionale Montessori. Presidente Onorario: S. Ecc. l'Onorabile Benito Mussolini. (Milano) /a. 1, n. 1 (maggio 1927) – a. 2, n. 11 (agosto 1929)/
Kg	Kindergarten. (Weimar; später wechselnd)
Kh	Kinderheim. Zeitschrift für Kleinkindererziehung. (München)
MB	Montessori. Revista mensual ilustrada. Organo de la Sociedad Montessori. (Barcelona)
MD	Montessori. Blätter der Internationalen Montessori-Gesellschaft. Herausgegeben von Maria Montessori. Deutsche Ausgabe, hrsg. v. Verein Montessori-Pädagogik Deutschlands e. V., Deutsche Landesgruppe der internationalen Montessori-Gesellschaft, Berlin. (Stuttgart) /Erstes Heft 1932 und Zweites Heft 1932; mehr nicht erschienen./
MF	Montessori. Rivista Bimestrale dell'Opera Montessori. (Firenze)
MM	The Montessori Magazine. (Delhi)
MN	Montessori Notes. Official Organ of the Montessori Society. (Holborn)
MO	Montessori Opvoeding. Tevens orgaan der nederlandsche Montessori Vereeniging. (Amsterdam)
MR	Montessori. Pubblicazione mensile dell'Ente morale Opera Montessori. (Roma)
MW	Montessori-Werkbrief der Montessori-Vereinigung für Katholische Erziehung e. V., Aachen. (Köln)
NYT	New York Times. (New York)
OMEP	Comitato Italiano dell'OMEP. Maria Montessori cittadina del mondo, a cura di Marziola Pignatari, Roma 1967
OMF oder OM	Opera Montessori. Bolletino Bimestrale. (Firenze)
SO	Sophos. A Montessori Quarterly. Published by the Friends of Montessori. (Santa Monica, California)
TES	Times Educational Supplement. (London)
VdI	Vita dell'Infanzia. Rivista mensile dell'Opera Montessori. (Roma)
Vern.	Vernieuwing van opvoeding en onderwijs. (Purmerend)

Folgen mehrere Titel eines Verfassers aufeinander, dann steht sein voller Name nur bei der ersten Nummer, während bei den anderen Titeln jeweils nur der Nachname, bei Doppelnamen häufig nur der erste Teil des Namens, wiederholt wird. Das ist besonders zu beachten, wo verschiedene Verfasser mit gleichem Familiennamen nacheinander erscheinen. Man ermittelt in diesem Fall den Vornamen, indem man in der Titelfolge bis zur letzten vollständigen Namensangabe zurückgeht.

I. Primärliteratur

100* Montesano G. e Maria Montessori: Ricerche batteriologiche sul Liquido Cefalo-Rachidiano dei dementi paralitici. (Estratto dalla „Rivista quindicinale di Psicologia, Psichiatria, Neuropatologia", fasc. 15, 1º dicembre 1897), Roma 1897

101 Sulle cosidette allucinazioni antagonistiche, Roma 1897; n. v.

102 La quistione femminile e il Congresso di Londra, Roma 1899; n. v.

103 a Riassunto delle lezioni di didattica della prof.ssa Montessori, anno 1900, in dispense. Date in Roma nella Scuola Magistrale Ortofrenica, Roma (Laboratorio Litografico romano) 1900; =

b* Riassunto delle lezioni di didattica date in Roma nella Scuola Magistrale Ortofrenica l'anno 1900, in: Maria Montessori, L'autoeducazione nelle scuole elementari, Roma 1916, 551–579; 21940, 551–579; edizione storica, Milano 1962, 639–675; =

c* Summary of the lectures on pedagogy delivered in Rome at the Scuola Magistrale Ortofrenica in 1900, in: Maria Montessori, The Advanced Montessori Method. The Montessori Elementary Material, Cambridge, Mass. 1965, 423–464

104 L'antropologia pedagogica. Conferenza tenuta agli studenti di filosofia nella 'Università di Roma. (Dedicata all'onorevole Luigi Credaro, professore di pedagogia nell'Università di Roma), Milano 1903; n. v. [1])

105 La teoria lombrosiana e l'educazione morale, Roma 1903, (6 S.); n. v.

106 Caratteri fisici delle gióvani donne del Lazio, Roma 1905; n. v.

107* La Casa dei Bambini dell'Istituto Romano dei Beni Stabili. Conferenza tenuta il 7 aprile 1907, Roma o. J. (1907)

108 La morale sessuale nell'educazione, Roma 1908; vgl. 112

109* Corso di Pedagogia scientifica. Appunti e note sulle lezioni della D.ssa Maria Montessori, Docente nell'Università di Roma. (= Biblioteca della „Nuova Juventus" 5), Città di Castello 1909

110* Il metodo della pedagogia scientifica applicato all'educazione infantile nelle case dei bambini, Città di Castello 1909;
113, 114, 115, 116, 117, 118, 120, 121, 122, 123, 128, 133, 136, 139, 141, 152, 156, 158, 160, 188, 237, 239, 247, 277, 279, 286

111* Antropologia pedagogica, Milano o. J. (1910);119, 126, 142

112 La morale sessuale nell'educazione, in: Maria Montessori e Federico Foerster, La morale sessuale nell'educazione. Tra madre e figlio. (Quaderni di „Vita" Nr. 8), Roma 1911, 3–11

---

1) Laut Auskunft des Centro Nazionale di Informazioni Bibliografiche presso la Biblioteca Nazionale Centrale Vittorio Emanuele II in Rom ist dieser Vortrag in den Band „Antropologia pedagogica", Milano 1910, eingegangen.

113 Les Case dei Bambini. La méthode de la pédagogie scientifique appliquée à l'éducation des tout petits. Traduction abrégée, avec l'autorisation de l'auteur par H. Gailloud. Preface de Pierre Bovet. (Collection d'actualités pédagogiques), Neuchâtel-Paris 1912; vgl. 110

114* The Montessori Method. Scientific Pedagogy as Applied to Child Education in the „Children's Houses". Translated from the Italian by Anne E. George, London 1912; 2nd revised edition 1919; 3rd revised edition 1930;
110, 267, 268

115 The Montessori Method. Scientific Pedagogy as Applied to Child Education in the Children's Houses. Translated from the Italian by Anne E. George, New York 1912;
110, 114, 267, 268

116 Dom rebenka. Metod naučnoj pedagogiki. /Aus dem Italienischen übersetzt von S. G. Zamojskij; ergänzt nach der englischen und der amerikanischen Ausgabe. Mit einer Einleitung von Henry Holmes/, Moskau 1913;
110, 139

117 Domy dziecięce. Metoda pedagogji naukowej stosowana w wychowaniu najmtodszych dzieci. Naklad Henryka Lindenfelda, Warszawa 1913;
110

118* Il metodo della pedagogia scientifica applicato all'educazione infantile nelle case dei bambini. Seconda edizione accresciuta ed ampliata, Roma 1913;
110, 160

119 Pedagogical Anthropology. Translated from the Italian by Frederic Taber Cooper, New York 1913;
111, 126, 142

120* Selbsttätige Erziehung im frühen Kindesalter. Nach den Grundsätzen der wissenschaftlichen Pädagogik methodisch dargelegt von Dr. Maria Montessori, Deutsche Übertragung von Otto Knapp, Stuttgart 1913, ^{2}1928;
110

121 Metoda Pedagogiei ştienţifice applicată la educatia copilor mici, Jaşi 1914;

122 El metodo de la Pedagogía Científica, aplicado a la educación de la infancia en las „Case dei Bambini". Traducción castellana de Juan Palau Vera, Barcelona 1914; ^{2}1928, ^{3}1937;
110

123 Montessori kyoikuho to sono-oyo, Tokyo 1914;
110

124* Dr. Maria Montessori s Own Handbook, New York 1914;
125, 127, 140, 144, 151, 157, 163, 165, 170, 180, 269, 275, 276

125 Dr. Montessori's Own Handbook, London 1914; ^{2}1915, ^{3}1919, ^{4}1920, ^{5}1926, ^{6}1929;
124, 127

126* Pedagogical Anthropology. Translated from the Italian by Frederic Taber Cooper, London 1914;
111, 119, 142

127 Manual Práctico del Método Montessori. /Übersetzt aus dem Englischen; Einleitung von Leonor Serrano/, Barcelona 1915; 2. Aufl. o. J., ^{3}1939;
124; 125

129 The Mother and the Child, New York (National Montessori Promotion Fund) 1915;
= 413

130 My System of Education, New York (National Montessori Promotion Fund) 1915;
= 414

131 Organization of Intellectual Work in School, New York (National Montessori Promotion Fund) 1915;
= 415

132* L'Autoeducazione nelle scuole elementari. Continuazione del Volume: Il Metodo della Pedagogia scientifica applicato all'educazione infantile nelle Case dei Bambini, Roma 1916, ^{2}1940;
135, 137, 143, 145, 153, 154, 162, 261, 264, 271, 272, 278

133* De Methode Montessori. Zelfopvoeding van het jonge kind. Uit het italiaansch vertaald door T. Bruyn met inleiding van O. Herderschêe, Zwolle 1916, ^{2}1919, Zeist ^{3}1921, Amsterdam ^{4}1926;
110, 188, 237

134 Rukovodstvo k moemu metodu, Moskau 1916

135* The Advanced Montessori Method. I. Spontaneous Activity in Education. Translated from the Italian by Florence Simmonds. - II. The Montessori Elementary Material. Translated from the Italian by Arthur Livingston, New York 1917;
132, 137, 264, 271, 272, 278

136 Montessori Metoden. Videnskabelig Paedagogik, som anvendes for Börn i Montessori-Skolerne. Aut. Udgave for Danmark og Norge; med Forord af Edv. Lehmann, København 1917;
110

137 The Advanced Montessori Method. Scientific pedagogy as applied to the education of children from seven to eleven years.
I. Spontaneous Activity in Education. Translated from the Italian by Florence Simmonds and Lily Hutchinson. II. The Montessori Elementary Material. Translated from the Italian by Arthur Livingston, London 1918, ^{2}1919, ^{3}1928;
132, 135, 264, 271, 272, 278

138 Cuaderno de dibujo, Barcelona 1918[1])

139 Metod naučnoj pedagogiki, primenjaemyj k detskomu vospitaniju v domach rebenka, Moskau 1918. (= 3. Auflage von 116);
siehe 110, 116; = 118

140* Haandbog i Montessori-Methoden. Aut. Oversaettelse af C. A. Bang, København 1919;
124,182

141 Méthode Dr. Maria Montessori. Pédagogie scientifique. I. La maison des enfants. Préface de M. Paul Lapie. Traduccion de M. R. Cromwell, Paris 1919, ^{2}1921;
110, 152

---

1) nicht verifiziert; zitiert bei: R. Blanco y Sánchez, El Año pedagógico Hispanoamericano. I. Monografías pedagógicas crónica mundial de la enseñanza, Madrid 1920, 274

142 Antropología pedagógica. Traducción castellana de Juan Palau Vera, Barcelona 1921;
111, 119, 126

143 La Auto-Educación en la escuela elemental. Continuación al Método de la Pedagogía Científica. Traducción castellana de Juan Palau Vera, Barcelona o. J. (1921); 132
132

144* Manuale di pedagogia scientifica. Trad. dall'inglese. Prefazione di Arturo Labriola, Napoli 1921;
seconda edizione: Prefazione di Nazzareno Padellaro, Napoli o. J. (1930);
terza edizione: Prefazione di Nazzareno Padellaro, Napoli 1935;
124

145 Autoeducațiunae in Școlele elementare, Bucuresti o. J. (1922);
132

146* I bambini viventi nella chiesa. Note di educazione religiosa, Napoli 1922;
150

147 L'educazione religiosa e l'anima del fanciullo, Roma 1922; n. v.

148* Fantasien i Balnealderen. (Noget forkortet Gengivelse af en Artikel i „Times" 2. 11. 1915). Smaaskrift Nr. 5. Udsendt af Det danske Montessori Selskab, Odense 1922

149 Geometrija v élementarnoj škole. /Übersetzt aus dem Italienischen von Julie Fausek/, Petrograd 1922

150 De kinderen levende in de Kerk, Leuven 1922;
146

151* Mein Handbuch. Grundsätze und Anwendung meiner neuen Methode der Selbsterziehung der Kinder, Stuttgart 1922;
124, 165

152 Méthode Dr. Maria Montessori. Pédagogie scientifique. I. La Maison des enfants. - II. Education élémentaire. (2 parties en 1 volume), Paris 1922;
110; = 3e édition 141

153 Samoobučenie i samovospitanie v načal'noj škole, Moskau 1922;
132, 135, 137

154* Zelfopvoeding. I. Methode voor het lager onderwijs. Vertaald door A. J. van der Hoeven en L. Loopuyt-de Bruijn, Zeist 1922; Amsterdam 21932;
132, 169

155* Das Kind in der Familie, Wien (Selbstverlag der Montessori-Schule) 1923;
168, vgl. 189, 249

156 Montessori Paddhati, Bhavnagar 1923;
110

157 Het handboek van Dr. Maria Montessori. /Titel der späteren Auflagen: Het handboek der wetenschappelijke Pedagogie/. Vertaald door L. Loopuyt-de Bruijn, Amsterdam 1924, 51935;
124

158 O Methodo da Pedagogia Scientifica applicado á Educação Infantil nas „Casas dos Meninos", Bahía 1924;
110

159* Analyse und anderes, hrsg. im Auftrag der Montessori-Gesellschaft für Thüringen, Berlin 1926; vgl. 443

160* Il metodo della pedagogia scientifica applicato all'educazione infantile nelle case dei bambini. Terza edizione accresciuta ed ampliata, Roma o. J.

(1926); do. Roma 1935;
(110) 188, 221, 237, 239, 247, 277, 279, 284
161 The Montessori Didactic Apparatus, New York 1926; n. v.
162* Montessori-Erziehung für Schulkinder. I. Betätigungsdrang und Erziehung. Aus dem Italienischen übertragen von Ida Hohenemser, Stuttgart 1926;
132
163* Příručka vědecké pedagogiky. Vydal svaz čsl. učitelek škol mateřských. Přel. Božena Kožišková, Praha 1926; 124
124
164* Ideas generales sobre mi método. (Con un estudio preliminar de Lorenzo Luzuriaga), Madrid 1928;
223, vgl. 199
165* Mein Handbuch. Grundsätze und Anwendung meiner neuen Methode der Selbsterziehung der Kinder. Zweite, umgearbeitete Auflage, Stuttgart 1928;
124, 151
166 Child in the Church. Essays on the Religious Education of Children and the Training of Character, edited by E. M. Standing, St. Louis 1929;
167, 179, 273
167* The Child in the Church. Essays on the religious education of children and the training of character, edited by Mortimer Standing; with a chapter on the Montessori method. Preface by the Rev. W. Roche, London and Edinburgh 1929;
166, 179, 273
168* Das Kind in der Familie, Wien 1929;
(= Neudruck von 100 Exemplaren der Ausgabe von 1923), 155, 189, 24
169* Zelfopvoeding. II. Leermiddelen voor het onderwijs aan kinderen van 6–12 jaar. Vertaald door A. J. van der Hoeven en L. Loopuyt-de Bruijn, Amsterdam o. J. (1929); 21934;
132, 154
170 Módszerem Kézikönyve. Fordította Erzsébet Burchard-Bélaváry, Budapest 1930;
124
171* The Spiritual Preparation of the Teacher. (Reprinted from „The School Guardian" of Dec. 1930), Westminster (1930)
172 La Vita in Cristo (con annesso Calendario Liturgico 1932 e tavole illustrative a colori). Anno Liturgico, Roma 1931;
193, 235
173 Elöadásai az új nevelésröl. (Fordította Erzsébet Burchard-Bélavary), Budápest 1932
174 The Mass Explained to Children, London-New York 1932, 21934;
183, 194, 208, 233
175 La paix et l'éducation, Genève (Bureau international d'éducation) 1932;
176, 181, 184, 216, 227, 229, 230
176* Peace and Education, Gèneva (International Bureau of Education) 1932;
175, 181, 184, 216, 227, 229, 230
177* The Social Question of the Child. A Paper read to the English Branch of the International Montessori Society at the Twentieth Annual Conference of Educational Associations, held at University College London, January 1932. (A reprint from the Report of the Conference of Educational Associations), Edinburgh o. J. (1932); vgl. 325

178 Copilul pentru parinti și educatori. Traducere și prelucrare de Ilie Sulea Firu, Bucuresti 1933
179 Het Kind in de Kerk. /Aus dem Englischen übersetzt von Sr. Maura Blans; Vorwort von P. W. Roche S. J./, Hilversum 1933;
166, 167
180 Montessorie praveśika. Translated by Taraben Modak, Bhavnagar 1933;
124
181 La pace e l'educazione. (Estratto dalla „Rivista Pedagogica“ a. 26, 1933, fasc. 5), Tradotto dal francese di M. Bernabei, Milano 1933;
175, 176, 184, 216, 227, 229, 230, 232
182 Haandbog i Montessori-Metoden. Udg. af C. A. Bang. (Aut. Oversaettelse fra Italiensk af C. A. Bang). Ny revideret Udg. med Illustr., København 1934;
124, 140
183 Mass Explained to Boys and Girls. Adapted for Use in American Schools by Ellamay Horan, Chicago 1934;
174, 194, 208
184* Peace and Education, Holborn (The Montessori Society) 1934;
175, 176, 181
185* Psico Aritmética. La aritmética desarrollada con arreglo a las directrices señaladas por la psicología infantil, durante veinticinco años de experiencia, Barcelona 1934
186* Psico Geometría. El estudio de la geometría basado en la psicología infantil, Barcelona 1934
187* The Spiritual Regeneration of Man. (An address given to the Montessori Society at the Twenty-Second Annual Conference of Educational Associations, held at University College, London, January 1934). A Reprint from the Report of the Conference of Educational Associations, Edinburgh o. J. (1934);
vgl. 327
188 De methode der wetenschappelijke paedagogie. /= Neubearbeitung (5. Aufl.) von „De methode Montessori“/, Amsterdam 1935;
(110), 160, 188, 221, 237, 239, 247, 277, 279, 284
189* Il bambino in famiglia, Todi 1936;
vgl. 155, 168, 249
190* The Child's Place in Society. (Reprinted from the Twenty-Fourth Annual Conference of Educational Associations, 1936), Edinburgh o. J. (1936);
vgl. 328
191 L'enfant. Traduit de l'italien par Georgette J.-J. Bernard, Paris-Bruges 1936, ^{2}1936, ^{3}1936, ^{4}1938, ^{5}1942, ^{6}1947, ^{7}1947, ^{8}1948, ^{9}1953, ^{10}1956, ^{11}1959, ^{12}1963;
195, 196, 197, 202, 203, 205, 211, 212, 242, 265, 244
192 Les étapes de l'éducation, Paris-Bruges 1936
193 Leven in Christus. Vertaald door Sr. Maura Blans en Maria Vogelaar OSB, Hilversum 1936;
172, 235
194* La Santa Misa vivida por los Niños, Barcelona 1936, ^{2}1940, ^{3}1954;
174, 183
195* The Secret of Childhood. Translated and Edited by Barbara Barcley Carter, London-New York-Toronto 1936, 1941, 1945, 1950;
191, 196, 197, 202, 203, 205, 211, 212, 215, 240, 242, 244, 251, 256 257, 262, 265, 280

196 Het geheim van het kinderleven. Vertaald door C. Kuiper-de Jongh, Amsterdam 1937, ²1950, ³1953, ⁴1958;
191, 195, 197, 202, 203
197 El niño, Barcelona 1937;
191, 195, 196, 197, 202, 203
198* Opvoeding tot vrede. Redevoeringen uitgesproken op het Internationale Montessori Congres, Kopenhagen 1937. Vertaaling uit het italiaans door C. Stinga-Last, Amsterdam o. J. (1937);
201
199 Bendrieji mano metodo désniai. Montesori Metodo Knygynélis Nr. 3, Kaunas 1938;
vgl. 164, 223
200 Montesorinio aukéjimo sajudis. Kuo skiriasi Montesori metodas nuo kitu. Montesori Metodo Knygynėlis Nr. 2, Kaunas 1938
201 Opvoeding tot vrede. Vertaald uit het manuscript dat geen titel draagt, Laren 1938;
198
202 Il segreto dell'infanzia. Prefazione di Carlo Sganzini, Bellinzona 1938;
191, 195, 196, 197, 203, 205, 211, 212, 215, 240, 242, 244, 251, 256, 257, 262, 265, 280
203 Taina Copilariei. Traducere de Ilie Sulea Firu, Bucuresti 1938;
191, 195, 196, 197, 202
204* An Address delivered to The Association of Head Mistresses on May 12th, 1939 by Miss Phoebe Child on behalf of Dr. Maria Montessori, Holborn o. J. (1939); = 210
205 Barndomens Gåta. Översättning av Barbro Lindner, Stockholm 1939;
195, 202, 206
206 Barndommens Gaade. En Bog for alle foraeldre, laerere og opdragere. Oversat af Thora Constantin-Hansen. Forord af Karna Birk-Grönbech, Köbenhavn 1939, ⁶1963;
191, 195, 196, 197, 202, 203, 205, 240
207 God en het kind. /Nach der italienischen Handschrift Dio e il bambino bearbeitet von P. Paschasius OMCap., Dozent der Römisch-Katholischen Montessori-Ausbildung in Rotterdam/, Heemstede 1939
208 De Heilige Mis uitgelegd aan de Jeugd, Heemstede 1939; ²1946;
174, 183, 194
209 The Reform of Education During and After Adolescence, Amsterdam (Association Montessori Internationale) 1939
210* The Reform of Secondary Education. An Address delivered to the Association of Head Mistresses on May 12th, 1939 by Miss Phoebe Child on behalf of Dr. Maria Montessori, Holborn o. J. (1939);
= 204
211* The Secret of Childhood. Translated and Edited by Barbara Barcley Carter; Bombay, Calcutta, Madras 1939, 1950, 1959;
191, 195, 196, 197, 202, 203, 205, 212
212 Lapsen Salaisuus. Italiaan Kielastä suomentanut J. A. Hollo, Helsinki 1940, ³1950;
191, 195, 196, 197, 202, 203, 205, 212, 285
213* The Child. (Reprinted from „The Theosophist", December 1941), Adyar (The Theosophical Publishing House) 1941, ²1948, ³1961, ⁴1961, ⁵1965

214* Reconstruction in Education. (Reprinted from „The Theosophist“, February 1942), Adyar (The Theosophical Publishing House) 1942, ^{2}1948, ^{3}1961, ^{4}1964

215 A Criança. Trad. de Branca Rumina, Lisboa o. J. (1943);
191, 195, 202

216* Peace and Education, Adyar 1943, ^{2}1948, ^{3}1962;
175, 176, 181, 184

217* Education for a New World. (Arundale Montessori Training Centre, Adyar, Madras. Publication Series No. 1), Adyar-Madras 1946, ^{2}1948, ^{3}1959, ^{4}1963, ^{5}1965;
224, 246, 263

218* A New World and Education. Edited by A. Gnana Prakasam, Colombo o. J. (1947)

219* Child Training. Twelve Talks Broadcast from the Madras Station of All India Radio, June 1 – 12, 1948. Government of India. Publications Division, Ministry of Information and Broadcasting, Delhi 1948

220 De l'enfant à l'adolescent. Traduit de l'italien par Georgette J.-J. Bernard, Paris-Bruges 1948, ^{2}1954, ^{3}1960;
282

221* The Discovery of the Child. Revised and enlarged edition of „The Montessori Method“ (3rd edition). Translated by Mary A. Johnstone, Adyar 1948, 1958, 1962, 1966;
(110), 160, 284

222* To Educate the Human Potential, Adyar 1948, ^{2}1956, ^{3}1961

223* Ideas generales sobre mi metodo. Ed. Lorenzo Luzuriaga, Buenos Aires 1948, ^{2}1958;
164, vgl. 199

224 Navya Jagasathon Shikshan, Kolhapur 1948;
217, 246, 263

225* What You Should Know About Your Child. Interpreted and Edited by Antony Gnana Prakasam, Colombo 1948;
260

226 The Absorbent Mind, Adyar-Madras (The Theosophical Publishing House) 1949;
241, 245, 258, 259, 270, 283

227* Educazione e pace, Milano 1949, ^{2}1951, ^{3}1953, ^{4}1964;
vgl.: 175, 176, 181, 186, 216, 227, 229

228* Formazione dell'uomo. (Pregiudizi e nebule. Analfabetismo mondiale), Milano 1949, ^{2}1949, ^{3}1950, ^{4}1953, ^{5}1955;
252, 253, 281

229 Fred og Opdragelse, Roma 1949;
175, 176, 181, 184, 216, 227, 230, 231, 232

230 La pace e l'educazione, Roma 1949;
181, 231, 232

231 La paix et l'éducation, Roma (Opera Nazionale Montessori) 1949;
181, 231, 229, 230, 232

232 Peace and Education, Roma (Opera Nazionale Montessori) 1949;
181, 229, 230, 231

233 La Santa Messa spiegata ai bambini, Milano 1949, ^{2}1949, ^{3}1955, ^{4}1961;
174, 183

234* The Unconscious in History, Adyar (The Theosophical Publishing House) 1949;
600, 605, 719

235* La Vita in Cristo. (Calendario liturgico), Milano 1949;
172, 193

236 La Messe vécue pour les enfants, Paris-Bruges 1950, ^{2}1954, ^{3}1958;
174, 183, 233

237* De methode. De ontdekking van het kind. Vertaald door L. Loopuyt-de Bruijn en A. J. van der Hoeven. Opnieuw bewerkt door J. J. Prins-Werker. (6e druk van „De Methode Montessori"), Amsterdam o. J. (1950);
(110) 160, 188, 279

238* De nieuwe mens. Rede (Sonderdruck aus „Vernieuwing van opvoeding en onderwijs", N. 44), Purmerend (2e druk) 1950;
598

239* La Scoperta del Bambino. /Neuherausgabe der 3. Aufl. des „Metodo"/, Milano 1950, ^{2}1951, ^{3}1952, ^{4}1953, ^{5}1957, ^{6}1962, ^{7}1966;
(110) 160, 188, 221, 237, 239, 247, 277, 279, 284

240* Il Segreto dell'Infanzia, Milano ^{1}1950, ^{2}1950, ^{3}1951, ^{4}1952, ^{5}1953, ^{6}1957, ^{7}1960, ^{8}1962, ^{9}1966;
202

241 Aan de Basis van het Leven. Vertaald door J. J. Prins-Werker, Amsterdam 1951;
226

242 L'Enfant. Traduction de l'italien par Georgette J.-J. Bernard. /Aus dem italienischen Manuskript übersetzt/, Bruges 1951;
191, 202

243* Introduzione ad un metodo per insegnare a leggere e a scrivere agli adulti. Roma (Unione Nazionale per la lotta contro l'analfabetismo) 1951

244* Kinder sind anders. (Übersetzt aus dem Italienischen von Percy Eckstein und Ulrich Weber; im Auftrage der Erben der Verfasserin bearbeitet von Helene Helming), Stuttgart 1952, ^{8}1967;
191, 195, 196, 197, 202, 203, 205, 211, 212, 215, 240, 242, 251. 256. 257

245* La mente del bambino. (Mente assorbente), Milano 1952, ^{2}1953, ^{3}1960 ^{4}1962, ^{5}1966;
226

246 Navyug ki shiksha. /Translated into Hindi by V. S. Mathur and Shachi Mathur/, Delhi 1952;
217, 224, 263

247* Pédagogie scientifique. La découverte de l'enfant. Traduit par Georgette J.-J. Bernard. Introduction de Mario M. Montessori, Paris 1952, ^{2}1953, ^{3}1958;
(110), 160, 239

248 O dhaskalos kai i methodos Montessori. /Übersetzt von C. Michalis/, Athinai 1954

249* Das Kind in der Familie und andere Vorträge. Neu herausgegeben von der Deutschen Montessori-Gesellschaft, Stuttgart 1954;
155, 168, 189, 254

250 I methodos Montessori sti theoria kai stin praxi. Metaphrasmeno apo C. Michalis, Athinai 1954

251 To mystiko tis paidikis hilikias. Metaphrasmeno apo ti Bito Aggelopoulou, Athinai 1954;
202, 240

252 Het onbegrepen Kind. Vertaald door A. M. Joosten, Amsterdam 1954;
228, 253, 281

253* The Formation of Man. Translated by A. M. Joosten, Adyar (The Theosophical Publishing House) 1955, ^{2}1962, ^{3}1965;
228, 252, 281

254* Il bambino in famiglia, Milano 1956, ^{2}1957;
155, 168, 189, 249

255* L'éducation religieuse. La vie en Jésus-Christ. Traduit par Georgette J.-J. Bernard et Anne-Marie Bernard. Avant-Propos du R. P. Pierre Faure, Paris-Bruges 1956;
vgl. 266

256* El Niño. Versión de J. Rodolfo Lozada. Prólogo de Dionisia Zamora, Ciudad de Mexico 1956;
202, 240

257 Kodomo no himitsu. /Aus dem Deutschen übersetzt von Tsuneyoshi Tsutsumi/, Tokyo 1957;
202, 240, 244

258* The Absorbent Mind. Based on lectures given at Ahmedabad during the first training course. Translated from the Italian by Claude A. Claremont. 2nd revised edition, Adyar (The Theosophical Publishing House) 1959, ^{3}1961, ^{4}1963;
226, 283

259* L'esprit absorbant de l'enfant. Texte français de Georgette J.-J. Bernard. (Collection „Pédagogie"), Paris-Bruges 1959, ^{2}1965;
226, 241, 245, 258, 283

260* What You Should Know About Your Child. Based on lectures delivered by Maria Montessori. Interpreted and Edited by Antony Gnana Prakasam, Adyar 1961, ^{2}1966;
225

261* L'autoeducazione nelle scuole elementari. Edizione storica, curata da Camillo Grazzini, Milano 1962;
132

262 Barndommen Gåde. På densk ved Verner Seemann, Stockholm 1963;
191, 195, 202, 205, 206, 240

263 Puttulakukkana kalvi. Translated from English by C. N. Vaidisvaran, Madras 1963;
217, 224, 246

264* The Advanced Montessori Method. I. Spontaneous Activity in Education. Translated from the Italian by Florence Simmonds, Cambridge, Mass. 1964;
132, 135, 137

265 L'Enfant (Collection „Femme"), Genève 1964;
191, 195, 196, 197, 202, 203, 205, 211, 212, 215, 240, 242, 244, 251, 256, 257, 262

266* Kinder, die in der Kirche leben. Die religionspädagogischen Schriften von Maria Montessori. Herausgegeben und übersetzt von Helene Helming, Freiburg i. Br. 1964;
vgl. 255, 274

267* The Montessori Method. Scientific Pedagogy as applied to child education in the „Children's Houses" with additions and revisions by the author. Trans-

lated by Anne E. George, Cambridge, Mass. 1964;
110, 115, 268
268* The Montessori Method, New York (A Schocken Book) 1964;
110, 115, 267
269 Dr. Montessori's Own Handbook, Cambridge, Mass. 1964;
124, 275, 276
270 Utkavar manam. Translated from English into Tamil by C. N. Vaidisvaran Purasawakam, Madras 1964;
226
271* The Advanced Montessori Method. The Montessori Elementary Material. Translated from the Italian by Arthur Livingston, Cambridge, Mass. 1965;
132, 135, 137, 272
272* The Advanced Montessori Method. Scientific Pedagogy as applied to the education of children from 7 to 11 years. I. Spontaneous activity in education. Translated by Florence Simmonds and Lily Hutchinson.
II. The Montessori Elementary Material, Translated by Arthur Livingston, Madras 1965;
132, 135, 137, 271, 278
273* Maria Montessori and others: The Child in the Church, edited by E. Mortimer Standing, St. Paul, Minnesota (Catechetical Guild) 1965;
166, 167
274 Kodomo to kyôkai seikatsu, shûkyô kyôikulien, Tokyo 1965;
= 266
275* Montessori Handbook: Dr. Montessori's own handbook, edited by C. Orem, New York 1965;
124, 269, 276, = 1251
276* Dr. Montessori's Own Handbook. Introduction by Nancy McCormick Rambusch, New York (Schocken Book 98) 1965;
124, 269, 275
277 Pedagogia cientifica. Traducción de Aury A. Brunetti, Sao Paulo 1965;
(110), 160, 221, 239, 247
278* Spontaneous Activity in Education. (The Advanced Montessori Method II). Translated from the Italian by Florence Simmonds; Introduction by John J. McDermott, New York (Schocken Book 97) 1965;
132, 135, 137, 272
279* De methode. De ontdekking van het kind. Vertaald door J.J.Prins-Werker en R. Joosten-Chotzen. (8e druk van „De methode Montessori"), Amsterdam 1966;
(110), 160, 188, 237, 239, 247, 277
280* The Secret of Childhood. Translated by M. Joseph Costelloe S. J., Notre Dame, Ind. 1966;
191, 195, 196, 202, 240
281* Über die Bildung des Menschen. Herausgegeben und eingeleitet von Paul Oswald und Günter Schulz-Benesch, Freiburg i. Br. 1966;
228, 252, 253
282* Von der Kindheit zur Jugend. Herausgegeben und eingeleitet von Paul Oswald, Freiburg i. Br. 1966;
220
283* The Absorbent Mind. Translated from the Italian by Claude A. Claremont, New York-Chicago-San Francisco 1967;
226, 258

284 The Discovery of the Child, Notre Dame, Ind. 1967;
(110), 160, 188, 221, 239
285 Lapsen salaisuus, Helsinki (WSOY Tasku Tieto 11) 1967;
202, 212, 240
286 Çocuklar evi, Istanbul o. J. (zwischen 1920 und 1923);
110
287* The „Erdkinder" and The Functions of the University, London (Montessori Society of England) o. J.;
586, 587
288 Manual práctico del método Montessori. (Biblioteca del maestro salvadoreño, vol. I), San Salvador o. J.
289* Obedience. A Reprint of a Lecture, London (A Montessori Society Publication) o. J.
290* Zwei Vorträge. (Die Umgebung des Kindes. Die neue Lehrerin), Wien o. J.;
vgl. 439, 451
291* Gott und das Kind. Hrsg. v. der Katholischen Arbeitsgemeinschaft für Montessori-Pädagogik, Köln 1956

300* (Grußwort), in: Der Internationale Kongreß für Frauenwerke und Frauenbestrebungen in Berlin, 19. bis 26. September 1896. Eine Sammlung der auf dem Kongreß gehaltenen Vorträge und Ansprachen, Berlin 1897, 47–48
301* Über den Lohn der Arbeiterinnen, in: ebda., 202–212
302* Ansprache der Delegierten der italienischen Frauen, in: ebda., 305
303* „Il Congresso Pedagogico convinto che..." (Ordine del giorno proposto da Maria Montessori e approvato per acclamazione al I Congresso Pedagogico Nazionale Italiano di Torino 1898), in: Atti del Primo Congresso Pedagogico Nazionale Italiano, Torino, 8–15 settembre 1898. Pubblicati per cura di G. C. Molineri e G. C. Alesio, Torino 1899, 123–124
304* „La dottoressa Montessori dice sembrarle...", in: ebda., 122–123
305 Norme per una classificazione dei deficienti in rapporto ai metodi speciali di educazione, in: Atti del Comitato Ordinatore del II Congresso Pedagogico Italiano, pubblicati per cura dell'Associazione Pedagogica Nazionale fra gl'Insegnanti delle Scuole Normali, promotrice del Congresso, Napoli 1902, 144–167
306* L'importanza della etnologia regionale nell'antropologia pedagogica, in: Ricerche di Psichiatria e Nevrologia, Antropologia e Filosofia dedicate al prof. Enrico Morselli nel XXV anno del suo insegnamento universitario, Milano 1907, 603–619
307 La morale sessuale nell'educazione. (Schema di relazione), in: Sunti delle relazioni lette nelle diverse sezioni del Congresso Nazionale delle donne italiane, tenuto in Roma nell'aprile del 1908, Roma 1908, 78
308* The Children of the World, with special reference to the American child, in: Wisconsin Teachers' Association. Proceedings of the 64th Annual Session, November, 1916, Madison 1917, 299–304
309 Podgotovka učitel'nicy, in: Prosveščenie, Petrograd 1921–1923
310* Aan de opvoeders, in: Edward Peeters, Het Montessoriverschijnsel tot zijn ware afmetingen teruggebracht, Brussel (1922); Aanhangsel, 62–66
311* Der Weg zu meiner Erziehungsmethode, in: Die Lebensschule. Schriftenfolge des Bundes Entschiedener Schulreformer, Heft 12, Berlin 1923, 5–7

312* Grundlinien meiner Erziehungsmethode. (Aus dem Vortrage in der Universität zu Berlin am 27. 10. 1922), in: ebda., 8–12
313* L'ambiente, in: Comitato di Milano dell'Opera Nazionale Montessori. Note sul Metodo Montessori, Milano-Roma (1926), 13–20
314* „Che cosa dovrei dire per rispondere." Discorso di Maria Montessori pronunciato il 21 febbraio 1926 per l'inaugurazione del „Corso Magistrale Montessori", svoltosi a Milano presso la Società Umanitaria, in: ebda., 43–48
315* „Miei carissimi allievi ed amici". Parole di Maria Montessori pronunciate nell'agosto 1926 alla chiusura del „Corso Magistrale Montessori", svoltosi a Milano presso la Società Umanitaria, in: ebda., 50–51
316* Il 6 gennaio fu aperta..., in: ebda., 5–7
317* The Adult and the Child, in: Towards a New Education. A Record and Synthesis of the Discussions on the New Psychology and the Curriculum at the Fifth World Conference of the New Education Fellowship held at Elsinore, Denmark, in August, 1929; edited for the N. E. F. by William Boyd, London-New York 1930, 106–110
318* The Child's Environment, in: ebda., 138–141
319* Geometry, in: ebda., 151–155
320* Psychological Principles in Education, in: ebda., 354–358
321* The Teacher's Task, in: ebda., 110–112
322* Mein experimenteller Beitrag /= aus Montessori-Erziehung für Schulkinder, Stuttgart 1926, 72–129/, in: Das Problem der Methode in der Schule, hrsg. v. Georg Geißler, Langensalza (1931), 185–201; 2. Aufl. Weinheim o. J., 103–118
323* Uit de lezing van Dr. Montessori, gehouden in de Universiteit van Keulen, 14. 1. 1931, in: Tien Jaren Montessori Onderwijs, Amsterdam 1931, 26–29
324* /Zitate:/ Die Geschichte; Die Heilige Messe; Das Mysterium; Die Glocken; Der Ruf, in: Zur Pädagogik von Maria Montessori, hrsg. v. Katholischen Deutschen Frauenbund, Köln 1931, 15–16
325 Social Questions of the Child, in: Conference of Educational Associations. (London), Report of the 20th Annual Conference, 1932, 298–304
326* Grundlagen meiner Pädagogik, in: Handbuch der Erziehungswissenschaft, hrsg. v. Franz X. Eggersdorfer. III. Teil, Bd. 1, München 1934, 265–285
327 Spiritual Regeneration of Man, in: Conference of Educational Associations. Report of the 22nd Annual Conference, 1934, 171–176
328 Child's Place in Society, in: Conference of Educational Associations, Report of the 24th Annual Meeting, 1936, 41–44
329* Préface, in: Le collège de la Jonchère. Edité par l'Association des parents d'élèves du Collège de la Jonchère, Paris (1937) 3.
330* Het woord in het Montessori onderwijs, in: Nederlandsche Montessori Vereeniging. Zo ontwikkelt zich de taal in de Montessori school, Amsterdam (1937), 9–14
331 The Functions of the University, in: Conference of Educational Associations. Report of the 27th Annual Meeting, 1939, 377–385
332* Door het Kind naar een Nieuwe Wereld. Voordrachten vertaald en bewerkt onder auspicien van het Montessori-Centrum door A. M. Joosten, Heiloo 1940, [2]1953
333* The Sutras of Montessori. Montessori Aphorisms. (Extracts from „The Secret of Childhood", London 1936); Privatly Printed for C. Jinarâjadâsa, Adyar 1946

334 „Eccelenza, nessuno poteva..." (Risposta di Maria Montessori al discorso tenuto l'11 luglio 1947 dal Ministero della Publica Istruzióne nel corso della cerimonia per il ricevimento della sig.ra Montessori ritornata dall'India per invito del Ministero), in: Ministero della Pubblica Istruzione. Pubblicazioni a cura dell'Ufficio Studi. Guido Gonella: Omaggio a Maria Montessori, Roma 1947, 5–7

335* La capacità creatrice della prima infanzia. I Conferenza della Dottoressa Maria Montessori, in: Atti VIII (1950) 29–36;
franz.: La capacité creatrice de la première enfance, in: ebda., 45–52;
engl.: Creative Ability in Childhood, in: ebda., 59–66

336* Educazione alla libertà. Antologia a cura di Maria L. Leccese, Bari 1950; ^{5}1966

337* La mente assorbente. III Conferenza della Dottoressa Maria Montessori, in: Atti VIII (1950) 338–352; franz.: L'intelligence absorbante, in: ebda., 369–383; engl.: The Absorbing Mind, in: ebda., 390–403

338* Rede Mevrouw Dr. Maria Montessori, in: Redevoeringen gehouden ter gelegenheid van de erepromotie van Mevrouw Maria Montessori, op 18 September 1950, Amsterdam (Stadsdrukkerij) 1950, 7–8

339* La solidarietà umana nel tempo e nello spazio. II Conferenza della Dottoressa Maria Montessori, in: Atti VIII (1950)195–205;
franz.: La solidarité humaine dans le temps et dans l'espace, in: ebda., 225–235;
engl.: Human Solidarity in Time and Space, in: ebda., 239–249

340* L'unità del mondo attraverso il bambino. IV Conferenza della Dottoressa Maria Montessori, in: ebda., 528–537; franz.: L'unité du monde realisée par l'enfant, in: ebda.: 545–555;
engl.: World's Unity Through the Child, in: ebda., 560–569

341 The Ministry of the Race, in: Where Theosophy and Science meet. Vol. II, Madras ^{2}1951;
* als Sonderdruck: Madras 1951

342* Aus dem letzten Brief Maria Montessoris vom 6. Mai 1952, in: Kinderheim. Sonderheft: Montessoris Beitrag zur religiösen Erziehung. Bericht über die erste Arbeitstagung der Katholischen Arbeitsgemeinschaft für Montessori-Pädagogik am 23. Januar 1955 in Köln/Rhein, München 1955, S. 1

343* Die Vorbereitung der Kinder auf die Erstkommunion. (Aus: I Bambini viventi nella Chiesa), in: ebda., 20–24

344* Kennis als middel tot ontwikkeling der persoonlijkheid, in: W. Boordewijk en J. J. Berger (Hrsg.): Drie eeuwen pedagogiek, Groningen-Djakarta 1957, 130–137

345* The Light of the Child. /Auszüge aus zwei Vorträgen vom 4. 11. 1939 und vom 31. 1. 1940/, in: Montessori 1907–1957, edited by the Association Montessori Internationale, Amsterdam 1958, 7–8

346* /Faksimile eines Briefes von Maria Montessori an die Società Umanitaria Milano vom 26. 6. 1910/, in: Società Umanitaria Milano. La Società Umanitaria 1893–1963, Milano 1964, 126–127

347* Grundlagen meiner Pädagogik und weitere Aufsätze zur Anthropologie und Didaktik. Besorgt und eingeleitet von Berthold Michael, Heidelberg 1965

348* Antologia Montessoriana, in: OMEP (1967) 111–203

349* Grundgedanken der Montessori-Pädagogik. Aus Maria Montessoris Schrifttum und Wirkkreis zusammengestellt von Paul Oswald und Günter Schulz-Benesch, Freiburg 1967

400* Sul significato dei cristalli del Leyden nell'asma bronchiale, in: Bolletino della Società Lancisiana degli Ospedali di Roma, 16 (1896) 69–72

401* Influenza delle condizioni di famiglia sul livello intellettuale degli scolari. Ricerche d'igiene e antropologia pedagogiche in rapporto al educazione, in: Rivista di Filosofia e Scienze affini, 2(1904) 234–284

402* Sui caratteri antropometrici in relazione alle gerarchie intellettuali dei fanciulli nelle scuole, in: Archivio per l'Antropologia e la Etnologia, 34 (1904) fasc. 2°, 243–300

403* Della Pedologia, in: La Nuova Scuola. Rivista mensile di educazione e istruzione, 1 (1905) n. 2, 20–23

404 Come si insegna a leggere e a scrivere nelle „Case dei Bambini" di Roma, in: I Diritti della Scuola, n. 34, 31 maggio 1908

405 Metodo per insegnare la scrittura, in: L'Educazione dei Sordomuti, fasc. 5, maggio 1908;
* als Sonderdruck: Siena 1908

406 Per una nuova pedagogia, in: Vita (1909) n. 9–10

407* Disciplining Children, in: McClure's Magazine, 39 (1912) 95–102

408* Die Entwicklung des Tastgefühls, in: Kindergarten, 54 (1913) 50–52

409* Eine neue Methode, das Lesen und Schreiben zu lehren. (Vorabdruck aus Selbsttätige Erziehung im frühen Kindesalter), in: Allgemeine Deutsche Lehrerzeitung, 65 (1913) 565–567

410 Plan for an International Institute, in: McClure's Magazine, 40 (1913) 221–

411 I principi fondamentali del Metodo, in: La Coltura popolare, 31 dicembre 1914

412* Education in Relation to the Imagination of the Little Child, in: National Education Association. Journal of Proceedings and Addresses, 53 (1915) 661–667;
do. in: Kindergarten Primary Magazine, 29 (November, 1916) 84–87

413* The Mother and the Child, in: National Education Association, Journal of Proceedings and Addresses, 53 (1915) 1121–1130

414* My System of Education, in: ebda., 64–73;
do. in: Educator-Journal, 16 (October, 1915) 63–71

415* Organization of Intellectual Work in School, in: National Education Association. Journal of Proceedings and Addresses, 53 (1915) 717–722

416 Quando la scienza entrerà nella scuola, in: La Coltura popolare, 15 gennaio 1915

417 Voobraschenije. V tvortschestve getej i velikich chudoschnikov. (S Italianskovo pezevela A. P. Vigotskaja), in: Russkaja schkola (1915) 174–192

418* Nye Tanker om Opdragelse. (Uddrag af „Paedagogisk Anthropologi"), in: Højskolebladet (1917) 601–608

419 Samoobučenie i samovospitanie v načal'noj škole, in: Svobodnoe vospitanie (1918) N. 10–12, 41–84

420 Intellekt.-Trudovaja škola, in: Bjulletin Otdelenija narodnogo prosveščenija (1919) N. 7–8, 12–22

421* Brief over de godsdienstige opvoeding (met noten en naschrift van Fr. S. Rambouts), in: Ons Eigen Blad. Tijdschrift voor praktische roomsche opvoeding, 8 (1920) 409–419

422* Voordracht (Ongecorrigeerde vertaling), gehouden op 26 Januari 1920 in de Aula van de Gemeentelijke Universiteit te Amsterdam, in: MO, 3 (1920) 17–22

423 Aan de opvoeders, in: Schoolblad voor Vlaanderen, 2 (1921) N. 21 (21 Mei 1921);
= 310

424* Généralités sur ma méthode. (Première conférence donnée par Mme Montessori à la Semaine pédagogique de l'Ecole Sociale Catholique à Bruxelles), in: La femme belge (1922) 505–516

425 El método Montessori y la educación moderna, in: Revista de Pedagogia, 1 (1922) N. 6

426* L'Appel, in: Call, 1 (1924) 12–17;
engl.: The Call, in: ebda., 8–12;
ital.: La Chiamata, in: ebda., 3–7;

427* Le Caractère de l'enfant. (Conférence donnée par Madame Montessori à Bruxelles et publiée dans La femme belge), in: ebda., 85–94;
engl.: Child Character, in: ebda., 95–103

428* Dr. Montessori's study of very little children. (Notes on a lecture delivered by Dr. Montessori during her International Training Course, London 1923), in: ebda., 48–54; franz.: ebda., 41–48

429* On Discipline. Reflections & Advice, in: ebda., 183–196

430* Preface to „Titania's Palace", in: ebda., 75–76

431* Question and Answer, in: ebda., 150–152

432* Questions and Answers. (Questions relating to the developing of the social life in the school. Answered by Dr. M. Montessori), in: ebda., 62–65

433* Sulla disciplina, in: ebda., 169–182;
= 429

434* L'Analisi, in: Call, 2 (1925) 81–91;
engl.: Analysis, in: ebda., 92–102

435* Aus Maria Montessoris Schriften. /Auszüge aus „Mein Handbuch" und aus „Selbsttätige Erziehung im frühen Kindesalter"/, in: Sozialistische Kultur, Nr. 13, Juni 1925 (ohne Seitenzählung)

436* Consigli alle maestre, in: Call, 2 (1925) 245–251;
holl.: Eenige raadgevingen aan de leidster, in: ebda., 259–266;
franz.: Quelques conseils à l'institutrice, in: ebda., 252–258

437* L'educazione e il bambino, in: La Voce delle maestre d'asilo, a. 22, n. 1 (10 ottobre 1925) 2–3

438* Montessori Training Course at London. Final Lecture, in: Call, 2 (1925) 323–324

439* The New Mistress, in: ebda., 124–129;
franz.: La nouvelle maîtresse, in: ebda., 2–7

440 Rievocazioni sul metodo Montessori, in: La Coltura popolare, 15 (1925) 453–458

441 Snačenije sredi v vospitanij, in: Russkaja škola za rubežom. (Praga), 3 (1925) 419–424

442* L'analisi, in: La Voce delle maestre d'asilo, a. 22, n. 36 (15 luglio 1926) 210–211

443* Analyse, in: Die neue Erziehung, 8 (1926) 243–247;
vgl. 442

444* Die Erziehung und das Kind, in: Montessori-Nachrichten, August 1926

445* Geschaute Seelen, in: Die neue Erziehung, 8 (1926) 241–243

446* Libertà e disciplina del bambino nel metodo Montessori, in: La Coltura popolare, a. 16, n. 11 (noviembre 1926) 24–28

447 Per la libera personalità del fanciullo, in: ebda., 23–24

448* Das Werk des Kindes. (Aus dem Vortrage, der zur Eröffnung des Lehrer-

Ausbildungskursus in Mailand im Februar 1926 gehalten wurde), in: Die neue Erziehung, 8 (1926) 641–644
449* Anime intraviste, in: IM, a. 1, n. 2–3 (30 giugno – 31 luglio 1927 4; vgl. 445
450* La Rinascità, in: IM, a. 1, n. 1 (31 maggio 1927) 4
451* Die Umgebung des Kindes, in: Die Quelle, 77 (1927) 117–122
452* Die Wiedergeburt, in: ebda., 883; vgl. 450
453* Bewegung und Bewegungsspiel als Erziehungsmittel bei Kindern, in: Die Blätter für Laien- und Jugendspieler, 4 (April 1928) 7–9
454* Il carattere del bambino, in: IM, a. 1, n. 12 (aprile 1928) 3–5
455 Om Disciplin, in: Den frie skole (1928) 64–71
456 Più alto dell'amore del prossimo sta l'amore dell'uomo che è lontano, che ha ancora da venire, in: IM, a. 2, n. 1 (settembere 1928) 1
457* Ratschläge für die Montessori-Lehrerinnen. (Übersetzt von L. E. Roubiszek aus „The Call of Education"), in: Die Quelle, 78 (1928) 584–587
458* Wie Kinder in der Kirche leben, in: Kinderheim, 6 (1928) 2–8, 71–75
459 L'adulto educatore. Conferenza tenuta da Maria Montessori al Congresso di Londra, in: IM, a. 2, n. 10 (giugno 1929) 3–5
460 Blazing New Trails in Education, in: Parents' Monthly, 4 (April, 1929) 18–20
461 Kézikönyvem, in: Kisdednevelés, 54 (1929) 266–272, 291–299, 330–334, 361–367; 55 (1930) 9–20, 49–55, 73–84, 108–120
462* Les principes de la psychologie appliqués à l'éducation. (Notes prises en francais au cours de la conférence en réunion plénière, faite le 17 août en langue italienne avec traduction immédiate en danois, au château de Kronberg, a Elseneur), in: Pour l'Ere nouvelle, 8 (1929) 221–223
463* Aphorismen, in: Die neue Erziehung, 12 (1930) 17–18
464 Az új tanitónö, in: Kisdednevelés, 55 (1930) 203–208
465* Einige Ergänzungen zur „Montessori-Erziehung" für Schulkinder I (Stuttgart 1926), gemäß der italienischen Vorlage, in: Vierteljahrsschrift für wissenschaftliche Pädagogik, 6 (1930) 566–573
466* Die Erziehung des Kindes, in: DWZ, 9 (1930) 1–2
467 Il neonato, in: Luce nuova. Rassegna mensile di problemi umanitari, 1 (1930) n. 1, 10–15
468* Die Umgebung, in: Die neue Erziehung, 12 (1930) 86–90
469 Adult and Child in Modern Education, in: The Sower, No. 101 (Dezember, 1931) 101–108
470 L'adulto e il bambino nella nuova educazione, in: Il Loto. Rivista bimestrale di filosofia, scienza, arte, a. 2, n. 5 (marzo–aprile 1931) 185–191
471 Aspetti di una pedagogia nuova: L'ambiente, in: Luce nuova, 2 (1931) n. 1, 8–11
472 Il bambino, in: ebda., n. 3, 12
473* Chi non risponde, in: MR, 1 (1931) n. 1, 37–39
474* Il compito preciso del nuovo maestro. (Conferenza tenuta all'Università di Parigi il 2 aprile 1931 in occasione del Congresso dell'„Education Nouvelle"), in: MR, 1 (1931) n. 4, 3–12
475* /Conferenza sui/ Doveri dell'educatore, in: MR, 1 (1931) n. 2, 18–26
476* La differenza tra i due concetti di „carne animata" e di „anima incarnata" è sostanziale, in: ebda., 4
477* Le due vite, in: ebda., 5–8

478 Environment for the Child, in: The Sower (1931) 783–784

479* Der Erwachsene und das Kind in ihrer Arbeit, in: Kleine Kinder, 5 (1931/32) 141–147

480* Das Kind in der Hausarbeit, in: DWZ, 10 (1931) 159–161

481* Lezing uit den Cursus van Dr. Maria Montessori te Rome 1930. De periode van het lager onderwijs, in: MO, 14 (1931) 33–35

482* Lezing van Dr. Maria Montessori, in: ebda., 81–83

483* Lezing van Dr. Maria Montessori gehouden te Rome in 1930. Over de Taal, in: ebda., 121–122

484* Lezing van Dr. Maria Montessori over de beteekenis van het woord, in: ebda., 97–104

485* Middelbaar en voorbereidend hooger Montessori-onderwijs, in: MO, 14 (1931) 46

486* Maria Montessori over „Vrede door opvoeding", in: ebda., 54–55

487* Nota istruttiva, in: MR, 1 (1931) n. 5–6, 3–6

488* La pagina bianca, in: ebda., n. 1, 6–10

489* Quale padre oserebbe..., in: ebda., 5

490* I reattivi psichici, in: ebda., n. 3, 3–8

491* Si diceva una volta..., in: Luce nuova, 2 (1931) n. 3, 8

492* Si diceva una volta..., in: MR, 1 (1931) n. 1, 36; n. 2, 28;
vgl. 491

493* Sonno e veglia (poesia), in: ebda., n. 3, 2

494* Spieghiamo il metodo (I). (Brani dal „Manuale di Pedagogia scientifica" di Maria Montessori), in: ebda., 40–46

495* Uit de Internationale Cursus van Dr. Montessori te Rome, Januari-Juli 1930. Zelfvernieuwing van den Opvoeder, in: MO, 14 (1931) 3–4

496* Uit de lezing van Dr. Maria Montessori, gehouden in de Universiteit van Keulen, 14 Januari 1931, in: ebda., 26–27;
= 323

497* Das Verstehen des Kindes, in: Die neue Erziehung, 13 (1931) 89–91

498* L'attitudine morale, in: MF, 1 (1932) n. 2, 71–83

499 Il calendario, in: Il gruppo d'azione. (La scuola rurale), 13 (1932) n. 2, 14–15

500* Il Calendario. (Dalla „Vita in Cristo" di Maria Montessori), in: MF, 1 (1932) n. 3, 175–177;
vgl. 499

501* La costruzione della personalità attraverso l'organizzazione dei movimenti, in: ebda., n. 6, 323–329

502* Disarmament in Education, in: New Era, 13 (1932) 257–259; do. in: American Childhood, 18 (1933) 14

503 Education of Defective Children, in: The Sower, vol. 153 (January 2, 1932), 7

504* L'éducation, problème social. (Résumé de la belle conférence faite le 4 août, en francais, au Congrès de Nice), in: La Nouvelle Education, 11 (1932) 161–165

505* Educazione sociale, in: MF, 1 (1932) 131–150

506* Der Erwachsene und das Kind in der neuen Erziehung, in: MD, Erstes Heft 1932, 23–28

507* Der Erwachsene und das Kind in ihrer Arbeit, in: ebda., 14–22

508* Der Frieden und die Erziehung, in: MD, Zweites Heft 1932, 2–22

509* Die geistige Vorbereitung des Lehrers, in: MD, Erstes Heft 1932, 29–36

510* La liberazione dell'intelligenza. (Note all'ultima lezione del Congresso di Nizza), in: MF, 1 (1932) 330–332
511 Mobilisation nouvelle, in: Pour l'Ere nouvelle, 11e année, juillet 1932
512* Das Neugeborene, in: MD, Erstes Heft 1932, 2–13
513 New Method in Education, in: The Sower (January 16, 1932) 64
514* Il nuovo metodo di educazione, in: MF, 1 (1932) n. 1, 21–23
515* Nuova mobilitazione, in: ebda., 9–12
516* Le parti del discorso, in: MF, 1 (1932) 335–340
517 Periodi sensitivi, in: L'igiene e la vita. Mensile illustrata, 15 (1932) 415–416
518* Periodi sensitivi, in: MF, 1 (1932) 151–153;
vgl. 517
519* La preparazione spirituale del maestro, in: ebda., 259–264
520* Programma, in: ebda., 67–70
521* Das Zentrum und die Peripherie, in: MD, Erstes Heft 1932, 37–42
522* L'ambiente e il bambino, in: OM, a. 2, n. 1 (gennaio-febbraio 1933) 22–27
523* Die Erziehung des Kindes, in: Schweizer Erziehungs-Rundschau, 5 (1933) 250–251
524 Kind und Umwelt, in: Schweizer Lehrerzeitung, 78 (1933) 2–3
525* La messa spiegata ai bambini. Piccola antologia: Le campane della messa. L'atmosfera spirituale. Il divino teatro. Il sacerdote, in: OM, a. 2, n. 1 (gennaio-febbraio 1933) 4–10
526* Montessori-Worte. (Aus einem Vortrag der Frau Dr. M. Montessori, gehalten am pädagogischen Weltkongreß in Nizza im August 1932), in: Schweizer Erziehungs-Rundschau, 5 (1933)277
527 La pace e l'educazione. Educazione alla guerra o educazione alla pace. (Trad. dal francese di M. Bernabei), in: Rivista Pedagogica, 26 (1933) fasc. 5
528* Quarto Congresso Internazionale Montessori (Roma 3–10 aprile 1934). Conferenze della Dott.ssa Maria Montessori
a) Deviazione e Normalizzazione, in: OM, a. 2, n. 2–3 (marzo-giugno 1934) 7–16
b) Seconda Conferenza, in: ebda., 18–31
c) Terza Conferenza, in: ebda., 33–43
d) Quarta Conferenza, in: ebda., 44–49
529* Het kind als maatschapelijk vraagstuk. (Lezing door Dr. Montessori, gehouden in het Muziek-Lyceum te Amsterdam), in: MO, 17 (1934) 52–55
530* Het kind in het gezin, in: MO, 17 (1934) 91–92, 98–100, 125–128; 18 (1935) 7–8, 21–22, 33–36, 41–43, 51–52, 58–59
531* La messa spiegata ai bambini. Piccola Antologia: Le campane della messa. L'atmosfera spirituale. Il divino teatro. Il sacerdote, in: OMF, a. 2, n. 1 (gennaio-febbraio 1934) 5–11
vgl. 525
532* Uit de lezingen van Dr. Montessori, in: MO, 17 (1934) 49–51, 59–63, 73–75, 90, 97–98
533* Who, then, are Ye, in: MN, vol. 1, N. 2 (March, 1934) 2–3
534* Advice to Directresses, in: MN, vol. 2, N. 2 (March, 1935) 23–24; N. 9 (April, 1935) 43–44
535* La caridad infectada por la peste, in: MB, 1 (1935) n. 3, 6
536* Consejos a las maestras, in: ebda., n. 2, 13–15;
vgl. 534

537* La cuestión social del niño. (Primera de las Conferencias que la Doctora María Montessori radia semanalmente desde el micrófono de la Radio Asociación de Cataluña), in: MB, 1 (1935) n. 5, 1–3
538* La Encarnación. (Tercera de las Conferencias que la Doctora María Montessori radia semanalmente desde el micrófono de la Radio Asociación de Cataluña), in: ebda., n. 7, 1–3
539* Escrutando en los períodos sensitivos. (Quinta de las Conferencias que la Doctora María Montessori radia semanalmente desde el micrófono de la Radio Asociación de Cataluña), in: ebda., n. 9, 1–2
540* Fecha memorabile. (Conferencia pronunciada por la Doctora Montessori en Barcelona, con motivo del acto inaugural del 18 Curso Internacional), in: ebda., n. 1, 7–8; n. 2, 12–13; n. 3, 12–13; n. 4,6
541* Generalidades del método, in: ebda., n. 8, 8–12
542* Los ideales y la realidad en la educación, in: ebda., n. 12, 13–14
543* La Intelligencia. (Octava y novena de las Conferencias que la Doctora María Montessori radia semanalmente desde el micrófono de la Radio Asociación de Cataluña), in: ebda., n. 12, 1–4
544* Introduction to „Psycho-Geometry", in: MN, vol. 2, N. 10 (May, 1935) 63–64
545* Lezing van Dr. M. Montessori, in: MO, 18 (1935) 65–67
546* Dr. Montessori's Message, in: MN, vol. 2, N. 2 (March, 1935) 22
547* Dr. Montessori's Message, in: ebda., N. 9 (April, 1935) 42
548* Dr. Montessori's Message, in: ebda., N. 10 (May, 1935) 62
549* Dr. Montessori's Message, in: ebda., N. 13 (August-September, 1935) 123
550* Dr. Montessori's Message. The Forgotten Citizen, in: ebda., N. 15 (November, 1935) 162
551* Dr. Montessori's Message, in: MN, vol. 2, N. 16 (December, 1935) 178
552* Nuestra Revista, in: MB, 1 (1935) n. 1, 1–4
553* El Orden Interno. (Séptima de las Conferencías que la Doctora María Montessori radia semanalmente desde el micrófono de la Radio Asociación de Cataluña), in: ebda., n. 11, 1–2
554* El Orden. (Sexta de las Conferencias que la Doctora María Montessori radia semanalmente desde el micrófono de la Radio Asociación de Cataluña), in: ebda., n. 10, 1–3
555* La página blanca, in: ebda., n. 3, 1–3
556* La Paz y la Educación, in: ebda., n. 2, 2–3; n. 3, 4–5; n. 4, 4–5; n. 5, 14–16
557* Los períodos sensitivos. (Cuarta de las Conferencias que la Doctora María Montessori radia semanalmente desde el microfóno de la Radio Asociación de Cataluña), in: ebda., n. 8, 1–3
558* La Psicología de las Matemáticas. (Un discurso dirigido a la Cambridge Education Society, en el Trinity College, el 16 de octubre de 1935), in: ebda., n. 12 (diciembre 1935) 15–16
559* The Psychology of Mathematics. (An address given to the Cambridge Education Society at Trinity College on October 16th, 1935), in: MN, vol. 2, N. 15 (November, 1935) 167–168;
= 558
560* Los reactivos psíquicos, in: MB, 1 (1935) n. 4, 1–3 + 13
561* El recién nacido. (Segunda de las Conferencias que la Doctora María

Montessori radia semanalmente desde el micrófono de la Radio Asociación de Cataluña), in: ebda., n. 6, 1–2
562* El rinacimiento espiritual del hombre. (Conferencia pronunciada en el tercer Congreso Internacional de Amsterdam), in: ebda., n. 1, 10–12; n. 6, 10–13; n. 7, 13–15; n. 8, 13–14; n. 9, 12–15
563* Sensitive Periods. (Extracts from Psycho-Geometry), in: MN, vol. 2, N. 11 (June, 1935) 83 + 98
564* Unas palabras de presentación. Nuestra revista, in: MB, 1 (1935) n. 1, 1–4
565* How to solve the Conflict between the Adult and the Child, in: MN, vol. 3, N. 19 (August, 1936) 26–27
566* Dr. Montessori's Message, in: ebda., N. 18 (July, 1936)18
567* De moreele houding, in: MO, 19 (1936) 9–11, 18–20, 45–46
568 Regeneración espiritual del hombre, in: Revista de Pedagogia, a. 1936–37, n. 153, 385–391
569* Sociale Opvoeding, in: MO, 19 (1936) 26–28
570* Der vergessene Mensch, in: Die Auslese, 10 (1936) 841–843
571* Appél aan de mensheid, in: MO, 20 (1937) 65–67
572 L'enfant au travail. (Conférence), in: Conferencia, Journal de l'Université des Annales, 31 (1937) 252–260
573* La guerre avait jadis une signification différente de celle qu'elle a aujourd'hui, in: Association Montessori Internationale. Bulletin, avril 1937
574* Dr. Montessori's Message, in: ebda., March 1937, 2–3
575* I periodi sensitivi. (Da il libro „L'enfant"), in: Pro Juventute, 18 (1937) n. 3, 58–60
576* Toespraak van Dr. Montessori, in: MO, 20 (1937) 67–68
577 Vaikas dirba, in: Židinys. (Kaunas), 15 (1937) 582–591
578 Vaikas pats save apreiškia, in: ebda., 329–339
579 Vaikas – suaugusio žmogaus tevas, in: ebda., 207–214
580* Het vraagstuk van de vrede..., in: Association Montessori Internationale. Bulletin, May 1937
581* La spontaneità non è un impulso cieco..., in: MO, 21 (1938) 79
582* De vier opvoedingsstadien, in: Het Kind, 39 (1938) 394–396
583* The Child's Place in Society, in: Association Montessori International. Bulletin, December 1939, 7–9
584* Educate for Peace!, in: ebda., 1–3
585* Education in Response to the Needs of the Child and of our present Time, in: Association Montessori Internationale. Monthly Letter, May-June 1939
586* „The Erdkinder". A Scheme for a Reform of Secondary Education, in: Halfyearly Bulletin of the Assocciation Montessori Internationale, 2 (1939) N. 1, 5–23
587* The Functions of the University, in: ebda., 27–36
588* Moral and Spiritual Mobilisation, in: Association Montessori Internationale. Monthly Letter, February 1939
589 La questione sociale del bambino, in: Pro Juventute, 21 (1940) 198–103
590* „De Spontaneiteit...", in: MO, 25 (1942) 57
591 Cosmic Education, in: The Punjab Educational Journal, 40 (1946) 534–539
592* Gaat voorwaarts! Ziet de werkelijkheid, in: Vern, 5 (1946/47) 211–213
593* The New Education, in: MM, vol. 1, N. 1 (December, 1946) 5–9
594* A Wish, in: ebda., 1
595* Educate for Peace!, in: MM, vol. 1, N. 2–3 (March-June, 1947) 1–3

596* Education for a New World, in: MM, vol. 1, N. 4 (September, 1947) 4–10
597 L'educazione per il nuovo mondo, in: Svizzera Italiana. (Locarno), 7 (1947) 177–181;
vgl. 596
598* De nieuwe mens. (Gedeelte uit een rede van Dr. Montessori, uitgesproken op het paas-kongres te Utrecht in 1947), in: Vern, 5 (1946/47) 264–270
599* Man's Formation in World Reconstruction. (A statement given to representatives of various press agencies on March 26, 1948), in: MM, vol. 2, N. 4 (October, 1948) 205–207
600* The Unconscious in History, in: MM, 2 (1948) 67–75, 131–136;
vgl. 605
601* Aufruf, in: Bildung und Erziehung, 2 (1949) 784–785
602* Child in the Family, in: MM, 3 (1949) N. 2, 3–5
603* VIII International Montessori Congress. Translation of the lecture delivered by Dr. Maria Montessori on August 24th, 1949, in: ebda., N. 3–4, 8–13
604* Inaugural Speech (at the VIII International Montessori Congress, San Remo, 22nd August, 1949), in: ebda., 4–7
605 Het onbewuste in de geschiedenis, in: Vern, N. 69 en 72 (1949/50);
vgl. 600
606* The Problem of Illiteracy, in: MM, 3 (1949) N. 1,5–11
607 Les universitaires, in: L'écolier de Louvain, 5 (1949) N. 5*)
608* Broadcast by Dr. Maria Montessori. For Transmission to the Far East on April 15th, 1950 arranged by the World Radio, in: MM, 4 (1950) N. 4, 61–64
609* Disarmament in Education, in: ebda., N. 3, 9–12
610 La disciplina, in: Escuela, 4 (1950) n. 6
611 La discipline, in: Pédagogie (1950) 257–267;
vgl. 610
612* Montessori Children: Orestes, in: MM, 4 (1950) N. 3, 46–49
613* Nursery Schools and Cultural Environment, in: Journal of Education. (London), 82 (1950) 655–657;
do. in: Catholic School Journal, 50 (October, 1952) 52–
614* On Discipline – Reflections and Advice, in: Education for Pakistan, vol. 2, N. 2 (May–June, 1950) 13–19;
vgl. 429
615* Peace and Education, in: MM, vol. 4, N. 4 (October, 1950) 7–20
616* Progress in Education, in: ebda, N. 1–2 (January–April, 1950) 4–11
617* Die absorbierende Intelligenz. (Mit persönlicher Erlaubnis der Verfasserin übersetzt aus „La Formazione dell'Uomo nella Ricostruzione Mondiale, Bericht über den 8. Internationalen Montessori-Kongreß, 22.–29. Aug. 1949 in San Remo), in: Bildung und Erziehung, 4 (1951) 561–572;
vgl. 337
618 L'educazione ha inizio dalla nascità, in: Ragazzi d'oggi, 2 (1951) n. 4
619 Jardines infantiles y medio cultural, in: Revista de la Asociación de maestros. (Puerto Rico), 10 (1951) n. 4;
vgl. 613

---

*) zitiert bei Schulz, S. 246, Nr. A 87; lt. Auskunft der Universitätsbibliothek Löwen nicht verfizierbar.

620 A Dio spetta la creazione, in: VdI, 1 (1952) n. 1, 1

621 Apprendre en enseignant, in: Unesco features, n. 72 (30. 5. 1952) 10

621 a Apprendre en enseignant, in: Journal des instituteurs de l'Afrique noire, 5 (1952) n. 7;
do. in: La Santé de l'homme, n. 79 (juillet-août 1953) 112–113;
= 621

622 Il cittadino dimenticato. (Messagio inviato il 31 ottobre 1951 all'UNESCO in occasione della ricorrenza della „Dichiarazione dei diritti dell'Uomo"), in: VdI, 1 (1952) n. 1, 3–6

623* The Formation of Man. /Auszug aus „La formazione dell'uomo"/ in: Association Montessori Internationale. Monthly Letter, Sept.–Oct. 1952, 1–4;
vgl. 629

624* La Graine que nous semons est la Graine de l'espérance, in: AMF, n. 2 (1952) 6–8

625* La Liberté, in: AMF, n. 1 (mars 1952) 5–10

626* Man the Unknown. Auszug aus „La formazione dell'uomo"/, in: Comm, Nov.–Dec. 1952, 1–5

627* Message de la Dssa Montessori pour le premier bulletin de l'Association Montessori de France, in: AMF, n. 1 (mars 1952) 1–2
siehe auch:
Ein Gespräch mit Maria Montessori, in: Unsere Kinder, 7 (1952) 83–85

628* As the Twig is Bent, in: Rotarian, 82 (January, 1953) 11

629* La formation de l'homme, in: AMF, n. 4 (mars 1953) 3–12;
vgl. 623

630* Message (apporté au Congrès de Londres en mai 1951), in: AMF, n. 6 (Octobre 1953) 1–3

631* L'enfant dans la famille, in: AMF, n. 7 (janvier 1954) 1–5; n. 8 (avril 1954) 1–5; n. 9 (juillet 1954) 1–8; n. 10 (octobre 1954) 1–5

632* I limiti della Scuola. (Conferenza trasmessa dalla Radio Asociación de Cataluña, 1936), in: VdI, 3 (1954) n. 3, 1–2

633* Un atto di fede. („Era il 6 gennaio 1907..."), in: VdI, 4 (1955) n. 2, 3–4

634* L'embrione spirituale. (Da „Il bambino in famiglia", Todi 1936), in: VdI, 4 (1955) n. 12, 3–4

635* Il neonato. (Da „Il bambino in famiglia", Todi 1936), in: ebda., n. 11, 3–4

636* La pagina bianca. (Da „Il bambino in famiglia", Todi 1936), in: ebda., n. 10, 3–4

637* Préparation de la Maîtresse montessorienne. (Extrait d'une conférence faite aux Indes), in: AMF, n. 14 (octobre 1955) 9–15

638* L'adulto e il bambino. (Da „Il bambino in famiglia", Todi 1936), in: VdI, 5 (1956) n. 11, 3–6

639* Aider l'enfant à s'aider lui-même, in: Les Cahiers de l'Enfance, n. 29 (octobre 1956) 63–65

640* L'ambiente del bambino, in: VdI, 5 (1956) n. 5, 3–4

641* Il bambino in famiglia. (Da „Il bambino in famiglia", Todi 1936), in: VdI, 5 (1956) n. 6–7, 3– 10

642* Il carattere del bambino. (Da „Il bambino in famiglia", Todi 1936), in: ebda., n. 4, 3–5

643* Del mio metodo in generale. (Da „Il bambino in famiglia", Todi 1936), in: ebda., n. 3, 3–6

644* L'educazione nuova. (Da „Il bambino in famiglia", Todi 1936), in:ebda., n. 2, 3–5

645* L'enfant au travail. Conférence (11. 12. 1936), in: AMF, n. 15 (janvier 1956) 6–8

646* L'enfant dans la reconstruction du monde, in: AMF, n. 16 (mai 1956) 1–9

647* Gott und das Kind. (Übersetzt aus dem Italienischen von Helene Helming), in: DMG, 4 (1956) N. 4, 2–6; 5 (1957) N. 1, 1–4; N. 2, 1–3

648* Les lois naturelles du développement, in: AMF, n. 18 (octobre-novembre 1956) 1–6

649* La maestra nuova. (Da „Il bambino in famiglia", Todi 1936), in: VdI, 5 (1956) n. 8–9, 4–5

650* Maestro d'amore. (Da „Il bambino in famiglia", Todi 1936), ebda., n. 1, 4–5

651* Ordnung. (Auszug aus „La mente del bambino"; übersetzt von Helene Helming), in: DMG, 4 (1956) N. 1, 1–2

652* Die Disziplin. (Auszug aus „La mente del bambino"; übersetzt von Helene Helming), in: Kinderheim, 35 (1957) 68–76

653* Le due vite, in: VdI, 6 (1957) n. 8–9, 9–10

654* „The Erdkinder" – I fanciulli della terra. (Schema per una riforma della Scuola Media), in: VdI, 6 (1957) n. 5, 3–7; n. 6–7, 3–5; n. 8–9, 4–7; = 586

655* Glimpses at the Soul of the Child. (Translated from the last Spanish edition of „Dr. Montessori's Own Handbook"), in: AC, 2 (1957) II–IV

656* Les trois degrés de l'obéissance. /Auszug aus „La mente del bambino"/, in: AMF, n. 20 (mai-juin 1957) 2–12

657* You and the Child. (Poem), in: AC, 2 (1957) p. I.

658* L'ambiente e l'adulto. (Resoconto di una conferenza tenuta da Maria Montessori al 17 Corso Internazionale di Barcelona nel 1933), in: VdI, 7 (1958) n. 10, 3–6

659* Le Développement social. (Extraits du livre „L'Esprit absorbant"), in: AMF, n. 22–23 (mai 1958) 1–20

660* Il disegno. (Da „L'Autoeducazione"), in: VdI, 7 (1958) n. 3, 22–25

661* L' esatezza base dell'educazione. (Da una lettera di Maria Montessori alla Sig.na Giuliana Sorge, 1950), in: ebda., n. 5, 3

662* La morale sessuale nell'educazione. (Testo integrale della relazione svolta da Maria Montessori a Roma nel 1906 in occasione del I Congresso della Donna Italiana; pubblicato in parte), in: ebda., n. 8–9, 3–7

663 Nauwkeurigheid, basis van de opvoeding, in: MO (1958) n. 2, 2–3; vgl. 661

664* La maîtresse montessorienne et la discipline. (Extrait de „L'Esprit absorbant de l'enfant"), in: AMF, n. 26 (février 1959) 23–39

665* Two Questions Answered. (First published in „The Call of Education", 1 (1924)), in: AC, 4 (1959) 4–5

666* L'uomo nuovo, in: VdI, 8 (1959) n. 12, 3

667* Die zwei Leben. (Übersetzt von Giuseppe Bacigalupo; bearbeitet von Kurt Aurin), in: DMG, 7 (1959) N. 3, 3–4

668* On my method, in: AC, 5 (1960) 1–4

669* Réponse a deux questions. (Extraits de „The Call of Education“, 1924), in: AMF, n. 28 (mars 1960) 1–4
670* L'adulto e il bambino, in: VdI, 10 (1961) n. 10, 13–16
671* Anime intraviste. (Da „L'Idea Montessori“, 1927), in: ebda., n. 9, 11–12
672* Creative Ability in Childhood. (First lecture given at the VIII International Montessori Conference held at San Remo in 1949), in: AC, 6 (1961) 1–4; = 335
673* L'educazione e il bambino, in: VdI, 10 (1961) n. 12, 11–12; vgl. 437; 444
674* Introduction to „Psycho-Geometry“, in: Bull, Autumn 1961, 4–7; = Reprint from Montessori Notes, May 1933
675* La solidarietà umana nel tempo e nello spazio, in: VdI, 10 (1961) n. 7–8, 3–6; = 339
676* La storia attraverso la lettura. (Da „L'Autoeducazione“, 1916, p. 386), in: ebda., n. 5–6, 3
677* The Two Natures of the Child. (Lecture, given to the 19th International Course held in London in 1933), in: Bull, Summer 1961, 3–12
678* „Who Are You? “, in: SO, vol. 1, N. 2 (September, 1961) 3–4
679* Analfabetismo mondiale. (Da „La formazione dell'uomo“, 1949, 99–134), in: I Problemi della Pedagogia, 8 (1962) 201–237
680* L'analisi. (Pagine scelte dall'„Idea Montessori“, 1 (1927) n. 2–3), in: VDI, 11 (1962) n. 1, 8–9; vgl. 442
681* Die Bedeutung der Umweltanpassung. (Als Vorlesung entnommen aus einem von der Verfasserin gehaltenen Kurs; hrsg. von Mario Montessori), in: DMG, 10 (1962) N. 3–4, 1–3
682* La „Casa dei Bambini“ sembra avere un'influenza. (Da „Il metodo“), in: VdI, 11 (1962) n. 5–6, 6
683* Dalla prefazione al volume „L'Autoeducazione nelle scuole elementari“, in: ebda., n. 10, 5
684* L'educazione per il nuovo mondo. (Discorso pronunciato al Congresso delle Scienze di Edimburgo, nov. 1946), in: I Problemi della Pedagogia, 8 (1962) 401–447
685* La funzione dell'Università, in: I Problemi della Pedagogia, 8 (1962) 1–10; vgl. 587
686* Um metodo per la classificazione dei deficienti. (Relazione al II Congresso Pedagogico Nazionale, Napoli 1902), in: VdI, 11 (1962) n. 9, 3–12
687* The Secret of Childhood. (An excerpt from the book), in: SO, vol. 1, N. 3 (March, 1962) 2–3
688* The Three Levels of Ascent, in: AC, 7 (1962) 1–3; vgl. 656
689* Trovai oro invece di grano, in: VdI, 11 (1962) n. 5–6, 3–4
690* The Two Natures of the Child. (Second Lecture of the 19th International Montessori Training Course held in London in 1933), in: AC, 7 (1962) 3–9
691* The Child Our Master. (From the concluding address by Dr. Maria Montessori at the IX International Montessori Conference London, 19th May 1951), in: AC, 8 (1963) 1–4
692* Concentration. (Taken from a lecture given in 1921), in: Comm, 1963, N. 3, 6–8

693* L'esplosione della scrittura. (Da „L'Illustrazione Italiana", 13–20 marzo 1949), in: VdI, 12 (1963) n. 1, 12

694* Le fondamenta del mio metodo, in: ebda., n. 3, 3–5

695* Die Kinderhaus-Leiterin und die Disziplin. (Wenig gekürzte Übersetzung aus „La mente del bambino"), in: MW 1, Herbst 1963, 4–10; vgl. 664

696* Das letzte Abendmahl. (Aus der Schrift Montessoris „Die Messe, Kindern erklärt"), in: MW 2, Winter 1963, 4–5

697* Il maestro. (Da „L'Idea Montessori" 1 (1927) n. 4–5), in: VdI, 12 (1963) n. 6–7, 5–6

698* Dr. Maria Montessori on Peace, in: Comm, 1963, N. 3, 1–4

699* La scuola media come esperienza di vita sociale. (Auszug aus 654), in: VdI, 12 (1963) n. 4, 3–7

700* L'uomo dai due linguaggi. (Riproduzione di un saggio di Maria Montessori dal titolo „Introduzione ad un metodo per insegnare a leggere e a scrivere agli adulti, Roma 1951), in: ebda., n. 5, 3–5

701* L'adulto educatore, in: VdI, 13 (1964) n. 10, 21–23; vgl. 459

702* Il carattere del bambino, in: ebda., n. 12, 3–6; vgl. 454

703* Educate for Peace, in: AC, 9 (1964) 6–8; vgl. 584

704* I fanciulli dai 12 ai 15 anni. (Da un autografo di Maria Montessori), in: VdI, 13 (1964) n. 6–7, 7

705* Il neonato. (da „Il segreto dell'infanzia"), in: ebda., n. 8–9, 3–6

706 La pace e l'educazione, in: ebda., n. 4, 5–13

707* Pädagogische Leitsätze. (Aus Schriften und Vorträgen Dr. Maria Montessoris), in: MW 3, Frühjahr 1964, 17

708* Das Phänomen der Aufmerksamkeit. Der Kontakt mit der Wirklichkeit, in: MW 6, Herbst 1964, 8–9 (= Auszüge aus „Montessori-Erziehung für Schulkinder")

709* Rosa Turm, Breite Treppe, Lange Stangen. (Aus dem 10. Vortrag Dr. Maria Montessoris im Lehrgang in London 1946), in: MW 5, Sommer 1964, 21–22

710* Über das Beobachten. (Aus einem Vortrag von Dr. Maria Montessori), in: MW 3, Frühjahr 1964, 15–16

711* I bambini viventi nella chiesa, in: VdI, 14 (1965), n. 5, 3–6

712* A Decalogue, in: AC, 10 (1965–1966) 153

713* Disarmament in Education. With an Introduction by Mario M. Montessori, in: Comm, 1965, N. 4, 3–6; = 609

714* Das Kind offenbart sich selbst. (Aus „Door het kind naar een nieuwe wereld, [2]1953, 143–162), in: MW 7, Frühjahr 1965, 3–11

715* La morale sessuale nell'educazione. (1911), in: VdI, 14 (1965) n. 2–3, 3–6; nicht identisch mit 662

716* Das Recht des Kindes, in: Blätter des Pestalozzi-Fröbel-Verbandes, 16 (1965) 175–180

717* La sorgente dell'amore: il bambino, in: VdI, 14 (1965) n. 4, 3–5

718* Über die Analyse der Bewegungen, in: MW 8, Sommer 1965, 14–16

719* The Unconscious in History. (1948), in: AC, 10 (1965–1966) 1–11; vgl. 600; 605
720* The Child's Place in Society. (Speech given by Dr. Maria Montessori at the 24th Annual Conference of Educational Associations in 1936), in: Comm, 1966, N. 1–2, 15–17 + 28
721* Helft dem Kinde, selbst zu handeln! (Aus den Berliner Montessori-Mitteilungen des Jahres 1926), in: Montessori-Briefe. Mitteilungen des Berliner Montessori-Kreises, Mai 1966, 1–3
722* Soziales Leben der Kinder. /Auszug aus „The Absorbent Mind"/, in: MW 9, Frühjahr 1966, 3–6
723* Tuning in on youth, in: The Unesco Courier, 19 (1966) July-August, 47
724* L'adolescenza è una nuova nascità. (Faksimile eines Autographs), in: VdI, 16 (1967) n. 11, 24
725* The blank page, in: AC, 11 (1967) 4–6 vgl. 488; 555
726* The Four Planes of Education. Notes of a Public Lecture by Dr. Maria Montessori in Edinburgh 1938, in: Bull, vol. 5, N. 40 (Spring 1967) 5–7
727* Liebe heißt: das Gute zu sehen. (aus „The Child in the Church", 1929), in: MW 12, Frühjahr 1967, 13–14
728* Studium der Schöpfung. (aus „The Child in the Church", 1929), in: MW 12, Frühjahr 1967, 15–16
729* Das Wort in der Montessori-Unterweisung. /aus 330/, in: MW 13, Sommer 1967, 3–5
730* (Aufruf), in: Das Kind. Zeitschrift für Montessori-Pädagogik, 1968, H. 1, 2
731* On Discipline. – Reflections & Advice, in: Comm, 1968, N. 1–2, 2–10; vgl. 429; 614
732* Die schöpferischen Perioden der frühen Kindheit. Sensible Perioden. Sprache. (Aus Vorträgen Montessoris, London 1927 und London 1946), in: MW 15, Sommer 1968, 3–6
733* Die Sinnesübungen. (Aus „Montessori-Erziehung für Schulkinder", 1926, 202–204), in: MW 15, Sommer 1968, 16–18
734 Montessori, Maria and Phoebe Child: Teaching General Science to Small Children, in: New Era, 20 (1939) 200–203

Nachträge:

735 La Casa dei Bambini: una vera scuola di educazione, in: VdI, 15 (1966) n. 5–6
736* L'incarnazione. (Da il libro L'Enfant), in: Pro Juventute, 18 (1937) 34–36
737 Il Maestro, in: IM, 1 (1927) n. 4–5
738* Principios y práctica de la educación, in: Revísta de Pedagogía. (Tucuman, Rep. Argentina), 1 (1939) 98–105
739* La „spontaneità" non è un impulso cieco, in: MO (1966–1967), n. 15, 18

800* The Gospel of Work, in: Sunday School Chronicle, 16. 10. 1919
801* The New Education, in: Sunday Evening Telegram, 7. 9. 1919
802* The Wisdom of the Child, in: Sunday School Chronicle, 22. 1. 1920
803* Mijn Methode, in: De Amsterdammer. Weekblad voor Nederland, 22. 7. 1922, 1–2
804* Autógrafo de la Dra. María Montessori para „El Despertar", in: El Despertar. (Buenos Aires), 15. 9. 1926, 3

805* Das Kind in der Familie, in: Neue Freie Presse. (Wien), 27. 11. 1926, 12

806* Helft dem Kinde, selbst zu handeln, in: Berliner Tageblatt, N. 30, 19. 1. 1927, 1. Beiblatt

807 Revolution und Kindererziehung, in: Dortmunder Zeitung, 5. 8. 1928

808* Revolution der Kindererziehung, in: Kölner Tageblatt, 26. 8. 1928

809* Blazing New Trails in Education, in: Natal Witness Pietermaritzburg, 29. 6. 1929

810* Das System Montessori, in: Technische Rundschau. Wochenschrift des Berliner Tageblatts, N. 48, 4. 12. 1929, 484

811* Sensitive Perioden bei Jugendlichen, in: Berliner Tageblatt, 19. 1. 1930, 5. Beiblatt

812* Ideals and Facts in Education, in: Saturday Review, vol. 152 (December 5, 1931) 711–712

813* La Méthode Montessori, in: Vendredi. (Paris), 11. 9. 1936

814* La magia del bambino, in: Illustrazione Italiana. (Milano), n. 11 (13 marzo 1949) 378–379; n. 12 (20 marzo 1949) 406–407, 422

815* L'enfant est le constructeur, in: France Illustration. Le monde illustré, n. 310 (3 novembre 1951)

816 La liberté ne peut être, donnée ... elle doit être construite, in: Coopération. Hebdomadaire. (Bâle), 22. 3. 1952

900* Lezioni di Antropologia Pedagogica. Raccolte stenograficamente e compilate da Benedetto Franceschetti. (Unica edizione autorizzata e riveduta dalla Insegnante). Regia Università degli Studi di Roma, anno accademico 1905–906 (sic)

901* Montessori Congress, Edinburgh 1938. First Lecture by Maria Montessori: „The Sensitive Periods" (Hektographie)

902* Montessori Congress, Edinburgh 1938. Second Lecture by Maria Montessori: „Freedom and Discipline" (Hektographie)

903* Montessori Congress, Edinburgh 1938. Third Lecture by Maria Montessori: „Moral and Social Education" (Hektographie)

904* Montessori Congress, Edinburgh 1938. Fourth Lecture by Maria Montessori: „Culture as a Means of Development in the Formative Periods" (Hektographie)

905* Montessori Congress, Edinburgh 1938. Public Lecture by Maria Montessori: „The Four Planes of Education" (Hektographie)

906* Bespreking van Dr. Montessori te Laren met de Montessori Docenten, 31 Januari 1939 (Hektographie)

907* Social Party of the Child. The Aims of the Social Party of the Child, Amsterdam o. J. (1939); (Flugschrift)

908* Social Party of the Child, Laren o. J. (1939); (Flugschrift)

909* Sixth Indian Montessori Course. Lectures given by Dr. Maria Montessori. (Maschinenabschrift)

910* „Education does not merely aim at the formation of the individual, but of the social personality". Association Montessori Internationale, October 1946

911* 33 Lectures given at the International Montessori Training Course, London 1946;
a) englisches Original im Besitze der Association Montessori Internationale, Amsterdam
b) (private) deutsche Übersetzung von Helene Helming

912* International Montessori Conference held in the Auditorium of the Municipal University of Amsterdam, April 11th–16th 1950, the main subject being „Cosmic Education". (Hektographie der Association Montessori Internationale)

913* Korte samenvatting van de Internationale Montessori Conferentie gehouden van 11–16 april 1950 in de Gemeente Universiteit van Amsterdam. (Hektographie der Association Montessori Internationale)

914* Freedom. Association Montessori Internationale, January 1952

II. Sekundärliteratur

1000* Ahlgren, Mary: Maria Montessori och hennes verk. II: Montessoris metod i nutida skolliv. (Pedagogiska Skrifter 227), Stockholm 1959

1001* Ajuntament de Barcelona. Comissio de Cultura: L'escuela pública de Barcelona i el mètode Montessori, Barcelona 1933

1002* Alcuni esercizi per la formazione della mente matematica. (Quaderni di „Vita dell'Infanzia" 1), Roma (1958)

1003 Aleksandrovic, E.: Novaja pedagogika, Petrograd 1913

1004 Alessiani, Paolina: Rousseau e il metodo Montessori, Fermo 1920

1005 Anderson, C. A.: Montessori Method of Teaching Hearing Children, Washington 1912

1006 Anderson: Proving the Worth of the Montessori Method, Washington 1913

1007 Andriani Magrini, Giuseppina: Il metodo Montessori e le case dei bambini, Firenze 1912

Association Montessori Internationale
siehe: International Montessori Association

1008 Badheka, Gijubhai Bhagvanji: Montesari paddhati kharcal che?, Bhavnagar 1929

1009 Bagaturova, N.: Montessori i novyj sposob obučenija gramote, Moskau 1915

1010 Bailey, Carolyn Sherwyn: Montessori Children, New York 1915

1011 Le bandiere d'Europa. (Serie: Quaderni di „Vita dell'Infanzia"), Roma 1965

1012* Barbera, Mario: Le case dei bambini e il Metodo Montessori, Roma 1927

1013* Barbera: L'educazione nuova e il metodo Montessori, Milano 1946

1014 Barbiani, Giulia: Il metodo Montessori e l'educazione dell'infanzia, Forli 1913

1015 Bardócz, Pál: Dr. Montessori – nevelési rendszere és módszere, Budapest 1924

1016* de Bartolomeis, Francesco: Maria Montessori e la pedagogia scientifica, Firenze 1953;
2a edizione riveduta e ampiata, Firenze 1964

1017 Barucci, F.: Il metodo della pedagogia scientifica, Genova 1925

1018 Battistelli, Vincenzina: I bambini nella nuova scuola: note sull'anaamento di una classe tenuta col metodo Montessori, Roma 1918

1019 Battistelli: Le case dei bambini della Montessori. Risposta alla critica di C. Zanzi, Roma 1918

1020 Battistelli: Esperimento del metodo Montessori, Roma 1918

1021 Battistelli: Il metodo Montessori e la nuova pedagogia italiana, Roma 1926

Battistelli, Vincenzina
siehe: Talocchini Recchi, Ada

1022 Di Bella, Enza: Il metodo Montessori per l'educazione dell'infanzia, Catania 1932

1023 Bernard, Georgette J. J.: La Méthode Montessori, Paris 1946; [2]1957

1024 Bertin, Giovanni Maria: Il fanciullo montessoriano e l'educazione infantile, Roma 1963

1025 Bertini, Giovanni: Il metodo Montessori, Firenze 1952; 21953
1026 Bertolini, P.: Del metodo Montessori. Riassunto critico, Firenze 1927
1027* Een bezoek aan de „Case dei Bambini". (Overgedrukt uit het Nederlandse Tijdschrift voor Geneeskunde, Jg. 1914, N. 18), o. O. (1914)
1028 Bhambhra, K. V.: Do I stand condemned? , Allahabad 1960
1029* Bianchi, Bianca: Il sistema educativo di Maria Montessori, Firenze 1952
1030 Bijleveld-Dake: Montessori-onderwijs. (Christendom en vrouwenbeweging, II/2–3), Utrecht 1924
1031 Blackburn, Mary: Montessori Experiments in a Large Infants School, London 1920
1032 Blackburn: Montessori Experiments in a Large Infants School, New York 1921
1033* Board of Education. The Montessori System of Education. (Educational Pamphlets, N. 24), London 1912
1034 Bočkarev, N.: Pedagogika Montessori v kritičeskom osveščenii, Perm' (Doškol 'nyj kabinet Ped. Fakul'teta Persmskogo gos. universiteta) 1925
1035 Boni Fellini, Paola: I segreti della fama, Roma 1955
1036* Boyd, William: From Locke to Montessori. A Critical Account of the Montessori Point of View, New York 1914
1037* Boyd: From Locke to Montessori. A Critical Account of the Montessori Point of View, London 1917
1038 Boyd: Sistema Montessori. Istorikokritičeskij analiz sistemy, Moskau 1925
Broch-Haas, M.
siehe: Haas, M.
1039* Brumme, Gertrud-Marie: Selbsttätige Erziehung bei Maria Montessori und im Kindergarten der Deutschen Demokratischen Republik. Diss. Berlin (Humboldt-Universität) 1961 /Masch.-Schrift/
1040* (Fischer-) Buck, Anne: Naturgemäße Erziehung. Ein Vergleich der Lehre von Pestalozzi und Montessori angewandt auf die heutige psychologische Pädagogik. Diss. Bonn 1957;
als Buch: Bonn 1959
1041 Buytendijk, F. J. J.: Vorming der Jeugd door werkelijk Doen, Amsterdam (Nederlandsche Montessori Vereniging) o. J.
1042 Buytendijk: Bildung der Jugend durch lebendiges Tun, Berlin o. J.
1043 Buytendijk: De zin van de vrijheid in hed menselijk bestaan, Utrecht-Antwerpen 1958
1044 Candhari, Ramkhelavan: Shiksha mam navim prayog: Svayam jñan tatha khel vidhiyam, Lucknow 31961
1045* Calò, Giovanni: Maria Montessori. (Estratto da „Vita dell'Infanzia", 1953, N. 5–6), Roma 1953
1046 Canfield-Fisher, Dorothy: E autoagoge kata ten Montessori, Athenai 1924
1047 Canfield-Fisher: L'Education Montessori. Les principes qu'appliquê Mme. Montessori dans les „Case dei Bambini", Paris 1915; 51921
1048 Canfield-Fisher: The Montessori Manual, Chicago 1913
1049 Canfield-Fisher: The Montessori Manual, in which Dr. Montessori's teaching and educational occupations are arranged in practical exercises or lessons for the mother or the teacher, London 1914
1050* Canfield-Fisher: The Montessori Manual for Teachers and Parents, Cambridge (Mass.) 1964
1051* Canfield-Fisher: Montessori for Parents, Cambridge (Mass.) 1965
1052 Canfield-Fisher: Een Montessori Moeder, Zwolle 1915; 21916

1053 Canfield-Fisher: A Montessori Mother, New York 1912 (240 p.)
1054 Canfield-Fisher: A Montessori Mother, London 1913 (128 p.)
1055* Canfield-Fisher: Eine Montessori-Mutter, Stuttgart (1927)
1056 Canfield-Fisher: Self-Reliance: A Practical and Informal Discussion of Methods of Teaching Self-Reliance, Initiative and Responsibility to Modern Children, London o. J.
1057* Cappeller, Richard: Freier Umgang drei- bis sechsjähriger Kinder mit Montessori-Material. Diss. Leipzig 1936;
als Buch: München (Neue psychologische Studien, Bd. 8, H. 3) 1939
1057 a Casa dei Bambini Michelangelo Virgilito, Milano 1954
1058 Casotti, Mario: Il metodo Montessori e il metodo Agazzi, Brescia 1931; ^{5}1955
1059* Cavalletti, Sofia e Gianna Gobbi: Educazione religiosa liturgica e metodo Montessori, Roma 1961
1060 Cavalletti, Sofia: La liturgia in un esperimento montessoriano. (Estratto dalla „Rivista Liturgica“, a. 48, 1961, N. 3), o. O. (1961)
1061 Cavalletti, Sofia e Gianna Gobbi: Materiale didattico per l'educazione religiosa secondo i principi montessoriani. Il Battesimo, la Cresima, la Penitanza, il Vangelo, Roma 1964
1062* Cavalletti, Sofia e Gianna Gobbi: Teaching Doctrine and Liturgy. The Montessori Approach, Staten Island (St. Paul's Publications) 1964
1063 Ceresi, Vincenzo: Il sentimento religioso e il metodo Montessori, Roma o. J.
1064 Cimirska, M.: Moja ochronka. Poradnik metodyczny, Lwów 1928
1065* Claremont, Claude A.: An Appeal for a Model Montessori School, London o. J.
1066* Claremont: Child's Paradise. (Reprinted from April and May issues of „Child Education“), London 1938
1067 Claremont: The Education of the Will. (Reprinted from the „New Era“), London o. J.
1068* Claremont: Good News for Teachers, London o. J.
1069 Claremont: Has Dr. Montessori Made a True Contribution to Science? (A paper read privately, Dec. 5, 1917), Hampstead 1917
1070 Claremont: Intelligence and Mental Growth, London 1927
1071 Claremont: Montessori and the New Era, London o. J.
1072* Claremont: Montessori Education – The Hope of the Future. (Off-print from „Communications“ 1962, N. 3/4), Amsterdam 1962
1073 Claremont: Dr. Montessori's Message to Educationists, London 1918
1074* Claremont: The Myth of the Nonmathematical Child, London 1955
1075* Claremont: A Note on Montessori Training, London o. J.
1076* Claremont: A Review of Montessori Literature, London 1919
1077 Claremont: A Review of Montessori Literature, Toronto 1919
1078* Comitato Italiano dell'OMEP. Maria Montessori cittadina del mondo. A cura di Marziola Pignatari, Roma 1967
1079* Comité italien de l'OMEP. Maria Montessori citoyenne du monde, par Marziola Pignatari, Rome 1967
1080 Costa-Minneci di Villareal, Joyce: Methods and Materials of the Montessori System: An Interpretation. Unpublished Master's thesis. The American University, 1957

1081 Costa-Minneci: The Montessori Elementary Curriculum Content and the Corresponding American Curriculum: A Cross-Cultural Study. (Ph. D. dissertation, The American University, 1958) Ann Arbor/Mich. University microfilms, 1959
1082 Cowan, David T., The Montessori System of Education. (Reprinted from the „Hampshire Chronicle“, May 11, 1912), Winchester 1912
1083 Craig, Clara E.: The Montessori System of Child Culture. A Report Presented to the State Board of Education. State of Rhode Island 1913
1084 Crowley, Rose Marie: A Comperative Study of Three Established Methods of Educating Children in the Kindergarten and Primary Grades. Unpublished Master's thesis, St. John's University, 1943
1085* Culverwell, Edward P.: The Montessori Principles and Practice, London 1913
1086 Culverwell: Montessori's Principles and Practices, New York 1914
1087 Dal Mas, Giuseppina: Federico Froebel, le sue istituzioni prescolastiche e la dottoressa M. Montessori, Torino 1913
1088 Dal Mas: Nessuna cosa morta deve entrare nel piccolo mondo del fanciullo contro l'insegnamento della lettura e della scrittura nelle istituzioni prescolastiche, Milano 1915
1089 Dionis, Francesco: Metodologia. Il metodo Montessori, Roma 1954
1090 Dol, W. C. P. – J. E. Kok: De Montessori-kleuterschool, Groningen-Djakarta 1954
1091 Droogleever Fortuyn, Ae. B.: De gevoelige periode als een der grondslagen van het Montessori-onderwijs, Zeist 1921
1092* Drummond, Margaret: Basic Education – The Montessori Method, Edinburgh (The Montessori Trust) o. J.
1093 Drummond: Learning Arithmetic by the Montessori Method, London 1947
1094* L'Education des tout petits. Manuel de méthodologie d'après les principes montessoriens. Par une Soeur de Notre-Dame de Namur, Namur ^{2}1924
1095* van Eeden, Peter: Maria Montessori. Haar leven en werk in kort bestek, Amsterdam (derde druk) 1966
1096* Een en ander over het Montessori Lyceum te Amsterdam, Amsterdam o. J.
1097* Eisenstädter, Julius: Montessorisystem und proletarische Erziehung. (Entschiedene Schulreform H. 15), Leipzig 1923
1098 Ellison, Louise: A Study of Maria Montessori's Theory of Discipline through an Examination of Her Principles and Practices and an Experiment with Pre-School Children. Unpublished Master's thesis, Tufts University, 1957
1099 Den Eltern, Lehrern und Kindern der Montessorischule, Jena 1932
1100 Fausek, Julie J.: Dětskij sad Montessori. Opyti i nabljudenija v tečenie semilětnej raboty v dětskich sadach po sistemě Montessori, Berlin 1923; Moskau-Leningrad ^{2}1926
1101 Fausek: Mesjac v Rimev „Domach detej“ Marii Montessori, Petrograd 1915
1102 Fausek: Metod Montessori v Rossii, Petrograd 1924
1103 Fausek: Obučenie gramote i razvitiju reči po sisteme Montessori, Moskau 1922
1104 Fausek: Obučenie sčetu po sisteme Montessori, Leningrad 1924
1105 Fausek: O vnimandii u malen'kich detej, Petrograd 1922
1106 Fausek: Razvitie intellekta u malen'kich detej, Petrograd 1922
1107 Fausek: Značenie risovahija v škole Montessori, Petrograd 1923
1108 Faussek (= Fausek), Julie: Erfahrungen und Beobachtungen aus meiner siebenjährigen Praxis in russischen Montessorikinderhäusern, o. O. (Reichsverlag der U. S. F. R.) 1924

1109 Fedeli, Anna: Il metodo Montessori: communicazione, Como 1916
1110 Ficara, G.: Il metodo Montessori. Idea e apostolato, Modica 1921
1111* Finazzi Sartor, Rosetta: Maria Montessori, Brescia 1961
1112 Findlay, Joseph and K. Steel: Educative Toys, London 1914
Fisher, D. C.
siehe: Canfield-Fisher, Dorothy
1113 Flayol (Mlle.): La Méthode Montessori en Action – Théorie-Pratique-Critique, Paris (1922)
1114 Fox, John Thomas: Remedial Reading. An Adaptation of the Montessori Method. Unpublished Master's thesis, Illinois State Normal University, 1951
1115 Frabbito, Paul Francis: A Critical Evaluation of Madame Montessori's Pedagogy. Unpublished Master's thesis, New York University, 1917
1116 Franzoni, A.: Metodo Montessori. (Quaderni di Pedagogia, a. 1, serie 1, n. 3–4), Milano 1916, 155–314
1117* Fynne, Robert John: Montessori and Her Inspirers, London 1924
1118 Garcin, F.: L'Education des petits enfants par la méthode montessorienne, Paris 1922
1119* Gerhards, Karl: Zur Beurteilung der Montessori Pädagogik. (Sonderdruck aus „Die neue Erziehung" 7 (1925) 181–186). Hrsg. von den Montessori-Nachrichten, o. O. 1927
1120* Gerhards: Zur Beurteilung der Montessori-Pädagogik. Eine Auseinandersetzung mit ihren heutigen Kritikern (Stern, Hessen, Spranger, Muchow), Leipzig 1928
1121* Gintsberger, Michael: Die Grundlagen der Montessori-Erziehung. Diss. Innsbruck 1950
1122 Il gioco dell'infanzia. (Serie: Quaderni di „Vita dell'Infanzia"), Roma 1964
1123 Gioventù Nuova: Primo Corso Montessori, Città di Castello 1909
Gnana Prakasam, A.
siehe: Maria Montessori, A New World and Education
Maria Montessori, What you should know about your child
1124 Gonella, Guido: Omaggio alla Montessori. Discorso tenuto dal Ministro della Pubblica Istruzione per salutare il ritorno in Italia della Montessori, Roma 1947
1125* Gorresio, G. André – Grazia Honneger Fresco: Questi nostri bambini, Roma 1966
1126 Goudelis (-Edelstain), Maria: Psychike Ygiene tou Paidiou, Athenai 1946
1127* Goudelis: Spiti kai scholeio, Athenai 1956
1128* Grant, Cecil: English Education and Dr. Montessori, London 1913
1129 Grunwald, Clara: Montessori (Sonderdruck aus „Das Schulhaus"), Berlin 1921
1130 Grunwald: Montessori-Erziehung in Familie, Kinderhaus und Schule, Berlin 1927
1131 Grunwald: Produktive Kleinkindererziehung. Hrsg. im Auftrag der Freunde und Förderer der Montessori-Methode in Deutschland e. V., Berlin 1922
1132 Grunwald: Der Montessori-Lehrer, Berlin o. J. (1925)
1133 Gunning, J. H.: Dr. Montessori – de Italiaansche onderwijshervormster, Amsterdam o. J. (1915)
1134 Gunning: Over het schrijfonderwijs en de Montessorimethode. (Paed. Voordrachten, N. 8), Groningen-Den Haag 1919
1135* Gunning: Over Montessori, Groningen-Djakarta 1937
1136 Haas, M.: De Montessori-school. Populaire inleiding, Hoorn 1923; 21923
1137 Haas: Waarom de Montessori-school? Populaire beschouwing, Hoorn (1922)

1138 Halbert, Anna Evelyna: Problems of Self-Activity in Modern Educational Theory with Special Reference to Rousseau, Harris, Dewey, and Montessori. Unpublished Ph. D. dissertation, New York University 1925
1139 Harris, H. L.: The Educational Path to Peace. A Reprint from the Report of the Conference of Education Associations, Edinburgh o. J. (1938)
1140 Harrison, Elizabeth: The Montessori Method and the Kindergarten, Washington (U. S. Bureau of Education, Bulletin N. 28) 1914
1141 van Hattem, A. V.: Over Montessori als opvoedster, Hoenderloo 1921
1142* Hecker, Hilde und Martha Muchow: Friedrich Fröbel und Maria Montessori, Leipzig 1927; ²1931
1143* Helming, Helene: Montessori-Pädagogik. Ein moderner Bildungsweg in konkreter Darstellung, Freiburg 1958; ²1963
1144 Hessen, Sergio (= Hessen, Sergej Josifovich): Leone Tolstoi – Maria Montessori. (Serie: I problemi della pedagogia, vol. 14), Roma 1954
1145* Hessen, Sergius (= Hessen, Sergej Josifovich): Die Methode der Maria Montessori und ihr Schicksal, Halle 1936
1146 Hoff, Ragnhild: Ikke saadan opdrages born men saadan, Köbenhavn 1941
1147 Holmes, E.: Das Montessori-System der Erziehung. (Die Arbeitsschule in Italien). Hrsg. vom Board of Education, London; frei übersetzt von Arthur Ripper, Brünn 1914
Holmes, E.
siehe: Board of Education
Honneger Fresco, Grazia
siehe: G. André Gorresio
1148 Hoyo, Pearl: Comperative Study of the Views of Maria Montessori and Susan E. Blow on the Training of Children. Unpublished Master's thesis, Catholic University of America 1944
1149* Hunt, Harriet E.: Auto-Education and Montessori Method. The Psychology of Auto-Education Based on the Interpretation of Intellect Given by Henri Bergson in his „Creative Evolution". Illustrated in the Work of Maria Montessori, Syracuse, N. Y. 1912
1150* Huntly, V. E.: Montessori and Children's Art. (A Montessori Society Publication), London o. J.
1151* International Montessori Association. De Montessori beweging is een van de belangrijkste stromingen van onze tijd, London o. J.
1152 Isabel Eugénie, Sr. et E. M. Standing: Dix Conférences sur l'éducation religieuse d'aprés Maria Montessori, Paris 1953
1153 Ivanter, G. S.: Sistema doškol'nogo vospitanija Montessori i sovetskaja pedagogika, Leningrad 1926
1154 Jacoby, George W.: The Montessori Method from a Physician's Viewpoint, New York 1913
1155 Jacovo, Luigi di: Controluce. (Serie: Quaderni di „Vita dell'Infanzia"), Roma 1956
1156 Janžul, E.: Ital'janskij detskij sad po sisteme g-zi Montessori, Moskau 1912
Montessori, Moskau 1912
1157 Jeradi, Annunziata: Il pensiero pedagogico di Maria Montessori nel suo progressivo sviluppo. Tesi di laurea, Università di Roma 1950/1951
1158 Jervolino, de Unterrichter Maria: Saluto a Maria Montessori. Discorso pronunciato all'Assemblea Costituente nella Seduta del 3 maggio 1947, Roma 1947

Jervolino, Maria
siehe: de Unterrichter Jervolino, Maria
1159 Joosten, A. M.: Bhulen aur unka Sudhar, Calcutta o. J.
1160* Joosten: The Dignity of the Child, Calcutta o. J.
1161* Joosten: Helping one – helping all, Calcutta 1962
1162* Joosten: Learning from the Child, Madras 1962
1163 Joosten: Learning from the Child, Calcutta 1963
1164 Joosten: Montessori Aandolan, Calcutta o. J.
1165* Joosten: The Montessori House of Children, Calcutta 1955; ³1964
1166 Joosten: The Montessori Method. Principles, Results, Practical Requirements, Adyar (1949)
1167* Joosten: The Montessori Movement, Calcutta 1964
1168 Joosten: Montessori Shiksha Ke 50 Varsh, Calcutta o. J.
1169* Joosten: Non-Violence and the Child. (Reprinted from the Bulletin of the Ramakrishna Mission Institute of Culture for November 1954), Calcutta 1954
1170* Joosten: Observation, Calcutta 1965
1171* Joosten: Peace and Education, Calcutta 1963
1172* Joosten: The Place of Pre-Primary Education in the Future Growth and Development in India. (Reprinted from the Bulletin of the Childhood & Home Education Section), Kanpur 1958
1173 Joosten: Shishu aur Ahimsa, Calcutta o. J.
1174 Joosten-Chotzen, Rosy: Montessori opvoeding en haar toepassing in ons land, Utrecht 1937
1175* Joosten-Chotzen: Opvoeden als Kunst en als Techniek, Arnheim 1941
1176* Jordan, H. J.: Ouders stellen vragen over Montessorionderwijs, o. O. (1955)
1177 Jordan: Wat is een Montessori-lyceum? , Leiden (1953)
1178 Kanal, S. P. and Premalata S. Kanal: Mata Mantesori ke vicar aur vidhi, Delhi ²1963
1179* Katz, Rosa: Das Erziehungssystem der Maria Montessori, Rostock 1925
1180 Katz: Montessoris uppfostrings metod, Stockholm 1939
1181* Kilpatrick, William Heard: The Montessori System Examined, Boston 1914
1182 Kilpatrick: Montessori Examined, London 1915
1183 Kiss, József: Montessori Maria. Nevelési Rendszere, Budapest 1930
1184 The Knight of the Child, Adyar (The Theosophical Society) o. J.
1185 Kono, Kiyomaru: Monshi-kyoikuho no shokai oyobi hihan, Tokyo 1928
1186* Krombach, Marianne: Das System nach Maria Montessori im Vergleich zur normalen Lern- und Förderungsschule, Diss. Düsseldorf (Med.Akademie) 1965
1187 Kucia, Sister May Marcella: A Study of the Psychological Principles Embodied in the Montessori System. Unpublished Master's thesis, Sister's College, Cleveland, Ohio, 1946
1188 Lakshmi, R.: Montessori kanum kulantai manpu, Madras 1957
1189 Levitin, S.: Pedagogičeskie idei Gerbarta i Montessori. I: Dressirovka detskoj duši, Moskau 1918
1190* Het Lezen in de Montessori Kleuterschool, o. O. (1954)
1191 de Ligt-van Rossem, C. L.: Waarom zenden wij, ouders, onze kinderen naar de Montessori school, Rotterdam 1926
1192* Liguori, Ersilia: Maria Montessori e l'educazione dell'infanzia, Roma 1955
1193 Lilavati, M. Rav: Montessori Method, Bangalore 1961

1194* Linsmeier, Mary T.: The Home and Montessori, Milwaukee, Wisc. 1964
1195* Lombardo-Radice, Giuseppe: La nuova edizione del „Metodo della Pedagogia scientifica“ di Maria Montessori. (Estratto da „L'Educazione Nazionale“, luglio 1926), Roma 1926
1196 Lucentini, Erminia: Il metodo Montessori e il metodo Froebel per l'educazione dell'infanzia, Roma 1919
1197 Lucifero, Elena: Il metodo Montessori, Conferenza, Roma 1910
1198 Lubenec, N.: Frebel' i Montessori, Kiev 1915
1199* Lubienska de Lenval, Hélène: La méthode Montessori. Esprit et Technique, Paris (1947)
1200 Lubienska de Lenval: La place de Maria Montessori dans l'histoire de la pédagogie, Paris 1941
1201* Maccachero, Elisa: L'attuale movimente pedagogico e il metodo di Maria Montessori. (Estratto dai Numeri 43–44 della „Igiene della Scuola“), Genova 1914
1202* Maccheroni, Anna Maria: Come conobbi Maria Montessori, Roma 1956
1203* Maccheroni: Developing the musical senses. The Montessori approach to music for the ear, voice, eye, and hand, Greenwood Press 1966
1204 Maccheroni: Learning to read by the Montessori Method, Edinburgh (1947)
1205 Maccheroni: Il primo libro del bambino. Psico-musica Montessori, Roma o. J.
1206 Maccheroni: Psicomusica: Orecchio, voce, occhio, mano, Roma o. J.
1207 Maccheroni: Psicomusica: Costruisco la scala, Roma o. J.
1208* Maccheroni: A True Romance. Dr. Maria Montessori as I Knew Her, Edinburgh 1947
Mc Cormick Rambusch, Nancy
siehe: Rambusch, Nancy Mc Cormick
1209 Mc Lear, M.: The Kindergarten and the Montessori Method. An Attempt at Synthesis, Boston 1915
1210 Mac Munn, Norman: A Path to Freedom in the School, London-New York 1914
1211 Mahfouz, M. Jamiel: Le matériel et les jeux éducatifs. Examen des méthodes d'éducation nouvelles: Montessori, Decroly, Ecole française, Paris 1945
1212* af Malmborg, Connie: Montessoriskolan, Uddevalla 1965
1213 Man's Formation for International Understanding, hrsg. v. d. Association Montessori Internationale, Amsterdam 1953 (4 S.)
1214 Mason, Charlotte Maria Shaw: The Basis of National Strength. The Montessori Method. (Reprinted from „The Times“), London 1913
1215 Massa, S.: Il metodo Montessori. Esperimento in una classe elementare, Genova 1911
1216* Mazzetti, Roberto: Maria Boschetti-Alberti tra la Montessori e la Parkhurst, Decroly e Lombardo-Radice, Roma 1962
1217* Mazzetti: Giuseppe Lombardo-Radice tra l'idealismo pedagogico e Maria Montessori, Bologna 1958
1218* Mazzetti: Maria Montessori nel rapporto tra anormali e normalizzazione, Roma 1963
1219 Medici, Angela: L'éducation nouvelle: ses fondateurs, son évolution. Thèse, Université de Paris, Faculté des lettres, Paris 1940
1220* Melder, Teunis: Mystiek sensualisme. Een bijdrage tot de kennis van de waardeering der zintuigen bij Baden Powell, Montessori en Rilke, Diss. Amsterdam 1945

1221* Ministero della Pubblica Istruzione: Direzione Generale per l'Istruzione Elementare. Ordinanza per l'applicazione del metodo Montessori nelle Scuole Elementari, Milano (1926)

1222 Modugno, G.: I metodi Agazzi e Montessori e la riforma degli istituti prescolastici, Bari 1927

1223* Dottoressa Maria Montessori. Her Method of Education. By An Infants Headmistress. (Reprinted by courtesy of „Education"), London o. J. (ca. 1910)

1224 Maria Montessori e il suo metodo, Roma 1951

1225 Maria Montessori e il suo metodo. Organizzazione e Statuto dell'Opera Montessori, Roma 1954

1226 Maria Montessori e il suo metodo di educazione, Roma 1929

1227* The Montessori Method. Principles, Results, Practical Requirements. Adyar (Association Montessori Internationale) o. J.

1228* The Montessori Method. Science or Belief? (Reprints from „Communications"), Amsterdam (Association Montessori Internationale) 1968

1229 Montessori om barns arbete, Göteborg 1959

1230* Montessori, Mario M.: The Absorbent Mind, Adyar 1949

1231 Montessori: The Constructive Triangels, London (The Montessori Society) o. J.

1232 Montessori: The VIIIth International Montessori Congress, San Remo – Italy – Spring 1949, Madras (Associated Printers) 1949

1233* Montessori: The Human Tendencies and Montessori Education, Amsterdam 1966

1234* Montessori: De in zich opnemende Geest, Purmerend o. J.

1235* Montessori: Doctor Montessori and Her Work, Holborn 1939

1236 Montessori: Music for Children, Amsterdam (AMI) o. J.

1237 Montessori: Spiritual Outlook and the Child, London (1955)

1238* Montessori: The Tendencies of Men in Montessori Education, Amsterdam 1957; 2. Aufl. siehe Nr. 1233

1239* Montessori, M. M. (jun.): Montessori Education and Modern Psychology. (Reprint from „Communications", 1962, N. 2), Amsterdam 1962

1240* Montessori: Some Remarks on the Anthropology of Montessori Education, Amsterdam 1965 (4 S.)

1241* Morgan, S. A.: The Montessori Method. An Exposition and Criticism. Bulletin of the Ontario Department of Education, N. 1, Toronto 1913

1242 Morozowa, M. – Ticheeva, E.: Eine natürliche Methode, den Kindern das Lesen und Schreiben beizubringen. (In russischer Sprache), Petrograd 1917

Muchow, Martha
siehe: Hecker, Hilde

1243* Mühlbacher, Rosa: Die Diskussion über die Methode Montessori seit 1920 in Deutschland, Phil. Diss. Wien 1929

1244 Naesgard, Sigurd: Egelundsskolen. En dansk Montessori Skole, København-Oslo 1926

1245 Nardi, Augusta: I metodi Montessori e Agazzi nella pedagogia contemporanea. Tesi di laurea, Università di Roma 1945/1946

1246 National Montessori Promotion Fund. Directory of Montessori Classes and Montessori Teachers in the United States, New York 1916

1247* Nieuw Materiaal voor de Montessori Kleuterschool, o. O. (1954)

1248* Nordlund, Gertrud: Maria Montessori och hennes verk. I: Montessoriuppfostran. (Pedagogiska Skrifter 226), Stockholm 1959
siehe auch: Ahlgren, Mary
1249 O'Hern, Edward Philip: The Montessori Method. Its Value for Teaching Religion and Morals in the Catholic School. Unpublished Master's thesis, Catholic University of America 1932
1250 O'Neil, John F.: Clara E. Craig's Adaptations of the Montessori Methods at the Rhode Island College of Education. Unpublished Master's thesis, Catholic University of America 1937
1251* Orem, R. C.: A Montessori Handbook. „Dr. Montessori's Own Handbook" edited by R. C. Orem. With Additional New Material on current Montessori Theory and Practice, New York 1965
1252* Oswald, Paul: Das Kind im Werke Maria Montessoris, Mülheim (Ruhr) 1958
1253 Oswald: Die Psyche des Kindes und ihre Entwicklungsfaktoren im pädagogischen Werk Maria Montessoris, Diss. Bonn 1954
1254 Padallaro, Nazzareno: La scuola vivente. Maria Montessori e il suo metodo, Firenze 1930
1255 de Paeuw, L.: La méthode Montessori, Bruxelles 1929
1256 de Paeuw: La méthode Montessori, Paris o. J.
1257 de Paeuw: El Método Montessori, Madrid o. J. (1925)
1258 de Paeuw: De Montessori-methode, Brussel 1921
1259 de Paeuw: De Montessori-methode, uiteengezet en toegelicht, Antwerpen-s'Hertogenbosch ³1924
1260 Paolini, E. P.: L'educazione infantile e il metodo Montessori, Roma 1911
1261 Patra, Arati: Sanyuktakshar, Calcutta o. J. (1964)
1262* Peeters, Edward: Het Montessori-Verschijnsel tot zijn ware afmetingen teruggebracht. (Opvoedkundige Bibliotheek, N. 19), Brussel o. J. (1922)
1263* Peretti, Marcello: Il metodo Montessori, Treviso 1952
1264 Pich, José Xandri: La Pedagogía Montessoriana, Madrid 1936
1265* Pignatari, Marziola: Il metodo Montessori, Rovigo 1952; ²1954
Pignatari, Marziola
siehe: Comitato italiano dell'OMEP
Comité italien de l'OMEP
1266 Pinesowa, Felicja: System wychowania Maria Montessori, Warszawa 1931
1267 Plank, Emma N.: Montessori's Contribution to the Development of the Concept of Number. Unpublished Master's thesis, Mills College, Oakland (Calif.) 1947
1268 Portielje, A. F. J. – R. Joosten-Chotzen: De natuur in de Amsterdamsche Montessori-school, Amsterdam 1932
1269 van Praag, H.: Montessori voor volwassenen, Amsterdam 1952
1270* Preliminary Education. (A Montessori Society Publication), London o. J.
1271 Pribonic, Catherine: Montessori Re-Examined. Unpublished Master's thesis, Cornell University 1961
1272* Prytz, Ingrid: Det självverksamma skolbarnet. En kort vägledning i Montessoris Metod, Stockholm 1923
1273 Radice, Sheila: The New Children. Talks with Dr. Maria Montessori, London 1920
1274* Rambusch, Nancy Mc Cormick: Learning how to learn. An american approach to Montessori. Foreword by George N. Shuster, Baltimore-Dublin

1962; [3]1965. Enthält: Dr. Maria Montessori and the Montessori Movement: A General Bibliography of Materials in the English Language 1909–1961, compiled by Gilbert E. Donahue. (p. 139–175)
1275* Redevoeringen gehouden ter gelegenheid van de erepromotie van Mevrouw Maria Montessori, op 18 September 1950, Amsterdam (Stadsdrukkerij) o. J. (1950)
1276 Resta, R.: Il metodo Montessori nella scuola primaria, Roma 1922
1277 De resultaten van het Montessori Onderwijs. (2 rapporten 1929 en 1930), Amsterdam (Nederlandsche Montessori Vereniging) o. J.
1278 Richardson, Mary Faison: The Relationship of the Montessori Method of Pre-School Education to Current Nursery School Theory and Practice in America. Unpublished Master's thesis, Vassar College 1940
1279 Riga, Marisa: Maria Montessori e il suo metodo pedagogico. Tesi di laurea, Università di Roma 1949/1950
1280* Rogers, George: Maria Montessori. Her Time and Our Time, London (The Montessori Society) o. J.
1281 Rombouts, J. – G. Lamers: Montessorianisme. Uiteenzetting en Kritiek door J. Rombouts, met een ethisch Beschouwing over Montessori door G. Lamers, Nijmegen-s'Hertogenbosch-Antwerpen 1920; [2]1935
1282 Rosbach, Johs.: En dansk Montessoriskole, Köbenhavn 1924
1283 Rosbach: Hjemlig Undervisning i Skolen, Köbenhavn 1923
1284* Rotten, Elisabeth: Il Partito del Bambino, o. O. o. J. (Saanen 1937) /Flugschrift/
1285 Sajdová, Věra: Marie Montessoriová a jeji metoda výchovy, Praha 1935
1286* von Sallwürk, E.: Die pädagogische Methode der Dottoressa Montessori. (Pädagogisches Magazin 543), Langensalza 1913
1287 Salvatrice, Fidone: Maria Montessori. Tesi di laurea, Università di Roma 1948/1949
1288 Santini, Rosalia: La pedagogia di Maria Montessori. Tesi di laurea, Università di Roma 1948/1949
1289* de Santis, Teresa: L'autoeducazione nella concezione della Montessori e nella pratica della scuola, Roma 1929; nuova edizione: Firenze 1953
1290* Schröteler, Josef: Die Montessori-Methode und die deutschen Katholiken, Düsseldorf 1929
1291* A Scottish Montessori School. By a Sister of Notre Dame, London 1932
1292* Sebastian, Maria: Die Pädagogik Maria Montessoris. Versuch einer erziehungswissenschaftlichen Darstellung ihrer pädagogischen Intuition, Diss. Bonn 1967
1293 Serra, Anna: Il metodo Montessori, Brescia 1952
1294 Serrano, E.: Pedagogía Montessori, Barcelona 1914
1295 Serrano, Leonor, La pedagogía Montessori. Estudio informativo y crítico, Madrid 1915
1296 Sesemann, H.: Die Vergesellschaftung von Kindern in der Unterrichtsarbeit. Zum Problem des spontanen Verhaltens. Beiträge zur Sozialpsychologie auf Grund von Beobachtungen an Kindern nach dem Besuch der Jenaer Montessori- und Universitäts-Grundschule (1928), Osterwieck 1933
1297 Sibelius, Dott.: Metodologia. Il Metodo Montessori, Roma o. J.
1298 Sigsgaard, Jens: Froebel og Montessori, Munksgaard (Froebelseminariet) 1944; [2]1949; nyt. opl. 1959

1299 Simpson, M. M.: Report on the Montessori-Methods of Education, Sidney (Department of Public Instruction) 1914
1300 Sirks-Harmeyer, L.: Opvoeding in het gezin, Amsterdam (Nederlandsche Montessori Vereniging) o. J.
Sister of Notre Dame, A
siehe: A Scottish Montessori School
1301 Sixma, J.: De Montessori lagere school, Groningen-Djakarta 1956
1302* Smaridge, Norah: The Light Within. The Story of Maria Montessori, New York 1965
1303 Smart, James Ewart: Montessori and the Report of the Consultative Committee on Infant and Nursery Schools, London (The Montessori Society) o. J.
1304* Smart: The Montessori Method and its Application to Present Conditions, Edinburgh o. J. (1945)
1305 Smart: The Place of the Montessori Method in the English Educational System. (An Address delivered at the Sixth International Montessori Congress at Copenhagen, 1937), London (The Montessori Society) o. J.
1306 Smit, F.: De Montessorischool in Cijfers, Amsterdam 1949
1307 Smith, Anna Tolman: The Montessori System of Education. An examination of characteristic features set forth in „Il metodo della pedagogia scientifica", Washington (USA Bureau of Education Bulletin) 1912
1308* Smith, Theodate L.: The Montessori System in Theory and Practice. An introduction to the pedagcgical methods of Dr. Maria Montessori, New York and London 1912
(1094)* Soeur de Notre-Dame de Namur, Une
siehe: L'Education des tout petits
1309 Solana, Ezequiel: Maria Montessori, Madrid 1914
1310 Soukhotine Tolstoj, Tatjana: Maria Montessori, Moskau 1914
1311 Standing, E. Mortimer: A Glimpse into a Montessori School (Pamphlet), London o. J.
1312 Standing: Maria Montessori. Her Life and Work, London 1957
1313 Standing: Maria Montessori. Her Life and Work, Fresno, Calif. 1959
1314 Standing: Maria Montessori. Her Life and Work, New York (A Mentor-Omega Book) 1962
1315* Standing: Maria Montessori. Leben und Werk, Stuttgart 1958
1316 Standing: The Montessori Method. A Revolution in Education, Fresno, Calif. 1962
Standing, E. Mortimer
siehe: Isabel Eugenié, Sr.
Maria Montessori and others, The Child in the Church, St. Paul 1965
1317 Stanganelli, I.: Ciò che è nuovo e ciò che è vecchio nel metodo Montessori, Napoli 1921
1318 Statuto dell'Opera Nazionale Montessori, Roma 1965
1319* Stern, Käthe: Methodik der täglichen Kinderhauspraxis. Psychologische und pädagogische Erfahrungen mit einem erweiterten Montessori-System, Leipzig 1932
1320 Stern: Wille, Phantasie und Werkgestaltung in einem erweiterten Montessori-System, Leipzig 1933
1321 Stevens, Ellen Yale: A Guide to the Montessori Method, New York 1913

1322* Strey, Monika: Wie lernen unsere Kinder lernen? (Schriftenreihe des Montessori-Kreises Düsseldorf e. V.); Düsseldorf o. J.
1323 Suchotina, T.: Marija Montessori i novoe vospitanie, Moskau 1914
1324 Sulea-Firu, I.: Maria Montessori și educația copilor mici; temeiul sistemului montessorian și froebelian, Bucuresti 1933
1325 Sveistrup, Emmy: Montessoristudier i Udlandet. (Det danske Montessori Selskabs Smaaskrifter), Odense-Köbenhavn 1924
1326 Talocchini-Recchi, Ada – Vincenzina Battistelli – Clementina Bagagli: Esperimento del metodo Montessori, Relazioni, Roma 1918
1327 Tan Shio: Montessori Pedagogy, Taiwan (Commercial Press) o. J.
1328 Tartaglione, Velia: Il metodo Montessori. Tesi di laurea, Università di Roma 1938/1939
1329 Taubman, V. – J. Fausek: Teorija i praktika detskogo sada Montessori, Leningrad 1923
1330* Tenenhaus, Michael: Die theoretischen Grundlagen der Montessori-Methode, Phil. Diss. Wien 1925
1331 Thomassen, F.: Den italienske Paedagog Dr. med. Maria Montessoris Opdragelses- og Undervisningsmetode, Köbenhavn 1913
1332 Thorn, M. E.: Dr. Montessori in the Home. (Pamphlet), Edinburgh o. J.
1333 Ticheeva, E.: Doma rebenka Montessori v Rime, ich teorija i praktika. Po ličnym vpečatlenijam, Petrograd 1915
Tolstoj, Tatjana
siehe: Soukhotine Tolstoj, Tatjana
1334* Tomášek, František: Činna škola. V náboženském vyučování s ohledem na metodu Marie Montessoriové, Olomouc 1940
1335 Tozier, Josephine: An Educational Wonder-Worker. The Methods of Maria Montessori, New York 1912
1336* Traversa, Angelina: La „Libertà del fanciullo" e il metodo pedagogico „Montessori", Salerno 1925
1337* L'Umanitaria per l'Educazione Infantile. Le Case dei Bambini rette secondo il „Metodo Montessori", Milano 1921
1338 Valitutti, Salvatore: Il problema dell'educazione nel pensiero di Maria Montessori, Roma 1953
1339 Valitutti: L'educazione e la pace nel pensiero di Maria Montessori, Roma 1955
1340 Valitutti: L'educazione sociale nel pensiero di Maria Montessori, Roma 1956
1341 Valitutti: La „Casa dei Bambini" e il metodo Montessori, Roma 1957
1342* Valitutti: Il rinnovamento del pensiero pedagogico nel secolo XX e Maria
1343* Valitutti: Maria Montessori nel suo e nel nostro tempo, Roma 1964
1344 Valitutti: Il pensiero di Maria Montessori e i piani di studio dell'istruzione obbligatoria in Italia, Roma (Edizioni „Vita dell'Infanzia") 1968
1345 Varnai, A.: Kodel Montessorinis auklėjimo metodas gali buti naudojamas Lietuvoje? (Montessori Metodo Knygynėlis N. 1), Kaunas 1938
1346* van Veen-Bosse, Brigitte: Konzentration und Geist. Die Anthropologie in der Pädagogik Maria Montessoris, Diss. Tübingen 1959
1347* van Veen-Bosse: Konzentration und Geist. Die Anthropologie in der Pädagogik Maria Montessoris, in: Th. Hagemaier, W. Correll, B. van-Veen-Bosse: Neue Aspekte der Reformpädagogik. Studien zur Anthropologie und Pädagogik bei Kerschensteiner, Dewey und Montessori, Heidelberg 1964
1348 Verslag der commisie uitgezonden door Burgemeester en Westhouders om in London de „Montessorimethode" te bestudeeren, Amsterdam 1919

1349 Vidari, G.: Il metodo Montessori, Roma-Milano 1935
1350 de Vletter, A.: Het Montessoriproblem in zijn betekenis voor het gehele verdere onderwijs, Groningen 1919
1351 Voermann, A.: Het Montessori kind thuis, Amsterdam (Nederlandsche Montessori Vereniging) o. J.
1352 Voerman-Verkade, A.: Wie is Montessori? Een populaire schets van de Italiaansche onderwijshervormster, Zeist 1917
1353 Voerman-Verkade: Wie is Montessori en wat is een Voorbereidende Montessori school, Amsterdam (Nederlandsche Montessori Vereniging) o. J.
1354* Volpicelli, Luigi: Dall'infanzia all'adolescenza, Brescia 1952
1355 Volpicelli: Scoperta del bambino, Roma 1959
1356 Wabnitz, E.: Der Arbeitsunterricht im Rechnen. System Montessori, Berlin 1924 (4 S.)
1357 Wallbank, Phyllis: Montessori now. (Reprinted from The Times Educational Supplement), London o. J.
1358 Ward, Florence Elizabeth: The Montessori Method and the American School, New York 1913
1359 Werycho-Radziwilowicz: Montessori-Metody wychowania przedszkolnego. Warszawa 1931
1360 White, Jessie: Montessori Schools as Seen in the Early Summer of 1913, London 1914
1361 White: ABC of Geometry Teaching. An Exposition of Dr. Maria Montessori's Geometrical Pedagogy, London o. J.
1362 White: Auto-Education Guides. II: ABC of Language Teaching, London o. J.
1363 Das Wiener „Haus der Kinder", Wien o. J.
1364 Zweigel, Ch. J.: Über die Wirksamkeit von Aufgaben in der frühen Kindheit. (Wiener Arbeiten zur pädagogischen Psychologie), Wien 1929

2000 Aarsskrift for Th. Langs Skoles Samfund, Odense 1928
2001* Abad,Gonzalo: L'influence de la méthode Montessori dans l'école Equatorienne, in: Congrès X, Paris 1953, 77–80
2002 The Advanced Municipal Montessori School for Children from 12–17 Years of Age (transl. from the „Blad van de Werkgroep Leid/st/erbijeenkomsten", July 1957), in: Montessori 1907–1957, Amsterdam 1958, 32–34
2003 Agazzi, Aldo: Problemi e maestri del pensiero e della educazione. Vol. III, Brescia 1956
2004* Agazzi: La pedagogia e la scuola dell'infanzia prima e dopo il contributo e l'apertura montessoriana, in: Atti XI (1957) 49–79
2005* Agazzi: Spirito e figura di Maria Montessori, in: Centro Didattico Nazionale per la Scuola Materna. Maria Montessori a dieci anni dalla morte, Brescia 1962, 2–3
2006 Alessi, R.: Pedagogia di alcuni principi montessoriani, in: Pedagogia, Catania 1953
2007 Allessie, M. A.: Werkweken en projecten, in: Montessori perspectieven, Amsterdam 1961, 83–95
2008 Al'medingen, N. – G. Tumim: Sistema Montessori. Čem otličaetsja sistema Montessori ot drugich sistem, in: Portfel' doškol'nogo rabotnika (Kap. II, § 3–4), Moskau 1923
De Amsterdamsche Montessorischool
siehe: Tien jaren Montessorionderwijs

2009 Association Montessori International: Annual Report 1949, Amsterdam 1949
2010 Arkin, E. A.: Doškol'nyj vozrast (Kap. X), Moskau 1929
2011 Attisani, Adelchi: Maria Montessori e l'educazione nuova, in: Atti XI (1957) 27–48
2012* Aurin, Kurt: Die Bedingtheit der Schülerleistung durch die pädagogische Gestaltungsform, Diss. Berlin (Freie Universität) 1957
2013 Aus dem Arbeitskreis der Wiener Montessori-Schule, hrsg. im Selbstverlag der Montessori-Schule, Wien X, Wien o. J.
2014* Axster, Ilse: Das Kind unter Kindern, in: Paul Oestreich (Hrsg.), Das Kind, seine Not und seine Erziehung, Jena 1932, 108–120
2015 Bardòcz, Pál: A Magyar Kisdednevelés Vezérkonyve, Budapest 1928
2016 de Bartolomeis, Francesco: Educatori moderni e contemporanei, Bologna 1966
2017* Bassi, Angel C.: Curso de Pedagogía para el primer año de las escuelas normales de la República Argentina, Buenos Aires 1921
2018 Bellon, A.: Matériel Montessori, in: Pro Juventute (Hrsg.), Le petit enfant, Lausanne (1927)
2019 Benetti Brunelli, Valeria: Metodi e problemi di educazione infantile, Milano 1932
2020* Bentley, Robert: Publisher's Foreword to the 1964 Edition, in: Maria Montessori, The Montessori Method, Cambridge, Mass. 1964, XVII–XXII
2021 Berényi, Lili: Die Erziehung des Kindes. Wien (Tagblatt-Bibliothek N. 450–453) 1929 (über Montessori: 21–36)
2022* Berge, André: Autorität und Freiheit in der Erziehung, München 1961 (franz. Originalausgabe „La Liberté dans l'Education" bei Les Editions du Scarabée, Paris)
2023* Berichte des Deutschen Montessori-Kongresses Frankfurt a. M. (15.–19.4.1952). Zum Entwurf herausgegeben von der Deutschen Montessori-Gesellschaft. (Als Manuskript gedruckt), Frankfurt 1952
2024 Berling, Ejje: Montessori – Montessorimetoden, in: Svensk Uppslagsbok, Malmö 1960, 210–211
2025 Bernard, Georgette J.–J.: Le Xème Congrès Montessori International, Paris, 25–30 Mai 1953, in: Congrès X (1953) a–d
2026 Bernard, Jean-Jacques: Allocution, in: Congrès X (1953) 143–144
2027* Bernard: Maria Montessori e la Francia, in: Atti XI (1957) 283–288 franz.: Maria Montessori et la France, in: ebda. 305–310
2028* Bernard: Ricordo di Maria Montessori, in: OMEP (1967) 275–277
2029 Bhalchandra, M.: The Montessori Training Centre for Village Schools in Yeotmal, Madhya Pradesh, India, in: Montessori 1907–1957, Amsterdam 1958, 38–42
2030* Bhatt Harprasad: The Education of the Child from Six Months to Six Years of Age; Results and Observations, in: Atti VIII (1950) 424–445
2031* de Boer, Jan: De muziek op het Amsterdamse Montessori Lyceum, in: Montessori perspectieven, Amsterdam 1961, 75–82
2032 Boernehaven i reformpaedagogisk Belysning, Köbenhavn 1947
2033* Bollnow, Otto Friedrich: Existenzphilosophie und Pädagogik, Stuttgart 1959 (über Montessori: 52–58)
2034* Boeckers, Hanna: Die sittliche Erziehung des Kleinkindes in der positivistischen Pädagogik. 1. Maria Montessori, in: Hanna Boeckers, Die sittliche Erziehung des Kleinkindes, Diss. Göttingen 1929, 71–82

2035 Boschetti Alberti, Maria: Il diario de Muzzano, Brescia 1951
2036 Boyd, William: The Montessori System, in: Education Movements and Methods, edited by John Adams, New York 1924, 49–62
2037* Braunger, Marga: Maria Montessori und die Anna-Schmidt-Schule, in: 75 Jahre Anna-Schmidt-Schule, Frankfurt 1961, 35–39
Breckx, L.
siehe: de Hovre
2038 Briod, Louise: La méthode Montessori au Tessin, in: J. Savary (Hrsg.), Annuaire de l'instruction publique en Suisse, Lausanne 1920
2039* Briod: Das Montessori-System, in: Pro Juventute (Hrsg.), Einführung in die vier Erziehungssysteme für das Kleinkind, Zürich 1925
2040* Brumme, Gertrud (-Marie): Maria Montessori, in: Beiträge zur Geschichte der Vorschulerziehung, Berlin 1960, 198–206
2041* Buck, Anne: Naturgemäße Erziehung bei Pestalozzi und Montessori, in: Geist und Erziehung. Kleine Bonner Festgabe für Theodor Litt, Bonn 1955, 123–146
2042 Bulowa, Ernst: Der schriftliche Ausdruck im ersten Schuljahr einer Montessori-Grundschulklasse, in: Erziehung zur Gegenwart. Berichte aus Montessori-Schule und -Kinderhaus, Jena 1932, 49–62
2043 Bulowa: Von Kindern, Eltern und Lehrern der Montessori-Schule, in: ebda. 18
2044 Buytendijk, F. J. J.: Beschouwingen over enkele moderne opvoedkundige denkbeelden, Groningen 1922
2045* Buytendijk: Erziehung zur Demut. Betrachtungen über einige moderne pädagogische Ideen, Leipzig 1928;
Neuausgabe (bearbeitet von Günter Schulz): Ratingen 1962
2046* Buytendijk: Das Menschliche. Wege zu seinem Verständnis, Stuttgart 1958 (S. 119–138)
2047* Buytendijk: Leerkracht en leermiddel, in: Montessori perspectieven, Amsterdam 1961, 9–13
2048 Byoir, Carl: The Presentation of Montessori Material, in: National Education Association, Journal of Proceedings and Addresses, 50th Annual Meeting (Ann Arbor) 1912, 613–618
2049* Caldara, Maria, La Società Umanitaria e il metodo Montessori, in: Atti XI (1957) 313–316
2050* Calò, Giovanni: Il metodo italiano nell'educazione infantile. Montessori ed Agazzi, in: Dottrine ed opere nella storia dell'educazione, Carabba 1932
2051 Calò: Pedagogia degli anormali, Firenze 1946
2052 Calò: Momenti di storia dell'educazione, Firenze 1955
2053 Calò: Maria Montessori, in: J. S. Brubacher, G. Calò, R. Dottrens, W. Flitner u. a., Les Grands pédagogues, Paris 1956
2054* Calò: L'istanza sociale, in: Centro Didattico Nazionale per la Scuola Materna. Maria Montessori a dieci anni dalla morte, Brescia 1962, 5–9
2055* Calò: Maria Montessori, in: OMEP (1967) 207–219
2056 Campu, Mihai: Vizitand scolile diu Italia, Bucaresti 1932
2057 Canovas, Josephina Alvarez de: Message, in: Congrès X (1953) 14–15
2058 Carmiggelt, S.: Een Woordje van een vader, in: Montessori perspectieven, Amsterdam 1961, 36–38
2059 Carneiro: Allocution, in: Congrès X (1953) 3–9

2060* Casotti, Mario: Die italienische Pädagogik der letzten dreißig Jahre, in: Handbuch der Erziehungswissenschaft, V. Teil, Bd. 3/II, München 1934, 1–47
2061 Casotti: Educazione cattolica, Brescia 1941
2062 Cavalletti, Sofia: Catechesi e metodo Montessori, in: Atti XI (1957) 167–170
2063* Cavalletti: The „Maria Montessori" School of Religion (Rome), in: Maria Montessori and others, The Child in the Church, St. Paul 1965, 124–132
2064* Ceresi, Vincenzo: Lo spirito religioso nel metodo Montessori, in: Atti VIII (1950) 446–463
2065 Ceresi: Religione e metodo Montessori, in: Atti XI (1957) 159–165
* und in: Centro Didattico Nazionale per la Scuola Materna. Maria Montessori a diece anni dalla morte, Brescia 1962, 52–53
2066 Cheng Chi-Pao: Address before the VIIIth International Montessori Congress, in: Atti VIII (1950) 268–269
2067* Chiout, Herbert: Schulversuche in der Bundesrepublik Deutschland, Dortmund 1955, 47, 61, 111, 114, 123, 133, 165, 201
2068 Chiroux, R.: Mouvement et exercices de vie pratique, in: Congrès X (1953) 95–96
2069 Chmaj, Ludwik: Kierunki i prady pedagogiki współczesnej, Warszawa 1938
2070* Claremont, Claude A.: Education of the Movements, in: Towards a New Education, edited by William Boyd, London and New York 1930, 145–149
2071* Claremont: Montessori Science and Idealism, in: ebda. 358–364
2072 Claremont: The Chemistry of Thought. Introduction to a New Basis for the Descriptive Analysis of Constructive Thought and Creative Imagination, London 1935
2073 Claremont: Spanning Space, London 1939
2074 Cobb, C. S.: Montessori Method in Education. London County Council, Conference of Teachers. Report of Proceedings, London 1913, 1–2
2075 Codignola, Ernesto: Il problema dell'educazione prescolastica, Firenze 1928
2076* Codignola: Maria Montessori, in: Pedagogisti ed Educatori, Milano 1939, 299–300
2077 Codignola: Educazione liberatrice, Firenze 1945
2078 Codignola: La Montessori e il Froebel, in: Educazione, Firenze 1945
2079 Codignola: Le scuole nuove e i loro problemi, Firenze 1950
2080 Codignola: Il problema educativo, Firenze 1950
2081* Cole, Luella: Montessori and Her Schools, in: A History of Education. Socrates to Montessori, New York 1950, 563–589
2082* Colli Grisoni, Adelaide: Attualità dei principii montessoriani nell'indirizzo scientifico moderno della psicologia infantile, in: Atti XI (1957) 185–194
2083* Colonetti, Gustavo: L'educazione del senso della responsabilità, in: Atti VIII (1950) 88–93
2084* Colonneti: Il primato dello spirito sulla tecnica, in: Atti VIII (1950) 283–285
2085 Constantin-Hansen, Thora: Om Laeseundervisning, Odense 1923
2086 Conti, Luigi: Lo sviluppo psichico del bambino nei primissimi anni di vita, in: Pro Juventute (Hrsg.) Il problema alimentare nel primo anno di vita del bambino, Zürich 1950, 69–80
2087* Convegno nazionale sull'educazione dell'infanzia, Napoli, 4–5 ottobre 1952. Atti a cura di Marziola Pignatari, Roma 1953
2088* Corcoran, A. T.: Montessori and the Maladjusted and Backward Child, in: Montessori 1907–1957, Amsterdam 1958, 42–45

2089 Craig, Clara E.: The Beginnings of Reading and Writing in the Rhode Island Normal School, Providence 1919
2090 Čulickaja, L.: Biologičeskie osobennosti doškol'nogo vozrasta i sistema Montessori, in: E. J. Ticheeva, Novye idei v pedagogike, Leningrad 1924, 38–61
2091* Demonstrations techniques, in: Congrès X (1953) 95–142
2092* Diletta Pagliuca, Maria: L'antropologia pedagogica nella Montessori e la soluzione „chirodinamica" del problema della concentrazione mentale del fanciullo, in: Atti XI (1957) 333–340
2093 Dörr,Gertrud: Elternschaft und Montessori-Schule, in: Erziehung zur Gegenwart, Jena 1932, 44–47
2094 van Dorp, E. F.: Persönlichkeit und Methode, in: Montessori-Erziehung, Berlin o. J.
2095 Drago-Ciabattoni, T.: Didattica in atto, Varazze 1932
2096 Drummond, Margaret: The Dawn of Mind. An Introduction to Child Psychology, London 1918
2097 Drummond: Five Years Old or Thereabouts. Some Chapters on the Psychology and Training of Little Children, New York-London 1920
2098 Drummond: The Psychology and Teaching of Number, Yonkers-on-Hudson 1922
2099 Drummond: Some Contributions to Child Psychology, New York – London 1923
2100 Drummond: The Gateways of Learning. An Educational Psychology having Special Reference to the First Years of School, London 1931
2101 Drummond: Montessori Method as a Basis of Modern Education, Conference of Educational Associations, Report of the 23rd Annual Conference 1935, 21–25
2102* van der Dunk, Eva: Was bedeutet die Entdeckung des Montessori-Phänomens?, in: Paul Oestreich (Hrsg.), Das Kind, seine Not und seine Erziehung, Jena 1932, 136–141
2103 Durand, Susanne Marie: Pour ou contre l'éducation nouvelle. Essai de Synthèse pédagogique, Paris 1951
2104* Education of Man for a Peaceful World Community. Congress Report of the XIIIth International Montessori Congress, Amsterdam, April 1–4, 1964, Amsterdam 1964
2105 L'educazione alla socialità nella pedagogia contemporanea. Atti del Convegno di Venezia, 12–14 ottobre 1956, Roma 1957
2106 Efrussi, P.: Bio-psichologičeskie osnovy pedagogiki Montessori, in: E. J. Ticheeva, L. J. Čulickaja, P. O. Efrussi, Novye idei v pedagogike, Leningrad 1924, 5–37
2107 Efrussi: Psichologičeskie osnovy pedagogiki Montessori, in: Russkaja mysl' 1916, Buch 2, Kap. 14, 24–32
2108 Erziehung zur Gegenwart. Berichte aus Montessori-Schule und Kinderhaus, Jena 1932
2109* Events in the Montessori Movement, in: Montessori 1907–1957, Amsterdam 1958, Beilage
2110* Exeler, Adolf: Alltag in einer Montessori-Schule, in: Katechetische Methoden heute, bearbeitet von Josef Goldbrunner, München 1962, 117–127
2111 Falck, Maly: La casa dei bambini di „Sesto San Giovanni", in: I problemi

dell'educazione infantile nella vita industriale. Atti del III Convegno Nazionale di Torino, 9–11 ottobre 1954, Roma 1956, 127–135
2112 Fancello, Maria: Scuole Montessori, in: Per aprire nuove vie alla scuola, Roma o. J., 88–107
2113 Fausek, Julie: Sistema Montessori, in: N. Al'medingen-Tumin, E. Ticheeva und J. Fausek, Doškol'noe delo, Petrograd 1922, 95–117
2114* Federici, Maria: Maria Montessori, in: Enciclopedia Italiana di Scienze, Lettere ed Arte, vol. 23, Roma 1934, 758–759
2115 Ferrière, Adolphe: La pratique de l'ècole active, Genève 1924
2116 Ferrière: L'aube de l'école sereine en Italie, Paris 1926
2117 Ferrière: La Méthode Montessori, in: Pro Juventute (Hrsg.), Le petit enfant, Lausanne 1927, 12–17
2118 Ferrière: Trois pionniers de l'éducation nouvelle, Paris 1928
2119 Ferrière: L'école sur mesure à la mesure du Maître, Genève 1931
2120 Filho, Lourenco: Introdução so estude da Escolas nova, Sao Paulo 1936
2121 Fischer, Hilde: Sehnsucht und Selbstbefriedigung, in: Montessori-Pädagogik vom Standpunkte der Psychoanalyse, Wien 1933, 140–144
2122 Fitzburgh, Harriet L. and P. K. Fitzburgh: Maria Montessori, in: Concise Biographical Dictionary of Famous Men and Women, New York 1949, 480–481
2123 Fleege, U. H. (Hrsg.): Building the Foundations for Creative Learning, New York (American Montessori Society) 1964
2124* Flores d'Arcais, Giuseppe: Maria Montessori e i problemi della nuova pedagogia, in: Cultura e Educazione. Studi in onore di Giovanni Calò, Firenze 1955, 141–150
2125* Flores d'Arcais: L'attivismo di Maria Montessori, in: Atti XI (1957) 145–157
2126 Franzoni, A.: La nuova educazione infantile in Italia, Torino 1927
2127 Gabrielli, G.: L'educazione prescolastica, Milano 1949
2128* Galdikaitė, Monika: Die innere und äußere Entwicklung des Kindergartens in Deutschland. (Diss. München 1927), Kaunas 1928 (über Montessori: S. 83–92)
2129 Gamba, Camillo: La professione come dovere civico, Roma 1952
2130 Gemeente Amsterdam. Scholenboekje, Amsterdam 1955
2131* Gerhards, Karl: Das Montessori-Kinderhaus als organisatorischer Unterbau der Montessori-Schule, in: Paul Oestreich (Hrsg.), Das Kind, seine Not und seine Erziehung, Jena 1932, 121–129
2132 Gibbon, Eleonore: Ireland, Freedom and the Child, Waterford 1930
2133 Girard, Mme.: Quelques mots sur l'Union Nationale du Jardin d'enfants Français, in: Congrès X (1953) 24–26
2134* Glückselig, Elfriede: Writing in a Montessori School, in: Towards a New Education, edited by William Boyd, London and New York 1930, 144–145
2135* Gonella, Guido: Discorso dell'On. G. Gonella, Ministro della Pubblica Istruzione, in: Atti VIII (1950) 23–28
2136* Goonesekera, Joyce: Buddhism and the Montessori Method, in: Atti VIII (1950) 326–329
2137 Goudelis, Marie: L'école traditionelle et la nôtre, in: Congrès X (1953) 43-50
2138* Gozzer, Giovanni: I problemi attuali della scuola secondaria, in: Atti VIII (1950) 330–337
2139 Grant, Emma B.: History of Montessori Method and Its Purposes, in:

Illinois State Teachers' Association. Journal of Proceedings, 59th Annual Meeting 1912, 103–107
2140 Grunwald, Clara: Die Montessorimethode, in: Menschenbildung. Vorträge entschiedener Schulreformer, Berlin 1922, 55–73
2141* Grunwald: Die Montessori-Methode, in: Paul Oestreich (Hrsg.), Schöpferische Erziehung, Berlin 1920, 32–35
2142 Grunwald: Erziehung des Kleinkindes nach den Gedanken der Maria Montessori (Montessori-Methode), in: Paul Oestreich (Hrsg.), Bausteine zur neuen Schule, München 1923, 37–47
2143* Grunwald: Erziehung und Unterricht im Dienste der natürlichen Entwicklung des Kindes, in: Die Selbsterziehung des Kindes. (Die Lebensschule H. 17), Berlin 1923, 13–33
2144* Grunwald: Der Montessori-Lehrer, in: Der neue Lehrer, Osterwieck 1925
2145 Grunwald: Montessori-Erziehung in Familie, Kinderhaus und Schule, in: Montessori-Erziehung in Familie, Kinderhaus und Schule, Berlin 1927, 3–41
2146 Grunwald: Montessori-Erziehung, in: Montessori-Erziehung, Berlin o. J., 1–14
2147 Gutiérrez, A.: Importanza Igienico Sociale delle Istituzione Prescolastiche, Milano 1922
2148 Gyldén, Yvonne: Räkning i skolan. Barnen livet och vi, Bd. III, Stockholm 1951
2149* Haak, J.: The Amsterdam Montessori-Lyceum, in: Montessori 1907–1957, Amsterdam 1958, 35–38
2150* Haak: Dertig jaar Montessori-Lyceum, in: Montessori perspectieven, Amsterdam 1961, 53–60
Harprasad
siehe: Bhatt Harprasad
2151* Helming, Helene: Das Montessori-Material, in: Zur Pädagogik von Maria Montessori, hrsg. v. Katholischen Deutschen Frauenbund, Köln 1931, 11–12
2152* Helming: Die Montessori-Lehrerin, in: ebda., 13–14
2153* Helming: Bieten Montessori-Kinderhaus und Montessori-Schule günstige Voraussetzungen für religiöse Erziehung? , in: Kinderheim. Sonderheft, München 1955, 6–8
2154* Helming: Der Beitrag Montessoris zur Verwirklichung einer religiösen Erziehung des kleinen Kindes, in: ebda., 9–18
2155 Helming: Der Anteil des Kindes am inneren Aufbau der menschlichen Gesellschaft und die pädagogische Sicherung dieses Anteils, in: Oskar Hammelsbeck (Hrsg.), Überlieferung und Neubeginn, Ratingen 1957, 235–244
2156* Helming: La concentrazione dell'attenzione e la sua portata nell'odierna pedagogia, in: Atti XI (1957) 199–206
2157* Helming: Das Montessori-Kinderhaus, in: Handbuch der Sozialerziehung. Bd. II, Freiburg 1964, 477–480
2158* Helming: Unser Kinderhaus, in: Grundgedanken der Montessori-Pädagogik. Aus Maria Montessoris Schrifttum und Wirkkreis zusammengestellt von Paul Oswald und Günter Schulz-Benesch, Freiburg 1967, 106–111
2159* Helming, Helene und Maria Wachendorf: Der religionspädagogische Auftrag der Kindergärtnerin, Düsseldorf 1963
2160 Henderson, J. L.: The Way of the Teacher, in: Congress XIII (1964) 32–42
2161 Hessen, Sergio: Fondamenti della pedagogia come filosofia applicata, Milano-Palermo 1930

2162 Hessen, Sergej Josifovich: Podstawy pedagogiki, Rozds. III: Podstawowe zagadnienia wychowania przedszkolnego, Warszawa 1935, 79–118
2163 Hessen, Sergio: Struttura e contenuto della Scuola Moderna, Roma 1950
2164* Hilf mir, es selbst zu tun. Pressenotizen zur Montessori-Arbeit der Anna-Schmidt-Schule, Frankfurt o. J.
2165 Hillel, Hanna: Friedrich Fröbel und Maria Montessori, in: Montessori-Erziehung, Berlin o. J., 15–19
2166 Hitchings, Barbara: Bowling Green Nursery School, in: National Society for the Study of Education. Preschool and Parental Education, 28th Yearbook, Bloomington 1929, 140–147
2167 Hoff, Ragnhild: Fel och rätt i uppfostran, Stockholm 1949
2168 Holmes, E.G.A.: Drudgery and Education, in: E.G.A. Holmes, Freedom and Growth and other Essays, New York 1923, 96–116
2169* Homs, Eladio: Maria Montessori „barcelonina", in: Centro Didattico Nazionale per la Scuola Materna. Maria Montessori a dieci anni dalla morte, Brescia 1962, 63–64
2170* Homs: Maria Montessori „Barcelonina", in: OMEP (1967) 257–261
2171 Hoogkamer-Maykels, E.: Maria Montessori, in: Eigen Haard, Amsterdam 1920, 67–71
2172 Horwitz, Caroline and H. H. Horwitz: Treasury of the World's Great Heroines, New York 1951, 164–170
2173 de Hovre und Breckx, L.: Les maîtres de la pédagogie contemporaine, Bruges o. J.
2174* Ibarra, Luis: Maria Montessori dans le monde de la pédagogie, in: Congrès X (1953) 73–76
2175* Isabel Eugenie R. A., Reverend Mother: Catechism for the Young, in: Maria Montessori and others, The Child in the Church, St. Paul 1965, 111–123
2176 Istituto Pio XII delle Religiose dell'Assunzione, Roma o. J.
2177* Jervolino de Unterrichter, Maria: Saluto a Maria Montessori. (Discorso pronunciato all'Assemblea Costituente, il 3 maggio 1947), in: Centro Didattico Nazionale per la Scuola Materna. Maria Montessori a dieci anni dalla morte, Brescia 1962, 47
vgl. 1158
2178* Jervolino de Unterrichter: Il saluto dell'Assemblea Costituente Italiana a Maria Montessori, in: OMEP (1967) 287–289
vgl. 1158; 2177
2179* Joosten-Chotzen, Rosy: Advanced Montessori Material from 6–12 Years, in: Towards a New Education, edited by William Boyd, London-New York 1930, 150–151
2180 Joosten-Chotzen: Montessori (Artikel) in: Paedagogische Encyclopedie, Uitg. „De Sikkel" te Antwerpen, S. 271–272. Abdruck o. J. (vor 1940)[1]
2181* Joosten-Chotzen: La vie sociale et le travail des enfants de 9 à 12 ans en Hollande, in: Congrès X (1953) 81–87
2182* Joosten-Chotzen: Dr. Montessoris bijdrage tot Wereld-integratie, in: Europa's Geestelijke Bijdrage tot Wereld-Integratie, Bussum 1955, 46–49
2183* Joosten-Chotzen: 6th January 1907 – 6th January 1957, in: Montessori 1907–1957, Amsterdam 1958, 14–17

---

[1]) So zitiert bei Schulz, S. 284 (B 569)

2184* Joosten-Chotzen: De Montessori-beweging in binnen- en buitenland, in: Montessori perspectieven, Amsterdam 1961, 21–35
2185 Jordan, H. J. (sen.): De Lebensverrichtingen van den Mensch, Utrecht ^{2}1929
2186 Jordan, H. J. (jun.): Kernprobleme der onderwijs vernieuwing, o. O. (Nederlandsche Uitgeversmaatschappij) 1952
2187 Jordan, H. J. (jun.): Wie geht es in einem „Montessori-Lyzeum" zu? , in: Grundgedanken der Montessori-Pädagogik. Aus Maria Montessoris Schrifttum und Wirkkreis zusammengestellt von Paul Oswald und Günter Schulz-Benesch, Freiburg 1967, 124–131
2188 Jordan, H. J. (jun.): Handleiding voor zelfstandige natuurstudie, Purmerend o. J.
2189 Jordan, H. J. (jun.): Hoe opvoedingsfouten te vermijden, Zeist o. J.
2190 K. G.: Zur Pädagogik von Maria Montessori, in: Zur Pädagogik von Maria Montessori, hrsg. v. Katholischen Frauenbund, Köln 1931
2191 Kádner, Otakar: Dějiny pedagogiky. Sv. III, 2, Praha 1924;
(über Montessori: 171–179)
2192* Katz, D. und R.: Die Erziehung im vorschulpflichtigen Alter, Leipzig 1925
2193 Kaveeshwar, G. W. (Hrsg.): Problems of Child Education in India. Report of the All India Child Education Conference, Indore 1955, Indore 1956
2194 Kilpatrick, William Heard: The Montessori Method, in: International Kindergarten Union. Proceedings of the 20th Annual Meeting, April 29 – May 2, 1913, Washington, Cleveland (Ohio) 1913, 122–127;
abstract in: U. S. Bureau of Education Bulletin, 1914, No. 6 (Washington 1914) 118–120
2195 Kilpatrick: The Montessori System in the Light of the Best American Educational Theory, in: North Carolina Teachers' Assembly. Proceedings of the Thirteenth Annual Session, Raleigh (N. C.) 1913, 68–71
2196* Kimmins, Charles Williams: Some Recent Montessori Experiments in England, in: Report of the Conference on New Ideals in Education, Chelsea 1915
2197 Kimmins: The Liberty of the Child in Education. Problems of Reconstruction. Lectures and Addresses Delivered at the Summer Meeting at the Hampstead Garden Suburb, August 1917, London 1918
2198 Komarovskij, B.: Dialektika razvitija naučno – pedagogičeskoj mysli, Moskau ^{2}1929
2199* Krohmann, Elisabeth: Das Problem der Individualität, Bonn 1963;
(über Montessori: 80–82)
2200 Labriola, Nadja: Maria Montessori, in: E. A. Arkin (Hrsg.), Chrestomatija po doškol-nomu vospitaniju, Moskau 1928, 36–61
2201 Landsberg, G.: Opyty škol v Anglii po sisteme Montessori, in: Maria Montessori, Rukovodstvo k moemu metodu, Moskau 1916, 52–63
2202* Langeveld, Martinus J.: Studien zur Anthropologie des Kindes, Tübingen 1956 (101–104; 122–124)
2203* Lanternier, M. and F.: „Living Holy Week": How the Liturgy is Taught at the Maria Montessori School in Rennes, France, in: Maria Montessori and others, The Child in the Church, St. Paul 1965, 133–139
2204* Lauwerijs, J. A.: The education of man for a peaceful world community, in: Congress XIII (1964) 20–31
2205* Lebert, M. Herbinière: Le rôle de l'éducation préscolaire dans la formation d'un monde meilleur, in: Congrès X (1953) 65–72

2206* Lebert: Maria Montessori e la riforma francese, in: Centro Didattico Nazionale per la Scuola Materna. Maria Montessori a dieci anni dalla morte, Brescia 1962, 60–62;
franz. in: Les Conférences de l'Ecole de Parents, (Paris) 8. 7. 1952

2207* Lebert, Suzanne Herbinière: Maria Montessori e la Francia, in: OMEP (1967) 269–274

2208 van der Leeuw, J. J.: Unique Character of the Montessori Method, in: Conference of Educational Associations, Report of the 21st Annual Conference, 1933, 303–307

2209 Leif, J.: Pédagogie générale par l'étude des doctrines pédagogiques, Paris 1953

2210* Leonardi, Sr. Domitilla: The Montessori Method for the Education of Blind Children. (Translated from „Vita dell'Infanzia"), in: Montessori 1907–1957, Amsterdam 1958, 45–48

2211 Lermantov, V.: Pedagogičeskij metod Montessori, in: Trudy Vtorogo Vserossijskogo s-ezda po eksperimental'noj pedagogike v Petrograde s 26 po 31 dekabrja 1913 g, Petrograd 1914, 64–74

2212 Liguori, Ersilia: L'educazione religiosa in Maria Montessori, in: L'Educazione alla Socialità nella Pedagogia contemporanea. Convegno di Studi dell'Opera Montessori, Venezia, 12–14 ottobre 1956. Atti a cura di Marziola Pignatari, 171–183

2213* Liguori, Ersilia: Maria Montessori ed Ovide Decroly, in: Atti XI (1957) 91–106

2214 Lochhead, Jewell: The Montessori System, in: The Education of Young People in England. Teachers College Contributions to Education, No. 521, New York 1932, 33–40

2215 Logan, Anna E.: Ideals of Scientific Pedagogy and the Montessori Experiment, in: Wisconsin Teachers'Association, Proceedings of the 60th Annual Session, November 8–10, 1912, Madison 1913, 175–180

2216 Lombardo-Radice, Giuseppe: Nuovi saggi di propaganda pedagogica, Torino 1922

2217 Lombardo-Radice: Atena fanciulla, Firenze ^{2}1926

2218 Lombardo-Radice: Il metodo italiano nell'educazione infantile, Roma 1927

2219 Lombardo-Radice: Il problema dell'educazione infantile, Firenze ^{2}1928

2220 Lombardo-Radice: Per la scuola infantile, in: Orientamenti pedagogici per la scuola italiana. Vol. II, Firenze 1931

2221 Lombardo-Radice: Saggi di critica didattica, Torino 1937

2222 Lombardo-Radice: Didattica viva. Problemi ed esperienze, Firenze 1951

2223 Lubienska de Lenval, Hélène: Die Stille im Schatten des Wortes, Mainz 1961

2224 Lubienska de Lenval: Erziehung zum bewußten Menschsein, Freiburg 1966

2225* Luijdjens, Adriano H.: Maria Montessori e l'Olanda, in: Centro Didattico Nazionale per la Scuola Materna. Maria Montessori a dieci anni dalla morte, Brescia 1962, 57–58

2226* Luijdjens: Maria Montessori e l'Olanda, in: OMEP (1967) 262–265;
= 2225

2227* Luzuriaga, Lorenzo: La pedagogía de Mª. Montessori, in: Maria Montessori, Ideas generales sobre mi método, Madrid 1928, 5–12

2228* Mc Callister, W. J.: Montessori's Biological Concept of Liberty, in: W. J. Mc Callister, The Growth of Freedom in Education, London 1931, 403–431

2229 Mc Dermott, John J.: Montessori and the New America, in: Building the Foundations for Creative Learning, edited by U. H. Fleege, New York (American Montessori Society) 1964, 10–28
vgl. 2123

2230 Maccheroni, Anna Maria: La Liturgia e l'insegnamento pedagogico liturgico, in: Atti del Congresso Liturgico di Montserrat, 1915

2231 Maccheroni: La musica come linguaggio, in: Convegno Nazionale sull' educazione dell'infanzia. Atti a cura di Marziola Pignatari, Roma 1953, 97–102

2232* Maccheroni: I Remember, in: Montessori 1907–1957, Amsterdam 1958, 8–10

2233 Mamontov, Ja.: Chrestomatija sovremennych pedagogičeskich tečenij, Ekaterinoslav 1924

2234 Marchetti, Maria Teresa: L'insegnamento della storia, in: Convegno Nazionale sull'educazione dell'infanzia. Atti a cura di Marziola Pignatari, Roma 1953, 103–108

2235 Marcianò, Francesco: La formazione degli insegnanti, in: Atti VIII (1950) 70–75

2236* Marcucci, Alessandro: La dottrina e il metodo Montessori, in: Centro Didattico Nazionale per la Scuola Materna. Maria Montessori a dieci anni dalla morte, Brescia 1962, 50–51

2237 Marie, André: Allocution de Monsieur le Président André Marie, Ministre de l'Education, in: Congrès X (1953) 1–2

2238 Maroun, Jean: L'enfant dans la reconstruction mondiale – le point de vue chretien, in: Atti VIII (1950) 94–113; ital.: Il bambino nella ricostruzione mondiale – Il punto di vista cristiano, in: ebda., 117–126

2239* Maroun: Maria Montessori e la scuola attiva, in: Atti (1957) 81–89;
franz.: Madame Montessori et l'ecole active, in: ebda., 109–117

2240* Maroun: Maria Montessori e la scuola attiva, in: Centro Didattico Nazionale per la Scuola Materna. Maria Montessori a dieci anni dalla morte, Brescia 1962, 55–56;
= 2239
do. in: OMEP (1967) 243–249

2241* Martin, Ernst: Der selbsttätige, normiert-sachbestimmte Bezug als zweckrationalistischer Entwicklungsmaterial-Bezug in der Pädagogik Montessoris, in: Ernst Martin, Grundformen des Gegenstandsbezuges im Unterricht. Eine philosophisch-pädagogische Analyse, Bern 1964, 246–257

2242 Mattson, G.: Barn i skapande verksamhet, Stockholm 1941

2243 Maucourant, B.: La première étape. Les méthodes actuelles d'éducation pour les enfants de 2 à 7 ans, Paris 1938

2244* Mazzetti, Roberto: Motivi sul fanciullo come maestro dell'uomo, in: Convegno Nazionale sull'educazione dell'infanzia. Atti a cura di Marziola Pignatari, Roma 1953, 86–91

2245 Mazzoni, E.: Montessori e il movimento montessoriano, in: Adolphe Ferrière (Hrsg.), L'Aube de l'école sereine en Italie, Paris 1927

2246* Meumann, Ernst: Vorlesungen zur Einführung in experimentelle Pädagogik, Leipzig ^{2}1911/1912, Bd. III, 16. Vorl.

2247 Meyer, A. E.: Montessori Method, in: Modern European Educators and Their Work, New York 1934, 19–33

2248* Michael, Berthold: Das Prinzip der „Autoeducazione" in der Montessori-

Pädagogik, in: Berthold Michael, Selbstbildung im Schulunterricht, Weinheim 1963, 135–159

2249 Ministerie van Onderwijs. Gegevens Dagscholen, s'Gravenhage 1955

2250* Misset, L. D. u. a.: Het moderne talen-onderwijs in de klassen I t/m IV aan het Montessori Lyceum te Amsterdam, in: Montessori perspectieven, Amsterdam 1961, 69–74

2251* Montessori, M. M. (jun.): Op zoek naar beginselen, in: Montessori perspectieven, Amsterdam 1961, 39–51

2252* Montessori: Developmental psychology: its potential role for peace, in: Congress XIII (1964) 69–89

2253* Montessori, Mario M. (sen.): L'enfant, instrument d'adaption de la société aux conditions nouvelles du monde, in: Congres (1953) 18–23

2254* Montessori: Introductory Remarks, in: Montessori 1907–1957. Amsterdam 1958, 2–6

2255* Montessori: Montessori in Junior Schools, in: ebda., 27–32

2256* Montessori: The Montessori Training School of Assistance to Infants in Rome, in: ebda., 22–26

2257* Montessori: Montessori in der Grundschule, in: 75 Jahre Anna-Schmidt-Schule, Frankfurt 1961, 41–47

2258* Montessori: Waarom Montessori Lycea, in: Montessori perspectieven, Amsterdam 1961, 15–19

2259* Montessori: What the Congress is about, in: Congress XIII (1964) 13–19

2260 Montessori-Erziehung in Kinderheim und Schule. Hrsg. von der Montessori-Gesellschaft für Thüringen e. V., Jena (1923)

2261* Montessorischule. (Sammelbroschüre) Hrsg. von der Gesellschaft der Freunde und Förderer der Montessorimethode in Deutschland, Berlin 1925

2262 Montessori-Unterricht. (Abdrucke aus einem Montessoriheft der Zeitschrift „Die neue Erziehung") Hrsg. im Auftrage der Deutschen Montessori-Gesellschaft, Berlin 1926

2263* Montessori-Erziehung in Familie, Kinderhaus und Schule. Hrsg. von der Deutschen Montessori-Gesellschaft, Berlin (1927)

2264 Montessori Method and the Subnatural Mind. Conference of Educational Associations. Report of the 18th Annual Conference, (London) 1930, 23–27

2265 Montessori-Gedenkdagenkalender, Amsterdam 1933

2266* Montessori-Pädagogik vom Standpunkte der Psychoanalyse, (Sonderdruck der Zeitschrift für psychoanalytische Pädagogik) Wien 1933

2267 Maria Montessori, in: Current Biography, New York 1 (1940) 591–592

2268 Montessori Scuole. Hrsg.: Opera Nazionale Montessori. Sezione di Bergamo, Bergamo 1951

2269* Montessoris Beitrag zur religiösen Erziehung. Bericht über die erste Arbeitstagung der Katholischen Arbeitsgemeinschaft für Montessori-Pädagogik am 23. Januar 1955 in Köln. Sonderheft der Zeitschrift „Kinderheim", München 1955

2270* Montessori 1907–1957. Edited by the Association Montessori Internationale, Amsterdam 1958

2271* Montessori in South America, in: ebda., 19–20

2272 Maria Montessori e il pensiero pedagogico contemporaneo. Atti del XI Convegno Internazionale di Roma, 26–28 settembre 1957, Roma 1959
(zitiert als: Atti XI (1957))

2273* Montessori perspectieven, Amsterdam 1961 (Sammelband)

2274* Montessori-Pädagogik auch in der höheren Schule? Mit Lehrbeispielen aus der Unter- und Mittelstufe des Gymnasiums. Anlage zum Jahresbericht 1963/64 der Anna-Schmidt-Schule, Frankfurt 1964

2275* The Montessori Method. Science or Belief? (Reprints from „Communications“), Amsterdam 1968

2276 Montessori-Erziehung, Wien o. J.

2277 Montessori-Erziehung. Hrsg. im Auftrag der Freunde und Förderer der Montessori-Methode in Deutschland, Berlin o. J.

2278* Montessori-Schule. Hrsg. im Auftrage des Deutschen Montessori-Kommitees, Sitz Berlin, Berlin o. J.

2279* Montessori, in: Enciclopedia Universal Illustrada Europeo-Americana. Tomo XXXVI, Bilbao. 618–624

2280* Motzo Dentice d'Accadia, Cecilia: Una precisazione di carattere storico, in: Atti XI (1957) 227–231

2281 Muhamad Hosain al Makhzanji: Turuk al Tarbia al Haditha, Cairo 1936 (über Montessori: Kap. 2)

2282 Nieuwe Onderwijsdenkbeelden. Hrsg.: Bond van Nederlandsche Onderwijzers, Amsterdam ²1915

2283 Noe, Nerina: Message de Mlle. Noe, déléguée du Chili, in: Congrès X (1953)13

2284 Nordhaus-Lüdecke, Ed. B.: Der Ruf der Mütter, München o. J.

2285 Norscia, Vincenzina: Nel campo della pedagogia. Sistemi e metodi negli asili d'infanzia, Milano o. J.

2286* Note sul metodo Montessori. Hrsg.: Comitato di Milano dell'Opera Nazionale Montessori, Milano-Roma 1926

2287* Ochs, Elsa– Tagebuch einer Montessori-Lehrerin, in: Die Selbsterziehung des Kindes. (= Die Lebensschule Heft 12), Berlin 1923, 34–60

2288 Ochs: Erziehung ist Hilfe, in: Montessori-Erziehung in Familie, Kinderhaus und Schule, Berlin (1927), 41–48

2289 Ochs: Aus dem Haus der Kinder, in: Montessori-Erziehung, Berlin o. J., 19–25;
siehe: 2277

2290 Olofskolan. Redogörelse för Läsaret 1931–32, Stockholm 1932

2291* Onderwijs-Vernieuwing. Rapport aangeboden aan de nederlandse regering door de vernieuwingsraad voor het onderwijs, o. O. o. J. (1942)

2292 L'orientamento professionale come educazione civica. Atti del V Convegno Nazionale di Messina, 19–21 settembre 1959, Roma 1961

2293 Ortachewicz, K.: Nowe prady i nowe dazenia w wychowaniu – wiek XIX i XX, Wilno 1914

2294* Padellaro, Nazareno: Presenza di Maria Montessori, in: Atti XI (1957)261-266

2295* Padellaro: L'ora di Maria Montessori, in: OMEP (1967) 234–239

2296 Palazzo, Elena: Luce Marchigiana, in: Marche, Numero unico a cura dell'Istituto magistrale governativo „A. Oriani“ di Roma, Roma 1954, 46–47

2297* Paolini, Maria Antonietta: I principi fondamentali del metodo Montessori, in: Atti del Convegno Nazionale sull'educazione dell'infanzia, Napoli 4–5 ottobre 1952, Roma 1953, 91–96

Peller-Roubiczek, L. E.
siehe: Roubiczek, Lili E.

2298 Philippi-Siewertz-van Reesema, C.: La portée de l'oeuvre de Mme. Montessori, in: Adolphe Ferrière (Hrsg.:), L'aube de l'école sereine en Italie, Paris 1927, 97
2299 Philippi-Siewertz-van Reesema: Kleuterwereld en Kleuterschool, Amsterdam-Antwerpen ³1956
2300* Pignatari, Marziola: Maria Montessori e il pensiero pedagogico contemporaneo, in: Atti XI (1957) 7–21
Pignatari, Marziola
siehe: 1078, 1079
Pignocco, Cesare
siehe: Vitetti, Giuseppe
2301 Pizzoni, Canzio: Il metodo Montessori ed il cristianesimo, in: Saggi di vita e di cultura religiosa, Perugia 1949
2302* Plank-Spira, Emma: Affektive Förderung und Hemmung des Lernens, in: Montessori-Pädagogik vom Standpunkte der Psychoanalyse, Wien 1933, 122–128
2303* Postma, W. P.: De buitenschool, in: Montessori perspectieven, Amsterdam 1961, 97–104
2304 Prezzolini, Giovanni: Paradossi educativi, Roma 1919;
(über Montessori: S. 42–58)
2305* Prins-Werker, J.: The International Training Course Rome 1914, in: Montessori 1907–1957, Amsterdam 1958, 12–14
2306 I problemi dell'educazione infantile nella vita industriale, Atti del III Convegno Nazionale di Torino, 9–11 ottobre 1954, Roma 1956
2307 I problemi della famiglia rurale. Atti del II Convegno Nazionale di Napoli, 3–4 ottobre 1953, Roma 1956
2308 Psychologisches zur Montessori-Methode. Hrsg. im Auftrag der Deutschen Montessori-Gesellschaft (Berlin) 1927; (enthält zwei Aufsätze aus „Die neue Erziehung" 9 (1927))
2309 Rasmussen, Vilhelm: Child Psychology, London 1913
2310 Reichenbach, Elisabeth: Die Schule ohne Katheder, in: Erziehung zur Gegenwart, Jena 1932, 34–43
2311* A Report from Dr. K. Murphy (visiting physician to St. Ultan's Hospital): in: Montessori 1907–1957, Amsterdam 1958, 49
2312 Report of Activities. (Hrsg. von der) Association Montessori Internationale, Amsterdam 1955
2313 Report of the Montessori Conference 1914, in: Report of the Conference on New Ideals in Education, London 1915
2314* Rifbjerg, Sofie: Bogen om Montessori, Köbenhavn 1950
2315* Röhrs, Hermann: Schule und Bildung im internationalen Gespräch. Studien zur Vergleichenden Erziehungswissenschaft, Frankfurt 1966;
dort 35–38: Das Montessori-System
45–66: Die Montessori- und Dalton-Plan-Schulen in Holland als Beispiele der Reformpädagogik des Auslands
2316 Röhsska Konstslöjd Musset. Årstryck 1960
2317* Rogers, George: Maria Montessori: il suo e il nostro tempo, in: Atti XI (1957) 207–226;
engl.: Maria Montessori: her time and our time, in: ebda., 239–257
2318 Rosbach, Johs.: Hjemlig Undervisning i Skolen, Odense 1923

2319 Ross Sou, E.: Naučnoe napravlenie v dele vospitanija i otličitel'nye čerty metoda Montessori, in: E. J. Ticheeva; L. J. Čulickaja; P. O. Efrussi, Novye idei v pedagogike, Leningrad 1924, 95–105

2320* Rossi, Pietro: Maria Montessori e l'educazione alla socialità, in: Atti XI (1957) 317–323

2321 Roswindis, Sr. M.: Kleine Füße auf neuer Straße, in: Marienschule, Limburg 1954, 19–21

2322* Rotten, Elisabeth: Le droit de l'enfant à un monde paisible, in: Congrès X (1953) 51–55

2323* Roubiczek, Lili E.: Montessori Material for the Development of Mental Functions, in: Towards a New Education, edited by William Boyd, London-New York 1930, 141–144

2324* Roubiczek: Gruppenerziehung des Kleinkindes vom Standpunkte der Montessori-Pädagogik und der Psychoanalyse, in: Montessori-Pädagogik vom Standpunkte der Psychoanalyse, Wien 1933, 93–121

2325* Rude, Adolf: Die neue Schule und ihre Unterrichtslehre. I. Band: Die neue Schule, Osterwieck-Leipzig ^{3}1930, 132–143

2326* Rump, Änne: Das Kind ist der Vater des Menschen, in: Paul Oestreich (Hrsg.): Das Kleinkind, seine Not und seine Erziehung, Jena 1932, 100–108

2327* Rusk, Robert R.: Montessori (= Chapter XII) in: The Doctrines of the Great Educators, London 1918, 262–288; ^{2}1954, 258–283

2328 Rusk: Montessori, in: A History of Infant Education. London 1933, 69–89

2329 Ruxton, J. M.: The Montessori Method in Scotland, in: Atti VIII (1950) 76-87

2330 Ryan, W. Carson (jun.): The Montessori Demonstration School, in: Educational Exhibits at the Panama-Pacific International Exposition, 1915. (United States Bureau of Education, Bulletin, 1916, No. 1), Washington 1916, 98–99

2331 Samonati, Alfredo: La doctora Montessori y su sistema de enseñanza, in: Anales de Instrucción Primaria, Montevideo 1913

2332* Santucci, Giacomo: Il primo Corso „Montessori“, in: Atti XI (1957) 325–332

2333* Sarabhai, Sarala: Greetings from India, in: Montessori 1907–1957, Amsterdam 1958, 18–19

2334* Saye, Giuseppe: Famiglia, Casa dei Bambini, Scautismo, in: Atti XI (1957) 341–342

2335* Scheid, Paul: L'influenza di Maria Montessori sulla pedagogia tedesca, in: Atti XI (1957) 195–198; franz.: L'influence de Dr. M. Montessori sur la pédagogie allemande, in: ebda., 235–238

2336* Scheid: L'influence de Dr. M. Montessori sur la Pédagogie Allemande, in: 75 Jahre Anna-Schmidt-Schule, Frankfurt 1961, 39–40;
vgl. 2335

2337* Schmaus, Margarete: Bravheit und neurotische Hemmung, in: Montessori-Pädagogik vom Standpunkte der Psychoanalyse, Wien 1933, 129–139

2338* Schulz-Benesch, Günter: Zum Stil katholischer Schule heute, München 1964

2339* Schulz-Benesch: Abenteuer eines Lebens für das Kind, in: Grundgedanken der Montessori-Pädagogik. Aus Maria Montessoris Schrifttum und Wirkkreis zusammengestellt von Paul Oswald und Günter Schulz-Benesch, Freiburg 1967, 143–156

2340 Schumacher, Henny: Der Kindergarten, in: Paul Oestreich (Hrsg.:), Bausteine zur neuen Schule, München 1923, 17–36
2341* Schumacher: Das Kleinkind und seine Erzieher. (Entschiedene Schulreform, H. 16), Leipzig 1923; (bes. 16–23)
2342* Schumacher: Krippe und Kindergarten, in: Paul Oestreich (Hrsg.), Die Produktionsschule als Nothaus und Neubau, Berlin 1924, 109–125
2343* Schwarz-Hierl, Elisabeth: Grundsätzliches über die Umgebung des Kindes, in: Die Selbsterziehung des Kindes. (Die Lebensschule H. 17), Berlin 1923, 61–79
2344 Schwerdt, Theodor: Neuzeitlicher Unterricht, Paderborn 1933
2345* Schwerdt: Das pädagogische Werk der Maria Montessori, in: Kritische Didaktik in Unterrichtsbeispielen, Paderborn o. J., 13. Aufl., 146–172
2346 Scudder, Myron T.: The Montessori System, in: New York State Association of District Superintendents. Proceedings of the First and Second Meetings, 1912–1913, and 1913–1914, 144–148
2347 Scuola materna e scuola elementare. Atti del VII Convegno Nazionale, Trieste 26–28 settembre 1963, Roma 1968
2348* Seiler, Karl: Montessori, in: Die Arbeitsschule. Ihre psychologische Begründung, Nürnberg 1948, 95–111
2349 Shaw, Elizabeth Ross: The Scientific Spirit in Education. Its Effects Upon the Kindergarten in Relation to the Distinctive Characteristics of the Montessori Method, in: National Education Association. Journal of Proceedings and Addresses, 51st Annual Meeting, 1913, Ann Arbor, Mich. 1913, 439–445
2350* Siewerth, Gustav: Metaphysik der Kindheit, Einsiedeln 1957; (zu Montessori: 118–130)
2351 Le silence. Reihe: Pédagogie, Parents et maîtres. Nr. Spécial 17, Paris (nov.) 1957
2352 Simachowitz, Ilse: Die Entwicklung des Kindes im Montessori-Kinderhaus, in: Erziehung zur Gegenwart, Jena 1932, 23–27
2353* Singh, Madanjeet: Maria Montessori in India, in: Centro Didattico Nazionale per la Scuola Materna. Maria Montessori a dieci anni dalla morte, Brescie 1962, 63
2354* Singh: Maria Montessori e l'India, in: OMEP (1967) 278–279
2355* Smart, James Ewart: The Principle of Freedom in the Montessori Method, in: Atti VIII (1950) 253–267
ital.: Il principio della libertà nel metodo Montessori, in: ebda., 289–293 (Riassunto)
2356 L'enfant et la conservation de l'énergie, in: Congrès X (1953) 88–94
2357* Snodin, R.: Maria Montessori e l'educazione britannica, in: Centro Didattico Nazionale per la Scuola Materna. Maria Montessori a dieci anni dalla morte, Brescia 1962, 59–60
2358* Snodin: Maria Montessori in Gran Bretagna, in: OMEP (1967) 266–268
2359* Società Umanitaria Milano. La Società Umanitaria Milano 1893–1963, Milano 1964; (dort 126–127: La scuola per l'infanzia)
2360* Standing, E. Mortimer: Die Grundsätze der Montessori-Methode, in: Zur Pädagogik von Maria Montessori, hrsg. vom Katholischen Deutschen Frauenbund, Köln 1931, 1–11
2361* Standing: The Liturgy and the Montessori Method, in: Maria Montessori and others, The Child and the Church, edited by E. M. Standing, St. Paul, Minn. 1965, 94–110

2362* Standing: Montessori and the World Situation, in: ebda., 72–93

2363* Standing: Montessori Principles in the Light of Scholastic Philosophy, in: ebda., 65–71

2364* Standing: Sviluppo storico del movimento Montessori, in: OMEP (1967) 250–256

2365* Standing: Eine Stunde in der Montessori-Schule, in: Grundgedanken der Montessori-Pädagogik. Aus Maria Montessoris Schrifttum und Wirkkreis zusammengestellt von Paul Oswald und Günter Schulz-Benesch, Freiburg 1967, 111–120

2366 Šteingauz, M.: Montessori i ee vlijanie, in: Pedagogičeskaja enciklopedija. Tom. I, Moskau 1927

2367* Stern, Käthe: Sprachlicher Egozentrismus und Gemeinschaftsgefühle im Kinderhaus, in: Erziehung zur Gegenwart, Jena 1932, 28–33

2368* Stern: Zur Frage der schöpferischen Phantasie bei vorschulpflichtigen Kindern, in: Paul Oestreich (Hrsg.), Das Kind, seine Not und seine Erziehung, Jena 1932, 130–136

2369* Stern, William, Psychologie der frühen Kindheit (ausführlicher über Montessori ab:) Leipzig [4]1927, passim

2370 Strong, Jay: Maria Montessori, in: Jay Strong, Of Courage and Valor. Heroic Stories of Famous Men and Women, New York 1955, 293–299

2371* Sturm, K. F.: Der Einbruch der Montessori-Pädagogik, in: K. F. Sturm, Die pädagogische Reformbewegung der jüngsten deutschen Vergangenheit, ihr Ursprung und Verlauf, Sinn und Ertrag. Osterwieck 1930, 67–72

2372* Sturzo, Luigi: Ricordando Maria Montessori, in: Centro Didattico Nazionale per la Scuola Materna. Maria Montessori a dieci anni dalla morte, Brescia 1962, 48

2373 Suchotina, T.: O principial-noj storone sistemy Montessori in: Trudy pervogo Vserossijskogo s-ezda po semejno vospitaniju. Tom. 2, Petrograd 1914, 275–300

2374* Tadini, Franco: Maria Montessori a dieci anni dalla morte, in: Centro Didattico Nazionale per la Scuola Materna. Maria Montessori a dieci anni dalla morte, Brescia 1962, 4

2375* Taraben Modak: The Activity of the Nutan Bal Shikshand Sang Association in India, in: Atti VIII (1950) 407–415

2376* Taraben: L'attività dell'Associazione „Nutan bal shikshan sang", in: OMEP (1967) 280–282;
siehe: 2375

2377 Taubman, V.: Sistema Montessori i problema psichofizičeskogo ozdorovlenija čeloveka, in: Prosveščenie, Petrograd 1921–1923, Tom. 1: 64–82; Tom. 2: 24–52; Tom. 3: 147–169

2378 Taubman: Sistema Montessori s točki zrenija marksistskoj pedagogiki, in: V pomošč doškol'nomu rabotniku, Leningrad 1925, 38–45

2379 Teach Ultain, Inc.: (St. Ultain) 18th Annual Report, Dublin 1956

2380 Thabault, Roger: Philosophy and the Education of Teachers in France, in: The Year Book of Education 1957, London-New York 1957, 552–561 (über Montessori: 559 f.)

2381* Thompson, John W. R.: Il messagio universale di Maria Montessori, in: Atti XI (1957) 267–281;
engl.: The universal mission of Maria Montessori, in ebda., 291–304

2382 Ticheeva, E. J. u. a. (Hrsg.): Novye idei v pedagogike, Leningrad 1924

2383 Ticheeva: Mysli o social'nom vospitanii v svjazi s sistemoj Montessori, in: ebda., 62–95

2384* Tien jaren Montessori onderwijs. Hrsg.: De Vereniging „De Amsterdamsche Montessorischool", Amsterdam 1931

2385* Traversa-Olivero, Lina: Thoughts on the day of the first Quinquagenary, in: Montessori 1907–1957, Amsterdam 1958, 11–12

2386* Tromp, C. W.: The Montessori Movement in Holland, in: Towards a New Education, edited by William Boyd, London-New York 1930, 149–150

2387* L'Umanitaria e la sua opera, Milano 1922

2388 Uomini tra la vita e la storia. (Scritti di M. Balducci, P. Siena, P. Palumbo e. a.), Roma 1955

2389* Valitutti, Salvatore: Discorso di chiusura, in: Atti VIII (1950) 524–527

2390* Valitutti: Travail et formation de l'homme chez Maria Montessori, in: Congrès X (1953) 36–42

2391 Valitutti: L'educazione sociale nel pensiero pedagogico di Maria Montessori, in: L'educazione alla socialità nella pedagogia contemporanea. Atti del Convegno di Venezia, 12–14 ottobre 1956, Roma 1957, 229–249

2392* Valitutti: Il rinnovamento del pensiero pedagogico nel secolo ventesimo e Maria Montessori, in: Atti XI (1957) 121–143

2393* Valitutti: La prima „Casa dei Bambini", in: Centro Didattico Nazionale per la Scuola Materna. Maria Montessori a dieci anni dalla morte, Brescia 1962, 10–13

2394* Valitutti: L'educazione sociale nel pensiero di Maria Montessori, in: OMEP (1967) 220–233;
siehe: 2391

2395 Valore educativo e sociale della scuola materna. Atti del VI Convegno Nazionale di Salerno, 23–25 settembre 1961, Roma 1963

2396 Verfrissing van het onderwijs op de Obenbare Scholen voor gewoon lager onderwijs te Amsterdam, Amsterdam (Stadsdrukkerij) 2 1950

2397* Vikramaratne, Lina: The Montessori Schools in Ceylon, in: Atti VIII (1950) 416–423

2398 Vinogradov, N.: Očerki po istorii idej doškol'nogo vospitanija, Leningrad 1925; (über Montessori: 100–124)

2399 Vitetti, Giuseppe e Cesare Pignocco: Prospettive per uno studio unitario dello sviluppo, in: Atti VIII (1950) 159–181

2400* Volkelt, Hans: Pädagogische Anwendungen der genetischen Ganzheitspsychologie, in: Bericht über den 11. Kongreß für experimentelle Psychologie, Wien, April 1919, hrsg. v. Hans Volkelt, Jena 1930, 167–177

2401* Volpicelli, Luigi: Maria Montessori e l'idealismo, in: Atti XI (1957) 171–184

2402* Volpicelli: Il vero significato del metodo Montessori, in: Centro Didattico Nazionale per la Scuola Materna. Maria Montessori a dieci anni dalla morte, Brescia 1962, 49
do. in: OMEP (1967) 240–242
Wachendorf, Maria
siehe: Helene Helming

2403 Ward, Florence Elizabeth: Impressions of the Montessori System, in: National Education Association. Journal of Proceedings and Addresses, 50th Annual Meeting, 1912, 609–613

2404 Ward: Place of Art and Handwork in the Montessori System, in: Western Drawing and Manual Training Association. Proceedings of Meeting held at Des Moines, Iowa, May 7–10, 1913, 89–96

2405 Weigl, Franz: Deutsche Lehrkunst und Montessori-Methode im ersten Anschauungsunterricht der Hilfsschule, in: Bericht über den ersten Kongreß für Heilpädagogik in München, Berlin 1923, 126–128

2406* Weinstock, Heinrich: Alles vom Kinde aus! Die naturalistische Pädagogik Maria Montessoris, in: Heinrich Weinstock, Erziehung ohne Illusionen. Auf der Suche nach pädagogischen Grundsätzen, Heidelberg 1963, 23–50

2407 Wheelock, Lucy: Comparison of Montessori and Froebel, in: Vermont State Teachers' Association. Report of the 64th Annual Convention, October 22–23, 1913, Brattleboro 1913, 77–85

2408 White, Jessie: The Influence of Dr. Montessori's Pedagogy in Great Britain and Ireland, in: Atti del V Congresso Internazionale di Filosofia, Bologna, V., Genua 1924, 866–872
do. in: Bericht über den 5.–7. Kongreß für Philosophie, V.; und in: Actes du 8e Congrès International de Philosophie à Prague, V., 1934

2409 Wij herdenken Maria Montessori. Sonderheft der Zeitschrift „Montessori Onderwijs", Amsterdam (Juni) 1952

2410 Wikramaratne, Lina: Le scuole Montessori a Ceylon, in: OMEP (1967) 283–286;
siehe 2397

2411* Wilbrink, M.: Klasseleiding, in: Montessori perspectieven, Amsterdam 1961, 61–68

2412* Wössner, Georg: Die Montessorischule, in: Lernen und Lehren auf der Stufe der Volksschule, Stuttgart ^{2}1954, 107–111

2413 Wood, Walter de Burley: Children's Play and Its Place in Education. With an Appendix on the Montessori Method, New York 1913; ^{2}1915

2414 Xochellis, Panos: Jahresklassen oder nicht? Die Überwindung des Klassenschematismus in der Schule, München 1967

2415* Z., N.: Maria Montessori e il suo metodo, in: Centro Didattico Nazionale per la Scuola Materna. Maria Montessori a dieci anni dalla morte, Brescia 1962, 54

2416* Zo ontwikkelt zich de taal in de Mentossori school, Amsterdam (Nederlandsche Montessori Vereeniging) 1937

2417 Zukiewiczowa, Zofia: Dydaktyka przedszkola. Encyklopedia Wychowania. Tom II, 1934, Listopad 1934

2418 Zur Pädagogik von Maria Montessori, hrsg. vom Katholischen Deutschen Frauenbund, Köln 1931

3000 A., H.: En Revolution i den pedagogiske Verden. Montessori-Methoden, in: Koebstadskolen. (Hobro), 4 (1917) 155–156

3001 Abbiate Fubini, Anna: Il bambino costruisce l'uomo, in: VdI, 13 (1964) n. 8–9, 7–12

3002* About Ourselves. (Report of the Secretary, Association of Montessorians, Calcutta), in: AC, 5 (1960) 92–96; 6 (1961) 93–95; 7 (1962) 80; 8 (1963) 82–83; 9 (1964) 78–79
siehe: Dipti, Devi
Ali Akbar, Dilshad

3003* Acni, Amalia: niños Montessorianos, in: MB, 1 (1935) n. 2, 4–5
3004* La actividad del niño, in: ebda., n. 11, 8–9
3005* Adam, H.: XII. Internationaler Montessori Kongreß, in: Freie Bildung und Erziehung, 36 (1960) 298–300
3006 Adami, Angelo: La didattica del latino secondo il metodo Montessori, in: VdI, 13 (1964) n. 5, 18–19
3007 Adelaar-Fürth, Anna: Wie lernt man in der Montessori-Schule lesen?, in: Frankfurter Schulzeitung, 43 (1926) 113
3008* Adelaar-Fürth: Anmerkungen zur Montessori-Pädagogik und zu dem Buch: Fröbel und Montessori von Hecker-Muchow, in: Montessori-Nachrichten, Juni-Juli 1928, 27–40; gleicher Titel; in: Die neue Erziehung, 10 (1928) 425–437
3009* Adelaar-Fürth: Die Phantasie im Lichte des Montessori-Gedankens, in: DWZ, 8 (1929) H. 11
3010 Adelaar-Fürth: De sociale partij van het kind (en Montessori's 'Mensen-opvoeding'), in: Het Kind. (Amsterdam), 1938, 5–6
3011 Adelmann, Josef: Maria Montessori und die Montessori-Erziehung, in: Pädagogische Welt, 9 (1955) 27–29
3012* Adler, Alfred: The Dangers of Isolation, in: Call, 1 (1924) 128–134
3013* Adunanza delle maestre Montessoriane nella Circoscrizione di Pavia, in: 'M, a. 1, n. 12 (aprile 1928) 8–9
3014 Agazzi, Aldo: È morta Maria Montessori, in: Scuola Italiana Moderna, a. 1952, n. 14
3015 Sister M. Alban, S. C.: The Montessori Method – Applied, in: Catholic School Journal, 61 (december, 1961) 23–26
3016* Ali Akbar, Dilshad: Grammar in the House of Children, in: AC, 9 (1964) 24–31
3017* Ali Akbar: Grammar in the House of Children. Part II, in: AC, 10 (1965–1966) 52–61
3018* Ali Akbar: About Ourselves. Secretary's Report, in: AC, 10 (1965–1966) 128–131
3019* All-Ceylon Montessori Association, in: Comm, No. 4, December 1959, 15–16
3020 Al'medingen, N.: V „Detskom dome Montessori", in: Vospitanie i obučenie, (1914) 7–21, 75–80, 137–143, 211–218, 234–240
3021 Altmann, S.: Das Montessori-System und die Blindenanstalt, in: Zeitschrift für das österreichische Blindenwesen, 2 (1924) 56–60
3022 American Montessori Courses, in: Elementary School Journal, 13 (October, 1914) 61–62
3023* A.M.I. – General Meeting, Arnhem, Holland, April 10, 1967, in: Comm, 1967, No. 3, 2–8
3024* De Amsterdamse Montessori-School jubileert, in: MO, 1966/1967, n. 3, 17–18
3025* Ancilla Pueri, The first Montessori Schools in Palestine, in: AC, 1 (1956) 20–22
3026 Anderson, M.: The Montessori Method, in: New Era, 10 (1929) 191–192
3027 Anderson, J. Scott: The Montessori Method of Teaching Hearing Children, in: Volta Review, 14 (1912) 154–168
3028* Ansari, Mohd. Shabrir: Child Education in Pakistan, in: Education for Pakistan, 1 (1949) n. 2, 23–24
3029 Apprendre en enseignant ou la méthode Montessori, in: L'Enfant et nous, 3 (1954) n. 13

3030* Die Arbeitsgemeinschaft der Montessori-Schule Wien X, in: Call, 1 (1924) 232–237

3031 Argy, William P.: Montessori versus Orthodox, in: Rehabilitation Literature, October 1965

3032* Argy: Montessori versus Orthodox. (Quotations), in: Comm, 1966, n. 4, 38–39

3033 Arnstroem, Ellen: Dr. Montessori i London, in: Bog og Naal, 27 (1920) 107–109

3034 As to Montessori Mothers, in: Scribner's Magazine, 60 (October, 1916) 513–514

3035 Assagioli, Roberto: Parole franche agli adulti, in: MR, 1 (1931) n. 1, 28–33; n. 3, 12–19; n. 5–6, 7–14

3036 Assmus, D.: Die Welt des Montessori-Kindes, in: Oestergaards Monatshefte, (1932) 349

3037 Atti Parlamentari/Gedenken Maria Montessoris im Senat und im Abgeordnetenhaus der Italienischen Republik/, in: VdI, 1 (1952) n. 5–6–7, 38–42

3038 L'attitude de la maîtresse, in: AMF, n. 8 (avril 1954), 27 ff.

3039* Attività Montessoriana nel 1933, in: OM, a. 2, n. 1 (gennaio-febbraio 1934) 23–26

3040* Attività Montessoriana nelle R. R. Scuole Italiane all'estero, in: ebda., 39–43

3041* Auch England ehrt Dr. Maria Montessori. (Gekürzter Nachruf aus der englischen Zeitung „The Times" vom 9. 5. 1952), in: Unsere Kinder, 7 (1952) 87–88

3042 Aufderheyde, Annie: Flitsen uit de praktijk, in: Het Kind (1954) 138–141

3043 Augzell, Oscar: Montessoriskolerne i Rom, in: Vor Ungdom, 56 (1934) 71–78

3044 Aurin, Kurt: Diskussionsbeitrag zum Aufsatz „Das Menschenbild bei Fr. Fröbel" von Gerhard Scheffler, in: Pädagogische Blätter, 4 (1953) 363–364

3045* Aurin: Die pädagogisch-anthropologische Sicht Maria Montessoris, in: ebda., 58–64

3046 Aurin: /Titelloser Bericht über eine Studienfahrt nach Holland/, in: DMG, 1 (1953) H. 4

3047 Aurin: Das methodische und pädagogische Vorurteil im Streit der Meinungen um die Montessori-Pädagogik, in: Pädagogische Blätter, 6 (1955) 245–250; do. in: DMG, 4 (1956) N. 3, 1–4

3048 Aurin: Aufgaben und Möglichkeiten der Montessori-Pädagogik heute, in: Rundbrief des Senators für Jugend und Sport, N. 5/6 (Mai–Juni 1957); do. in: DMG, 6 (1958) N. 2, 4–6; N. 3, 4; 7 (1959) N. 1, 6–8

3049* Aurin: Einiges über die internationale Montessoriarbeit, in: DMG, 8 (1960) N. 2, 9–10

3050* Aurin: Das sozialpädagogische Anliegen im Werk Maria Montessoris, in: Westermanns pädagogische Beiträge, 12 (1960) 455–462

3051 Aurin: Gruppenarbeit mit leistungsschwachen Jugendlichen, in: Psychologische Praxis, H. 29 (1961) 122 ff.

3052* Aurin: Das Lösen mathematischer Aufgaben in gestaltpsychologischer Sicht, in: Internationale Zeitschrift für Erziehungswissenschaft, 7 (1961) 208–219

3053* Aurin: Das sozialpädagogische Anliegen im Werk Maria Montessoris, in: DMG, 9 (1961) N. 1, 6–8; siehe: 3050

3054* Aurin: Lernen als Forschungsgegenstand und als pädagogisches Problem, in: Berliner Lehrerzeitung, 16 (1962) 151

3055* Aurin: Ein konkreter Weg der Rehabilitation geistig behinderter Jugendlicher, in: Die Rehabilitation, 3 (1964) 182–188

3056* Aurin: Zur Rehabilitation geistig behinderter Jugendlicher, in: ebda., 103–110

3057* Aurin: Some Remarks Concerning Dr. Bouman's Article „The Montessori Method – Science or Belief? ", in: Comm, (1965) N. 2/3, 13–15

3058* Aus der Chronik der Berliner Montessori-Arbeit, in: DMG, 4 (1956) N. 3

3059 Die Ausländerei in der Pädagogik, in: Deutsche Lehrer-Zeitung Nr. 55 (17. 7. 1915)

3060* Aussprache über das System Montessori. Veranstaltet von der Berufsvereinigung der Kindergärtnerinnen Österreichs am 21. Mai 1925 in Wien, in: Zeitschrift für das Kindergartenwesen, 44 (1925) N. 1/2, 54–63

3061* Austria, in: Comm, N. 4 (Dec. 1959), 15

3062* Axster, Herbert: Die Befreiung des Kindes, in: MD, Zweites Heft 1932, 23–28

3063* Axster, Herbert: Der Kongreß „Das Kleinkind" des Bundes Entschiedener Schulreformer, in: MD, Zweites Heft 1932, 54–58

3064* Axster, Ilse: Montessori-Erziehung – Erziehung zur Gegenwart, in: Die neue Erziehung, 13 (1931) 509–515

3065* Axster: Das Kind unter Kindern. (Zusammenfassung eines Vortrages), in: ebda., 14 (1932) 677

3066 Baak, N.: Bijdrage tot de ontwikkeling van het individu langs de weg der beeldende uiting, in: MO, 9 (1926)

3067 Baby Prodigees, in: Kindergarten Primary Magazine, 27 (1915) 310

3068 Bailey, Carolyn Sherwyn: Don't Touch. Be Still! A House of Children, in: Delineator, 83 (September, 1913) 14

3069 Bailey: Freeing of Otello the Terrible, in: ebda., 83 (October, 1913) 14

3070 Bailey: Has Your Youngster Found His Body? , in: ebda., 83 (November, 1913) 15

3071 Bailey: Christ in Bruno. A True Montessori Christmas Story, in: ebd., 83 (December, 1913) 5

3072 Bailey: Raffaelo's Hunger, in: ebda., 84 (January, 1914) 8

3073 Bailey: Going Away of Antonio, in: ebda., 84 (February, 1914) 40

3074 Bailey: Mario's Finger-Eyes, in: ebda., 84 (March. 1914) 18

3075 Bailey: Andrea's Lily, in: ebda., 84 (May, 1914) 74

3076 Bailey: Our Counciling Mothers. Problems in Applying Montessori Methods,in: ebda., 84 (June, 1914) 21

3077* Bakker, J. en G. H. Blaauw: Arithmetic Research, in: MO (1963–1964) extra-nummer, 24–27

3078 Baldwin, W. A.: The Conflicting Pedagogy of Madame Montessori, in: Journal of Education, 77 (1913) 147–149

3079* Banasinjka, Kira: How the Montessori Apparatus is being made, in: AC, 7 (1962) 52–57

3080 Banderas, I.: Erziehung im Kindergarten, in: Deutsche Monatshefte für Chile, 15 (1934) 164–166

3081 Bang, C.: Nutidens og Fremtidens Paedagogik, Barnets Frihed og Selvopdragelse. En Montessori-Betragtning, in: Illustreret Tidende, 60 (1919) 363–364

3082 Bang, Einar: Hvorledes skal vi opdrage vore Børn? Den sympatiske Opdragelse. (Saerlig om Montessori-Methoden), in: Vor Ungdom, 44 (1922) 120–136, 224–244

3083 Banović, Aleksandar: Marija Montessori (sic!), in: Savremena škola. (Beograd), 3 (1953) 303–311

3084* Banta, Thomas J.: Montessori Research Project, in: CH, Sept./Oct. 1966, 24–25

3085 Baranova, V.: Metody g-ži Montessori, in: Pedagogičeskij listok (1912) 390–400

3086 Baranova: Metody v vospitanii i obučenii, primenjaemye g-žej Montessori, in: Svobodnoe vospitanie, 12 (1913–1914) 75–79

3087 Barbera, Mario: Le „Case dei Bambini" della Montessori e l'„Autoeducazione", in: Civiltà Cattolica, 70 (1919) 37–49, 219–229, 430–436

3088 Barbera: Il metodo Montessori applicato all'educazione religiosa dei bambini, in: ebda., 73 (1922) 451–459

3089* Barchiesi, Liliana: La „scuoletta" di Palazzo Taverna, in: VdI, 16 (1967) N. 11, 9–10

3090 Barnard, Grace Everett: Montessori Conference at the NEA 1915 Meeting, in: The Kindergarten and First Grade, 1 (1916) 87–88

3091 Barnes, Earl: Comparison of Froebelian and Montessori Methods and Principles, in: Kindergarten Review, 23 (1913) 487–490;
do. in: The Training School Bulletin. (Vineland, N. J.), February 1914

3092 Barrere, J. B.: L'oeuvre d'éducation et la méthode de M'lle. Montessori en Italie, in: Revue pédagogique, 15 mars 1912

3093 Barret, R.: L'enfant vu par Mme. Montessori, in: L'anneau d'or, No. 47 (septembre-octobre 1952) 370–

3094* Bashyal, R. P.: Geography and the Young Child, in: AC, 8 (1963) 50–53

3095* Bashyal: Geography and the Young Child. (Continued from Volume VIII), in: AC, 9 (1964) 47–51

3096* Bashyal: Geography with the Young Child, in: AC, 11 (1967) 20–23

3097 Bassan, E.: Maria Montessori – Educazione alla libertà, in: Bolletino di Legislazione scolastica, 9 (1951) 45–46

3098 Batchelor, C. S.: The Montessori Method. I. Its Progress and Influence on the Teacher, in: The Sower, No. 86 (January, 1928) 262–265

3099 Batchelor: The Montessori Method. II. The School and the Child, in: ebda., No. 87 (April, 1928) 286–289

3100 Bates, Laura Mc Dill: Montessori Models, in: American Annals of the Deaf, 58 (January, 1913) 16–25

3101 Battistelli, Vincenzina: L'altro aspetto della critica di Spirito al metodo Montessori, in: Rivista pedagogica, 14 (1921) luglio

3102 Battistelli: La personalità sociale del bambino, in: Educazione Nazionale, 4 (1922)

3103 Battistelli: Dalla Montessori a Gentile, in: Levana, 5 (1926) n. 2–3, n. 5–6

3104 Bausch, M.: Der moderne Rechenunterricht und das Rechenmaterial Montessoris, in: Montessori-Nachrichten, August 1927

3105* Bazley, Carmen: Montessori in the Home, in: Bull, vol. 4, No. 38 (Spring 1966) 1–3

3106 Beaumont, Edith M.: The Montessori System, in: South Dakota Educator, 25 (April, 1912) 12–14

3107* Beca, Manuel Francisco and Aída Larraguibel Moreno: Medical and Pedagogical Treatment of Mongolism, in: MM, 4 (1950) No. 3, 52–62;
do. in: Comm (Sept./Dec. 1954) 5–20

3108* Beck, Robert H.: Kilpatrick's Critique of Montessori's Method and Theory, in: Studies in Philosophy and Education, 1 (Nov., 1961) 153–162

3109* Die Bedeutung der ersten Lebensjahre für die Erziehung. Bericht über einen Vortrag von Dr. Maria Montessori, gehalten im Bachsaal zu Amsterdam am 1. März 1950, in: DMG, 8 (1960) H. 3/4, 12–14
3110* Behn, Siegfried: Ein Montessori-Heft?, in: Vierteljahrsschrift für wissenschaftliche Pädagogik, 6 (1930) 481–495
3111 Behr, A. L.: /Aufsatz/, in: Transvaal Educational News, August 1952
3112 Bell, Alexander Graham: What the Montessori Method Means to Me, in: Freedom for the Child, 1 (1914) 7–10
3113 Bell: Auto-education continued in the primary school, in: ebda., 3 (January, 1916) 8–15
3114 Bellnow, Otto: Montessori, in: Pädagogische Warte, 20 (1913) 1097–1107; Korrektur: Autor heißt richtig Otto Bollnow
3115 Bemerkungen zur Montessoripädagogik, in: Düsseldorfer Kreis. Mitteilungen IV/1956, 9–10
3116* Bender, A.: Maria Montessori in Köln, in: Die christliche Frau, 29 (1931) 57–59
3117* Benegal, Lognajita: „At Home" to the V. I. Ps., in: AC, 10 (1965–1966) 67–70
3118 Benetti Brunelli, Valeria: Il metodo Montessori in Italia ed in America, in: La Nostra Rivista (1915)
3119* Benetti: Maria Montessori e Lombardo Radice, in: VdI, 7 (1958) n. 6–7, 3–6
3120* Benko, Maria: Fröbel oder Montessori?, in: Zeitschrift für das Kindergartenwesen, 43 (1924) N. 5/6, 25–28
3121 Benson, Theresa: An Experiment in Montessori Work, in: Primary Education, 21 (January, 1913) 9–11
3122 Berge, André: Les buts de l'activité enfantine et les périodes sensibles, in: Les Conférences de l'Ecole des Parents. (Paris), No. 3 (décembre 1949) 1–8
3123 Berge: Contrainte, liberté, moyens pédagogiques, in: AMF, No. 19 (janvier-fevrier 1957) 13–27
3124 Berge: Pages retrouvées, in: AMF, No. 21 (octobre 1957) 24–29
3125* Berge: Enige overdenkingen bij het artikel van Dr. J. C. Bouman, in: MO, 1965/66, n. 3, 21–24
3126 Bergmann, Emmy: Erziehung und Freiheit. Wie versuchen Rousseau, Tolstoi und Montessori das Problem zu lösen?, in: Allgemeine Deutsche Lehrerzeitung, 6. 7. 1924
3127* Bergmann: Bericht über die Montessori-Arbeit in Freiburg i. Br., in: Montessori-Nachrichten, Oktober 1925
3128* Bergmann: Über Erziehung und Unterricht in der Montessori-Schule, in: Die neue Erziehung, 7 (1925) 155–168
3129 Bergmann: Über die Notwendigkeit von Kinderhäusern, Kinderhorten und Waldschulen, in: Montessori-Nachrichten, Mai-Juni 1926
3130* Bergmann: Die Erziehung des vorschulpflichtigen Kindes im Geiste Maria Montessoris, in: Schulwart, 24 (1927) 241–243
3131* Bergmann: Psychologische Beobachtungen in der Montessori-Grundschulklasse, in: Die neue Erziehung, 9 (1927) 2–17
3132* Bericht über den Lehrgang zur Einführung in die Erziehungsgedanken von Dr. M. Montessori, in: Kg., 62 (1921) 175–177
3133* Bericht über den 33. Internationalen Lehrgang zur Ausbildung von Montessori-Lehrkräften in Frankfurt a. M., 24. 4. – 15. 8. 1954, in: DMG, 2 (1954) H. 4

3134* Bericht über die Eröffnungsfeier des 33. Internationalen Lehrgangs für Montessori-Pädagogik, in: DMG, 2 (1954) H. 2
3135* Bericht über die erste Arbeitstagung des Katholischen Arbeitskreises für Montessori-Pädagogik in Köln, in: DMG, 3 (1955) H. 1
3136 Bericht über eine Montessori-Tagung, in: Düsseldorfer Kreis. Mitteilungen, IV/1957, 6–9
3137* Bericht über die 15. Jahreshauptversammlung der Deutschen Montessori-Gesellschaft am 2. 12. 1967 im Konferenzsaal der Anna-Schmidt-Schule in Frankfurt a. M., in: Das Kind (1968) N. 1, 4–5
3138* Berichte des Vorstandes, in: DMG, 3 (1955) H. 3, 5–7
3139 Berle, A. A.: Montessori Method and the Home, in: Journal of Education, 77 (1913) 484–486
3140* Bernard, Anne Marie: A Montessori School in Paris, in: MM, vol. 4, No. 3 (July, 1950) 24–27
3141 Bernard: Notes sur l'éducation Montessorienne, in: L'Enseignement chrétien, 66 (1952) octobre; do. in AMF, No. 2 (1952) 9–
3142 Bernard: Education Montessorienne, in: Les Cahiers de l'Enfance, No. 12 (décembre 1954) 37–
3143 Bernard: Le surmenage scolaire et Maria Montessori, in: ebda., No. 18 (1955) 31–41
3144 Bernard: La préparation de l'ambience à l'école du premier degré, in: AMF, No. 14 (octobre 1955) 16–
3145 Bernard: Tes fils respecteras..., in: Les Cahiers de l'Enfance, No. 24 (mars 1956) 45–47
3146* Bernard: Creative Imagination, in: AC, 2 (1957) 15–18
3147 Bernard: L'imagination créatrice, in: AMF, No. 20 (mai-juin 1957) 22–30
3148 Bernard: Glané çà et là..., in: AMF, N. 22–23 (mai 1958) 47–52
3149* Bernard-Gillet, Anne Marie: Influence of the Environment on Defective Children, in: AC, 2 (1962) 13–17
Bernard (-Gillet), Anne Marie
siehe: Gillet-Bernard, Anne Marie
3150 Bernard, Georgette: La méthode Montessori, in: Educateurs, (mai-juin 1950) 215–227
3151 Bernard: La Maison des Enfants – Ecole Montessori, in: L'école nouvelle, (février 1951) 97–100
3152 Bernard: La Maison des Enfants, in: L'Enseignement chrétien, 66 (1952) No. 1, 35–
3153 Bernard: L'envol, in: Educateurs, No. 4 (mars–avril 1953) 91–93; do. in: AMF, No. 20 (mai-juin 1957) 13–16
3154 Bernard: A propos de l'enseignement Montessori, in: Le Jardin d'Enfants, 1 (1954) No. 4
3155 Bernard, Jean-Jacques: Allocution, in: AMF, No. 62 (juin 1962) 6–11
3156* Bernard: Commemoration du Xe anniversaire de la mort de Maria Montessori, in: Cahiers du Travailleur Intellectuel, No. 68 (septembre-octobre 1962) 4–6
3157* Bernard: Ricordo di Maria Montessori, in: VdI, 11 (1962) n. 5–6, 34–35
3158* Bernheim, Madeleine R.: La Casa dei Bambini a Sèvres, in: MF, 1 (1932) 159–160
3159 Bertin, Giovanni Maria: Prospettive psicologiche del pensiero montessoriano, in: I problemi della pedagogia, 2 (1956) 312–340

3160 Bertin: L'educazione alla socialità nel pensiero di Maria Montessori, in: ebda., 2 (1956) n. 2
3161 Bertolini Guerrieri Gonzaga, Sofia: Ricordo della primavera del 1907, in: VdI, 1 (1952) n. 5–6–7, 23–24
3162 Bertolini, Pietro: The Case for Madame Montessori, in: World's Work (May, 1915) 561–573 (June, 1915) 86–91 (July, 1915) 185–190
3163 Bertolini: Palingenesi pedagogica. Il metodo Montessori, in: Nuova Antologia, serie 5, vol. 175 (1915) 566–596
3164* /Besprechung von:/ Maria Montessori, Influenza delle condizioni di famiglia sul livello intellettuale degli scolari, Bologna 1904, in: Archivio per l'Antropologia e la Etnologia, 34 (1904) 430–431
3165* Besser, Luise: Pestalozzi-Fröbel-Verband, in: Blätter des Pestalozzi-Fröbel-Verbandes, 4 (1953) 8–9
3166* Beuster, Friedrich: Montessori-Geist und Montessori-Praxis in der Schule, in: Die neue Erziehung, 8 (1926) 644–658
3167 Beyer, Evelyn: Let's look at Montessori, in: The Journal of Nursery Education, 18 (1962) 4–9
3168* Bhalchandra, Mayadevi: The Montessori Training Centre for Village-Schools in Yeotmal, in: AC, 3 (1958) 76–79
3169* Bhalchandra, Mayadevi: Extracts from the Address of Mrs. Bhalchandra at the „Pre School Education-Rural", held at Seminar Hyderabad Deccan, India in 1964, in: Comm (1965) No. 1, 16–20
3170* Bhandari, Shushila: Children finding their own way. (Observations at Montessori Bal Nilaya, Calcutta), in: AC, 10 (1965–1966) 44–45
3171* Bhatt Harprasad: Child in the Family, in: MM, vol. 1, No. 2–3 (March-June, 1947) 22–27
3172 Bhatta, Hans Raj: Dr. Montessori in India, in: The Punjab Educational Journal, vol. 40, No. 11 (February, 1946) 545–549
3173* Bhattacharya, Gauri: Handwork, in: AC, 11 (1967) 50–51
3174* Bhattacharya, Srinibas: A new approach to evaluation in a Montessori school, in: AC, 5 (1960) 69–70
3175* Bianchessi, Antonio: Il Corso Montessori nella Circostrizione di Pavia nel suo assetto e nel suo sviluppo, in: IM, a. 1, n. 9 (gennaio 1928) 3–5
3176* Bianchessi: Letizia ed Energia nella educazione Montessori, in: IM, a. 2, n. 1 (settembre 1928) 3–5
3177* Bianchi, Francesco: L'educazione infantile e le „Case dei Bambini" di Maria Montessori, in: IM, a. 1, n. 2–3 (giugno-luglio 1927) 5–6
3178 Binzel, Alma L.: Early Education: The Kindergarten – The House of Childhood – The „Exceptional Home", in: Kindergarten Review, 24 (1914) 271–283
3179 Bird, Grace E.: A Successful Experiment in Child Education, in: Elementary School Journal, 30 (1930) 539–546
3180* Birkemeier, Margarete: Dr. Maria Montessori, in: Unsere Schule (1953) H. 1, 16–25
3181 Black, Mae Virginia: Phases of the Montessori System of Teaching, in: Pennsylvania School Journal, 61 (1913) 427–433
3182 Blakely, Paul: Learning to Don't, in: America, 14 (1916) 573–574
3183* Blunck, Herbert; Sprenger, Hans: Kleiner Streit um die Montessori-Pädagogik, in: Westermanns pädagogische Beiträge, 12 (1960) 173–175

3184 Bočkarev, N.: Frebel' ili Montessori, in: Svobodnaja trudovaja škola, Tomsk 1920, 2., 99–100
3185* Böder, Margarete: Fröbel und die moderne Physio-Psychologie, in: Kg, 55 (1914) 129–134
3186* Böder: Über die Montessori-Methode, in: ebda., 137–138
3187 Boehmer, J.: Maria Montessori, in: Studierstube, 13 (1915) 544
3188 De Boer, J.: Muziek in het V.H.M.O. Montessorionderwijs, in: MO, 23 (1940)
3189 Bogdanowicz, Zofia: Znaczenie metody Montessori, in: Wychowanie w Przedszkolu – (miesiecznik), (1928) N. 6 + 7/8
3190 Boggs, L. Pearl: The Eternally Feminine in the Montessori System, in: The Kindergarten and First Grade, 2 (1917) 195–196
3191 Bohn-Jespersen, Ellen: Dr. Maria Montessoris Opdragelsesmethode, in: Nordisk Ugeblad for katholske Kristne, 74 (1926) 347–351, 365–370, 381–384, 400–404
3192* Boldsteen, Artur: Come funziona una Scuola Montessori, in: MF, 1 (1932) 114–118
Bollnow, Otto
siehe Bellnow, Otto
3193* Bollnow, Otto Friedrich: Maria Montessori, in: DMG, 9 (1961) N. 2, 2–5; = Auszug aus 2033
3194 Bone, Woutrina: The Montessori System. North of England Education Conference, 12th Annual Meeting, Bradford, in: School Government Chronicle, 91 (1914) 34–37
3195 Boni Fellini, Paola: Maria Montessori a Roma, in: Capitolium, (gennaio 1959) 20–24
3196 Boone, Richard G.: The Montessori Method, in: Sierra Educational News, 9 (1913) 113–121, 270–279
3197 Borghi, Lamberto: Il pensiero pedagogico italiano nei suoi rapporti con le maggiori correnti pedagogiche del mondo contemporaneo, in: Scuola e città (1952) n. 12
3198 Borland, Jean K.: Mental Development – Montessori and Other Methods, in: Journal of the Royal Sanitary Institute (March, 1926) 459–464
3199* Boschetti-Alberti, Maria: La scuola Montessori, in: Pro Juventute, 4 (1923) 179–189
3200* Bouman, Jan C.: The Montessori Method. Science or Belief? , in: Comm (1965) No. 2/3, 8–12
3201* Bouman: De Montessori Methode – wetenschap of geloof, in: MO (1965/66) N. 2, 15–20
3202* Bouman: The Montessori Method: Science or Belief? (Final Reply), in: Comm (1966) No. 1/2, 10–14
3203 Boyd, William: Sense Training in the Montessori System, in: Kindergarten Primary Magazine, 27 (1913) 319
3204 Boyd: Montessori System, in: Journal of Education and School World. (London), 55 (1923) 155
3205 Brachmann, R.: Iz vpecatlenij o zagranicnoj poezdke, in: Doškol'noe vospitanie (1931) 5/6, 67–69
3206 Brandell, Georg, Montessoriskolan, in: Pedagogisk Tidskrift (1914) 140–
3207 Brandstaeter, F.: Grundsätze und praktische Auswirkungen der Montessori-Methode, die für den Unterricht und die Erziehung von Blinden von Wert sind, in: Blindenfürsorge, 45 (1925)

3208 Brandt, E.: De la méthode des Jardins d'Enfants à la méthode Montessori, in: AMF, N. 8 (avril 1954) 6–9

3209* Braunger, Marga: Montessori-Pädagogik auch in der Höheren Schule, in: DMG, 1 (1953) H. 4;
do. in: Bildung und Erziehung, 6 (1953) 444–449

3210* Bremer, Heinz: Als „Student" bei Anna Maccheroni, in: DMG, 6 (1958) N. 3, 6–7

3211 Brender à Brandis Hoogewerff: Enige gegevens over de opvoeding volgens Dr. Montessori en Dr. Steiner, in: Het Kind (1922) 337–342

3212* van Brink-Poort, Martha: Opvoeding tot zelfstandigheid, in: MO (1966/67) n. 2, 10–13

3213* Briod, Louise: Les „Asili d'Infanzia" au Tessin, in: Call, 1 (1924) 224–231

3214 Brisby, Drusie P.: The Montessori Method, in: Educational Foundations, 25 (1914) 354–361

3215 British Montessori Centers, in: School and Society, 13 (1921) 166–167

3216* Broadwood, Sylvia: The Confessions of a Repentant Mother, in: MM, vol. 3 (January, 1949) 70–87

3217* Broadwood: Gospel Hints from Dr. Montessori's method of education, in: MM, vol. 3, No. 2 (April, 1949) 42–43

3218* Broccolini, Giustino: Il gioco nella concezione educativa di Maria Montessori, in: VdI, 9 (1960) n. 6–7, 3–8

3219* Broccolini: Nota sul globalismo; in: ebda., n. 11, 8–10

3220* Broccolini: Antropologia sociale e metodo Montessori, in: VdI, 12 (1963) n. 3, 6–11

3221* Broccolini: Maria Montessori nella critica di Sergio Hessen, in: VdI, 11 (1962) n. 10, 6–14; n. 11, 7–12

3222* Broccolini: Maria Montessori nella critica russa, in: VdI, 11 (1962) n. 7–8, 3–8

3223* Broccolini: Valore filosofico del biologismo montessoriano, in: VdI, 12 (1963) n. 10, 7–14

3224* Bruijn, Cor: Die neue Schulbewegung in Holland, in: DWZ, 7 (1928) 73–76

3225 Bryarly, Katharine Lee: The Montessori Training Class, in: American Annals of the Deaf, 58 (1913) 179–181

3226* Bucchi, Rosanna: L'edilizia scolastica della scuola materna nel metodo Montessori, in: VdI, 11 (1962) n. 10, 22–25

3227* Buchholz, Frieda: Versuch einer kritischen Betrachtung des Montessori-Systems, in: Zeitschrift für pädagogische Psychologie, 26 (1925) 442–448

3228* Buck, Anne: Gedanken zu Montessoris Erziehungstheorie, in: Die Sammlung, 8 (1953) 547–555

3229 Bühnemann, Hermann: Wo stehen wir in der Neuformung unserer Schule?, in: Welt der Schule, 8 (1955) 433–439

3230 Bühnemann: Die Selbstbildung des Kindes – Aufgabe der heutigen Schule, in: Die neue Landschule, April 1956, 1–11

3231 Bullock, H. H.: Montessori Method, Self Education, in: Primary Plans, 10 (November, 1912) 9–10, 39–40

3232* Bulowa, Ernst: Einige Grundprinzipien der Montessori-Methode, beurteilt vom Standpunkt der neueren Psychologie, in: Die neue Erziehung, 9 (1927) 18–33

3233* Burke, Oona: Whitby School. Catholic laymen follow the Montessori method in a new venture in American education, in: Jubilee, vol. 6, No. 10 (February, 1959) 21–27

3234 Burkhardt, Heinz: Montessori-Erziehung für Schulkinder, in: Zeitschrift für pädagogische Psychologie, 28 (1927) 303–304

3235 Burrows, H.: Spontaneous Education. The Montessori Method, in: The Contemporary Review, 102 (1912) 328–337

3236 Bushnell, Ethel: A Contemporary Study of Montessori with the Activities of American Kindergarten, in: Kindergarten Review, 24 (1914) 546–547

3237 Bushnell: Homeopathic Treatment in Education. A Study of Specific Values in Montessori, in: ebda., 515–517

3238 Bushnell: Montessori and the American Petted Darling, in: ebda., 455–458

3239* Buxbaum, E.: Analytische Bemerkungen über die Montessori-Methode, in: Zeitschrift für psychoanalytische Pädagogik, 6 (1931) 324–333

3240* Buytendijk, F.J.J.: Bildung der Jugend durch lebendiges Tun, in: Die Schildgenossen, 12 (1932) H. 1, 17–32

3241* Buytendijk: Penetrando nel significato del metodo Montessori, in: MF, 1 (1932) 195–212

3242* Buytendijk: La educación activa, in: MB, 1 (1935) n. 9, 8–10; n. 10, 6–7; n. 11, 10–13

3243 Buytendijk: La liberté vécue et la liberté morale dans la conscience enfantine, in: Revue de philosophie de la France et de l'étranger, N. 1–3 (janvier-mai 1951) 1–19

3244* Buytendijk: Gelebte Freiheit und sittliche Freiheit im Bewußtsein des Kindes, in: Vierteljahrsschrift für wissenschaftliche Pädagogik, 28 (1952) 168–183; do. in: DMG, 3 (1955) Nr. 4, 1–4 und 4 (1956) N. 1, 3–7

3245* Buytendijk: Experienced Freedom and Moral Freedom in the Child's Consciousness, in: Comm (1963) No. 3, 9–14

3246* Caglio, Lina: Una Classe Montessori a Merate, in: IM, a. 1, n. 1 (31 maggio 1927) 8–9

3247* Calò, Giovanni: Il fanciullo e gl'ideali sociali, in: OM, a. 2, n. 2–3 (marzo -giugno 1934) 50–70

3248 Calò: In memoria di Maria Montessori, in: VdI, 2 (1953) n. 5–6

3249* Calò: Il messagio umano e sociale di Maria Montessori, in: VdI, 17 (1968) n. 6–7, 3–10

3250 Calogero, Guido: Commemorazione di Maria Montessori, in: VdI, 1 (1952) n. 5–6–7

3251* Campondonico de Crespo, Elida L.: 'Casa dei Bambini' in Panama, in: Call, 2 (1925) 70

3252 Canfield Fisher, Dorothy: About the Montessori Method, in: Outlook, 104 (1913) 1012–1013

3253 Canfield Fisher: La leçon de silence, in: AMF, n. 27 (novembre 1959) 14–16

3254 Canne-Meyer, H.: Hier met Montessori!, in: Nieuwe Tijd, (1920) 566–570 601–608

3255* Caramella, Santino: Educazione civica e attitudini professionali, in: VdI, 8 (1959) n. 11, 3–7

3256* Carlsson, Margit: Montessori i svensk miljö, in: Pedagogen, 2 (1961) N. 2, 14–15

3257 Carmichael, R. D.: The Montessori Method, in: Progressive Teacher, 19 (September, 1913) 11–13
3258* Carol, J. M.: Het project „Het water, als vriend en vijand" in de Montessorischool „Waalsdorp", in: Werkgroep leidsterbijeenkomsten N.M.V. Mededelingenblad, N. 47 (juli 1961)
3259 Caronti, P. Emanuele: La Vita in Cristo, in: Bollettino Liturgico, maggio 1932
3260* Carr, Margaret: Come ho scoperto Maria Montessori, in: VdI, 9 (1960) n. 8–9, 13–16
3261 La Casa dei Bambini nel centinario Aportiano, in: IM, a. 1, n. 9 (gennaio 1928) 5
3262 Case dei bambini became model for the world, in: UNESCO Courier, 2e année, N. 10 (1. 11. 1949) 17
3263 Casotti, Mario: Il metodo Montessori, in: Levana, 2 (1923) 105–, 197–
3264 Casotti: Sul metodo Montessori, in: Pedagogia e Vita, novembre 1954, 11–21, gennaio 1955, 105–126
3265 Cassidy, J. F.: Dr. Maria Montessori, in: Ave Maria, 76 (1952) 519–521
3266 Catalunya and the Montessori method. Communication from M. Montessori, in: Tablet, 160 (1932) 569
3267 Cavalletti, Sofia: L'anno liturgico – un esperimento, in: VdI, 5 (1956) n. 11, 28 e 31
3268 Cavalletti: La gioia nella scuola di religione. Maria Montessori – L'uso del materiale, in: VdI, 9 (1960) n. 5, 23–
3269* Cavalletti: La liturgia in un esperimento montessoriano, in: Rivista Liturgica, 48 (1961) n. 3
3270* Celpa, Enrico: L'arte nella scuola Montessori, in: IM, a. 1, n. 2–3 (giugno-luglio 1927) 15
3271 Cenat, L.: Une grande éducatrice italienne: Maria Montessori, in: Supplément pédagogique (Inspection Académique du Pas de Calais, Arras), février 1951, 911–913
3272 Centre Montessori, in: AMF, N. 10 (octobre 1954)
3273 Centro Internazionale di Studi Montessoriani. Draft of an educational „Charta" for the development of Basic Education in Tropical Africa, in: AC, 10 (1965–1966) 87–90
3274 Ceresi, Vincenco: L'ispirazione religiosa nel metodo Montessori in: Studium, 10 (1957)
3275 Ceresi: Religione e Metodo Montessori, in: VdI, 7 (1958) n. 3, 4–6
3276 Ceresi: Il sentimento religioso e il metodo Montessori, in: VdI, 2 (1953) n. 3–4
3277 Chandra, Ranjit Sekhar: Montessori Training o Primary Shikhak, in: AC, 2 (1957) 60–64
3278* Chandra: Naughty Child, in: AC, 5 (1960) 34–36
3279 Charrier: Principes montessoriens, in: L'Education enfantine, 21 (1924) 241–242
3280 Charrier: Classe montessorienne, in: ebda., 24 (1927) 217–218
3281* Chatterij, Pritibushan: How Montessori looks at children, in: AC, 4 (1959) 63–66
3282* Chatterij: Montessori on the mistakes of the adult, in: AC, 5 (1960) 31–34
3283* Chatterij: Montessori on Psychic Deviations, in: AC, 7 (1962) 10–12
3284 Chase, A. M.: Children of the Street, in: Outlook, 101 (1912) 687–694
3285 Chessex, Albert: La méthode Montessori à l'école primaire, in: L'Educateur, 56 (1930) 337–340

3286 The Child-Adult Relationship and Educational Research, in: New Era, 33 (1952) 134–138
3287* Child Education, in: Mira. East & West, 3 (1937) 325–326
3288 Child's Place in Society, in: Tablet, 168 (1936) 321–322
3289* The Children's Garden and the Children's House, in: New Era, 33 (1952) 50–54
3290* Chimelli-Pergine, G. B.: La trasformazione dell'Asilo di Pergine in „Casa dei Bambini", in: IM, a. 1, n. 9 (gennaio 1928) 8–9
3291 Chiorboli, Zoro: Metodi attivi e verità assoluta nella pedagogia cattolica, in: Riforma della Scuola, 3 (1957) n. 8–9, 9–14
3292 Chisholm, M.: Woman Who Made School Fun, in: School, 35 (1947) 351–356
3293 La Cid raconté par deux enfants d'une école Montessori, in: AMF, N. 9 (juillet 1954) 16–
3294 Cinová, A.; Abramovič, M.: O systému Montessoriové. Kritický nyčrt, in: Pedagogické rozhledy, 34 (1921) 393–404
3295* Cionci, Dahna: Consensi e contrasti, in: MR, 1 (1931) n. 4, 16–20
3296 Claremont, Claude A.: The Freedom of the Child in the Montessori School, in: Child-Study, 9 (1916) 99–104
3297* Claremont: The Montessori Apparatus, in: Child, 9 (1919) 436–439
3298* Claremont: The Montessori Movement in England, in: New Era, 9 (1928) 75–76
3299* Claremont: Why is the Montessori method a science?, in: Call, 1 (1924) 36–41
3300* Claremont: Perchè il metodo Montessori è una scienza, in: IM, a. 1, n. 2–3 (giugno-luglio 1927) 9–10
3301* Claremont: Difesa dell'intolleranza nell'educazione, in: MF, 1 (1932) 265–271
3302* Claremont: La psicologia del fanciullo vista da un montessoriano, in: OM, a. 2, n. 1 (gennaio-febbraio 1933) 28–37
3303* Claremont: The Child's Work, in: MN, 2 (1935) N. 11, 84–85
3304* Claremont: La doctora Montessori y el instinto creador: una réplica a las criticas, in: MB, 1 (1935) n. 11, 15–16
3305* Claremont: How to teach science in the Montessori school, in: MN, 2 (1935) N. 16, 180–181, 183
3306* Claremont: Montessori Handwork, in: ebda., N. 9, 45; N. 10, 72–73
3307* Claremont: „Normalisation" and „Deviation" in Child Psychology, in: MN, 3 (1936) N. 18, 19
3308* Claremont: Raising the Teacher's Status, in: MM, vol. 1, N. 1 (December, 1946) 43–47
3309 Claremont: Educational Research, Discovery and Measurement, in: ebda., N. 4 (September, 1947) 16–18
3310 Claremont: The Montessori Training College, in: ebda., 63–64
3311* Claremont: Geometry and Pre-Geometry, in: MM, 2 (1948) 16–20
3312 Claremont: The Nre Research-Work, in: ebda., 137–139
3313* Claremont: The Discovery of the Mind, in: MM, vol. 3, N. 2, (April, 1949) 10–17
3314* Claremont: English Spelling in the Montessori Schools, in: MM, 2 (1948) 235–251; 3 (1949) N. 1, 32–52
3315 Claremont: Training the Montessori Teachers, in: MM, 2 (1948) 24–32, 109–113

3316* Claremont: The Child-Adult Relationship, in: MM, vol. 4, N. 4 (October, 1950) 53–58
3317* Claremont: Some Conditions of Social Happiness, in: ebda., N. 1–2 (January-April, 1950) 12–18
3318* Claremont: The „Be or not to be“ of Educational Apparatus, in: The Scottish Educational Journal, 6. 2. 1953 and 13. 2. 1953;
do. in: AC, 7 (1962) 46–51
3319 Claremont: Montessori in Britain, in: The New Era in Home and School, 38 (1956) 122–125
3320 Claremont: On Coping with Gravitation, in: New Era, 41 (January, 1960) 15–16
3321* Claremont: Protecting children's hidden powers, in: AC, 5 (1960) 39–40
3322 Claremont: Madame Montessori's contribution to the education of backward children, in: Forward Trends 5 (Summer,1961) 37–41
3323* Claremont: Perchè il metodo Montessori è una scienza, in: VdI, 10 (1961) n. 11, 25–26
3324* Claremont: Montessori and the Broadminded, in: AC, 7 (1962) 65–67
3325* Claremont: Montessori-Education – The Hope of the Future, in: Comm. (1962) N. 3/4
3326* Claremont: An Explosion into Time-Lines, in: Bull, vol. 4, N. 39 (Autumn 1966) 7; 12
3327* Claremont: How to start the „Silence Game“ with quite new children, in: Comm (1967) N. 4, 23–26
3328 Claremont: I. T. A. and Montessori, in: Bull, vol. 5, N. 41/42 (Autumn 1967/Spring 1968) 9–16
3329* Claremont, Francesca: Montessori and the Theatre, in: MN, vol. 1, N. 6 (Nov.-Dec., 1934) 105; 107
3330 Clark, Alison: A Rural Experiment, in: MM, vol. 3, N. 1 (January, 1949) 65–69
3331 Classes Montessori, in: Actualités sociales, N. 10 (octobre 1956) 43
3332 Cleef-Vogelsinger, Elisabeth: Ein Besuch in der Montessori-Schule Frankfurt a. M., in: Mitteilungsblatt der Österreichischen Montessori-Gesellschaft, Juli 1954, 1–3
3333 Codignola, Ernesto: Aporti e noi, in: Levana, 8 (1929)
3334 de Coene, A.: /Aufsatz/, in: Vlaamsch Opvoedkundig Tijdschrift (februari 1920)
3335* Coffey, Ita: International Center of Montessori Studies, Bergamo, in: Comm (1963) N. 3, 21–23
3336* Colli Grisoni, Adelaide: Die Gültigkeit der Grundsätze Maria Montessoris in der wissenschaftlichen Entwicklung der modernen Kinderpsychologie, in: DMG, 5 (1957) N. 4, 5–7; 6 (1958) N. 1, 4–5
3337 Colli: Validity of Maria Montessori's principles in the modern scientific trend of child psychology, in: AC, 3 (1958) 70–75
3338* Comes, Salvatore: Amministrazione della Scuola Materna, in: VdI, 10 (1961) n. 11, 3–7
3339* Condulmari, Lola: La Casa dei Bambini della Società „Umanitaria“ a Milano, in: IM, a. 1, n. 1 (maggio 1927) 7–8
3340 Congrès Montessori, in: Educateurs, N. 34 (juillet-août 1951) 399–400
3341 Conseil pour une chambre d'enfants d'après les indications de Mme. Montessori, in: AMF, N. 4 (1953)

3342 Constantin-Hansen, Thora: Maria Montessoris Grundsaetninger og Arbejdsmaaede, saerlig med Hensyn til Børn i skolepligtig Alder, in: Bog og Naal, 25 (1918) 49–62

3343 Constantin-Hansen: Dr. Maria Montessori og Børnene, in: Tidens Kvinder, 4 (1924) N. 37, 3–6

3344 Constantin-Hansen: Hjemmeundervisning og Skoleeksamen, in: Højskolebladet, 52 (1927) 414–416

3345 Constantin-Hansen: Dr. Maria Montessoris Material for Smaabørn, in: Børnesagens Tidende, 24 (1929) 80–82

3346 Constantin-Hansen: Individ og Samfund. (Gengivelser af Tanker i Montessoris sidste Bog „Barne livets Hemmelighed"), in: Det frie Blad, 12 (1939) 15–19

3347 Convegno Nazionale sull'Educazione dell'Infanzia, in: Bollettino di legislazione (scolastica), 11 (1953) 141–142

3348* Convenzione tra il Ministero della Pubblica Istruzione e l'Opera Montessori, in: VdI, 17 (1968) n. 6–7, 45

3349* Cook, Frances C.: Esercitazioni, in: MF, 1 (1932) 107–112

3350* Coops, D.: Frans op de Lagere School, in: MO (1962/63) n. 3, 18–20

3351* Coppius, Marie: Über die Montessori-Methode, II., in: Kg, 55 (1914) 100–106

3352* Cordova, Ines: La lingua e il libro, in: VdI, 8 (1959) n. 6–7, 7–8

3353* Cordova: La parola come espressione dell'uomo, in: ebda., n. 2, 13–14

3354 Cordova: L'apprendimento della lingua e le vivende del lavoro, in: ebda., 10 (1961) n. 3, 12–13

3355 Cordova: Lo studio della lingua per l'ingresso nel mondo del lavoro, in: ebda., n. 1, 8–9

3356* Cornelissen-Altmann, C.: Frans op de Lagere School, III, in: MO (1962/63) n. 3, 15–16

3357 Cornish, D. H.: Bilingualism and Sensitive Periods – From a phonetician's point of view, in: Call, 2 (1925) 176–181

3358 Cours de formation du cadre Montessori, in: Avenirs, juillet 1952, Supplément au N. 48

3359 Cours de pédagogie montessorienne, in: Actualités sociales, N. 10, octobre 1953,39

3360 Cours international Montesori, in: Bulletin du Bureau International d'Education, 27 (1953) N. 108, 128.

3361 Cours Montessori, in: Bulletin du Bureau International d'Education 26 (1952) N. 104, 124

3362 Coville, A. P.: Montessori Method: Impressions of a Kindergarten Mother, in: Home Progress, 2 (October, 1912) 12–18

3363 Craig, Clara E.: Teaching Reading and Writing in the Henry Barnard School, in: Rhode Island College of Education Bulletin, N. 21 (June, 1924)

3364 Crichton-Browne, James: Introductory Address: Montessori Conference, Wembley Exhibition, May 9, 1924, in: Call, 1 (1924) 162–166

3365 Cuneo, M.: Madame Montessori 1869–1952, in: Manuel Général de l'Instruction Primaire, 119 (1952) 224

3366* Daltry, C. T.: Meine Eindrücke vom XII. Internationalen Montessorikongreß, in: DMG, 8 (1960) H. 3/4, 6

3367 Daltry: Why Should Mathematics Seem Difficult, and What Can We Do About It? , in: International Review of Education, 7 (1961) 187–194

3368* Danker, Gertrud: Konzentration als pädagogisches Phänomen, in: Bildung und Erziehung, 7 (1954) 406–409

3369 Darrach, M.: Pupils Who Never Hear Don't, in: Overland Monthly, 63 (1914) 589–592

3370 Davidson, Percy E.: The Prospect for the Scientific Study of Kindergarten Education, with critical attention to the methodology of Dr. Montessori, in: Kindergarten and First Grade, 2 (1917) 189–194

3371* De Angelis, Eleonora: Il materiale di sviluppo della mente matematica, in: VdI, 8 (1959) n. 4, 23–24

3372 De Angelis: Dalla storia della natura alla storia dell'uomo, in: VdI, 9 (1960) n. 12,5–9

3373* De Angelis: Psicogrammatica, in: ebda., n. 3, 23–25

3374 Dease, Gerald: Montessori – audi alteram partem, in: The Irish Monthly, 52 (1924) 462–467

3375* Decroly, Ovide: Neue Erziehungsversuche im Haag, in: DWZ, 4 (1925) 3–5

3376 Xe Congrès Montessori International, in: Bulletin du Bureau International d'Education, 27 (1953) N. 106, 25

3377 Della Valle, Guido: Le case dei bambini e la pedagogia scientifica di Maria Montessori, in: Rivista pedagogica, 4 (1911) n. 2

3378 Dent, L. M.: Are the Montessori Claims Justified? , in: Forum, 51 (1914) 883–891

3379 Descoeudres, Alice: Maria Montessori, in: Les cahiers de l'enfance inadaptée, N. 15 (octobre-novembre 1952)

3380 Destrée, Mme.: La méthode Froebel et la méthode Montessori, in: L'école nationale. (Bruxelles), 1. 4. 1914

3381 Dev Inder Lal: Dr. Maria Montessori, in: The Punjab Educational Journal, 40 (1946) 525–526

3382 Le développement de l'enseignement Montessori aux Pays-Bas, in: AMF, N. 4 (mars 1953) 19

3383* Development of Montessori Organizations in Eire, in: Comm (1956) N. 1/2, 16–17

3384* Devi, Dipti: About Ourselves. (Report of the Secretary, Association of Montessorians, Calcutta), in: AC, 2 (1957) 77–78

3385* Devi: About Ourselves, in: AC, 3 (1958) 94–95

3386* Devi: About Ourselves, in: AC, 4 (1959) 72–74

3387 Devi: Festivities observed in the Montessori Shishu Bhavan, in: AC, 8 (1963) 54–58

3388* Devi: Plaiting, in: AC, 10 (1965–1966) 71–75

3389 Devi, Dipti; Arati Patra; Dilshad Ali Akbar: Ten Years of Our Existence, in: AC, 10 (1965–1966) 114–118

3390* Devito Tommasi, A.: Onestà educatrice, in: La Coltura Popolare, 12 (1922) 31–34

3391 Devoir d'examen pour le diplôme Montessori, in: AMF, Nr. 7 (janvier 1954) 23–24

3392* El dibujo en el método Montessori, in: MB, 1 (1935) n. 5, 8–9; n. 6, 6–7; n. 7, 8–9 + 12

3393* Il XVI Corso Internazionale Montessori, in: MR, 1 (1931) n. 1, 25–27

3394 Dietrich, J.: Zur Frage der Montessori-Pädagogik, in: Die Lehrergewerkschaft, 3 (1949) N. 7, 49–53

3395 Dietrich: Aktivitätsschule und Montessorischule, in: Wege zu neuer Erziehung, 2 (1951) 66–73
3396* Diffusione del metodo Montessori all'estero, in: MF, 1 (1932) 272–284
3397 Dillard, Annie: The Montessori System as Shown in its Application to the City and Country Child, in: Kentucky Education Association, Proceedings of the Forty-Third Annual Session (1914) 158–160, 162–166
3398 Dillard: Montessori in a public school first grade, in: Freedom for the Child, 2 (1915) october, 10–16
3399 Dillingham, H. G.: First Miles, in: Home Progress, 3 (1914) 518–522
3400 Dillon, Elisabeth: Is did soms een oplossing, in: MO (1964/65) n. 5, 12–14
3401* Dillon: /Titelloser Hospitationsbericht aus dem „Centro Internazionale di Studi Montessoriani"/, in: Comm (1965) n. 1, 7–9
3402 Dimsdale, M.: Great Educationists. VI. Maria Montessori, in: The Schoolmaster, 159 (1951) N. 2181, 718
3403* Dingwall, Jessie: Individual methods in the class-room, in: MM, 2 (1948) 85–92
3404* Di Nunzio, Carlo: Maria Montessori e i motivi democratici della sua pedagogia, in: VdI, 10 (1961) n. 4, 11–12
3405* Di Re, Maria Teresa: Chi è il colpevole? , in: VdI, 12 (1963) n. 5, 22–23
3406* Discurso pronunciado por el Presidente del Comité Pro-Escuela Montessori de Chile, Dr. D. Juan Noe con motivo de la clausura del año de trabajo, in: MB, 1 (1935) n. 10, 12–14
3407 Dix, K. W.: Selbsttätige Erziehung im frühen Kindesalter, in: Zeitschrift für Kinderforschung, 27 (1922) 110–111
3408* This Doctor Became an Educationist. By a Montessorian, in: New Era, 32 (1951) 120–130
3409* Dörr, Gertrud: Erster Bericht über die Montessori-Arbeit in Aachen, in: Montessori-Nachrichten, Februar-März 1926
3410 Doklad o sistema Montessori, in: Vestnik prosveščenija, 10 (1923) 230–232
3411 Dol, W.C.P.; J.E. Kok: Montessoriopvoeding in de praktijk (U. L. O.), in: Vern, N. 80 (januari 1951)
3412* Doncaster, Hilda: A Montessori School, in: MM, vol. 1, N. 1 (December, 1946) 38–42
3413 Donker-Rutgers, J.: Dr. Maria Montessori. Het „werkje" en het „matje". Een overpeinzing bij haar 80e verjaardag, in: Vrouw en haar huis (1950) 351–352
3414* de Donno, Graziella: La Casa dei Bambini della Scuola all'aperto „Umberto di Savoia", in: IM, a. 1, n. 3–4 (agosto-settembre 1927) 9–10
3415* van Dorp, E. F.: On lessons, in: Call, 2 (1925) 206–212
3416 van Dorp: Sur les leçons, in: ebda., 116–123
3417* van Dorp: Aus der Praxis der Montessori-Schule, in: Die Quelle, 78 (1928) 340–342
3418* van Dorp: Die große Klasse, in: DWZ, 7 (1928) 80–82
3419* van Dorp: De ontwikkeling van het sociale leven in de Montessorischool, in: MO, 19 (1936) 28–30
3420* La Dottoressa Montessori, in: La voce delle maestre d'asilo, a. 22, n. 20 (7 marzo 1926) 118–120
3421* Douwes, B. J.: Montessori und das normale Kind, in: Die deutsche Schule, 33 (1928) 658–668

3422* Dowde, H. Lawrence: Il valore terapeutico delle „Case dei Bambini", in: IM, a. 1, n. 2–3 (giugno-luglio 1927) 15–16

3423* Dowde: I valore terapeutico delle „Case dei Bambini", in: VdI, 11 (1962) n. 2, 11–12

3424 Draner, Rolf: Ein Leben für das Kind. Maria Montessori zum Gedächtnis, in: Lebendige Schule, 7 (1952) 477–478

3425* Drenckhahn, Friedrich: Die Idee von Maria Montessoris Materialien im Lichte der Didaktik der Mathematik, in: Internationale Zeitschrift für Erziehungswissenschaft, 7 (1961) 174–184

3426* Drenckhahn: Die Idee von Maria Montessoris Materialien im Lichte der mathematischen Didaktik, in: DMG, 8 (1960) H. 3–4, 7–8

3427* Droogleever Fortuyn, Ae. B.: Sensitive Periods, in: Call, 1 (1924) 104–112

3428* Droogleever: Sensitive Periods, in: AMSB, Winter-Spring 1961, 1

3429 Drucker, A. P.: Social Value of the Montessori System, in: Journal of the American Institute of Criminal Law and Criminology, 4 (1914) 773–778

3430* Echos de nos Ecoles et de la famille, in: Call, 1 (1924) 153–155

3431 Ecoles Montessori de langue française, in: AMF, n. 10 (octobre 1954)

3432* Edmonson, Barbara: Let's do more than look – let's research Montessori, in: The Journal of Nursery Education, 19 (1963) N. 1;
do. in: Comm, 1965, N. 4, 7–15

3433* Edwards, G.: The psychical hygiene of small children, in: AC, 5 (1960) 59–61

3434* van Eeden, Peter: Frans op de Lagere Montessori-School (IV), in: MO, 1962/63, n. 3, 16–18

3435* van Eeden: Montessori-Landdag 21–22 Mei 1965, in: MO, 1964/65, n. 5, 3–11

3436* van Eeden: De Montessori-kweekschool te Amsterdam, in: MO, 1965/1966, n. 4, 10–13

3437* van Eeden: De twaalfde Montessori-landdag, in: MO, 1965/1966, n. 4, 14–15

3438* La eficacia de la enseñanza Montessori, in: MB, a. 1, n. 1 (Enero 1935) 14–15; n. 2 (Febrero 1935) 10–11; n. 3 (Marzo 1935) 10–11; n. 4 (Abril 1935) 12–13

3439 Eggink, H.: Het vak aardrijkskunde op het Montessorilyceum, in: MO (1934)

3440 Egli, Louise: Selbsttätige Erziehung auf der Elementarstufe, in: Der Schweizerische Kindergarten, 11 (1926) N. 10

3441 Eindrücke in einer Montessorischule, in: Archiv für Pädagogik, 2 (1914) 394

3442* Einweihung einer achtklassigen Montessori-Schule in Frankfurt a. M., in: DMG, 4 (1956) N. 1, 8

3443* VIII International Congress Montessori. Observations of a child from six months till six years, by Bhatt Harprasad, in: MM, vol. 3, N. 3–4 (July-October, 1949) 60–76

3444* VIII International Montessori Congress. A summary of the lecture delivered by Monseigneur Maroun (sic), in: ebda., 26–32

3445* VIII International Montessori Congress. J. U. Ruxton, Edinburgh, in: ebda., 43–51

3446* VIII International Montessori Congress. Summarised translation of the lecture delivered by Prof. Gustavo Colonnetti, President of the National Research Institute of Rome, in: ebda., 33–34

3447 Eliasberg, W.: Heilpädagogisch-ärztliche Bemerkungen zu modernen pädagogischen Strömungen. Arbeitsunterricht und Tatsachenwissen; Sinntypen; Montessorimethode im Normalunterricht, in: Bayer.-ärztliches Correspondenzblatt, 35 (1932) 175–
3448 Elisabeth, Sr. M.: A visit to the House of Children in Jamshedpur, in: AC, 11 (1967) 24–25
3449 Ellis, Evelyn: Comparison of Results of the Kindergarten and Montessori Methods, in: Kindergarten Review, 26 (1915) 209–214
3450 Elsson, J. P.: What Really is the Montessori Method? , in: Ladies Home Journal, 29 (November, 1912) 30
3451* Endlich, L.: Tätigkeit, Erkenntnisse und Erfahrungen im Montessoriseminar, in: DMG, 11 (1963) N. 2
3452 L'Enfant – Source inépuisable de Révélation et d'espoirs. (Congrès Montessori, San Remo 22.–29. 8. 1948), in: UNESCO-Curier, vol. 2, n. 10 (1. 11. 1949) 17
3453* Engelmann, Susanne: Über die Verwendung einiger Lehrmittel M. Montessoris im Kindergarten einer Frauenschule, in: Kg, 62 (1921) 222–225
3454* La Enseñanza Montessori en la India, in: MB, 1 (1935) n. 3, 8–9
3455 Ernst, A.: A flying visit to the XXIV Indian Montessori Training Course, Delhi 1959–60, in: AC, 5 (1960) 18–19
3456* Ervaringen uit de Verenigde Staten, in: MO, 1965, n. 2, 5–12
3457 Die Erziehungsmethode der Montessori, in: Katholische Schulzeitung für Norddeutschland, 31 (1914) N. 20, 347
3458* Gli esercizi montessoriani illustrati, in: MF, 1 (1932) 221–226
3459 Essence of the Montessori Method, in: Education, 34 (January, 1914) 328–329
3460 Etudes sur les principes et la pratique de la méthode Montessori, in: Bulletin de l'Education morale de la Jeunesse, 6 (1919) n. 36, 27
3461 Evrard-Fiquemont, Jeanne: Des méthodes employées au jardin d'enfants, in: Educateurs (1952) 179–
3462 Evrard-Fiquemont: L'Ecole Maternelle Française, 29 (1952) n. 10, 3
3463* Experiences as Montessori Teachers in the United States, in: SO, vol, 1, N. 3 (March, 1962) 19
3464* Frans op de Lagere Montessorischool (VIII), in: MO, 1962/63, n. 3, 23–25
3465 Fairchild, Marion: Dr. Montessori's Visit to America, in: Freedom for the Child, 1 (1914) 1–3
3466 Falch, Maria: Mein Praktikum an Montessori-Kinderhäusern und -Schulen in Rom, in: Mitteilungsblatt der Österreichischen Montessori-Gesellschaft, Oktober 1953
3467 Fantappié, Luigi: L'insegnamento elementare e lo sviluppo del metodo Montessori, in: VdI, 5 (1956) n. 6–7, 11–14
3468 Farmakovskij, V.: Pedagogičeskie idei M. Montessori i ich primenenie na praktike, in: Žurnal Ministerstva narodnogo prosveščenija 1914, 8., Otdelenie po narodnomu obrazovaniju, 129–176
3469 Faure, Pierre: Maria Montessori, in: Pédagogie, n. 10 (décembre 1952) 579–580
3470 Faure: Education et Enseignement, in: Pédagogie, n. 2 (février 1958) 157–162
3471 Fausek, Julie: O sisteme Montessori, in: Russkaja škola (1914) n. 5–6, 1–18

3472 Fausek: Plan raboty v „Detskom dome“ (detskom sadu) dlja prichodjaščich detej po sisteme Montessori, in: Pedagogičeskaja mysl' (1920) n. 4–6, 11–23

3473 Fausek: La composition chez les enfants russes, in: Call, 2 (1925) 54–56

3474 Fausek: Školy Montessori v Golandii, in: Vestnik prosveščenija (1925) n. 7, 90–95

3475* Fausek: Allgemeine Betrachtungen über die Wirkung des didaktischen Montessori-Materials auf Kinder, in: Die neue Erziehung, 8 (1926) 251–257; Verfasser irrtümlich Faussek, Julie (Transskriptionsirrtum)

3476 Fechenbach, J.: Montessori-Pädagogik, in: Sozialistische Erziehung. (Berlin), (1932) 53

3477 Federici-Agamben, Maria: A Sofia: Una scuola tutta nuova, in: MF, 1 (1932) 229–233

3478* Federici-Agamben: Il disegno con gli incastri piani, in: ebda., 154–158

3479* Federici-Agamben: Obbiettivi pedagogici, in: ebda., 40–42

3480* Federici-Agamben: Dante e i Bambini, in: OMF, a. 2, n. 1 (gennaio-febbraio 1933) 11–16

3481* Federici-Agamben: La „Divina Commedia“ nelle scuole elementari montessoriane, in: ebda., 1934, n. 1, 14–22

3482 Felix, Lucienne, L'Unité des mathématiques, in: Internationale Zeitschrift für Erziehungswissenschaft, 7 (1961) 165–172

3483 Fernando, Chulanganee: Receiving the New Child, in: AC, 4 (1959) 51–52

3484* Fernando: Montessori in the United States, in: AC, 9 (1964) 35–37

3485 Ferrèri, G.: Per l'insegnamento della scrittura. (Sistema della Dott. M. Montessori), in: Bollettino dell' Associazione Romana per la cura medico-pedagogica dei fanciulli anormali e deficienti poveri, a. 1, n. 4 (ottobre 1907)

3486* Ferrière, Adolphe: Tatschule oder Arbeitsschule, in: DWZ, 8 (1929) 13–18

3487 Ferrière: Una visita ai pionieri della scuola serena in Italia, in: Educazione nazionale, 11 (1929) giugno

3488* Ferrière: Maria Montessori, in: Schweizer Erziehungs-Rundschau, 5 (1933) 251–258

3489* Ferrière: La Doctora Maria Montessori, in: MB, 1 (1935), n. 12, 5–12

3490 Ferrière: La formación del espíritu por la Geometria según la Doctora Montessori, in: MB, 1 (1935) n. 5, 4–5

3491 Ferrière: Méthode Montessori et Ecole Active, in: AMF, n. 3 (octobre 1952) 4–7

3492 Ferrière: Maria Montessori et l'Education nouvelle, in: Educateurs, n. 44 (mars-avril 1953) 86–90

3493* Festschrift zur Eröffnung der achtklassigen Montessori-Schule des Schulvereins Anna-Schmidt e. V. in Frankfurt a. M., in: DMG, 4 (1956) N. 2, 1–10

3494* Fifth International Montessori Congress. Dr. Montessori on the Child's Place in Society, in: MN, vol. 3, n. 20 (September, 1936) 34–35

3495* Fikenscher, F.: Das Erziehungssystem Montessori, in: Die Scholle, 4 (1928) 340–343

3496 Findlay, Josef J.: The Montessori System. Report of an Investigation Recently Conducted at the Fielden School, in: Educational Times, 66 (1913) 203–207

3497 Finke, M.: Die Erziehungsmethode der Montessori für das vorschulpflichtige Kindesalter, in: Lyceum, 2 (1915) 30–36

The first Montessori-Schools..., siehe: Ancilla Pueri

3498* Fischer, Katharina: Aus der Praxis der Montessori-Pädagogik, in: Ganzheitliche Bildung, 11 (1960) 17–22 und 27

3499* Fischer: Das vorgeschriebene Pensum und die Gestalt der Freiheit in der Montessori-Schule, in: Montessori-Werkbrief 4, Sommer 1964, 5–10

3500* Fischer: Anfänge des Naturkundeunterrichts in unserer Montessori-Klasse, in: ebda., H. 12, Frühjahr 1967, 16–18

3501 Fisher, Laura: Montessori System, in: School, 24 (1912) 123

3502 Flayol (Mlle.) et Monod (Mlle.): La méthode Montessori dans les écoles maternelles. La méthode Montessori dans les jardins d'enfants, in: L'Education, 23 (1931) n. 1

3503 Et foredrag af Dr. Montessori, in: Højskolebladet, 45 (1920) 155–158

3504 Forte, Mario: Programmi di studio della scuola secondaria, in: VdI, 16 (1967) n. 12, 13–18

3505* Frank, Martha: Gedanken über die Montessori-Methode, in: Die Quelle, 76 (1926) 910–912

3506 Freistadt, E.: Montessori-System und -Praxis, in: Eltern-Zeitschrift, 7 (1929) 312–319

3507 Freistadt, E. – Lederer, A.: Die Methode Montessori, in: Schweizerische Lehrerzeitung, 74 (1929) 431

3508 French, Ruth H.: The Working of the Montessori Method, in: Journal of Education, 78 (1913) 423–426

3509 French: Montessori in Boston, in: ebda., 79 (1914) 12–13

3510* The French Montessori Association, in: Comm, 1959, N. 4, 20–21

3511 Fresco, Grazia: L'allaitement maternel, in: AMF, n. 15 (janvier 1956) 9–14

3512 Fresco: L'activité de l'enfant, in: Les Cahiers de l'Enfance, 4 (1956) 32–34

3513 Fresco: L'enfant et l'ambiance, in: AMF, n. 18 (octobre-novembre 1956) 12–19

3514* Fresco: Storia di una guarigione, in: VdI, 8 (1959) n. 6–7, 25

3515* Fresco, Vittoria Gallazzi: Il metodo Montessori e la musica, in: VdI, 11 (1962) n.7–8, 20–21

3516* Fröbel-Montessori, in: Zeitschrift für das Kindergartenwesen, 44 (1925) n. 1/2, 35–46

3517* Fröbel und Montessori. Bericht über einen Lehrgang im Friedrich-Fröbel-Haus in Bad Blankenburg in Thüringen, in: Kg, 69 (1928) 122–127

3518* Fruhmann, Theo: Der vergessene Mitbürger, in: Die Pädagogische Provinz, 9 (1953) 454–458

3519 Fürst, P.: Montessori-Erziehung, in: Westermanns illustrierte deutsche Monatshefte (1927) 509–516

3520* Gagliardi Mafra: Latino vivo nel liceo di Utrecht, in: VdI, 10 (1961) n. 10, 8–12

3521 Gagliardi: Scuola materna e „anticipazioni", in: ebda., n. 11, 14–16

3522 Gagliardi: Dante e i fanciulli, in: ebda., 11 (1962) n. 7–8, 19–20

3523 Gagliardi: Latino a sei anni per i bambini di Rennes, in: ebda., n. 4, 10–14

3524* Gagliardi: Introduzione alla didattica del latino, in: ebda., 13 (1964) n. 6–7, 17–19

3525* Gagliardini, Franco: Maria Montessori: la pedagogista italiana „Cittadina del mondo", in: Maternità e infanzia, 39 (1967) 688–692

3526 Garofalo, Anna: Omaggio a Maria Montessori, in: VdI, 1 (1952) n. 4

3527 Gal, Roger: Maria Montessori et l'éducation nouvelle, in: AMF, n. 21 (octobre 1957) 16–23

3528 Galvan, L. E.: Maria Montessori e John Dewey, in: VdI, 1 (1952) n. 5–7, 73–74;
do. in: El Comercio. Lima, 9. 6. 1952
3529* Garzanti, Sofia, La riforma Montessoriana, in: VdI, 11 (1962) n. 5–6, 19–21
3530* Garzanti: Attività Montessori a Milano, in: ebda., 13 (1964) n. 3, 21
3531 Gedanke und Andenken der Maria Montessori, in: Neue Schweizer Rundschau, 21 (1953) 119
3532 Geelhaar, A.: Die Erziehungsmethode der Montessori für das vorschulpflichtige Kindesalter, in: Die Hilfsschule, 7 (1914) 196–198
3533 Gentile, Giovanni. Il metodo Montessori, in: Educazione nazionale, 4 (1922)
3534* Gentile, Giovanni; Giovanni Di Giusto; Vittore Alemanni; Ettore Graziani: Relazione a S. E. il Ministro sull'applicazione del metodo Montessori nelle scuole elementari di Roma, Roma 24 giugno 1921, in: VdI, 17 (1968) n. 6–7, 13–16
3535 George, Anne E.: The First Montessori School in America, in: McClure's Magazine, 39 (1912) 177–187
3536 George: Dr. Maria Montessori. An Account of the Achievements and Personality of an Italian Woman Whose Discovery is Revolutionizing Educational Methode, in: Good Housekeeping, 55 (July, 1912) 24–29
3537 George: A Transplanted Montessori School, in: World's Work (London), 20 (1912) 284–294
3538 George: Rhythm Work in the Children's House at Washington, in: McClure's Magazine, 41 (1913) 182–
3539 George: The Montessori Movement in America, in: U. S. Commissioner of Education. Report, 1 (1914) 355–362
3540* Gerhards, Karl: Neuere Psychologie und Montessori-Methode, in: Die neue Erziehung, 7 (1925) 181–186
3541* Gerhards: Zur Beurteilung der Montessori-Pädagogik, in: Die Erziehung, 2 (1927) 292–304, 360–368
3542* Gerhards: Das Werk der Maria Montessori, in: Das neue Frankfurt (1928) 219–224
3543 Gerhards: Zur Pädagogik von Maria Montessori, in: Die christliche Frau, 28 (1930)
3544* Gerhards: Das Montessori-Kinderhaus als organischer Unterbau der Montessori-Schule, in: Die neue Erziehung, 14 (1932) 677–678
3545* Gerhards: Montessori und Montessorierziehung, in: Vierteljahrsschrift für wissenschaftliche Pädagogik, 9 (1933) 108–111
3546* The German Montessori Society, in: Comm (1959) N. 4, 21–23
3547* Ein Gespräch mit Maria Montessori. (Tonbandaufnahme), in: Unsere Kinder, 7 (1952) 83–85
3548 Giampetro, Michele: Maria Montessori e l'educazione religiosa, in: VdI, 11 (1962) n. 12, 9–10
3549 Gianini, Elena: Un caso di coscienza, in: VdI, 17 (1968) n. 1–2, 33–34
3550 Gilbert, R.: La lumière montessorienne, in: L'Ecole et la Famille, 9 (1953) n. 3, 33–
3551 Gillet, Jérôme: Introduction à l'histoire de l'art. Extraits du premier cours d'histoire de l'art au Centre Montessori, in: AMF, n. 18 (octobre -novembre 1956) 20–25
3552 Gillet, Louis: Dessins d'enfants, in: AMF, n. 19 (janvier-février 1957) 28–35

3553* Gillet-Bernard, Anne-Marie: A propos des periodes sensibles, in: Echo du Centre Montessori, n. 1 (avril 1966) 2–5

3554* Gillet-Bernard: Montessori, qu'est-ce que c'est? , in: ebda., n. 2 (octobre 1966) 2–4

3555* Gintsberger, Michael: Maria Montessori +, in: Unsere Kinder, 7 (1952) 86–87

3556 Giornate Internazionali dedicate a Maria Montessori, in: VdI, 17 (1968) n. 6–7, 43–44

3557* Glückselig, Elfriede: Children of the First Public Montessori-Elementary-Class in Germany, Jena, in: Call, 2 (1925) 293–303

3558* Glückselig: Die erste öffentliche Montessori-Grundschulklasse in Deutschland, in: Die neue Erziehung, 7 (1925) 177–181;
vgl. 3557

3559* Glückselig: Eine Montessori-Schulklasse, in: Sozialistische Kultur (1925) N. 13 /Juni 1925/: ohne Seitenzählung

3560* Glückselig: Erziehung auf wissenschaftlicher Grundlage, in: Die neue Erziehung, 8 (1926) 247–250

3561* Glückselig: My Montessori Work in Germany, in: MM, 2 (1948) Nr. 3, 161–175; N. 4, 261–267

3562 Goddard, Norah: A Visit to the Birth Place of Dr. Montessori, in: Comm (1963) N. 3, 17–18

3563* Godefroy, J.C.L.: Quelques Perspectives, in: Call, 1 (1924) 17–24;
do. engl.: Perspectives, in: ebda., 24–31
siehe auch:
Thompson, S. R.

3564 Godefroy-van Mill, M. R.: Dr. Maria Montessori en de Nederlandse Montessori-vereniging, in: Socialistische Gids (1919) 34–41

3565* Götze, Karl: Montessori, in: Der Saemann, 5 (1914) 60–62

3566 Götze, O.: Die Stellung der Phantasie in der Montessori-Erziehung, in: Thüringer Lehrerzeitung, 18 (1929) 523

3567 Golán, Karel: Podstata montessorismu, in: Pedagogické rohledey, 36 (1923) 2–17

3568 Goldbaum, Helene: Die Methode Montessori und ihre Anwendung im Kindergarten, in: Zeitschrift für das Kindergartenwesen (1913) 134–137

3569 Goldbaum: Børnehaven i Østrig, in: Vore Børn, 5 (1923) 45–46

3570 Goldbaum: La Maison des Petits in Genf, in: Kg 66 (1925) 19–20

3571 Goldbaum: Der Wiener Kindergarten von heute, in: Kg, 67 (1926) 133–134

3572 The Good Shepherd Maria Montessori Training Centre Colombo-Ceylon, in: Comm (1961) N. 2, 18–19

3573 Goodelis, Maria: New Theories and Old Practice, in: AC, 3 (1958) 38–43

3574 Goonesekera, J.: A dream comes true, in: AC, 2 (1957) 57–58

3575 Gore, D.: A Question of Barriers, in: MM, 1 (1947) N. 3, 54–55

3576 Gornostajskij, L.: Koe-čto iz praktiki detskich sadov v Bel'gii, in: Doškol'noe vospitanie (1914) 505–512

3577 Gornov, I.: Sistema Montessori v bel'gijskich detskich sadach, in: Škola i zizn' (1914) n. 19, 10–11

3578 Gorresio, Giulia Andre: Un ambiente accogliente per il neonato, in: VdI, 1 (1952) n. 5–6–7
3579 Gorresio: Bambini in maschera, in: ebda., 7 (1958) n. 1, 11–12
3580 Gosse, Albert: Wie ich Montessori-Vater wurde, in: DMG, 7 (1959) N. 1, 13–14
3581 de Graaff-Wüppermann: Maria Montessori, in: Vrouw en haar huis, 9 (1914–1915) 86–88
3582 Gram, Eli: Dr. Marie Montessoris Syn paa Straf og Belønning, in: Borups Højskole, 21 (1936) n. 8, 2–4
3583 Une grande éducatrice. Maria Montessori, in: Maisons d'Enfants de France, 4 (1953) n. 16, 35
3584 Grant, Cecil; Dr. Maria Montessori, in: The Child, 3 (1912) N. 3
3585 Graves, Frank P.: Montessori Education – Theory and Practice, in: Old Penn. Weekly Review of the University of Pennsylvania (1913) 329
3586 Graves: Is the Montessori Method a Fad? , in: Popular Science Monthly, 84 (1914) 609–614
3587 Graziani, C.: Libertà e socialità nella pedagogia di Maria Montessori, in: I Problemi della Pedagogia, 3 (1957) n. 6;
do. in: VdI, 7 (1958) n. 3–4
3588 Grazzini, Camillo: I fondamentali bisogni dell'uomo, in: VdI, 9 (1960) n. 12, 10–12; 10 (1961) n. 2, 25–26
3589* Grazzini, Massimo: Considerazioni sul montessorianismo come metodo e sistema, in: VdI, 10 (1961) n. 1, 10–13
3590* Greger, Elsa: Favourable experiences with the Montessori method applied to mentally retardates, in: Comm (1965) N. 1, 2–7
3591 Eine große Pädagogin, in: Englische Rundschau, 2 (1952) N. 20, 243
3592* Grossi, Aldo: Perennità del pensiero Kerschensteineriano. Analogie e accostamenti con Maria Montessori, in: VdI, 10 (1961) n. 2, 5–6
3593 Gruenburg, S. M.: What is the Montessori Method? , in: Scientific American, 106 (1912) 564–565
3594* Grunwald, Clara: Über die Methode der wissenschaftlichen Pädagogik der Ärztin und Psychologin Dr. Maria Montessori, in: Die neue Erziehung, 2 (1920) 421–426
3595 Grunwald: Bilder vom Montessori-Kursus in London, in: Freie Welt, 3 (1921) 309
3596* Grunwald: Montessori, in: Das Schulhaus, 23 (1921) 18–24, 40–48, 60–70
3597 Grunwald: Die Montessori-Methode, in: Zeitschrift für christliche Erziehungswissenschaft, 14 (1921) 321–
3598* Grunwald: Bericht über die Montessori-Bewegung in Deutschland, in: Call, 1 (1924) 239–246;
engl.: The Montessori Movement in Germany, in: ebda., 247–254
3599* Grunwald: Der Montessori-Lehrer, in: Die neue Erziehung, 7 (1925) 733–734
3600 Grunwald: Der Montessori-Lehrer, in: Der neue Lehrer. Die notwendige Lehrerbildung (1926) 244–252
3601 Günther, Carola: Die Gründung und Entwicklung der Deutschen Montessori-Gesellschaft, in: (Beilage zu) Pädagogische Blätter, 6 (1955) H. 11/12
3602 Gürtler, R.: Kritisches zum Montessori-System, in: Zeitschrift für Behandlung Anormaler, 53 (1933) 149–156

3603 Guidi, Flaminia: L'attività di gruppo nella scuola Montessori, in: VdI, 8 (1959) n. 8–9, 25–27
3604* Guidi: Gli oggetti della Santa Messa, in: VdI, 9 (1960) n. 2, 25–26
3605 Guidi: Gli oggetti Sacri, in: ebda., n. 3, 25–26
3606 Guidi: Paramenti per funzioni sacre, in: ebd., n. 10, 12
3607* Guidi: La Santa Messa spiegata ai bambini, in: ebda., n. 1, 25–26
3608 Guidi: In memoria di Maria Fancello, in: VdI, 11 (1962) n. 7–8, 9–11
3609* Guidi: Nascità della scuola media Montessori, in: VdI, 16 (1967) n. 11, 21–23
3610 Gunning, J. H.: Maria Montessori, in: Het Kind, 15 (1914) 194–196, 204–208
3611 Gunning: Montessori en haar opvoedings systeem, in: ebda., 137–140, 146–149, 153–156, 161
3612 Gunning: Montessori in de Praktijk, in: ebda., 87, 91, 94
3613 Gunning: Maria Montessori, in: Paedagogische Studien, n. 17 (1937) 257–273
3614 Gupta, Rajendra K.: The real explorers of nature, in: AC, 5 (1960) 48–52; 6 (1961) 33–41
3615* Gupta: Montessori at home, in: AC, 8 (1963) 43–49
3616* Gupta: Consciousness and the Child, in: AC, 9 (1964) 42–44
3617* Gupta: To the parents of Montessori children, in: AC, 10 (1965–1966) 84–86
3618* Gupta, Tapati: My first day in a House of children, in: AC, 9 (1964) 45–46
3619 Guy, Maria: La Casa dei Bambini di Belgioioso, in: IM, a. 2, n. 1 (settembre 1928) 5–6
3620* Gyldén, Yvonne: Ett Montessori-jubileum, in: Skola och samhälle, 40 (1959) 24–26
3621* Haak, J.: Individualisering in het (middelbaar) Montessori-onderwijs, in: Vern., 23 (1965) n. 228, 10–12
3622 de Haan, M. H.: Kijkje in een Montessorilyceum, in: Vern., n. 33 (april 1946)
3623 de Haan: Over het werk op een Montessorilyceum, in: Vern., n. 49 (Dezember 1947)
3624* Haas, Lotte: Montessori Education – „Springtime of Mankind", in: Bull, vol. 3, n. 33 (Summer 1964) 1
3625 Hänig, P.: Montessori, in: Leipziger Lehrerzeitung, 28 (1921) 49,67
3626 Hailmann, William Nicholas: A Glimpse of the Montessori Method, in: Kindergarten Primary Magazine, 24 (1912) 261–263
3627 Hailmann: Montessori Method and the Kindergarten, in: ebda., 25 (September, 1912) 6–7
3628 Hailmann: Is Montessori the Educational Columbus? , in: Sunset. The Pacific Monthly, 34 (June, 1915) 1110–1115
3629 Halfter, Fritz: Zu Hessens Aufsatz „Fröbel und Montessori, in: (Beilage zum) Kg, 67 (1926) 1–16
3630 Hall, E. M.: Teaching English Grammar by the Montessori Method, in: MM, vol. 2, N. 2 (April, 1948) 93–98
3631 Hall, Janet: Helping themselves to knowledge, in: Nursery World. (London), 18. 8. 1955
3632 Halsey, Walter N.: A Valuation of the Montessori Experiments, in: Journal of Education, 77 (January 16, 1913) 63–64
3633 Hamilton, A. E.: Montessori Obedience, in: ebda., 79 (June 25, 1914) 734–735

3634* Hammerschlag, Trude: Corso Nazionale Montessori. Ein Bericht, in: Die Quelle, 76 (1926) 1097–1099
3635* Hammerschlag: Werkunterricht in der Montessori-Schule, in: ebda., 79 (1929) 123–126
3636* Hansen, Wilhelm: Psychologische Bemerkungen zur Montessori-Methode, in: Vierteljahrsschrift für wissenschaftliche Pädagogik, 6 (1930) 545–565
3637 Hardy, Mattie C.: The Derivation of the Montessori Didactic Apparatus, in: Elementary School Journal, 18 (December, 1917) 294–300
3638* Harris, J. Theodore: A little child shall lead them, in: MM, 3 (1949) N. 1, 29–31
3639 Harrison, Elizabeth: Montessori and the Kindergarten, in: Kindergarten Primary Magazine, 27 (1914) 27–28
3640 Haskell, F.: Good word for the Montessori Method, in: Journal of Education, 78 (December 18, 1913) 637–638
3641 Hauger, Martha: Das „Atrium" bei Dr. Maria Montessori, in: Katholische Frauenbildung, 53 (1952) 631–634
3642* Hauger: Die Einführung des Hauptwortes, in: Das Kind (1964) N. 1
3643* Hauser, Joseph: Montessori-Pädagogik, in: Pharus, 19 (1928) 421–435
3644* Hauser, Rudolf: Die Montessori-Bewegung in Österreich, in: Vierteljahrsschrift für wissenschaftliche Pädagogik, 6 (1930) 588–594
3645 Hecker, Hilde: Mein Aufenthalt in Rom und meine Lehrzeit bei Dottoressa Montessori, in: Vereinszeitung des Pestalozzi-Fröbel-Hauses, Nr. 111 (1914)
3646* Hecker: Die Entwicklung der Montessori-Methode, in: ebda., Nr. 113 (1915)
3647* Hecker: Die produktive Vorbereitung im vorschulpflichtigen Alter, in: Kg, 61 (1920) 217–226
3648 Heilwangen, Medi: Das Singen als Ausdrucks- und Erziehungsmittel im Leben des Kleinkindes, in: Kh, 35 (1957) 219–221
3649* Heilwangen: Sinnesbildung im Kinderhaus, in: MW, H. 9 (Frühjahr 1966) 9–12
3650* Heimpel, Elisabeth: Bücher zur pädagogischen Kinderforschung, in: Neue Sammlung, 8 (1968) 388–396
3651* Hein-Reynvaan, C. Arendsen: De omgeving van het Montessorikind, in: Vern, 5 (1946/47) 131
3652* Hein-Reynvaan: De Montessoriklas als sociale omgeving, in: ebda., 169–170
3653 Heintze, Kätze: Einsichtiges Lernen, das Kernproblem der Montessori-Methode, in: Hamburger Lehrerzeitung, 11 (1932) 191–192
3654 Heintze: Selbsttätigkeit im Kindergarten, in: Kg, 61 (1920) 127–129
3655 Heller, H. H.: Appreciation – Maria Montessori, in: Journal of Education, 79 (January 22, 1914) 96
3656* Helmers, M.: Selbsterziehung des Kleinkindes nach Maria Montessori, in: Pädagogische Rundschau, 2 (1925) 107–109
3657* Helming, Helene: Die Montessori-Methode, in: Schildgenossen, 7 (1927) 141–144
3658* Helming: Grundfragen heutiger Schulbildung, in: Die christliche Frau, 28 (1930) 69–74
3659* Helming: Die Montessori-Lehrerin, in: ebda., 368–369
3660* Helming: Das Montessori-Material, in: ebda., 366–367
3661 Helming: Zum Internationalen Montessori-Kursus in Rom, in: ebda., 29 (1931) 227–230

3662 Helming: Unser Kinderhaus, in: Schildgenossen, 12 (1932) 33–39
3663* Helming: Zur Pädagogik Maria Montessoris, in: Mädchenbildung auf christlicher Grundlage, 28 (1932) 377–382
3664 Helming: Der Montessori-Kongreß in Amsterdam, in: Schildgenossen, 13 (1933) 173–176
3665* Helming: Die Pädagogik Maria Montessoris und die den Menschen bedrohende Vermassung, in: Pädagogische Rundschau, 4 (1949/50) 289–293
3666 Helming: Maria Montessori – heute, in: Die Kirche in der Welt, 3 (1950) 407–410
3667* Helming: Maria Montessori zum Gedenken, in: Kh, 30 (1952) 145–148
3668* Helming: Die Pädagogik Maria Montessoris in: Katholische Frauenbildung, 53 (1952) 241–249
3669* Helming: Das Spezifische in der Montessori-Pädagogik, in: Pädagogische Rundschau, 7 (1952/53) 247–252
do in: DMG, 1 (1953) H. 2
3670* Helming: Zum Gedenken Maria Montessoris, in: Vierteljahrsschrift für wissenschaftliche Pädagogik, 28 (1952) 236–238
3671* Helming: Das Anliegen ganzheitlicher Bildung und die Pädagogik Maria Montessoris, in: DMG, 3 (1955) H. 3, 1–5
3672* Helming: Der Beitrag Montessoris zur Verwirklichung einer religiösen Erziehung des kleinen Kindes, in: Kh, 33 (1955) 109–118
3673* Helming: Bieten Montessori-Kinderhaus und Montessori-Schule günstige Voraussetzungen für religiöse Erziehung, in: ebda., 119–121
3674* Helming: Die Montessori-Lehrerin, in: DMG, 3 (1955) H. 1
3675* Helming: Das Montessori-Material, in: ebda.
3676* Helming: Das musische Element in der Pädagogik Montessoris, in: Kh, 33 (1955) 8–16;
do. in: DMG, 3 (1955) H. 2
3677 Helming: Der Anteil der Schule an der liturgischen Erziehung des Kindes, in: Katholische Frauenbildung, 58 (1957) 422–430
3678 Helming: Erziehung des Kindes in unserer perfektionierten Umwelt, in: ebda., 363–369
3679* Helming: Das Phänomen der Konzentration der Aufmerksamkeit in seiner Bedeutung für die heutige Pädagogik, in: DMG, 5 (1957) H. 4, 2–5
3680 Helming: Unser Kinderhaus, in: Kh, 35 (1957) 59–63, 65–67; vgl. 3662
3681* Helming: Das Bilderbuch im Kinderhaus, in: Kh, 36 (1958) 59–62
3682 Helming: Die Auflockerung des Klassenunterrichtes durch die Selbsttätigkeit des Kindes, in: Katholische Frauenbildung, 59 (1958) 33–39
3683 Helming: Die Stille, in: Kh, 36 (1958) 84–87
3684* Helming: Freiheit und Bindung in der Pädagogik Montessoris, in: DMG, 7 (1959) H. 1, 11–13
3685 Helming: Das Problem der Schulreife und der Schulkindergarten, in: Kh, 37 (1959) 75–80
3686* Helming: Spiel im Kinderhaus, in: DMG, 7 (1959) H. 1, 8–9
3687 Helming: Über die Möglichkeit einer Spracherziehung in der heutigen Volksschule, in: Katholische Frauenbildung, 60 (1959) 48–61
3688* Helming: Die Dottoressa. Ein Lebensbild Maria Montessoris, in: Ganzheitliche Bildung, 11 (1960) 1–6
3689* Helming: Das Phänomen der Polarisation der Aufmerksamkeit, in: ebda., 11–16

3690* Helming: Was kann uns Montessori in der Volksschulunterstufe bedeuten? , in: ebenda, 6–11

3691* Helming: Sprachliche Bildung im Kinderhaus und in der Montessorischule, in: DMG, 9 (1961) H. 3, 8–10

3692* Helming: Kinder, die in der Kirche leben, in: Anzeiger für die katholische Geistlichkeit Deutschlands, 72 (1963) 344–348

3693 Helming: Das Phänomen der Polarisation der Aufmerksamkeit, in: DMG, 11 (1963) H. 2, 2–3;
vgl. 3689

3694 Helming: Der Streit um Montessori, in: Katechetische Blätter, 88 (1963) 88–90

3695* Helming: Die drei konstruktiven pädagogischen Prinzipien Montessoris, in: MW, N. 4 (Sommer 1964) 3–5

3696* Helming: Die Einheit von Kinderhaus und Schule, in: MW, N. 5 (Sommer 1964) 26–28

3697* Helming: Montessori-Perspektiven. Anregungen zur Verwirklichung der Prinzipien Montessoris in weiterführenden Schulen, in: ebda., 11–20

3698 Helming: Verplante Kinderwelt? , in: Kh, 42 (1964) 121–124

3699* Helming: Bemerkungen zu den „Übungen des täglichen Lebens“, in: MW, N. 8 (Sommer 1965) 16

3700* Helming: A Contribution to the Discussion started by Dr. J.C. Bouman, in: Comm (1965) N. 2–3, 16–18

3701* Helming: Der Fuß und das Gleichgewicht, in: MW, N. 7 (Frühjahr 1965) 12–13

3702* Helming: Personaler Anruf in der pädagogischen Praxis Montessoris, in: MW, N. 8 (Sommer 1965) 20–24

3703* Helming: Zum Stil der katholischen Schule heute, in: MW, N. 7 (Frühjahr 1965) 14–19

3704* Helming: Die Montessori-Schule als Verwirklichung einer katholischen Schule, in: MW, N. 11 (Winter 1966) 3–15

3705* Helming: „Von der Kindheit zur Jugend“, in: MW, N. 9 (Frühjahr 1966) 9–12

3706* Helming: Zum Problem der Montessori-Oberschule, in: MW, N. 10 (Sommer 1966) 3–9

3707* Helming: Die Beziehung zur Natur bei Montessori, in: MW, N. 12 (Frühjahr 1967) 3

3708 Helming: Der Ort des Sinnesmaterials in der pädagogischen Praxis Montessoris, in: MW, N. 15 (Sommer 1968) 19–22

3709 Helms, Marie: Maria Montessori og hendes Metode, in: Illustreret Tidende, 59 (1918) 501–503

3710 Helms: Montessorimetoden i Elementaerklasserne, in: Bog og Naal, 25 (1918) 133–142

3711 Helms, Nik. M.: Besøg ved de montessoriske Børnehaver i Rom, in: Bog og Naal, 22 (1915) 8–13, 17–21

3712 Herder-Scherpenhuysen, J. A.: Een jubileum. Montessori en vernieuwing, in: Het Kind (Juli 1951) 3–4

3713* Heß, Hilde: Das Freiluftschulleben in Verbindung mit der Montessori-Methode, in: Montessori-Nachrichten, September 1929, 2–9

3714* Hessen, Sergius: Fröbel und Montessori. Versuch einer philosophischen Theorie des Spiels, in: Die Erziehung, 1 (1926) 65–99

3715* Hessen: Fröbel und Montessori, Gegenkritik, in: ebda., 3 (1928) 78–96

3716 Hessen: Fröbel e la Montessori, in: L'educazione nazionale, 11 (1929) 177–

3717 Hessen: Pedagogika M. Montessori i jej losy, in: Przedszkole-/miesiecznik/ Organ ZNP (1935–1936), N. 3–4–5, Rok III

3718 Hift-Schnierer, J.: Ein Gespräch mit Montessori, in: Kleine Kinder, 4 (1930–1931) 61

3719 Hildebrandt, P.: Selbsttätige Erziehung. Montessori-System, in: Das Echo, 42 (1923) 216

3720* Hilker, Franz: Deutscher Montessori-Kongreß, in: Bildung und Erziehung, 5 (1952) 376–377

3721* Hilker: Montessori-Pädagogik in der Gegenwart. Zur „Deutschen Montessori-Konferenz" in Frankfurt, in: ebda., 260–267

3722* Hilker: Moderne Erziehung und Montessoripädagogik, in: ebda., 7 (1954) 659–663

3723* Hilker: Der XIII. Internationale Montessori-Kongreß und die Montessori-Bewegung, in: ebda., 17 (1964) 205–212

3724 Hill, Jürgen: Maria Montessori wurde 80 Jahre alt. Erinnerungen an die „casa dei bambini", in: Pädagogischer Wegweiser, 3 (1950) 26–28

3725 Hill, Patty S.: Advanced Montessori Method, in: Educational Review, 56 (1918) 432–438

3726* Hillel, Hanna: Friedrich Fröbel und Dr. Maria Montessori, in: Die Quelle, 75 (1925) 794–797

3727 Hillel: Friedrich Fröbel und Dr. Maria Montessori, in: Saarländer Schulzeitung, 2 (1925) N. 2

3728 Hoekstra, Han G.: Les als spel op ziekbed. Montessoriexperiment in Amsterdams kinderziekenhuis, in: MO (1964/65) n. 4, 10–12

3729 Hördt, Philipp: Die Maria Montessori und ihre Methode, in: Die neue Schule, 1 (1921) H. 15

3730 Hoff, Ragnhild: Maria Montessori, in: Unge Paedagoger, 16 (1955) N. 1, 2–3

3731 Hoff: Montessorimaterial, in: ebda., 4

3732* Hoff: Montessori-skoler i Holland, in: ebda., N. 2, 2–6

3733* Hoffmann, Erika: Der Schulkindergarten, in: Zeitschrift für Kinderforschung, 48 (1940) 347–373

3734* Hoffmann: Das Problem der Schulreife, in: Die Sammlung, 3 (1948) 732–755

3735 Hoffmann, L.: Grundsätzliches zu den sogenannten Sinnesübungen, angewandt auf die neuen Beschäftigungsspiele des Pestalozzi-Fröbel-Hauses, in: Zeitschrift für pädagogische Psychologie, 30 (1929) 529–548

3736 Hofmann, G.: Montessori-Methode, in: Schlesische Schulzeitung, 50 (1922) N. 3

3737* Hofmann, Gaby: Mein großes Erlebnis. Eine Obersekundanerin hilft im Montessori-Kinderhaus, in: DMG, 9 (1961) N. 1, 5–6

3738* Hofmann: My great experience, in: AC, 7 (1962) 33–35; vgl. 3737

3739* Hofmann, Georg: Eine Besprechung der Darstellung der Montessori-Pädagogik in Weinstock: „Erziehung ohne Illusionen", in: Freie Bildung und Erziehung, 39 (1963) 389–395

3740 Hofmann, Walter: Maria Montessori in memoriam, in: Pädagogische Provinz, 6 (1952) 323–325

3741 Hojlund, Louise; Pedagogical experiments with backward children, in: AC, 5 (1960) 52–54
3742 Hollo, Juho August: E morta Maria Montessori. /Übers. aus: Elsingin Sanomat (Helsinki), 8. 5. 1952/, in: VdI, 1 (1952) n. 5–6–7, 71–72
3743 Holmes, Edmond G. A.: Drudgery and Education. A Defence of Montessori Ideals, in: Hibbert Journal, 15 (April, 1917) 419–433
3744 Holmes, Henry W.: Montessori Methods, in: Education, 33 (September, 1912) 1–10
3745 Holmes: Promising Pointing in the Montessori System, in: Kindergarten Review, 23 (April, 1913) 481–486
3746 Holst, Lona Grete Lindhal: Report of my Experiences on the Establishment and Development of a Montessori Kindergarten in Holsteinborg-Greenland, in: Comm (1955) N. 1, 6–9
3747 Holst: Montessori House of Children in Greenland, in: AC, 1 (1956) 40–42
3748 Homs, Eladio: Maria Montessori „Barcelonina". /Übers. aus: Destino (Barcelona), 17. 5. 1952/, in: VdI, 1 (1952) n. 5–6–7, 76–78
3749* Honegger Fresco, Grazia: Toys for small children, in: AC, 6 (1961) 24–25
3750* Honegger: Il gioco e il giocàttolo, in: VdI, 11 (1962) n. 1, 10–13
3751* Honegger: Libertà e formazione religiosa, in: ebda., n. 11, 13–15
3752* Honegger: Il bambino attivo dalla nascità, in: ebda., 13 (1964) n. 8–9, 22–26
3753* Honegger: La figura dell'Assistente all'Infanzia, in: ebda., 16 (1967) n. 11, 11–14
siehe auch:
Fresco, Grazia
3754 Hoogkamer-Maykels, E.: Maria Montessori, in: Eigen Haard (1920) 67–71
3755* Hoppenstedt, Joachim Felix: Maria Montessori und Martin Buber über Erziehung, in: Die pädagogische Provinz, 9 (1955) 276–277
3756 de Hovre, Frans: /Aufsatz/, in: Vlaamsch Opvoedkundig Tijdschrift (1920) n. 2
3757 de Hovre: Masters of Contemporary Catholic Education, in: Catholic School Journal, 40 (January, 1940) 12
3758* How Montessori Children fare in other schools, in: Comm (1965) N. 4, 16–23
3759 Huber, Johanna: Fröbel und Montessori, in: Kh, 3 (1920) 134–140
3760 Hug, Rosa: Religiöse Erziehung, in: Kh, 11 (1928) 133–138
3761* Huntley, Violet E.: Recollections of an early Montessorian, in: Bull, vol. 3, N. 34 (Winter 1964) 1 + 8
3762* Huntley: Recollections of an early Montessorian, in: Comm (1965) N. 2–3, 2–7
3763* Huntley: The exercises of practical life, in: Bull, vol. 5, N. 41–42 Autumn 1967 – Spring 1968) 2–4
3764 Hurd, Anna C.: Montessori and Kindergarten Work as Applied in the Rhode Island School, in: American Annals of the Deaf, 58 (September, 1913) 504–515
3765 Hurd: The Montessori Method Applied to Deaf Children, in: Volta Review, 17 (June, 1915) 239–242
3766 Huston, Katharine W.: Montessori Discipline, in: Journal of Education, 79 (February 19, 1914) 206

3767 Hutchinson, Lily: Montessori in the Classroom, in: Child. (London), 7 (September, 1917) 624–630
3768* Hutchinson: A Review of the Montessori Movement in England, in: Call, 1 (1924) 68–73
Iaussek, Julie /fälschlich/ siehe:
Fausek, Julie
3769 Il'in, I.: Antropologija v pedagogike i Marija Montessori, in: Dlja narodnogo učitelja (1914) n. 5, 36–41
3770 In guter Zusammenarbeit mit dem Staat nutzt Privatschule ihre Chancen, in: Freie Bildung und Erziehung, 43 (1967) 18–20
3771* The Indian Montessori Society, in: Comm (1959) N. 4, 25–27
3772 Information about the Montessori Method, in: Mc Clure's Magazine, 37 (1911) 702–704
3773* Interhuman relations in the second Montessori „ULO"-school, in: MO (1963–1964) extra-nummer, 28–31
3774 International Montessori Training Course, in: School and Society, 2 (July 10, 1915) 59–60
3775 International News of the Movement and Items of Interest, in: Call, 1 (1924) 66–67
3776* Internationaler Montessori-Kongreß vom 3. bis 7. Januar in Holland, in: DMG, 4 (1956) N. 1, 7–8
3777* Internationaler Montessori-Kurs in Innsbruck, in: Bildung und Erziehung, 4 (1951) 622
3778 Ioteyko, J.: La méthode Montessori et l'éducation des sens, in: Revue psychologique. (Bruxelles), septembre 1913
3779* The Irish Montessori Society, in: Comm (1959) N. 4, 27–28
3780* Is het Montessorilyceum een Montessorischool? (Overgenommen uit de „Mededelingen van de Stichting Montessorionderwijs Amsterdam"), in: MO (1964–1965) n. 4, 13–14
3781 Is the Montessori School Based on a Misconception of the Child Mind? , in: Current Opinion, 56 (April, 1914) 284–285
3782 Itschner, H.: Maria Montessori, in: Pädagogische Blätter für Lehrerbildung und Lehrerbildungsanstalten (1914) 464–473

3783* J., L.: Wie Kinder in der Kirche leben, in: Kh, 11 (1928) 2–8, 71–75 (aus Maria Montessoris Schrift „Wie Kinder in der Kirche leben")
3784 Jacoby, George W.: The Montessori method from a physician's viewpoint, in: Medical Record. (New York), 83 (1913) 691–697
3785 Jacques, Anne: La discipline active à la Maison des enfants, in: Educateurs, n. 44 (mars-avril 1953) 94–100
3786 Jaederholm, G. A.: Några ord om Montessorimetoden, in: Paedagogisk Tidskrift (1924)
3787 Jaffé, Lisa: Eindrücke in einer Montessori-Schule, in: Archiv für Pädagogik, 2 (1914) 394
3788* Jaffé: Die Montessori-Methode, in: Deutsche Schulpraxis, 34 (1914) 41–44
3789 Jaffé: Die Montessori-Schule, in: Zeitschrift für Schulgesundheitspflege, 27 (1914) 15–28
3790* Jaffé: Ein Tag in der Montessori-Schule, in: Der Saemann, 5 (1914) 97–103
3791 Jakobsen, Olga: Montessori-Systemet-Skildring og Kritik, in: Vor Ungdom (1918) 325–341, 376–391

3792* Jaksch, Berta: Fröbel und Montessori. Eine kritische Auseinandersetzung, in: Österreichische Pädagogische Warte, 24 (1929) N. 4, 86–93; N. 5, 115–120

3793 Janovkaja, E.: Obučenie gramote po sisteme Marii Montessori, in: Doškol'noe vospitanie (1913) 337–356

3794 January's Meeting in Holland, in: Comm (1956) N. 1–2, 1–7

3795 Janžul, E.: Detskie sady po sisteme Montessori, in: Doškol'noe vospitanie (1912) 123–202

3796 Janžul: Ital'janskij detskij sad po sisteme Montessori, in: Vestnik vospitanija (1912) 53–99

3797 Janžul: Primenenie pedagogičeskich idej Montessori v načal'noj škole, in: Pedagogičeskij sbornik (1915) 67–80

3798 Janžul: Amerikanskij detskij sad, kak primirjajuščij sistemy Frebelja i Montessori, in: Pedagogičeskija mysl' (1923) 35–41

3799* Jedlin, María: Cómo pueden obtenerse resultados montessorianos sin disponer de grandes medios, in: MB, 1 (1935) n. 9, 3–4

3800* Jenkins, Marjorie L.: Sammelbesprechung von Maria Montessori, The Montessori Method; Spontaneous Activity in Education; The Montessori Elementary Material, Cambrige 1964, in: Intern. Zeitschrift für Erziehungswissenschaft, 11 (1965) 240–242

3801 Jervolino de Unterrichter, Maria: Cittadina del mondo, in: VdI, 1 (1952) n. 5–6–7, 5

3802 Jervolino: La società moderna di fronte all'educazione della prima infanzia, in: VdI, 10 (1961) n. 11, 8–12

3803* Jervolino: A dieci anni dalla scomparsa di Maria Montessori, in: VdI, 11 (1962) n. 11, 3–6

3804* Jervolino: Incontri con Maria Montessori, in: ebda., n. 5–6, 5–6

3805 Jervolino: Continuità del processo educativo, in: VdI, 12 (1963) n. 11–12, 3–7

3806* Jervolino: L'educazione dell'uomo per la pace nel mondo, in: VdI, 13 (1964) n. 5, 3–4

3807* Jervolino: Problemi dell'istruzione di base, in: VdI, 16 (1967) n. 12, 9–12

3808* Jervolino: Il cammino delle idee – da via dei Marsi a Barbiana, in: VdI, 17 (1968) n. 1–2, 5–6

3809* Jervolino: Maria Montessori maestra di vita, in: ebda., n. 3, 7–10

3810* Jinarajadasa, C.: The Child's Message to his Elders, in: MM, 2 (1948) 208–212

3811* Johanna, Sr. M.: The discovery of hidden riches and talents in the aboriginal child through the Montessori approach and method, in: AC, 10 (1965–1966) 34–38; do. in: Comm (1966) N. 1–2, 17–23

3812* Joosten, A. M.: The Problem of Peace, in: MM, vol. 1, N. 4 (September, 1947) 59–60

3813* Joosten: The Problem of Discipline, in: MM, 2 (1948) 176–180

3814* Joosten: The Montessori Method. Principles, Results, Practical Requirements, in: MM, vol. 3, N. 2 (April, 1949) 24–31

3815* Joosten: Pre-Primary Education and the Child, in: Education for Pakistan, vol. 1, N. 3 (August, 1949) 11–15

3816* Joosten: Dr. Maria Montessori Honoured in France, in: MM, 4 (1950) N. 1–2, 59–61

3817* Joosten: Inauguration XIIth Indian Montessori Training Course, Bombay – March 15th 1950. Address by A. M. Joosten, in: MM, 4 (1950) N. 1–2, 62–66

3818 Joosten: The Hand in Education, in: Education for Pakistan, 2 (1950) N. 2, 21–25
3819* Joosten: XI Indian Montessori Training Course, in: MM, 4 (1950) N. 3, 28–30
3820* Joosten: Dr. Maria Montessori. – The Discoverer of the Child, in: Education for Pakistan, 3 (1951) N. 2, 22–23
3821 Joosten: Le mouvement Montessori aux Indes, in: Educateurs, n. 44 (mars -avril 1953) 101–102
3822 Joosten: The Child the Unknown, in: AC, 1 (1956) 7–14
3823 Joosten: Errors and their Corrections, in: ebda., 32–39
3824* Joosten: On Discipline, in: AC, 2 (1957) 39–46
3825* Joosten: The Hand in Education, in: ebda., 19–24
3826* Joosten: Die Montessori-Bewegung in Indien, in: DMG, 5 (1957) N. 2, 5–7
3827 Joosten: La non-violence et l'enfant, in: AMF, n. 20 (mai-juin 1957) 17–21
3828* Joosten: 6th January 1907, 6th January 1957, in: AC, 2 (1957) 1–2
3829* Joosten; 6th January 1907–1957, in: Comm (1957) N. 1–2, 1–4
3830* Joosten: Century of the Child or Atomic Age? , in: AC, 3 (1958) 10–13
3831* Joosten: Observation, in: ebda., 23–31
3832* Joosten: The Place of Pre-primary Education in the Future Growth and Development in India, in: AC, 4 (1959) 20–24
3833* Joosten: The Stamp-Game, in: ebda., 37–40
3834* Joosten: Helping the Child in the Conquest of the Written Language, in: AC, 5 (1960) 7–12
3835 Jobsten: Ways and Means for Opening more Pre-primary Schools for Children in Urban and Rural Areas, in: ebda., 26–30
3836* Joosten: The Geometrical Solids, in: AC, 6 (1961) 29–32
3837* Joosten: Peace and Education. (Address given to the Rotary Club, Hyderabad, in November, 1960), in: ebda., 15–19
3838* Joosten: Helping one helping all, in: AC, 7 (1962) 38–46
3839* Joosten: Learning from the Child, in: ebda., 58–64
3840 Joosten: Una testimonianza di fedeltà, in: VdI, 11 (1962) n. 5–6, 36–37
3841 Joosten: The Child our Helper, in: Devanampiya. Quarterly Journal of the West Bengal Council for Child Welfare, November 1963
3842* Joosten: Parents and Adults in the House of Children unite around the Child, in: AC, 8 (1963) 40–42
3843* Joosten: Science Education and Scientific Education, in: ebda., 15–18
3844* Joosten: The Functions of Montessori Apparatus, in: AC, 9 (1964) 18–21
3845* Joosten: A Montessori Itinerary, in: AC, 10 (1965–1966) 46–51
3846* Joosten, A. M.: Schreiben und Lesen im Kinderhaus in ihrer Beziehung zur Ganzheitsmethode, in: MW, H. 7 (Frühjahr 1965) 19–20
3847* Joosten: The Substraction Snake, in: AC, 10 (1965–1966) 91–95
3848* Joosten: Group Activities in Phonetic Analysis, in: AC, 11 (1967) 26–29
3849* Joosten: The Psychological Needs of the Preschool Child and the Role of Pre-primary Institutions in Satisfying them, in: ebda., 15–19
3850* Joosten: The Silence Lesson, in: Comm (1967) N. 4, 27–29
3851* Joosten: XXXII Indian Montessori Course, in: AC, 11 (1967) 47–49
3852 Joosten: Lektion der Stille von Topati Gupta, in: MW, H. 13 (Frühjahr 1968) 6–8

3853 Joosten-Chotzen, Rosy: Aus der Arbeit der holländischen Montessorischulen, in: Montessori-Nachrichten, Januar 1926
3854* Joosten: Le premier Congrès International Montessorien à Elseneur, in: Pour l'Ere nouvelle, 8 (1929) 299–300
3855* Joosten: Il II Congresso Internazionale Montessori a Nizza, in: MF, 1 (1932) 213–214
3856* Joosten: Een historische datum: 6 Januari 1907, in: Vern. 5 (1946–1947) 130
3857* Joosten: Life and Work in the Amsterdam Montessori School, in: MM, 2 (1948) 188–192
3858 Joosten: Die Montessori-Schule, in: Schweizerische Lehrerzeitung, 100 (1955) 137–138
3859 Joosten: Le développement des écoles Montessori en Hollande, in: Les Cahiers de l'Enfance, 4 (1956) N. 27, 60–61
3860* Joosten: Secretarial Report May 1953–December 1955, in: Comm (1956) N. 1–2, 8–14
3861* Joosten: Observations in a Montessori School, in: AC, 2 (1957) 32–35
3862 Joosten: Quelques réflexions sur l'éducation de la mémoire visuelle, in: AMF, n. 19 (janvier-février 1957) 36–41
3863* Joosten: Our Common Task, in: AC, 3 (1958) 5–7
3864* Joosten: Group and Collective Lessons in the Montessori School, in: AC, 4 (1959) 6–8
3865* Joosten: Lessons of Nature – Lessons of Life, in: AC, 5 (1960) 20–22
3866* Joosten: What Age Range is desirable within a Montessori Class?, in: Bull, Summer 1961, 13–15
3867* Joosten: What Difference of Age Should There Be Among Children in a Montessori-Group?, in: AC, 6 (1961) 12–14
3868* Joosten: What Difference of Age Should Be there among Children in a Montessori-Group?, in: AMSB, Fall 1961
3869* Frans op de Lagere Montessori-School (I), in: MO (1962–1963) n. 3, 6–14
3870* Joosten-Chotzen, Rosy: Past and Present in the Montessori Movement in Holland, in: MO (1963–1964) extra-nummer, 19–22
3871* Joosten-Ch.: Experiences of a Montessori Teacher. The Function and the Use of Punctuation in Written Language, in: Comm (1965) N. 4, 23–25
3872* Joosten-Ch.: Let us all together follow the Child, in: AC, 10 (1965–1966) 24–25
3873 Joosten-Ch.: Über die Entwicklung und den Gebrauch der Sprache in der Montessorischule, in: MW, H. 13 (Frühjahr 1968) 9–13
3874* Joosten-Ch.: Een rondgang in de Montessori-afdeling, in: Vern, speciale uitgave, o. J., 13–17
3875 Jordan, H. J. (jun.): Beleven en bezielen, in: MO, 19 (1936)
3876 Jordan: De opvoedkundige waarde van het experiment, in: Paedagogische Studien, afl. 11–12 (1939)
3877* Jordan: Opnieuw Beginnen, in: Vern, 5 (1946–1947) 177–179
3878 Jordan: Wat is eigenlijk een Montessorilyceum?, in: Vern, n. 48 (november 1947)
3879 Jordan: Over Middelbaar Montessorionderwijs, in: Tijdschrift vor Opvoeding en Onderwijs, februari 1949
3880* Jordan: Dr. Maria Montessori. (Rede uitgesproken op de herdenkingsbijeenkomst te Leiden op 24 Mei 1952), in: Vern, n. 95 (juni 1952)

3881* Jordan: Was ist ein Montessori-Lyzeum? , in: DMG, 5 (1957) N. 4, 8–10; 6 (1958) N. 1, 1–4; N. 2, 1–4; N. 3, 1–2; 7 (1959) N. 1, 1–4; N. 2, 1–3; N. 3, 1–2; N. 4, 1–2; 8 (1960) N. 1, 2–4; 9 (1961) N. 1, 2–5

3882 Jordan: De Montessori-Lycea, in: B, 36 (1960) 234–237

3883 Jordan: De Montessori-lycea, in: MO (1964) n. 4, 21–23

3884* Jordan: Montessorileid(st)er? , in: MO (1965–1966) n. 4, 3–5

3885* Jordan: Montessori-dag, in: ebda., n. 5, 3–4

3886* Jordan: Het Utrechts Montessorilyceum te De Bilt, in: ebda., n. 2, 22

3887* Jordan: Het Utrechts Montessorilyceum van oud naar nieuw, in: ebda., n. 3, 7–9

3888* Jordan: De Methode Montessori, in: MO (1966–1967) n. 3, 15–17

3889* Jordan: Vijftig jaar Nederlandse Montessorivereniging, in: Vern, n. 258, 26 (1968) 291–295

3890 Jordan, H. J. (sen.): Onafgebroken Montessorionderwijs nodig? , in: MO, 16 (1933)

3891 Jordan: Persoons vorming door het Montessorionderwijs, in: MO, 17 (1934)

3892 Jordan: Waarom middelbaar en voorbereidend hoger Montessorionderwijs? , in: Gezin en School, 10 (1935) 21–27 (februari 1935)

3893 Jordan: Het woord in het Montessorionderwijs, in: MO, 19 (1936)

3894 Jordan: Intellectueele vorming door het Montessorionderwijs, in: Paedagogische Studien 21 (1940) 181–190

3895 Jordan, Nancy: An Account of Montessori Work in a Dublin Hospital, in: Comm (1955) N. 1, 1–6;
do. in: AC, 3 (1958) 57–60

3896* Jordan: The Montessori Method and the sick Child, in: AC, 10 (1965–1966) 76–80

3897* Jotte, A.: Une classe Montessori à Paris, in: Pour l'Ere nouvelle, 7 (1928) 3–6

3898* Jovine Bertoni, Dina: La nuova Montessori, in: Belfagor, 6 (1951) n. 1, 96–105

3899 Jovine-Bertoni: Il metodo Montessori, in: Educazione democratica, ottobre 1953

3900 Kaiser, Hanna: Meine Montessori-Versuchsklasse, in: Die neue deutsche Schule, 5 (1931) 350–365

3901* Kaltegärtner-Buthmann: Die Feier der hl. Messe mit Kindern, in: MW, H. 2 (Winter 1963) 9–17

3902* Karstädt, Otto: Neuere Versuchsschulen und ihre Fragestellungen, in: Jahrbuch des Zentralinstituts für Erziehung und Unterricht, 4 (1922) 87–133

3903 Kastantowicz, Ulrich: Zum Gedächtnis Maria Montessori – John Dewey –Peter Petersen, in: Pädagogische Welt, 6 (1952) 577–580

3904 Katscher, L.: Volkswohnungen mit Montessorischule, in: Zeitschrift für die gesamte Staatswissenschaft, 73 (1918) 521–523

3905 Katscher: Volkswohnungen mit Montessori-Schulen, in: Schweizer Zeitschrift für Volkswirtschaft, 24 (1918) 344–348

3906* Katz, David: Zur Psychologie der menschlichen Hand, in: Call, 2 (1925) 103–109;
engl.: On the Psychology of the Human Hand, in: ebda., 110–115

3907 Kemnic, S.: Primenenie idej Montessori i nabljudenija nad razvitiem malen'kich detej, in: Doškol'noe vospitanie (1914) 449–462
3908 Kennedy, Mary Jackson: The Montessori System, in: American Primary Teacher, 30 (1912) 368–369
3909 Kennedy: Montessori System, in: Journal of Education, 76 (June 27, 1912) 10–11
3910 Kejser, Ursula: Hvad jeg har laert af Montessori, in: Den Frie Skole, 4 (1931) 40–41
3911* Khandekar, A. W.: Helping Parents to Develop an Understanding Attitude Towards a Montessori Environment, in: AC, 6 (1961) 20–23; do. in: SO, vol. 1, N. 3 (March 1962) 7–10
3912* Khandekar: Is Mathematics really a difficult Subject?, in: AC, 7 (1962) 25–31
3913* Khandekar, A. W.: On the Way to a Primary Montessori School, in: AC, 8 (1963) 21–27
3914 Khanna, K. C.: The First All-India Montessori Conference, in: The Punjab Educational Journal, 40 (1946) 526–528
3915* Kiene, Maria: Was bedeutet uns Friedrich Fröbel?, in: Jugendwohl, 33 (1952) 170–177
3916 Kilpatrick, William Heard: Montessori and Froebel, in: Kindergarten Review, 23 (1913) 491–496
3917 Kimmins, Charles William: A Montessori Experiment, in: Child-Study (May, 1915) 69–72
3918 Kinderen in een Kinderwereld. Het mooie werk van Dr. Maria Montessori, in: De Hollandsche Revue, 37 (1931) 77–80
3919 Kinel, L.: Montessori System As Applied in the Mary Crane Nursery of Chicago, in: Visual Education, 5 (1924) 196–197
3920* Kirchdorfer, Anni: Eine Arbeit aus dem Internationalen Montessori-Kur in Innsbruck. Die Übungen des praktischen Lebens in einer Montessori-Schul für 2 1/2- bis 6jährige Kinder, in: Unsere Kinder, 7 (1952) 21–23
3921 Kirchdorfer: Für die Eltern, in: Mitteilungsblatt der Österreichischen Montessori-Gesellschaft, Oktober 1953
3922* Kirmsse, M.: Montessoris „selbsttätige Erziehung", in: Zeitschrift für Behandlung Schwachsinniger, 35 (1915) 37–45, 53–60
3923 Kiss, József: A XV. nemzetközi Montessori-tanfolyam, in: Kisdednevelés, 55 (1930) 65–67
3924* Klocke, Aloys: Maria Montessori und die Probleme der heutigen Pädagogik, in: Jugendwohl, 40 (1959) 51–54
3925* Kloos, J. P.: Montessorischool aan L. de Colignylaan te Oegstgeest, in: Bouwkundig Weekblad. (Amsterdam), 73 (1955) n. 3, 25–29
3926 Klostermann, Helene: Der Einfluß auf die Entwicklung des Volkscharakters durch die Pflege der Selbsttätigkeit in Kindergarten und Schulen, in: Kg, 61 (1920) 57–69
3927 Klostermann: Montessori und Fröbel, in: ebda., 155–157
3928* Klostermann: Ausgangspunkt und Zielsetzung der frühkindlichen Entwicklung bei Fröbel und Montessori, in: Die Erziehung, 2 (1927) 395–414
3929 Knapp, Otto: Rousseaus Ideen und Wirkung, in: Schönere Zukunft, 3 (1928) 879–880
3930* Kneuse, Herbert: Maria Montessori und unsere Grundschule, in: Die Volksschule, 28 (1932) 81–84

3931* Koberstein: Maria Montessori sprach zu Fragen des kindlichen Denkens, in: Pädagogik, 7 (1952) 156–157

3932* Koegler, Ronald R.: The Montessori Classroom – A Diagnostic Environment, in: AMSB, January 1965

3933* Köhler, Elsa: Werkunterricht in der Montessori-Schule. Eine Entgegnung auf den Artikel Dr. T. Hammerschlags, in: Die Quelle, 79 (1929) 341–346; mit einer Erwiderung von Trude Hammerschlag, ebda., 346–348; vgl. 3635

3934 Kolarik, Rosemarie: Erfahrungsbericht über außerunterrichtlichen Einsatz der Schülerinnen eines musisch-pädagogischen F-Gymnasiums, in: Der Gymnasial-Unterricht, 4 (1967) 85–91

3935* Kolbábek, Anton: Darlegung einiger Grundbegriffe der Montessori-Methode, in: Vierteljahrsschrift für wissenschaftliche Pädagogik, 6 (1930) 496–537

3936* Kolbabek: Sammelbesprechungen von Montessoriliteratur, in: ebda., 598–604

3937 Koning, J.: Een jaar Haags Montessori-lyceum, in: Vern, n. 86 (september 1951)

3938 Koning: Mogelijkheden en gevaren voor de didactiek der natuurwetenschappen, in: Vern, n. 87 (oktober 1951)

3939 Koning: Zes weken laboratorium (projectwerk), in: Vern, n. 92 (maart 1952)

3940 Koning: Het Haagse Montessori Lyceum geopend, in: Vern, n. 147 (oktober 1957) 35–41

3941* Korsch, Hedda: Montessori-Methode und sozialistische Erziehung, in: Aufbau. (Berlin), 4 (1931) 129–137

3942 Kortekaas, N. C.: Maria Montessori in memoriam, in: Het Kind (juni 1952) 4–8

3943 Krag, D.: Et Øjebliksbillede fra en Montessoriklasse, in: Bog og Naal, 30 (1923) 142–143

3944 Krehl, Else: Die Selbsttätigkeit bei Fröbel und Montessori, in: Der Schweizerische Kindergarten (1922) N. 6

3945* Krehl: Die Selbsttätigkeit bei Fröbel und Montessori, in: Zeitschrift für das Kindergartenwesen, 42 (1923) N. 3–4

3946 Krjukov, S.: Umstvennoe vospitanie v sisteme Montessori, in: Škola i zizn' (1914) n. 10, 3–4

3947* Krauss, Erwin: La psicologia individuale di Alfredo Adler e la dottrina Montessori, in: MF, 1 (1932) 13–20

3948 Kubálek, Josef: Výchova na školách materských podle dr. Marie Montessoriové, in: Pedagogické rozhledy, 33 (1923) 46–50, 176–180, 241–247, 357–361

3949* Künkel, Hans: Die sittliche Erziehung nach Montessori, in: Die neue Erziehung, 8 (1926) 170–190

3950 Kuenzli, Irvin R.: Democratic Education versus Dictatorial Drill, in: Progressive Education, 31 (1954) N. 3 (January, 1954)

3951 Kulkarni, Prabhawati: Are You a New Parent, in: MM, 2 (1948) 184–187

3952 Kummerer, Hans: Kinder sind anders, in: Oberösterreichische Schulblätter, N. 10 (Mai 1955)

3953 Kumria, R. R.: Child in Society, in: The Punjab Educational Journal, 40 (1946) 540–544

3954* Laarman, D.: Montessori Opvoeding vanaf de geboorte, in: MO (1962–1963) n. 4, 16–20; (1963–1964) n. 2, 18–20; (1964) n. 2, 28–32; n. 3, 28–32; n. 4, 14–20
3955 Labriola, Nadja: Relazione Russa, in: Call, 2 (1925) 57–64
3956 Labriola: Doškol'noe vospitanie v Italii, in: Doškol'noe vospitanie (1931) 55–56
3957* Ladiges, P. L.: Schijnwerper ep „Montessori", in: Schoolkrant Burgemeester de Vlugtschool, 4 (1959) n. 2, 1–3
3958 Läuter, H.: Kindergartenerziehung in deutschen Großstädten, in: Schulwart, 24 (1927) 243–245
3959 Lafendel, L.: En Suisse romande: Montessori ou Froebel? , in: Jugendwohlfahrt (Pro Juventute, Zürich), 19 (1938) 256–258
3960 Lalkaka, Pareen: Recreation for Children, in: Indian Journal of Child Health, vol. 1, N. 1 (November 1952)
3961 Lalkaka: Recreation for Children, in: AC, 2 (1957) 28–31
3962 Lamers, G.: Het eerste katholieke Montessori-boek, in: Paedagogische Studien, n. 94 (1920) 325–328
3963 Lamers: Montessori en haar systeem, in: ebda., n. 93 (1920) 177–184
3964 Lamers: Voor of tegen Montessori? , in: ebda., n. 100 (1923) 22–41
3965 Lamers: Moet het Montessoristelsel verbeterd worden? , in: ebda., n. 101 (1924) 65–70
3966 Lamers: Opvoeding in vrijheid, in: ebda., n. 105 (1926) 349–365
3967 Lamers: Montessori, haar persoon en haar streven, in: ebda., n. 113 (1930) 338–347
3968 Landé, L.: Fröbel und Montessori, in: Psychoanalytische Praxis, 2 (1932) 495–502
3969 Landsberg, G.: Rasprostranenie idej Montessori v Rossii i za granicej, in: Vestnik prosveščenija (1923) 213–218
3970 de Lange, Dan.: Eenige kantteekeningen bij het Artikel van H. Canne Meyer „Hier met Montessori!", in: Nieuwe Tijd (1920) 807; vgl. 3254
3971* Lange, Gertrud, Schwierigkeiten der praktischen Montessoriarbeit heute, in: Pädagogische Blätter, 6 (1955) 130–134
3972 Lange, Kristen A.: Maria Montessori og hendes skoleideer, in: Højskolebladet, 50 (1925) 203–206, 239–244
3973 Langeveld, Martinus J.: Maria Montessori, in: Paedagogische Studien 29 (Groningen), (1948) 165–166
3974* Langeveld: Das Ding in der Welt des Kindes, in: Zeitschrift für Pädagogik, 1 (1955) 69–83
3975 Lansen, M.: De opvoeding- en onderwijsmethode van Maria Montessori, in: Socialistische Gids (1920) 395–408, 829–841
3976 Larraguibel de Parodi, Aída: Generalidades sobre el método Montessori, in: Educación (Caracas), 14 (1953) n. 69, 5–
3977* Larraguibel: El Niño, un Desconocido, in: Revista Shell, 3 (1954) n. 13, 40–47
3978* Larraguibel Moreno, Aída: Historia de dos Niños de la Escuela Montessori de Santiago de Chile, in: MB, 1 (1935) n. 10, 8–10
3979* Latest Information about the Montessori Movement, in: Comm (1961) N. 2, 20–23

3980* Latz, Dora: Die Montessori-Bewegung in Deutschland, in: MD, Erstes Heft 1932, 43–47

3981* Latz: Der II. Internationale Montessori-Kongreß in Nizza, in: MD, Zweites Heft 1932, 48–53

3982* Lauwerijs, J. A.: Address of the Chairman of the XIIIth International Montessori Congress, in: Comm (1964) N. 2, 8–13

3983 Law, Mary E.: Montessori Method and the Kindergarten, in: Kindergarten Primary Magazine, 25 (June, 1913) 273

3984 Law: Montessori Method, the Kindergarten and the Gary School, in: ebda., 26 (April, 1914) 222–223

3985* Lawrence, Hannah: Die Montessori-Methode in England, in: Montessori-Nachrichten, August 1926

3986 Lebert, Suzanne Herbinière: Une conférence de Mme. Montessori, in: Ecole publique (1950) n. 7, 1–2

3987 Lebert: Maria Montessori e la riforma educativa francese, in: VdI, 1 (1952) n. 5–6–7, 64–66

3988 Lebert: La pensée montessorienne et l'école maternelle française, in: AMF, n. 21 (octobre 1957) 12–15

3989 Leccese, Maria Luise: Appunti Montessoriani, in: Rassegna di Pedagogia (1948) 44–55

3990* Lehm, Kurt: Das physiologische Prinzip in Fröbels Methode, in: Zeitschrift für Kinderforschung, 23 (1918) 255–265

3991 Lehmann, Eduard: Peter Petersen und Maria Montessori zum Gedächtnis, in: Die Schulwarte, 5 (1952) 385–387

3992* Leiser, Anni: Kind und Erwachsener. (Zusammenfassung eines Vortrags), in: Die neue Erziehung, 14 (1932) 676–677

3993 Lens, J.: Montessori, in: Stemmen des Tijds, 12 (1923) 342–362

3994* de Leon, Shirley: Montessori for Adolescents, in: CH, January-February 1967, 8–11

3995 Leonardi, Sr. Domitilla: Il metodo Montessori nell'educazione dei bambini ciechi, in: VdI, 4 (1957) n. 8–9, 25–27

3996* Leonardi: The Montessori Method and the Education of the Blind, in: AC, 3 (1958) 66–69

3997* Die letzte Botschaft von Maria Montessori, in: Caritas, 53 (1952) 182–183

3998 Levitin, S.: Element voli kak faktor voobraženkja, in: Russkaja škola (1915) 139–149

3999 Levitin: Gerbart i Montessori, in: Russkaja škola (1916) n. 2–3, 7–8

4000 Levy, David M. and Phyllis Bartelme: Measurement of Achievement in a Montessori School and the Intelligence Quotient, in: Pedagogical Seminary, 34 (March, 1927) 77–89;
do. in: AMSB, 4 (1966) N. 3, 1–11

4001* Lewin, Kurt: Vorsatz, Wille und Bedürfnis, in: Psychologische Forschung, 7 (1926) 330–

4002* Lewin: Sachlichkeit und Zwang in der Erziehung zur Realität, in: Die neue Erziehung, 13 (1931) 99–103

4003* Lex Frieda: Fröbel oder Montessori, in: Kg. 73 (1932) 209–220

4004 Lex: Froebel eller Montessori, in: Vore Børn, 14 (1932) 41–43,50

4005 Lichet, Raymond: Les niveaux psychologiques et les principes Montessori, in: L'Education Nationale, 23 (1967) n. 826, 14–15

4006 Life's Work on Behalf of Children, in: The Sower, 184 (July, 1952) 58–59
4007 de Ligt – van Rossem, C. L.: Het 6e Internationale Montessori Kongres (en de opvoeding tot vrede), in: De Stem, 18 (1938) 153–161
4008* Liguori, Ersilia: Maria Montessori und Ovide Decroly, in: DMG, 5 (1957) N. 4, 7–8; 6 (1958) N. 1, 6–7
4009 Liguori: Maria Montessori e l'educazione dell'infanzia, in: Nuova Rivista Pedagogica (1958) n. 10
4010 Limitations of the Montessori Method from a Religious Point of View, in: Current Opinion, 56 (1914) 292
4011* Lindner, Therese: Die pädagogischen Ideen der Fröbelschen Beschäftigungen – die geistigen Grundlagen unseres neuzeitlichen Handfertigkeitsunterrichtes, in: Kg, 60 (1919) 186–189
4012 Locke, B.: The Montessori Method and the Kindergarten, in: Kindergarten Primary Magazine, 28 (October, 1915) 67–68
4013 Löschenkobl, Anneliese: Ein Lebenswerk im Dienste des Kindes, in: Die Schule, 29 (1953) N. 2
4014* Löwy, Malvine: Montessori-Schulkind und Normalschulkind, in: Die Quelle, 86 (1936) 452–460
4015 Logan, Anna E.: Montessori and Froebel, in: Kindergarten Review, 23 (1913) 553–561
4016 Lombardo-Radice, Giuseppe: La Montessori e l'idealismo pedagogico, in: Rinascenza scolastica, 3 (1922) N. 20
4017 Lombardo: La nuova educazione e il metodo della pedagogia scientifica di Maria Montessori, in: Educazione nazionale, 7 (1925) 33–
4018 Lombardo: A proposito del metodo Montessori, in: Educazione nazionale, 8 (1926) 21–
4019 Lombardo: La riforma didattica. Froebel e Montessori nella più recente critica del montessorianismo, in: ebda., n. 9
4020 Lombardo: Agazzi e Montessori, in: ebda., 10 (1928) n. 6
4021 Lombardo: Il folklore e l'educazione, in: ebda., 12 (1930) 190–
4022 Lombardo-Radice, Lucio: Metodo e miti nella scuola Montessori, in: Rinascità, 1 (1951) 33–
4023 Long, J. Schuyler: The Montessori Method. A Comparison, in: American Annals of the Deaf, 58 (1913) 117–125
4024 Lopuska, Katarzyna: Cisza i ruch. System wychowania M. Montessori, in: Tygodnik Powszechny (1957) N. 45
4025 Loreng, M.: Montessori-Methode, in: Kulturleben an der Saar, 9 (1930) 26–29
4026 Lubenec, N.: Frebel' i Montessori, in: Doškol'noe vospitanie (1914) 481–506, 549–570, 631–660
4027 Lubenec: Dom rebenka. Metod naučnoj pedagogiki, in: ebda., (1913) 381–383
4028 Lubienska, H.: The Child, His Body, and His Soul, in: Jubilee, 5 (1957) June, 37–39
4029* Lubienska, Halka: Il Bambino Trionfante, in: MR, 1 (1931) n. 2, 29–34
4030* Lubienska: Bimbocrazia, in: ebda., n. 4, 22–25
4031* Lubienska: Meditazione, in: ebda., n. 5–6, 31–32
4032* Lubienska, Helena: The Danger of Metaphysics, in: MN, 2 (1935) n. 1, 7
4033 Lubienska de Lenval, Hélène: Une expérience Montessori en France, in: L'Education, octobre 1933, 25–28

4034* Lubienski, Zbigniew: Da Platone a Montessori, in: MR, 1 (1931) n. 5–6, 45–52

4035* Lubienski: The Need of Philosophical Culture in Montessorian Education, in: MN, 2 (1935) 64–65

4036 Lubienski: Podstawy psychologiczne metody Montessori, in: Kwartalnik Psychologiczny, 9 (1938) 85–96

4037* Luci e ombre cattoliche sul metodo Montessori, in: MR, 1 (1931) n. 4, 33–46

4038 Luci ed ombre nel metodo Montessori, in: La Civiltà Cattolica, 81 (1930) 238–248

4039* Lück, Conradine: Maria Montessori zum 60. Geburtstag, in: Deutsche Lehrerinnenzeitung, 47 (1930) 300–303

4040* Luijdjens, Adriano H.: Maria Montessori e l'Olanda, in: VdI, 1 (1952) n. 5–6–7, 59–61

4041* Luijendijk, Joh.: Dr. Montessori als sociaal-paedagoge, in: B, 36 (1960) 230–234

4042* Luytjes, J. W.: Het lezen in de voorbereidende Montessorischool, in: B, 36 (1960) 250–254

4043 M., A. M.: La Scuola Montessori di Limoges, in: VdI, 7 (1958) n. 3, 21

4044* M., Q.: Il metodo Montessori nei rapporti culturali italo-indiani, in: MF, 1 (1932) 227–228

4045 M.–S., T.–N.: Gesprek met mevrouw R. Joosten-Chotzen over haar ervaringen in Ierland, in: MO (1956) n. 10, 1–3

4046 McCormick, P. J.: Montessori and Religious Instruction, in: Thought, 2 (June, 1927) 56–71

McD. Shick:
siehe: Shick

4047 McDonald, Donald; Student Freedom, Yes; Anarchy, No, in: The Catholic Messenger, 77 (March 5, 1959) 10

4048 McMillan, Margaret: The „New“ Education, in: The Highway (London), June 1913

4049 McMunigle, Mary G.: Why Columbia University Rejects the Montessori Method, in: Pittsburgh School Bulletin, 6 (October, 1912) 1437–1440; 6 (November, 1912) 1461–1465

4050 McPolin, F.: Montessori System of Auto-Education, in: Irish Ecclesiastical Record, Series 5, vol. 63 (February, 1944) 87–99

4051 Maccachero, Elisa: La scuola all'aperto di Verona e il metodo Montessori, in: L'igiene della scuola, ottobre 1912

4052 Maccachero: Attuale movimento pedagogico – il metodo di Maria Montessori, in: ebda., gennaio-febbraio 1914

4053* Maccheroni, Anna Maria: A propos de la Composition chez les Enfants, in: Call, 1 (1924) 54–62

4054* Maccheroni: The Old Idea of Discipline and the Montessorian. A Comparison, in: Call, 2 (1925) 138–143

4055* Maccheroni: Preparazioni indirette, in: IM, a. 1, n. 3–4 (agosto-settembre 1927) 5–7

4056* Maccheroni: Die Liturgie und der liturgisch-pädagogische Unterricht. (Vorgelesen auf dem liturgischen Kongreß auf Montserrat im Juli 1915), in: Vierteljahrsschrift für wissenschaftliche Pädagogik, 6 (1930) 538–544

4057* Maccheroni: I giuochi Montessori, in: MR, 1 (1931) n. 3, 29–37

4058 Maccheroni: Mathematics and the Montessori Method, in: New Era, 15 (January, 1934) 8–11
4059* Maccheroni: Montessori Missionary Work, in: MN, 1 (1934) 106–107
4060* Maccheroni: Cosas prácticas, in: MB, 1 (1935) n. 5, 10
4061* Maccheroni: Grammar by the Montessori Method, in: ebda., 2 (1935) N. 1, 12–13
4062* Maccheroni: El idealismo en Educación, in: MB, 1 (1935) n. 4, 14–15
4063 Maccheroni: Learning to Read, in: MM, vol. 1, N. 4 (September, 1947) 44–48
4064 Maccheroni: At the University, in: AC, 2 (1957) 36–38
4065* Maccheroni: Who Are You? , in: ebda., 3–4
4066* Maccheroni: At San Francisco in California and after. (Personal reminiscences about Dr. Montessori and her method), in: AC, 3 (1958) 14–17
4067* Maccheroni: A Children's House in Milan, in: AC, 4 (1959) 16–19
4068* Maccheroni: The First Montessori Course. Personal Reminiscences, in: AC, 5 (1960) 37–38
4069* Maccheroni: Some Results and Experiences with small Children, in: AC, 6 (1961) 42–46
4070* Maccheroni: Preparazione indiretta, in: VdI, 12 (1963) n. 2, 8–10
4071* Maccheroni: La prima Casa dei Bambini a Milano, in: VdI, 13 (1964) n. 11, 11–14
4072 Maccheroni: Avoiding a Deficit, in: AC, 10 (1965–1966) 16–18
4073* von Máday, Stefan: Die Heilerziehung der geistig abnormen Kinder vom Standpunkte des Arztes, des Pädagogen und des Sozialpolitikers, in: Wiener Medizinische Wochenschrift, 77 (1927) N. 52, 1751–1753
4074* Maison des enfants, fondée sous les auspices de la Ligue pour l'Education morale de la jeunesse, in: La Source. Supplément au Bulletin de l'Education morale de la Jeunesse, 6 (1913) avril-mai
4075* Majer-Leonhard, E.: Nochmals Montessori!, in: Kg, 62 (1921) 226–227
4076 af Malmborg, Connie: Det fria skapandet enligt Montessoris metod, in: Barnträdgården, 3 (1920) n. 6
4077* af Malmborg: /Titelloser Diskussionsbeitrag/, in: Comm (1965) N. 2–3, 19–22
4078* De man/de vrouw achter de Montessoriklas, in: MO (1965–1966) n. 4, 6–8
4079 Mangaldas, Leena: Shreyas, in: AC, 8 (1963) 28–35
4080 Mannerheim, Si: Hos Dottoressa Montessori, in: Mor. Tidning for hemmet och barnen (Stockholm), (1938) n. 8, 10–11
(1938) n. 8, 10–11
4081 Marchesan, Rolando: Le leggi psicologiche evolutive e le scuole montessoriane, in: VdI, 13 (1964) n. 12, 21–22
4082 Marchetti, Maria Teresa: Maria Montessori e la scienza dell'uomo, in: VdI, 1 (1952) n. 5–6–7, 30–36
4083 Marchetti: Una nuova via per l'insegnamento del latino, in: VdI, 2 (1953) n. 12, 9–12
4084 Marchetti: Agazzi e Montessori agli esami di abilitazione magistrale, in: VdI, 4 (1955) n. 10, 9–11
4085 Marchetti: Il disegno nelle scuole Montessoriane, in: VdI, 7 (1958) n. 3, 25–27
4086* Marchetti: L'educazione stradale nelle „Case dei bambini", in: VdI, 10 (1961) n. 10, 25–26

4087* Marchetti, Maria Teresa: Educazione religiosa, liturgia e metodo Montessori, in: VdI, 11 (1962) n. 4, 7–9

4088* Marcel, Gabriel: Inauguration du Cours de formation de Jardinières et maîtresses montessoriennes, in: AMF, n. 14 (octobre 1955) 1–8

4089* Marcel: Maria Montessori et la libération de l'enfant, in: AMF, n. 21 (octobre 1957) 1–11

4090* Marcel: Inauguration du buste de Maria Montessori. Allocution prononcee, le 9 avril 1959, à l'Institut Pédagogique National, in: AMF, n. 27 (novembre 1959) 1–3

4091 Marciano, Francesco F.: A proposito di una „postilia" del Croce, in: VDI, 11 (1962) n. 4, 4–6

4092* Marcos, P. Paulino: Juicio que han merecido las obras de la Doctora Montessori „Psico-Aritmética" y „Psico-Geometría" al eminente crítico de la importante revista agustina de El Escorial „Religión y Cultura", in: MB, 1 (1935) n. 6, 14–15

4093 Margulies, A. Reno: Montessori Method and the Deaf Child, in: Volta Review, 14 (April-May, 1912) 48–49, 74–85

4094 Margulies: Montessori Method Applicable to the Deaf, in: ebda., 14 (June, 1912) 146–147

4095 Margulies: Dr. Montessori and Her Method, in: ebda., 15 (1913) 334–338; do. in: American Annals of the Deaf, 58 (1913) 496–502

4096 Maroun, Jean: Madame Montessori et l'école active, in: AMF, n. 24–25 (novembre 1958) 36–47

4097* Maroun: Dr. Maria Montessori and the Active School, in: AC, 4 (1959) 41–45

4098 Marstrand, Margrete: Det daglige Arbeijde i Montessori-Børnehaven, in: Den Frie Skole, 2 (1919) 177–178

4099 Marstrand: Virkeliggørelsen, in: Den Frie Skole, 1 (1918) n. 2, 20–21

4100* Marum, Olga: Montessori-Schule oder Fröbelkindergarten, in: Die Quelle, 75 (1925) 298–301

4101 Marx, Martha: Freies Schaffen in der Montessori-Schule und in der Arbeitsschule, in: Neue Bahnen, 38 (1927) 510–517

4102 Marx: Was hat die neue Schule von der Lehrweise der Maria Montessori zu erwarten? , in: Leipziger Lehrerzeitung, 34 (1927) 499–502

4103 Marx: Beobachtungen und Gedanken in Montessori-Schulklassen, in: ebda., 36 (1929) 406–408

4104 Mary, Sister: Appreciation of Dr. Maria Montessori's „The Child in the Church", in: Journal of Religious Instruction, 3 (1932) 108–117

4105 Mary Julie, Sister (SND): Motivation Through Liberation, in: AMSB, Fall 1961

4106 Masud, M. N.: In memoriam: Maulana Abul Kalam Azad and Maria Montessori, in: AC, 3 (1958) 8–9

4107* Matthews, Esther A.: Silence and Activity. Two of the Fundamentals of Dr. Montessori's Teaching, in: MN, 2 (1935) N. 2, 27–29

4108* von May, Armand: Die Methode Montessori, in: Zeitschrift für Jugenderholung und Jugendfürsorge, 3 (1912–1913) 432–436

4109 May, H.: Die Methode Montessori in der ersten Hilfsschulklasse, in: Die deutsche Hilfsschule. (Reichenberg), 5 (1929) 46–52

4110 May, Maude G.: A New Method of Infant Education, in: Journal of Education (London), 31 (September, 1909) 645–647

4111 Mayr, Ambros: /Titelloser Beitrag/, in: Mitteilungsblatt der Österreichischen Montessori-Gesellschaft, April 1953

4112 Mažonas, Kun V.: Montessori, in: Tiesos Kelias. (Vasaris), 8 (1932) 90–102

4113 Mazzeo, Arturo: Le favole e i bambini, in: VdI, 4 (1955) n. 6–7, 20–21

4114* Mazzetti, Roberto: Lombardo-Radice e Maria Montessori, in: VdI, 7 (1958) n. 12; 8 (1959) n. 1, 3–7; n. 2, 3–12

4115 Mazzetti: Documenti sulla polemica del Pasquali contro la Montessori, in: VdI, 11 (1962) n. 12, 3–6

4116* Mazzetti: L'antimontessorismo di R. Agazzi e di G. Lombardo-Radice, in: VdI, 12 (1963) n. 1, 7–12

4117 Mazzetti: Riflessioni sul giuoco nello sviluppo e nell'educazione del bambino, in: VdI, 12 (1963) n. 8–9, 12–13

4118* Mazzoleni, Enrica: La mia prima Montessori in Garlasco con materiale preparato da me, in: IM, a. 2, n. 1 (settembre 1928) 7–8

4119 Mcedlidze, N. B.: Montessori na sluzbe amerikanoanglijokogo imperializma, in: Doškol'noe vospitanie (1952) 34–39

4120 Meade, Austin: A New System of Education, in: The Highway. (London), (1913)

4121 Meda, Filippo: /Aufsatz/, in: La Scuola Italiana Moderna, 16 gennaio 1932

4122 The Meeting of Froebel and Montessori, in: School Government Chronicle, October 4, 1913

4123* Memoria sobre las actividades de la Asociación Internacional Montessori duramente el año 1934, in: MB, 1 (1935) n. 5, 11–13

4124* Menegazzo, Leonilde: Un primo esperimento di metodo Montessori a Padova, in: MF, a. 1, n. 6 (1932) 341–350

4125 Der Mensch – das unbekannte Wesen, in: DMG (1953) H. 3

4126 Merrill, Jenny B.: New Method in Kindergarten Education, in: Kindergarten Primary Magazine, 22–23 (December, 1909-March, 1910) 106–107, 142–144, 211–212, 297–298

4127 Merrill: New Method in Infant Education, in: ebda., 24 (December, 1911) 96–98

4128 Merrill: Neglected Corner in Montessori Method, in: Kindergarten Primary Magazine, 25 (January, 1913) 125

4129 Merrill: Appreciation: Montessori, in: ebda., 26 (January, 1914) 146

4130 Merz, Charles: Montessori for Presidents, in: New Republik, 8 (August 26, 1916) 89–91

4131 The Message of Montessorism to Teachers and Others, in: School Government Chronicle (London), November 8, 1913

4132* De methode Montessori, in: Belang en Recht. Orgaan der Vereeniging „Thugatêr" (Amsterdam), 1. 12. 1912, 1–7; 1. 1. 1913, 1–6

4133* Die Methode Montessori, in: Blätter für die Schulpraxis, 25 (1914) 175–181, 216–223

4134* La méthode Montessori, science ou croyance?
I. Un examen critique par le Dr. Jan C. Bouman (37–42);
II. Réponse de M. Mario Montessori (43–50);
III. Science ou foi, un faux dilemne. Par le Docteur André Berge (51–55), in: Education et développement, 1 (1965) n. 9, 36–55

4135* Methodische Beobachtungen nach Anleitung Montessoris, in: MW, H. 10 (Sommer 1966) 10–15

4136 Metod Marii Montessori, primenjaemyj v vide opyta na pervom godu obučenija v školach Rima, in: Svobodnoe vospitanie (1911–1912) n. 10, 69–71

4137 Il metodo Montessori, in: La Civiltà Cattolica, 62 (1911) 197–201

4138* Il metodo Montessori per i bambini sordi, in: MR, 1 (1931) n. 5–6, 42–44

4139* Meyer, Erika: Maria Montessori – Leo Tolstoi, in: Die neue Erziehung, 10 (1928) 126–130

4140* Mical, Hulda Maria: Fröbel oder Montessori, in: Österreichische Lehrerzeitung, 7 (1953) 28–29, 88–89 (107–108); siehe 4141

4141* Mical: Fröbel und Montessori im Kindergarten, in: ebda., 107–108

4142* Mical, Sophie: Sinnesübungen und ihr Wert für das Kleinkind, in: Die Quelle, 75 (1925) 975–978

4143 Miller, H. Crichton: The Montessori Method, in: Child, (January, 1921) 103–106

4144 Millot, Albert: Les principes de l'Education Nouvelle, selon Mme. Montessori, in: Extrait de littérature, philosophie et pédagogie. (Paris), octobere 1936

4145* Minor, Emmi: Das „Haus der Kinder" am Hohenzollerndamm, in: MD, Zweites Heft 1932, 40–46

4146* Minutes of the General Meeting, in: Comm (1959) N. 4, 5–12

4147* Minwalla, Gool K.: New Features in Education as introduced by the Montessori Method, in: Education of Pakistan, vol. 3, N. 2 (September, 1951) 35–36

4148* Minwalla: New Features in Education, in: Education of Pakistan, vol. 3, N. 3 (December, 1951) 38–39

4149 Moberg, Ellen: Montessori och Fröbel, in: Barnträdgården, 3 (1920) n. 2

4150 The Model School or Step by Step, in: MN, 2 (1935) 165–166

4151* Montessori Mario M. (jun.): Enkele opmerkingen over de anthropologie van de Montessori-opvoeding, in: B, 36 (1960) 225–230

4152* Montessori: The Prodigy of Montessori, in: Comm (1961) N. 2, 7–9

4153* Montessori: Montessori Research, in: MO (1962–1963) n. 3, 29–31

4154* Montessori: Educazione sociale, in: VdI, 12 (1963) n. 10, 19–21

4155* Montessori: Fantasia e realtà nel giuoco del bambino, in: ebda., n. 8–9, 9–11

4156* Montessori: Montessori Education and Modern Psychology, in: AC, 8 (1963) 5–13

4157* Montessori: Ontwikkelingspsychologie en vrede-vraagstuk, in: MO (1963–1964) extra-nummer, 12–18

4158* Montessori: Developmental Psychology and the Problem of Peace, in: AC, 9 (1964) 14–17

4159* Montessori: Einige Bemerkungen über die Anthropologie der Montessori-Pädagogik, in: MW, H. 3 (Frühjahr 1964) 3–6

4160* Montessori: Mededeling betreffende de Stichting Montessori-Centrum, in: MO (1964–1965) n. 4, 15–17

4161* Montessori: Montessori Method – Science or Belief?, in: Comm (1964) N. 2, 15–39

4162* Montessori: A Grand Old Lady, in: AC, 10 (1965–1966) 12–15

4163* Montessori: Montessori perspectieven, in: MO (1965–1966) n. 2, 3–6

4164 Montessori: Some Remarks on the Anthropology of Montessori Education, in: Comm (1965) N. 1, 11–14

4165* Montessori: Stichting Montessori Centrum. Jaarverslag 1964–1965, in: MO (1965–1966) n. 3, 10–16
4166* Montessori: Jaarverslag 1965/1966, in: MO (1966–1967) n. 3, 3–8
4167* Montessori: Montessori Perspectieven, in: Centrale Werkgroep van de W.V.O. Mededelingenblad (Utrecht), n. 13 (april 1966) 18–21
4168* Montessori: The Montessori Method – Science or Belief? Closing Remarks, in: Comm (1967) N. 4, 2–6
4169* Montessori, Mario M. (jun.) en B.M.v.d.Zijl: Montessori-Opvoeding in het licht van de hedendaagse Psychologie, in: MO (1962–1963) n. 3, 27–29
4170* Montessori, Mario M. (sen.): Filippiche, in: MR, 1 (1931) n. 3, 24–28
4171* Montessori: L'adulto e il bambino, in: IM, a. 1, n. 2–3 (giugno-luglio 1927) 7–9
4172* Montessori: The Knight of the Child, in: MM, vol. 1, N. 1 (December, 1946) 10–18
4173* Montessori: The Absorbent Mind, in: MM, 2 (1948) 76–84
4174 Montessori: De in zich opnemende Geest, in: Vern. 58–59 (Nov.-Dez. 1948)
4175* Montessori: Keys to the World of the Child, in: MM, 2 (1948) 213–224
4176* Montessori: A Visit to Ceylon, in: ebda., 150–160
4177 Montessori: Freedom and its Meaning, in: American Teacher, 33 (March, 1949) 14–16
4178* Montessori: Freedom of Activity in the Individual Education, in: MM, 3 (1949) N. 2, 6–9
4179* Montessori: Man's Formation in World Reconstruction, in: ebda., N. 1, 12–21
4180* Montessori: Respect this House, in: ebda., 105–107
4181* Montessori: L'héritage de Maria Montessori, in: AMF, n. 3 (octobre 1952) 1–3
4182 Montessori: Dr. Montessori-Ehrungen in Frankreich, in: Wege zu neuer Erziehung, 2 (1951) 73–75
4183* Montessori: L'enfant, instrument d'adaptation de la société aux conditions nouvelles du monde, in: AMF, n. 5 (juillet 1953) 6–10
4184* Montessori: Das Kind als das Instrument der Anpassung der Gesellschaft an die Erfordernisse einer neuen Welt, in: DMG, 1 (1953) H. 3
4185* Montessori: Le monde pour l'enfant, in: AMF, n. 6 (octobre 1953) 4–7
4186* Montessori: The Rights of the Child, in: Comm (Dec. 1953–Jan. 1954) 2–4
4187* Montessori: Spiritual Outlook and the Child, in: ebda., 5–8
4188* Montessori: The Treatment of Subnormals, in: Comm (Sept.–Dec. 1954) 1–5
4189* Montessori: Die Association Montessori Internationale nach 1945, in: Pädagogische Blätter, 6 (1955) 135–138
4190* Montessori: Die Bedeutung des Kindes bei Maria Montessori, in: ebda., 121–123
4191* Montessori: Lehrgang zur Einführung in die Montessori-Pädagogik und zur Ausbildung von Montessori-Lehrkräften von August 1955 bis August 1956, in: ebda., 141–142
4192 Montessori: Le Traitement des Anormaux, in: AMF, n. 12 (avril 1955) 1–6

4193* Montessori: Les triangles constructeurs, in: AMF, n. 13 (juillet 1955) 8–18

4194* Montessori: The Constructive Triangles, in: AC, 1 (1956) 27–31

4195* Montessori: Exercises with the strip-board for addition, in: Comm (1956) N. 1–2, 17–22

4196* Montessori: 50 Jahre Montessori-Kinderhaus. (Aus „Dr. Montessori and Her Work"), in: DMG, 4 (1956) N. 4, 1–2

4197* Montessori: Die geistigen Ausdrucksformen des Menschen: Sprache und Musik, in: DMG, 4 (1956) H. 4, 6–7

4198 Montessori: L'homme cet enfant, in: Les Cahiers de l'Enfance, 4 (1956) n. 25, 42–45

4199* Montessori: The Tendencies of Men in Montessori Education, in: Comm(1957) N. 1–2, 5–47;
vgl. 1238

4200* Montessori: The Unity of Life and the Child, in: AC, 2 (1957) 7–14

4201* Montessori: Additionsübungen mit der Streifentafel, in: DMG, 6 (1958) N. 2, 8–9

4202* Montessori: God who has no Hands, in: Comm (Christmas 1958) 5–11

4203* Montessori: God who has no Hands, in: AC, 3 (1958) 18–22

4204* Montessori: Montessori in der Grundschule, in: DMG, 7 (1958) H. 3, 3; 7 (1959) N. 1, 4–6

4205 Montessori: Iddio che non ha mani, in: VdI, 8 (1959) n. 3, 11–13;
vgl. 4202, 4203

4206* Montessori: Das Markenspiel und einige Gedanken zur natürlichen Entwicklung des mathematischen Denkens, in: DMG, 7 (1959) N. 4, 5–7; 8 (1960) N. 1, 5–7

4207* Montessori: Mathematik im Leben des Kindes in unserer sich verändernden Welt, in: DMG, 7 (1959) N. 2, 5–6

4208* Montessori: Montessori in Junior Schools, in: AC, 4 (1959) 9–14

4209* Montessori: Some Reflections Concerning the Natural Development of the Mathematical Mind, in: AC, 4 (1959) 34–36

4210* Montessori: Education as a Help to Life, in AC, 5 (1960) 64–67

4211* Montessori: Dr. Montessori as she was, in: ebda., 4–7

4212* Montessori: Die schreckliche Mathematik, in: DMG, 8 (1960) H. 3–4, 8–11

4213* Montessori: Subtraktionsübungen mit der Streifentafel, in: ebda., N. 2, 7

4214* Montessori: L'adulto e il bambino, in: VdI, 10 (1961) n. 10, 13–16

4215* Montessori: Die Entdeckung des Kindes, in: Bildung und Erziehung, 14 (1961) 197–205

4216* Montessori: L'espressione spontanea: il disegno, la scrittura, in: VdI, 10 (1961) n. 3, 3–7

4217* Montessori: Maria Montessori's Contribution to the Cultivation of the Mathematical Mind, in: AMSB, Summer 1961

4218* Montessori: Maria Montessori's Contribution to the Cultivation of the Mathematical Mind, in: Internationale Zeitschrift für Erziehungswissenschaft, 7 (1961) 134–141

4219* Montessori: What About Free Expression? , in: AC, 6 (1961) 5–12

4220* Montessori: The Child of Seven, in: AC, 7 (1962) 18–24

4221* Montessori: Je servirai jusqu'a mon dernier jour, in: AMF, n. 32 (juin 1962) 1–5
4222* Montessori: Zehn Jahre Deutsche Montessorigesellschaft, in: DMG, 10 (1962) N. 1, 1
4223* Montessori: Die Erziehung des Menschen zu friedvoller Weltgemeinschaft, in: DMG, 11 (1963) N. 1, 1–2
4224* Montessori: Vrijheid van en vrijheid tot, in: MO (1964) n. 3, 23–28
4225* Montessori: Auszug aus der Festrede von Herrn Mario Montessori, in: Das Kind (1965) N. 1
4226* Montessori: The „Dot-Game", in: Comm (1965) N. 1, 22–23
4227* Montessori: The Humanitarian Association in Italy, in: ebda., 21–22
4228* Montessori: The Montessori Junior High School (in Bergamo), in: Comm (1965) N. 1, 15–16
4229* Montessori: The Botanical Cards, in: Comm (1966) N. 1–2, 2–10; deutsch in: MW, H. 11 (Winter 1966) 15–21; gekürzt in: Das Kind (1966) N. 2
4230* Montessori: Chatting about our Movement, in: Comm (1966) N. 4, 29–37
4231* Montessori: The Clear Path, in: The Home And The World. (Bombay), 11 (January, 1967) 8
4232* Montessori: The Constructive Triangles, in: AC, 11 (1967) 71–75
4233* Montessori: Friends of the Child, in: Comm (1967) N. 1–2, 6–9
4234* Montessori: How to start a Class, in: ebda., 32–36
4235* Montessori: Is Montessori still modern. 1907–1967, in: ebda., 3–5
4236* Montessori: Meditation on Silence, in: ebda., N. 4, 20–23
4237* Montessori: Negative Numbers, in: ebda., N. 1–2, 37–38
4238* Montessori: She taught us to respect the Freedom of Child, in: AC, 11 (1967) 7–9
4239* Montessori: Introduction to the Reading Scheme for English, in: Comm (1968) N. 1–2, 15–18
4240* Montessori: Dr. Montessori's Thoughts in the Italian Reform of the Junior High School, in: ebda., 42–44
4241* Montessori, Mario M. (jun.) and Claude A. Claremont: Montessori and the Deeper Freedom, in: Yearbook of Education (1957) 414–426
4242* Montessori and Claremont: Montessori and „Free Activity", in: Bull, Spring 1959
4243 La doctora Maria Montessori, in: Archivos de la Universidad de Buenos Aires, 1 (1927) 507
4244 Señora Montessori, in: ebda., 545
4245 Dr. Maria Montessori, in: Luxemburger Schulfreund, 62 (1939) 10
4246* Maria Montessori, in: Neue Auslese aus dem Schrifttum der Gegenwart, 3 (1948) H. 2, 121–122
4247 Dr. Maria Montessori, in: Theosophy in Australia, vol. 18, N. 480 (August 1952) 12
4248* Maria Montessori, in: The Theosophist. (Adyar), vol. 73, N. 9 (June 1952) 147–150
4249 Maria Montessori. An Italian Educational Reformer, in: Catholic Educational Review, 50 (June 1952) 416
4250 Maria Montessori. Lebensabriß der Ärztin und Pädagogin, in: Welt der Schule, 5 (1952), H. 3, 89
4251 Maria Montessori, in: La Infancia anormal, 11 (1956) n. 14

4252* Montessori Activities in the USA, in: Comm (1959) N. 4, 13–15
4253* Montessori AMI Centre, Colombo, Ceylon, in: ebda., 16–18
4254 Madame Montessori and American Imitators, in: Elementary School Journal, 30 (April 1930) 570–571
4255 Dr. Montessori and Her Teachings, in: Outlook, 105 (December 27, 1913) 864–865
4256 Montessori and the American Child, in: Delineator, 84 (April, 1914) 76
4257* The Montessori Approach applied to Homeless Babies, in: AC, 9 (1964) 38–41
4258* The Montessori Centre of Holland, in: Comm (1961) N. 2, 5–6; do. in: AC, 7 (1962) 31–32
4259 Montessori Certified Teachers, in: Delineator, 83 (December, 1913) 51
4260 Montessori Child. (Poem), in: Bookman, 38 (February, 1914) 601
4261 Maria Montessori – cittadina del mondo, in: Libri del Giorno, 3 (1949) n. 4, 9–10
4262 The Montessori Contribution, in: Journal of Education and School World (1921) 270
4263 Montessori Cult's Eclipse, in: Sunset. The Pacific Monthly, 35 (October, 1915) 657–658
4264* Maria Montessori e la Società Umanitaria, in: VdI, 13 (1964) n. 11, 7–10
4265 Maria Montessori est morte aux Pays-Bas, in: Bulletin de l'Instruction Primaire du Maine et Loire, n. 209 (mai 1952) 125
4266 A Montessori Experiment in Maine, in: Journal of Education, 77 (March, 1913) 328
4267 Maria Montessori gestorben, in: Welt der Schule, 5 (1952) 239
4268* The Montessori Home School, Roudebosch, S. Africa, in: Call, 1 (1924) 255–258
4269* Dr. Montessori – Hon. Doct. Lit., in: ebda., 73–74
4270* Dr. M. Montessori honoured at Rome, in: Call, 1 (1924) 260–261
4271* Maria Montessori – heute. Eine Rundfunkreportage, in: Freie Bildung und Erziehung, 12 (1961) 333–336
4272 Marija Montessori i ee metod, in: Svobodnoe vospitanie (1911–1912) N. 10, 55–64
4273 Montessori i Frebel', in: ebda., N. 1, 65–70
4274 Montessori in Deutschland, in: Allgemeine deutsche Lehrerzeitung, 58 (1929) 125
4275 Dr. Montessori in England, in: Anglo-Italian Review (November, 1919) 135–140
4276 Montessori in Vienna. Interview, in: Living Age, 340 (July, 1931) 510
4277 Montessori-McClure, in: Journal of Education, 78 (December 25, 1913) 662–663
4278 The Montessori Method, in: American Education, 15 (March, 1912) 302
4279* The Montessori Method, in: MM, vol. 1, N. 1 (December, 1946) 51–53
4280* The Montessori Method. By a Nun of the Assumption, in: AC, 6 (1961) 26–29
4281 Montessori Method in Specially Designed School, in: Volta Review, 14 (December, 1912) 553
4282* The Montessori Movement in Holland, in: Call, 1 (1924) 157–161
4283* The Montessori Movement in Ireland, in: Call, 2 (1925) 65

4284* Montessori Nachrichten, in: ebda., 66–67

4285 Montessori Opvoeding, 1963–1964, extra-nummer: 13th International Montessori Congress

4286 Montessori Progress, in: Child (July, 1926) 298–300

4287* Dr. Maria Montessori recieves an Honorary Doctorate in Philosophy and Letters form the Amsterdam University, in: MM, 4 (1950) N. 4, 64–69

4288 The Montessori School, in: Northwest Journal of Education, 23 (April 1912) 353–354

4289 A Montessori School in a Chinese Holy Childhood Orphanage, in: MM, 2 (1948) 33–45

4290 Montessori Schools in Italy, in: Literary Digest, 47 (October 11, 1913) 637–638

4291 Montessori Society's Reception, in: MN, 2 (1935) N. 15, 170

4292* The Maria Montessori Training Organisation. Closure of the 53rd International Training Course – 13th June, in: Bull, 5, N. 41–42 (Autumn 1967–Spring 1968) 1–2

4293 La Doctora Montessori y su Método, in: MB, 1 (1935) n. 10, 3–4
siehe auch:
Fröbel (und) Montessori

4294 Montessoriana, in: La Coltura popolare, 17 (1927) aprile

4295 Montessorianen doen anders. (Uit „Corelli Correspondentie"), in: MO (1964–1965) n. 4, 20–21

4296 Montessorianen doen werkelijk anders, in: ebda., n. 5, 20

4297* Montessorians Meet, in: Comm (1964) N. 2, 13–14

4298 Die Montessori-Methode, in: Leipziger Lehrerzeitung, 30 (1923) N. 16, 229

4299 Die Montessorimethode, in: Mitteilungen des Vereins der Freunde wissenschaftlicher Pädagogik in Thüringen und Franken. (Langensalza), (1929) N. 70, 3–8

4300 Montessorisystemet, in: Dans Frøbeltidende, 18 (1918) 40–41

4301* Montessori-Bewegung, in: Call, 2 (1925) 316–320

4302* Montessori-Pädagogik in einer Hilfsschule, in: Katholische Frauenbildung, 53 (1952) 249–252

4303* Montessori-Pädagogik und allgemeinbildende Schule. Ein Montessori-Lehrgang des Hessischen Lehrerfortbildungswerkes Rheinhardswaldschule, in: DMG, 5 (1957) N. 3, 1–9

4304 Montessoris Forhold til den eksperimentale Paedagogik, in: Vore Børn, 3 (1921) 21–22, 30–32

4305 Montessori's Pedagogical Anthropology, in: Journal of Education, 78 (October 23, 1913) 404–405

4306 Montessori's Rediscovery of the Ten Fingers, in: Current Literature, 51 (1911) 386

4307 Mookerjee, K.: Maria Montessori – a Child-Centric Education, in: Calcutta Review, 63 (1937) 319–326

4308 Moore, Annie E.: Impressions of Montessori Schools in Rome, in: Southern Educational Association. Journal of Proceedings and Addresses, 23rd Annual Meeting (Nashville), (1913) 160–166

4309 Moore-Rinvolucri, M. J.: Maria Montessori. A. Revaluation, in: Irish Eccl. Record, 80 (1953) 217–224

4310 Moorehead, F. B.: Shocked into Smartness, in: Technical World, 19 (April, 1913) 218–221

4311* Moosmann, Harald: Die Bedeutung der „Arbeit" in der Kleinkindererziehung. Ein Beitrag zur Montessori-Diskussion, in: Das Kind (1966) N. 1, 1–5

4312* Moosmann: Fünfjährige lesen. Eine Anleitung für Mütter, Eltern und Kindergärtnerinnen, in: ebda. (1967) N. 1

4313 Mortensen, Inger Kristine: Montessori Metoden, in: Den Frie Skole, 9 (1936) 116–120

4314 Most Interesting Woman of Europe, in: Literary Digest, 47 (1913) 1226–1227

4315 Mott, M. E.: Beating Backwardness. Using the Montessori Sensorial Apparatus, in: Teacher's World, vol. 114, N. 3060 (June 28, 1968)

4316 Motzo Dentice d'Accadia, Cecilia: Il linguaggio del bambino nella scuola materna, in: VdI, 13 (1964) n. 12, 7–12

4317 Mouten-van Houten, W. Th.: Maria Montessori, in: Het Kind (1922) 25–26

4318 Movement to Revolutionalize Education, in: Current Literature, 52 (March, 1912) 311–314

4319* Il movimento Montessori in Inghilterra, in: IM, a. 1, n. 2–3 (giugno-luglio 1927) 17–18

4320 Muchow, Martha: Fröbel und die moderne Kinderpsychologie, in: Die Volksschule (1927) 177–181

4321 Müller, E.: 150 Jahre Kindergarten-Pädagogik: Oberlin – Fröbel - Montessori, in: Die christliche Kinderpflege, 37 (1929) 138–142, 173–179, 249–257

4322 Müller, Luise: Die Montessori-Schule, in: Garbe. Schweizer Familienblatt, 7 (1924) 507

4323 Müller: Votum zu Frl. Eglis Vortrag über die Methode Montessori, in: Der Schweizerische Kindergarten, 11 (1926) N. 11;
vgl. 3440

4324* Muehsam, Charlotte: Le Case dei Bambini a Vienna, in: MF, 1 (1932) 285–290

4325* Muggiani-Griffini, Gemma: Einiges über Entstehung und Verbreitung der „Case dei Bambini", in: Der Saemann, 9 (1913) 401–409

4326 Mundorf, Gerda: Freie, denkende, selbständige Menschen... Gedanken zum Geburtstag Friedrich Fröbels, in: Deutsche Woche, 7 (1957) N. 18, 15

4327 Murphy, James T.: /Speech, Milwauky Study Conference/, in: Comm (1966) N. 4, 21–25

4328 Musa, Carla Porta: Il Metodo Montessori in tutti i bafotrofi d'Italia?, in: VdI, 9 (1960) n. 2, 12

4329* Muttoo, T.: Montessori Educational Activities in India, in: MM, 3 (1949) N. 1, 108–110; N. 2, 55–57

4330 van den Muyzenberg-Willemse, Br.: Development of the Montessori Movement in the Netherlands, in: New Era, 27 (1946) 106

4331* van den Muyzenberg: Montessori-opvoeding en onze komende Taak, in: Vern., 5 (1946–1947) 274–275

4332 Myers, Katrina: Seguin's Principles of Education as Related to the Montessori Method, in: Journal of Education, 77 (May 15, 1913) 538–541

4333 Naesgard, Sigurd: Ved Studiekredsens Udstilling.
Paedagogisk Selskabs Studiekreds Montessori-Udstilling, in: Folkeskolen, 42 (1925) 501–502

4334 Naesgard: Den frie Opdragelse hos Montessori, in: Hjem og Skole, 20 (1927) 121–129

4335* Namle, S. N.: Basic Education and the Montessori Method, in: MM, vol. 1, N. 2–3 (March-June 1947) 44–49
4336 Nanni, Don Giorgio: Educare alla Messa, in: Settimana del Clero. (Padova), 20. 11. 1949
4337 Nasgaard, S.: Montessori Movement in Denmark, in: New Era, 10 (1929) 61
4338* Nassauer, Artur: Arbeitsplan für die Einrichtung einer Montessori-Grundschulklasse, in: DMG, 3 (1955) N. 4, 4–8
4339 Naumburg, Margaret: Maria Montessori – Friend of Children, in: Outlook, 105 (1913) 796–799
4340* Nederlandse Montessori Vereniging
a) Verslag Jaarvergadering, in: MO (1963–1964) n. 2, 5–9;
b) Jaarverslag over het jaar 1 September 1963 tot 31 Augustus 1964, in: MO (1964–1965) n. 1, 8–12;
c) Verslag Jaarvergadering, in: MO (1965–1966) n. 2, 7–11;
d) Verslag Jaarvergadering, in: MO (1966–1967) n. 2, 3–9;
e) Jaarverslag over het jaar 1 September 1966 tot 31 Augustus 1967, in: MO (1966–1967) n. 6, 6–9
4341 Neguenzoff, Chr.: The Montessori Method in Bulgaria, in: Call, 2 (1925) 68–69
4342* Neter, Eugen: Die Ernährung des Kleinkindes nach Montessori, in: Kg, 62 (1921) 165–168
4343* Netzer, Hans: Die Pädagogik Friedrich Fröbels, in: Lebendige Schule, 8 (1953) 365–375
4344 Nielsen, Thyra: En Montessori-Børnehaves Udvikling, in: Den Frie Skole, 8 (1935) 28–30
4345 Een nieuwe meubilering van de speelplats die wat aan de fantasie van de kinderen overlaat, in: MO (1956) n. 3, 1–2
4346 Een nieuwe opvoeding, in: De Nieuwe Tijd (1919) 446–452
4347 Nicoletta, Antonio: Giudizi sulla pedagogia di Maria Montessori, in: La Scuola dell'adulto, 7 (1963) n. 12, 253–256
4348 Nicoletta: La pedagogia di Maria Montessori, in: ebda., 171–173, 197–200, 228–231
4349* Noll, Sybill: Maria Montessori – Ahnherrin einer modernen Pädagogik, in: Freie Bildung und Erziehung, 33 (1957) 131–132
4350* Noll: Maria Montessori und die zeitgenössische Pädagogik. (Bericht über den 11. Internationalen Montessori-Kongreß in Rom), in: DMG, 5 (1957) N. 4, 1–2
4351* Nordkvist, Walborg: Skolan som är annorlunda, in: Rostads Elevförbunds Aarskrift, 58 (1961) 20–26
4352 Notiziario Internazionale /zum Tode Montessoris/, in: VdI, 1 (1952) n. 5–6–7, 82–84
4353 Notiziario Italiano /zum Tode Montessoris/, in: ebda., 55–58
4354 Notizie sul Movimento Montessori, in: Call, 2 (1925) 310–315
4355 Nouvelles du mouvement Montessori de France, in: AMF, n. 9 (juillet 1954) 31–32
4356 Una nuova riforma edilizia e pedagogica, in: La Civiltà Cattolica, 61 (1910) 85–87

4357* Nur eine richtige Erziehung kann die Menschheit vor ihrer Zerstörung retten. Gedanken zum fünfzigsten Jahrestag der Eröffnung des ersten Kinderhauses in Rom, in: DMG, 5 (1957) N. 1, 6–7

4358 Neuhaus, Elisabeth: Zur Gegenwartsbedeutung der Montessori-Pädagogik, in: Die Deutsche Schule, 59 (1967) 90–106

4359 Neustadt, E.: 30 Jahre Montessori-Methode in der Schweiz, in: Schweizer Lehrerzeitung, 83 (1938) 794

4360 Neustadt: Zum 30jährigen Bestehen der Montessori-Methode in der Schweiz, in: Schweizerische Erziehungs-Rundschau, 19 (1938) 96

4361* Neustadt-Greger, Elsa: Occupational Therapy and Current Educational Trends, in: MM, 2 (1948) 225–234

4362* Neustadt-Greger: Hints and Help for Mental Retardation – Montessori Ways and Means, in: Comm (1967) N. 4, 31–35

4363* New Approach in Child Education, in: Pakistan News, vol. 3, N. 18 (May, 15, 1949) 294

4364* New Items, in: Comm (1965) N. 2–3, 29–32; N. 4, 27–28; (1967) N. 3, 36–40; N. 4, 39

4365* New Items in the Montessori Field, in: Comm (Dec. 1953–Jan. 1954) 10–16

4366 A New Method of Teaching Young Children, in: McClure's Magazine, 39 (May, 1911)

4367 Newell, Bertha Payne, Aspects of the First Three Gifts and Soem Montessori Materials, in: Kindergarten Review, 23 (October, 1912) 73–79

4368* News in the Montessori Field, in: Comm (1955) N. 2, 11–13

4369* News of the Montessori Movement, in: Comm (1957) N. 1–2, 48–51

4370* News of the Montessori Movement, in: AC, 2 (1957) 79–82; 3 (1958) 88–93; 4 (1959) 67–71; 5 (1960) 86–91; 6 (1961) 80–92; 7 (1962) 72–79; 8 (1963) 84–94; 9 (1964) 80–87; 10 (1965–1966) 119–127

4371 Newsome, Dottor: Il metodo Montessori tra i fanciulli anormali, in: MF, 1 (1932) 84–94, 169–174

4372* Obitz, Karl: Die Einstellung des Montessori-Erziehers zum Kinde, in: Pädagogische Blätter, 6 (1955) 126–130

4374* Obitz: Montessori-Arbeitsgemeinschaft an der Berliner Diesterweg-Hochschule, in: DMG, 7 (1959) N. 2, 7

4375 Observation of Children in the Sophia Montessori School, in: Comm (1961) N. 2, 16–17

4376* Ochs, Elsa: Kleinkindererziehung nach der Montessori-Methode, in: Die neue Erziehung, 2 (1920) 209–213

4377* Ochs: Das Kind ist gut, in: ebda., 4 (1922) 105–111

4378* Ochs: Von dem „Hause der Kinder“ in Berlin-Wilmersdorf, in: Call, 1 (1924) 135–142;
engl.: The Children's Home in Berlin-Wilmersdorf, in: ebda., 143–149

4379* Ochs: Die Entwickelung der Fünf- bis Sechsjährigen im Montessori-Kinderhaus, in: ebda., 8 (1926) 659–665

4380 Ochs: Kinder, die nicht hören können, in: Montessori-Nachrichten, August 1927

4381 Ochs: Warum wird in der Montessori-Erziehung so viel Gewicht auf Ruhe in der Umgebung gelegt? , in: Montessori-Nachrichten (1928) N. 3–5, 5–10

4382 Ochs: Biographische Mitteilungen über Dr. Maria Montessori, in: ebda., August 1929

4383 Ockel, Brigitte: Bericht über den Advanced Montessori-Course 1957/58 in London, in: DMG, 7 (1959) N. 1, 9–11

4384* Ockel: Die Lernbereitschaft des Kindes und ihre Konsequenzen für die Unterrichtsgestaltung, in: DMG, 10 (1962) N. 1, 3–5

4385* Ockel: Rückschau auf den Internationalen Montessori-Ferienkurs im Sommer 1962, in: ebda., N. 3–4, 6–7

4386* Ockel: Aus der Praxis einer Klasse im ersten Schuljahr, in: DMG, 11 (1963) N. 2, 6–7

4387* Ockel: XIII. Internationaler Montessori-Kongreß, in: Das Kind (1964) N. 1

4388 Ockel: Montessori in der Grundschule, in: Schule heute, 19 (1968) 72–80

4389 Ockel, G.: Montessori und Fröbel, in: Kinderärztliche Praxis, 3 (1932) 177–

4390 O'Connor, M. J.: Madame Montessori, in: America, 10 (1913) 270–272

4391* Odenbach, Karl: Zur Montessori-Pädagogik, in: Westermanns Pädagogische Beiträge, 11 (1959) 450–452

4392 O'Grady, Alice: American Kindergartens and Montessori Schools, in: Educational Bi-Monthly, 8 (April 1914) 298–306

4393* Ohly, Sunhild: Gedanken von Maria Montessori über Erziehung. Unsere Arbeit im Kinderkrankenhaus, in: Deutsche Schwesternzeitung, 13 (1960) 295–297

4394 Oldrà, A.: /Aufsatz über Montessori/, in: Educazione (Torino), (1913) 49–, 75–

4395 Onafhangelijk Montessorianisme, in: Het Kind (1922) 134–139

4396 On Bubbles and Such, in: New Era, 40 (1959) 55, 145, 147

4397 Oosterhuis, R.A.B.: Comenius e Montessori, in: Educazione nazionale, 8 (1926) luglio

4398 Opitz, Fritz: Maria Montessori, in: Berliner Lehrerzeitung, 6 (1952) 368–370

4399* Optrag til Fred er Verdens – Montessorikongressens Motto, in: Børn – alle Foraeldres Blad, August 1937, 26–27

4400 Opvalende kinderen in de Montessori-school, in: MO (1964) n. 4, 5–7

4401* Orano, Paolo: L'Opera di Maria Montessori. (Discorso alla Camera Italiana, nella tornata del 15 maggio corrente...), in: MR, 1 (1931) n. 4, 13–15

4402* Orígines y finalidades de la „Sociedad Montessori", in: MB, 1 (1935) n. 4, 10–11

4403 Orrieux, L. M.: Maria Montessori. Pédagogie scientifique, in: Lumière et Vie (Lyon), (1957) 711–712

4404 O'Shea, Michael Vincent: The Montessori Method of Teaching, in: Dial, 52 (1912) 392–394

4405 O'Shea: The Newest Educational Enthusiasms, in: Popular Educator, 30 (February, 1913) 311–313

4406* Osterkamp, A.: Il movimento Montessori in Olanda, in: MR, 1 (1931) n. 1, 41–44

4407* Osterkamp: Pioniersarbeid op Montessoriaanse grondslag in het Emma-Kinderziekenhuis te Amsterdam, in: MO (1966–1967) n. 3, 9–12

4408* Oswald, Paul: Treffen der Freunde der Montessori-Pädagogik, in: Pädagogische Rundschau, 5 (1950–1951) 221–232

4409* Oswald: Auf den Spuren Maria Montessoris. Ein Reisebericht, in: ebda., 7 (1952–1953) 276–278

4410* Oswald: Die Spontaneität des Kindes in der Pädagogik Maria Montessoris, in: DMG, 6 (1958) N. 2, 7–8; N. 3, 5

4411* Oswald: Vorbereitung der Umwelt, in: ebda., 7 (1959) N. 3, 4–5

4412* Oswald: Kind und Mathematik. 21 Nationen auf dem XII. Internationalen Montessorikongreß in Bad Godesberg, in: ebda., 8 (1960) H. 3–4, 1–5

4413 Oswald: Der XII. Internationale Montessori-Kongreß, in: Der Katholische Erzieher, 13 (1960) 543–545

4414* Oswald: Probleme der Didaktik und Beiträge M. Montessoris zu ihrer Lösung, in: DMG, 9 (1961) N. 2, 5–7; N. 3, 1–3

4415* Oswald: „Die Polarisation der Aufmerksamkeit", das Zentralphänomen der Montessori-Pädagogik, in: Pädagogische Rundschau, 17 (1963) 1017–1024

4416* Oswald: Ganzheitliche Erziehung durch gegenstandsorientierte Selbsttätigkeit in der Montessori-Schule, in: MW, H. 3 (Frühjahr 1964) 7–15

4417 Oswald: Menschenbildung als Anliegen Montessoris, in: Schule heute, 19 (1968) 58–67

4418 VIII Congresso Montessori, in: Bolletino di legislazione scolastica (1949) n. 4, 185–188

4419 Otto, Alwin: Bildendes Material? Eine Frage zur Montessori-Methode, in: Sächsische Schulzeitung, 95 (1928) 329–332

4420 Otto: Elementardidaktik. Zur Fröbel-Montessori-Pädagogik, in: ebda., 713–716

4421 Pacchiarotti, A.: La Scuola „Carducci" (1931–1932), in: MF, 1 (1932) 120–121

4422* Padellaro, Nazareno: Futura olim, in: MR, 1 (1931) n. 1, 11–16

4423 Padellaro: Il lavoro fondamento della scuola, in: VdI, 8 (1959) n. 6–7, 3–5

4424 Padellaro: L'ora di Maria Montessori, in: VdI, 11 (1962) n. 5–6, 15–18

4425 de Paeuw, L.: Les bases biologiques de la méthode Montessori, in: L'éducation enfantine, 1 (1924) n. 1, 1–3

4426 Pagliuca, Maria Diletta: L'Antropologia Pedagogica della Montessori e il problema della concentrazione mentale del fanciullo, in: VdI, 8 (1959) n. 4, 3–7

4427* Pakistan welcomes Dr. Montessori, in: Pakistan News, vol. 3, N. 18 (May 15, 1949) 294–295

4428 Palazzo, Elena: Il ritorno di Maria Montessori, in: Tecnica dell'insegnare, 2 (1947) n. 5, 135

4429 Palazzo: A proposito di uno studio di Richard Capeller, in: VdI, 2 (1953) n. 4, 9–11;
vgl. 1057

4430 Pallin, Anna: /Bericht über den Internationalen Montessori-Ausbildungskursus 1919 in London/, in: Skola och samhälle (1920) n. 2

4431 Palmer, Luella A.: Montessori and Froebelian Materials and Methods, in: Elementary School Teacher, 13 (Oct., 1912) 68–79;
do. in: Kindergarten Review, 24 (Nov., 1913) 129–140

4432* Pande, S. D.: Dr. Maria Montessori, in: MM, vol. 1, N. 4 (Sept. 1947) 1

4433* Pande: Montessori Method and the Child. Some Experiments and Incidents in Birla Montessori School, in: ebda., 4 (1950) N. 1–2, 26–28

4434 Pandya, D. D.: Report of the XII Indian Montessori Course, in: ebda., N. 3, 63

4435 Paolini, Maria Antonietta: L'educazione espressiva nella didattica di Maria Montessori, in: VdI, 13 (1964) n. 10, 24–25

4436* Pappenheim, Gertrud: Dr. Maria Montessori, Selbsttätige Erziehung im frühen Kindesalter, in: Kg, 55 (1914) 65–75

4437 Parthasarathy, Kamla: At „Gokul". (Montessori House of Children), in: AC, 5 (1960) 68–69

4438 Partie pédagogique – Il partito del bambino, in: Educateurs et Bulletin Corporativ. (Société pédagogique de la Suisse romande, Lausanne), (1938) 41–43

4439* Patra, Arati: Personal Impressions of a Montessori Training Course, in: AC, 1 (1956) 43–46

4440* Patra: Naughtiness and intelligent Activity in young Children, in: AC, 2 (1957) 51–56

4441* Patra: English with Non-English Children in a Montessori House of Children, in: AC, 3 (1958) 80–84; 4 (1959) 28–33; 6 (1961) 53–57

4442* Patra: A Memorable Explosion, in: AC, 4 (1959) 49–51

4443 Pays-Bas – Ecole Montessori, in: Bulletin du Bureau International d'Education, 26 (1952) 3e trimestre

4444 The Peace Testimony of the Religious Society of Friends. A Speech delivered by J. Theodore Harris at VIII International Montessori Congress, in: MM, 3 (1949) N. 3–4, 35–42

Peller–Roubiczek, Lilli E.:
siehe: Roubiczek, Lilli E..

4445 Pennen: Montessori-Undervisning ude og hjemme, in: Tidens Kvinder, 1 (1920) n. 14, 6–7

4446 Perrera, W.: Appreciation of a Montessori-Teacher, in: AC, 3 (1958) 61–62

4447 Perruchon, Fernand et Lucienne: La leçon de silence, in: Pédagogie, Nr. spécial 17, 34–38

4448 Pešek, Josef: Nové metody výchovné a jejich vztah k nasim poměrům a potřebám v době nynější, in: Věstnik Zemského ústředního spolku jednot učitelských v království českém, 3. Jg., 251–255, 266–270

4449* Pestalozzi, Fröbel, Montessori – Correll, Lückert. Kurze Zusammenfassung des Festvortrages von Dr. Scheid anläßlich der letzten Jahreshauptversammlung der DMG, in: Das Kind (1968) H. 1,2–3

4450 Peter, Heinrich: Dem Gedenken Maria Montessoris, in: Österreichische Pädagogische Warte, 40 (1952) 121–123

4451 Peterson, Agnes: Barnträdgården och Montessori, in: Barnträdgården, 2 (1919) n. 1–2

4452 Peterson, Joseph: A New Emphasis on Activity in Education. Experiments Which Bear Upon the Age in Which to Start Children to School, in: Utah Educational Review, 5 (March, 1912) 8

4453 Peyer, H.: Die Sorge für die schwachsinnigen Kinder im Rahmen der Einheitsschule, in: Blindenfürsorge, 43 (1923)

4454 Phadke, K. V.: Survey of Nursery Education in India, in: MM, 3 (1949), N. 1, 39–41

4455 Phadke, M. A.: Child Education in India, in: ebda., 2 (1948) 99–105

4456 Philippi, C.: The School Adapted to the Needs of Child Development, in: New Era, 6 (1925) 132–133

4457* Philippi van Reesema, C.: Bestrebungen zur Erneuerung der Erziehung im Haag, in: DWZ, 7 (1928) 68–72

4458 Philippi-Siewertz van Reesema, C.: Montessori in Nederland, in: Het Kind, 15 (1914) 66–67

4459 Philippi-Siewertz van Reesema: Italiaansche onderwijshervormingen, in: Paedagogische Studien 7 (1926) 373–381

4460 Philipson, T.: Dr. Montessoris Foredrag. Nogle kritiske Bemaerkninger, in: Den Frie Skole, 10 (1937) 101–103

4461 Piccablotto, Carlo A.: Il problema dell'educazione sanitaria, in: VdI, 10 (1961) n. 3, 14

4462* Piga, Arturo: La funzione dell'ambiente e del materiale nella educazione Montessoriana, in: MR, 1 (1931) n. 5–6, 20–30

4463 Pignatari, Marziola: Il movimento Montessori in Italia, in: Scuola e Vita, 1 (1953) n. 6, 10–11

4464 Pignatari: Maria Montessori e il pensiero pedagogico contemporaneo, in: Scuola e Cultura nel Mondo. (Firenze), 6 dic. 1957, 57–69

4465 Pignatari: Ai nostriamici, in: VdI, 10 (1961) n. 1, 3

4466* Pignatari: Valore educativo e sociale della scuola materna, in: VdI, 10 (1961) n. 10, 3–7

4467* Pignatari: Una vita al servizio del bambino, in: VdI, 11 (1962) n. 5–6 7–11

4468 Pignatari: Esperienze montessoriane nella scuola media, in: VdI, 13 (1964) n. 6–7, 3–4

4469 Pignatari: Le scuole Montessori in Italia, in: ebda., n. 1, 13–19

4470* Pignatari: Il metodo Montessori e la scuola dell'obbligo, in: VdI, 16 (1967) n. 12, 3–8

4471* Pignatari: Le cerimonie di Bergamo e di Napoli, in: VdI, 17 (1968) n. 3, 3–6

4472* Pignatari: Sintesi di sedici anni di lavoro, in: ebda., n. 1–2, 3–4

4473* Pignocco, Cesare: Il Reparto Montessori all'IPAJ., in: VdI, 16 (1967) n. 11, 15–16

4474 Piorkowski, H.: Erstes Montessori-Kinderhaus in Dresden, in: Kleine Kinder, 3 (1930–1931) 87.

4475 Pitcher, Evelyn G.: An Evaluation of the Montessori Method in Schools for Young Children, in: Childhood Education. (Washington), 42 (1965) 489–492

4476 Pizzoni, Canzio: Il metodo Montessori ed il cristianesimo, in: VdI, 2 (1953) n. 12, 1–8

4477 Plank, Emma N.: Observations on Attitudes of Young Children toward Mathematics, in: Mathematics Teacher, 43 (1950) 252–263

4478* Plank-Spira, Emma: Herbert in der Schule, in: Zeitschrift für psychoanalytische Pädagogik, 7 (1933) 83–88

4479 Plea to Educators to Understand Children, in: Catholic Educational Revue, 50 (1952) 491

4480 P.N.E.U. Mother: Montessori and Other Matters, in: Parents Review (April, 1916) 284–287

4481* Pöhler, Th.: Welche Impulse vermag das Montessori-Phänomen unserer Volksschule zu geben?, in: Wochenschrift für kath. Lehrerinnen. 45 (1932) 267–270

4482 Pöppel, Erich: Besuch in einem Montessori-Kinderheim, in: Allg. Deutsche Lehrerzeitung, 60 (1931) 80–81

4483 Pollock, Horatio M.: Notes on the Development of the Montessori System, in: American Education, 17 (January, 1914) 268–271

4484 Portaluppi, A.: L'esperimento liturgico della Montessori, in: IM, a. 1, n. 3–4 (agosto-settembre 1927) 7–9;
do. in: VdI, 12 (1963) n. 3, 12–13

4485* Portielje, A.F.J.: Die Entwicklung von Naturerkenntnis und Naturliebe in der Amsterdamschen Montessori-Schule und ihr Verhältnis zu dem ganzen Lehrplan, in: MW, H. 12 (Frühjahr 1967) 4–12

4486* Portielje, A.F.J. und R. Joosten-Chotzen: Naturkunde in der Montessorischule, in: Die Schildgenossen 13 (1934) 254–260

4487 Postma, W. P., J. A. Schreuder and N. Kempen: The Celebration of the 30th Anniversary of the Amsterdam Montessori Lyceum, in: Comm (1961) N. 2, 1–5

4488 Prabha, Ved: Observations at Home, in: AC, 5 (1960) 41–42

4489 Prantera, Giovanni: L'educazione religiosa nel metodo Montessori, in: MR, 1 (1931) n. 1, 19–24

4490 Prantera: Guarda, c'è un'altra vita, vivi meglio, in: MF, 1 (1932) 34–39

4491 Prantera: Virtualità pedagogica Montessori della concezione idealistica della vita, in: MR, 1 (1931) n. 5–6, 15–19

4492 Pratique de la méthode -- étude de la géographie, in: AMF, n. 10 (octobre 1954)

4493 Primo Congresso Internazionale Montessori, in: OMF, a. 2, n. 1 (gennaio -febbraio 1934) 44–52

4494 Il Primo Corso Montessori „confetti legali" inaugurato a Milano il 21 febbraio, in: La Voce delle Maestre d'Asilo, a. 22, n. 20 (7 marzo 1926) 113–118

4495 Prins-Werker, J. J.: /Titelloser Diskussionsbeitrag/, in: Comm (1965) N. 2–3, 22–25

4496 Prins-Werker, J.J. und Beckeringh-van Loenen, J.H.W.: De Montessori-methode. I. Vóór. II. Tegen, in: Haagsch Maandblad, 2 (1924) 238–244, 244–247

4497 Prins-Willekes Macdonald, J. E.: Montessori-Kinderhuis te Naarden-Bussum, in: Eigen Haard (1917) 592–594

4498 Progni, Alberto: Una realizzazione dell'IPAI di Roma – Il Centro Montessoriano, in: Rassegna di Lazio (marzo-aprile 1957) 47–50

4499* Prüfer, Johannes: Zur Kritik der Montessori-Methode, in: Archiv für Pädagogik, 3 (1915) I. Teil, 21–24

4500 Psychiatrist observes Montessori Class, in: Hudson Montessori News, march 1965;
do. in: Comm (1965) N. 2–3, 27–28

4501 Pujol, M. L.: La Méthode Montessori et les principes d'éducation de notre ligue, in: Bulletin de l'Education morale de la Jeunesse, 4 (1911) n. 19, 137–145

4502 Quelques aspects de oeuvre de la Doctoresse Montessori, in: Vers l'Education Nouvelle, 7 (1952) octobre-novembre, 24–

4503 Quelques dates /über Montessori/, in: Educateurs, mars-avril 1953, 84–85

4504 R.: Der grundlegende Sachunterricht, in: Pharus, 14 (1923) 253–254

4505* R. L.: Discipline et effort, in: L'école bernoise, 85 (1952) 227–228

4506* Radi, Goliardo: Vita nostra, in: IM, a. 1, n. 3–4 (agosto-settembre 1927) 17–18

4507 Radulescu-Pogoneanu, A.: Problema valorilor in doctrina Montessori, in: Revista de filosofie (Bucuresti), 20 (1936–1937) 169–179

4508 Ragazzoni, Aldo: Il „metodo Montessori“ nel giudizio dei cattoloci, in: I Problemi della Pedagogia, 3 (1955) 289–298
4509 Ragazzoni: Il teatro per i ragazzi come problema educativo, in: VdI, 4 (1955) n. 6–7, 19
4510 Raillon, Louis: L'adolescent et la culture écrite, im: Educateurs, mai-juin 1950, 257–265
4511 Raillon: Le message de Maria Montessori, in: ebda., mars-avril 1953, 81–83
4512 Raillon: Un Centre Montessori, in: ebda., septembre-octobre 1955, 409–416
4513 Raillon: Un boulanger, un journaliste et un capitaine remuent ciel et terre pour fonder une école Montessori, in: Notre Enfant, 5 (1956) 68–69
4514 Raman, K. Venkata, About our Dream, in: AC, 6 (1961) 46–48
4515 Raman, Radha: Hints to Montessori Teachers, in: MM, vol. 1, N. 4 (September, 1947) 61-62
4516 Raman: A New Role for Montessori Schools in India, in: MM, 4 (1950) N. 1–2, 1–3
4517* Raman: Our Experiment with the Montessori Method, in: MM, vol. 1, N. 2–3, 35–43 (1947)
4518 Rambusch, Nancy McCormick: Learning Made Easy, in: Jubilee, 1 (September, 1953) 46–53
4519 Rambusch: Children's Toys, in: ebda., 4 (May, 1956) 54–55
4520 Rambusch: The Sense of Silence, in: ebda., 3 (January, 1956) 44–45
4521 Rambusch: Freedom, Order and the Child, in: ebda., 5 (April, 1958) 37–40
4522 Rambusch: Montessori Reappraised, in: ebda., 7 (April, 1960) 42–
4523 Rambusch: Montessori Approach to Learning, in: National Catholic Education Association Bulletin, 58 (August, 1961) 320–322
4524* Rambusch: The American Montessori Picture – Some Reconsiderations, in: AMSB, 1 (1963) N. 1
4525 Rapport van de Commissie Voorlichting en Propaganda voor de Nederlandse Montessori Vereniging, in: MO (1965–1966) n. 5,10–15
(1965–1966)
4526 Raskin, L.: Noch einmal: Maria Montessori, in: Jugendwohl, 40 (1959) 157–158
4527 Rasmussen, Vilhelm: Montessori, in: Vor Ungdom (1924) 290–297
4528 Rassegna della Stampa Estera /zum Tode Montessoris/, in: VdI, 1 (1952) n. 5–6,–7, 79–81
4529 Rassegna della Stampa Italiana /zum Tode Montessoris/, in: ebda., 45–54
4530* Rathmacher, Paul: Anwältin der Rechte des Kindes, in: Der Katholische Erzieher, 15 (1962) 241–243
4531* Rausis, Anna Maria: La Casa dei Bambini „Francesco Luigi“ nell'Istituto „Principessa Maria di Piemonte“ a Livorno, in: MF, 1 (1932) 351–355
4532 Ravasi, Sofia Garzanti: Osservazioni sull'insegnamento della storia nelle classi superiori elementari, in: VdI, 10 (1961) n. 5–6, 11–12
4533 Rawnsley, Willingham: The Montessori Method, in: Parents Review (December, 1915)
4534 Recent Developments in the Montessori Method, in: Conference of Educational Associations. Report of the 19th Annual Conference, 1931, 98–105
4535 Reed, M. M. and E. Mae Raymond: Die Montessori-Methode in Amerika, in: Vierteljahrsschrift für wissenschaftliche Pädagogik, 6 (1930) 594–597

4536 Reeder, R. R.: Montessori Method of Educating Children, in: Survey, 27 (January 20, 1912) 1595–1597

4537 v. d. Rees, J.: De partij voor het Kind, in: Het Kind (1938) 129

4538* Reglamento de la Sociedad Montessori, in: MB, 1 (1935) n. 5, 6

4539 Reher, Wilhelm: Maria Montessori und ihr Werk, in: Rheinische Lehrer-Zeitung, 32 (1926) 606–610

4540* Reichenbach, Hans: Montessori-Erziehung – Erziehung zur Gegenwart, in: Die neue Erziehung, 13 (1931) 91–99, 657–658

4541 Religious Education. Summary, In Tablet (London), 174 (August 19, 1939)

4542 Remiddi, Maria: Per un maggiore sforzo di divulgazione, in: VdI, 9 (1960) n. 2, 10–12

4543* Remiddi: Auf der Suche nach einem besseren Menschen. Das Lebenswerk Maria Montessoris, in: UNESCO-Kurier, Deutsche Ausgabe, 5 (1964) n. 4, 14–18

4544 Remmers, J. C.: Ayez Confiance, in: Call, 2 (1925) 47–53

4545 René, Sr. Marie: Un précieux trésor, in: La petite Flamme, 11 (1967) n. 1, 20–21;
do. in: Comm (1967) N. 1–2, 39

4546 Report from Sophia Montessori School, in: SO, vol. 1, N. 2 (September, 1961) 9–10

4547* Report of Activities in Great Britain to August 1959, in: Comm (1959) N. 4, 24–25

4548* Report of Activities in Italy to July 1959, in: ebda., 28–30

4549* Report of the Maria Montessori Training Organisation, in: Comm (1967) N. 3, 16–18

4550* Reports of National Societies, in: ebda., 18–35

4551 Reports on Lectures in England, in: Times Educational Supplement, May 14–July 23, 1927, 224, 236, 247, 260, 271, 282–296, 309, 322, 337, 343

4552 Resta, Raffaele: Il metodo Montessori nella scuola primaria, in: Rivista pedagogica, 15 (1922) 236–247

4553* Révész, Géza: Introductory Note, in: Call, 1 (1924) 31–33;
franz.: Introduction, in: ebda., 34–36

4554* Révész: Why should children begin attendance at the Montessori School at 3–4 years of age?, in: ebda., 211–215;
deutsch: Warum sollen die Kinder die Montessori-Schule schon mit ihren 3 bis 4 Jahren beginnen?, in: ebda., 216–220

4555* Révész: Order and Formation of Series, in: Call, 2 (1925) 267–282;
deutsch: Ordnung und Reihenbildung, in: ebda., 130–137, 182–205

4556* Révész: Progressive Education, in: ebda., 71–73

4557 Révész-Alexander, Magda: Questions considérant le dessin spontané des enfants, in: ebda., 146–149

4558* A Review of the Montessori Movement in England, in: Call, 1 (1924) 68–73

4559* Rieder, Stephan: Der Streit um das Kleinkind, in: Die Quelle, 75 (1925) 592–595

4560 Rieffert, Christine: Aktivitätspädagogik, in: Praxis der Volksschule, 1 (1950) 477–480

4561* Rieffert: Maria Montessori, in: ebda., 3 (1952) 365–370

4562 Rifbjerg, Sofie: Hvad jeg har laert af Montessori, in: Det frie Blad, 3 (1930) 95–98

4563 Rifbjerg: Straf og Belønning, in: Den Frie Skole, 5 (1932) 40–42
4564 Rifbjerg: Montessori Børnehaven, in: Borups Højskole, 19 (1934) 37–39, 47–49
4565* The Rights of the Child, in: Comm, Dec. 1953–Jan. 1954, 2–4
4566 Rijntjes Peter: Das pädagogische Werk der Maria Montessori, in: Katechetische Blätter, 73 (1948) 337–341
4566 a Rijntjes: Religiöse Bildung in der Montessori-Schule, in: ebda., 357–363
4567 Rijntjes: Der Rechenunterricht auf der Grundstufe einer Volksschule nach der Montessorimethode, in: Pädagogische Rundschau, 2 (1948) 215–217
4568 Rijntjes: Die Bedeutung der Montessoripädagogik für unser heutiges Erziehungs- und Bildungswesen, in: Pädagogische Welt, 3 (1949) 519–525
4569 Rijntjes: Montessori-Gedächtnisfeier in der Pädagogischen Akademie Essen-Kupferdreh, in: DMG, 2 (1954) H. 3
4570 Rion, Elisabeth: Etude des formes et dessin libre, in: Pédagogie (1952) 587–592
4571* Rittweger, Elke: Hospitationsbericht, in: DMG, 11 (1963) N. 2
4572 Rodriguez, A. Edreira: El sistema pedagógico de María Montessori, in: Revista de la Facultad de Letres y Ciencias, Universidad de la Habana, 21 (1915) 21–77
4573* Röhrs, Hermann: Versuchsschulen in Holland, in: Westermanns Pädagogische Beiträge, 7 (1955) 397–407
4574 Roger-Marx, Claude: L'éducation de la mémoire visuelle, in: AMF, n. 18 (octobre-novembre 1956) 7–11
4575 Rogers, George: /Titelloser Beitrag/, in: DMG, 2 (1954) H. 4
4576* Rogozinski, Else: Spiel und Arbeit – Fröbel und Montessori, in: **Kg**, 62 (1921) 117–121
4577* Roig de Pujol, Josefa: El Método Montessori tiene el poder de modificar y transformar el carácter de los niños, in: MB, 1 (1935) n. 7, 4–6
4578 Roland, Allen: Montessori Method and Missionary Methods, in: International Review of Missions, April 1913
4579 Rollenbleck, S.: Montessorisystem und Gymnastik, in: Gymnastik, 4 (1929) 141–147
4580* Rongione, L.A.: Montessori Method and St. Augustine, in: Catholic Educational Review, 42 (February, 1944) 99–104
4581 Rosbach, E.: En Montessoriskole, in: Laereren, 8 (1924) 185–188, 191–193, 201–206, 213–215
4582 Roßbach, Johannes: Eine dänische Montessorischule, in: DWZ, 3 (1924) 75–84
4583 Rossi Longhi, M. L.: Lo sviluppo storico dell'educazione visiva, in: Rivista internazionale del cinema educatore, settembre 1932
4584 Rossi, P.: Il gioco nell'infanzia, in: Rassegna di pedagogia (1952) marzo-aprile, 105–
4585* Rotten, Elisabeth: Aus Holland, in: DWZ, 7 (1928) 65–67
4586 Rotten: Verborgene Kräfte, in: Schweizerische Lehrerinnen-Zeitung, 41 (1936) 106–108
4587 Rotten: Der VI. Internationale Montessori-Kongreß, in: Berner Schulblatt, N. 24, 11. 9. 1937
4588 Rotten: Rights of the Child, in: New Era, 19 (1938) 25–26
4589* Rotten: Meine Begegnung mit Maria Montessori, in: DMG, 10 (1962) N. 2, 3–5

4590* Rotten: A plea for the sake of the children with regard to the world that will be theirs in their future lives, in: Das Kind (1964) N. 1

4591 Roubiczek, Lili E.: Aus dem Tagebuch einer Montessori-Lehrerin, in: Soziale Arbeit, 22 (1924) H. 5–6, 62–67

4592* Roubiczek: Über die Montessorimethode, in: Schulreform, 3 (1924) 164–168

4593* Roubiczek: Fröbel – Montessori, in: Zeitschrift für das Kindergartenwesen, 44 (1925) N. 5–6, 35–46

4594* Roubiczek: Über einige Grundsätze der Montessori-Methode, in: Die Quelle, 75 (1925) 301–304, 396–398

4595 Roubiczek: Das Wiener „Haus der Kinder", in: Schulreform, 4 (1925) 197–203

4596 Roubiczek: Das Kinderhaus. Montessori-Grundsätze und Architektur, in: Der Aufbau (Wien), (1926) 140–144

4597* Roubiczek: Montessori-Methode und Kindergartenreform, in: Die neue Erziehung, 8 (1926) 257–262

4598 Roubiczek: Das Lesenlernen in der Montessori-Schule, in: Schulreform, 6 (1927) 534–537

4599* Roubiczek: Allgemeines über Hausarbeit, in: Die Quelle, 78 (1928) 911–914

4600* Roubiczek: Aus der Praxis der Montessori-Schule, in: ebda., 688–689

4601 Roubiczek: Aus der Wiener Montessoriklasse, in: Schulreform, 7 (1928) 661–664

4602* Roubiczek: Betätigungsweisen der frühen Kindheit, in: Die neue Erziehung, 10 (1928) 883–888

4603* Roubiczek: Die Grundsätze der Montessori-Erziehung, in: Zeitschrift für psychoanalytische Pädagogik, 2 (1928) 316–322

4604* Roubiczek: Über die Umwelt des Kindes, in: Die Quelle, 78 (1928) 766–768

4605* Roubiczek: Bemerkungen zur Kritik auf die Montessori-Pädagogik, in: Die Quelle, 81 (1931) 127–129

4606* Roubiczek: Sensitive Perioden, in: ebda., 255–260

4607 Roubiczek: Gruppenerziehung des Kleinkindes vom Standpunkt der Montessori-Pädagogik und der Psychoanalyse, in: Zeitschrift für psychoanalytische Pädagogik, 7 (1933) 93–121

4608 Rozen, E.: Dr. Marija Montessori v Amerika, in: Svobodnoe vospitanie (1913–1914) 101–106

4609* Ruehland, Lydia: Fröbelbeschäftigungen – Fröbelspiele, in: Das Land, 36 (1927) 216–218

4610 Ruiz, Ramón: Il metodo della pedagogia scientifica, in: La Educación (1914) n. 2

4611 Rumjancev, N.: Novaja sistema doškol'nogo vospitanija Montessori v ocenke ee sootečestvennika Prof. Saffiotti, in: Doškol'noe vospitanie (1914) 285–290

4612* Rump, Änne: Das Kind ist der Vater des Menschen, in: MD, Zweites Heft 1932, 29–39

4613* Rump: Das Kind ist der Vater des Menschen. (Zusammenfassung eines Vortrags), in: Die neue Erziehung, 14 (1932) 675–676

4614* Ruthenberg, Klaus: Die Montessori-Konzeption und das Arbeitsmilieu des Gymnasiums. Kritische Vorüberlegungen zur Einordnung des programmierten Unterrichts, in: Neue Sammlung, 8 (1968) 34–44

4615 S., C.: Frans op de Lagere School (VII), in: MO, (1962–1963) n. 3, 21–23

4616 S., V.: Internationaler Montessori-Kongreß vom 3.–7. Januar in Holland, in: DMG, 4 (1956) H. 1
4617 S., J. B.: Franse les op de Lagere School (II), in: MO (1962–1963) n. 3, 14-15
4618 Sacchetto, Aleardo: Principi e finalità dell'Istruzione professionale nella nuova legge, in: VdI, 8 (1959) n. 10, 6–12
4619* Saffiotti, Umberto: Montessoris pädagogischer Versuch der „Case dei bambini" in der Kindergartenbewegung, in: Zeitschrift für päd. Psychologie, 15 (1914) 9–16
4620 von Sallwürk, E.: Die pädagogische Methode der Montessori, in: Deutsche Blätter für erziehenden Unterricht, 40 (1913) N. 44
4621 Salter, Emma G.: Montessori Method. Some Recent Criticisms, in: World's Work, 22 (1913) 158–161
4622 Santucci, Giacomo: Bimbi italiani e statunitensi al „Centro Montessori" di Perugia, in: VdI, 7 (1958) 16–17
4623* Santucci: Maria Montessori e l'educazione degli adulti, in: VdI (1959) n. 6–7, 6
4624 Santucci: L'Idea Montessori, in: VdI, 10 (1961) n. 9, 9–11
4625 Santucci: I mezzi di communicazione audovisiva e la scuola, in: VdI, 12 (1963) n. 1, 16–22
4626* Sarabhai, Sarladevi: Montessori As I Understand, in: MM, 2 (1948) 12–15
4627 Sartor, Rosetta: La formazione dell'educatrice dell'infanzia nel pensiero di Maria Montessori, in: Rassegna di Pedagogia (1958) n. 7–9
4628* Sayre, Harriet: The artistic Value of the Montessori Geometrical Insets, in: Psychological Clinic (Philadelphia), 8 (1914) 6–11
4629 Scarpa, Attilio: La libertà infantile nel metodo Montessori, in: Rivista pedagogica, 15 (1922) 248–254
4630* Schlechter, Marshall D.: Montessori and the Child's Natural Development, in: Ch, Sept.–Oct. 1966, 13–16
4631* Scheffler, Gerhard: Maria Montessori und ihre Bedeutung für den Hilfsschulunterricht (1952) 431–436
4632* Scheffler: Das Menschenbild bei Friedrich Fröbel, in: Pädagogische Blätter, 4 (1953) 241–247;
vgl. 3044
4633* Scheid, Paul: Schulversuch nach Montessori am Gymnasium der privaten Anna-Schmidt-Schule, in: Das Kind (1967) N. 2, 5–10
4634* Scheid: Schulversuch nach Maria Montessori am Gymnasium der privaten Anna–Schmidt–Schule, in: Freie Bildung und Erziehung, 43 (1967) 274–280
4635* Scheid: Sind unsere Schulen veraltet? , in: Das Kind (1967) N. 2, 2–4
4636 Scheid: Montessori-Pädagogik auch in der höheren Schule, in: Schule heute, 19 (1968) 81–88
4637 Schenk, M. G.: Maria Montessori, in: Vrouw en haar huis (1952) 261
4638* Schimmack, Hulda: Über die Montessori-Methode III, in: Kg, 55 (1914) 134–137
4639* Schitkowa, Natalia: Ambiente e materiale nell'educazione montessoriana, in: MF, 1 (1932) 99–105
4640 Schleinzer: Die Wertung des Spiels bei Fröbel und Montessori, in: Jugendwohl, 20 (1931) 130–136
4641 Schlemmer: Friedrich Fröbel, in: Protestantenblatt, 65 (1932) 239–241
4642* Schmaus, Grete: Kind und Umwelt, in: Die Quelle, 81 (1931) 359–360

4643* Schmaus: Kindliche Produktivität und „ganzheitliches Erleben" und die Montessori-Methode, in: ebda., 82 (1932) 842–844
4644* Schmaus: Am 6. Mai 1952 starb Maria Montessori, in: Unsere Kinder, 7 (1952)82–83
4645 Schmaus: Maria Montessori, in: Erziehung und Unterricht (1952) 527–530
4646* Schmidt, A.: Besuch in einer Montessori-Schule, in: Land und Frau. Organ des Deutschen Landfrauenverbandes, 42 (1962) 427
4647* Schmidt, Fridolin: Das Lebendige in der Montessori-Erziehung, in: Montessori-Erziehung, in: Montessori-Nachrichten, September 1927
4648* Schmidt: Zehn Jahre Montessori-Bewegung in Deutschland, in: ebda., September 1929, 9–13
4649 Schminck, Elisabeth: Montessori in der Vorklasse, in: Schule heute, 19 (1968) 68–72
4650* Schörl, Margarethe: Die Lehren Fröbels und Montessoris in der Erziehungssituation unserer Zeit, in: Kinderheim, 34 (1956) 214–223
4651* Schorn, Ria: Maria Montessori +, in: Bildung und Erziehung, 5 (1952) 321–324
4652 Schorn: Maria Montessori gestorben, in: Die Realschule, 60 (1952) H. 6
4653* Schorn: An Experimental Pre-School Class for Maladjusted, in: Comm (1955) N. 2, 1–11
4654* Schorn: Die Besonderheit des Entfaltungs- und Arbeitsmaterials Montessoris, in: Ganzheitliche Bildung, 11 (1960) 27–31
4655* Schorn: Pflege der tätigen Beziehung zur Natur in Vorklassen, in: DMG, 9 (1961) N. 4, 4–6
4656* Schorn: Die Notwendigkeit der vorbereitenden Umgebung, in: DMG, 10 (1962) N. 3–4, 3–6
4657* Schorn: Die Arbeit in meiner Vorklasse, mit Betonung der Montessori-Methode, in: DMG, 11 (1963) N. 2, 2–5
4658* Schorn: Auf der Realität basierende Einbildungskraft, in: ebda., N. 1
4659* Schorn: Eine Montessori-Klasse, in: Westermanns Pädagogische Beiträge, 16 (1964) 396–402
4660* Schorn: Some physical experiments for the House of Children, in: AC, 8 (1963) 19–20
4661 Schramm, P.: Die Form der Erziehung nach Montessori, in: Deutsche Blätter für erziehenden Unterricht, 54 (1927) 395–399
4662 Schreuder, P. H.: Montessori methode, in: Tijdschrift onderwijs achterlijke kinderen, 6 (1914) 39–47
4663* Schreuder, J. A.: Welches sind die Merkmale einer Montessori-Schule?, in: DMG, 5 (1957) N. 2, 3–5;
franz. in: AMF, n. 19 (janvier-février 1957) 5–12
4664* Schröbler, Erich: Maria Montessori und der Stand der experimentellen Kinderpsychologie, in: Kg, 62 (1921) 81–85
4665 Schroeder, Friedrich W.: Selbsttätige Erziehung im frühen Kindesalter, in: Zeitschrift für angewandte Psychologie, 18 (1921) 361–362
4666 Schröteler, Josef: Eine holländische pädagogische Bibliothek, in: Stimmen der Zeit, 99 (1921) 233–235
4667 Schröteler: Die Montessori-Methode und die deutschen Katholiken, in: Schule und Erziehung, 17 (1928–1929) 81–116
4668 Schubring, Edith: Fröbel und Montessori, in: Protestantenblatt, 65 (1932) 241–243

4669 Schuckmann, A.: Die Methode der Maria Montessori im Rahmen der vorschulpflichtigen Erziehung, in: Pädagogische Post, 6 (1927) 30

4670 Schüle, Albert: Maria Montessori 1870–1952, in: Pädagogische Arbeitsblätter, 11 (1959) 149–160

4671 Schüßler, H.: Deutscher Montessori-Kongreß in Frankfurt a. M., in: Lebendige Schule, 7 (1952) 447–448

4672 Schulte-Melisander, Diether: Maria Montessori – die Frau, die etwas Vergessenes wiederfand, in: Das Kind (1964) N. 1

4673* Schultes, Hanna: Sinnespflege bei Fröbel und Montessori, in: Kh, 14 (1931) 69–78; 15 (1932) 111–118

4674* Schulz, Günter: The educator and the prepared environment, in: AC, 5 (1960) 43–46

4675* Schulz: Maria Montessori und die Katholiken, in: Katholische Frauenbildung, 63 (1962) 676–679

4676 Schulz-Benesch, Günter: Die große Anklägerin, in: Schule heute, 19 (1968) 50–57

4677* Schulz, Karl: Berthold Otto, Montessori und Decroly, in: Die neue Erziehung, 14 (1932) 423–436

4678 Schulze: Selbsttätige Erziehung im frühen Kindesalter, in: Die Hilfsschule, 7 (1914) 256

4679* Schumacher, Henny: Persönlichkeit und Methode, in: Die neue Erziehung, 8 (1926) 485–488

4680* Schumacher: Fröbel und Montessori, in: ebda., 9 (1927) 848–853

4681* Schumacher: Arbeiterschaft, Kindergarten und Kinderhaus, in: ebda., 11 (1929) 702–705

4682 Schumacher: Erziehung ohne Strafe, in: Die Quelle, 81 (1931) 797–800

4683 Schwarz, Hedwig: Die Grundlagen der Montessori-Erziehung, in: Schulwart, 24 (1927) 237–241

4684 Schwarz: Die Aufgaben einer Montessori-Lehrerin, in: Die Quelle, 78 (1928) 235–239

4685* Schwarz: Über einen Montessori-Kurs für städtische Kindergärtnerinnen, in: ebda., 80 (1930) 886–891

4686* Schwarz-Hierl, Elisabeth: Montessori-Erziehung. Zur Einführung, in: Sozialistische Kultur, N. 13, Juni 1925

4687* Schwarz-Hierl: Das Montessori-System und die Parteien, in: Die neue Erziehung, 8 (1926) 263–271

4688* Schwerdt, Theodor: Aus Montessoris Religionsunterricht, in: Katholische Frauenbildung, 47 (1934) 391–394

4689 Scudder, Myron T.: The Montessori Method in Relation to the Rural Schools, in: School Journal, 80 (February, 1913) 135–136

4690* Scuola Montessori a Roma, in: VdI, 13 (1964) n. 4, 25

4691* Scuole di vita e di gioia, in: IM, a. 1, n. 1 (maggio–1927) 10

4692* Le Scuole Montessori in Italia, in: MR, 1 (1931) n. 1, 17–18, 34–35; n. 2, 11–13

4693* Secretarial Report (AMI), in: Comm (1964) N. 2, 42–46

4694* Secretarial Report 1964, 1965 and 1966 (AMI), in: Comm (1967) N. 3, 8–15

4695* Seering, Ruth: Lerne-im-Spiel-Pädagogik. Zehnjähriges Bestehen der Montessori-Schule in Düsseldorf, Mai 1967, in: Düsseldorfer Hefte, 15. 5. 1967, 24–25

4696 Sellmann, Adolf: Maria Montessori und ihre Wertung, in: Christliche Kinderpflege, 38 (1930) 187–193, 219–224
4697* Sellmann: Maria Montessori und die Wertung ihrer Pädagogik, in: Die Wartburg, 31 (1932) 200–206
4698 Señora Montessori, in: Archivos de la Universidad de Buenos Aires, 1 (1927) 545
4699* Sergi, Giuseppe: Alcune idee sull'educazione, in: Nuova Antologia, marzo 1914
4700 Sesemann, H.: Herr Mario Montessori in Berlin, in: DMG, 2 (1954) H. 3
4701 Seventer, W. v.: Verslag Psychologische Avouden, in: Werkgroup leidsterbijeenkomsten N.M.V. (Amsterdam), n. 47 (juli 1961)
4702 Seybold-Brunnhuber: Sind Kinder anders?, in: Die Leibeserziehung (1953) 2–6
4703 S-ezd po eksperimental'noj pedagogike, in: Vospitanie i obučenie (1914) 116–121
4704 Sgiunzi, Angela: Il metodo Montessori in una scuola statale milanese, in: VdI, 6 (1957) n. 8–9, 17–25
4705 Shaw, Elizabeth Ross: Kindergarten and the Montessori Method, in: Kindergarten Primary Magazine, 26 (1913) 96–97
4706 Shaw, Elizabeth Ross: The Scientific Spirit in Education. Its Effects Upon the Kindergarten in Relation to the Distinctive Characteristics of the Montessori Method, in: School Journal, 80 (1913) 372–374;
do. in: Atlantic Educational Journal, 9 (1913) 125–129
4707 Shah, Indumati R.: Schools in Europe, in: MM, 4 (1950) N. 3, 31–42
4708* Shaw, Russell: Montessori on Montessori. A Cautionary Note, in: The Sign. National Catholic Magazine, November 1966, 50–52
4709 Shick, M. McD.: Maria Montessori, in: Medical Record. (New York), 144 (1939) 569
4710 Shiva-Rac, Kitty: L'educazione e la posizione del bambino nell'India, in: MF, 1 (1932) 43–45
4711 Shreve, Edith B.: A Modification of the Counting Frame, in: Call, 2 (1925) 144–145
4712 Sicker, J.: Die Methode der Montessori, in: Die Lehrerin, 30 (1914) N. 43
4713 Siegert, E.: Die neue Wunderpädagogik. (Montessori), in: Deutsch-Österreichische Lehrerzeitung, 18 (1914) 233
4714 Sigsgaard, Jens: Fröbel og Montessori, in: Vore Børn, 26 (1944) 17–23
4715* Silbermann, Clara: Gedanken zum Montessori-Problem, in: Kg, 62 (1921) 163–165
4716 Simachowitz, Ilse: Das erste Volkskinderhaus der Deutschen Montessori-Gesellschaft, in: Montessori Nachrichten, April 1926
4717* Simachowitz: Montessori-Erziehung im Volkskinderhaus, in: Die neue Erziehung, 10 (1928) 411–425
4718 Simachowitz: Montessorierziehung im Volkskinderhaus, in: Montessori Nachrichten, Juni-Juli 1928, 8–27
4719 Singh, Madanjeet; Maria Montessori in India; in: VdI, 1 (1952) n. 5–6–7, 75

4720 Siqueira, T. N.: Montessori for Children, in: AC, 2 (1957) 5–6
4721 Siqueira: Discipline in the Montessori School, in: ebda., 4 (1959) 14–15
4722* Sircks, L.: Tagebuchblätter einer Montessori-Mutter, in: Die neue Erziehung, 10 (1928) 438–444
4723 Sirks-Harmeyer, L.: De Montessori-Gedachte in het Gezinsleven, in: Kinderverzorging en Opvoeding, 15. 7. 1926
4724 Sisters of Charity: A Montessori School in a Chinese Holy Childhood Orphanage, in: MM, 2 (1948) 33–45
4725 Sitzung des Pädagogischen Ausschusses und des Vorstandes der Deutschen Montessori-Gesellschaft in Frankfurt am 29. November 1956, in: DMG, 5 (1957) N. 1, 7–8
4726* The VIth International Montessori Congress, in: Halfyearly Bulletin of the Association Montessori Internationale. (Amsterdam), 1 (1939) N. 1
4727 Skirbikowa, E.: Jeden dzien w przedszkolu Montessori, in: Przedszkole /-miesiecznik/, Organ ZNP (1930) N. 5
4728 Skovmand, Helge: Det danske Montessori-Selskab, in: Højskolebladet, 42 (1917) 629–632
4729 Skovmand: Skolens Fornyelse. Maria Montessori og hendes Tanker om Opdragelse og Undervisning, in: ebda., 729–736, 783–790
4730 Skovmand: Børns Selvarbeijde. (Om Maria Montessoris Opdragelsetanker), in: ebda., 1231–1234
4731 Slaven, James J.: Montessori Head Start, in: Audiovisual Instruction. (Washington), 11 (1966) 546–549
4732* Smart, James Ewart: The Montessori Society in Great Britain, in: MM, vol. 1, N. 1 (December, 1946) 65–69
4733* Smart: Montessori and Her Critics, in: ebda., N. 4 (September, 1947) 19–23
4734* Smart: Montessori and Her Influence on the English Educational System, in: MM, 2 (1948) 140–149
4735* Smart: Man's Formation in the World's Reconstruction, in: MM, 3 (1949) N. 3–4, 14–25
4736* Smart: Montessori As A Living Force, in: ebda., N. 1, 22–28
4737* Smart: Catching Them Young, in: MM, 4 (1950) N. 1–2, 37–39
4738* Smart: The Montessori Method and its Application to Present Conditions, in: ebda., N. 3, 13–20
4739* Smart: The Place of the Montessori Method in the English Educational System, in: ebda., N. 4, 21–26
4740* Smart: The Montessori Approach to Arithmetic, in: Bull, Spring 1961, 4–15
4741 Smart: Reaction of Dr. J. Ewart Smart, President of AMI, in: Comm (1964) N. 2, 40–41
4742 Smart: Anna Maria Maccheroni. 1876–1965, in: Comm (1967) N. 1–2, 5–6
4743 Smit, Sibinga G. L.: Over de beginselen van Dr. Montessori door een geoloog, in: MO, 23 (1940)
4744* Smit-Polano, C.C.A.: De Montessoriopvoeding in het gezin, in: Vern, 5 (1946–1947) 103–107
4745 Smith, H. Bompas: Conference on New Ideals in Education, in: Educational Times, 68 (1915) 334–336

4746 Smith, Theodate L.: Dr. Maria Montessori and Her Houses of Childhood, in: Pedagogical Seminary, 18 (1911) 533–542
4747 Smith, Sadie: The Montessori System and the Deficients, in: Ohio Educational Monthly, 62 (1913) 431–434
4748 Snodin, R.: Il posto di Maria Montessori nell'educazione britannica, in: VdI, 1 (1952) n. 5–6–7, 62–63
4749 Socci, Aldo: Relazione riassuntiva della Scuola „Montessori" in Ancona (1928–1931), in: MF, 1 (1932) 48–53
4750 Söderling, Bertil: Den emotionella faktorn och undervisningen, in: Skola och samhälle, 40 (1959) 155–158
4751 Sørensen, A.: I en Montessori-Skole, in: Folkeskolen, 35 (1918) 257–259
4752 Sørensen: Montessoris Tanker, in: Tidens Stemmer. (Aarhus), (1936) n. 5, 5–6; n. 6, 6–7; n. 8, 7–8; n. 12, 2–4; n. 15, 5
4753 Solov'ev, I.: Dom rebenka. Metod naučnoj pedagogiki, in: Vestnik vospitanija, (1913) 43–45
4754 Some observations of the Father on the Development of his Daughter, in: Call, 1 (1924) 221–223
4755 Something about Birla Montessori School Pilani, in: MM, 3 (1949) N. 1, 100–102
4756 Sophia Montessori School Report, in: SO, 1 (1962) N. 3, 20–21
4757* Sorge, Giuliana: Maria Montessori, in: La Voce delle Maestre d'Asilo, a. 22, n. 36 (15 luglio 1926) 140–142
4758* Sorge: Dall'Argentina, in: IM, a. 1, n. 1 (maggio 1927) 11
4759 Sorge: Il materiale, in: IM, a. 1, nov. 1927;
do. in: VdI, 12 (1963) n. 4, 18
4760* Sorge: Da Pestalozzi alla Montessori, in: IM, a. 2, n. 3 (nov. 1928);
do. in VdI, 11 (1962) n. 12, 7–8
4761 Sorge: Quello che occorre..., in: IM, a. 2, n. 1 (settembre 1928) 2–3
4762* Sorge: L'Incarnazione, in: MR, 1 (1931) n. 5–6, 33–41
4763 Sorge: Lo svolgimento del Corso Internazionale, in: MR, 1 (1931) n. 2, 14–18; n. 3, 9–11
4764* Sorge: La Casa dei Bambini, in: MF, 1 (1932) 29–33
4765* Sorge: The Messiah of Culture, in: MM, vol. 1, N. 2–3 (March–June 1947) 31–34
4766 Sourgens, Henriette: Maria Montessori e la Scuola Materna francese, in: VdI, 1 (1952) n. 5–6–7, 67–69
4767 Sourgens: Maria Montessori et l'école maternelle française, in: L'Ecole Publique, 19. 6. 1952
4768 Sourgens: Mme. Montessori et l'éducation des jeunes enfants, in: La Revue de Paris, 62 (1955) 127–139
4769 Speelman, H.: Zestig Jaar Montessori-Onderwijs, in: MO (1966–1967) n. 3, 19–20
4770* Spies, Margarethe: Frihed i Aand – Frihed i Arbejde, in: Vore Damer, 25 (1937) n. 16, 11 + 26
4771 Spira, Nuschi: Das Sommerheim der Wiener Montessorischule, in: Call, 2 (1925) 220–226;
franz.: La Maison d'été de l'école Montessorienne Viennoise, in: ebda., 213–219
4772* Spira: Aus der Praxis der Montessori-Schule, in: Die Quelle, 77 (1927) 1084–

4773* Spira: Bericht über den ersten internationalen Montessori-Kongreß, in: ebda., 79 (1929) 1093–1095

4774 Spira: Das Kind und seine lebende Umwelt, in: Die Quelle, 81 (1931) H. 8

4775 Spira: Beobachtungen über geistige Arbeit bei Fünfjährigen, in: ebda., H. 9

4776 Spira: Einführung ins Rechnen im Montessori-Kinderhaus, in: ebda., 82 (1932) 138–140

4777* Spirito, Ugo: L'errore fondamentale del Metodo Montessori, in: Rivista pedagogica, 14 (1921) 37–47

4778* Spranger, Eduard: Sinnespflege im frühen Kindesalter, in: Kg, 62 (1921) 3–7

4779* Spranger: Friedrich Fröbel und Maria Montessori, in: Schweizerische Lehrerzeitung, 72 (1927) 185–186

4780* Spranger: Federico Froebel e Maria Montessori, in: La Nuova Scuola Italiana, 5 (1928) n. 19

4781 Spur, Erik: Frk. Constantin-Hansens Hjemskole, in: Højskolebladet, 48 (1923) 1465–1472

4782 St. John, A.: Montessori and Social Progress, in: Sociological Review, 19 (1927) 197–207

4783* Stahl, Ilse: Der Unterschied in den Grundlagen der Pädagogik von Montessori und Fröbel, in: Verstehen und Bilden. (Halle), 1 (1926) 501–507, 529–542

4784 Standing, E. Mortimer: The Montessori Method on a Large Scale, in: The Sower, N. 82 (January, 1927) 147–148

4785 Standing: The Montessori Method and Catholicism, in: Catholic Mind, 27 (1929) 261–270

4786* Standing: Die Grundsätze der Montessori-Methode, in: Die christliche Frau, 28 (1930) 356–366

4787* Standing: Die Montessori-Bewegung in England und Irland, in: Vierteljahrsschrift für wissenschaftliche Pädagogik, 6 (1930) 574–580

4788 Standing: The Montessori Method in Relation to Moral Training and Catholic Dogma, in: The Sower, N. 98 (March, 1931) 23–31;
do. in: Catholic Educational Review, 29 (1931) 412–424

4789* Standing: The Exercises in practical Life, in: MN, 2 (1935) 186–188

4790* Standing: Maria Montessori, in: ebda., 163–164, 166

4791* Standing: Dr. Montessori on Secondary Education. A New Type of School Necessary, in: ebda., 3 (1936) N. 20, 35–36

4792 Standing: Montessori Practice and Thomistic Principles, in: Blackfriars, 17 (March, 1936) 204–212

4793 Standing: Proof of the Pudding. An Enquiry into the Results of Montessori Method, in: The Sower, N. 119 (June, 1936) 73–77

4794 Standing: The Place of Reason in Education. Some Recent Developments, in: ebda., N. 124 (September, 1937) 137–144

4795 Standing: Sensitive Periods in Child Development and Their Importance in Education, in: ebda., N. 122 (March, 1937) 9–18

4796 Standing: Normality and Deviation, in: The Sower, N. 130 (March, 1939)

4797* Standing: Montessori Practice and Thomistic Principle, in: MM, vol. 1, n. 2–3 (March-June 1947) 4–10

4798* Standing: The Montessori Method in its Relations to Biology, in: MM, 2 (1948) 254–260

4799* Standing: A Visit to Dr. Montessori's School at Laren in Holland, in: MM, 3 (1949) N. 2, 32–38

4800* Standing: Les deux temps de l'enseignement de toutes choses selon la méthode Montessori, in: AMF, n. 6 (octobre 1953) 8–9

4801 Standing: L'enfant n'est pas l'adulte, in: Les Cahiers de l'Enfance, 4 (1956) n. 26, 56–59

4802 Standing: Note on the Historical Development of the Montessori Movement, in: Blackfriars, 37 (1956) 467–473

4803* Standing: Sviluppo storico del metodo Montessori, in: VdI, 7 (1958) n. 5, 4–6

4804* Standing: Maria Montessori als Schülerin und Studentin, in: DMG, 7 (1959) N. 4, 4–5

4805 Standing: Seeds of Evil in the Child's Soul, in: Downside Review, 78 (Winter, 1960) 52–53

4806* Standing: Maria Montessori. World-Peace Through the Child, in: The Catholic Worker, vol. 29, N. 2 (Sept., 1962) 4–5; N. 4 (Nov., 1962) 7; N. 5 (Dec., 1962) 7; N. 6 (Jan., 1963) 7; N. 7 (Feb. 1963) 7

4807 Standing: Principi fondamentali del metodo Montessori, in: VdI, 11 (1962) N. 2, 8–10; N. 3, 8–10; 12 (1963) N. 5, 17–21; N. 6–7, 7–13; N. 10, 15–18; N. 11–12, 21–25; 13 (1964) N. 1, 22–25; N. 2, 19–22; N. 3, 15–10; N. 4, 21–24

4808* Standing: Consideration of an Old Montessorian, in: Comm (1963) N. 3, 4–5

4809* Standing: Questionnaire (Reprint from Communications, 1964, N. 3–4), in: Comm (1966) N. 4, 19–20

4810* Standing: The Struggle for Independence, in: Bull, vol. 4, N. 39 (Autumn 1966) 4–6

4811* Standing: The Proof of the Pudding. An Enquiry into the Results of the Montessori Method, in: CH, March-April 1967, 18–22;
vgl. 4793

4812* Standing: The Spontaneous Intelligence of Children, in: Comm (1967) N. 1–2, 9–12

4813* Statuo dell'Opera Nazionale Montessori, in: MF, 1 (1932) 60–63

4814 Steen, Mary: Et Besøg i en Montessori-Skole, in: Protestantisk Tidende, 16 (1920) 145–149

4815* Stellwag, H.W.F.: Aan de basis van het leven. Dr. Maria Montessori, in: Paedagogische Studien, 29 (1952) 353–357

4816* Stendler, Celia: The Montessori Method, in: The Educational Forum. (West Lafayette, Ind.) 29 (1965) 431–435

4817* Stephenson, E. M.: Plan whish will best produce the Results Montessori can give, in: Comm (1963) N. 3, 15–17

4818* Stern, Erich: Die natürliche Erziehung im frühen Kindesalter. (Montessori-Methode), in: Praktische Psychologie, 2 (1921) 161–169

4819* Stern: Friedrich Fröbel, Montessori und der Kindergarten, in: Schule und Elternhaus, 4 (1927) 540

4820 Stern, H.: Maria Montessori und ihre Pädagogik, in: Neue Bahnen, 25 (1914) 108–113

4821 Stern: Montessori und ihre Kinderheime, in: Die Umschau, (1914) N. 28

4822* Stern, Käthe: Beobachtungen des Spontanverhaltens vorschulpflichtiger Kinder über lange Zeitintervalle im Montessori-Kinderhause, in: Psychologische Forschung, XIII (1929) H. 1, 79–100
4823* Stern: Zur Frage der schöpferischen Phantasie bei vorschulpflichtigen Kindern. (Zusammenfassung eines Vortrages), in: Die neue Erziehung, 14 (1932) 678–679
4824* Stern, William: The Bearing of the Child's Games on Its Nature, in: Call, I (1924) 201–205
4825 Stevens, Ellen Yale: Montessori and Froebel, A Comparison, in: Elementary School Teacher,12 (February, 1912) 253–258
4826 Stevens: The Montessori Method and Primary Education, in: Primary Education, 20 (June, 1912) 313–316
4827 Stevens: The Montessori Method and the American Kindergarten, in: Mc Clure's Magazine, 40 (1912) 77–82
4828 Stevens: The Montessori Method and the Modern Kindergarten, in: World's Work, 21 (1912) 105–109
4829 Stevens: The Montessori Movement in America, in: Mc Clure's Magazine, 40 (February, 1913) 222–224
4830 Stevens: The Montessori Movement – A Mc Clure Department, in: ebd., 41 (July, 1913) 170–174 (August, 1913) 201–203
4831 Stewart, J. A.: Madame Maria Montessori, in: Journal of Education, 75 (June 20, 1912) 702
4832 Stewart: Teaching Tots to Read and Write, in: ebda., 80 (July 9, 1914) 46–47
4833 Story of Shishu Bhavan, in: AC, 10 (1965–1966) 133–137
4834* Straub, W.: Maria Montessori und ihre Pädagogik, in: Pädagogische Post, 7 (1928) 533–537, 545–549
4835* Streck, Robert: Montessori für alle Schulformen? Das gemeinsame akademische Prinzip, in: MW, H. 6 (Herbst 1964) 3–8
4836 Strnad, Elfriede: Über die kindes- und bildungspsychologischen Voraussetzungen der Fröbelschen Kleinkinderpädagogik, in: Zeitschrift für pädagogische Psychologie, 28 (1927) 239–245
4837* Strnad: Friedrich Fröbel und Maria Montessori, in: Kg, 72 (1931) 10–15
4838 Strnad, Elfriede: Öffentlicher Kongreß für Kleinkind-Erziehung in Berlin, in: Kg, 73 (1932) 257–264
4839 Strohal, Richard: /Titelloser Beitrag/, in: Mitteilungsblatt der Österreichischen Montessori-Gesellschaft, April 1953
4840 Strohal: Maria Montessori und ihr Erziehungssystem, in: Schule und Leben, Folge 18 (1956) 6–8
4841* Strohal: Das Erziehungssystem Maria Montessoris in der Krise der Gegenwart, in: DMG, 7 (1959) N. 2, 4–5; Nr. 4, 3–4
4842 Strohal: Persönlichkeitsgestaltung im Erziehungssystem Maria Montessoris, in: Erziehung und Unterricht (1959) 389–395
4843* Struih, J.: El estudio de la Geometría, basado en la psicología infantil, in: MB, 1 (1935) n. 3, 14–15
4844* Gli studi e il pensiero di Maria Montessori, in: La Coltura Popolare, 12 (1922) 28–30
4845 Sturzo, Luigi: Ricordando Maria Montessori, in: VdI, 1 (1952) n. 5–6–7, 3

4846 Sturzo: Ricordando Maria Montessori, in: VdI, 11 (1962) n. 4, 3
4847 Šubert, A.: Škola Montessori v teorii i na praktike, in: Vestnik vospitanija (1916) 75–105
4848 The Subtraction Snake, in: AC, 3 (1958) 46–50
4849 Suchotina, T.: Maria Montessori i svobodnoe vospitanie, in: Svobodnoe vospitanie (1912–1913) N. 7, 1–28; N. 8, 1–22; N. 9, 67–90, N. 11, 1–18
4850* Sulea-Firu, J.: Il metodo Montessori in Romania, in: MR, 1 (1931) n. 5–6, 53–55
4851 Suraci, Vincenzo: La grandezza del bambino agli occhi della Montessori, in: Diritti della Scuola, 1. 10. 1957, 6–7
4852 Sutcliffe, Ute: A Montessori School expands, in: Bull, vol. 6 (Summer 1968) 7
4853 Sutor, H.: Versuche in einer Montessori-Schulklasse, in: Kg, 71 (1930) 14–16
4854 Sveistrup, Emmy: Montessoristudier i Udlandet, in: Bog og Naal, 31 (1924) 62–75
4855 Swåmi, S. R.: Shishu our Sanskriti, in: AC, 2 (1957) 65–71
4856 Swami: Receiving New Children, in: AC, 8 (1963) 61–68
4857 Swami: The Montessori Approach to Imagination, in: AC, 9 (1964) 54–63
4858* Swami: History as Means of Development, in: AC, 10 (1965–1966) 26–30
4859* Swami: Questions and Answers, in: AC, 11 (1967) 41–46
4860 Sweden, in: Comm (1959) N. 4, 30
4861 Szymichowski, Franz: Erziehertagung im Gedenken an Maria Montessori, in: DMG, 2 (1954) H. 4
4862 Tacchi-Venturi, Pietro: /Brief zum Tode Maria Montessoris/, in: VdI, 1 (1952) n. 5–6–7, 11
4863* Tacke, Otto: Montessori-Methode und Entschiedene Schulreform, in: Die neue Erziehung, 8 (1926) 168–170
4864 Tacke: Maria Montessori + und John Dewey +, in: Pädagogik, 7 (1952) 700–703
4865 Tadini, Franco: Da Ferrante Aporti a Maria Montessori, in: VdI, 13 (1964) n. 2, 3–9
4866 Taliani, Francesco Maria: Maria Montessori cittadina del mondo, in: VdI, 17 (1968) n. 3, 11–14
4867 Taraporewalla, Khursheed E.: The Child in an Island of Freedom, in: AC, 1 (1956) 23–26
4868 Taraporewalla: Relation between Parents and Montessori Teachers, in: AC, 2 (1957) 25–27
4869 Taraporewalla: A New Life Shown by Dr. Maria Montessori, in: AC, 3 (1958) 32–37
4870 Taraporewalla: It takes more than wishing, in: AC, 5 (1960) 23–26
4871 Taraporewalla: Lighting of „Deep“, in: AC, 8 (1963) 36–39
4872 Taraporewalla: Walking on the Line, in: AC, 10 (1965–1966) 62–66
4873 Tarroni, Evelina: I ragazzi e la radio, in: VdI, 9 (1960) n. 4, 8–12
4874 Tenkhoff, Agnes: Das Kleinkind in der psychologisch-pädagogischen Sicht Maria Montessoris, in: Gesundheitsfürsorge, 3 (1953–1954) 93–94

4875* Tezarek, Anton: Aus der Praxis des Kindergartens, in: Die Quelle, 78 (1928) 342–
4876* Thielke, Rosemary: Low-Cost Montessori, in: U. S. Catholic, vol. 30, N. 11 (March, 1965) 32–36
4877 Thierry, H.: Differentiatie bij Montessori. (aus: De Boeg, maart 1965), in: MO (1964–1965) n. 4, 3–9
4878 Thierry: De Nederlandse Montessori Vereniging bestaat vijftig jaar, in: MO (1966–1967) n. 6, 27–30
4879 Thiessen, O.: Selbsttätige Erziehung im frühen Kindesalter, in: Zeitschrift für Kinderforschung, 20 (1915) 357–362
4880 13th International Montessori Congress, in: MO (1963–1964) extra-nummer
4881 The XIIIth International Montessori Congress, in: Comm (1964) N. 2, 2–7
4882 Thomassen, F.: Dr. med. Maria Montessoris Tanker om Smaabørns Opdragelse, in: Bornesagens Tidende, 10 (1915) 131–135
4883 Thompson, S. R.: Intellectual Machinery and Education, in: Call, 1 (1924) 113–116; postcript by J.C.L. Goedefroy, ebda., 116–119
4884 Thomsen, Kr.: Hjemskole og Hjemmenes Skole, in: Højskolebladet, 49 (1924) 243–250
4885 Thomsen, Th.: Maria Montessori, in: ebda., 54 (1929) 1017–1024
4886 Thorn, M. E.: A Montessori Nursery, in: MN, 2 (1935) 124–125, 128
4887 Thorn: Docteur Montessori et la maison, in: AMF, n. 3 (octobre 1952) 17–23
4888 Ticheeva, E.: Razvitie reči u detej po Montessori, in: Pedagogičeskaja mysl',
(1924) N. 3, 33–41
4889 Tierney, R.H.: /Aufsatz über Montessori/, in: America. A Catholic Review of the Week. (New York), 15. 11. 1913, 130–
4890 Tilliette, Alain: L'Esprit de la Méthode Montessori, in: Pédagogie (1952) 83–89, 150–158, 212–217, 273–278
4891 Tilmann, Klemens: Aufzeichnungen nach dem Besuch einer Montessori-Schule, in: Katechetische Blätter, 80 (1955) 180–182
4892 Tilmann: Kinder sind anders, in: ebda., 210–211
4893 Tippelmann, Maria: Friedrich Fröbel und Maria Montessori, in: Pädagogische Post, 10 (1931) 167
4894 Tirumalaiswamy, P. V.: Every Home a Montessori School, in: MM, 2 (1948) 49–50
4895 To the Readers, in: Call, 2 (1925) 231–235
4896 Townsend, Janet S.: Montessori Training Class for Teachers in Rome, in: McClure's Magazine, 41 (June, 1913) 184–194
4897 Tozier, Josephine: An Educational Wonder-Worker. Maria Montessori's Methods, in: McClure's Magazine, 37 (May, 1911) 3–19;
do. in: Fortnightly Review, 90 (August, 1911) 309–327
4898 Tozier: Montessori Schools in Rome, in: McClure's Magazine, 38 (December, 1911) 122–137;
do. in World's Work, 19 (February, 1912) 250–265
4899 Tozier: Montessori Apparatus, in: McClure's Magazine, 38 (January, 1912) 289–302;
do. in: World's Work, March 1912

4900 Tozier: If Mme. Montessori Taught Music, this Engaging New Method which is Phenomenally Successful Would Probably Be Her Way of Doing It, in: Delineator, 84 (February, 1914) 16–17, 61
4901 Tozier: Čudesa vospitanija. Metody Maria Montessori, in: Vestnik znanija, (1912) 78–93;
= 4897
4902 Training Courses held by Dr. Maria Montessori in 1923, in: Call, 1 (1924) 74–75
4903 Travaux d'enfants d'écoles Montessori, in: AMF, n. 8 (avril 1954) 14–
4904 Traversa, Angelina: Niños Montessorianos, in: MB, 1 (1935) n. 7, 6–7; n. 8, 4–7
4905 Traversa-Olivero, Lina: Bericht über die erste Montessoriklasse in Mailand, in: Die neue Erziehung, 7 (1925) 168–176
4906 Traversa-Olivero, Lina: The Sensitive Period and the Study of Geometry and History, in: MN, 1 (1934) 111–112
4907* Traversa:Olivero, Lina: El periodo sensitivo en la enseñanza de la geografía, in: MB, 1 (1935) n. 2, 6–7
4908* Traversa: Thoughts on the Day of the First Qinquagenary, in: AC, 3 (1958) 55–56
4909 Traversa: Problems and Difficulties, in: AC, 5 (1960) 12–15
4910 Traversa: Answer to Some Questions of Mr. E. M. Standing, in: Comm, (1966) N. 4, 3–18
4911 Traversa: Observations of Children of Different, in: Comm, (1967) N. 1–2, 28–31
4912 Tromp, C. W.: Observations on the Development of the Intelligence in a Montessori School, in: Call, 2 (1925) 38–46
4913 Tromp: Die Montessori-Bewegung in Holland, in: Vierteljahrsschrift für wissenschaftliche Pädagogik, 6 (1930) 581–588
4914 Tronconi, A. E.: Nella Scuola Montessori di Corteolona, in: IM, a. 2, n. 1 (settembre 1928) 9–12
4915* Trüper, J.: Die Ausländerei in der Pädagogik, in: Zeitschrift für Kinderforschung, 21 (1916) 80–83
4916 Tuttle, Madge: A Comparison of the Montessori and Froebelian Systems, in: Primary Plans, 11 (June, 1913) 9, 41
4917* Tyciak, Doris: Die Pädagogik Maria Montessoris im Hinblick auf die Unterscheidungsmerkmale gegenüber dem Fröbelschen Gedankengut, in: Kh, 36 (1958) 202–215
4918 Udale, Anne: Reflections on two Years Teaching in United States of America, in: Bull, vol. 6, N. 43 (Summer 1968) 8
4919 University of Amsterdam. Institute of Education: Outline of an Investigation to be undertaken on: The Arithmetical Functions of Children from 4–12 Years, in: Comm (1961) N. 2, 10–16
4920 An Ursuline Sister: To the Montessori Trainees, in: AC, 10 (1965–1966) 31
4921 Usill, Harley: The Montessori Method, in: The Yearbook of Education (1933) 168–171
4922 Uzcategui, Emilio: La Educación prescolar en el Ecuador, in: Revista Ecuatoriana de Educación, 7 (1954) n. 33, 6–7
4923 Vacarella, Giovanni: Che cosa è questa Montessori, in: Itinerario. (Palermo), (1951) n. 2, 7–8

4924 Vaidheswaren: Notes and Views. The Teaching of Science to Small Children, in: MM, vol. 1, N. 2–3 (March-June 1947) 56–57
4925 Valitutti, Salvatore: Ritratto di Maria Montessori, in: VdI, 1 (1952) n. 5–6–7, 6–9
4926 Valitutti: Libertà e autorità nel pensiero di Maria Montessori, in: Scuola e Vita, 1 (1953) n. 6, 8–9
4927 Valitutti: Discipline et liberté, in: AMF, n. 13 (juillet 1955) 3–7
4928 Valitutti: Il mondo espressivo del bambino, in: VdI, 8 (1959) n. 5, 3–12
4929 Valitutti: „L'Autoeducazione" nelle scuole elementari, in: VdI, 9 (1960) n. 11, 5–7
4930 Valitutti: Dalla dolce-vita alla dolce-pedagogia, in: ebda., 3–4
4931 Valitutti: Note e discussioni, in: ebda., 10 (1961) n. 1, 4–7
4932* Valitutti: Attualità di Maria Montessori, in: ebda., 11 (1962) n. 5–6, 22–30
4933 Valitutti: L'autoeducazione nelle scuole elementari, in: ebda., n. 10, 3–5
4934 Valitutti: Lo Stato e la Scuola materna, in: ebda., n. 1, 3–7
4935 Valitutti: La pedagogia del giuoco, in: ebda., 12 (1963) n. 8–9, 4–8
4936* Valitutti: Valutazione sociologica del metodo Montessori, in: Riforma della Scuola, 9 (1963) n. 3, 22–26
4937 Valitutti: Una valutazione sociologica del metodo Montessori, in: VdI, 12 (1963) n. 2, 3–7
4938 Valitutti: L'educazione e la pace nel pensiero di Maria Montessori, in: ebda., 13 (1964) n. 4, 14–20
4939 Valitutti: Maria Montessori nel suo e nel nostro tempo, in: ebda., n. 5 11–17
4940 Valitutti: Scuola materna e scuola elementare nel pensiero di Maria Montessori, in: ebda., n. 1, 8–12
4941* Valitutti: Giovanni Gentile e il metodo Montessori, in: ebda., 17 (1968) n. 6–7, 11–13
4942* Valitutti: Il pensiero di Maria Montessori e i piani di studio dell'istruzione obbligatoria in Italia, in: ebda., n. 1–2, 21–30
4943 Valli, M.: L'esprit de la méthode Montessori, telle qu'elle est appliquée dans les écoles enfantines du Tessin, in: Pour l'Ere Nouvelle, 7 (1922) n. 2
4944 Vasan, K.S.S.: Being the Husband of a Montessori Student, in: AC, 8 (1963) 59–60
4945 Vasan, L.: Parents...? , in: AC, 10 (1965–1966) 32–33
4946 Vasan: The Study Circle, in: ebda., 138
4947* Vaswani, U. B.: Tagore and Montessori, in: MN, 3 (1936) N. 18, 21
4948 Veale, Helen: The Montessori Experiment at Adyar, in: MM, vol. 1, N. 4 (September, 1947) 57–58
4949 Veale: Review. (Education for a New World), in: ebda., N. 2–3 (March-June 1947) 58
4950* van Veen-Bosse, Brigitte; Die Stille, in: DMG, 9 (1961) N. 3, 4–7; N. 4, 1–4
4951* van Veen-Bosse: Sammelbesprechung von
Günter Schulz, Der Streit um Montessori, Freiburg 1961, E. M. Standing, Maria Montessori. Leben und Werk, Stuttgart 1959 und
Paul Oswald, Das Kind im Werk Maria Montessoris, Mülheim 1958,
in: Zeitschrift für Pädagogik, 8 (1962) 222–229

4952* Vejtasa, Frances: Montessori Teachers and the Child, in: The Voice. (Southwick, England), N. 56 (Dec., 1965; Jan.-Feb., 1966) 1–2

4953 Vercesi, Leonilde: Come, senza materiale, ho applicato il metodo Montessori nella mia scuola, in: IM, a. 1, n. 12 (aprile 1928) 10

4954* Vidari: G.: Il metodo Montessori, in: Rivista pedagogica, 28 (1935) 1–11

4955 Viduci, Amato: Maria Montessori. Una vita spesa per il bene dell'infanzia, in: La Lucerna. Rivista mensile religiosa culturale. (New York), 9 (1952) N. 100,8

4956 El Vigesimo Curso Internacional Montessori de Niza, in: Boletin de la Sociedad Montessori, 1 (1934) n. 5

4957 Vimercati, Riccardo: La nostra fede, in: IM, a. 1, n. 1 (maggio 1927) 5–6

4958 Vinciguerra, Francesco: La città e il giuoco dei bambini, in: VdI, 12 (1963) n. 8–9, 20–30

4959 Visalberghi, Aldo: Arte e scienza nei programmi di studio dell'istruzione obbligatoria, in: VdI, 17 (1968) n. 1–2, 11–20

4960 Vodovozova, E.: Metod vospitanija i obučenija Montessori, in: Semejnoe vospitanie (1913) n. 5,5–34

4961 Volpicelli, Luigi: Il „Metodo", in: VdI, 1 (1952) n. 5–6–7, 10–11

4962 Volpicelli: Scoperta del bambino, in: VdI, 8 (1959) n. 3, 3–10

4963 Volpicelli: La Scuola materna nell'attuale sviluppo della società italiana, in: VdI, 11 (1962) n. 3, 3–7

4964 Vorse, Mary Heaton: New Freedom for Little Children, in: Women's Home Companion, 40 (October, 1913) 9; (November, 1913) 18

4965 Vorse: How Children See with Their Hands, in: ebda., 41 (February, 1914) 11–12

4966 Vorse: Importance of Play, in: ebda. (March, 1914) 23; (April, 1914) 13

4967 Voss, Marian: The Montessori Method, in: Utah Educational Review (January-February, 1913) 25–27

4968 Vredevoe, Lawrence: The Role of Montessori Schools for the Next Decade, in: SO, 1 (1962) N. 3, 4–6;
do. in: AC, 7 (1962) 35–37

4969 Vu et entendu à Baarn, in: AMF, n. 15 (janvier 1956) 1–5

4970 Vygodskaja, A.: Montessori i nekotorye iz škol'nych problem. Trudovaja škola, in: Bjull.otd.narod.prosvešč. (1919) N. 5–6, 17–20

4971 Wachendorf, Maria: Maria Montessori 1870–1952, in: Frauenland (1952) 111–112

4972 Wachendorf: Bericht über den 33. Internationalen Montessori-Lehrgang, in: Kh, 33 (1955) 35–38

4973 Wachendorf: Bericht über die Montessori-Gruppe im Kindergarten St. Agnes, Köln, Stormstraße, in: Kh, 34 (1956) 90–93

4974* Wachendorf: „Übungen des täglichen Lebens", in: Kh, 34 (1956) 183–185

4975 Wachendorf: Bericht über den XI. Internationalen Montessori-Kongreß in Rom, in: Kh 35 (1957) 279–281

4976 Wachendorf: Wie kann der katholische Kindergarten bei der eucharistischen Erziehung der Kinder helfen? , in: ebda., 251–255

4977 Wachendorf: Bericht über die Tagung der „Katholischen Arbeitsgemeinschaft für Montessori-Pädagogik" vom 29. 4. bis 1. 5. 1961 in Köln, in: DMG, 9 (1961) N. 3, 10–11

4978* Wachendorf: Was bei der Einrichtung eines Montessori-Kinderhauses beachtet werden muß, in: DMG, 9 (1961) N. 3, 12

4979* Wachendorf: Kinder erforschen die Welt, in: MW, H. 1 (Herbst 1963) 11–16

4980 Wachendorf: Religiöse Erziehung. Bericht über die religionspädagogische Tagung in Bocholt vom 22.–26. Juli 1963, in: MW, H. 2 (Winter 1963) 6–8

4981 Wachendorf: Die Erziehung des Menschen für eine friedvolle Weltgemeinschaft. Bericht über den 13. Internationalen Montessori-Kongreß vom 1.–4. April 1964 in Amsterdam, in: MW, H. 4 (Sommer 1964) 16–18

4982* Wagner, Hanna: Montessori-Pädagogik in Berlin 1945–1955, in: Pädagogische Blätter, 6 (1955) 138–139

4983 Wagner, Josef: Aus der Praxis, in: Mitteilungsblatt der Österreichischen Montessori-Gesellschaft, Oktober 1953

4984 Wagner: Bericht über das Montessori-Treffen in Innsbruck, in: ebda., April 1955

4985* Wakin, Edward: A Sober View of Montessori, in: The Sign. National Catholic Magazine. (Union City, New Yersey), vol. 42, N. 10 (May 1963) 18–22

4986* de Walk-Drees, G. V.: La eficacia de la ensenanza Montessori, in: MB, 1 (1935) n. 1, 14–15; n. 2, 10–11; n. 3, 10–11; n. 4, 12–13

4987 Walker, Jane: The Montessori Method of Education, in: Educational Review, 46 (October, 1913) 300–307

4988 Wallbank, Phyllis: An Experiment in Feeding, in: MM, 4 (1950) N. 3, 50–51

4989 Wallbank: /Titelloser Diskussionsbeitrag/, in: Comm (1965) N. 2–3, 26–27

4990 Wandel-Thamm, Verena: 33. Internationaler Montessori-Lehrgang in Frankfurt a. M., in: DMG, 2 (1954) H. 3

4991* Warburg, Anna: Gedanken einer Mutter über das Montessori-Material, in: Kg, 66 (1925) 114–116

4992 Ward, Florence Elizabeth: Impressions of the Montessori System, in: Kindergarten Review, 23 (1912) 139–143;
= 2403

4993 Ward: School Health Ideas of Dr. Montessori, in: Kindergarten Primary Magazine, 26 (1913) 66–67

4994 Warren, Howard C.: The House of Childhood. A New Primary System, in: Journal of Educational Psychology, 3 (March, 1912) 121–132

4995 Watson, Foster: The Significance of Dr. Montessori's Work, in: Athenaeum (September 12, 1919) 872–874

4996 Webb, C.: Madame Montessori and Mr. Holmes as Educational Reformers, in: Hibbert Journal, 14 (April, 1916) 578–591

4997 Webber, J.: Maria Montessori – Selbsttätige Erziehung im frühen Kindesalter, in: Pharus, 5 (1914) 570

4998* Wehnert, Georg: Die Weiterführung der Fröbel-Montessori-Ideen in der Grundschule, in: Praxis der Volksschule, 3 (1952) 508–513

4999* Weigert, Lotte: Neue Erziehungsgedanken in Rom, in: Kg, 53 (1912) 149–153

5000* Weigl, Franz: Die „Montessorischule", ein neues Schlagwort der pädagogischen Reform, in: Pharus, 5 (1914) 307–310
5001 Weigl: Kritische Anmerkungen zur Propaganda der „Montessorischule", in: Katholische Zeitschrift für Erziehung und Unterricht (1915) 225–263, 290–308
5002 Weigl: Die Propaganda der Montessori-Methode, in: Pharus, 13 (1922) 435–
5003 Weigl: Montessori-Propaganda in Deutschland, in: ebda., 14 (1923) 52–
5004 Weigl: Über deutsche Lehrkunst und die Montessori-Methode im ersten Anschauungsunterricht, in: Zeitschrift für päd. Psychologie, Pathologie und Hygiene, 22 (1921) 468–
5005 Weigl: Die Montessori-Kinderschule, in: Pharus, 21 (1930) 386–388
5006 Weill, Blanche C.: The Montessori Method and Sub-Normal Children, in: Call, 2 (1925) 283–292
5007* Weinberg, Cäcilia: Letzte Geburtstagsfeier der Dottoressa in Österreich, in: Unsere Kinder, 7 (1952) 81
5008 Weiss, Claire: Ecole Montessori. Souvenirs du Collège de la Jonchère, in: AMF, n. 7 (1953–1954) 11–
5009 Weiss, E.: Schule der Kleinsten, in: Universum (1927) 1046
5010 Weiss, E. und H.: Die Kinderstuben im Lichte der Montessoripädagogik, in: Der Kreis um das Kind. (Berlin), 5 (1930) 217–220
5011 Wells, Rose: The Montessori Spirit and the Teaching of French, in: Modern Language Teaching (July, 1917) 113–114
5012 Weltbewegung für Erneuerung der Erziehung, in: Dritter Rheinbecker Friedensbrief, November 1936
5013 Wentholt, A. C.: Een Praktijk-Verslag van een Ochtend in een Montessori-Kleuterklas, in: Werkgroep Montessori leidstersbijeenkomsten, n. 40 (April 1960) 8–11
5014 Wentholt, W. A.: Het Frans op het Montessorilyceum, in: MO, 16 (1933)
5015 Het werk van de Montessorischool de Amsterdam, in: Hollandsche Revue (Haarlem), (1932) 77–86
5016 Wesener, L.: Welche Anregung kann uns die Montessori-Methode für den Kindergarten geben? , in: Kh, 4 (1926) 140–142
5017 What America Thinks of Montessori's Educational Crusade, in: Current Opinion, 56 (February, 1914) 127–129
5018 What can We learn from the Montessori System? , in: Kindergarten Review, 23 (December, 1912) 266–270
5019 What is Montessori? By Students of a Montessori Course, in: Comm (1966) N. 4, 25–29
5020 When Helen Keller Met Montessori, in: Literary Digest, 48 (January 17, 1914) 134
5021 White, Howard J.: The Montessori Child – The Super Citizen, in: MN, 1 (1934) N. 2, 15
5022 White, Jessie: Progress of the Montessori Method in England, in: School Guardian, 43 (1918) 277–279
5023 White: Misconceptions of the Montessori Method, in: ebda., vol. 44 (December 21, 1918) 29–31
5024 White: Mrs. Curwen's Review of the Advanced Montessori Method, in: Parents Review (August, 1921) 566–572
5025 Wibaut-Bastert, F.: De opvoeding- en onderwijsmethode van Dr. Maria Montessori, in: Socialistische Gids (1920) 625–638

5026 van der Wiel-Sikkema, E.: Individu(d)eel, in: MO (1965–1966) n. 5, 23–24
5027* Wienecke, Günter: Die Rolle der Aktivität in der Elementarbildung, in: Pädagogische Blätter, 6 (1955) 123–126
5028* Wienecke: Fröbel und Montessori in neuer Sicht, in: Berliner Lehrerzeitung, 12 (1958) 251
5029 v. d. Wijk-de Groot, A.: De Montessori-methode, in: Socialistische Gids (1919) 527–531
5030* Wijler-Spetter, E.: Montessori speltherapie voor chronisch zieke kleuters, in: MO (1966–1967) n. 6, 21–22
5031 Wild, Laura: Montessori System and the American Schools for the Deaf, in: Journal of Education, 76 (August 22, 1912)
5032 Wilden, Herbert: Erinnerungen an Maria Montessori, in: Die neue Volksschule (1952–1953) 328–332
5033 Wilkenson, John Francis: Report upon Visitation of Schools in Rome and Paris, in: School Government Chronicle (June 28, 1913)
5034* Wilker, Karl: Maria Montessori und ihre Erziehungsmethode, in: Die Deutsche Schule, 17 (1913) 697–703
5035 Wilkeshuis, C.: Montessori en de werkelijkheid, in: Het Kind (juni 1952) 9–12
5036 Wilkinson, Sir Nevile: Titania's Palace, in: Call, 1 (1924) 76–84
5037 Williams, L. A.: Estimate of the Montessori System of Child Training, in: New York Teachers Monographs, 14 (June, 1912) 25–32
5038 Williams-Ellis, A.: Mme. Maria Montessori, in: Spectator, 123 (November 1, 1919) 572–573
5039 Winship, A. E.: Montessori Methods, in: American Primary Teacher, 35 (April, 1912) 285–286
5040 Winship: Montessori Methods, in: Journal of Education, 75 (April 11, 1912) 399–400
5041* Winsten, Theodora: Blake – a Forerunner of Montessori, in: MN, 2 (1935) 86 + 98
5042* Wissel, Hildegard: Maria Montessori – Kinder sind anders, in: Blätter des Pestalozzi-Fröbel-Verbandes, 4 (1953) 74–77
5043 Witmer, Lightner: A Caution on Montessori, in: Journal of Education, 76 (July 4, 1912) 39
5044* Witmer: The Montessori Method, in: Psychological Clinic, 8 (March 15, 1914) 1–5
5045* Wolff, G.: Etwas von der Montessori-Methode, in: Blätter für die Fortbildung des Lehrers und der Lehrerin, 13 (1920) 418–423
5046 Wolff: Was will die Montessori-Methode? , in: Die Volksschule, 16 (1920) 364–369
5047 Wolffheim, Nelly: Kinderheime und Schulen nach dem Montessori-Prinzip, in: Das Schulhaus, 21 (1919) 202–215
5048* Wolffheim: Gedanken zu einer Kindergartenreform, in: Die neue Erziehung, 7 (1925) 249–253
5049 Woman pioneer in education, in: Scientific American, 106 (May 25, 1912) 470
5050* von Wurstemberger, Hildegard: Montessori-Kongreß in San Remo, in: Bildung und Erziehung, 2 (1949) 871–873
5051 Y.H.C.d.V.: Frans op de Lagere Montessori-School (VI), in: MO (1962–1963) n. 3, 20–21
5052 Yadnik, B. K.: Wise Hearts and Loving Heads, in: AC, 4 (1959) 46–48

5053* Z., Dott.: Il Movimento Montessori in Germania, in: MR, 1 (1931) n. 4, 26–30

5054 Zabel, Anna: Das Kindergartenwesen in Leipzig, in: Schulwart, 24 (1927) 246–247

5055* Zagni, Amalia: Los principios fundamentales des Método Montessori, in: MB, 1 (1935) n. 6, 3; n. 7, 10–12; n. 8, 7

5056 Zahlenmäßige Übersicht über die Montessori-Einrichtungen in der Bundesrepublik Deutschland und in West-Berlin, in: DMG, 8 (1960) N. 2, 10

5057* Zahlen zur Montessori-Pädagogik, in: Westermanns Pädagogische Beiträge, 12 (1960) 354

5058 Zais, Martha: Die Montessori-Erziehung, in: Mädchenbildung auf christlicher Grundlage, 23 (1927) 289–298

5059 Zais: Die Bedeutung der Montessori-Erziehung für die Schule, in: Wochenschrift für katholische Lehrerinnen, 41 (1928) 242–243

5060 Zaner, C. P.: The Montessori Method as Applied to Writing, in: Colorado School Journal, 28 (June, 1913) 21–25

5061 Zaniewski, Romuald: L'école comme milieu éducatif, in: La Nouvelle Revue Pédagogique, septembre 1951, 2–

5062* Zanke, Charlotte: Verdient die Montessori-Methode den Vorwurf des Intellektualismus? , in: Die neue Erziehung, 10 (1928) 445–447

5063* Zanzi, Carlo: Le case dei bambini della Montessori, in: Rivista Pedagogica, 11 (1918) 1–27, 157–182

5064 Zürneck: Versuch einer Anwendung der Montessori-Methode im Taubstummenkindergarten, in: Blätter für Taubstummenbildung, 46 (1933) 211–213

5065 Züst, A.: In der Montessorischule von Muzzano, in: Pädagogische Rundschau, 4 (1927–1928) 253

5066 Zukiewiczowa, Zofia: Froebel, a Montessori, in: Przedszkole /-miesiecznik/ Organ ZNP, 3 (1935–1936) N. 5–9

5067 Zur Eröffnung des ersten städtischen Montessori-Kinderhauses in Wien, in: Die Quelle, 77 (1927) 536–540

5068 Zusammenfassendes Referat über die drei Vorträge, die Herr Dr. Karl Gerhards im Lehrgang deutscher Montessori-Lehrkräfte 1925 gehalten hat, in: Montessori-Nachrichten, Dezember 1925

5069 Das zweite Montessori-Kinderhaus in Berlin, in: Call, 1 (1924) 238

5070 Zwischenmenschliche Beziehungen in der Montessori-„Hulo"-Schule in Amsterdam, in: MW, H. 4 (Sommer 1964) 11–13

Nachträge

1365 Gagliardi, Mafra: Primi contatti con il latino, Roma 1964

1366a* Schulz, Günter: Der Streit um Montessori. Kritische Nachforschungen zum Werk einer katholischen Pädagogin von Weltruf. Mit einer internationalen Montessori-Bibliographie, Freiburg i. Br. 1961

b* Schulz-Benesch, Günter: do. [2]1962

2419 Gesell, Arnold and Beatrice Gesell: The Montessori Kindergarten, in: The Normal Child and Primary Education, Boston 1912, 323–340

2420 Jenkins, Elizabeth: Impressions of an American Observer in the Montessori School, in: Illinois State Teachers' Association. Journal of Proceedings, 59th Annual Meeting, December 26–28, 1912, 109–116

2421 Lidbetter, Evelyn: Teaching of Writing and Reading – The Value of Muscular Memory, in: London County Council. Conference of Teachers. Report of Proceedings, 1913, 5–6

5071* Discipline et effort, in: Berner Schulblatt, 85 (1952) 227–228

5072 Un giudizio obiettivo sul metodo Montessori, in: VdI, 14 (1965) n. 4, 6

5073 Montessori, Mario M. (jun.): L'èducazione montessoriana e la psicologia moderna, in: VdI, 12 (1963) n. 5, 10–16

5074 Montessori in America, in: AMSB, 1 (1960) N. 1, 1–2

5075 Palmer, Luella A.: Montessori Suggestions for Kindergartners, in: Kindergarten Review, 25 (February, 1915) 349–353

5076 Rogers, George: A Tribute to Dr. Maria Montessori, in: Bull (December, 1954) 3–8

5077 Rogozinski, Else: Dr. Maria Montessori und ihr Werk, in: Schweizer Kindergarten, 8 (1923)

5080 Maccheroni, Anna Maria: Dr. Maria Montessori, in: AC, 1 (1956) 1–3

5081* Montessori, Mario M.: Meine Mutter Maria Montessori, in: Reader's Digest, Oktober 1965, 96–112

5082* Pini, Maria Clotilde: Roma, Via dei Marsi 58, in: VdI, 15 (1966) n. 5–6

5083* Die Montessori-Schule in ihrem Heimatlande Italien, in: Allg. Deutsche Lehrerzeitung, 55 (1926) 134–135

III. Andere benutzte Literatur

1 Albeggiani, Ferdinando: Philosophie der Erziehung und Schule im 20. Jahrhundert in Italien, in: Die Erziehung, 3 (1928) 225–238, 337–355
2 Alliney, Giulio: I pensatori della seconda metà del secolo 19, Milano 1942
3 Arduino, Ettore: Die Schulfrage in Italien, in: Pharus, 1 (1910) 424–436
4 Armani, Tarquinio: Italienisches Bildungswesen, in: Enzyklopädisches Handbuch der Pädagogik, hrsg. v. Wilhelm Rein. 10. Bd., Langensalza [2]1910, 758–859
5 Baroni, Augusto: Katholische Pädagogik und katholische Schulen in Italien nach 1918, in: Friedrich Schneider (Hrsg.): Bildungskräfte im Katholizismus der Welt seit dem Ende des Krieges, Freiburg 1936, 161–172
6 Bignami, Eugenia: Giuseppe Sacchi e la pedagogia del Risorgimento, in: Rivista pedagogica, 28 (1935) 252–283, 367–429
7 Böder, Margarete: Fröbel und die moderne Physio-Psychologie, in: Kg, 55 (1914) 129–134
8 Bopp, Linus: Die liturgische Bewegung als Erziehungsbewegung, in: Friedrich Schneider (Hrsg.): Bildungskräfte im Katholizismus der Welt seit dem Ende des Krieges, Freiburg 1936, 279–298
9 Borghi, Lamberto (Hrsg.): Il pensiero pedagogico del Risorgimento, Firenze 1958
10 Buber, Martin: Reden über Erziehung, Heidelberg 1960
11 Buck, August: Grundzüge der italienischen Geistesgeschichte, Urach 1947
12 Caramella, Santino: Storia della pedagogia. Terza edizione riveduta, Palermo o. J. (1952)
13 Casotti, Mario: Die italienische Pädagogik der letzten dreißig Jahre, in: Handbuch der Erziehungswissenschaft. V. Teil, Bd. 3, Zweiter Teil, München 1934, 1–47
14 Codignola, Ernesto: Il problema educativo. Vol. 3: Da Kant a noi, Firenze [9]1954
15 Colozza, Giovanni Antonio: Psychologie und Pädagogik des Kinderspiels, Altenburg 1900
16 Comte, Auguste: Die Soziologie. Die positive Philosophie im Auszug. Hrsg. v. F. Blaschke, Leipzig 1933
17 Dempf, Alois: Übersicht der gegenwärtigen Zeitdeutungen, in: Philosophisches Jahrbuch der Görres-Gesellschaft, 62 (1953) 1. Halbband, 1–45
18 Driesch, Hans-Georg (Hrsg.): Der Mensch. Wissenschaft und Wirklichkeit, Wuppertal-Barmen 1966
19 Eberhard, Otto: Welterziehungsbewegung. Kräfte und Gegenkräfte in der Völkerpädagogik, Berlin 1930
20 Europäische Unterrichtsreformen seit dem Weltkriege. Hrsg. v. Reichsministerium des Innern, Leipzig 1924
21 Fadrus, Viktor: Die volkserzieherische Bedeutung des Kindergartens, in: Die Quelle, 75 (1925) 171–178
22 Ferrière, Adolphe: The Actual Trends of Education and Learning in Europe, in: MM, 3 (1949) N. 3–4, 52–59

23 Fischer, Hubert (Hrsg.): Eucharistiekatechese und Kindermesse, Donauwörth 1965
24 Formiggini Santamaria, E.: La pedagogia italiana nella seconda metà del secolo XIX, Parte I, Roma 1920
25 Franke, Viktor: Die vorschulische Erziehung in der Welt, in: Internationale Zeitschrift für Erziehung, 9 (1940) 117–130
26 Franz, Ernst: Reformbestrebungen auf dem Gebiete des mittleren Schulwesens in Italien, in: Beilage zur Allgemeinen Zeitung. (München), 14. 8. 1897
27 Gerini, G. B.: Die italienische Pädagogik im 19. Jahrhundert, in: G. A. Rayneri: Pädagogik in fünf Büchern, Freiburg 1909, 1–106
28 Glockner, Hermann: Die europäische Philosophie von den Anfängen bis zur Gegenwart, Stuttgart ²1960
29 Guardini, Romano: Welt und Person, Würzburg 1950
30 Hartmann, Hans: Italien, in: Politik und Pädagogik im Ausland. (Schriftenreihe zur politischen Propädeutik. Band 3) Leipzig-Berlin 1931, 87–104
31 Hessen, Sergio: Difesa della pedagogia, Roma 1952
32 Hilker, Franz: Pädagogische Erneuerung. Ein immer wiederkehrender Anruf an Lehrer und Erzieher, in: Bildung und Erziehung, 18 (1965) 351–370
33 Hilker: Die Reformpädagogik der zwanziger Jahre, in: ebda., 19 (1966) 352–375
34 Holman, Henry: Seguin and his physiological method of education, London 1914
35 Hylla, Erich: Der Zusammenhang der Arbeitsschulbewegung mit den geistigen Strömungen im Leben der Gegenwart, in: Monatshefte für Pädagogik und Schulpolitik, 3 (1911) 65–77
36 Jakobs, Artur: Die geistige und seelische Not des Arbeiters im Industriezeitalter als Veranlassung und Ausgangspunkt neuer Erziehung, in: Paul Oestreich (Hrsg.): Die Produktionsschule als Nothaus und Neubau, Berlin 1924, 95–108
37 Joël, Karl: Wandlungen der Weltanschauung. Eine Philosophiegeschichte als Geschichtsphilosophie. 2. Bd., Tübingen 1934
38 Kasztantowicz, Ulrich: Naturalismus, in: Fritz Stippel (Hrsg.): Ausgangspunkte des pädagogischen Denkens, München 1961, 9–36
39 Kirmsse, M.: Seguins Ansichten über die Behandlung der Geistesschwachen nach der physiologischen Methode, in: Zeitschrift für Kinderforschung, 20 (1915) 102–119
40 Lange, Friedrich Albert: Geschichte des Materialismus, 2 Bde., Leipzig o. J.
41 Langeveld, Martinus J.: Kind und Jugendlicher in anthropologischer Sicht, Heidelberg 1959
42 Langeveld: Einführung in die theoretische Pädagogik, Stuttgart ⁵1965
43 Litt, Theodor: Mensch und Welt, Heidelberg ²1961
44 Litt: Möglichkeiten und Grenzen der Pädagogik, Berlin 1926
45 Lombardi, Franco: Die Geburt der modernen Welt, Köln-Berlin 1961
46 Lombroso, Cesare: Die Ursachen und Bekämpfung des Verbrechens, Berlin 1902
47 Lombroso: Studien über Genie und Entartung, Leipzig (1910)
48 Lutz, Jakob: Kinderpsychiatrie, Zürich ²1964
49 de Maeztu, Maria: Educación moderna - Nueva educación, in: Revista de Pedagogía, 1 (1939) 85–92
50 Mehlis, Georg: Italienische Philosophie der Gegenwart, Berlin 1932
51 Netschajewa, W. G.: Erziehung zur Arbeit im Kindergarten, in: Vergleichende Pädagogik, Heft 4: Die Verbindung zwischen Schule und Leben, Berlin 1963, 31–46
52 Nicoletta, Antonio: La pedagogia italiana contemporanea (1850–1950). Positivismo e idealismo, Napoli 1963

53 Nowikoff, Michael: Grundzüge der Geschichte der biologischen Theorien, München 1949
54 Nunn, T. Percy: Education. Its Data and First Principles, London o. J. (1920)
55 Omodeo, Adolfo: Die Erneuerung Italiens und die Geschichte Europas 1700–1920, Zürich 1951
56 Pabelick, Karl: Die treibenden Kräfte in der internationalen moralpädagogischen Bewegung. (Diss. Köln), Düsseldorf 1933
57 Petersen, Peter: Die neueuropäische Erziehungsbewegung, Weimar 1926
58 Pongratz, Ludwig J.: Problemgeschichte der Psychologie, Bern 1967
59 Pongratz, Maria: Die Methode „Rosa Agazzi", Phil. Diss. Wien 1946
60 Portmann, Adolf: Biologische Fragmente zu einer Lehre vom Menschen, Basel ²1951
61 Prüfer, Johannes: Geschichte der Kleinkinderpädagogik, Leipzig 1923
61 a Rabas, Josef: Katechetische Aspekte der Liturgie-Konstitution, Freiburg i. Br. 1967
62 Reble, Albert: Geschichte der Pädagogik, Stuttgart ⁸1965
63 Reble: Menschenbild und Pädagogik, in: Die Deutsche Schule, 51 (1959) 49–66
64 Riemens-Reurslag, J.: Nieuwe zakelijkheid in opvoeding, Amsterdam 1932
65 Riverso, Michele: Il problematicismo della pedagogia contemporanea, in: I problemi della pedagogia, 6 (1960) 401–423
66 Röhrs, Hermann: Jean-Jaques Rousseau, Heidelberg 1957
67 de Ruggiero, Guido: Italienische Philosophie, Breslau 1925
68 Schloen, Hinrich: Entwicklung und Aufbau der Arbeitsschule, Berlin 1926
69 Schmid, Hermann: Die tieferen Ursachen der Schulreform liegen in den veränderten Erwerbsverhältnissen der Gegenwart, in: Zeitschrift für Jugenderziehung und Jugendfürsorge, 3 (1912/1913) 613–620
70 Schröteler, Josef: Die internationalen Erziehungsbestrebungen von 1900 bis 1930, in: Handbuch der Erziehungswissenschaft. V. Teil, Bd. 3, Erster Teil, München 1933, 1–44
71 Sforza, Count Carlo: Contemporary Italy. Its Intellectual and Moral Origins, London 1946
72 Sganzini, Carlo: Giovanni Gentiles aktualistischer Idealismus, in: Logos, 14 (1931) 163–239
73 Spirito, Ugo (Hrsg.): Il pensiero pedagogico del positivismo, Firenze 1956
74 Spranger, Eduard: Aus Friedrich Fröbels Gedankenwelt, Heidelberg 1951
75 Steiner, Rudolf: Anthroposophische Pädagogik und ihre Voraussetzungen, Basel ³1951
76 Steiner: Die Erziehungsfrage als soziale Frage, Dornach 1960
77 Steiner: Theosophie, Dornach 1961
78 Stoppani, Antonio: Lo studio della natura come elemento educativo, Firenze 1879
79 Tagore, Rabindranath: An Address. (Address delivered in Dec. 1934, on the occasion of opening the new premisis of the Rajghat Montessori School at Benaras), in: AC, 6 (1961) 5
80 Tagore: /Brief an Maria Montessori vom 6. 1. 1940/, in: ebda., 1
81 Tagore: Meine Schule, in: Schweizer Erziehungs-Rundschau, 2 (1929) 145–149, 178–182
82 Volk, Hermann: Theologische Grundlagen der Liturgie, Mainz 1964
83 Weber, Günter: Religionsunterricht als Verkündigung, Braunschweig 1964

84 Werner, Karl: Die italienische Philosophie des neunzehnten Jahrhunderts,
a) 3. Bd.: Die kritische Zersetzung und spekulative Umbildung des Ontologismus, Wien 1885
b) 4. Bd.: Die italienische Philosophie der Gegenwart, Wien 1886
c) 5. Bd.: Die Selbstvermittlung des nationalen Culturgedankens in der neuzeitlichen italienischen Philosophie, Wien 1886
85 Woodham-Smith: The Origin of the Kindergarten, in: Evelyn Lawrence (Hrsg.): Friedrich Froebel and English Education, London 1952, 15–33
86 Ziegler, Theobald: Die geistigen und socialen Strömungen des Neunzehnten Jahrhunderts, Berlin 1899
87 Zimmermann, Otto: Die neue Theosophie, in: Stimmen aus Maria Laach, 79 (1910) 387–400, 479–495
88 Zimmermann: Die kirchliche Verurteilung der Theosophie, in: Stimmen der Zeit, 98 (1920) 149–150